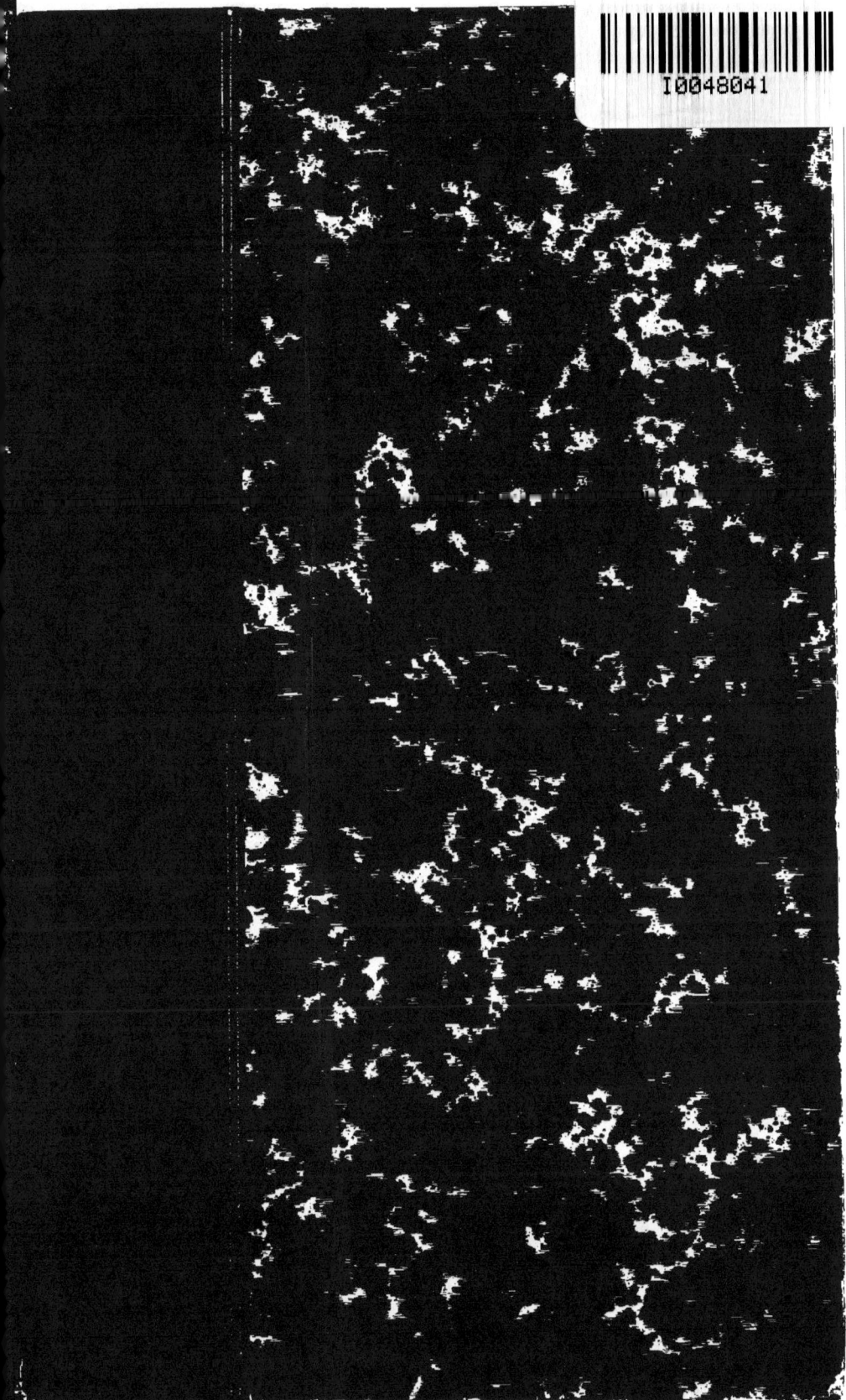

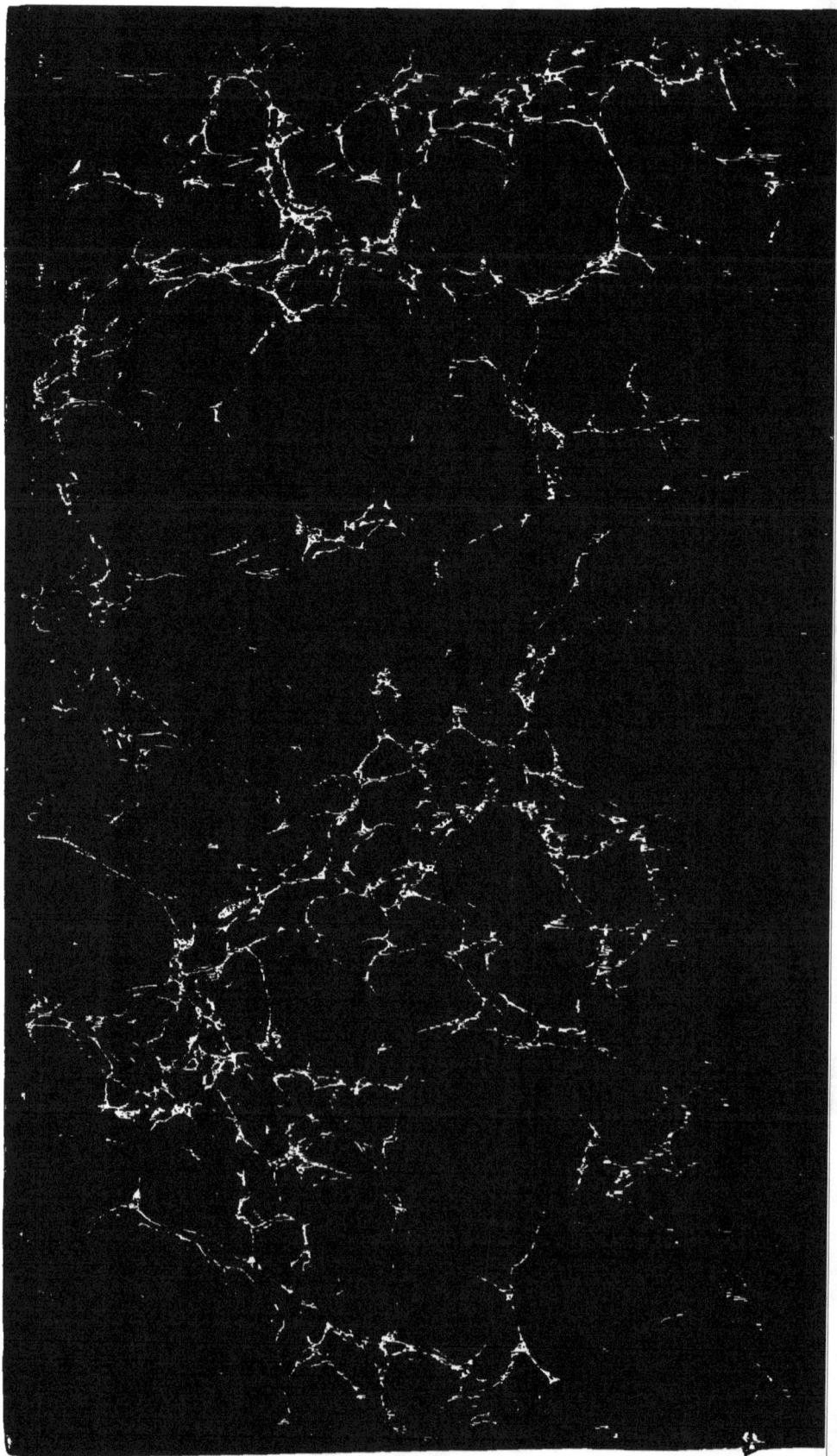

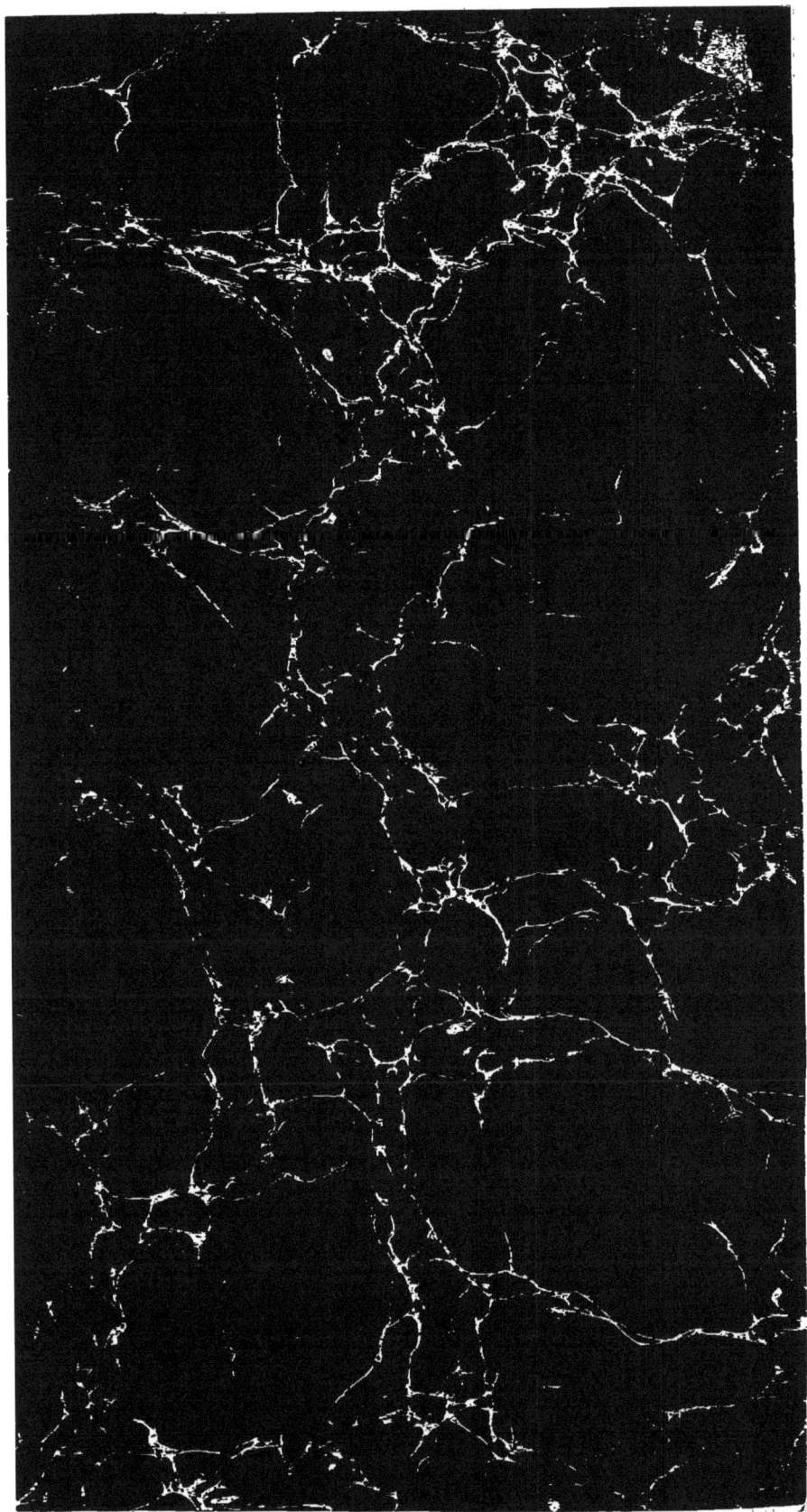

RÉPERTOIRE DES ARRÊTS

DE BESANÇON

DE L'AN VIII A 1871 INCLUSIVEMENT.

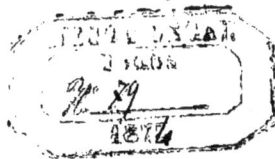

RÉPERTOIRE

DES ARRÊTS

DE LA

COUR D'APPEL DE BESANÇON

De l'an VIII à 1871 inclusivement,

PUBLIÉ SOUS LE PATRONAGE DE LA COUR

PAR

P. PERRUCHE DE VELNA,

PROCUREUR DE LA RÉPUBLIQUE A SAINT-CLAUDE,

AVEC LA COLLABORATION DE

A. GAUTHIER,

AVOCAT A LA COUR DE BESANÇON.

BESANÇON,

J. JACQUIN, IMPRIMEUR DE LA COUR D'APPEL,

Grande-Rue, 14, à la Vieille-Intendance.

1874.

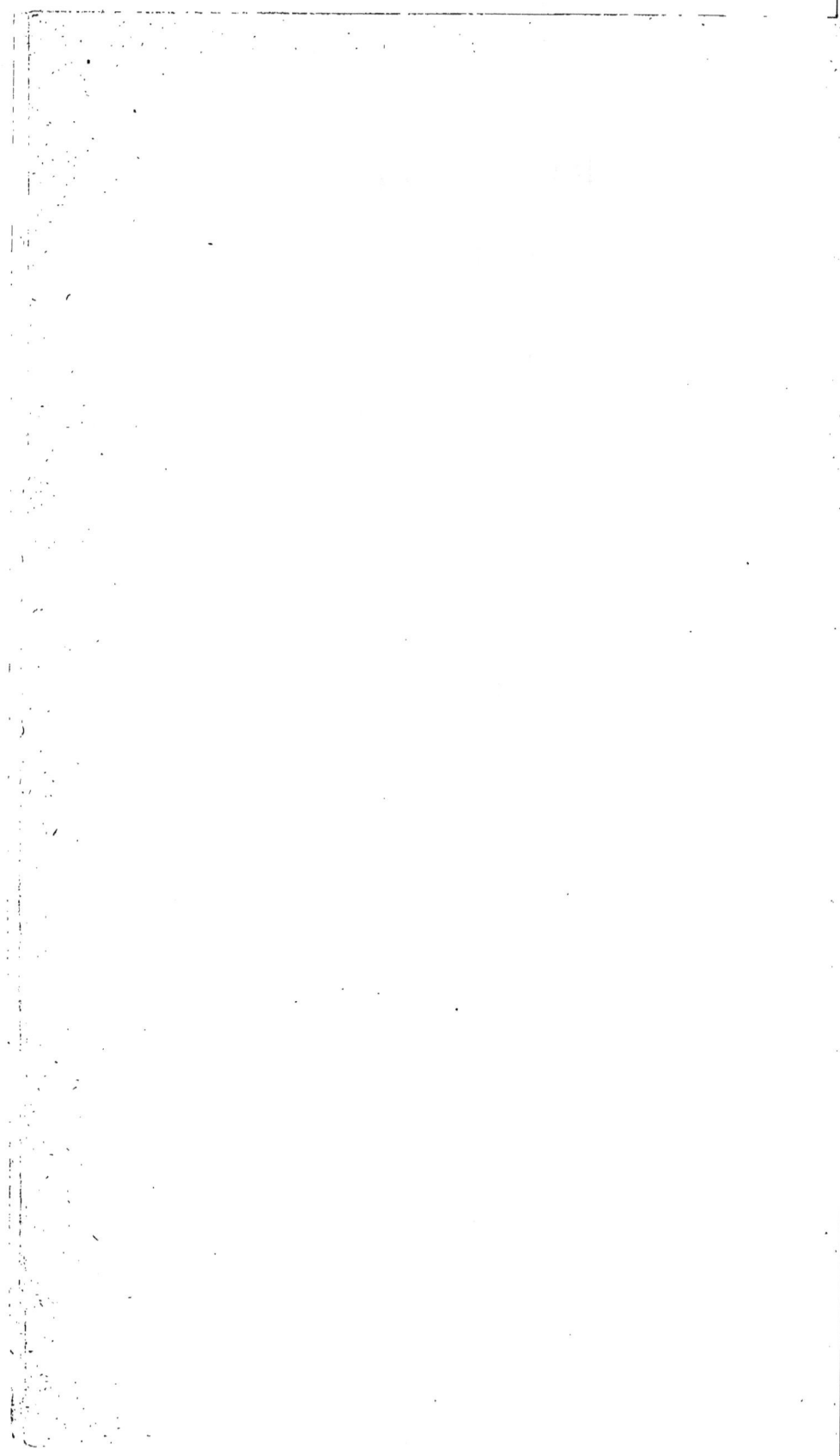

AVANT-PROPOS.

Le *Répertoire* que nous publions contient le sommaire de tous les arrêts rendus par la Cour de Besançon et renfermés dans les vingt volumes (1) dont se compose aujourd'hui le *Recueil périodique* des arrêts de cette Cour. De plus, il nous a été possible, grâce à une obligeante communication, de réunir aux arrêts du *Recueil* et de classer dans notre *Répertoire* les sommaires d'un très grand nombre de décisions inédites que nous avons recueillies dans les cahiers où Clerc de Landresse, l'un des maîtres qui, pendant de longues années, ont honoré la barre de la Cour, notait les solutions intervenues dans les procès soutenus par lui. Le *Répertoire des Arrêts de Besançon*

(1) Ces volumes sont les suivants :

1° Arrêts de l'an VIII à 1826, publiés par M. le président Bourqueney.	5 vol.
2° — des années 1827 et 1828	1 vol.
3° — de l'année 1829	1 vol.
4° — de l'année 1836	1 vol.
5° — des années 1843 et 1844	1 vol.
6° — de l'année 1845	1 vol.
7° — de l'année 1846	1 vol.
8° — des années 1847 et 1848	1 vol.
9° — des années 1849 à 1852	1 vol.
10° — des années 1853 à 1857	1 vol.
11° — des années 1858 et 1859	1 vol.
12° — des années 1860 et 1861	1 vol.
13° — des années 1862 à 1865	1 vol.
14° — des années 1866 et 1867	1 vol.
15° — des années 1868 et 1869	1 vol.
16° — des années 1870 et 1871	1 vol.

20 vol.

contient ainsi plus de quatre mille arrêts et fournit un véritable tableau de la jurisprudence de cette Cour.

Ce *Répertoire*, comme celui du *Journal du Palais* et la *Table de vingt-deux ans* de MM. Dalloz, est alphabétique : quant à la classification des arrêts sous chaque mot, nous avons emprunté, pour la plupart des matières de droit civil, les divisions si nettes et si logiques du *Cours de droit civil français* de Zachariæ ; MM. Dalloz, dans leur *Table de vingt-deux ans*, nous ont fourni également un certain nombre de cadres pour les arrêts concernant les autres branches du droit.

Dès qu'un recueil périodique de jurisprudence compte quelques années d'existence et quelques volumes ayant chacun une table distincte, un répertoire devient nécessaire afin de rendre les recherches promptes et faciles. Pour le *Recueil périodique* des arrêts de Besançon, ce travail avait une utilité plus spéciale encore : des vingt volumes dont il se compose, en effet, il en est, ceux par exemple de 1827-28, 1829, 1836, qui ne contiennent aucune table ; et, d'autre part, les tables des volumes qui en possèdent, n'ayant pas été dressées par le même arrêtiste, ne présentent entre elles aucune homogénéité, de telle sorte que les décisions de même nature ne se rencontrent pas au même mot à tous les volumes. Nous avons donc lieu d'espérer que notre *Répertoire* sera favorablement accueilli des hommes de loi à qui il est destiné.

RÉPERTOIRE DES ARRÊTS

DE LA COUR D'APPEL DE BESANÇON

DE L'AN VIII JUSQUES ET Y COMPRIS L'ANNÉE 1871.

———∞o⚬o∞———

A

Absence.

§ 1er. — *Envoi en possession du patrimoine de l'absent.* (Nᵒˢ 1, 2.)

§ 2. — *Des droits ouverts depuis la disparition ou les dernières nouvelles de l'absent.* (Nᵒ 3 à 5.)

§ 3. — *Spécialités sur l'absence des militaires.* (Nᵒˢ 6, 7.)

---

§ 1er.
Envoi en possession provisoire du patrimoine de l'absent.

1. — Au cas où le curateur d'une succession vacante par suite d'absence a été condamné à fournir aux légataires les legs qui leur avaient été faits et refuse d'exécuter le jugement, les poursuites de saisie immobilière commencées par les légataires ne sont pas nulles par cette seule raison qu'ils n'ont pas fourni *in limine litis* la caution ordonnée par l'art. 123 du Code Napoléon.

20 déc. 1814, t. III, nᵒ 443.

2. — L'envoyé en possession n'est considéré que comme dépositaire à l'égard de l'absent; il est considéré comme propriétaire à l'égard des tiers. Aussi la caution n'est-elle exigée que dans l'intérêt de l'absent; les tiers ne peuvent ni l'exiger ni soutenir que l'envoyé en possession est non recevable à les poursuivre avant d'avoir fourni caution.

Inédit. 24 juin 1839, 1ʳᵉ Ch. Béguyot c. Germain.

§ 2.
Des droits ouverts depuis la disparition ou les dernières nouvelles de l'absent.

3. — Un cohéritier absent a dû être représenté dans un partage de biens auquel il avait droit si son absence à cette époque n'avait pas été déclarée : si cela n'a pas eu lieu, l'acte de partage est nul, et cette nullité peut être proposée par tous les copartageants, parce que tous ont intérêt à ce que le partage soit régulier.

9 mai 1807, t. I, nᵒ 170.

4. — Suivant l'art. 136 du Code Napoléon, conforme aux anciens principes, s'il s'ouvre une succession à laquelle soit appelé un individu dont l'existence n'est pas reconnue, elle doit être dévolue exclusivement à ceux avec lesquels il aurait eu le droit de concourir ou à ceux qui l'auraient recueillie à son défaut; ainsi, si celui dont l'existence n'est pas reconnue ne fait pas tête pour prendre part dans une succession, il ne pourrait sans une contradiction manifeste y faire nombre pour fixer la quotité de la légitime. Dès lors, c'est à l'héritier

1

universel qui, pour atténuer la portion légitimaire de sa sœur, suppose l'existence d'un autre frère, à la justifier au moment de l'ouverture de la succession.

23 février 1815, t. III, n° 450.

5. — Un absent dont l'existence n'était pas reconnue ne doit exécuter ce qui a été fait par l'héritier présent qu'autant qu'il a traité avec un étranger, ou a été condamné envers lui; mais ce principe n'est pas applicable lorsque cet héritier a traité avec son cohéritier.

26 mai 1809, t. II, n° 264.

§ 3.

Spécialités concernant l'absence des militaires.

6. — La loi du 13 janvier 1817, en abrogeant celles des 11 ventôse an II et 6 brumaire an V, a remplacé les militaires absents sous l'empire de l'art. 136 du Code civil.

26 mai 1824, t. IV, n° 729, p. 183.

7. — Le militaire qui a disparu est réputé vivant jusqu'au jour de sa déclaration d'absence. Les lois des 11 ventôse et 16 fructidor an II, du 6 brumaire an V, n'ont point été abrogées par le Code civil.

En conséquence : 1° toute succession ouverte à son profit pendant son absence est réputée recueillie par lui pour sa part; 2° sa succession ne peut pas plus être vendue que celle de toute personne vivante.

31 janvier 1829, 27-29, n° 9, p. 38.

Abus de confiance.

Mode de preuves.

Les tribunaux correctionnels doivent se conformer aux principes du droit civil sur le mode de preuves à admettre pour la constatation de la convention qui présuppose le délit d'abus de confiance.

Ainsi, lorsque le mandat dont on allègue la violation a pour objet une valeur excédant 150 fr., ce contrat ne peut, même devant la juridiction correctionnelle, être prouvé par témoins s'il n'est produit aucun commencement de preuve par écrit.

26 juin 1861, 60-61, n° 57.

Acceptation, V. Contrat de mariage, Successions.

Accession, V. Propriété.

Acquiescement.

§ 1er.

Qui peut acquiescer.

1. — L'acquiescement tacite, résultant de l'exécution volontaire d'un jugement, ne peut être donné par un seul des codéfendeurs dans une matière indivisible.

Il ne peut être opposé ni à la

partie qui n'a fait aucun acte d'exécution ni à celle qui a acquiescé.

9 février 1836, 36, p. 99.

§ 2.
A quels jugements on peut acquiescer.

2. — Il ne peut y avoir d'acquiescement dans les matières qui
concernent l'ordre des juridictions.

5 déc. 1843, 43-44, n° 9.

3. — Un acquiescement valable
ne peut être donné à un jugement
intervenu sur une question qui
n'était pas de la compétence du
juge.

13 déc. 1849, 49-52, n° 40.

4. — L'exécution donnée à une
sentence ne peut être considérée
comme acquiescement volontaire
que lorsque la chose jugée peut
être la matière d'une convention :
l'ordre des juridictions étant indépendant du consentement et de la
volonté des parties, le pourvoi devant l'administration de la part des
demandeurs, lorsque les premiers
juges se sont déclarés incompétents et ont renvoyé l'affaire à l'autorité administrative, ne les rend
pas non recevables à recourir à la
voie de l'appel contre ce jugement.

19 juillet 1824, t. IV, n° 732, p. 186.

§ 3.
Dans quels cas il y a acquiescement.

1° Généralités.

5. — L'acquiescement pur et
simple à une demande judiciaire
n'exige point pour sa validité l'acceptation de celui qui a formé la
demande, parce que cet acquiescement suppose nécessairement le
concours de la volonté des deux
parties à l'admission de la demande dirigée par l'une d'elles
contre l'autre.

24 février 1813, t. II, n° 389.

6. — L'acquiescement peut être
exprès ou tacite et diffère du désistement en ce qu'il n'exige pas
d'acceptation ; il résulte de l'exé-

cution volontaire des mêmes actes
qui emportent ratification des contrats, suivant l'art. 1338 du Code
Napoléon.

Spécialement, l'adjudicataire de
taillis et futaies à écorcer dans une
coupe affouagère, auquel un jugement alloue contre la commune
venderesse une indemnité par suite
d'incendie d'une partie de la forêt,
est réputé avoir acquiescé à ce jugement s'il a adressé au receveur
municipal le prix de son adjudication, déduction faite du montant
de l'indemnité, et déclaré par lettre
qu'il renonçait au droit d'appel.

5 juin 1866, 66-67, n° 36.

7. — On peut acquiescer aux
dispositions favorables renfermées
dans des jugements interlocutoires,
sans que l'on puisse en induire
un acquiescement aux dispositions
contraires, puisqu'il n'est point de
principe plus certain que chacune
des parties d'un jugement sont indépendantes l'une de l'autre, et
qu'il y a autant de jugements distincts qu'il y a de chefs différents.

24 juin 1812, t. II, n° 368 *bis.*

8. — Il y a deux jugements différents dans la sentence qui contient deux décisions, l'une contradictoire sur la compétence, et l'autre
par défaut sur le fond.

L'opposition formée au jugement
rendu sur le fond n'élève pas une
fin de non-recevoir contre l'appel
postérieurement interjeté sur la
question de compétence.

26 mars 1844, 43-44, n° 58.

9. — Pour induire un acquiescement de la part des parties,
d'après la plaidoirie de leur avocat, il faudrait au moins qu'elles
eussent été présentes à l'audience.

23 mars 1825, t. IV, n° 748, p. 201.

2° Exécution du jugement.

10. — Un jugement par défaut
se trouvant anéanti au moyen de
l'opposition qui a remis les parties
au même état où elles étaient auparavant, celui qui, sur cette

opposition, a acquiescé formelle-ment à ce jugement, en concluant sur ladite opposition à ce qu'il fût exécuté selon sa forme et teneur, est sous tous les rapports non recevable à s'en rendre appelant.

8 février 1810, t. II, n° 298.

11. — On ne peut voir un acquiescement à un jugement dans le fait de s'en référer aux conclusions choisies lors de ce jugement ou de s'en rapporter à justice sur la nomination d'un troisième expert en remplacement d'un qui n'aurait pas accepté. L'appel est dès lors recevable.

15 décembre 1836, 36, p. 202.

12. — L'avoué qui reçoit de l'adversaire de son client les frais et les dommages-intérêts auxquels il a été condamné est présumé avoir pouvoir de son client. Il en résulte un acquiescement qui rend l'appel non recevable s'il n'y a pas eu de désaveu.

Inédit. 9 nov. 1842, 2ᵉ Ch. Tissot c. Bretin et Roussey.

13. — Il n'y a pas exécution volontaire opérant acquiescement lorsque la partie condamnée ne fait que subir l'exécution du jugement, la tolérer ou ne pas l'empêcher. L'acquiescement ne peut résulter que de faits personnels ou d'actes positifs de la partie condamnée.

Inédit. 6 février 1845, 2ᵉ Ch. Jacoutot c. Page.

14. — Le fait de l'avoué qui, sur la sommation de la partie adverse, paraît seul, sans procuration spéciale, et sous réserve expresse de tous les droits de ses clients, à la prestation de serment d'experts nommés par justice, n'entraîne aucune fin de non-recevoir contre l'appel ultérieur de la partie qu'il représentait en première instance.

14 mai 1846, 46, n° 92.

15. — La partie qui, déboutée d'une exception d'incompétence par un tribunal de commerce,

prend ses conclusions au fond, tout en faisant des réserves expresses, n'en est pas moins déchue de son droit d'appel. Il importe peu que le jugement ait statué en premier ou en dernier ressort.

1ᵉʳ avril 1846, 46, n° 28.

16. — Le garanti qui a exécuté le jugement envers le demandeur principal peut, nonobstant cette exécution, interjeter appel contre le garanti renvoyé de l'action en garantie, sauf le cas où l'exécution aurait porté préjudice aux droits de ce dernier.

20 décembre 1848, 47-48, n° 90.

17. — Celui qui, débiteur à divers titres de l'avoué de la partie adverse, lui fait remettre une somme par un mandataire sans fixer d'imputation, ne peut être considéré comme ayant payé les frais faits en première instance et acquiescé ainsi au jugement dont il a depuis interjeté appel, alors même que la quittance délivrée par l'avoué porterait imputation sur ces frais.

13 avril 1848, 47-48, n° 105.

18. — La demande de délai faite par le saisi sur l'exécution d'un jugement dont il avait appelé n'est pas un acquiescement qui puisse rendre l'appel non recevable.

13 février 1844, 43-44, n° 33.

19. — Les faits d'exécution de l'avoué sont opposables à la partie comme acquiescement, s'il s'agit de faits qui rentrent dans le ministère de l'avoué et pour lesquels il n'a pas besoin d'un pouvoir spécial, tant que l'avoué n'a pas été désavoué. Au contraire, les faits que l'avoué ne peut accomplir sans pouvoir spécial ne sont pas opposables à la partie s'il n'y a pas preuve du pouvoir spécial.

Inédit. 20 novembre 1851, 1ʳᵉ Ch. Condaminet c. Bordy.

20. — La demande de sauf-conduit et la proposition faite aux créanciers d'un concordat amiable n'entraînent pas de la part d'un commerçant acquiescement au jugement qui l'a déclaré en faillite.

28 août 1867, 66-67, n° 132.

21. — Dans une instance où le tribunal prononce par un seul et même jugement sur le reproche formulé contre un témoin et sur le fond, la lecture faite au cours des débats de la déposition ne saurait être opposée en appel, soit comme une renonciation volontaire au reproche formulé, soit comme un acquiescement.

21 avril 1866, 66-67, n° 22.

22. — Si, dans une procédure d'ordre, un créancier a soutenu que la répartition des deniers devait être faite au marc le franc et, dans le cas où cette prétention ne serait pas admise, a consenti, sous la réserve de tous ses droits et moyens, à la collocation de certains créanciers hypothécaires, quoique lors du jugement sur l'ordre il ait conclu au maintien de la collocation provisoire faite en leur faveur, il est néanmoins recevable à l'attaquer en ce qui le concerne.

18 décembre 1844, 43-44, n° 223.

23. — Lorsqu'un jugement a autorisé une partie à produire par privilège à un ordre pour des sommes indiquées, et que cette partie produit par privilège non-seulement pour ces sommes, mais encore pour d'autres que le jugement n'a pas reconnues privilégiées, cette production constitue simplement une proposition conditionnelle et subordonnée au bon vouloir des créanciers, qui ne peut, en cas de rejet, valoir acquiescement et constituer contre le créancier appelant une fin de non-recevoir.

8 février 1868, 68-69, n° 3, p. 9.

24. — L'acquiescement à un jugement interlocutoire ordonnant

enquête résulte de la dispense consentie par les parties de l'accomplissement des formalités tracées par le Code de procédure civile.

23 déc. 1868, 68-69, n° 48, p. 198.

25. — L'exécution d'une partie d'un jugement peut n'être pas considérée comme un acquiescement à ce jugement.

Ainsi, lorsque, en cas de défaut de paiement des arrérages d'une rente viagère, un tribunal a prononcé : 1° la condamnation au paiement des arrérages échus, 2° la résolution du contrat de rente viagère, le paiement des sommes échues ne constitue pas une exécution suffisante du jugement pour rendre non recevable l'appel interjeté du chef de la résolution.

5 janvier 1870, 70-71, n° 1.

3° Paiement des dépens.

26. — Le paiement des dépens, sans réserve d'appeler, sur l'exécution d'un jugement exécutoire par provision, rend non recevable à suivre l'appel antérieur.

Inédit. 20 février 1855, 1re Ch. Stiefater c. Bergeret.

4° Signification du jugement.

27. — Celui qui signifie un jugement sans protestation ni réserve perd le droit d'en appeler principalement. Il ne conserve que le droit d'appeler incidemment avant que l'appel principal de son adversaire soit jugé.

Inédit. 27 février 1835. Désiré Delille c. héritiers de Grusse.

28. — La signification du jugement emporte acquiescement à ce jugement, alors même qu'elle est faite sous toutes réserves : il faut, pour que l'appel soit recevable après la signification du jugement, que cette signification contienne contre ce jugement la protestation dont parle l'art. 443 du C. de pr. civ.

16 juillet 1864, 62-65, n° 64, p. 304.

29. — La signification du jugement sans réserve d'appeler est un acquiescement.

Inédits. 27 février 1835. Dusillet c. Désiré Delille. — 24 mars 1863. Royet c. Masson. — 16 juillet 1864. Savarin et Malapert c. Sturel.

Acte respectueux, V. Mariage.

Actes authentiques, V. Preuve.

Actes de commerce, V. Compétence commerciale.

Actes de l'état civil.

§ 1er. — *Rectification.* (N° 1.)

§ 2. — *Force probante.* (N° 2.)

§ 3. — *Mode de constatation et preuve des naissances, mariages et décès en pays étranger.* (Nos 3, 4.)

§ 1er.

Rectification.

1. — Une demande en rectification d'un acte de naissance n'est pas non recevable pour n'avoir pas été intentée contre la personne dont l'extrait de naissance est erroné; il suffit, d'après les art. 99 du Code civil et 855 et 856 du Code de procédure, que l'on présente requête au tribunal, qui ordonne la mise en cause des parties intéressées qu'il juge convenable.

Le consentement des parties ne suffit pas pour prononcer, quant à une question d'état, sur la filiation de l'enfant dont l'acte de naissance est critiqué.

12 juillet 1811, t. II, n° 340.

§ 2.

Force probante.

2. — Sous l'empire de la loi du 20 septembre 1792, l'acte de célébration de mariage inscrit sur les registres de l'état civil, mais qui n'était revêtu ni de la signature des parties, ni même de celle de l'officier public, ne pouvait servir de titre à de prétendus époux, et ne devait être envisagé que comme un simple projet de mariage, qui n'aurait pas été suivi d'exécution. Enfin, d'après l'article 14, titre 20, de l'ordonnance de 1667, la preuve de l'existence du mariage ainsi énoncée sur les registres ne peut être admise, puisqu'on ne se trouve pas dans l'hypothèse de cet article, et que les registres, loin d'être perdus, sont présentés.

Dans ce cas, la loi n'admettait aucune distinction, et le registre de la publication de mariage ne faisant aucune mention de celle relative à l'acte défectueux inséré dans les registres, il n'existe alors aucun commencement de preuve par écrit, et on ne peut être admis à prouver, soit par écrit, soit par témoins, la possession d'état.

6 janvier 1810, t. II, n° 292.

§ 3.

Mode de constatation et preuve des naissances, mariages et décès en pays étranger.

3. — Un certificat du ministre de la guerre constatant qu'un militaire est porté comme décédé dans un hôpital, sur les registres matricules du corps dont il faisait partie, ne peut remplacer l'acte de décès, qui doit être rédigé par le directeur de cet hôpital, si ce certificat n'énonce pas que l'acte de décès, duquel il donne l'extrait, a été visé par ce directeur.

13 janvier 1820, t. IV, n° 783, p. 245.

4. — La loi française, en édictant que tout acte de l'état civil des Français et des étrangers, fait en pays étranger, fait foi s'il a été rédigé suivant les formes usitées dans ledit pays, implique aussi, pour les étrangers du moins, le droit d'y suppléer, quand il en est besoin, suivant les formes de leur nationalité.

24 août 1869, 68-69, n° 91, p. 367.

Actes notariés, V. Preuve.

Actes récognitifs, V. Preuve.

Actes sous seings privés, V. Preuve.

Action civile, V. Instruction criminelle, Prescription.

Action en rescision, V. Successions.

Action négatoire, V. Propriété.

Action paulienne, V. Obligations.

Action publique, V. Instruction criminelle, Ministère public, Prescription.

Action résolutoire, V. Vente.

Actions en nullité et en rescision.

§ 1er. — *Des cas dans lesquels une obligation peut être attaquée par voie de nullité.* (Nos 1 à 4.)

§ 2. — *Des exceptions ou fins de non-recevoir qui peuvent être opposées aux actions en nullité ou en rescision.* (Nos 5 à 24.)
1° De la confirmation des obligations. (Nos 5 à 15.)
2° De la prescription des actions en nullité et en rescision. (Nos 16 à 24.)

§ 1er.
Des cas dans lesquels une obligation peut être attaquée par voie de nullité.

1. — De droit commun, toute lésion ressentie par un mineur est un motif d'annulation du traité qu'il a passé ; tout emprunt est de sa nature un contrat qui lèse ; dès lors, le mineur n'est jamais obligé que jusqu'à concurrence du profit qu'il en a retiré. Lorsqu'il n'est pas justifié qu'il a fait un emploi utile des deniers qu'il a empruntés, il n'est tenu ni civilement ni naturellement à les rendre. Telle était sur ce point la jurisprudence uniforme qui s'était établie dans les pays de droit écrit, sur la loi 5, § 6, ff. liv. 26, tit. 8.
30 janvier 1824, t. IV, nos 844, p. 322.

2. — Pour faire déclarer nul un acte homologué par le tribunal, le mineur n'est pas tenu de se pourvoir par voie d'appel contre le jugement d'homologation.
12 août 1829, 29, n° 60, p. 201.

3. — Si de deux coobligés au paiement d'une somme promise pour prix d'une chose indivisible, l'un est majeur et l'autre mineur, le majeur n'étant censé s'être engagé que sous la condition du concours de son codébiteur, ne peut être tenu au paiement de l'intégralité de la somme, si le mineur excipant de son incapacité se refuse d'y coopérer. A ce cas n'est pas applicable la disposition finale de l'article 1125 du Code Napoléon.
14 août 1845, 45, n° 97, p. 257.

4. — Lorsque l'accomplissement d'une formalité n'est exigée que pour protéger l'une des parties, l'autre partie ne peut se prévaloir de cette omission pour faire prononcer une nullité.

Inédit. 1ʳᵉ Ch., 24 juin 1839. Beguyot c. Germain.

§ 2.

Des exceptions ou fins de non-recevoir qui peuvent être opposées aux actions en nullité ou en rescision.

1° De la confirmation des obligations.

5. — D'après l'article 1338 du Code Napoléon, l'exécution volontaire d'un acte contre lequel l'action en rescision ou en nullité est admissible peut seule faire obstacle à l'exercice de cette faculté. Il faut, par conséquent, lorsque la ratification n'est pas expresse et que l'on veut l'induire d'actes et de faits émanés de la partie à qui on l'oppose, qu'ils soient tellement précis qu'ils ne laissent aucune incertitude sur la volonté de ne pas revenir contre le contrat qui a été passé.

12 juin 1826, t. V, n° 904.

6. — La simple exécution d'un contrat ne suffit pas pour le valider, lorsqu'il est entaché d'une nullité substantielle par le défaut de signature de l'une des parties contractantes.

13 mars 1827, 27-28, n° 19.

7. — La protestation, les réserves contraires en fait d'exécution, sont considérées comme non avenues et n'empêchent pas la ratification : *protestatio actui contraria non valet.*

Inédit. 20 décembre 1852. Barbaud c. Roy.

8. — L'exécution volontaire du contrat à titre onéreux contenant donation couvre, vis-à-vis de celui qui exécute et de ses héritiers ou ayants cause, la nullité de cet acte pour défaut de rédaction en autant d'originaux qu'il y a de parties intéressées.

Cette ratification peut résulter, en cas de donation d'immeubles sous forme de vente et avec réserve d'usufruit, de la réclamation faite par le donateur des sommes avancées par lui aux donataires pour l'enregistrement de l'acte de la vente fictive et du remboursement de ces sommes.

2 mai 1866, 66-67, n° 26.

9. — Il ne peut y avoir de ratification pour les actes nuls par défaut de convention et faussement qualifiés de contrat.

Inédit. 1ʳᵉ Ch., 30 août 1845. Rouche c. Vuilleroy.

10. — La preuve de la ratification tacite et de tous ses éléments constitutifs, à savoir la connaissance du vice de l'obligation et l'intention de le réparer, comme la preuve de la ratification expresse, incombe à celui qui invoque ce moyen de défense.

27 nov. 1862. 62-65, n° 24, p. 83.

11. — Les nullités des donations, qui ne sont pas des nullités de formes, peuvent être l'objet d'une ratification expresse ou tacite ; mais l'exécution de ces libéralités n'est volontaire et ne couvre la nullité qu'autant qu'elle est exempte des vices de nature à invalider le consentement, et spécialement qu'elle n'a point eu lieu pour échapper aux poursuites dirigées par le donataire.

4 janvier 1868, 68-69, n° 1, p. 1.

12. — L'exécution volontaire d'une donation nulle de la part du donateur est impuissante pour la confirmer.

Inédit. 2ᵉ Ch., 21 juillet 1837. Faivre c. Colotte.

13. — La vente illégalement faite des biens d'un mineur, par exemple sans l'autorisation de son curateur, peut être ratifiée, même tacitement, par lui, lorsqu'il a atteint l'âge de majorité, suivant la loi 10 ff. *De rebus eorum qui sunt sub tutelâ* ; cette ratification s'induit toujours d'un acte fait en majorité, par suite ou à l'occasion de celui qui était originairement nul ; il suffit que, devenu majeur, le vendeur ait ou demandé ou reçu le prix de la vente, peu importe qu'il se soit adressé pour cela à l'acheteur, à son tuteur, ou à tout autre administrateur de ses biens.

16 janvier 1811, t. II, n° 327.

14. — D'après la disposition de la loi 2 au C. *Si major factus ratum habuerit,* confirmée par l'article 1338 du C. N., l'exécution donnée par le majeur à un acte consenti en minorité, soit par lui, soit par son curateur, équivaut à une ratification ou à une renonciation aux moyens de nullité, qui le rend non recevable dans sa revendication.

21 déc. 1826, t. V, n° 920.

15. — La ratification d'une vente d'immeubles appartenant à un mineur et faite sans les formalités voulues par la loi, ratification faite par le mineur devenu majeur, ne peut être opposée au créancier qui, antérieurement à cette ratification, a fait saisir les immeubles et opérer la transcription de la saisie.

8 janvier 1850, 49-52, n° 45.

2° De la prescription des actions en nullité et en rescision.

16. — L'action en nullité contre la vente des immeubles d'un mineur, faite sans l'autorité de justice et sans avis des parents, n'est pas éteinte par la prescription de cinq ans ; elle est assujettie à celle de trente ans, établie par les anciennes ordonnances de Franche-Comté, ou du moins à celle de dix ans, à dater de la majorité, d'après l'édit du mois de juillet 1707, quand même il ne s'agirait que d'une simple restitution.

1er août 1810, t. II, n° 314.

17. — L'art. 1304 C. N. est applicable aux communes comme aux particuliers. Spécialement, l'action en nullité du traité par lequel un maire a transigé sur les droits immobiliers d'une commune sans délibération préalable du conseil municipal se prescrit par dix ans.

La même prescription couvre le vice résultant du défaut d'homologation par l'autorité supérieure, surtout si le traité a été exécuté avec le concours de l'administration.

8 avril 1848, 47-48, n° 83.

18. — L'art. 1304 du C. N. est applicable aux communes comme aux particuliers. Spécialement se prescrit par dix ans l'action en nullité d'une aliénation de biens communaux, consentie par le maire en cette qualité, sans observation des formalités requises.

20 nov. 1866, 66-67, n° 56.

19. — La prescription de dix ans s'applique aux aliénations faites par les communes représentées par leurs maires, sans autorisation du conseil municipal et de l'autorité supérieure.

Inédit. 2e Ch., 2 avril 1847. Cue de Chanier c. cne de Soloudon.

20. — La prescription de dix ans n'a pas lieu pour l'action en réduction de contrat à raison d'usure, ou pour l'action en répétition d'intérêts usuraires.

Inédit. 1re Ch., 20 janvier 1841. IIers Commoy c. hers Puvis.

21. — La prescription de dix ans peut être opposée à un institué contractuellement et à des légitimaires qui repoussent comme donation déguisée une vente faite par leurs auteurs.

Inédit. 1re Ch., 23 décembre 1856. Jacquemin c. Boudier.

22. — L'action en nullité ou en rescision d'une convention est limitée à dix ans, alors même que celui qui l'intente n'a pas été porté à l'acte.

La prescription décennale est applicable à l'action en nullité d'un acte fait par un donateur en fraude d'une institution contractuelle précédemment consentie.

Le délai de dix ans court à partir du décès du donateur, et non du jour où a été passé l'acte attaqué.

27 août 1847, 47-48, n° 65.

23. — Le mineur a trente ans pour revendiquer l'immeuble que son tuteur a aliéné sans aucune des formalités prescrites par la loi, l'art. 1304 n'étant pas applicable aux actes que le tuteur a consentis en dehors des limites de ses attributions.

7 février 1850, 49-52, n° 78.

24. — Les dix ans nécessaires pour la prescription de l'action en nullité d'une convention, pour cause d'erreur de droit ayant vicié le consentement, courent à partir de la découverte de l'erreur. La preuve de l'époque à laquelle a été découverte l'erreur de droit dont se prévaut celui qui attaque le partage est à sa charge; c'est donc à lui à justifier le moment où il l'a reconnue.

1er mars 1827, 27-28, n° 15.

Actions possessoires.

§ 1er. — *Choses et droits susceptibles de former l'objet d'une action possessoire. Rapports du possessoire et du pétitoire. (Nos 1 à 4.)*

§ 2. — *Jugement sur les actions possessoires. Exécution. (N° 5.)*

———

§ 1er.

Choses et droits susceptibles de former l'objet d'une action possessoire. Rapports du possessoire et du pétitoire.

1. — Jugé que les permissions d'établir des barques lavandières sur la rivière du Doubs ne sont que provisoires et toujours révocables; qu'elles ne donnent, par conséquent, à ceux qui les ont obtenues qu'une simple faculté et non un droit susceptible d'une possession qui puisse donner lieu

à l'action en trouble ou réintégration; que les difficultés résultant de l'exercice de pareilles facultés sont du ressort de l'autorité qui les a accordées, et non de la compétence de l'autorité judiciaire.

6 nivôse an IX, t. I, n° 13.

2. — Nul ne peut se mettre en possession d'un chemin qui, sans opposition de sa part, a été déclaré vicinal par décision administrative: il ne reste au propriétaire dont les droits ont été méconnus que la voie du recours en indemnité.

18 nov. 1829, 29, n° 67.

3. — Les faits dommageables qui, de leur nature et d'après les circonstances, n'indiquent de la part de leur auteur ni prétention à un droit ni contestation de la possession de celui au préjudice duquel ils ont été commis, ne constituent pas des troubles de possession et ne donnent pas lieu à une action possessoire qui doive être intentée dans l'année du trouble, suivant la loi de 1790, mais à une demande en dommages-intérêts qui, aux termes de l'art. 10 du titre 3 de la loi du 24 août 1790, est de la compétence de la justice de paix du lieu de la situation de l'immeuble et doit y être portée pour être jugée en dernier ressort, quoique les dégradations aient été commises depuis plus d'une année.

29 janvier 1822, t. IV, n° 662. p. 100.

4. — La voie de la revendication directe est seule ouverte à la partie qui a succombé au possessoire; elle ne peut intenter une action en délimitation.

24 juillet 1851, 49-52, n° 115.

§ 2.

Jugement sur les actions possessoires. Exécution.

5. — Le demandeur au possessoire qui a été maintenu en possession ne peut, sans engager sa responsabilité, exiger que le jugement de maintenue possessoire soit exécuté par le défendeur de façon à porter atteinte aux droits de propriété de ce dernier, s'ils sont reconnus exister.

20 nov. 1860, 60-61, n° 36.

Addition de nom, V. NOM, PRÉNOM.

Adjudication, V. SAISIE IMMOBILIÈRE.

Administration légale, V. TUTELLE.

Adoption.

§ 1er. — *Historique.* (Nos 1 à 3.)
§ 2. — *Des conditions et solennités de l'adoption.* (Nos 4 à 9.)

---

§ 1er.
Historique.

1. — Avant le Code civil, aucune loi n'interdisait à un père ayant des enfants d'en adopter d'autres, ni d'adopter ses petits-fils ; c'est ce qui résultait de l'art. 1er de la loi du 25 germinal an II.

28 janvier 1808, t. I, n° 191.

2. — L'adoption d'un mineur faite avant le Code civil ne peut être annulée par le motif que l'adopté était mineur lors de cette adoption.

4 août 1808, t. I, n° 220.

3. — Le père adoptant sous la législation antérieure au Code Napoléon ne pouvait, ni d'après les anciennes lois, ni d'après le Code Napoléon, exiger la tutelle de son enfant adoptif; elle pouvait cependant lui être conférée par le conseil de famille, mais il pouvait être destitué de cette tutelle pour inconduite et incapacité, suivant l'art. 444 du Code Napoléon.

4 août 1808, t. I, n° 220.

§ 2.
Des conditions et solennités de l'adoption.

4. — Sous l'empire du Code civil, l'enfant naturel reconnu peut être adopté par son père.

12 mars 1829, 29, n° 24, p. 92.

5. — Sous l'empire du Code Napoléon, l'enfant naturel reconnu peut être adopté par sa mère.

18 novembre 1844, 43-44, n° 109.

6. — Sous l'empire du Code civil, l'enfant naturel reconnu peut être adopté par sa mère.

29 juillet 1845, 45, n° 91, p. 243.

7. — Sous l'empire du Code Napoléon, l'enfant naturel reconnu peut être adopté par sa mère.

25 mars 1846, 46, n° 78, p. 198.

8. — L'enfant naturel peut être adopté par le père ou la mère qui l'a reconnu.

9 février, 23 mars, 3 mai, 5 août, 15 novembre, 24 décembre 1847, 47-48, n° 41.

9. — L'action en nullité d'une adoption consommée est recevable dans le cas où les formes de ce contrat solennel n'ont point été observées : par exemple, en cas de violation des dispositions relatives au domicile de l'adoptant.

Ainsi doit être annulée l'adoption contractée devant le juge de paix du lieu où l'adoptant n'a pas réellement fixé son domicile, bien qu'il y ait fait auparavant la déclaration prescrite par l'article 102 du Code Napoléon, si cette même déclaration n'a point été faite à la mairie du lieu que l'adoptant paraissait quitter, et si, d'ailleurs, d'après les circonstances, ce changement apparent de domicile n'a été imaginé que pour faciliter l'adoption.

12 février 1862, 62-65, n° 4, p. 7.

Affiches, V. SAISIE IMMOBILIÈRE.

Affouage.

TABLE ALPHABÉTIQUE.

§ 1er.

Des personnes qui ont droit à l'affouage.

1. — Le successeur à titre particulier de l'ancien seigneur qui
a exercé le droit de triage, peut
aujourd'hui prendre part à l'affouage dans les bois communaux
partagés avec ce seigneur.

21 août 1827, 27-28, n° 48.

2. — Sous l'empire de l'ordonnance de 1669, le seigneur conservait son droit d'affouage sur le cantonnement par lui abandonné aux
communes usagères.

D'après les nouveaux principes,
les ayants cause des ci-devant seigneurs peuvent, par cela seul
qu'ils possédaient des propriétés
bâties sur le territoire d'une commune, réclamer leur part dans les
jouissances communales.

27 mars 1852, 49-52, n° 131.

3. — Lorsqu'en vertu de la loi
de 1790, qui a fixé la nouvelle dé-
marcation des territoires, une ferme
isolée a été réunie à une commune
et que le propriétaire qui l'habite
a été porté sur les rôles de ses contributions et assujetti à toutes les
charges locales et personnelles,
il est fondé à réclamer sa part

d'affouage dans les forêts appartenant à cette commune, comme
tout autre habitant.

25 juin 1822, t. IV, n° 679, p. 122.

4. — En cas de réunion d'une
grange ou maison isolée à une
autre commune, les nouveaux habitants n'ont pas le droit de participer à l'affouage dans les bois
de la commune à laquelle ils sont
réunis.

28 février 1828, 27-28, n° 74.

5. — La réunion d'une section
de commune à une autre commune
ou même d'une simple ferme n'é-
tablit pas une communion ; elle ne
confère pas droit à l'affouage.

Inédit. 26 février 1836, 1re Ch. Habitant
du Pré-Chaplot c. commune de Soing.

6. — C'est à la commune qui
prétend que certaines maisons situées sur son territoire ne doivent
pas prendre part à l'affouage, à
prouver qu'elles forment une section de commune distincte ayant
ses biens propres.

Inédit. 6 juillet 1838, 2e Ch. Commune de Mandoure c. Brandelet : arrêt
confirmé par la cour de cassation.

7. — Le droit d'affouage et par
conséquent de propriété résulte de
la seule qualité d'habitant de la
commune. Il n'est pas nécessaire
d'avoir longtemps habité ou de
descendre des anciens habitants.

Inédits. 26 décembre 1838, 1re Ch.
Commune de la Vèze c. Besançon. —
19 mai 1841, 1re Ch. Section de Var-
dey et Fournet c. Cernay.

8. — Les établissements industriels n'ont pas droit à l'affouage,
excepté pour ce qui concerne l'habitation des maîtres et les écuries
et hébergeages.

Inédit. 16 juillet 1840, 2e Ch. Commune
de Gouhenans c. Grillet et Parmentier.

9. — Les étrangers ont droit
de participer à l'affouage dans les
communes où ils résident.

14 mai 1851, 49-52, n° 114.

10. — Le droit à l'affouage

est attaché à la condition seule de l'existence, pour celui qui le réclame, d'un domicile réel et fixe.

En conséquence, il appartient, indépendamment de toute autorisation de fixer son domicile en France, à l'étranger qui de fait a fixé son domicile dans la commune dont l'affouage est à partager.

25 juin 1860, 60-61, n° 25.

11. — Le droit d'affouage, soit taillis, soit futaie, tient à la qualité d'habitant ou de propriétaire de maison. C'est un droit communal qu'on ne perd pas par le non-usage. Le droit est conservé par la jouissance des communiers et par la qualité dont il est une conséquence. L'usage contraire dont parle l'art. 105 C. forestier, c'est l'usage communal, général, suivi pour la distribution du bois entre tous les habitants ou propriétaires des maisons, et non pas la manière de traiter en particulier tel habitant ou telle maison.

Inédit. 6 juillet 1838, 2ᵉ Ch. Commune de Mandeure c. Brandelet.

12. — Le droit d'affouage, soit pour le chauffage, soit pour les bâtiments, ne peut pas s'acquérir par prescription.

Inédit. 19 janvier 1842, 1ʳᵉ Ch. Daclin c. commune de Glamondans.

§ 2.
Du mode de partage de l'affouage.

13. — D'après un usage général existant en Franche-Comté depuis plusieurs siècles, la distribution des futaies et de leurs branchages se fait suivant le toisé des bâtiments.

22 août 1844, 43-44, n° 92.

14. — Avant la Révolution, la seule règle du partage des futaies était l'usage; et l'usage général, en Franche-Comté, était le partage suivant le toisé des bâtiments. L'article 105 C. forest. a maintenu cet usage, qui doit être observé comme obligation, sans s'occuper des variations dans le mode de partager depuis la Révolution jusqu'à la promulgation du Code forestier.

Inédit. 22 août 1844, 1ʳᵉ Ch. Commune de Mont-sous-Vaudrey.

15. — Lorsque, par suite de cantonnement, les droits d'usage possédés par les habitants d'une commune dans une forêt de l'Etat sont convertis en un droit de propriété sur une portion de la forêt, cette portion de forêt devient propriété communale et est, comme telle, soumise aux dispositions de droit commun sur le mode de jouissance des bois des communes pour le cas où il n'y a ni titre ni usage contraire.

Il y a usage contraire aux dispositions du droit commun lorsque, depuis longtemps, la commune possédant d'autres bois en toute propriété, elle en jouit selon un mode déterminé et qui lui est spécial: en conséquence, c'est cet usage ancien qui doit être appliqué à la nouvelle forêt communale.

3 mai 1869, 68-69, n° 78, p. 322.

§ 3.
Du mode d'exploitation de la coupe affouagère.

16. — La délivrance du bois d'affouage aux usagers se fait par avance et pour l'année qui doit suivre. Elle ne leur est pas due avant le mois d'octobre dans les forêts qui ne sont pas exclusivement peuplées d'arbres résineux.

Les frais de cantonnement, de plantation de bornes, d'établissement de murs entre les subdivisions de la forêt, d'expédition de plan, de relevé et de signification d'arrêts, doivent être mis à la charge commune des usagers et des propriétaires.

5 février 1845, 45, n° 20, p. 53.

17. — Les affouagistes doivent jouir de la manière et suivant le mode d'exercice dont ils jouissaient avant et depuis le Code forestier. L'exécution est la meilleure interprétation du titre.

La fente non abusive des grosses bûches de bois de chauffage dans les délivrances affouagères de la forêt de Chaux est d'usage immémorial.

Un même usage permet de faire entrer pour une certaine proportion dans la composition des stères les branchages de futaies sur taillis.

17 avril 1867, 66-67, n° 104.

§ 4.

Compétence en matière d'affouage.

18. — Les tribunaux sont compétents en matière d'affouage, même quand il s'agit de changer le mode de partage, si la demande n'en est pas faite comme mesure administrative, mais par des particuliers dans leur intérêt privé.

Inédits. 10 février 1843, 2ᵉ Ch. Gillot c. Demongeot.

22 août 1844, 1ʳᵉ Ch. Commune de Mont-sous-Vaudrey.

2 février 1844, 2ᵉ Ch. Commune de Courbet c. Bornai.

19. — Quand il y a contestation sur l'usage établi dans une commune relativement à la répartition de l'affouage, la connaissance en appartient à la juridiction administrative.

1ᵉʳ février 1844, 43-44, n° 29.

20. — Aux tribunaux ordinaires appartient le jugement de la contestation élevée entre une commune et plusieurs particuliers sur l'existence et la nature de l'usage relatif au mode de répartition de l'affouage.

11 juin 1845, 45, n° 85, p. 229.

21. — Ne prononcent pas par voie de disposition générale les tribunaux qui déclarent, sur la demande de quelques membres d'une commune, qu'il n'existe pas d'usage relatif à la répartition de son affouage, et qu'en conséquence le partage doit être fait par feu entre tous les habitants.

11 juin 1845, 45, n° 86, p. 229.

22. — Les tribunaux civils sont compétents pour connaître des contestations élevées à l'occasion de l'usage établi pour le mode de répartition des futaies provenant des bois communaux.

24 novembre 1849, 49-52, n° 18.

Ajournement.

_____

§ 1er.

*Du tribunal devant lequel l'ajournement
doit être donné.*

1. — Au cas où des poursuites
étant commencées par un créancier contre son débiteur, un tiers
se porte *fort et expromisseur* pour
ce dernier, le tiers se trouve engagé solidairement avec le premier
débiteur, de telle sorte que le
créancier peut les assigner tous
deux devant le tribunal du domicile de l'un d'eux, à son choix.

14 déc. 1860, 60-61, n° 38.

2. — Un créancier ne peut se
prévaloir de l'art. 59, § 2, du C. de
pr. civ. et assigner deux débiteurs
devant le tribunal du domicile de
l'un d'eux, à son choix, qu'à la condition que les deux débiteurs soient
obligés à la même dette et par le

même lien de droit. — Spécialement, le tiers porteur d'une lettre
de change ne peut assigner le tireur et le tiré devant le tribunal
du tireur quand la lettre de change
n'a pas été autorisée par le tiré et
acceptée par lui. — En pareil cas,
le tiers porteur a deux actions distinctes, l'une contre le tireur en
garantie de la cession, l'autre contre le tiré comme exerçant les
droits et actions du tireur : en conséquence, s'il exerce cette dernière
action, c'est devant le tribunal du
domicile du tiré qu'il doit le faire.

24 février 1866, 66-67, n° 12.

3. — Lorsqu'il s'agit d'une société en participation, on peut
s'adresser au juge du domicile de
l'un des associés, après que les
opérations de cette société ont été
terminées.

15 décembre 1808, t. I, n° 240.

4. — Une association commerciale en participation n'a pas nécessairement pour siège le bureau
de son gérant chargé de la comptabilité. — A défaut de désignation
précise de la maison sociale, chacun des associés ne peut être assigné que devant les juges de son
domicile.

28 mai 1844, 43-44, n° 55.

5. — Une société de commerce
peut être assignée par ses employés en paiement de leur salaire
devant le tribunal du lieu où ils
exercent leurs fonctions.

3 août 1844, 43-44, n° 75.

6. — En cas de société formée
entre deux associations commerciales dont l'une s'engage à garantir l'autre d'une partie de ses pertes moyennant une part dans ses
gains, le tribunal dans le ressort
duquel siège l'association qui réclame le bénéfice de cette garantie
est compétent pour connaître de
cette action.

21 août 1848, 47-48, n° 134.

7. — Le § 5 de l'art. 59 du

C. de pr. civ. n'est pas applicable aux sociétés en participation.

12 mars 1852, 49-52, n° 130.

8. — Une société commerciale doit être assignée par ses employés en paiement de leurs salaires devant le tribunal dans le ressort duquel le siége de la société est établi. Il importe peu qu'il ait été convenu que ce paiement serait effectué au lieu où ses fonctions devaient s'exercer.

12 novembre 1847, 47-48, n° 55.

9. — Lorsque, sur la question de savoir pour quelle somme un créancier doit être admis au passif d'une faillite, les syndics dirigent contre ce créancier une action en revendication, le tribunal dans le ressort duquel la faillite s'est ouverte est compétent pour en connaître, quand même le défendeur est domicilié dans un autre arrondissement.

30 déc. 1828, 27-28, n° 133.

10. — Si une compagnie a stipulé dans ses statuts que toute demande relative aux affaires sociales ne pourrait être portée devant un tribunal autre que celui de son domicile, ses créanciers ne sont pas recevables à tirer sur elle des lettres de change et à les endosser à des tiers pour la traduire devant leurs propres juges au moyen d'un appel en garantie.

26 mars 1844, 43-44, n° 58.

§ 2.

A qui l'exploit d'ajournement doit être signifié.

11. — D'après l'art. 68 du C. de pr. civ., ce n'est que dans le cas où le voisin ne veut pas signer ou recevoir la copie, que l'huissier doit la remettre au maire ou à son adjoint; ainsi, si un exploit a été remis au maire sans qu'il soit fait mention dans la copie qu'il a été présenté à un voisin, il doit être déclaré nul.

4 juillet 1812, t. II, n° 428.

12. — Il est de principe qu'il faut une copie distincte pour chacune des parties. Il n'y a point d'exception en ce qui concerne le mari et la femme lorsque les intérêts sont distincts. Lorsqu'il s'agit des propres de la femme, elle doit nécessairement être partie et on doit lui signifier une copie distincte de celle de son mari, assigné pour l'autoriser.

Inédits. 18 février 1842, 1re Ch. Richard c. Petitjean. — 23 août 1834, 1re Ch. Démoulin c. veuve Bolu.

§ 3.

Des énonciations de l'exploit d'ajournement.

1° Nom du demandeur.

13. — Une assignation donnée à la requête d'un agent du Trésor n'est pas nulle, quoiqu'elle ne contienne pas son nom, si ce fonctionnaire public a agi en raison de ses fonctions, de ses intérêts et des droits qui en dépendent.

11 janvier 1810, t. II, n° 293.

2° Nom du défendeur, mention de la personne à qui la copie a été remise.

14. — L'énonciation contenue dans un original d'exploit, qu'une copie en a été remise, fait foi jusqu'à inscription de faux; des présomptions ne peuvent ni la combattre ni la détruire, et cette copie doit être présumée régulière jusqu'à preuve contraire.

13 avril 1812, t. II, n° 360.

15. — L'assignation donnée au gérant d'une société commerciale, à raison des opérations sociales, n'est pas nulle lorsqu'elle ne contient ni sa qualité d'associé ni celle de gérant, s'il résulte des circonstances et des pièces dont il a été donné copie en tête de l'exploit qu'il ne pouvait y avoir erreur sur la personne du défendeur.

24 février 1844, 43-44, n° 37.

16. — L'exploit portant que la copie a été remise à une femme qui a déclaré être « l'épouse du cité » n'est pas nul, quoique celui-ci n'ait jamais été marié, alors qu'il n'est pas articulé que cette femme n'habitait pas avec lui à un titre quelconque, notamment comme chargée du service de l'appartement.

Il en est ainsi surtout s'il est constant que la copie ainsi remise est parvenue à sa destination.

8 juin 1870, 70-71, n° 35.

3° Objet de la demande.

17. — La demande de la propriété pleine comprend implicitement celle de l'usufruit.

21 août 1852, 49-52, n° 128.

18. — Doit être déclarée non recevable la demande qui n'est pas formée dans l'exploit d'ajournement, mais qui résulte seulement de conclusions ampliatives prises à la barre.

En pareil cas, les juges peuvent reconnaître au demandeur le droit de reproduire ultérieurement la demande qu'ils ont écartée.

24 janvier 1845, 45, n° 5, p. 11.

19. — Un demandeur qui, dans l'exploit introductif d'instance, demande condamnation en vertu d'un acte de cautionnement déterminé, ne peut, cet acte étant dénié devant le tribunal, invoquer un autre cautionnement, sans constituer par là un litige différent qui doit être l'objet d'une action nouvelle et principale.

12 juin 1868, 68-69, n° 17, p. 67.

4° Indication du tribunal qui doit connaître de la demande et du jour de la comparution.

20. — Est nul, comme contraire au prescrit de l'art. 61 du C. de pr. civ., l'exploit d'ajournement à comparaître devant les juges du tribunal de première instance *jugeant en matière de commerce*, et dans le cas contraire *comme en matière civile*.

7 février 1818, t. III, n° 581.

21. — Une assignation donnée en vertu d'ordonnance du président du tribunal n'est pas nulle, quoique n'indiquant pas le jour fixé pour l'audience, mais seulement l'heure, s'il a été donné copie avec cette assignation de l'ordonnance qui fixe ce jour, parce qu'alors la partie assignée a eu connaissance du jour et de l'heure indiqués.

3 décembre 1825, t. IV, n° 872, p. 759.

5° Généralités.

22. — Les équivalents ne peuvent être admis pour tenir lieu des formalités exigées à peine de nullité qu'autant qu'ils se trouvent dans l'exploit même ou en tête de cet exploit. Il n'est pas permis de prendre les équivalents dans des actes différents, antérieurs ou postérieurs, *aliundé vel extrinsecùs*.

Inédit. 23 août 1854, 1re Ch. Dumoulin c. veuve Bolu.

23. — Quand l'erreur matérielle contenue dans une copie d'exploit peut être facilement rectifiée à l'aide des énonciations renfermées tant dans la copie elle-même que dans l'original, elle ne constitue pas un moyen de nullité.

9 juillet 1844, 43-44, n° 71.

24. — La loi n'exige pas la signature de la partie au bas des exploits d'ajournement qu'elle fait signifier.

26 août 1808, t. I, n° 225.

25. — C'est de l'ensemble des énonciations contenues tant dans l'assignation que dans les conclusions en défense, qu'il appert en quelles qualités les parties ont agi au procès.

28 avril 1866, 66-67, n° 24.

26. — Les ratures et surcharges qui se trouvent dans un exploit d'huissier n'entraînent pas la nullité de cet exploit, s'il n'en résulte aucune ambiguïté.

8 mai 1810, t. II, n° 305.

27. — L'exploit signifié un jour férié, sans permission du juge, n'est point nul par ce motif.

22 juin 1850, 49-52, n° 65.

28. — Est nulle la citation, lorsque la copie signifiée au défendeur n'est pas signée de l'officier ministériel qui la donne.

1er août 1836, 36, p. 159.

29. — Une citation signifiée par un huissier qui n'aurait pas prêté serment, ou dont la prestation de serment ne serait pas inscrite sur les registres de la justice de paix, ne serait pas nulle, si cet huissier exerçait publiquement ses fonctions.

16 janvier 1811, t. II, n° 326.

30. — La régularité de l'original d'un exploit ne peut couvrir les vices de la copie.

29 juillet 1829, 29, n° 56, p. 189.

31. — La partie qui a reçu une *copie régulière* et qui la représente peut se prévaloir des irrégularités ou omissions de l'*original* et en faire prononcer la nullité.

Inédit. 21 juin 1851, 2e Ch. Jacquos c. Cremus.

32. — Un exploit d'assignation relatif à une action en partage n'est pas nul, quoiqu'il ne contienne ni les moyens à l'appui de la demande, ni la copie des titres de celui qui intente cette action, ni même la contenance et les confins de l'objet dont on demande le partage, si la copropriété du demandeur a été avouée par les défendeurs, l'art. 3 de l'ordonnance de 1667 n'étant applicable qu'aux actions purement réelles, mais non aux actions mixtes, telles que celles en partage.

21 juin 1809, t. II, n° 269.

§ 4.
Du délai de l'ajournement.

33. — Si les ordonnances rendues en référé sont susceptibles d'appel, il n'en est pas de même de celles qui, dans le cas prévu par l'art. 72 du C. de pr. civ., permettent d'assigner à bref délai.

27 janvier 1847, 47-48, n° 24.

34. — L'ordonnance qui permet l'ajournement à bref délai ne comporte pas implicitement le droit d'assigner d'heure à heure ; l'assignation doit être donnée de manière à laisser au défendeur au moins un jour franc.

A ce premier délai doit s'ajouter celui que l'article 1033 du Code de procédure civile établit à raison des distances. Si la distance est de trois myriamètres et une fraction, le délai supplémentaire doit être de deux jours.

18 août 1847, 47-48, n° 31.

35. — Quand le président a rendu une ordonnance permettant d'assigner à bref délai et dispensant des délais de distance ou de la conciliation, on ne doit pas se contenter d'écarter par voie d'exception cette ordonnance comme illégale et rendue incompétemment, il faut l'attaquer et la faire réformer par les voies de droit. Jusque-là, les tribunaux sont obligés de respecter cette ordonnance.

Inédit. 29 décembre 1841, 1re Ch. Fondet c. Patry et Mme Leridon.

36. — L'ordonnance du président, portant permission d'assigner à bref délai avec dispense de conciliation, n'est pas susceptible d'être attaquée par la voie de l'appel. Celui qui est assigné en vertu de cette ordonnance peut attaquer devant le tribunal la validité de l'ajournement, et par suite celle de l'ordonnance qui l'a autorisé.

L'ordonnance du président, portant permission d'assigner à bref délai, peut-elle abréger les délais des distances, ou ne peut-elle abréger que les délais ordinaires de l'assignation ?

26 juillet 1854, 53-57, n° 38, p. 79.

37. — L'article 72 du Code de procédure autorise l'assignation à bref délai dans les cas qui requièrent célérité. La disposition de cet article serait illusoire si, dans ce cas, il dépendait d'une partie de forcer à de nouveaux délais par des réassignations prévues par l'art. 153, qui statue pour les cas ordinaires, et n'est point applicable dans l'espèce où l'un des intimés fait défaut après avoir constitué avoué, et où les autres intimés n'ont pas même constitué avoué, quoique tous aient été assignés en vertu de l'article 72.

1er juillet 1819, t. IV, n° 777, p. 235.

38. — Aucun article du Code de procédure civile ne défend de prononcer définitivement sur une assignation à bref délai ; l'article 76 n'a d'autre but que d'abréger la constitution d'avoué, comme l'art. 72 permet l'abréviation du délai d'ajournement ; et s'il ordonne à l'avoué de signifier sa constitution dans le jour, quoique le jugement puisse être déjà rendu, c'est parce que l'avoué est obligé d'occuper sur tous les incidents qui peuvent s'élever pendant un an, d'après l'art. 1038, et de recevoir toutes les significations à faire pour l'exécution.

25 mai 1812, t. II, n° 427.

39. — Suivant l'article 1033 du Code de procédure civile, pour qu'il y ait lieu à augmentation de délai à raison de la distance, lorsqu'il s'agit d'une assignation, il faut qu'il existe une première distance de trois myriamètres entre le lieu du domicile du défendeur et celui où siège le tribunal devant lequel il est assigné.

25 mai 1812, t. II, n° 427.

40. — Doivent être déclarés nuls l'assignation dans laquelle les délais légaux n'ont pas été observés et les jugements qui s'en sont suivis, lorsque le défendeur qui avait fait défaut a requis cette nullité tant dans sa demande en opposition que dans ses conclusions à l'audience.

18 août 1847, 47-48, n° 31.

§ 5.

Spécialités relatives à l'ajournement de certaines personnes.

1° Communes.

41. — Quand une commune est assignée en la personne de son maire, le visa exigé par l'art. 69 du Code de procédure civile ne peut être donné par l'adjoint en l'absence du maire.

8 décembre 1827, 27-28, n° 57.

42. — En l'absence du maire, l'adjoint n'a pas qualité pour recevoir la copie d'une assignation donnée à la commune et pour viser l'original. Dans ce cas, l'exploit ne peut être remis qu'au juge de paix et au procureur du roi et doit être visé par ce magistrat.

7 mai 1822, t. IV, n° 672.

2° Sociétés commerciales.

43. — On peut, par convention, déroger au principe en vertu duquel toute société doit être assignée au lieu où elle a été établie. Cette dérogation résultera notamment des statuts portant que la société aura, dans chaque département, des centres d'opérations et des succursales, avec des directeurs représentant la société, et que les difficultés entre les associés et la société seront soumises à des arbitres choisis par le tribunal d'arrondissement.

4 février 1834. 53-57, n° 45, p. 102.

44. — L'action en résiliation d'un contrat d'assurances mutuelles, surtout si elle est accompagnée d'une demande en validité d'offres réelles faites à la compagnie, peut être portée par l'assuré devant le tribunal du lieu où est fixée l'agence particulière avec laquelle il a traité et qui depuis lors a reçu ses paiements annuels, bien que par ses statuts généraux la compagnie ait fixé son domicile dans un lieu différent.

La création d'agences particulières équivaut à une élection de domicile dans les lieux où les agents sont établis.

3 février 1848, 47-48, n° 73.

45. — Une compagnie de chemin de fer, qui fixe son siége à Paris, peut avoir sur d'autres points des établissements présentant le caractère de siéges sociaux, où elle peut être valablement assignée.

Il en est ainsi quand, dans ces établissements, des agents sont chargés par la compagnie de la représenter en justice; mais un pareil mandat ne dérive pas des seules fonctions de chef de gare.

25 avril 1863, 62-65, n° 46, p. 157.

46. — Les Compagnies de chemins de fer peuvent avoir des domiciles distincts et attributifs de juridiction; c'est à ces domiciles que tous les actes de procédure spéciaux à chacune de ces juridictions peuvent être signifiés, chacun de ces domiciles devenant pour les affaires de son ressort le siége de la Compagnie.

L'assignation signifiée à un chef de gare chargé de représenter la Compagnie est valable, et il est inutile de la signifier au siége social établi à Paris.

23 mars 1870, 70-71, n° 15.

3° Associations syndicales.

47. — Une association syndicale peut valablement être assignée en la personne du président de la commission, qui est son représentant légal.

28 avril 1866, 66-67, n° 24.

Alignement, V. Propriété.

Aliments.

De la dette alimentaire. (N°⁵ 1 à 8.)

1. — L'obligation de la part des enfants de fournir des aliments à leurs père et mère pèse sur chacun d'eux pour la totalité, et elle ne peut donner lieu à aucune répétition contre ceux qui n'ont point contribué à acquitter cette charge naturelle.

8 janvier 1818, t. III, n° 578.

2. — La femme séparée de corps par suite de la condamnation de son mari à une peine infamante peut être condamnée à payer à celui-ci une pension alimentaire (500 fr.), quoiqu'il soit jeune et capable de travailler et quoique les propriétés de cette femme, mal administrées, soient grevées de dettes dont les intérêts dépassent les revenus.

Inédit. 25 juillet 1851, 2e Ch. Femme Girodo c. son mari.

3. — Un percepteur révoqué de ses fonctions pour déficit dans sa caisse peut obtenir de sa fille une pension alimentaire (400 fr.) alors même que cette fille s'est engagée à payer les dettes de son père et que ce dernier est jeune et capable de travailler.

Inédit. 27 nov. 1851, 2e Ch. B. c. sa fille.

4. — La dette alimentaire qui a sa cause dans la nécessité de vivre ne produit point d'arrérages; car, pour le temps passé, la cause de la dette a cessé d'être.

Il en serait autrement dans le cas d'un emprunt forcément contracté par le créancier de la dette alimentaire, à qui des aliments n'auraient pas été fournis.

La mère qui a payé seule la pension alimentaire a contre le père une action en répétition, mais elle doit, pour la faire admettre, non-seulement établir qu'elle a payé la dette entière, mais que le père était en état d'y contribuer.

Le jugement ordonnant le paiement d'une dette alimentaire, étant déclaratif du droit qu'il reconnaît, doit assigner comme point de départ de la pension le jour de la demande en justice et non la date du jugement.

26 juillet 1865, 62-65, n° 91, p. 387.

5. — Un enfant ne peut forcer ses père et mère auxquels il doit des aliments à venir les recevoir chez lui, sous prétexte qu'il ne peut leur payer une pension.

14 janvier 1808, t. I, n° 190.

6. — Une mère interdite, agissant par le ministère de son tuteur, ne peut être admise à recevoir, nourrir et entretenir dans sa maison ses enfants majeurs, pour se dispenser de leur payer une pension alimentaire.

7 mars 1836, 36, p. 101.

7. — D'après l'art. 209 du Code Napoléon, on ne peut obtenir la réduction d'une pension alimentaire déterminée par jugement que du jour où cette demande a été expressément formée. Les arrérages échus à cette époque sont irrévocablement acquis à la personne qui reçoit cette pension.

23 août 1817, t. III, n° 574.

8. — Une créance pour pension alimentaire ne peut être compensée avec une somme due par celui qui réclame cette pension.

7 mars 1836, 36, p. 101.

Altération de pièces, V. REQUÊTE CIVILE.

Amnistie, V. EMIGRÉ.

Appel civil, V. DEGRÉS DE JURIDICTION, ACQUIESCEMENT, AVOCAT, HUISSIER, NOTAIRE.

CHAPITRE Iᵉʳ.

DES PERSONNES QUI PEUVENT APPELER OU AUXQUELLES L'APPEL PROFITE.

§ 1ᵉʳ.

Des personnes qui peuvent appeler.

1. — Le droit d'émettre appel d'un jugement déclaratif de faillite n'appartient pas exclusivement aux syndics, mais tout créancier peut l'exercer en son nom personnel, bien qu'en première instance il n'ait pas pris de conclusions particulières.

18 février 1845, 45, n° 23, p. 62.

2. — Tout créancier peut appeler du chef de son débiteur. S'il figure déjà dans le procès comme intimé de son propre chef, il lui suffit de former, au nom de son débiteur, appel incident à la barre.

17 janvier 1829, 29, n° 6, p. 15.

§ 2.

Des personnes auxquelles l'appel profite.

3. — Lorsqu'un jugement condamnant solidairement deux personnes est frappé d'appel, régulièrement par l'une des parties, irrégulièrement par l'autre, celle-ci profite de l'appel régulier et utile de son coappelant. Il en est ainsi surtout s'il s'agit d'une obligation indivisible, comme celle de livrer un immeuble.

6 mars 1865, 62-65, n° 80, p. 349.

———

CHAPITRE II.

DES PERSONNES CONTRE LESQUELLES ON DOIT APPELER.

4. — L'appelant doit mettre la cause en état et intimer sur appel toutes les parties qui ont figuré en première instance. Il n'est pas obligé de signifier l'appel aux parties avec lesquelles il n'y a plus rien de litigieux et qui n'ont point de renseignements à donner.

Inédit. 14 mars 1846, 2ᵉ Ch. Monin c. Chaudans.

En sens contraire : Inédits. 29 août

1839, 2ᵉ Ch. Jonas c. Verpillat. — 22 août 1844, 2ᵉ Ch. Chambellan c. Girod.

5. — Le jugement portant liquidation de succession et de société ne statue pas toujours sur une matière tellement indivisible, que ceux des défendeurs en première instance qui l'ont laissée passer en force de chose jugée doivent en appel être nécessairement mis en cause. — La décision rendue par la Cour, en pareil cas, au profit de quelques-uns seulement des associés ou cohéritiers, est sans influence à l'égard des autres.

18 juillet 1844, 43-44, n° 111.

6. — Lorsque des copropriétaires sont en litige sur la licitation de l'immeuble commun, la matière est indivisible ; en conséquence, l'acte d'appel, nul pour défaut de forme à l'égard de l'une d'elles, n'est pas valable à l'égard des autres.

26 août 1844, 43-44, n° 95.

7. — Est non recevable l'appel interjeté seulement contre la partie principale et non contre le garant à l'égard duquel le jugement est passé en force de chose jugée. — Il en est ainsi quand même le garant appelé en cause en vertu d'un jugement contradictoire a fait défaut en première instance.

18 février 1846, 46, n° 25.

8. — L'appelant doit mettre en cause le garant formel qui a comparu en première instance ; s'il ne l'a pas fait, la Cour peut lui accorder un délai pour opérer cette mise en cause, à charge par lui de payer les frais de l'arrêt qui l'ordonne.

20 nov. 1846, 46, n° 121, p. 321.

9. — Dans le cas où il n'y a pas eu appel contre une partie qui devait être nécessairement intimée et à l'égard de laquelle le jugement n'a point acquis l'autorité de la chose jugée, la Cour ne doit pas déclarer l'appelant non recevable, mais lui accorder à ses frais un délai dans lequel il effectuera cette mise en cause.

19 février 1846, 46, n° 62.

CHAPITRE III.

§ 1er.

Jugements d'avant faire droit.

10. — Avant le Code de procédure on ne distinguait pas les jugements préparatoires des jugements interlocutoires ; tout jugement de preuve était considéré comme simple préparatoire.

3 juin 1808, t. I, n° 207.

11. — Un arrêt de réassignation n'est qu'un simple préparatoire dont on peut appeler, puisqu'il ne porte aucune condamnation et que dès lors il n'en peut résulter aucun grief.

7 juillet 1814, t. II, n° 408.

12. — On ne peut appeler d'un jugement qui ordonne une seconde reconnaissance par experts de l'état des objets loués pour constater, à la fin du bail, le défaut de réparations à la charge du locataire ; c'est un préparatoire qui ne préjuge rien.

23 juillet 1816, t. III, n° 487.

13. — Est définitif, et par conséquent susceptible d'appel, le jugement qui sursoit à statuer sur l'opposition à un commandement par le motif qu'aucun paiement ne pouvait être effectué avant la liquidation complète d'une succession ouverte au profit des parties.

29 juillet 1844, 43-44, n° 97.

14. — On peut encore interjeter appel d'un jugement interlocutoire rendu par défaut, après le jugement définitif, si la partie qui appelle n'a pas paru lors du premier jugement et qu'il ne lui ait pas été signifié à personne ou domicile.

10 février 1809, t. I, n° 248.

15. — Un interlocutoire ne lie jamais les juges et ne peut acquérir l'autorité de la chose jugée contre une partie qui peut en appeler en même temps que du jugement définitif, quels que soient les acquiescements qu'elle y ait donnés.

2 mars 1815, t. III, n° 452.

§ 2.

Des jugements par défaut.

16. — Une sentence rendue par défaut le 10 mars 1806, et qui avait été signifiée le 14 novembre 1807, pouvait être attaquée par la voie de l'appellation durant dix années, puisqu'elle était antérieure à la mise en activité du Code de procédure, et que ce droit ne pouvait être enlevé sans donner à ce Code un effet rétroactif ; la faculté d'appeler sans avoir égard au délai de l'opposition était d'autant moins contestable qu'il était défendu de former opposition, et que l'ordonnance de 1447 et l'arrêt de règlement du parlement de Franche-Comté ordonnaient de se pourvoir par appellation.

25 janvier 1810, t. II, n° 295.

17. — La disposition de l'art. 455 du Code de procéd. cesse de pouvoir être invoquée lorsque l'intimé, en signifiant le jugement à la partie contre laquelle il a été obtenu, lui déclare qu'il a été déjà notifié à l'avoué ; dans ce cas, la signification à cet officier ministériel est nécessairement considérée comme ayant eu lieu ; on ne peut dès lors faire déclarer non recevable l'appelant, sous le prétexte que le jugement n'ayant pas été notifié à l'avoué, les délais de l'opposition n'avaient point encore couru.

4 décembre 1823, t. IV, n° 837, p. 315.

18. — L'appel du demandeur est non recevable lorsque le tribunal de première instance a donné défaut congé contre lui et l'a débouté purement et simplement de ses conclusions.

31 janvier 1844, 1843-44, n° 27.

19. — Est recevable l'appel du demandeur contre un jugement qui a examiné la contestation par défaut, faute de plaider contre le demandeur et à la requête du défendeur.

1er février 1844, 43-44, n° 30.

20. — Le jugement par défaut congé prononçant un simple relaxe peut être attaqué par la voie de l'opposition. Dès lors l'appel par le demandeur défaillant n'est recevable qu'autant que l'opposition a cessé de l'être.

18 mai 1847, 47-48, n° 37.

§ 3.
Des jugements d'incompétence.

21. — D'après l'art. 454 du C. de pr. civ., on peut appeler de toute sentence par laquelle les premiers juges, statuant sur leur compétence, ont retenu la connaissance d'une contestation, ou ont déclaré qu'ils ne pouvaient y statuer, et les Cours ont le droit de réformer les sentences des tribunaux relatives à leur compétence, soit qu'ils aient retenu la connaissance d'une contestation portée à un autre tribunal du ressort ou à l'autorité administrative, soit qu'ils aient refusé de prononcer ; et ce droit ne cesse que dans le cas où, par suite du renvoi, l'autorité administrative aurait statué ou voulu statuer, ou lorsque avant le renvoi l'administration aurait prétendu être compétente.

8 mai 1812, t. II, n° 454.

22. — Lorsqu'un tribunal saisi d'une action dirigée contre les corporations des huissiers d'un arrondissement renvoie le demandeur à se pourvoir devant l'assemblée générale, en se réservant l'homologation de la délibération qui sera prise, il retient l'affaire dans de certaines limites, et sa décision est en dernier res-

sort si l'objet du litige est inférieur à 1,500 fr. On invoquerait en vain le principe que l'appel est toujours recevable lorsqu'il s'agit de compétence.

13 juin 1849, 49-52, n° 41.

§ 4.
Des jugements exécutoires par provision.

23. — L'appel d'un jugement est recevable quoiqu'un second jugement passé en force de chose jugée, en déclarant mal fondées l'opposition et la tierce opposition formées contre le premier, ait ordonné son exécution nonobstant l'appel interjeté.

24 juillet 1829, 29, n° 77, p. 242.

23 bis. — La prohibition édictée en l'art. 647 du Code de commerce rend irrecevable l'appel qui, réservant le fond du litige, porte seulement sur le chef du jugement ayant ordonné son exécution provisoire sans caution.

En matière commerciale comme en matière civile, l'opposition et l'appel ne peuvent être cumulés.

14 août 1871, 70-71, n° 57, p. 246.

§ 5.
Ordonnances du président.

24. — L'ordonnance par laquelle un président distribue les causes aux diverses chambres d'un tribunal n'est point susceptible d'appel.

2 janvier 1869, 68-69, n° 52, p. 215.

CHAPITRE IV.
DÉLAIS, EXPLOITS ET FORMES D'APPEL.

§ 1er.
Des délais d'appel.

1° De l'époque à partir de laquelle il est permis d'appeler.

25. — L'article 644 du Code de commerce permet d'appeler le jour même du jugement ; cette faculté légale, et accordée sans restriction ni distinction, peut s'exercer, que les jugements soient contradictoires ou qu'ils soient rendus par défaut, par le motif surtout que les jugements des tribunaux de commerce, contradictoires ou non, sont exécutoires par provision.

14 déc. 1809, t. II, n° 288.

26. — L'article 645 du Code de commerce établit une exception pour les affaires de commerce en décidant, sans distinction entre les jugements contradictoires et les jugements par défaut, que l'appel peut être interjeté le jour même du jugement et par conséquent avant que le délai de l'opposition ne soit écoulé ; en cela le motif du législateur a été de terminer promptement ce genre de procès ; d'ailleurs, la jurisprudence paraît être fixée dans ce sens.

8 mai 1819, t. IV, n° 776, p. 234.

2° Du temps pendant lequel il est permis d'appeler.

27. — L'appel est régi, quant aux délais et à la forme, par la loi sous l'empire de laquelle il est interjeté, bien que l'instance ait été engagée sous une législation antérieure.

4 mars 1845, 45, n° 29, p. 83.

28. — Les délais d'appel sont régis par la loi du temps où le jugement a été rendu ; et spécialement la loi du 3 mai 1862, qui modifie le droit d'appel en le limitant, n'est point applicable aux jugements rendus antérieurement.

31 mars 1863, 62-65, n° 41, p. 137.

29. — Suivant l'article 443 du C. de pr., le délai d'appel est de trois mois, et il court du jour de la signification à personne ou domicile ; cette règle ne reçoit qu'une exception en faveur de l'intimé qui peut interjeter incidemment appel en tout état de cause, et cette exception n'est applicable qu'à la partie contre laquelle porte l'appel principal, parce qu'il n'y a qu'elle qui ait la qualité d'intimé sur cette appellation.

17 janvier 1816, t. III, n° 469.

29 bis. — La distance qui donne lieu à une augmentation des délais en matière de procédure doit être calculée en prenant pour base la ligne viable la plus directe entre deux localités.

26 août 1871, 70-71, n° 73, p. 326.

30. — Pour signifier régulièrement un jugement et faire courir les délais de l'appel, il faut que la signification contienne copie de la formule exécutoire qui le termine.

12 février 1810, t. II, n° 298 *bis.*

31. — La signification de la copie d'une copie de jugement ne fait point courir les délais de l'appel ; ils ne peuvent avoir pour point de départ que la signification faite ensuite d'une grosse exécutoire levée par le poursuivant.

17 janvier 1829, 29, n° 6, p. 15.

32. — Même décision que ci-dessus, n° 31.

33. — Dans le calcul du délai d'appel, on ne doit compter ni le jour de la signification du jugement ni celui de l'échéance du délai.

31 juillet 1829, 29, n° 62, p. 209.

34. — On ne doit considérer comme actes d'exécution d'un jugement que ceux qui sont dirigés contre la personne ou les biens de la partie condamnée, et non ceux qui n'ont d'autre effet que de lui donner connaissance légale de la décision des tribunaux.

En conséquence, la signification d'un jugement n'est pas un acte d'exécution. Elle peut être faite dans la huitaine de la prononciation du jugement, lors même que ce jugement n'est pas exécutoire par provision.

14 février 1829, 29, n° 15, p. 56.

35. — Décidé avant la loi de 1841, que la saisie immobilière étant régie par des règles spéciales, l'art. 449 du Code de procédure n'est pas applicable au jugement qui, en rejetant des moyens de nullité, a adjugé provisoirement les biens saisis.

15 décembre 1812, t. II, n° 380.

36. — L'opposition à un jugement par défaut, bien que formée tardivement, suffit, si la nullité n'en est pas proposée *à limine litis*, pour proroger les délais de l'appel. Ces délais ne commencent à courir du jour où ceux de l'opposition sont expirés, que si la partie condamnée ne s'est pas rendue opposante; dans le cas contraire, ils ont pour point de départ le jugement rendu sur l'opposition.

18 nov. 1846, 46, n° 67.

37. — La loi de 1790 n'a pas abrogé d'une manière positive le droit que la loi romaine et l'ordonnance de 1667 donnaient au mineur d'appeler même après l'expiration du délai fixé pour les majeurs.

24 prairial an XIII, t. I, n° 125.

38. — Jugé que la loi du 24 août 1790 n'a fixé le délai de trois mois pour appeler d'un jugement contradictoire que pour ceux qui jouissent de tous leurs droits ; de sorte qu'on ne peut l'opposer ni aux mineurs ni aux interdits, puisqu'elle n'a pas abrogé expressément les priviléges dont ils jouissent ensuite de la protection due à leur faiblesse et à leur incapacité.

Du 25 frimaire an II, t. I, n° 69.

39. — Si le mineur ne relève pas le majeur *in dividuis*, le seul bon sens établit, par exception à cette règle, le cas où le rejet de l'appellation réfléchirait contre le mineur lui-même; cette exception se vérifie dans le cas où le mari mineur et sa femme majeure sont obligés ou condamnés l'un et l'autre, puisque alors la femme, comme simple caution de son mari, a un recours certain en indemnité contre lui.

24 prairial an XIII, t. I, n° 125.

40. — L'article 446 du C. de pr. civ. a abrogé la loi du 6 brumaire an V, rendue en faveur des militaires en activité de service.

5 août 1808, t. I, n° 221.

41. — L'appel interjeté par le garant dans le délai utile conserve au garanti le droit d'appeler de son chef, même après l'expiration des trois mois depuis la signification du jugement.

30 nov. 1827, 27-28, n° 55.

42. — L'exercice de la faculté d'appeler a été limité dans l'intérêt seul de la partie contre laquelle est interjetée l'appellation ; la nullité de l'appel émis après que sont écoulés les délais fixés par le C. de pr. est ainsi purement relative, le juge ne peut la suppléer d'office, ni l'appelant la proposer pour écarter les demandes reconventionnelles formées contre lui ; il est cependant libre de se désister et de renoncer à provoquer la réformation du jugement; mais il ne peut, en le faisant, priver son adversaire des droits qui lui sont acquis par son appellation.

19 janvier 1821, t. IV, n° 794, p. 261.

43. — On peut, afin d'abréger les délais, présenter requête à une Cour pour obtenir la faculté d'être reçu appelant d'une taxe de frais comprise dans un jugement d'adjudication; cette taxe, faisant partie intégrante de ce jugement, lorsqu'elle y a été insérée, ne peut être réformée que par voie de l'appel et non par celle de l'opposition.

21 août 1807, t. I, n° 180.

44. — La signification du jugement ne fait courir le délai d'appel qu'en ce qui concerne la partie qui a fait la signification et non dans l'intérêt d'un autre colitigant.

Inédit. 1er août 1836, 1re Ch. Cne de Gézier c. cne de Montboillon.

45. — La partie qui, ayant fixé son domicile dans un lieu, s'en attribue faussement un autre dans les actes de la procédure, ne peut se rendre appelante après l'expiration des délais fixés par l'art. 443 du C. de pr. civ., sous prétexte que la signification à avoué du jugement qui la condamne est nulle comme donnant de son domicile une indication inexacte, et que cette nullité entraîne, par voie de conséquence, celle de la signification à personne.

27 mars 1846, 46, n° 26.

§ 2.

De l'exploit d'appel.

1° Historique.

46. — Pour qu'un appel soit censé avoir été interjeté avant le Code de procédure, il faut que l'acte qui le constate soit représenté : la simple énonciation qui aurait été faite de l'existence de cet acte dans une pièce d'écriture est insignifiante, lors même que cet errement de procédure aurait été signifié à la requête de la partie adverse.

31 janvier 1822, t. IV, n° 663, p. 101.

47. — Aucun article du Code de procédure ne prescrit, à peine de nullité, d'écrire en toutes lettres la date d'un acte d'appel.

12 février 1810, t. II, n° 298 *bis.*

2° Date de l'exploit d'appel.

48. — Quand l'erreur dans la date d'un acte d'appel ne peut être rectifiée à l'aide des autres énonciations qu'il renferme, la date des patentes de l'huissier et du négociant qui a reçu la copie, le timbre du papier qui a servi à l'exploit, ne sont pas des indications suffisantes pour en couvrir la nullité.

En pareil cas, si le jugement dont appel est confirmé au fond, l'huissier peut être condamné pour tous dommages-intérêts aux frais occasionnés par sa mise en cause, y compris ceux de l'enregistrement de sa condamnation.

29 juillet 1829, 29, n° 51, p. 189.

49. — Suivant l'article 61 du Code de procédure civile, la copie d'un acte d'appel donnée à l'intimé qui ne fait pas mention du mois où elle a été rédigée est nulle.

12 août 1816, t. III, n° 488 *bis.*

50. — Est nul l'acte d'appel dans la copie duquel se trouve omise la mention du jour de sa signification, alors même que l'avoué de l'intimé, dans sa constitution, aurait indiqué le jour où cet exploit aurait été signifié.

15 mai 1866, 66-67, n° 30.

51. — Doit être déclaré nul l'acte d'appel qui ne porte pas la date de sa signification.

11 novembre 1846, 46, n° 70.

52. — Est null'exploit d'appel dans la copie duquel a été omise la date de la signification, quelle que soit du reste la régularité de l'original.

11 mai 1864, 62-65, n° 54, p. 265.

3° Profession, domicile de l'appelant.

53. — Le défaut de mention de la profession de l'appelant dans l'acte d'appel, ainsi que l'omission de son domicile dans la copie de cet acte, en entraînent la nullité.

28 août 1808, t. I, n° 225.

54. — Il n'y a pas nullité dans un exploit d'appel pour défaut d'énonciation de la profession des appelants, si d'ailleurs elle n'est pas reconnue et qu'on ait suivi à cet égard les errements du jugement de première instance.

8 décembre 1808, t. I, n° 238.

55. — Un acte d'appel n'est pas nul parce que celui qui l'a interjeté se sera qualifié de propriétaire au lieu de cultivateur, s'il cultive des propriétés.

Il en est de même si l'appelant est déclaré demeurant au lieu de domicilié, surtout quand on ne justifie pas qu'il a une demeure différente de son domicile.

21 mai 1812, t. II, n° 363.

56. — Un acte d'appel étant une véritable assignation est nul si la copie ne contient pas l'indication de la profession et du domicile de l'appelant; cette nullité ne peut être considérée comme couverte, parce qu'on aurait négligé de la proposer *à limine litis*, lorsque, dans les qualités de la cause, on a demandé expressément que l'appelant fût déclaré *non recevable pour nullité d'exploit.*

30 janvier 1819, t. IV, n° 768, p. 223.

57. — La copie de l'exploit d'un acte d'appel n'est pas nulle quoiqu'elle ne contienne pas l'indication du domicile de l'appelant, mais seulement celui de sa résidence, les deux mots résidant et demeurant étant synonymes, lorsqu'il n'est pas démontré que le domicile n'est pas autre que la résidence.

Il n'y a pas non plus de nullité dans un acte d'appel, parce que l'exploit porterait la date erronée de 1719 au lieu de 1819, lorsque cette erreur est réparée par l'acte lui-même, d'abord par la date du jugement dont appel, et ensuite par le visa signé du maire intimé qui la date de 1819.

28 déc. 1819, t. IV, n° 621, p. 36.

58. — L'omission de la profession du demandeur dans un acte d'appel ne le peut réellement vicier que dans le cas où il existerait quelque incertitude sur la personne à la requête de laquelle la signification en est faite.

8 février 1820, t. IV, n° 629, p. 47.

59. — Doit être déclaré nul l'acte d'appel qui contient une fausse indication du domicile de l'appelant, du moins quand l'intimé n'a pu savoir quel était réellement le domicile de son adversaire.

27 mars 1846, 46, n° 26.

60. — L'indication dans un exploit de la rue et du numéro de la maison où est domicilié le requérant peut être, dans certains cas, regardée comme indispensable, et dans d'autres comme superflue.

Spécialement, l'acte d'appel qui ne le contient pas est valable, si ce défaut de mention n'a pu préjudicier à l'intimé.

23 juillet 1846, 46, n° 50.

4° Constitution d'avoué.

61. — Les mentions exigées par l'article 61 dans les exploits d'huissier peuvent être remplacées par des énonciations équipollentes; ainsi, dans une constitution d'avoué faite en acte d'appel, il suffit que l'on ait joint au nom de l'officier ministériel une indication suffisante pour que l'on ne puisse se méprendre sur sa personne.

10 février 1823, t. IV, n° 698, p. 119.

Une constitution d'avoué faite d'une manière alternative rend l'acte d'appel nul.

12 mai 1821, t. IV, n° 698, p. 149.

62. — On peut admettre les équipollences dans les actes d'appel. Ainsi, la constitution dans l'exploit d'appel d'un avoué qui exerce près la Cour de Besançon indique suffisamment que c'est cette Cour qui doit connaître de l'appellation et couvre l'omission de cette indication.

29 novembre 1827, 27-28, n° 54.

63. — L'avoué chez qui une partie élit domicile dans un acte d'appel est par là même suffisamment constitué à l'effet d'occuper pour elle.

3 mars 1849, 49-52, n° 5.

5° Nom et immatricule de l'huissier.

64. — Un acte d'appel n'est valable qu'autant qu'il indique comme tout ajournement les noms, demeure et immatricule de l'huissier.

La copie de l'acte d'appel doit contenir, soit formellement, soit par équipollence, les mêmes indications que l'original.

27 février 1846, 46, n° 60.

6° Nom de l'intimé.

65. — L'omission du nom du

défendeur dans la copie d'un acte d'appel n'en doit pas faire prononcer la nullité, si ce nom est plusieurs fois répété dans l'exploit et notamment dans l'ajournement.

21 mai 1810, t. II, n° 306.

7° A qui l'acte d'appel doit être signifié.

66. — L'acte d'appel doit être signifié à personne ou domicile, à peine de nullité. La faculté accordée par l'article 584 du Code de procédure, de faire toutes significations, même d'appel, au domicile élu par le commandement, ne peut s'entendre que des jugements qui peuvent intervenir sur l'instance en poursuite, mais non de l'appel du jugement qui a donné lieu à cette poursuite.

21 août 1809, t. II, n° 280.

67. — Un acte d'appel, qui a été notifié à une personne rencontrée dans un certain endroit et parlant à son avoué, n'a été signifié ni à personne ni à domicile, et par conséquent est nul. L'élection de domicile faite chez un avoué par le cahier des charges ne lui donne pas le droit de recevoir la copie d'un acte d'appel.

16 juin 1809, t. II, n° 268 bis.

68. — L'art. 68 du Code de procédure est de s'assurer que la copie a été donnée au cité, lorsqu'en son absence elle est laissée en son domicile. C'est pourquoi il exige qu'alors elle soit remise à un de ses parents ou de ses serviteurs. Il en résulte qu'un exploit d'appel ne serait pas nul, parce que la copie ayant été portée au domicile de l'intimé aurait été laissée à un homme qui a paru pour lui en qualité d'homme d'affaires dans l'instruction de l'instance, et qui, par conséquent, pouvait être considéré comme attaché à son service, surtout lorsque l'intimé a reçu cette copie et la représente.

28 juin 1816, t. III, n° 483.

69. — Lorsqu'il y a saisie-exé-

cution, le débiteur saisi ne peut pas signifier l'acte d'appel au domicile de l'avoué du saisissant. Il est obligé de le signifier au domicile élu indiqué par l'article 584 du Code de procédure civile.

22 décembre 1828, 29, n° 2, p. 5.

70. — La signification de l'acte d'appel doit être faite au domicile d'origine tant qu'il n'a point été changé de l'une des manières indiquées par les art. 103 et 105 du C. N., spécialement lorsqu'il y a eu seulement translation de résidence par suite de nomination à des fonctions révocables, telles que celles d'instituteur.

11 janvier 1844, 43-44, n° 20.

71. — On ne peut signifier un acte d'appel au domicile indiqué par l'art. 422 du C. de pr. civ.

6 janvier 1818, t. III, n° 576.

72. — Lorsqu'un individu s'est faussement déclaré domicilié dans un endroit, et que l'huissier n'a pu y découvrir son domicile, l'acte d'appel n'est point nul, s'il a signifié la copie au maire sans avoir constaté le refus de signer, de la part du voisin, parce que c'est l'attribution mensongère de ce domicile qui aurait provoqué la nullité.

2 juillet 1824, t. IV, n° 730, p. 183.

73. — L'art. 456 du C. de pr. civ. n'est point applicable aux matières de saisie immobilière qui sont régies par des lois particulières ; ainsi l'acte d'appel d'un jugement qui a statué sur les nullités de poursuites en saisie n'est pas nul pour n'avoir pas été signifié à personne ou domicile, mais seulement au domicile de l'avoué ; dans le cas de l'article 734 (ancien) du même Code, on ne doit point accorder de jours supplémentaires à raison des distances : cette abréviation des délais est une dérogation au droit commun, en ce qu'elle serait impraticable à l'égard d'une partie trop éloignée.

24 juillet 1822, t. IV, n° 684, p. 131.

74. — Aux termes de l'art. 2156 du C. N., les actions contre les créanciers auxquelles peuvent donner lieu les inscriptions hypothécaires doivent être introduites par exploit signifié à domicile ou à celui élu sur le registre. En conséquence, est nul l'acte d'appel signifié au domicile de l'avoué d'instance, quand ce n'est point le domicile élu dans l'inscription. Aux termes de l'art. 456 du C. de pr. civ., l'intimé seul peut interjeter incidemment appel ; en conséquence, les appelants ne peuvent rectifier leur appel nul en appelant incidemment à la barre.

30 janvier 1818, t. III, n° 525.

75. — Un acte d'appel ne peut être signifié à l'avoué de l'intimé en première instance, dont les pouvoirs ne s'étendaient pas à représenter son client dans les actes non relatifs à l'instruction de la procédure en première instance : cet acte a pour objet de faire cesser les poursuites devant les premiers juges et d'introduire une nouvelle instance devant des juges supérieurs, et d'après les lois anciennes comme d'après les lois nouvelles, tout acte qui ne peut être considéré comme étant du simple ministère des avoués, tout exploit qui introduit une instance nouvelle, doit être signifié à personne ou domicile, et à cet égard l'art. 456 du C. de pr. n'est point introductif d'un droit nouveau, mais n'est au contraire que la confirmation des principes anciens.

18 déc. 1809, t. II, n° 88 *bis.*

76. — L'acte d'appel du jugement dont l'exécution a été poursuivie peut être valablement signifié au domicile élu dans le commandement par lequel le débiteur sommé de payer est averti que le requérant procédera contre lui par toutes les voies légales, et notamment par la contrainte par corps.

24 février 1844, 43-44, n° 7.

77. — Un acte d'appel dirigé contre trois intimés, qui serait signifié seulement au domicile de l'un d'eux, est nul, même à l'égard de celui-ci, parce que la copie qui lui en aurait été laissée étant donnée à trois personnes ne lui appartient pas plus qu'aux deux autres, que d'ailleurs un pareil acte ne peut être nul vis-à-vis de quelques-uns des intéressés et valoir à l'égard de l'autre ; qu'enfin tout acte d'appel doit contenir assignation et être notifié à chacune des parties intéressées, avec mention de la personne à laquelle la copie a été remise.

14 déc. 1818, t. III, n° 549.

78. — Il suffit, pour remplir les formalités exigées par les art. 61 et 447 du C. de pr. civ., qu'un exploit soit notifié à une veuve, tant pour elle que pour ses enfants, comme héritiers de leur père, avec lequel elle était commune en biens, lorsque la liquidation de la communauté n'a point encore été opérée.

28 septembre 1816, t. III, n° 492.

79. — Pour qu'un exploit d'appel soit valable, il faut qu'il soit signifié au domicile mortuaire de la partie qui a obtenu le jugement dont appel, ou au domicile ou résidence, ou enfin à la personne de son héritier.

13 mai 1836, 36, p. 88.

80. — Si le domicile ou la résidence de l'héritier d'une personne décédée qui aurait obtenu le jugement dont appel, la copie d'un exploit ne peut être remise ni au procureur du roi près un tribunal autre que celui où la demande est portée, ni au procureur général près une Cour autre que celle où l'appel doit être porté.

13 mai 1836. 36, p. 88.

81. — La partie qui appelle d'un jugement rendu contre une femme mariée doit, à peine de nullité, signifier une copie de l'acte d'appel à la femme et une autre au mari pour qu'il ait à donner son autorisation.

26 août 1844, 43-44, n° 95.

82. — L'acte d'appel doit être signifié à tous les intimés, quand même ils auraient le même domicile.

28 juillet 1819, t. IV, n° 863, p. 347.

83. — La copie d'un acte d'appel n'est pas nulle, pour avoir été remise à l'adjoint du maire dans le cas où l'huissier n'a trouvé ni parents ni serviteurs de la personne assignée, lorsque le voisin l'a refusée et que le maire était absent.

22 janvier 1820, t. IV, n° 625, p. 39.

84. — L'acte d'appel d'un jugement d'adjudication préparatoire est nul et irrégulier, s'il a été signifié seulement à l'avoué du poursuivant.

29 avril 1818, t. III, n° 587.

85. — Un acte d'appel signifié à un maire, tant en son nom personnel qu'en sa qualité de maire, constitue plutôt une irrégularité qu'une nullité.

10 mai 1821, t. IV, n° 672.

86. — L'exploit d'appel signifié à une commune doit être visé par le maire, le visa apposé par son fils communier n'est pas valable.

2 juillet 1828, 27-28, n° 101.

87. — Un acte d'appel est nul s'il n'a point été signifié au bureau de l'hospice, mais seulement à son receveur, qui ne représente pas légalement l'administration de l'hospice pour recevoir cette signification.

29 août 1820, t. IV, n° 647, p. 73.

88. — Un acte d'appel dirigé contre un hospice est radicalement nul, d'après les art. 68, 69 et 70 du C. de pr., si la copie de cet acte a été signifiée au receveur général de cet hospice et non au bureau de cet établissement, parce que le receveur n'est point administrateur, et que même ses fonctions sont incompatibles avec celles d'administrateur.

29 mars 1825, t. IV, n° 749, p. 204.

8° Parlant à.

89. — Il n'est pas nécessaire que l'huissier désigne par son nom la personne à laquelle il remet la copie d'un exploit d'appel ; il suffit qu'il l'indique par sa qualité ou par ses rapports avec la personne assignée, et notamment il n'est pas obligé d'indiquer le nom du portier à qui cette copie est remise.

12 février 1810, t. II, n° 298 *bis*.

90. — Quoique la copie d'un acte d'appel ne contienne pas, dans la partie du parlant à, le nom patronymique de la personne à qui elle est signifiée, on ne peut en prononcer la nullité si, dans cette copie, ce nom se trouve formellement énoncé, et qu'il n'ait pu y avoir d'équivoque à cet égard.

2 juillet 1822, t. IV, n° 625, p. 43.

91. — Des exploits d'appel qui sont signifiés au mari et à son épouse, *parlant à leurs personnes*, puisqu'une seule signification est suffisante à leur égard, et que l'on ne peut pas dire qu'il y a eu incertitude sur la personne à laquelle les copies ont été remises.

5 mars 1819, t. IV, n° 772, p. 230.

92. — Un acte d'appel signifié à trois personnes, parlant à la femme de l'une d'elles, est nul, parce que d'une part cette signification est collective et ne s'applique exclusivement à aucun des intimés, et que d'autre part il devait être laissé copie pour chacun d'eux, cette copie étant leur titre nécessaire.

9 juin 1825, t. IV, n° 863, p. 347.

93. — La signification d'un acte d'appel fait à trois intimés, parlant à leurs personnes, suffirait pour justifier que l'huissier s'est adressé à chacune d'elles, à plus forte raison lorsqu'il l'a exprimé ainsi : « Et je leur ai à chacun séparément » et parlant comme devant et » comme dit est, laissé et délivré » copie de mon présent exploit. »

5 décembre 1815, t. III, n° 463.

94. — Aux termes de l'art. 61, § 2, du Code de procédure civile, toute assignation doit contenir « mention de la personne à laquelle copie de l'exploit est laissée ; » en conséquence, est nul l'acte d'appel signifié à un mari et à sa femme sans qu'il soit nettement constaté auquel, du mari ou de la femme, la copie a été laissée.

En pareil cas et conformément aux dispositions de l'art. 1031 du Code de procédure civile, l'huissier est responsable des conséquences de la nullité de l'exploit qu'il a signifié.

1er juillet 1863, 62-65, n° 50, p. 172.

9° Délai de l'ajournement.

95. — Une assignation sur appel n'est pas nulle par cela seul qu'elle est donnée à un délai trop court et qu'on n'a pas ajouté, suivant l'art. 1033, le délai fixé pour les distances.

17 décembre 1808, t. I, n° 241.

96. — L'acte d'appel contenant simplement assignation dans les délais de la loi est nul ; il faut que l'indication du délai y soit énoncée, à peine de nullité.

4 juillet 1809, t. II, n° 273.

97. — Est valable l'acte d'appel portant assignation à huitaine sans exprimer de combien de jours ce délai doit être augmenté à raison de la distance, pourvu qu'en fait l'intimé ait eu pour comparaître tout le temps qui lui était nécessaire.

31 décembre 1847, 47-48, n° 69.

98. — L'acte d'appel contenant assignation à comparaître dans les délais de la loi indique suffisamment le jour de la comparution.

18 février 1846, 46. n° 9.

10° Griefs, date du jugement dont appel, signature de l'exploit.

99. — Il n'est point exigé à peine de nullité que les exploits d'appel contiennent l'objet de la demande et l'exposé sommaire des moyens.

2 décembre 1814, t. II, n° 420.

100. — L'appel émis pour les nullités, torts et griefs que porte une sentence, et notamment pour tel objet que l'on désigne, ne peut faire restreindre l'appel à l'objet désigné.

13 juillet 1808, t. I, n° 216.

101. — Un acte d'appel n'est pas nul pour ne pas être signé par les appelants et pour ne pas contenir des griefs contre le jugement d'instance.

26 février 1808, t. I, n° 192.

102. — Enonce suffisamment les griefs de l'appelant l'acte d'appel où il conclut à être déchargé de toutes les condamnations prononcées contre lui.

13 août 1853, 53-57, n° 37, p. 78.

103. — Quoique l'article 456 du Code de procédure civile exige que l'acte d'appel contienne ajournement, et qu'aux termes de l'art. 61, tout ajournement, pour être valable, doive énoncer l'objet de la demande et l'exposé sommaire des moyens, ces formalités ont été suffisamment remplies dans un acte d'appel qui porte que l'on *appelle du jugement rendu pour les torts et griefs que l'on en ressent et qu'on déduira en temps et lieu.*

10 février 1816, t. III, n° 472.

104. — L'acte d'appel est un ajournement qui doit contenir toutes les énonciations prescrites par l'art. 61 du Code de procédure, notamment celle de la demande. Cependant le législateur n'a prescrit aucune formule spéciale ; il suffit donc que la partie à qui il a été notifié ne puisse pas être induite en erreur par les expressions erronées qu'il pourrait contenir, pour que l'appellation soit censée régulièrement formée et le tribunal supérieur valablement saisi.

28 février 1826, t. V, n° 884.

105. — Un acte d'appel est nul, si l'on a donné dans cet acte une fausse date au jugement que l'on attaquait et qu'il n'en soit point intervenu entre les parties à la date qui a été indiquée.

Il y a aussi nullité si la copie de l'acte d'appel signifié à l'intimé n'est pas revêtue de la signature de l'huissier.

25 janvier 1810, t. II, n° 294.

106. — L'acte d'appel dans lequel le jugement attaqué se trouve indiqué sous une fausse date n'est pas nul, si l'intimé n'a pu avoir de doute sur le jugement contre lequel l'appel était dirigé.

22 janvier 1820, t. IV, n° 625, p. 39.

Mais est nul un acte d'appel qui porte que l'on *appelle d'un jugement rendu au préjudice du citant par le tribunal séant à Arbois, à lui signifié par acte d'huissier de telle date.*

12 mai 1821, t. IV, n° 625, à la note.

107. — Est valable l'acte d'appel qui ne contient pas la date du jugement dont appel, si d'ailleurs les autres énonciations de l'acte y suppléent.

23 février 1854, 53-57, n° 46, p. 115.

108. — Un exploit d'appel est nul s'il est signé d'une personne qui a été indiquée *comme ayant charge* de l'appelant, lorsqu'on ne représente aucune procuration donnée par ce dernier.

Est nul l'acte d'appel signifié à des femmes intimées sans que leurs maris aient été appelés ou requis par acte d'avoué de les autoriser.

Ces nullités n'ont point été couvertes par la communication des pièces faite par l'avoué des intimés en réponse à la sommation donnée par l'avoué de l'appelant.

1er décembre 1818, t. III, n° 548.

109. — Aucune disposition du Code n'obligeant les parties à signer elles-mêmes ou à faire signer par un tiers muni de procuration l'acte d'appel qu'elles font notifier, il suffit que l'officier ministériel indique à la requête de quelles personnes il agit, et la signature apposée sur l'acte d'appel, étant surabondante, n'exerce aucune influence sur la validité de cet acte, quand même elle aurait été apposée tant au nom du signataire qu'en ceux des cointéressés dont il n'a pas procuration.

17 avril 1823, t. IV, n° 703, p. 154.

§ 3.

Formes de l'appel.

110 — Un appel conditionnel et subordonné à des événements postérieurs n'est point recevable, puisqu'il ne peut saisir la Cour du fond de la difficulté.

12 juillet 1813, t. II, n° 398 *bis.*

111. — Il est de jurisprudence constante que les appels à la barre sont admissibles et qu'ils n'exigent pas plus d'assignation à personne ou domicile que les appels incidents formés par l'intimé. Cette jurisprudence ancienne est fondée sur l'utilité publique, qui veut, comme dans le cas d'évocation, qu'une affaire en état soit jugée sans exposer les parties à de nouveaux frais et à de plus longs délais. Cette jurisprudence n'est anéantie par aucune disposition du Code, et elle est au contraire confirmée par plusieurs arrêts.

13 février 1813, t. III, n° 435.

112. — Un appel émis à la barre ne peut être accueilli qu'autant que l'avoué qui l'a formé justifie avoir reçu un pouvoir spécial à cet effet ; la nécessité d'un pouvoir spécial de la part d'un tiers qui veut appeler pour et au nom d'une autre personne a été reconnue par plusieurs arrêts de la Cour de cassation et notamment par ceux des 24 brumaire an IX et 16 prairial an XII.

12 novembre 1813, t. II, n° 413.

113. — Lorsqu'un jugement a été irrégulièrement signifié, et que l'exploit d'appel de ce jugement est nul, l'appel à la barre est admissible.

30 juillet 1836, 36, p. 157.

114. — En cas de nullité de l'acte d'appel, et si l'appelant se trouve encore dans les délais, l'appel peut être interjeté à la barre de la Cour.

28 août 1808, t. I, n° 225.

115. — Lorsqu'un exploit d'appel est nul pour défaut de forme, et que la partie qui a appelé se trouve encore dans les délais d'appel, elle peut couvrir cette irrégularité par le moyen de l'appel émis à la barre de la Cour, par son avoué muni de ses pouvoirs, ensuite de l'envoi qu'elle lui a fait de son original d'appel.

7 mars 1822, t. IV, n° 666, p. 105.

116. — On ne peut appeler valablement à la barre que si la Cour est saisie, c'est-à-dire si l'appel principal est régulier.

11 novembre 1846, 46, n° 70.

117. — L'appel d'un jugement rendu sur une demande en déclaration de faillite est valablement formé par une requête portée directement devant la Cour, quand le failli ayant disparu, il n'y a pas de défendeur en cause.

15 janvier 1845, 45, n° 10, p. 23.

CHAPITRE V.

DE L'APPEL INCIDENT.

§ 1er.

Jusqu'à quel moment l'appel incident peut être formé.

118. — L'art. 443 du C. de pr. autorise indéfiniment l'intimé à émettre appel incidemment; il le peut, même après avoir acquiescé ou poursuivi l'exécution du jugement qu'il veut faire réformer; il suffit que depuis l'introduction de l'appellation principale il n'ait point conclu purement et simplement à ce qu'il soit confirmé ou qu'il n'y ait point acquiescé de nouveau; l'acquiescement donné dans le principe n'est jamais que conditionnel, subordonné au cas où l'appelant aurait consenti à l'exécuter.

19 janvier 1821, t. IV, n° 794, p. 261.

119. — Des intimés qui, dans leurs conclusions prises dans les qualités de la cause, se sont réservé le droit d'appeler, ne sont pas non recevables dans leur appel incident, quand même ils auraient conclu purement et simplement à la confirmation de la sentence.

26 novembre 1810, t. II, n° 319.

120. — La partie qui a fait signifier un jugement dont une disposition blesse ses intérêts et l'autre lui est favorable, n'est point censée avoir acquiescé à ce jugement, et elle peut appeler incidemment de la première disposition, s'il y a eu appel principal par la partie adverse.

Du 8 messidor an XI, t. I, n° 77.

121. — La partie qui a acquiescé conditionnellement à un jugement dont son adversaire interjette appel se trouve, par cet appel, relevée de son acquiescement.

21 juin 1844, 43-44, n° 67.

122. — L'appel incident peut être formé nonobstant l'acquiescement résultant du commandement d'exécuter le jugement dans toutes ses dispositions.

13 juillet 1847, 47-48, n° 40.

123. — L'intimé peut encore appeler incidemment après avoir fait signifier, sans protestation ni réserve, le jugement qu'il veut ensuite faire réformer en tout ou en partie; le désistement de l'appellation principale ne le prive pas même de ce droit.

28 avril 1823, t. IV, n° 794, p. 261.

124. — L'appel incident relève l'appelant principal de l'acquiescement qui résulterait de la signification par lui faite du jugement.

13 déc. 1849, 49-52, n° 40.

125. — L'intimé qui a demandé sans réserve la confirmation d'un jugement interlocutoire n'est plus recevable à prendre des conclusions au fond par voie d'appel incident. Il en est ainsi, même quand ces conclusions sont prises dès le début devant une seconde Cour saisie par suite d'un arrêt de cassation.

15 janvier 1847, 47-48, n° 28.

126. — Il est de principe et de jurisprudence que l'intimé, en acquiesçant postérieurement à l'appel de son adversaire, perd par là même le droit accordé par l'art. 443 du Code de pr. d'appeler incidemment.

4 janvier 1817, t. III, n° 498.

127. — Lorsqu'une partie fait signifier un jugement, elle est censée y acquiescer; mais elle est relevée de cet acquiescement quand l'autre partie émet appel de ce jugement; alors elle lui donne le droit, d'après l'art. 443 du C. de pr., de former elle-même un appel incident; ce droit une fois acquis ne peut plus lui être enlevé par le fait seul de l'appelant, par son désistement de l'appel principal; il se forme par l'appel un nouveau contrat judiciaire entre les parties, qui ne peut être anéanti que du consentement mutuel des parties.

13 février 1819, t. IV, n° 769, p. 224.

128. — Le désistement de l'appel principal ne fait point obstacle à ce que l'intimé forme un appel incident.

Inédit. 8 juin 1837, 1re Ch. Préfet du Doubs c. cne de Mouthe.

129. — L'intimé est non recevable à appeler incidemment après le désistement de l'appelant principal, alors même qu'il n'a pas accepté ce désistement. Si la signification de l'appel incident et le désistement de l'appel principal sont datés du même jour, la Cour peut, d'après les circonstances, apprécier quel est celui de ces actes qui a précédé l'autre.

13 juillet 1847, 47-48, n° 40.

130. — L'appel incident peut être émis en tout état de cause; il peut l'être, en conséquence, devant la Cour impériale à laquelle l'affaire a été renvoyée après cassation, et malgré une dénonciation d'audience donnée par l'intimé à l'appelant.

12 mars 1857, 53-57, n° 122, p. 378.

§ 2.

A quoi s'étend l'appel incident.

131. — On ne peut émettre incidemment appel d'un jugement lorsque le demandeur principal n'en a pas lui-même appelé.

18 mars 1819, t. IV, n° 605.

132. — On ne peut admettre un appel incident que contre celui qui a appelé principalement; et pour justifier que l'appel principal a été formé, il faut représenter l'exploit qui le constate.

9 décembre 1826, t. V, n° 917.

133. — Ce n'est que sur un appel principal qu'un intimé peut appeler incidemment. Il n'a pas le droit d'appeler d'une manière incidente d'un autre jugement que l'appelant n'attaque point.

19 février 1819, t. IV, n° 770, p. 225.

134. — Jugé que si l'appel incident n'est pas qualifié, il ne peut se rapporter qu'aux chefs sur lesquels porte l'appel principal.

26 août 1808, t. 1, n° 225.

135. — L'appel incident n'est pas recevable d'intimé à intimé.

Inédits. 11 mai 1854, le *Soleil* c. Breucque. — 2 janvier 1855, 1re Ch. Bretillot c. Fumerey. — 16 janvier 1855, 1re Ch. De Grimaldi c. Grobert.

§ 3.

De la forme de l'appel incident.

136. — Toute appellation incidente peut être formée par requête d'avoué à avoué, même dans le cas où elle est dirigée contre les intimés, et non point contre l'appelant principal.

29 juin 1810, t. II, n° 311.

137. — Il n'est pas prescrit à peine de nullité d'être porteur d'un pouvoir spécial pour signer, au nom d'une partie, un appel incident signifié par huissier.

6 juillet 1820, t. IV, n° 640, p. 60.

138. — Les mineurs ou ceux qui leur sont assimilés n'ont pas besoin d'une autorisation nouvelle pour défendre en qualité d'intimés sur l'appel de leur adversaire, et ne peuvent en avoir besoin pour l'appel incident, qui doit être considéré comme un accessoire de leur défense.

16 mai 1815, t. III, n° 557.

CHAPITRE VI.

EFFETS SUSPENSIFS ET DÉVOLUTIFS DE L'APPEL.

139. — Avant le C. de pr. civ., le droit de statuer sur les jugements qualifiés en dernier ressort appartenait seulement à la Cour de cassation, que les premiers juges aient été compétents ou non pour prononcer de cette manière.

7 juillet 1808, t. I, n° 213.

140. — Un rapport d'experts n'est pas nul, quoique rédigé après l'appel du jugement qui l'a ordonné, si cet appel n'a pas été notifié par l'appelant aux experts, s'il n'a pu l'être par l'intimé et s'il est en outre postérieur à la clôture des opérations sur le terrain.

31 juillet 1845, 45, n° 92, p. 244.

141. — L'appel n'est suspensif ou dévolutif qu'à l'égard des chefs qui font grief à l'appelant.

En conséquence, l'appel fait en termes généraux ne suspend l'exécution de l'enquête ordonnée sur la demande de l'appelant, que si elle a été l'objet des conclusions subsidiaires et si le tribunal a omis de statuer sur les conclusions principales.

3 nov. 1863, 62-65, n° 56, p. 196.

142. — L'appel d'un jugement interlocutoire, rendu en matière commerciale, n'a pas un effet suspensif et ne forme pas obstacle à ce qu'il soit passé outre à la décision sur le fond du débat.

Il en est de même de l'appel formé contre un jugement qui ne statue que sur un incident de procédure.

23 déc. 1868, 68-69, n° 48, p. 198.

143. — L'exécution forcée d'un jugement frappé d'appel est illégale. Elle peut motiver une allocation de dommages-intérêts, bien que ce jugement ait été qualifié en dernier ressort, si cette qualification est erronée.

7 août 1871, 70-71, n° 51.

CHAPITRE VII.

DES CONCLUSIONS D'APPEL.

§ 1er.

Généralités.

144. — La généralité de cette formule, par laquelle des appelants concluent à ce que les intimés soient déclarés non recevables, ne peut comprendre les fins de non-recevoir, qui ne peuvent être suppléées par le juge, telle que la prescription, non plus que celles résultant de faits tels que le dol et la fraude, qui doivent être articulés par les parties.

28 juin 1824, t. IV, n° 726, p. 180.

145. — Les constatations faites par les premiers juges ne lient pas les juges supérieurs, qui peuvent incontestablement en vérifier l'exactitude à vue des titres et des documents de la cause.

5 février 1853, 53-57, n° 17, p. 38

§ 2.

De la défense de former en appel aucune demande nouvelle.

146. — Quoiqu'on ne puisse proposer de nouvelles demandes en appel, on peut y présenter des moyens nouveaux; ainsi, si l'on a demandé en première instance la nullité d'un legs de mobilier à

cause de la violation des lois de secondes noces, on peut en appel,
dans la crainte que ce premier
moyen ne réussisse pas, y joindre
celui tiré de la nullité du testament.

29 décembre 1807, t. I, n° 188.

147. — L'article 464 du Code
de procédure civile interdit de
présenter pour la première fois en
appel une demande nouvelle, mais
non d'apporter des moyens nouveaux à l'appui de la demande
originaire.

7 août 1861, 60-61, n° 61.

148. — Celui qui a réclamé
en première instance un droit de
servitude ne peut changer son
action en appel et réclamer passage en vertu de l'article 682 du
Code civil, quand il n'y a pas eu
de conclusions à cet égard devant
les premiers juges.

10 mai 1811, t. II, n° 338 *bis*.

149. — Le demandeur qui,
devant les premiers juges, a réclamé un droit de passage en général, ne forme pas une demande
nouvelle, lors même qu'il récla-
merait ce droit devant la Cour à
un titre autre que celui invoqué
en première instance.

21 juin 1836, 36, p. 111.

150. — On ne peut demander la contrainte par corps en appel contre un fermier, par ce motif qu'il aurait hypothéqué comme
libres des biens qui étaient affectés
d'hypothèque légale, lorsqu'on
n'a point pris, devant les premiers
juges, des conclusions à cet effet.

3 juin 1824, t. IV, n° 848, p. 328.

151. — Le demandeur en
nullité d'une saisie-exécution ne
peut, pour la première fois en
cause d'appel, prétendre que l'acte
en vertu duquel on le poursuit est
simulé et cache un prêt usuraire.
C'est là une demande nouvelle.

24 juillet 1828, 27-28, n° 109.

152. — Quoique l'on ait demandé et obtenu en première instance la nullité d'un testament
pour cause de violence, on peut
néanmoins sur l'appel le critiquer
sous le rapport de la forme.

6 juin 1818, t. III, n° 539.

153. — Une commune a été
libérée d'un cens par la loi du
24 août 1793, quoiqu'elle n'ait pas
fait abandon de son actif à l'État,
lorsque néanmoins le gouvernement s'est emparé de l'immeuble
sur lequel le cens était assis; elle
peut faire valoir en appel ce nouveau moyen, si elle avait conclu en
première instance à être déchargée
de cette dette, tant par fins de non-
recevoir qu'autrement.

16 janvier 1823, t. IV, n° 693, p. 144.

154. — Une demande en résolution d'un bail à cens ou d'une
emphytéose ne peut être formée
sur l'appel; c'est une demande
nouvelle qui ne peut être soumise
à une Cour, suivant l'article 464
du Code de procédure : on ne peut
envisager cette demande comme
défense à l'action principale, si
c'est celui qui s'est joint au demandeur qui l'intente.

Il en doit être de même à l'égard
d'une demande en garantie, qui
est réellement principale entre le
garant et le garanti, et qui dès lors
doit subir ses deux degrés de juridiction.

13 déc. 1823, t. IV, n° 715, p. 168.

155. — La prescription peut
être opposée en appel, à moins que
la partie qui ne s'en serait pas prévalue plus tôt ne doive être présumée, d'après les circonstances, y
avoir renoncé; on peut encore la
proposer, quoiqu'on aurait demandé la compensation de la
somme réclamée avec une autre
qui serait due à celui qui oppose
la prescription, parce qu'on peut
employer successivement différentes exceptions contre la même
demande, lorsqu'elles ne sont l'une
et l'autre que des exceptions étrangères à la forme de la procédure.

10 janvier 1820, t. IV, n° 782, p. 243.

156. — Lorsque des demandeurs en première instance n'ont agi que pour faire accepter leur offre et comme exerçant la faculté de rachat d'une vente à réméré, ils ne peuvent point prendre en appel des conclusions tendantes à faire déclarer cette vente simulée et ne contenant qu'un contrat pignoratif, parce qu'on ne peut les considérer comme un motif à l'appui des premières ; elles constituent une nouvelle action qui ne peut pas être introduite en appel, n'ayant pas subi son premier degré de juridiction.

11 août 1825, t. IV, n° 707, p. 210.

157. — On peut former en appel une nouvelle demande, lorsqu'elle est une exception à la demande principale ; ainsi un locataire qui prétend avoir fait, dans la maison louée, des réparations et améliorations dont le propriétaire doit lui faire état, peut demander en appel la compensation de ces dépenses avec le loyer dont on lui répète le paiement.

3 décembre 1825, t. IV, n° 872.

158. — On peut présenter en appel de nouveaux faits, lorsqu'ils ne sont qu'une défense à l'action principale.

Inédit. 9 février 1829.

159. — En matière de redressement de compte, l'appelant, défendeur en première instance, ne peut être déclaré non recevable par ce seul motif que quelques-unes de ses réclamations n'auraient pas été portées devant les premiers juges.

18 juillet 1844, 43-44, n° 111.

160. — Il peut être définitivement statué en appel sur les chefs de compte à l'égard desquels le tribunal aurait omis de se prononcer ou suspendu sa décision en faisant simplement des réserves aux parties.

18 juillet 1844, 43-44, n° 111.

161. — Lorsqu'en première instance le défendeur conclut à ce que la demande soit déclarée nulle et non admissible, ces conclusions embrassent tout à la fois la forme et le fond. Si donc le défendeur ne fait valoir qu'une espèce de nullité, il ne pourra pas en appel en opposer d'autres, si elles n'ont pas été spécialement proposées en première instance.

Inédits. 13 décembre 1834, Perdrizet et Noblot c. Martelet. — 1er août 1843, 2e Ch. Cne de Plénise c. Jacques.

162. — Une demande subsidiaire moindre que la demande principale n'en est pas moins une demande nouvelle non recevable en appel quand elle ne tend pas à faire réformer la sentence des premiers juges. Cette demande est surtout non recevable quand elle tend à faire ordonner un préparatoire n'ayant pas pour objet de faire réformer le jugement.

Inédit. 24 mai 1843, 2e Ch. Normand c. de Mouthier.

163. — Le demandeur qui a agi en première instance contre le mari et contre la femme pour faire mettre à exécution une transaction faite par le mari seul, à l'occasion d'un immeuble de la femme, ne peut pas, en appel, conclure subsidiairement à l'exécution de la transaction contre le mari, quant à la jouissance seulement et pendant le temps du mariage.

Inédit. 10 juin 1843, 2e Ch. Parcheminey c. Poyard.

164. — Un gérant appelé pour la première fois devant la Cour ne serait pas obligé d'y procéder, lors même que la Cour aurait ordonné sa mise en cause.

Inédit. 23 avril 1842, 2e Ch. Compagnie d'assurances l'*Immortelle*.

165. — La demande en garantie, considérée relativement au garant, est une action principale qui doit subir les deux degrés de juridiction.

Inédit. 21 déc. 1848, 1re Ch. Grosrenaud c. Rigoulot.

166. — Ne forme point en

Cour d'appel une demande nouvelle celui qui, ayant soutenu en première instance la non-recevabilité d'une action en dissolution de société, ne conteste plus devant la Cour que sur l'époque à laquelle la dissolution doit être fixée.

10 mars 1847, 47-48, n° 34.

167. — L'acheteur contre qui la résolution de la vente est demandée pour défaut de paiement du prix peut, comme défense à l'action principale, conclure pour la première fois en appel à la restitution des impenses par lui faites sur le fonds dont il est évincé.

30 mars 1848, 47-48, n° 95.

168. — Il n'y a pas demande nouvelle dans les conclusions d'une commune qui, après avoir réclamé en première instance la résolution d'un traité portant droit réciproque de parcours entre elle et une commune voisine, déclare en appel que, pour se soustraire à cette servitude, elle se prévaut de l'art. 17, t. Ier, sect. 4, loi du 28 sept. 1791, en renonçant elle-même au bénéfice du traité.

Il en serait autrement si, aux conclusions en résolution de ce contrat, elle substituait en appel une demande en cautionnement.

28 janvier 1848, 47-48, n° 93.

169. — On ne peut pour la première fois présenter en appel une demande tendante à faire déclarer valable la notification d'un congé, lorsqu'en première instance le litige a porté sur la validité du bail.

13 déc. 1849, 49-52, n° 40.

170. — La commune contre laquelle un cautionnement est demandé par l'un seulement des copropriétaires de la forêt soumise au droit d'usage peut opposer pour la première fois en appel l'indivisibilité de son droit d'usage. Cette exception tient au défaut de qualité du demandeur et n'est qu'une défense à l'action.

11 juillet 1859, 58-59, n° 40.

171. — Lorsque, après le rejet en première instance de sa demande en cautionnement partiel, un propriétaire acquiert ce qui lui manquait de la ferme grevée de la servitude réelle d'usage et conclut en appel au cautionnement de la totalité du fonds, ces conclusions constituent une demande nouvelle et ne sont point recevables.

9 mai 1860, 60-61, n° 18.

172. — L'ascendant qui appelle d'un jugement ordonnant mainlevée de son opposition à des actes respectueux, peut pour la première fois devant la Cour demander la nullité de ces actes. Il n'y a pas là demande nouvelle, mais bien défense à l'action principale.

19 février 1861, 60-61, n° 49.

173. — Le créancier qui demande dans des conclusions principales l'annulation d'un acte consenti par un débiteur en fraude de ses droits, est non recevable à présenter pour la première fois en appel des conclusions subsidiaires dans lesquelles, agissant en vertu de l'art. 1166 du Code Napoléon, il demande l'exécution à son profit des charges de la donation. Ces conclusions subsidiaires constituent une demande nouvelle qui doit subir les deux degrés de juridiction.

10 juillet 1861, 60-61, n° 58.

174. — On ne peut pas demander pour la première fois en appel, en vertu d'une prétendue action directe contre un débiteur, le paiement d'une créance demandée en première instance en vertu d'une action qu'on prétendrait faire résulter d'un traité convenu entre ce débiteur et une tierce personne.

11 avril 1856, 53-57, n° 90, p. 257.

175. — Le créancier qui pour la première fois en appel demande à exercer l'hypothèque légale appartenant à un mineur, son créancier, apporte plutôt un moyen nouveau à l'appui de sa demande qu'il ne forme une demande nouvelle : en tous cas, ce moyen, présenté comme défense à l'action principale, est autorisé par l'art. 464 du C. de pr. civ.

5 février 1853, 53-57, n° 17, p. 38.

176. — On peut pour la première fois en appel attaquer une donation en vertu de laquelle une femme commune en biens revendique à titre de propre un immeuble acquis en remploi de la somme donnée, dans une instance en liquidation et partage de communauté et succession, parce que cette action est censée comprendre tous les points en litige relatifs à la fixation du patrimoine commun.

21 mai 1867, 66-67, n° 105.

177. — On peut proposer en appel les nullités de la procédure, lors même qu'on a fait défaut en première instance.

1er août 1836, 36, p. 159.

178. — En matière d'ordre surtout, il ne peut être statué en appel sur des conclusions, même subsidiaires, qui ne seraient pas virtuellement comprises dans la demande primitive. — Ainsi les conclusions principales ou subsidiaires, prises en appel, contre le notaire rédacteur d'un acte de vente, en rapport des intérêts du prix qu'il aurait reçus, constitueraient une demande nouvelle, bien qu'un jugement rendu sur contredits à l'ordre ait ordonné sa mise en cause et qu'il ait été conclu en ce sens contre lui dans l'exploit d'assignation, si, lors d'une discussion définitive, ces conclusions n'ont point été formulées ou paraissent avoir été abandonnées.

7 mars 1857, 53-57, n° 120, p. 371.

179. — En cause d'appel, on ne peut demander la nullité d'une société qu'on n'a point réclamée en première instance ; c'est là une demande nouvelle qui doit subir le premier degré de juridiction.

8 février 1864, 62-65, n° 61, p. 214.

180. — La demande en collocation fondée sur l'inscription syndicale est une demande nouvelle, lorsqu'en première instance on n'a fondé sa demande en collocation que sur des hypothèques conventionnelles.

21 juillet 1868, 68-69, n° 24, p. 87.

181. — Les demandes nouvelles qui peuvent exceptionnellement être portées devant la Cour, en conformité de l'art. 464 du Cod. de proc., sont non recevables, si toutes les parties contre lesquelles elles doivent être dirigées ne figurent pas dans le procès.

Elles doivent aussi être rejetées si le défendeur à la demande nouvelle justifie du droit d'appeler garant en cause ; le garant ne pouvant être assigné *de plano* devant la Cour, sans violation de la règle des deux degrés de juridiction établie par la loi du 1er mai 1790, et le garanti ne devant point, d'autre part, être privé du droit au débat contradictoire qui lui est assuré par l'art. 175 du Code de procédure.

8 déc. 1869, 68-69, n° 96, p. 382.

§ 3.

Des fruits et arrérages.

182. — On ne peut en appel demander les arrérages échus depuis le jugement dont appel d'une rente que le débiteur a été condamné à acquitter par le jugement. C'est une demande nouvelle qui doit subir deux degrés de juridiction.

24 janvier 1818, t. III, n° 524.

183. — On peut demander en appel les fruits d'un fonds qui est litigieux entre les parties, quoiqu'on ne les ait pas réclamés en première instance.

25 août 1826, t. V, n° 910.

CHAPITRE VIII.

DE L'EXÉCUTION PROVISOIRE DEMANDÉE EN APPEL.

184. — Ceux qui sont porteurs de titres exécutoires sont fondés à demander en appel l'exécution provisoire du jugement de première instance d'après les dispositions combinées des articles 136, 457 et 458 du Code de pr., soit qu'ils aient formé cette demande devant les premiers juges, soit que ceux-ci aient omis d'y prononcer.

19 janvier 1825, t. IV, n° 745.

185. — L'exécution provisoire peut être demandée en appel, quoiqu'elle ne l'ait pas été devant les premiers juges, spécialement lorsque l'action a eu pour but un titre reconnu entre les parties.

19 août 1844, 43-44, n° 91.

186. — L'exécution provisoire d'un jugement peut être demandée en appel, quoiqu'elle ne l'ait pas été devant les premiers juges, spécialement lorsque l'action a pour base un jugement passé en force de chose jugée.

29 avril 1845, 45, n° 95, p. 250.

187. — L'exécution provisoire peut être obtenue en appel, quoiqu'elle n'ait pas été demandée en première instance.

Inédits. 12 septembre 1840, 2ᵉ Ch. Roux c. Gauthier. — 27 mars 1843, 1ʳᵉ Ch. Bourdin c. Nicod. — 30 août 1842, 1ʳᵉ Ch. Lavel c. Delébet. — 23 août 1843. Mathieu c. Cornibert. — 28 août 1843, 1ʳᵉ Ch. Marguet c. Boy. — 29 avril 1845, 1ʳᵉ Ch. Guy c. Guy.

188. — La prohibition pour les Cours d'entraver l'exécution provisoire ordonnée par les tribunaux de commerce et inhérente à leurs décisions, est tellement absolue qu'elle interdit toutes défenses, tout sursis et toute modification quelconque aux conditions de cette exécution.

Notamment il ne pourrait être ordonné sans excès de pouvoir, en appel, que le jugement ne sera exécuté que moyennant caution ou justification de solvabilité conformément à la loi.

8 août 1868, 68-69, n° 37, p. 153.

CHAPITRE IX.

DE L'INTERVENTION EN APPEL.

189. — La caution solidaire d'un traité de société peut, lorsqu'il s'agit de son exécution, intervenir afin de faire réformer les jugements rendus, même en son absence, contre le débiteur principal.

8 décembre 1807, t. I, n° 185.

190. — On peut forcer la partie qui aurait droit de former tierce opposition à un arrêt à intervenir en cause d'appel, sans qu'elle puisse demander son renvoi devant les premiers juges.

29 août 1817, t. III, n° 518.

191. — On peut, en Cour d'appel, forcer à intervenir toute partie qui aurait droit de former tierce opposition à l'arrêt à rendre.

13 décembre 1828, 27-28, n° 130.

192. — On ne peut intervenir, en Cour d'appel, pour faire valider une demande formée par une personne sans qualité.

Inédit. 23 juin 1859, 1ʳᵉ Ch. David c. Juliard.

193. — Celui à qui on a cédé une créance peut, sur l'appel, exercer une demande en garantie contre son cédant, dans le cas où le montant de cette créance aurait été réduit, parce qu'il aurait droit de former tierce opposition à l'arrêt qui interviendrait.

10 janvier 1820, t. IV, n° 782, p. 243.

194. — Un créancier est recevable à intervenir en cause d'appel dans une instance pendante entre son débiteur et des tiers, s'il a lieu de craindre que l'arrêt à rendre porte préjudice à ses droits.

8 février 1850, 49-52, n° 97.

195. — Un débiteur peut intervenir dans une instance engagée sur des droits hypothécaires qu'il a cédés à son créancier.

13 janvier 1858, 58-59, n° 3.

196. — La partie qui aurait qualité et intérêt pour intervenir en Cour d'appel et pour former tierce opposition à l'arrêt qui pourra être rendu peut être appelée *de plano* devant la Cour en déclaration d'arrêt commun. En ce cas, il y a exception à la règle des deux degrés de juridiction.

Inédit. 26 décembre 1860, 1re Ch. Lécard c. Cordier.

CHAPITRE X.
DU DROIT D'ÉVOCATION.

197. — Des parties comparantes dans un procès sur appel ne peuvent donner à la Cour le pouvoir d'évoquer, si une partie ne comparaît pas et fait défaut et si une autre partie est tutrice.

13 mars 1806, t. I, n° 142.

198. — Une Cour ne peut évoquer une affaire lorsque, pour prononcer, il est nécessaire d'ordonner un préparatoire.

8 mai 1812, t. II, n° 426.

199. — La Cour saisie de l'appel d'un jugement interlocutoire peut, sans violer les dispositions de l'article 473 du Code de pr. civ., ordonner préalablement une vérification de lieux, sauf à statuer ensuite si la cause est en état, ou, dans le cas contraire, à la renvoyer devant les premiers juges.

23 mai 1829, 29, n° 46.

200. — Une Cour royale ne peut évoquer la question du fond lorsqu'elle est de la compétence du juge de paix.

5 décembre 1843, 43-44, n° 9.

201. — Une Cour, en annulant pour cause d'incompétence un jugement rendu en dernier ressort, peut, si l'affaire est en état, l'évoquer et la juger au fond.

Si un jugement est annulé pour cause d'incompétence, les frais faits en première instance doivent être mis à la charge du demandeur, encore bien que ses conclusions au fond lui soient adjugées en appel.

2 mars 1844, 43-44, n° 39.

202. — Les juges d'appel peuvent retenir le fond et le juger, si la matière est disposée à recevoir une décision définitive, encore que la cause n'ait subi le premier degré que devant un juge incompétent, par jugement annulé pour vice d'incompétence.

Inédit. 18 juin 1839, 1re Ch. Bourgeois c. Chauvin.

203. — Quand il n'y a pas lieu de réformer le jugement, la Cour ne peut pas ordonner un préparatoire dans le but d'apprécier des conclusions subsidiaires qui n'avaient pas été prises devant les premiers juges. La demande doit être considérée comme nouvelle et non recevable.

Inédit. 24 mai 1843, 2e Ch. Normand c. de Mouthier.

204. — Lorsque le tribunal d'instance qui a rendu le jugement était incompétent, soit à raison du domicile, soit à raison de la matière, si c'est un tribunal du ressort de la Cour saisie de l'appel, elle peut évoquer et réformer le jugement au fond, si la cause est en état de recevoir un jugement définitif.

Inédit. 23 février 1842, 2e Ch. De Vanois c. Parandier.

205. — Une Cour, en annulant pour cause d'incompétence un jugement rendu en dernier ressort, peut, si l'affaire est en état, l'évoquer et la juger au fond.

6 avril 1846, 46, n° 100, p. 251.

206. — Une Cour royale peut évoquer d'office lorsqu'elle se trouve dans les conditions voulues par l'article 473 C. pr. civ. : elle le peut à plus forte raison lorsque les parties ont conclu, l'une au déboutement, l'autre à l'adjugé des conclusions prises sur le fond en première instance.

17 mai 1845, 45, n° 52, p. 159.

207. — Lorsqu'une Cour annule une enquête et que la compétence du tribunal dépendait du résultat de l'enquête, la Cour ne peut, en annulant le jugement, évoquer et statuer au fond, lorsque le défendeur est domicilié dans un ressort étranger.

12 août 1850, 49-52, n° 59.

208. — La Cour qui réforme un jugement pour cause d'incompétence peut évoquer et statuer sur le fond du débat, alors même que la décision définitive émanée des premiers juges a été rendue séparément et qu'elle est relative à une demande inférieure au taux du premier ressort. (Résolu implicitement.) Par suite, l'appel qui frappe spécialement la seconde décision doit être déclaré recevable.

4 mars 1870, 70-71, n° 12.

CHAPITRE XI.
DES DÉPENS.

209. — La partie qui triomphe en appel sur quelques-uns des chefs de ses conclusions peut cependant être condamnée à tous les dépens.

Il en est ainsi, par exemple, si la partie qui obtient devant la Cour la déduction, sur sa dette, de plusieurs sommes, a eu le tort de ne pas demander en première instance cette déduction, qui, d'ailleurs, était de droit, les deux créances étant liquides et basées sur des actes authentiques. Mais, en ce cas, la Cour, qui a en matière de dépens un pouvoir discrétionnaire, peut autoriser la restitution de l'amende consignée par l'appelant.

8 juillet 1871, 70-72, n° 54.

CHAPITRE XII.
DE L'EXÉCUTION DES ARRÊTS.

210. — La compétence qu'attribue l'art. 472 du C. de pr., qui décide que l'exécution des arrêts appartient à la Cour qui a prononcé en dernier ressort, lorsque la décision des premiers juges a été infirmée, s'étend non-seulement aux poursuites faites en vertu de l'arrêt, mais encore à celles qui auraient lieu pour obtenir le paiement des adjugés.

9 mars 1827, 27-28, n° 17.

211. — L'exécution d'un jugement qui n'est réformé qu'en partie appartient néanmoins pour le tout à la Cour ou au tribunal qu'elle désigne.

6 juin 1848, 47-48, n° 98.

212. — Au cas où un arrêt a confirmé un jugement sur toutes les dispositions relatives au fond du procès et réformé seulement quant aux dépens, c'est le tribunal dont le jugement a été confirmé, et non la Cour, qui est compétent pour connaître de l'exécution de ce jugement.

19 juillet 1867, 66-67, n° 120.

213. — L'exécution d'un arrêt infirmatif en matière de partage appartient au tribunal de l'ouverture de la succession qui a rendu le jugement infirmé : il y a dans ce cas attribution spéciale de juridiction à ce tribunal.

21 mai 1867, 66-67, n° 105.

214. — L'exécution de l'arrêt qui a infirmé un jugement rendu en matière de partage n'appartient pas à la Cour qui l'a rendu, mais au tribunal du lieu de l'ouverture de la succession, auquel, pour ce cas spécial, la loi attribue juridiction.

24 juillet 1844, 43-44, n° 83.

215. — Les Cours impériales peuvent user de la faculté laissée aux juges inférieurs par les art. 811 du C. de pr. civ. et 12 de la loi de 1838 sur les justices de paix, et ordonner l'exécution de leurs arrêts sur minute et avant l'enregistrement.

5 mai 1866, 66-67, n° 27.

216. — Il ne faut pas confondre l'interprétation d'une décision judiciaire avec les difficultés d'exécution qu'elle peut faire naître ; si la Cour peut seule interpréter l'arrêt qu'elle a rendu, c'est au tribunal qu'il appartient de résoudre les difficultés d'exécution soulevées par cet arrêt, s'il a confirmé le jugement du tribunal.

2 avril 1870, 70-71, n° 28.

217. — Le tribunal saisi, ensuite d'un arrêt, d'une difficulté d'exécution, doit se renfermer strictement dans les limites déterminées par cet arrêt ; il n'est pas, en effet, saisi d'une demande nouvelle laissée à son appréciation, et il ne lui est pas permis d'étendre ou de restreindre les difficultés dont l'exécution lui est déférée.

3 juin 1870, 70-71, n° 28.

V. SAISIE IMMOBILIÈRE, ARBITRAGE, ORDRE.

Appel correctionnel, V. INSTRUCTION CRIMINELLE.

Appel incident, V. APPEL CIVIL.

Arbitrage.

§ 1er.

De l'arbitrage forcé. — (Art. 51 à 63
du Code de commerce abrogés par
la loi du 17 juillet 1856.)

1° Cas dans lesquels il y avait lieu à
arbitrage forcé.

1. — Lorsqu'il s'agit d'une demande en reddition de compte
entre associés, il y a lieu de suivre
pour ces comptes la règle qui est
établie par l'art. 528 du C. de pr.,
soit comme régissant formellement
la matière de concert avec l'art. 51
du C. de commerce, soit du moins
comme énonçant un principe qui
lui est applicable ; ainsi, si les premiers juges ont rejeté la demande
en reddition de compte, on doit
renvoyer pour cet effet les parties
devant des arbitres.

8 juillet 1822, t. IV, n° 680, p. 123.

2. — Lorsqu'un associé gérant
d'une société en commandite, poursuivi à raison des opérations sociales, appelle en garantie un
commanditaire comme responsable
pour s'être immiscé dans la gestion de la société, la contestation
doit être jugée par des arbitres.

24 février 1844, 43-44, n° 37.

3. — La demande en nullité et
subsidiairement en résolution d'une
association commerciale en participation ne doit pas être portée devant des arbitres ; il faut qu'il ait été
préalablement statué sur le point
de savoir si les parties étaient
associées.

10 avril 1847, 1847, n° 38.

4. — Bien qu'il ait été convenu
entre associés que leurs contestations seraient jugées par des
arbitres nommés amiablement,
cette nomination peut être demandée non-seulement par une sommation, mais aussi par un ajournement dans lequel le demandeur
conclut à ce que le tribunal renvoie les parties devant les arbitres
qu'elles indiqueront.

28 mai 1844, 43-44, n° 55.

5. — Ceux qui sont chargés de

connaître des contestations entre
associés commerçants conservent
le caractère d'arbitres forcés, bien
qu'une convention particulière les
ait même investis à l'avance du
pouvoir de juger en dernier ressort.

Sur le refus de l'un des contractants de concourir à leur
élection, ces arbitres peuvent être
nommés par justice et conservent,
même dans ce cas, le droit de prononcer sans appel.

23 janvier 1844, 43-44, n° 21.

2° Compétence et pouvoirs des arbitres forcés.

6. — Les arbitres forcés en
matière de commerce sont incompétents pour statuer sur la durée
de la société et sur la proportion
d'intérêts revenant à chacun des
associés, quand même devant le
tribunal les parties auraient consenti à l'arbitrage.

30 mars 1846, 46, n° 98, p. 249.

7. — Les arbitres sont seuls
compétents pour connaître de la
demande en dissolution d'une
société commerciale, notamment
lorsque cette demande est fondée
sur ce que l'un des associés n'a
pas exécuté ses engagements.

14 décembre 1846, 46, n° 93, p. 236.

8. — En matière d'arbitrage
forcé, les arbitres ont caractère
public pour constater d'une manière authentique la comparution
des parties, les débats élevés entre
elles, leur consentement, la décision des arbitres sur les différents
points de la contestation, et le
jour où a été rendue cette décision.

30 décembre 1814, t. III, n° 444.

3° Formes de procédure devant les arbitres. — Effets de leur jugement.

9. — Les arbitres qui prononcent en matière de société de commerce ne sont astreints à aucune
espèce de formalité, et sous ce
rapport, leur inobservation ne
peut donner lieu à requête civile.

18 décembre 1811, t. II, n° 355.

10. — Aucune loi n'a exigé à peine de nullité que les arbitres nommés par le tribunal, en exécution de l'article 55 du Code de commerce, allassent rendre leur sentence dans l'arrondissement du domicile des parties ou du siège de la société.

31 août 1820, t. IV, n° 791, p. 259.

11. — Quand les parties n'ont pas fixé de terme, la mission des arbitres ne dure que trois mois, même dans le cas d'arbitrage forcé, et la sentence rendue après l'expiration de ce délai doit être déclarée nulle, par application de l'art. 1012 du Code de procédure.

23 juillet 1845, 45, n° 66, p. 188.

12. — Les arbitres forcés en matière de commerce ne peuvent pas réclamer d'honoraires, mais ils ont une action solidaire pour obtenir le remboursement des sommes par eux avancées dans l'intérêt des parties.

24 juin 1844, 43-44, n° 69.

13. — Les arbitres forcés n'ont pas droit à des honoraires, mais ils peuvent réclamer leurs déboursés et leurs frais de déplacement.

6 avril 1846, 46, n° 100, p. 251.

14. — Les sentences rendues par les arbitres forcés sont, comme les jugements rendus en matière commerciale, susceptibles d'être exécutées par provision.

26 août 1845, 45, n° 98, p. 259.

4° Voies de recours contre les jugements rendus.

15. — L'ordonnance de 1667 admettant la voie d'opposition contre les jugements rendus par défaut en dernier ressort, et la loi du 10 juin 1793 gardant le silence sur cette matière, on peut attaquer par voie de l'opposition devant les tribunaux ordinaires les décisions arbitrales rendues pendant le cours de l'arbitrage forcé, si les arbitres n'ont point statué sur cette opposition.

24 brumaire an X, t. I, n° 41.

16. — On ne pouvait, d'après les lois qui ont autorisé le recours en cassation contre les sentences rendues par les arbitres forcés, se pourvoir contre elles par action directe en nullité, quoique le tribunal d'arbitre ait été irrégulièrement formé.

L'opposition prévue par l'art. 2, titre 35, de l'ordonnance de 1667, est admissible contre ces sentences, pourvu qu'on se pourvoie dans les délais que cette loi a fixés.

La voie de la tierce opposition est également admissible, etc., etc.

14 avril 1826, t. V, n° 891.

17. — Les arbitres en matière commerciale sont complétement dessaisis par le prononcé de leur sentence. — L'action en rectification des erreurs qu'ils auraient commises dans les comptes d'une société doit être portée non plus devant eux, mais devant le tribunal de commerce, sauf à ce tribunal, si la demande lui paraît recevable, à le déférer de nouveau à des arbitres de son choix.

14 février 1846, 46, n° 8.

18. — Les sentences rendues par des arbitres forcés ne peuvent être attaquées par voie d'opposition à l'ordonnance d'*exequatur*.— Ces arbitres ont seuls le droit de révision, s'il y échet, sur les sentences qu'ils ont rendues.

29 avril 1845, 45, n° 95, p. 250.

19. — Qu'il s'agisse de moyens de nullité ou de griefs portant sur le fond du droit, la demande en réformation de la sentence rendue par des arbitres forcés doit être poursuivie non par opposition, mais par appel.

23 juillet 1845, 45, n° 66, p. 188.

20. — Quel que soit le montant de la demande, les sentences rendues en matière d'arbitrage forcé sont, comme en cas d'arbitrage volontaire, toujours susceptibles d'appel.

Qu'il s'agisse de moyens de nullité ou de griefs portant sur le fond du droit, la demande en réformation de sentences rendues par des arbitres forcés doit être poursuivie non par opposition, mais par appel.

30 juillet 1845, 45, n° 67, p. 190.

21. — L'opposition à l'ordonnance d'exécution n'est pas recevable lorsque la sentence attaquée émane d'arbitres forcés.

5 février 1850, 49-52, n° 52.

§ 2.

Des choses sur lesquelles on peut compromettre.

22. — Une veuve peut valablement compromettre sur les joyaux, le douaire, le droit d'habitation, qui lui ont été assurés par son contrat de mariage, ainsi que sur les habits de deuil à elle dus par la succession de son mari

18 mars 1828, 27-28, n° 78.

§ 3.

Des personnes qui peuvent être arbitres.

23. — Les juges peuvent être choisis pour arbitres, même dans les causes soumises à la juridiction dont ils sont membres.

23 février 1858, 58-59, n° 8.

24. — Le jugement rendu par un arbitre qui avait contracté avec une des parties une société qui est restée inconnue et secrète est nul et irrégulier, si le compromis qui donnait pouvoir à cet arbitre de prononcer a été passé depuis que cette société avait été contractée.

11 prairial an xi, t. I, n° 74.

§ 4.

Du compromis.

1° Caractères et formes du compromis.

25. — Est nul le compromis sous seing privé, portant nomination d'arbitres, qui n'est pas signé par toutes les parties qui l'ont consenti. Cette nullité entraîne celle de la sentence arbitrale qui en est la suite.

Toutefois, la partie qui en demande la nullité est tenue de payer sa part proportionnelle dans les frais faits jusqu'à son opposition, si elle a paru devant les arbitres.

17 décembre 1836, 36, p. 186.

26. — L'intention commune des parties de mettre fin, au moyen de compensations, à toutes leurs difficultés, rend le compromis indivisible, et la nullité de l'une des dispositions de cet acte entraîne la nullité de toutes les autres.

7 juillet 1854, 53-57, n° 55, p. 135.

27. — La preuve de la confirmation ou de la ratification du compromis entaché de nullité ne peut résulter que d'un fait propre aux parties contractantes et non pas des seules déclarations des arbitres sur le consentement qu'elles auraient donné.

7 juillet 1854, 53-57, n° 55, p. 135.

2° Désignation du litige.

28. — Lorsque des parties ont donné à des arbitres pouvoir de prononcer sur des différends qui existaient entre elles devant un tribunal, et qui avaient été discutés par elles dans leurs écritures respectives, *et sur tout ce qui pourrait être en contestation entre elles, soit qu'il eût été agité dans l'instance, soit qu'il n'en eût pas encore été question*, il n'y a pas nullité du compromis pour insuffisante désignation des objets litigieux.

Suivant les articles 1006 et 1017 du Code de procédure, le compromis n'est pas nul, quoiqu'il ne contienne pas la désignation du nom du tiers arbitre.

24 décembre 1812, t. II, n° 382.

3° Fin du compromis. récusation des arbitres.

29. — Le tribunal n'a pas le droit de nommer des arbitres amiables compositeurs en se fondant sur un compromis qui, au moment où l'instance a été engagée, a pris fin par suite de l'expiration du délai stipulé.

30 mars 1854, 53-57, n° 48, p. 110.

30. — On ne peut pas tirer un motif de récusation contre un arbitre, de ce qu'il est devenu, depuis le compromis, débiteur de l'une des parties.

30 décembre 1814, t. III, n° 444.

§ 5.
Du tiers arbitre.

31. — Le tiers arbitre qui a vaqué sans l'intervention de l'arbitre de l'une des parties, et sans que cet arbitre ait été sommé par écrit de se réunir avec ses collègues au lieu de leurs délibérations, a rendu une sentence arbitrale nulle.

3 déc. 1807, t. I, n° 185.

32. — La disposition de l'art. 1018 du Code de pr. s'applique aux arbitrages forcés en matière de société, comme aux arbitrages volontaires, et doit être observée à peine de nullité.

27 mai 1820, t. IV, n° 780, p. 239.

§ 6.
Instruction devant les arbitres.

33. — En matière civile, lorsque les arbitres ont reçu la qualité d'amiables compositeurs, ils n'en sont pas moins dispensés des formes judiciaires.

18 décembre 1811, t. II, n° 355.

34. — La qualité d'*amiables compositeurs* donnée à des arbitres et la dispense des formes et délais judiciaires ne peuvent les autoriser à négliger de faire le règlement de compte dont ils étaient chargés par le compromis.

4 juillet 1818, t. III, n° 540.

35. — Des arbitres volontaires qui ont été désignés dans le compromis comme *arbitrateurs* et *amiables compositeurs*, pour prononcer en dernier ressort, sans formalités de justice et sans recours en cassation, ne sont assujettis à suivre aucune règle du droit, aucune forme, et peuvent dans leurs décisions ne consulter que l'équité: ainsi leur sentence est souveraine,

inattaquable au fond, et on ne peut invoquer contre elle l'application de l'art. 541 du C. de pr. que dans le cas où il serait intervenu, dans la vérification d'un compte de société, des erreurs matérielles, des omissions, faux ou doubles emplois.

24 déc. 1819, t. IV, n° 780, p. 239.

36. — Un arbitre nommé amiable compositeur, étant dispensé de suivre les formes judiciaires, n'est point obligé de rendre un jugement préparatoire pour nommer des experts; il peut directement recevoir leur avis.

5 déc. 1821, t. IV, n° 780, p. 239.

§ 7.
Compétence et pouvoirs des arbitres.

37. — Les arbitres qui déclarent dans leur sentence qu'ils ont vu les mémoires et notes produits par les parties doivent être crus jusqu'à inscription de faux.

18 déc. 1811, t. II, n° 355, p. 291.

§ 8.
Jugement arbitral.

1° Conditions de validité du jugement.

38. — Des arbitres n'ont isolément aucun caractère public; ils ne peuvent exercer le pouvoir qu'ils tiennent de leur nomination que lorsque, réunis, ils forment un tribunal arbitral : ainsi tous les actes qu'ils peuvent faire séparément les uns des autres ne sont que des actes d'individus sans caractère et sans pouvoir, et ne peuvent être considérés comme des sentences rendues par des arbitres.

26 thermidor an IX, t. I, n° 39.

39. — Les arbitres prononcent *hors des termes du compromis*, lorsqu'au lieu de liquider et d'apurer les comptes des associés, ainsi que le compromis les en a chargés, ils en renvoient deux à compter entre eux, quoiqu'il s'agisse d'une opération unique et indivisible.

4 juillet 1818, t. III, n° 540.

40. — Lorsque les arbitres nommés prononcent hors des termes du compromis, leur décision est radicalement nulle, et on peut y former opposition.

12 juin 1826, t. V, n° 903.

41. — Doit être déclarée nulle la sentence arbitrale, lorsque l'arbitre ayant entendu des témoins n'a pas rédigé procès-verbal de leur audition.

19 décembre 1844, 43-44, n° 107.

42. — Les arbitres que le compromis n'a pas nommés amiables compositeurs, et dispensés de suivre les formes du droit, doivent, à peine de nullité, énoncer clairement dans leur sentence les motifs de leur décision.

11 juillet 1844, 43-44, n° 72.

43. — Une sentence arbitrale qui n'est pas signée par un des arbitres est nulle s'il n'est pas fait mention de la réquisition qui lui a été faite de signer pour constater son refus.

28 thermidor an XI, t. I, n° 81.

44. — Les sentences arbitrales rendues en matière de cantonnement de forêts sont nulles si elles ne contiennent pas les questions de fait et de droit que doivent renfermer tous les jugements, d'après les dispositions de l'art. 15, titre V de la loi du 24 août 1790.

19 thermidor an X, t. I, n° 65.

45. — Doit être déclarée nulle, comme tout jugement en pareil cas, la sentence arbitrale qui ne contient ni conclusions des parties ni points de fait et de droit.

11 mars 1844, 43-44, n° 44.

46. — Doit être déclarée nulle, comme tout jugement en pareil cas, la sentence arbitrale qui ne contient ni conclusions des parties ni points de fait et de droit.

19 décembre 1844, 43-44, n° 107.

47. — Doit être déclarée nulle, comme tout jugement en pareil cas, la sentence arbitrale qui ne contient ni conclusions des parties ni points de fait et de droit.

La Cour peut, en annulant la sentence et sur la demande des parties, au lieu de les renvoyer devant de nouveaux arbitres, nommer des experts pour recevoir le compte de la liquidation sociale et pour donner leur avis sur les difficultés auxquelles ce compte pourrait donner naissance.

11 mai 1849, 49-52, n° 38.

48 — Est nulle la sentence arbitrale qui ne contient pas l'exposé des conclusions des parties.

11 mars 1852, 49-52, n° 123.

49. — La sentence arbitrale est un véritable jugement ; dès lors l'omission des conclusions des parties doit entraîner sa nullité.

7 février 1861, 60-61, n° 47.

2° Effets de la nullité du jugement.

50. — Quand les arbitres ont statué sans pouvoirs sur un point, ce n'est pas une raison pour annuler leur sentence sur les autres points.

Inédit. 12 décembre 1851, 2° Ch. Fumey-Badoz c. Poux-Moine et Mounin.

3° Dépôt du jugement au greffe du tribunal.

51. — Le dépôt au greffe de la sentence arbitrale n'a trait qu'à son exécution et ne tend point à suppléer le défaut d'authenticité de la signature des arbitres. Il n'y a que la voie de l'inscription en faux qui puisse être employée pour attaquer et détruire l'authenticité qui résulte de la date que porte la sentence arbitrale.

30 décembre 1814, t. III, n° 444.

52. — Une sentence arbitrale est nulle si elle n'a été déposée au greffe que plus de trois jours après celui de sa date, et plus de trois mois et trois jours depuis la date du compromis.

21 juin 1820, t. IV, n° 780, p. 239.

4° Ordonnance d'*exequatur*. — Exécution du jugement.

53. — Une sentence arbitrale ne devient exécutoire que par l'ordonnance d'*exequatur* dont elle est revêtue ; ce n'est donc que du jour où cette sentence qui prononce la réintégration d'une commune dépouillée par l'effet de la puissance féodale a été homologuée, que la commune doit être considérée comme ayant eu la possession réelle de l'objet qui lui a été adjugé en vertu de cette sentence, et s'il ne s'est pas écoulé trente ans depuis cette époque, elle n'a pu prescrire.

14 novembre 1826, t. V, n° 914.

54. — Bien que les parties aient compromis sur un appel, la sentence arbitrale n'en doit pas moins être rendue exécutoire par le président du tribunal de première instance, si la plupart des chefs soumis aux arbitres n'ont pas subi le premier degré de juridiction.

4 juillet 1846, 46, n° 52.

55 — Un tribunal civil est compétent pour connaître de l'exécution d'une sentence arbitrale volontaire, rendue pour la liquidation d'une société en participation, lorsque la partie assignée en nomination d'experts devant ce tribunal n'a point demandé son renvoi devant des arbitres forcés, mais a attaqué au fond cette sentence, et a sollicité la nomination de nouveaux arbitres.

24 décembre 1819, t. IV, n° 780, p. 239.

56. — Lorsque les arbitres nommés pour prononcer sur un appel ont confirmé la décision des premiers juges, les difficultés relatives à l'exécution de leur sentence doivent être portées devant le tribunal sur le jugement duquel ils ont statué, bien que l'ordonnance d'*exequatur* émane de la Cour qui devait connaître de l'appel, surtout s'il s'agit du partage d'une succession. — Il en est encore ainsi, même pour la disposition que les arbitres auraient infirmée dans un jugement ordonnant le partage d'une succession ou homologuant un rapport d'experts qui contient formation des lots.

Si les pouvoirs des arbitres sont expirés, c'est à la Cour royale qui a apposé l'ordonnance d'*exequatur* à statuer sur l'interprétation de la sentence ou sur la réparation d'omissions qui pourraient s'y trouver.

Lorsque les arbitres nommés pour statuer sur l'appel d'un jugement, après avoir déterminé les droits des parties dans le partage d'une succession et ordonné le tirage au sort, ont omis d'indiquer le notaire devant lequel le tirage et la licitation doivent être faits, les demandes relatives à ce chef ne constituent que des difficultés sur l'exécution de la sentence et doivent en conséquence être portées devant les premiers juges.

7 janvier 1846, 46, n° 17.

§ 9.
Voies de recours contre les jugements arbitraux.

1° Appel.

57. — Sous la loi du 24 août 1790, on ne pouvait appeler d'une sentence arbitrale si le compromis n'en contenait la réserve expresse.

10 juillet 1828, 27-28, n° 103.

58. — Le compromis donnant à l'arbitre le titre d'amiable compositeur, on ne pouvait attaquer la sentence qu'il avait rendue, que dans le cas où elle avait prononcé hors des termes du compromis ou sur des choses non demandées.

5 décembre 1821, t. IV, n° 780, p. 239.

59. — Le jugement que rendent des arbitres nommés amiables compositeurs est essentiellement en dernier ressort.

Inédit. 22 mars 1842, 1re Ch. Laresche c. Loye.

60. — Le compromis qui donne

aux arbitres pouvoir pour statuer définitivement ne leur donne pas, par cela même, pouvoir pour statuer en dernier ressort ou sans appel.

Inédit. 12 août 1836, 2ᵉ Ch. Galliot c. Saint.

61. — Lorsque l'arbitrage est sur appel, la sentence arbitrale est définitive et sans appel ; c'est là un principe d'ordre public constituant une fin de non-recevoir proposable en tout état de cause.

1ᵉʳ mars 1854, 53-57, nº 47, p. 106.

62. — L'appelant d'une sentence arbitrale ne peut, par conclusion nouvelle, demander la nullité de l'acte qualifié jugement arbitral : une pareille demande doit, conformément aux principes des art. 68 et 70 du C de pr. civ., être introduite par forme d'exploit d'ajournement.

L'exception à ces principes, admise par l'art. 464 du C. de pr. civ., ne s'applique qu'aux cas où la demande nouvelle est une défense à l'action principale.

1ᵉʳ mars 1854, 53-57, nº 47, p. 106.

63. — Les parties peuvent valablement renoncer à toute voie de recours contre une sentence arbitrale.

Est valable le compromis par lequel les parties ont nommé deux arbitres amiables compositeurs, déclarant leur conférer les pouvoirs les plus étendus et la mission de juger toutes les difficultés existant entre elles en dernier ressort, sans appel ni recours en cassation, les dispenser de suivre les formalités de la procédure et renoncer formellement à se pourvoir contre la décision à intervenir, par quelque voie que ce soit, même par la requête civile.

L'omission ou abstention de la part des arbitres de statuer sur un chef de conclusions ne peut être assimilée au cas où ils auraient statué hors des termes du compromis. Ce n'est pas dès lors par la voie d'action en nullité que peut

être attaquée la sentence arbitrale, mais seulement par la voie de la requête civile.

16 mai 1870, 70-71, nº 25.

2º *Opposition à l'ordonnance d'exequatur.*

64. — Celui qui prétend que son mandataire a excédé les bornes de sa procuration en signant un compromis, doit former son opposition à l'ordonnance d'*exequatur* et non pas se pourvoir par voie de requête civile.

18 déc. 1811, t. II, nº 355, p. 291.

65. — On n'emploie pas la voie légale en se pourvoyant par appel contre une sentence arbitrale rendue en matière de société de commerce pour vices de forme, mais on doit former opposition à l'ordonnance d'exécution devant le même tribunal pour en demander la nullité.

6 mars 1816, t. III, nº 564.

66. — La voie de nullité par opposition formée à l'ordonnance d'*exequatur* dont est revêtue une sentence arbitrale est recevable, quoiqu'il s'agisse de la liquidation et de l'apurement des comptes d'une société de commerce, lorsque les associés ont nommé des arbitres *amiables compositeurs* ; il en doit être décidé de même dans le cas où le compromis porterait que la décision arbitrale serait considérée au besoin comme *transaction.*

4 juillet 1818, t. III, nº 540.

67. — Les parties peuvent par compromis renoncer à l'opposition qu'elles ont droit de former à l'ordonnance d'*exequatur* : *leur renonciation est suffisamment exprimée lorsqu'elles renoncent à toute voie d'appel ou de recours en cassation et même de simple opposition.*

18 mars 1828, 27-28, nº 78.

68. — Si des arbitres ont statué sans pouvoirs ou par excès de pouvoir, l'opposition à l'ordonnance d'*exequatur* est recevable, bien que par le compromis les parties aient renoncé expressément à ce recours.

7 juillet 1854, 53-57, n° 55, p. 135.

3° Action directe en nullité.

69. — L'action en nullité d'un jugement arbitral est une action principale qui doit subir ses deux degrés de juridiction.

28 thermidor an XI, t. I, n° 81.

70. — C'est par action en nullité, passible de deux degrés de juridiction, et non par voie d'appel, qu'on doit se pourvoir contre une sentence arbitrale rendue sur un compromis nul.

10 juillet 1828, 27-28, n° 103.

Arbres, V. PROPRIÉTÉ.

Armes prohibées.

Pistolets de poche.

En prohibant le port des pistolets de poche, sans spécifier les dimensions qu'ils doivent avoir pour être réputés tels, le législateur s'en est nécessairement rapporté à cet égard à l'appréciation des tribunaux.

Un pistolet que l'on tient caché dans sa poche est un pistolet de poche, quelles qu'en soient la longueur et la forme.

22 mars 1871, 70-71, n° 69.

Arrérages, V. APPEL CIVIL, CONTRAT DE MARIAGE.

Assistance judiciaire.

Compétence.

Le bureau d'assistance judiciaire établi près la juridiction qui doit connaître du procès pour lequel l'assistance est réclamée, est seul investi du droit de décider si le réclamant est en état d'indigence et doit obtenir l'assistance judiciaire.

Le bureau du domicile du réclamant est appelé à recueillir des renseignements tant sur l'indigence que sur le fond de l'affaire;

mais il n'a aucune décision à rendre sur la condition d'indigence : il n'est investi que d'un droit d'instruction préliminaire.

25 mai 1868, 68-69, n° 13, p. 48.

Association en participation, V. SOCIÉTÉ COMMERCIALE.

Association syndicale, V. AJOURNEMENT, COMPÉTENCE CIVILE DES JUGES DE PAIX.

Associé, V. SOCIÉTÉ CIVILE, SOCIÉTÉ COMMERCIALE, SOCIÉTÉ DE FROMAGERIE.

Assurances terrestres.

§ 1er.

Preuve du contrat d'assurance.

1. — Le contrat d'assurance ne peut être prouvé par témoins que conformément aux règles du droit commun ; l'art. 109 du Code de commerce est inapplicable, alors même que l'assureur est une société commerciale.

8 février 1858, 58-59. n° 20.

§ 2.
Obligations de l'assuré.

2. — Une compagnie d'assurance qui a indemnisé le propriétaire d'une maison incendiée peut, lorsqu'elle est subrogée par les statuts dans le bénéfice de l'art. 1733 C. N., exercer le recours qui en dérive contre le locataire chez qui le feu a commencé, encore bien qu'elle ait assuré par la même police le mobilier de ce locataire, si celui-ci ne s'est pas spécialement assuré contre le risque locatif.

16 janvier 1850, 49-52, n° 46.

3. — Lorsqu'il est stipulé dans un contrat d'assurance contre l'incendie que l'assureur ne sera engagé que le lendemain à midi du jour où le paiement de la prime a été effectué et la police signée, le paiement de la première prime est une condition préalable et nécessaire de l'engagement de l'assureur.

En conséquence, l'assuré ne peut, sur le refus de l'assureur de payer l'indemnité pour un sinistre arrivé avant que la première prime ait été payée, l'y contraindre en invoquant les dispositions de l'art. 1184 du C. N. ni se prévaloir de ce qu'aucune mise en demeure ne lui a été signifiée.

7 juillet 1856, 53-57, n° 93, p. 263.

4. — L'assuré peut, aux termes d'une police d'assurance, être déclaré déchu de tout droit à une indemnité, s'il exagère sciemment le montant des dommages causés par l'incendie.

Spécialement, cette déchéance doit être prononcée contre l'assuré qui dans sa déclaration a exagéré de moitié la valeur de son mobilier industriel, si cette déclaration paraît avoir été faite dans un esprit de mensonge.

3 juin 1868, 68-69, n° 15, p. 54.

§ 3.
Obligations de l'assureur.

5. — Une compagnie d'assurance ne peut déduire de l'indemnité dont elle est tenue en cas d'incendie la valeur des bois de construction qui reviennent à l'assuré par suite de droits d'usage existant au profit de la commune qu'il habite.

Ces droits d'usage ne peuvent être considérés comme constituant une sorte d'assurance que l'usager soit tenu de déclarer à peine de déchéance, bien que les clauses de la police l'obligent à dénoncer toute garantie par lui prise, sous quelque dénomination que ce puisse être, pour s'indemniser de l'incendie. Les compagnies d'assurance faisant la loi au contrat, le doute s'interprète en faveur de l'assuré.

3 mai 1845, 45, n° 37, p. 111.

6. — Une compagnie d'assurance n'est pas fondée à déduire de l'indemnité à laquelle elle est obligée en cas d'incendie la valeur des bois de construction auxquels peut prétendre l'assuré, par suite de droits d'usage existant au profit de la commune qu'il habite.

Ces droits d'usage ne peuvent être considérés comme constituant une garantie que l'usager soit tenu de déclarer à peine de déchéance, bien que les clauses de la police l'obligent à dénoncer toute garantie par lui prise, sous quelque dénomination que ce puisse être, pour s'indemniser de l'incendie.

23 janvier 1851 et 27 février 1851, 49-52. n°ˢ 108 et 109.

7. — Une compagnie d'assurance ne peut déduire du chiffre de l'indemnité, en cas d'incendie, la valeur estimative des bois d'usage auxquels l'assuré a droit dans une forêt de l'Etat pour reconstruire sa maison.

Ni la clause portée dans la police que l'assurance ne peut jamais être une cause de bénéfice pour l'assuré, ni les dispositions analogues des art. 357, 358 et 359 du C. de commerce, ne régissent cette hypothèse.

11 janvier 1855, 53-57, n° 61, p. 155.

8. — Une compagnie d'assurance est fondée à déduire de l'indemnité à laquelle elle est obligée en cas d'incendie la valeur des bois de construction auxquels peut prétendre l'assuré sinistré, par suite des droits d'usage existant au profit de la commune qu'il habite.

23 août 1849, 49-52, n° 16.

9. — Une compagnie d'assurance est fondée à déduire de l'indemnité à laquelle elle est obligée en cas d'incendie la valeur des bois de construction auxquels peut prétendre l'assuré sinistré, par suite de droits d'usage existant au profit de la commune qu'il habite.

18 décembre 1848, 47-48, n° 113.

10. — Une compagnie d'assurance est fondée en principe à déduire de l'indemnité à laquelle elle est obligée en cas d'incendie la valeur des bois de construction auxquels peut prétendre l'assuré sinistré, par suite des droits d'usage existant au profit de la commune qu'il habite. — Mais s'il résulte, soit de déclarations sincères, soit des circonstances de la cause, que l'assuré ne reconstruira pas, l'assureur qui, ayant compris dans l'assurance la totalité des bâtiments incendiés, sans déduction des bois, a perçu annuellement la totalité de sa prime, doit payer immédiatement l'indemnité entière, sauf à l'assuré, si ultérieurement il reconstruit et reçoit pour ce les bois nécessaires en vertu du droit d'usage, à rembourser à l'assureur la partie de l'indemnité correspondant à la valeur desdits bois estimés sur pied. — Les stipulations manuscrites dans les contrats d'assurance l'emportent sur les conditions générales imprimées en tête des polices.

7 mai 1853, 53-57, n° 29, p. 63.

11. — Par un principe supé-rieur d'ordre public, le contrat d'assurance, ayant pour objet de garantir une perte, ne peut être pour l'assuré une cause de bénéfice.

En conséquence, l'estimation donnée par l'assuré au moment du contrat ne peut être acceptée comme base invariable de l'indemnité : toutefois, la preuve de l'inexactitude de cette évaluation est à la charge de la compagnie.

On doit, en vertu du même principe, déduire du chiffre de l'indemnité due en cas de sinistre la valeur des bois d'usage auxquels l'habitant d'une commune a droit dans les forêts de l'Etat pour reconstruire sa maison incendiée. — La clause de la police d'assurance qui stipulerait le cumul de ces deux sortes d'indemnités serait une convention illicite et nulle.

22 janvier 1867, 66-67, n° 79.

12. — Une clause insérée dans une police d'assurance, à l'effet d'exclure la responsabilité des sinistres provenant de la guerre, n'exonère pas la compagnie de l'obligation d'indemniser l'assuré en cas d'incendie, bien que la maison où il a éclaté fût située dans un département déclaré en état de guerre et à proximité du lieu où un combat fut engagé. Il ne suffirait pas non plus qu'elle eût été, avant le sinistre, occupée pendant quelques jours par des soldats appartenant aux armées belligérantes.

A l'assureur incomberait l'obligation de prouver que l'incendie a eu sa cause directe dans un fait de guerre, d'invasion ou de force militaire, tel que celui qui aurait eu lieu si le sinistre avait été occasionné par le feu de l'ennemi ou par les nécessités de la défense.

17 mai 1871, 70-71, n° 43.

13. — La clause d'une police d'assurance, portant que la compagnie *ne répond pas des incendies occasionnés par la guerre*, est sans application quand le sinistre, survenu dans une partie du territoire envahi, n'a eu pour cause directe ni un fait volontaire de l'ennemi ni un conflit quelconque entre belligérants. Elle est spécialement inapplicable au cas où l'incendie a été le résultat de l'imprudence ou de la négligence des soldats de l'armée d'invasion.

La compagnie ayant stipulé qu'elle ne répondait pas des incendies occasionnés *par guerre, par émeute, par invasion ou par force militaire quelconque*, est responsable d'un sinistre ayant eu lieu sur un territoire parcouru par les armées belligérantes et à proximité du théâtre des hostilités, lorsque la cause de ce sinistre est restée inconnue. — Une exception ainsi conçue n'exonère pas l'assureur lors même que des militaires appartenant à l'armée d'invasion se seraient trouvés, au moment de l'incendie, logés dans la maison où il a éclaté, s'ils n'en avaient pas expulsé les propriétaires ou locataires habituels. — La compagnie d'assurance serait déchargée si les soldats ennemis, s'étant établis dans les bâtiments où l'incendie s'est déclaré, en avaient eu alors la possession exclusive, en avaient disposé en maîtres, et avaient écarté toute autre surveillance. — L'assureur serait exonéré si, dans les mêmes circonstances et sous l'empire des statuts ci-dessus spécifiés, il était prouvé que l'incendie a eu pour cause l'imprudence ou la négligence des soldats ennemis.

28 juin 1871, 2 février, 22 avril et 17 mai 1872, 70-71, n° 70, p. 294.

14. — C'est à l'assureur à établir que l'incendie provient d'un fait de guerre ou d'invasion.

28 juin 1871, 22 avril et 17 mai 1872, 70-71, n° 70, p. 294.

§ 4.
Règlement de l'indemnité due par l'assureur.

15. — Un règlement amiable, consenti après le sinistre par une mère tutrice, ne peut être opposé à ses enfants mineurs si les formalités prescrites par l'article 467 du C. civ. n'ont point été remplies.

Il n'engage pas non plus l'associé du défunt mari de la signataire.

Un pareil règlement serait d'ailleurs inefficace s'il n'était signé par le représentant légal de la compagnie. Il serait susceptible d'être annulé s'il avait été fait dans l'intervalle écoulé entre la cessation de paiements et la déclaration de faillite des assurés, et si l'assureur avait connaissance de cette cessation de paiements.

25 juillet 1871, 70-71, n° 55.

16. — Une prolongation de chômage résultant d'une injuste résistance opposée par les agents d'une compagnie d'assurance au paiement d'une indemnité n'entraîne pas de dommages-intérêts, si des circonstances de force majeure ont empêché ces préposés de communiquer avec leur administration centrale.

Même après la cessation de la force majeure, la compagnie ne doit pas être condamnée, pour réparation du préjudice résultant de ce retard, aux intérêts de l'indemnité à partir de l'introduction de l'instance, s'ils n'ont pas été réclamés par la demande introductive d'instance.

22 avril et 17 mai 1872, 70-71, n° 70, p. 294.

§ 5.
Annulation, extinction et résiliation de l'assurance.

17. — L'acte social par lequel une compagnie soumet ses souscripteurs au paiement d'un intérêt annuel et s'engage, moyennant cet intérêt, à les libérer de leurs dettes hypothécaires, mais en se réservant la faculté de différer le remboursement et de se dissoudre à volonté, est nul, soit comme renfermant de la part de la société une condition purement potestative, soit comme contenant une stipulation d'intérêts en dehors de tout prêt d'argent. — En conséquence, si cette société a payé des valeurs à la décharge d'un de ses souscripteurs, il y a lieu pour les parties d'entrer en compte, abstraction faite des clauses du traité, et d'après les principes généraux de la gestion d'affaires.

15 janvier 1848, 47-48, n° 129.

18. — Bien que les statuts d'une compagnie d'assurances mutuelles portent que les primes ne pourront excéder une certaine somme, et que ces primes aient été ultérieurement, sans l'autorisation du gouvernement, mais par suite d'une délibération du conseil d'administration de la compagnie, élevées à un taux supérieur, les assurés, en payant sans réclamation, reconnaissent la régularité de cette augmentation; du moins, une fois qu'ils ont commencé à payer conformément au nouveau tarif, ils doivent continuer à acquitter sur ce pied toutes les annuités échues jusqu'au jour où ils forment une demande régulière en résolution du contrat.

2 mai 1849, 49-52, n° 32.

19. — Une société d'assurances mutuelles qui cède ses polices à une compagnie à primes fixes contrevient à ses engagements et donne ainsi aux assurés le droit de demander la résiliation du contrat.

2 mai 1849, 49-52, n° 32.

20. — Nonobstant la clause d'une police d'assurance portant déchéance du droit à l'indemnité, en cas de sinistre, à défaut de paiement de la prime annuelle *au domicile de la compagnie*, le demandeur peut écarter cette déchéance en établissant par témoins que cette compagnie a, vis-à-vis des assurés, maintenu l'usage de considérer les primes comme *quérables*, et qu'à cet effet son agent a procédé à des tournées habituelles pour en opérer le recouvrement.

30 janvier 1864, 62-65, n° 60, p. 211.

21. — Les déchéances contenues dans les polices d'assurance n'ont pas lieu de plein droit; elles doivent être prononcées par les tribunaux compétents, et l'assuré peut en être relevé expressément ou tacitement par la compagnie ou par les agents qui la représentent.

La clause d'une police d'assurance qui exige, à peine de déchéance, la déclaration de toute liquidation, suspension de paiements, faillite de l'assuré, ne lui impose pas la révélation immédiate de tous les embarras qui pourraient survenir dans sa situation commerciale; il ne doit donner connaissance que des faits notoires et constatant l'impossibilité absolue de continuer son industrie.

8 déc. 1869, 68-69, n° 99, p. 395.

22. — La déchéance stipulée *à défaut de déclaration d'assurance double* n'est pas encourue par celui qui a déclaré, à la compagnie avec laquelle il avait d'abord traité, que les mêmes articles étaient cumulativement assurés à une autre compagnie. Il n'est pas en contravention si, ayant ultérieurement élevé le chiffre de cette seconde assurance, il s'est abstenu de le faire connaître.

24 et 25 juillet 1871, 70-71, n° 55.

23. — L'assureur est exonéré s'il fournit la preuve du *dol* de l'assuré ou d'une faute lourde suffisamment caractérisée pour être l'équivalent du *dol*.

24 et 25 juillet 1871, 70-71, n° 55.

24. — La déchéance du bénéfice du contrat, stipulée dans une police pour le cas où l'assuré aurait exagéré les pertes résultant d'un sinistre, suppose que cette fausse déclaration a été faite dans un document écrit, sinon authentique.

25 juillet 1871, 70-71, n° 55.

25. — La déchéance du bénéfice du contrat, stipulée dans une police pour le cas où l'assuré aurait exagéré les pertes résultant d'un sinistre, n'est pas encourue par celui qui a entendu subordonner à une expertise une déclaration toute provisoire, exempte de mauvaise foi et purement énonciative.

La désignation des locaux où se trouvent des objets compris dans l'assurance est indicative et non restrictive. Elle n'a pas pour effet d'interdire à l'assuré des déplacements qui ne sont pas de nature à aggraver les risques, et elle ne lui impose pas l'obligation de les déclarer à la compagnie.

La compagnie ne saurait se prévaloir de ce que l'assuré se serait abstenu de lui déclarer l'aggravation des risques résultant de ce que des soldats ennemis seraient logés dans les bâtiments couverts par l'assurance, ce fait étant imprévu, transitoire et d'une durée indéterminée.

L'introduction temporaire de fourrages appartenant à des étrangers ne change pas la destination des bâtiments assurés, quand ces bâtiments sont désignés comme comprenant *grenier*, *grange* et *écurie*.

28 juin 1871, 22 avril et 17 mai 1872, 70-71, n° 70, p. 294.

Audience solennelle.

Questions d'état.

1. — Lorsque les contestations sur l'état civil des citoyens doivent être décidées à bref délai, ou lorsqu'elles sont intentées incidemment à une demande principale, elles doivent rester à la Chambre à laquelle elles ont été présentées, et il n'y a pas lieu de les renvoyer à être jugées en audience solennelle.

24 septembre 1836, 36, p. 178.

2. — La règle suivant laquelle les questions d'état doivent être jugées en audience solennelle cesse d'être applicable quand ces questions sont soulevées incidemment à une instance sur laquelle il doit être statué en audience ordinaire. Spécialement, doit être jugée en audience ordinaire la question d'état engagée incidemment à une demande principale en pétition d'hérédité.

L'incompétence de la Cour, statuant en audience solennelle, est alors d'ordre public et doit être prononcée par le juge en l'absence même de toutes conclusions des parties.

15 juillet 1857, 56-57, n° 132, p. 410.

Autorisation de poursuites, V. FONCTIONNAIRE PUBLIC.

Autorisation maritale, V. MARIAGE.

Autorité de la chose jugée.

TABLE ALPHABÉTIQUE.

§ 1er.

*Des jugements auxquels est attachée
l'autorité de la chose jugée.*

1. — Il est de principe que le dispositif d'un jugement constitue seul la chose jugée; ainsi, lorsque quelqu'un a proposé devant un tribunal plusieurs moyens de nullité contre un acte, et qu'en même temps il a dénié sa signature et que les premiers juges ont statué dans les motifs de leur jugement sur ces moyens, il n'y a pas chose jugée à cet égard, si le dispositif ordonne simplement la reconnaissance des écrits et signature, sans rien prononcer sur les autres moyens.

3 janvier 1827, 27-28, n° 7.

2. — Quelles que soient les énonciations insérées dans les motifs d'un jugement, c'est le dispositif seul qui constitue la chose jugée, lors surtout qu'il porte *qu'avant faire droit au fond et sans préjudice des moyens et exceptions de toutes parties*, les demandeurs originaires sont admis à une preuve.

7 mars 1827, 27-28, n° 16.

3. — Les énonciations contenues, non dans le dispositif, mais dans les motifs d'un jugement, sont sans valeur; il en est de même de celles qui ne figurent que dans les points de fait, notamment quand elles signalent l'existence d'un consentement contredit formellement par les conclusions de la partie à laquelle il est imputé.

7 mai 1845, 45, n° 83, p. 221.

4. — Ces expressions : *déboutant, quant au surplus, les parties de leurs conclusions,* constituent une disposition positive de laquelle il résulte chose jugée sur tous les chefs de conclusions qui ne sont pas réglés d'une manière spéciale.

Inédits. 17 mai 1837, 1re Ch. Cne de Gézier c. Saint. — 24 mars 1849, 2e Ch. Héritiers Dornier c. héritiers Javel.

5. — Les décisions des tribunaux n'ont le caractère de jugements que lorsqu'elles interviennent sur des conclusions contradictoires ; dans le cas contraire, elles n'ont d'autre force que celle qui s'attache aux conventions des parties. Ainsi, le jugement qui homologue un partage fait d'autorité de justice n'a pour effet que de constater l'accomplissement des formalités exigées par la loi ; il n'acquiert jamais l'autorité de la chose jugée et peut être attaqué par les mêmes voies que tout contrat.

20 février 1845, 45. n° 26, p. 74.

6. — L'autorité de la chose jugée ne peut résulter d'un arrêt confirmatif d'un jugement qui a prononcé l'homologation d'une délibération d'un conseil de famille autorisant une femme à restreindre l'hypothèque qu'elle avait sur son mari pour sûreté de ses reprises et conventions matrimoniales.

29 août 1817, t. III, n° 518.

7. — D'après l'opinion des auteurs, les jugements d'homologation de rapports d'experts n'ont pas l'autorité de la chose jugée ; ils ne font que constater que les opérations ou vérifications ordonnées ont eu lieu. Lorsque les parties reconnaissent qu'il existe de fausses énonciations dans un rapport, elles peuvent toujours en demander la vérification tant que les choses sont entières.

2 janvier 1824, t. IV, n° 839, p. 317.

8 — Un jugement par défaut rendu *sans appréciation préalable* acquiert *force de chose jugée* par la signification régulière et personnelle et l'exécution sans protestation ni réserve, telle que la production de ce titre dans un acte de liquidation de communauté, et dans une demande en collocation pour le montant des reprises à exercer.

19 février 1868, 68-69, n° 4, p. 16.

9. — La chose jugée ne saurait résulter d'un jugement interlocutoire qui ne lie pas le juge et dont l'objet est de vérifier des prétentions contre lesquelles des moyens nouveaux peuvent être proposés pour la première fois en appel.

5 juillet 1869, 68-69, n° 75, p. 313.

§ 2.

Des conditions requises pour constituer la chose jugée.

1° De l'identité des parties.

10. — Les successeurs à titre particulier sont censés avoir été représentés par leurs auteurs lorsque leurs titres d'acquisition sont postérieurs à l'introduction des instances liées avec lui : ainsi l'arrêt qui a prononcé que la vente faite à une personne n'était que le résultat de la fraude et du dol, peut être opposé à celui qui a acquis d'elle, depuis l'instance liée, partie des objets compris dans la première vente, quoiqu'il n'ait été ni partie ni appelé lors de cet arrêt.

30 janvier 1818, t. III, n° 526.

11. — Quand un prête-nom, au lieu d'être déclaré non recevable dans son action, en a été formellement débouté, l'exception de la chose jugée est opposable à celui pour qui il a paru.

24 janvier 1844, 43-44, n° 24.

12. — Lorsqu'une partie conclut dans une instance à ce qu'il lui soit donné acte de ce qu'elle n'entend prendre pour le moment aucune couleur dans la contestation, se réservant tous droits et actions à exercer quand et comment elle trouvera convenir, la décision qui intervient constitue chose jugée à son égard.

6 mars 1844, 43-44, n° 42.

13. — Le garanti peut opposer l'exception tirée de ce que le jugement dont appel aurait acquis l'autorité de la chose jugée à l'égard du garant.

29 mars 1844, 43-44, n° 46.

2° De l'identité d'objet.

14. — Un jugement où la qualité d'héritier n'a été traitée qu'*incidemment* ne peut avoir sur ce point l'autorité de la chose jugée : la loi n'attribue cet effet qu'aux décisions juridiques intervenues sur une action en pétition d'hérédité, lorsque le titre et la qualité d'héritiers ont été *principalement* contestés.

19 février 1818, t. III, n° 583.

15. — La maxime *non bis in idem* est applicable en matière civile comme en matière criminelle.

Inédit. 2° Ch., 24 mai 1843. Normand c. de Mouthier.

16. — Bien que non suivi d'appel, le jugement interlocutoire qui autorise la preuve de faits de possession n'a pas l'autorité de la chose jugée sur le point de savoir si l'objet du litige est prescriptible. La question d'imprescriptibilité peut être soutenue postérieurement à l'enquête.

18 août 1847, 47-48, n° 27.

17. — Le jugement qui convertit en prestations annuelles l'obligation de loger et nourrir le donateur n'a pas l'autorité de la chose jugée relativement aux nullités dont la donation pourrait être entachée, telles que l'insanité d'esprit de l'auteur de la libéralité, ou sa fausse déclaration qu'il ne savait signer, nullités qui, du reste, ne se révèlent par aucun signe extérieur.

4 janvier 1868, 68-69, t. I, n° 1.

3° De l'identité de cause.

18. — Une sentence d'ordre rendue avant les lois qui ont établi le nouveau système hypothécaire, sentence qui a fixé l'ordre dans lequel devaient être colloqués différents créanciers sur le prix d'une saisie immobilière, ne peut obtenir l'autorité de la chose jugée, relativement à la distribution des deniers provenant d'une seconde saisie, dans le cas où les biens discutés postérieurement à la première saisie ne sont pas les mêmes et où il s'agit de prononcer sur la priorité d'inscription hypothécaire.

11 mars 1811, t. II, n° 332.

19. — Lorsqu'on forme une seconde demande en vertu d'un nouveau titre et que la première, au lieu d'être présentée en général, a été qualifiée, il n'y a pas lieu à l'exception de la chose jugée contre la seconde demande.

11 juin 1813, t. II, n° 397.

20. — En matière d'expropriation pour cause d'utilité publique, les tribunaux n'ont à connaître que de l'accomplissement des formes et du règlement de l'indemnité, en sorte que dès que l'administration procède en vertu d'un nouveau décret du prince et par une instruction nouvelle, bien qu'il s'agisse de la même chose et que le litige soit entre les mêmes parties, il n'y a pas d'autorité de chose jugée.

21 mars 1826, t. IV, n° 849, p. 328.

§ 3.

De l'influence des jugements rendus au criminel quant aux intérêts civils.

21. — Quoique le jury d'accusation ait déclaré qu'il n'y avait lieu de poursuivre des individus à qui un meurtre était attribué, l'extinction de l'action publique n'empêche point l'exercice de l'action privée pour la réparation du dommage causé, parce que ces deux actions sont distinctes et indépendantes ; la partie lésée peut introduire son action devant les tribunaux civils et demander à justifier, tant par titres que par témoins, que ces individus sont les auteurs du meurtre dont elle les inculpe.

11 juillet 1812, t. III, n° 428 *bis.*

22. — Le jugement par lequel un tribunal de police déclare le prévenu non coupable d'homicide par imprudence est sans influence sur la demande en dommages-intérêts intentée devant les tribunaux civils.

25 juillet 1829, 29, n° 78, p. 245.

23. — L'ordonnance de non-lieu rendue par un juge d'instruction ne forme pas obstacle à ce que le fait qui en est l'objet donne lieu contre ces auteurs à une action civile en dommages-intérêts.

5 janvier 1866, 66-67, n° 1.

24. — Lorsque, sur une plainte pour coups et blessures, le juge d'instruction, après avoir entendu les témoins, rend une ordonnance de non-lieu pour insuffisance de charges, le plaignant qui ne s'était pas porté partie civile peut intenter devant les juges civils une action en dommages-intérêts et articuler à l'appui les faits même constitutifs du délit qui avait été l'objet de la plainte, sans qu'on puisse lui opposer l'autorité de la chose jugée.

L'ordonnance du juge d'instruction portant non-lieu, même pour insuffisance de charges, doit être réputée statuer définitivement sur le litige dans le sens de l'art. 3 du Code d'instruction criminelle, et ne fait pas obstacle à l'action civile.

7 novembre 1866, 66-67, n° 62.

25. — Des juges saisis d'une action civile en dommages-intérêts fondée sur un délit suivi de condamnation peuvent admettre comme preuves les dépositions unanimes consignées dans la procédure correctionnelle. — Ce n'est point là étendre au civil l'autorité de la chose jugée au criminel.

12 mars 1846, 46, n° 66.

26. — L'arrêt correctionnel statuant sur le délit d'habitude d'usure, ne peut être invoqué comme emportant autorité de la chose jugée sur chacun des faits et ses circonstances, par le demandeur en action civile qui conclut à la restitution d'intérêts illégalement perçus.

4 juillet 1857, 53-57, n° 131, p. 406.

27. — La chose jugée au criminel a effet au civil non-seulement à l'égard de ceux qui ont été parties à la première décision, mais encore à l'égard des tiers, en ce sens qu'il n'est plus permis, même aux tiers, de remettre en question devant la juridiction civile les faits déclarés constants par la juridiction criminelle ni la qualification qui leur a été attribuée.

Spécialement, l'arrêt correctionnel qui condamne le fils mineur coupable du délit de coups et blessures est opposable au père et peut servir de base à une action intentée contre ce dernier en dommages-intérêts comme civilement reponsable.

14 janvier 1859, 58-59, n° 32.

28. — Tant qu'il n'a pas été statué définitivement sur l'action publique intentée pour malversations contre un syndic et les liquidateurs d'une faillite, il doit être sursis par les tribunaux civils à juger les différends auxquels donnent lieu les actes incriminés.

4 mai 1859, 58-59, n° 38.

29. — Les décisions rendues au criminel sont souveraines, et l'on ne peut remettre en question devant la juridiction civile les faits qu'elles affirment ou qu'elles nient.

16 janvier 1861, 60-61, n° 42.

30. — Si la chose jugée au criminel a une influence nécessaire et décisive sur l'action civile, il n'en peut être ainsi qu'autant que l'action civile s'appuie sur les faits mêmes qui ont fait l'objet du jugement sur l'action publique.

C'est ainsi, par exemple, que dans le cas où un père et sa fille sont poursuivis correctionnellement, la fille comme coupable d'avoir falsifié en l'additionnant d'eau le lait qu'elle portait à une fromagerie, le père comme civilement responsable, et où un acquittement intervient par ce motif qu'il y a doute sur la culpabilité, cet acquittement ne fait pas obstacle à l'introduction d'une action civile en exclusion de la société de fromagerie, formée contre le père et fondée sur des faits de fraude qui lui seraient propres.

27 août 1869, 68-69. n° 89, p. 358.

Des effets de la chose jugée.

31. — Celui qui a été condamné à payer une certaine somme en vertu d'un jugement passé en force de chose jugée ne peut obtenir une réduction sur le montant de la somme à laquelle il a été condamné; l'autorité de la chose jugée ne permet pas de remonter à l'origine de l'obligation, pour en vérifier la cause.

L'exception de la chose jugée a même lieu lorsqu'il s'agit d'une erreur de calcul, si d'ailleurs la condamnation pouvait être prononcée sous différents rapports.

18 juillet 1811, t. II, n° 341.

32. — Le jugement rendu contre le vendeur ne nuit à l'acquéreur qu'autant que l'acquisition est postérieure au jugement ou que l'acquéreur, connaissant le procès soutenu par son vendeur, a négligé d'y intervenir; en tout autre cas, le jugement rendu contre le vendeur n'acquiert pas contre l'acquéreur l'autorité de la chose jugée.

11 juin 1813, t. II, n° 397

33. — Le mandataire qui a été condamné par jugement passé en force de chose jugée à rendre compte de son mandat ne peut se soustraire à cette obligation en produisant une décharge ancienne recouvrée depuis le jugement, surtout quand il a été expressément statué par les premiers juges sur l'exception de libération.

10 janvier 1850, 49-52, n° 94.

34. — Le jugement qui admet un créancier au passif d'une faillite en vertu d'un titre a l'autorité de la chose jugée sur la validité de ce titre.

14 avril 1851, 49-52, n° 113.

35. — Celui qui a pris la voie

civile pour obtenir la restitution d'objets remis à un tiers, à l'un des titres énoncés à l'art. 408 du Code de procédure, n'est point recevable à poursuivre de nouveau cette restitution par la voie correctionnelle, s'il ne s'est produit aucun fait nouveau depuis l'introduction de l'instance civile. Par exemple, celui qui a assigné un tiers en paiement de sommes qu'il aurait reçues en vertu d'un prétendu mandat ne peut, après avoir été débouté de sa demande, saisir un tribunal correctionnel de ces mêmes faits, sous la qualification d'abus de confiance, sans violer le principe de l'autorité de la chose jugée.

26 juin 1861, 60-61, n° 57.

36. — Il n'y a pas lieu à répétition de sommes indûment payées, si elles l'ont été en vertu de jugements qui, n'ayant pas été attaqués en la forme et dans les délais prescrits, ont acquis l'autorité de la chose jugée.

Néanmoins, les parties qui, en exécution de ces jugements, ont touché des sommes auxquelles elles n'avaient pas droit, peuvent être condamnées à une part des dépens d'une instance postérieure ayant le même objet.

5 déc. 1871, 70-71, n° 65.

Aveu, V. Preuve.

Avocat.

Décision disciplinaire.

1. — Les décisions des conseils de discipline de l'ordre des avocats, en vertu desquelles sont inscrits ou maintenus sur le tableau ceux de leurs confrères qu'ils regardent comme dignes d'y être admis, sont souveraines; les procureurs généraux ne peuvent appeler de ces décisions que lorsqu'elles statuent sur des fautes ou des infractions imputées à des avocats.

28 août 1827. 27-28, n° 52.

2. — Est recevable l'appel formé par un avocat stagiaire contre la délibération du conseil de l'ordre qui décide qu'il n'y a lieu de maintenir son nom sur la liste des stagiaires.

Est recevable également l'appel interjeté de la délibération par laquelle le conseil, persistant dans le refus de maintenir l'avocat au nombre des stagiaires, rejette sa demande afin d'inscription au tableau.

8 nov. 1866, 66-67, n° 54 *bis.*

Avoué, V. Frais et dépens.

B

Bail, V. Louage.

Bail à ferme, V. Louage.

Banque de France. — Monnaie obsidionale.

N'est ni légal, ni dès lors obligatoire, l'arrêté du général commandant une place assiégée par l'ennemi, qui ordonne la création de bons obsidionaux ou papier-monnaie auxquels il donne cours légal et forcé.

Par suite, la contravention à cet égard n'est pas sanctionnée par les peines de simple police. Et le jugement qui a prononcé ces peines doit être cassé sans renvoi, attendu que le fait du refus de faire droit à l'arrêté du général ne constitue ni délit ni contravention.

15 avril 1871, 70-71, n° 75, p. 332.

Banqueroute frauduleuse, V. Faillite et Banqueroute.

Banqueroute simple ou frauduleuse. (Délit ou crime.)

Le mineur non autorisé à faire le commerce ne peut être déclaré en faillite, et, par conséquent, poursuivi pour banqueroute simple ou pour banqueroute frauduleuse.

23 juin 1870, 70-71, n° 32.

Barrage, V. Pêche.

Bénéfice d'inventaire, V. Successions.

Biens.

Quels biens sont meubles.

1. — Les coupes de bois taillis sont considérées comme meubles, même avant que les arbres aient été abattus, relativement à celui qui en a fait l'acquisition pour les séparer du sol.

En matière de vente de coupes de bois taillis, celui qui a été mis en possession de l'objet vendu doit être préféré.

25 janvier 1819, t. IV, n° 602.

2. — Le legs de *tous les meubles qu'une maison contiendra* n'est pas équivalent au legs d'une maison *avec tout ce qui s'y trouve.* En ce cas ce n'est pas l'art. 536 du Code civil qui est applicable, mais bien l'art. 533.

14 janvier 1836, 36, p. 3.

3. — Sont meubles les droits et intérêts des concessionnaires d'une mine dans la société formée entre eux pour l'exploitation de cette mine; il en serait ainsi par le fait seul qu'il y aurait eu de la part des concessionnaires entreprise pour l'exploitation et sans d'ailleurs que la preuve d'une société soit rapportée.

12 mars 1857, 53-57, n° 122, p. 378.

Biens de fabrique, V. Fabrique d'église.

Biens paraphernaux, V. Contrat de mariage.

Bières, V. Contributions indirectes.

Billet à ordre, V. Effets de commerce, Compétence commerciale.

Blessures par imprudence.

Dans quels cas existe le délit de blessures par imprudence.

1. — Il n'y a de délit par imprudence que lorsqu'un accident est la suite nécessaire et immédiate de cette imprudence.

Il ne peut jamais y avoir complicité dans un pareil délit.

Ainsi ne constitue ni le délit d'imprudence ni le délit de complicité le fait de faire courir des chevaux sur une route, de les fouetter, de les animer à outrance, s'il ne s'y joint un accident occasionné par cette conduite et qu'elle aurait pour effet nécessaire et immédiat.

30 août 1836, 36, p. 174.

2. — Les art. 319 et 320 du Code de procédure, qui punissent l'homicide par imprudence et les blessures résultant du défaut d'adresse ou de précaution, sont applicables aux médecins et opérateurs qui, dans l'exercice de leur art, se sont rendus coupables de faute ou de négligence grave.

L'art. 29 de la loi du 23 ventôse an XI n'établit pas à leur profit une exception au droit commun. Il résulte seulement de ses dispositions que l'officier de santé qui a entrepris une grande opération chirurgicale sans l'assistance d'un docteur en médecine est en faute par ce seul fait et responsable, même sans maladresse ou faute grave, des accidents sérieux que ce concours aurait pu prévenir.

Toutefois, l'action des tribunaux ne s'exerce que dans les cas où les jours du malade étant compromis, il est évident pour tout homme de bon sens, et indépendamment des théories sujettes à discussion, qu'il y a eu de la part du médecin faute lourde, négligence, maladresse visible ou ignorance des choses que doit connaître tout homme de l'art.

18 déc. 1844, 43-44, n° 102.

3. — L'imprudence qui a été

pour autrui une cause de mort tombe sous l'application des art. 319 et 320 du Code pénal, sans qu'il soit besoin que cette cause ait été directe et immédiate et alors même que la victime aurait eu sa part d'imprudence.

Spécialement, le maître mineur qui a laissé travailler des ouvriers au fond d'un puits, alors qu'un rocher d'un poids considérable menaçait de se détacher de la paroi, est pénalement responsable de la mort des ouvriers occasionnée par la chute de ce rocher.

La responsabilité pénale est également encourue par le maître mineur qui a toléré l'emploi de lampes à feu nu dans un lieu où existait un dégagement de gaz inflammable connu sous le nom de feu *grisou*, contrairement à la défense générale qui en avait été faite.

14 janvier 1863, 62-65, n° 42, p. 139.

Bois des communes, V. FORÊTS.

Bois des particuliers, V. FORÊTS.

Bordereau de collocation, V. ORDRE.

Bornage, V. PROPRIÉTÉ.

Brevet d'invention, V. PROPRIÉTÉ INDUSTRIELLE.

Bris de clôture.

On ne peut se disculper d'un délit de bris de clôture sur la propriété d'autrui, soit en attaquant la validité d'une vente ou d'un échange d'un chemin communal, soit en excipant d'une jouissance immémoriale et du caractère litigieux du droit de passage exercé.

8 juillet 1868, 68-69, n° 27, p. 112.

C

Cahier des charges, V. SAISIE IMMOBILIÈRE.

Cantonnement, V. USAGE FORESTIER.

Caution (Réception de).

L'art. 518 du C. de pr. civ. n'est pas limitatif; les juges peuvent ordonner une expertise pour constater la valeur des immeubles de la caution quand elle est dans l'impossibilité de l'établir par titres.

31 déc. 1827, 27-28, n° 64.

V. SURENCHÈRE.

Cautionnement.

§ 1er.

Conditions nécessaires à l'existence de ce contrat.

1. — Il n'y a pas cautionnement dans l'engagement principal pris par un père vis-à-vis d'un créancier de son fils de payer les sommes dues par ce dernier, sans qu'aucune autre preuve existe de la dette que la déclaration du créancier.

15 frimaire an XIV, t. Ier, n° 136.

2. — Le cautionnement ne peut exister avant la dette qu'il s'agit de garantir. C'est ainsi que dans le cas où une personne a promis d'endosser des lettres de change souscrites par une autre personne pour argent prêté, elle ne peut être tenue d'accomplir sa promesse, quand, avant que l'argent soit prêté, elle a dénoncé au prêteur l'insolvabilité de l'emprunteur survenue depuis la promesse.

14 mars 1806, t. I, n° 143.

§ 2.

Conditions nécessaires à la validité du cautionnement.

3. — Le cautionnement solidaire souscrit par une personne est nul s'il n'est intervenu qu'au moyen de la signature apposée à une reconnaissance et à un arrêté de compte qui n'ont été écrits ni par le débiteur ni par la caution, et qui ne portaient point l'approbation en toutes lettres des sommes qui sont exprimées dans ces actes.

8 mai 1818, t. III, n° 335.

4. — Le cautionnement doit être exprès, et les tribunaux ne peuvent l'induire par voie d'interprétation des clauses de l'acte qui contient l'engagement.

5 février 1851, 49-52, n° 111.

5. — Le gérant d'une société en commandite qui a pris des actions dont la souscription lui avait été imposée pour obtenir son titre, dans le cas même où il aurait été stipulé que ces actions seraient inaliénables pendant la durée de ses fonctions, ne peut, en donnant sa démission, prétendre au remboursement des sommes par lui versées, sous prétexte qu'elles n'étaient que le cautionnement de sa gestion.

6 janvier 1847, 47-48, n° 53.

§ 3.

De l'étendue et des effets du cautionnement.

6. — La caution qui vend en partie les biens par elle hypothéqués est, conjointement avec le débiteur principal, déchue du bénéfice du terme. — Mais le juge conserve la faculté de leur accorder un délai de grâce.

16 déc. 1829, 29, n° 82, p. 254.

7. — Le but du cautionnement est d'obtenir paiement de la caution après avoir épuisé les ressources du débiteur. Lorsque le cautionnement ne porte que sur une partie de ce que doit ou devra le débiteur, ce que paie celui-ci doit s'imputer sur la partie non cautionnée de la dette, et le cautionnement doit s'appliquer au résultat final.

Inédit. 28 août 1860, 1re Ch. Munier c. Veil-Picard.

8. — Le créancier n'est pas obligé de poursuivre le débiteur avant de s'adresser à la caution : il a le droit d'agir immédiatement contre celle-ci, et s'il peut être renvoyé à discuter préalablement le débiteur principal, ce n'est que par une faveur particulière accordée à la caution. Le bénéfice de discussion n'a pas lieu de plein droit ; il doit être invoqué par la caution dès l'origine des poursuites.

En cas de faillite du débiteur principal, la caution ne peut opposer le bénéfice de discussion ; le failli étant dessaisi de l'administration de ses biens, et les poursuites individuelles ainsi que les voies d'exécution étant suspendues contre lui.

La caution ne peut demander la division de la dette qu'entre cofidéjusseurs solvables d'un même débiteur et d'une même dette. L'incapacité d'une des cautions doit être assimilée à son insolvabilité. — Spécialement, dans le cas où une femme peut se faire restituer contre son cautionnement, la division n'aura lieu entre elle et les autres fidéjusseurs que sous la réserve expresse des droits du créancier de revenir contre eux.

19 juin 1865, 62-65, n° 87, p. 374.

9. — L'article 2032 du Code civil, en permettant à la caution d'agir avant d'avoir payé, lorsque le débiteur a fait faillite, ne l'autorise pas à soutenir qu'ayant été désormais une créance exigible, elle est par voie de compensation libérée jusqu'à due concurrence des sommes qu'elle devait au failli.

24 mai 1845, 45, n° 48, p. 143.

10. — Celui qui, étant caution solidaire, prétend avoir payé pour le débiteur principal, et lui demande en justice le remboursement de la dette, justifie suffisamment que le paiement a été fait de ses deniers par la présence entre ses mains du titre de la créance.

2 mars 1869, 68-69, n° 97, p. 386.

§ 4.

Extinction du cautionnement.

11. — Les dispositions de l'art. 2037 du C. N., aux termes duquel la caution est déchargée, lorsque la subrogation dans les hypothèques et priviléges du créancier n'est plus possible, s'appliquent-elles au cas où il s'agit du cautionnement entre codébiteurs solidaires?

En tous cas un créancier ne peut, mal et méchamment et sans nul intérêt avouable, enlever à l'un de ses débiteurs solidaires les garanties résultant pour ce débiteur des stipulations d'un contrat dans lequel le créancier lui-même était partie.

19 août 1857, 53-57, n° 134, p. 415.

12. — Lorsqu'après le fait qui autorise la caution à prétendre qu'elle est déchargée, celle-ci paie une partie de la dette et demande terme pour le paiement du surplus, il n'en résulte pas qu'elle renonce à la décharge que la loi lui accorde pour ce qui reste à payer. L'exception que la loi lui accorde lui reste, s'il n'est pas établi qu'elle a voulu contracter un nouvel engagement. L'erreur dans laquelle elle était de son droit suffit pour expliquer sa conduite et empêcher qu'elle soit privée du bénéfice de son exception.

Inédit. 21 décembre 1857, 1re Ch. Grillot c. Masson.

V. Presse, — Outrage, — Publication.

Cens féodal, V. Propriété.

Cessation de paiements,
V. Faillite et Banqueroute.

Cession de biens.

Cession de biens judiciaire ou forcée.

1. — Le bénéfice de la cession de biens ne peut pas être refusé à l'individu qui a hypothéqué un immeuble à lui donné en avancement d'hoirie : ce fait ne constitue pas un stellionat.

27 août 1807, t. Ier, n° 181.

2. — Un individu qui a présenté l'état de la situation de ses affaires pour être admis au bénéfice de la cession de biens et qui s'y est qualifié de négociant doit y comprendre le tableau de ses pertes et de ses profits, ainsi que de ses dépenses, et produire ses registres suivant les dispositions de l'art. 471 du Code de commerce.

Celui qui veut être admis au bénéfice de la cession de biens doit indiquer, dans l'état de situation de biens qu'il a présenté, les pertes et les malheurs qu'il a éprouvés.

25 août 1809, t. II, n° 282, et 17 juin 1818, t. III, n° 593.

3. — C'est au débiteur qui demande à faire cession de biens à justifier des conditions que la loi exige : s'il veut prouver sa bonne foi, il doit fournir tous les renseignements utiles pour l'apprécier et justifier qu'il aurait éprouvé des malheurs. Ainsi il est tenu d'exécuter les conditions que lui prescrivent les articles 895 du Code de procédure et 471 du Code de commerce. L'art. 905 du Code de procédure n'est point limitatif et ne dispense pas le débiteur, qui demande à être admis au bénéfice de cession, de justifier la bonne foi exigée par l'art. 1268 du Code civil.

13 décembre 1821, t. IV, n° 660, p. 98.

4. — Le débiteur qui demande le bénéfice de la cession de biens ne doit pas seulement justifier de ses malheurs; il doit être exempt de tort et surtout de fautes lourdes. Ne peut être considéré comme malheureux et de bonne foi, et par suite admissible au bénéfice de la loi, celui qui a été condamné correctionnellement pour avoir causé par imprudence l'incendie de sa maison propre et de celle de son voisin, s'il a cherché surtout à soustraire une partie de son actif à ses créanciers par un acte frauduleux à l'usage duquel il n'a pas renoncé spontanément, cet acte ayant d'ailleurs porté préjudice aux créanciers par les frais qu'il a occasionnés.

31 décembre 1866, 66-67, n° 63.

5. — Il n'est pas nécessaire d'intimer en appel les créanciers intervenus en première instance pour consentir à la demande en cession de biens, puisque le rejet de cette demande ne crée aucun privilège entre les créanciers et qu'il ne s'agit au débat que de l'exercice de la contrainte par corps.

31 décembre 1866, 66-67, n° 63.

Cession de créance, V. Vente.

Cession de droits litigieux, V. Vente.

Cession d'hérédité, V. Vente.

Cession d'office, V. Notaire, Office.

Chambre des mises en accusation, V. Instruction Criminelle.

Changement de nom, V. Nom, Prénoms.

Chasse.

TABLE ALPHABÉTIQUE.

§ 1er.

Des conditions auxquelles est soumis l'exercice du droit de chasse.

1° Du permis de chasse.

1. — Il y a délit à chasser tant que le permis accordé par le préfet n'a pas été retiré des mains du percepteur.

3 mai 1849, 49-52, n° 21.

2° Chasse dans un terrain clos.

2. — Pour qu'il y ait lieu à l'application de l'art. 2 de la loi du 3 mai 1844, aux termes duquel un propriétaire peut chasser ou faire chasser en tout temps dans ses possessions attenantes à une habitation et entourées d'une clôture continue, il faut que l'habitation et le terrain clos attenant soient dans la même main.

13 février 1854, 53-57, n° 54, p. 133.

3° Consentement du propriétaire.

3. — Le fait de chasse sur des terres non dépouillées de leurs récoltes, même en temps permis, avec port d'armes et autorisation du propriétaire, constitue un délit qui peut être poursuivi à requête du ministère public.

12 décembre 1843, 43-44, n° 12.

4. — L'administration forestière peut, même en l'absence de plainte de la part du fermier de la chasse, poursuivre celui qui, en temps permis, a chassé sans autorisation dans un bois communal.

27 janvier 1845, 45, n° 15, p. 37.

5. — Doivent être considérés comme terrains dépouillés de leurs fruits ceux dans lesquels les intempéries des saisons ont détruit les semences. — Le fait de chasse qui s'y commet sans le consentement du propriétaire ne peut être poursuivi d'office.

1er juin 1846, 46, n° 33.

6. — Le consentement du propriétaire nécessaire pour chasser sur un terrain, alors surtout qu'il est couvert de récoltes, doit exister au moment de l'acte de chasse; s'il intervient postérieurement, il ne peut faire disparaître le délit.

21 novembre 1856, 53-57, n° 107, p. 307.

7. — L'adjudicataire qui conduit avec lui deux personnes à la chasse ne fait pas abus de son droit.

La défense faite par une commune de céder un droit de chasse qu'elle afferme n'est stipulée que dans son intérêt et ne peut être opposée que par elle.

9 janvier 1844, 43-44, n° 17.

8. — Ne commet pas de délit la personne qui accompagne en chassant un ou plusieurs adjudicataires de la chasse.

9 janvier 1844, 43-44, n° 18.

9. — La défense de délivrer de simples permissions de chasse ne résulte pas de la clause qui interdit à l'adjudicataire la rétrocession de son droit.

4 août 1848, 47-48, n° 110.

10. — Si l'adjudicataire d'un droit de chasse s'est soumis à ne prendre qu'un nombre d'associés limité et à ne céder son droit que suivant certaines formes, il ne peut en permettre l'exercice à des tiers qui ne sont ni ses cessionnaires ni ses associés.

16 novembre 1848, 47-48, n° 123.

11. — Le fait par des individus se prétendant autorisés par l'adjudicataire d'une chasse de n'avoir pas, à la réquisition du garde forestier, représenté les cartes dont, aux termes du cahier des charges, les permissionnaires doivent être munis, ne saurait constituer un délit, s'il est justifié que ces cartes étaient déposées chez un tiers à peu de distance de l'endroit où la réquisition a été faite.

29 mai 1867, 66-67, n° 111.

12. — Le droit d'un adjudicataire de chasse étant essentiellement et exclusivement personnel ne peut être cédé que par une transmission régulière et agréée de l'administration.

19 mars 1868, 68-69, n° 8, p. 32.

13. — L'amodiataire d'un droit de chasse dans une forêt communale, qui a désigné à l'administration tous les cofermiers qu'il pouvait s'adjoindre, peut encore céder, moyennant un prix stipulé, une action dite de tolérance, bien que cette action, opposable à l'adjudicataire seul, ne puisse garantir le porteur contre les poursuites des agents forestiers ou du ministère public.

21 juillet 1868, 68-69, n° 23, p. 85.

4° *Des modes de chasse autorisés et du temps où ils sont permis.*

14. — La chasse avec engins prohibés est interdite, même au propriétaire ou possesseur, dans les conditions prévues par l'art. 2 de la loi du 3 mai 1844.

La simple détention à domicile de l'un de ces engins est un délit prévu et puni par l'art. 12 de la même loi. L'intervention du juge d'instruction n'est pas nécessaire pour la recherche d'un pareil délit.

18 janvier 1845, 45, n° 17, p. 13.

15. — Les engins prohibés par la loi sur la chasse sont ceux qui procurent par eux-mêmes la capture ou la mort du gibier.

En conséquence, les préfets sont sans qualité pour interdire dans la chasse à tir l'emploi du miroir, si du moins ils ne motivent pas leur arrêté sur l'intérêt de la conservation des oiseaux.

12 janvier 1866, 66-67, n° 29.

16. — La loi du 3 mai 1844, qui détermine d'une manière restrictive les pouvoirs des préfets relativement à la police de la chasse, ne leur confère pas le droit de suspendre, même momentanément, la chasse à tir.

Celui qui a fait acte de chasse, malgré les prohibitions d'un arrêté préfectoral défendant la chasse à tir dans les pays occupés par les troupes allemandes, ne commet un délit ni en temps prohibé, ni avec un engin prohibé, et les pénalités édictées par la loi du 3 mai 1844 ne lui sont pas applicables.

Mais ces arrêtés préfectoraux, n'ayant été pris qu'en vertu d'ordres supérieurs et dans un but de sécurité publique, sont légaux, et les infractions à ces arrêtés sont prévues et punies par l'art. 471 § 15 du Code pénal.

Si les arrêtés préfectoraux concernant la chasse doivent en déterminer l'ouverture et la fermeture au moins dix jours à l'avance, et ne sont en principe exécutoires qu'à l'expiration de ce délai, du moins, en cas de force majeure, ces arrêtés peuvent recevoir une exécution immédiate.

24 novembre 1871, 70-71, n° 71.

5° *Chasse en temps de neige.*

17. — Les arrêtés pris par les préfets, sans détermination de durée, à l'effet d'interdire la chasse en temps de neige, ne sont pas sujets à un renouvellement annuel.

29 novembre 1847, 47-48, n° 14.

18. — Le délit de chasse en temps de neige entraîne la confiscation de l'arme du délinquant.

22 février 1848, 47-48, n° 103.

19. — Le délit de chasse en temps de neige entraîne la confiscation de l'arme du délinquant.

14 février 1850, 49-52, n° 70.

§ 2.

Restrictions au droit de chasse dans l'intérêt de la sûreté des personnes.

20. — N'est point en contravention à l'arrêté préfectoral qui autorise une battue le traqueur qui tire dans les lignes, alors que cet arrêté donne aux chefs de la battue le conseil de recommander aux traqueurs de ne pas tirer dans la ligne et n'impose pas cette obligation aux tireurs eux-mêmes.

6 mars 1867, 66-67, n° 109.

§ 3.

De la défense de vendre et de transporter du gibier pendant le temps où la chasse est prohibée.

21. — La simple insertion au Mémorial administratif ne constitue pas pour les arrêtés des préfets, notamment en matière de chasse, un mode suffisant de publicité.

Si, avant une époque fixée par un premier arrêté préfectoral pour la clôture de la chasse, intervient un second arrêté qui proroge la faculté de chasser à courre, le gibier qui fait l'objet ordinaire de ce genre de chasse peut, pendant la durée de ce sursis, être licitement transporté, quelle qu'en soit l'origine.

24 juin 1845, 45, n° 60, p. 172.

22. — La simple insertion au Mémorial administratif ne constitue pas, pour les arrêtés pris par les préfets en matière de chasse, un mode suffisant de publicité. Du reste, aucune disposition législative n'ayant réglé d'une manière précise la manière dont les arrêtés doivent être publiés, leur publication est suffisamment établie si l'autorité municipale déclare qu'ils ont été publiés et affichés.

Une Cour royale ne peut, sans empiéter sur les pouvoirs administratifs, rejeter cette déclaration comme insuffisante et déterminer la manière dont la publication doit être constatée.

29 novembre 1847, 47-48, n° 14.

§ 4.
OEufs et couvées.

23. — La destruction des couvées d'oiseaux ne constitue point par elle-même un acte de chasse soumis aux diverses pénalités attachées, suivant les cas, aux délits de chasse, en sorte que la peine encourue sera la même, que cette destruction ait eu lieu en temps permis ou en temps prohibé.

22 mars 1853, 53-57, n° 39, p. 83.

§ 5.
Recherche et constatation des délits de chasse.

24. — La loi du 3 mai 1844, article 24, exigeant, à peine de nullité, que les procès-verbaux rédigés par les gardes en matière de chasse soient affirmés dans les vingt-quatre heures du délit, l'acte d'affirmation doit contenir l'indication précise de l'heure à laquelle il a été fait. Il ne suffirait pas que cet acte portât la date du lendemain du délit.

4 septembre 1847, 47, n° 20.

25. — Hors le cas de flagrant délit, les gendarmes sont sans qualité pour opérer une visite domiciliaire ; toute perquisition faite par eux est illégale, et le procès-verbal de leurs opérations nul et irrégulier.

L'acquittement du prévenu ne fait pas obstacle à la confiscation des engins prohibés saisis.

3 juillet 1857, 53-57, n° 130, p. 404.

§ 6.
Poursuites. — Eléments constitutifs du délit. — Intention. — Volonté. — Complicité.

26. — Le délit de chasse et celui de port d'armes sans permis peuvent, suivant les circonstances, être poursuivis par l'administration forestière ; pour le second, l'action n'appartient qu'au ministère public.

La prescription interrompue relativement à l'un de ces délits continue à courir à l'égard de l'autre.

3 août 1829, 29, n° 58, p. 196.

27. — Il est de principe en matière criminelle qu'un fait ne peut être puni légalement qu'autant que l'auteur de ce fait a eu la volonté de le commettre.

En conséquence, ne commet pas un délit de chasse celui qui, dans une battue autorisée régulièrement, croyant tirer sur un loup, tire et atteint un chevreuil, quand il est établi par les faits de la cause qu'il a pu facilement se tromper.

16 novembre 1866, 66-67, n° 74.

28. — Les infractions aux prohibitions de la loi sur la police de la chasse et aux arrêtés pris pour en assurer l'exécution dans l'intérêt de la conservation du gibier doivent être considérées comme participant au caractère des contraventions de police ; en conséquence, l'intention ne suffit pas à les excuser dès qu'elles ont été librement et volontairement exécutées. — Spécialement, est coupable du délit de chasse en temps prohibé le chasseur qui, dans une battue organisée pour la chasse au sanglier, tire sur un chevreuil, s'il est constaté en fait qu'il a tiré inopinément et sans prendre le temps de la réflexion : ces circonstances n'excluent pas de sa part la volonté libre nécessaire et suffisante pour caractériser les infractions aux lois sur la chasse.

6 décembre 1867, 66-67, n° 126.

29. — Les infractions aux lois sur la chasse ne sont punissables qu'autant que ceux auxquels on les impute ont agi librement et volontairement. Spécialement, ne peuvent être condamnés pour délit de chasse les habitants d'une commune qui, sur l'invitation du maire, concourent à une battue de sangliers dûment autorisée, mais pour laquelle le maire n'avait pas rempli les formalités prescrites par l'autorité.

27 août 1868, 68-69, n° 40, p. 162.

30. — Peut être poursuivi pour délit de chasse le maître dont les chiens courants sont partis seuls et ont chassé en temps défendu si, averti par le garde, il ne s'est pas efforcé de mettre fin à la poursuite du gibier.

8 juillet 1845, 45, n° 69, p. 194.

31. — Le fait d'un chien courant qui, entraîné par son instinct, poursuit le gibier, ne suffit pas pour constituer un délit de chasse imputable au propriétaire de ce chien, alors surtout qu'aucune circonstance n'établit que cet animal ait été *volontairement* employé à la poursuite du gibier.

7 janvier 1866, 66-67, n° 38.

32. — Si les règles générales de la complicité sont applicables aux délits de chasse, il faut, en ce qui concerne la complicité par recel, que celui qui a recélé le gibier tué l'ait fait sciemment et avec l'intention de le recéler.

C'est ainsi que n'est coupable d'aucun délit celui qui, ayant fortuitement trouvé un lièvre tué en temps de neige, s'en empare, le restitue plus tard à celui qu'il apprend l'avoir tué et le mange avec lui.

17 mai 1865, 62-65, n° 95, p. 405.

Chemins de fer.

§ 1er.

Police des chemins de fer.

1. — C'est aux chefs de gare que sont imposées spécialement les conditions fixées par l'art. 22 de l'ordonnance du 15 novembre 1846, concernant la composition des trains mixtes et la détermination du genre de voyageurs qui peuvent y être admis. — Les chefs de train ne peuvent être déclarés responsables de l'emploi de voitures à tampons secs dans un train de voyageurs, au lieu de voitures à tampons à ressorts, prescrites par l'ordonnance.

23 janvier 1858, 58-59, n° 6.

2. — L'expression *trains*, dans l'art. 32 de l'ordonnance du 15 novembre 1846, comprend tout véhicule circulant sur la ligne, même isolément.

25 août 1858, 58-59, n° 13.

3. — Le fait par un aiguilleur du chemin de fer de Paris à Lyon et à la Méditerranée d'avoir permis l'introduction de la locomotive sur la voie affectée à la circulation des trains avant que les précautions prescrites par les règlements des signaux aient été prises, constitue une contravention tombant sous l'application de la loi du 25 juillet 1845.

8 août 1866, 66-67, n° 60.

4. — Le fait par un chef d'é-
quipe du chemin de fer de Paris à
Lyon et à la Méditerranée d'avoir
donné l'ordre d'introduire, pour
une manœuvre déterminée, une
locomotive sur une voie affectée à
la circulation des trains, avant
d'avoir fait exécuter les signaux
prescrits pour indiquer que cette
voie n'était pas libre, constitue une
contravention à la police des chemins de fer tombant sous l'application de l'art. 21 de la loi du 15
juillet 1845.

8 août 1866, 66-67, n° 60.

§ 2

*Transports par chemin de fer. —
Grande vitesse. — Petite vitesse. —
Tarifs.*

5. — Lorsque la remise de
marchandises à la gare de départ
a été accompagnée d'une déclaration de petite vitesse et d'une
demande de tarif spécial, la compagnie du chemin de fer ne peut
réclamer que la taxation affectée à
cette classe, bien qu'en réalité le
transport ait eu lieu en grande
vitesse, en exécution d'un ordre
de l'autorité militaire motivé sur
l'état de guerre, ayant en vue l'ap-
provisionnement de la place à
laquelle ces marchandises étaient
destinées.

La compagnie alléguerait en
vain, pour faire appliquer un
tarif supérieur, que cette réquisition lui a été remise par le préposé de l'expédition, alors surtout
qu'il était énoncé, dans la pièce
émanée du commandement militaire, que le transport serait effectué *par grande vitesse au tarif de
la petite vitesse.*

La compagnie ne serait pas non
plus fondée à se prévaloir contre
le destinataire des termes d'un
récépissé constatant la réception
des marchandises en gare et portant que le transport aurait lieu
en grande vitesse

S'il y a, au sujet du prix du
transport de marchandises, un
désaccord entre la compagnie du

chemin de fer et leur destinataire,
celui-ci ne peut réclamer des
dommages-intérêts pour retard
dans la livraison qu'autant qu'il se
serait soumis à verser éventuellement la somme que la solution du
litige aurait déterminée.

13 décembre 1871, 70-71, n° 66.

Circulation des subsis-tances.

L'opposition arbitraire au départ
d'une voiture chargée de pommes
de terre ne constitue pas une infraction à la loi du 21 prairial an v
sur la libre circulation des subsis-
tances.

30 juin 1847, 47-48, n° 45.

Citation, V. AJOURNEMENT,
INSTRUCTION-CRIMINELLE.

Clause pénale, V. OBLIGA-
TIONS.

Clôture, V. PROPRIÉTÉ.

Colonage partiaire, V.
LOUAGE.

Colportage, V. PRESSE, — OU-
TRAGE, — PUBLICATION.

Colportage de gibier, V.
CHASSE.

Command, V. SAISIE IMMO-
BILIÈRE.

Commandement, V. SAISIE-
EXÉCUTION, SAISIE IMMOBILIÈRE.

**Commencement de
preuve par écrit,** V.
PREUVE.

Commerçant.

*Quelles personnes peuvent être réputées
commerçantes.*

1. — Si des négociations fré-
quentes par voie de billets à ordre
ne suffisaient pas seules pour faire
déclarer négociant celui qui les a
souscrites, néanmoins ce mode
habituel de traiter, réuni aux circonstances que cet individu a pris

patente de marchand de grains pendant plusieurs années et en a accepté les droits, et s'est attribué ou a reçu dans différentes instances la qualité de commerçant, établissent suffisamment qu'il doit être réputé faire du commerce sa profession habituelle.

21 mai 1825, t. IV, n° 861, p. 346.

2. — La femme mariée, bien qu'autorisée par son mari conformément à l'art. 4 du Code de commerce, ne peut, si elle est mineure, prendre un commerce séparé qu'avec l'autorisation prescrite par l'art. 2 du même Code.

20 janvier 1845, 45, n° 17, p. 40.

3. — L'entreprise isolée d'ouvrages d'art ou de réparations de grands chemins ne peut faire considérer comme négociant celui qui ne se livre pas habituellement à ce genre d'industrie.

6 janvier 1818, t. III, n° 576.

4. — Ne doit pas être réputé commerçant le meunier qui n'achète pas des grains pour les revendre après les avoir convertis en farine.

7 juin 1847, 47-48, n° 39.

5. — Ne doit pas être réputé commerçant le meunier qui n'achète pas des grains pour les revendre après les avoir convertis en farine.

14 mai 1859, 58-59, n° 39.

6. — Est nul vis-à-vis de la femme l'acte par lequel cette dernière, mineure émancipée par le mariage, achète un fonds de commerce conjointement avec son mari et sans y avoir été autorisée par son père ou sa mère, ou par une délibération du conseil de famille.

29 juin 1869, 68-69, n° 73, p. 309.

Commissaire-priseur.

Attributions.

La loi du 28 ventôse an IX, le décret du 17 avril 1812 et les or-donnances des 9 et 23 avril 1819, applicables aux courtiers de commerce, ne peuvent être étendues aux commissaires-priseurs; en conséquence, tout commerçant peut faire vendre ses marchandises neuves par voie d'enchères publiques et par le ministère de commissaires-priseurs, même en dehors des cas de vente forcée pour saisie et de vente après décès.

2 mars 1829, 29, n° 19, p. 72.

Commissionnaire de transport.

§ 1er. — *Responsabilité.* (N°s 1 à 7.)

§ 2. — *Privilége.* (N° 8.)

§ 1er.

Responsabilité.

1. — Le commissionnaire de transport est responsable vis-à-vis de l'expéditeur de la saisie et confiscation des marchandises expédiées à l'intérieur, si cette saisie n'a eu lieu dans le rayon frontière que par une fausse direction donnée à ces marchandises.

9 février 1856, 53-57, n° 87, p. 249.

2. — L'indemnité à payer par les compagnies de chemins de fer en cas de retard dans le transport des objets à elle confiés n'ayant point été fixée par les cahiers des charges et arrêtés administratifs, la fixation de cette indemnité ne peut résulter que d'un contrat accessoire à conclure entre l'expéditeur et la compagnie, et cette dernière ne peut être contrainte d'opérer le transport avec une lettre de voiture portant fixation d'une indemnité à laquelle elle n'a point consenti.

27 janvier 1862, 60-62, n° 1.

3. — Suivant l'art. 100 du Code de commerce, des marchandises expédiées par une maison à un négociant voyageant pour son compte; ainsi, pour qu'il soit autorisé à les laisser à la charge de l'expéditeur, il doit prouver que ces marchandises étaient avariées avant le chargement, et qu'elles ne l'avaient point été pendant leur transport.

19 décembre 1812, t. III, n° 434.

4. — Le voiturier désigné par un acheteur de marchandises pour en effectuer le transport ne peut être considéré comme ayant été chargé d'en faire la réception. Le destinataire conserve le droit de les refuser s'il n'a pas donné mandat à son commissionnaire de transport pour les vérifier et vérifier leur conditionnement.

27 janvier 1846, 46, n° 88, p. 226.

5. — L'expéditeur est non recevable dans son action en dommages-intérêts contre une compagnie de chemins de fer qui, chargée de remettre un colis à un second commissionnaire, effectue *tardivement* cette livraison, si ce second commissionnaire a payé, lors de cette livraison, le prix de transport sans faire de réserves.

4 août 1868, 68-69, n° 34, p. 142.

6. — La fin de non-recevoir de l'art. 105 du Code de commerce couvre la responsabilité du commissionnaire de transport, à moins qu'on ne relève contre lui quelque circonstance de fait qui soit de nature à infirmer la présomption sur laquelle elle est fondée, s'il est établi notamment que, par le fait du commissionnaire, le destinataire n'a pu vérifier la marchandise livrée et si d'ailleurs les avaries n'étaient point apparentes.

5 déc. 1868, 68-69, n° 35, p. 144.

7. — Un rapport d'experts est nul dans la forme, lorsque, conformément à l'art. 106 du Code de commerce, il n'a point été fait par *un* ou *trois* experts. Ce rapport est également nul, lorsque le procès-verbal de prestation de serment n'indique pas le jour et le lieu où la vérification des experts doit être faite, et que les parties intéressées et les voituriers n'ont été

ni présents à la vérification ni sommés de s'y rencontrer.

19 décembre 1812, t. III, n° 434.

§ 2.

Privilège.

8. — Le privilége établi par l'art. 93 du Code de commerce au profit du commissionnaire ne s'applique qu'aux avances qui, postérieures à l'expédition des marchandises, n'ont pu être faites qu'en vue du gage résultant de cet envoi.

17 avril 1848, 47-48, n° 97.

V. Compétence commerciale.

Communauté légale, V. Contrat de mariage.

Communauté réduite aux acquêts, V. Contrat de mariage.

Commune.

CHAPITRE Ier.

BUDGET DES COMMUNES.

Ordonnancement des dépenses. — Comptabilité.

1. — Les tribunaux civils sont compétents pour connaître si les formalités prescrites aux communes pour l'allocation d'un supplément de traitement à leurs desservants ont été accomplies conformément à la loi. Par suite, si une commune a été condamnée en première instance à payer au desservant ou à ses héritiers une somme inférieure à 1,500 fr., elle ne peut se faire un moyen d'appel de la prétendue incompétence du tribunal civil.

15 décembre 1849, 49-52, n° 26.

CHAPITRE II.

ACTIONS DES COMMUNES.

§ 1er.

Maire.

2. — Le maire d'une commune ne peut poursuivre que les droits de sa commune lorsqu'elle agit en corps, et il est non recevable, par exemple, dans l'intérêt des habitants, à réclamer un chemin à titre de servitude pour l'exploitation des propriétés qui leur appartiennent.

17 janvier 1826, t. V, n° 879.

3. — Le maire d'une commune a qualité pour revendiquer portion d'un chemin, soit qu'on le considère comme communal ou seulement comme destiné à l'exploitation d'une propriété commune.

7 août 1828, 27-28, n° 115.

4. — L'exercice des actions relatives aux biens communaux appartient aux maires, et les habitants des communes ne peuvent ni les exercer eux-mêmes ni se prévaloir des droits de propriété privée qui appartiennent à ces communes pour repousser une demande qui n'aurait rapport qu'à leur intérêt particulier; mais tant que le maire de la commune n'intervient pas dans l'instance pour réclamer un terrain litigieux entre deux individus, les tribunaux saisis de l'affaire ne peuvent surseoir à prononcer sur la contestation ; ils doivent, au contraire, statuer, soit en vertu de titres, soit d'après la possession.

31 août 1826, t. V, n° 912.

5. — Un maire ne peut, sans autorisation, acquiescer à un jugement rendu contre sa commune.

1er février 1828, 27-28, n° 71.

§ 2.

Contribuables.

6. — Tout habitant d'une commune a intérêt et qualité pour réclamer l'exercice d'un passage par une rue publique ou par un chemin communal.

18 août 1812, t. II, n° 374 *bis.*

7. — L'exercice du passage par une rue publique ou par un chemin vicinal réclamé par un habitant d'une commune est de la compétence de l'autorité judiciaire.

Tout habitant d'une commune a intérêt et qualité pour réclamer l'exercice de ce passage.

9 juillet 1822 et 25 juillet 1822, t. IV, n° 681, p. 124.

8. — Tout individu troublé dans l'exercice d'un droit de propriété privée sur un terrain ou fonds communal peut, dans l'exercice d'un droit public, tel que celui de passage sur une rue, se pourvoir directement afin de faire cesser le trouble qu'il éprouve.

21 juin 1826, t. IV, n° 637, p. 91.

9. — Un habitant n'a pas qualité pour faire valoir en justice, soit au moyen d'une action, soit comme exception, le droit de la commune, quand ce droit est méconnu et contesté. Quand l'exercice de ce droit est reconnu et qu'on en conteste seulement l'exercice à un habitant, il a le droit d'agir pour faire reconnaître qu'il doit participer à l'exercice du droit et pour faire éloigner les obstacles.

Inédits. 24 mai 1842, 2e Ch. Normand c. commune de Mouthier. — 21 juin 1847, 1re Ch. Avrelet c. Guyemery.

10. — L'habitant d'une commune qui réclame contre un autre particulier un droit individuel sur une rue reconnue publique peut exercer son action, même dans le silence de l'autorité municipale.

26 janvier 1853, 53-57, n° 12, p. 25.

11. — L'art. 49 de la loi du 18 juillet 1837, qui autorise tout contribuable à exercer les droits et actions de la commune, subordonne cette faculté à la triple condition d'autorisation du conseil de préfecture, de délibération préalable de la commune et de sa mise en cause, *sans distinction* des circonstances où l'action peut naître et de la nature de l'intérêt qui la provoque.

Spécialement, dans une action en revendication d'un droit de passage sur un chemin intentée contre un particulier, le demandeur ne peut exciper, entre autres moyens, de droits communaux et prétendre que ce chemin est public, *sans autorisation du conseil de préfecture*, bien qu'il agisse, non pas comme simple habitant, mais en vertu de droits personnels et comme propriétaire intéressé à l'existence de ce chemin.

24 janvier 1863, 62-65, n° 3, p. 107.

12. — L'habitant d'une commune à qui un propriétaire dénie l'usage d'un sentier à travers sa propriété est recevable à exciper du droit de la commune au maintien de ce sentier, sans pour cela être tenu d'obéir aux prescriptions de l'art. 49 de la loi du 18 juillet 1837.

Est bien fondé à s'opposer aux entraves à la circulation non-seulement le riverain immédiat du sentier, mais encore tout propriétaire d'héritages mis en communication avec le sentier par un chemin public ou par un simple chemin d'exploitation.

9 février 1863, 62-65, n° 36, p. 122.

13. — Les formalités auxquelles l'art. 49 de la loi du 18 juillet 1837 subordonne l'exercice des droits et actions de la commune par tous contribuables, ne sont pas exigées quand ils ne font qu'invoquer des droits individuels sur des propriétés communales.

Il en est ainsi quand, dans une action relative à l'usage d'un puits, l'une des parties prétend que le puits situé à proximité de son héritage est une propriété communale dont lui et ses auteurs ont joui constamment.

17 mars 1869, 68-69, n° 57, p. 242.

CHAPITRE III.

AUTORISATION DE PLAIDER.

§ 1ᵉʳ.

Dans quels cas l'autorisation doit être donnée.

14. — Si l'art. 3 de la loi du 29 vendémiaire an v défend aux agents des communes de suivre aucune action en justice sans y être autorisés, cette défense ne s'étend pas et ne pourrait même s'étendre sans des conséquences fâcheuses aux actes conservatoires de cette action, tels qu'un acte d'appel. Ainsi, l'appel émis par le maire d'une commune le 11 mars et qui a été autorisé le 3 juillet suivant, avant qu'aucun acte ait eu lieu sur cet appel, est valable.

10 février 1816, t. III, n° 472.

15. — Une nouvelle autorisation n'est pas nécessaire à une commune intimée pour appeler incidemment.

18 août 1828, 27-28, n° 119.

16. — L'appel formé par un maire au nom de la commune non autorisée est valable. Mais la commune ne peut, sans autorisation, procéder sur cet appel.

16 mars 1829, 29, n° 25, p. 95.

17. — L'appel formé par un maire, sans autorisation, est valable; mais la commune ne peut, sans autorisation, procéder sur cet appel.

7 décembre 1843, 43-44, n° 10.

18. — Dans toute action dirigée contre une commune, la présentation préalable d'un mémoire au préfet est exigée, à peine de nullité, encore bien que la partie demanderesse soit elle-même une commune dûment autorisée à plaider.

10 février 1844, 43-44, n° 32.

19. — Un maire autorisé à intenter une action en revendication, et qui déjà a conclu à ce que sa commune fût déclarée propriétaire du fonds qu'elle réclame, ne peut, sans une nouvelle autorisation, se désister de sa première demande et se borner à prétendre un droit de passage sur le fonds litigieux.

27 février 1828, 27-28, n° 73.

20. — La demande en intervention dans un procès où une commune est défenderesse est une demande incidente qui peut être introduite par simple requête. Il n'est pas besoin d'une autorisation du conseil de préfecture ni du dépôt d'un mémoire, alors surtout que l'intervention est basée sur des faits et des titres précédemment appréciés par le conseil.

9 février 1870, 70-71, n° 10.

§ 2.

Effets du défaut d'autorisation.

21. — Des communes non autorisées étant, comme les mineurs, incapables d'aliéner, n'ont pu consentir elles-mêmes à remettre en litige des droits immobiliers qui leur étaient acquis irrévocablement.

30 décembre 1806, t. II, n° 263.

22. — Lorsqu'une commune n'a pas été autorisée en première instance, mais seulement en appel, la procédure et le jugement qui l'a suivi sont affectés d'une nullité radicale.

Un maire n'a pu, en restreignant ses conclusions sur l'appel, couvrir par cet acquiescement la nullité résultant du défaut d'autorisation.

22 décembre 1808, t. I, n° 237 *bis*.

23. — Quand une commune a plaidé en première instance sans y être autorisée, ce défaut d'autorisation ne constitue pas une fin de non-recevoir opposable pour la première fois en appel.

30 novembre 1843, 43-44, n° 5.

24. — Jugé que des communes ayant été autorisées pour défendre sur une opposition formée à un jugement, et le but de l'opposition étant de remettre les parties au même état où elles étaient auparavant, l'autorisation accordée aux communes devait rétroagir sur la procédure antérieure ; qu'ainsi on ne pouvait pas faire résulter une nullité du défaut d'autorisation obtenue avant le commencement de l'instance.

23 mai 1809, t. II, n° 263.

25. — La relation, dans les errements d'un procès, d'une autorisation obtenue par une commune est d'autant plus insuffisante qu'il ne tenait qu'à la commune de produire la pièce constatant son autorisation, si réellement elle avait été autorisée.

24 décembre 1810, t. II, n° 324.

26. — Celui qui intente une action contre une commune doit lui-même provoquer l'autorisation administrative ; sinon il est passible de tous les frais d'instance ; néanmoins, si cette commune a été autorisée à plaider sur l'appel, l'instance se trouve alors régulièrement liée avec le demandeur, et la Cour peut évoquer le fond de la contestation en infirmant la sentence.

25 juin 1822, t. IV, n° 679, p. 122.

27. — Le défaut d'autorisation est une nullité substantielle et d'ordre public que les communes peuvent proposer en tout état de cause et que les juges peuvent et doivent suppléer.

27 février 1828, 27-28, n° 73.

28. — La nullité résultant de ce qu'une commune n'a pas été autorisée à plaider est d'ordre public et doit être prononcée d'office par les tribunaux.

14 mai 1829, 29, n° 42, p. 141.

CHAPITRE IV.

DES BIENS COMMUNAUX.

§ 1er.

Propriété des biens communaux.

29. — La séparation d'un groupe de maisons d'une commune, pour les réunir à une autre commune, ne leur fait rien perdre de leurs droits sur les biens de l'ancienne commune et ne leur fait acquérir aucun droit sur les biens de la nouvelle.

Inédits. 17 mars 1832, 1re Ch. Sect. de commune Narbey et Fournels c. commune de Cernay. — 19 mai 1839, 1re Ch. Commune de Morbier c. hameau des Essarts.

30. — Le pâturage exercé en commun par plusieurs communes pendant plus de trente ans est une preuve de copropriété. La commune dans le territoire de laquelle se trouve le pâturage ne doit pas être seule considérée comme propriétaire. Mais on ne doit pas confondre le pâturage commun avec le parcours réciproque, qui n'est qu'un vain pâturage.

Inédit. 5 mai 1841, 2e Ch. Commune de Sainte-Agnès c. Vincelles.

31. — Une commune qui agit comme demanderesse au pétitoire est obligée de prouver son droit de propriété ; il n'existe en faveur de la commune aucune présomption légale de propriété.

Inédits. 22 mars 1840, 2e Ch. Fer-

rey c. commune de Fretigney. — 31
août 1842, 2ᵉ Ch. Berthier c. commune
d'Oiselay. — 5 février 1846, 1ʳᵉ Ch.
Commune de l'Abergement c. Cham-
pon. — 19 mars 1855, commune de
Cromary c. Fouranchet.

§ 2.

*Compétence quant à la propriété des
biens communaux.*

32. — Si la loi du 19 ventôse
an XIII attribue aux conseils de
préfecture la connaissance des
difficultés relatives à la largeur
des chemins vicinaux, il n'en est
pas de même lorsque la question
à décider n'a pour objet que la propriété d'un terrain contesté entre
un particulier et une commune.

2 août 1809, t. II, n° 279.

33. — Quoique les tribunaux
soient compétents pour statuer sur
une question de propriété prétendue sur un bien communal, il
n'en est pas de même lorsqu'un
particulier ne demande à avoir
droit aux mêmes communaux
que comme habitant ou comme
possédant des bâtiments sur
le territoire d'une commune,
et notamment lorsqu'il réclame sa
part dans la distribution des futaies
de l'affouage.

Le tribunal peut, malgré l'arrêté
d'un conseil de préfecture qui a
renvoyé l'affaire devant les tribunaux compétents, déclarer qu'elle
est de la compétence de l'administration et renvoyer les parties à
s'y pourvoir comme elles trouveront convenir.

29 janvier 1811, t. II, n° 330.

34. — L'exercice du passage
par une rue publique ou par un
chemin communal, réclamé par
un habitant d'une commune, est
de la compétence de l'autorité
judiciaire.

18 août 1812, t. II, n° 374 *bis.*

35. — D'après le décret du 25
mars 1807, toutes questions de
propriété ou de droit qui y est
relatif sont de la compétence
exclusive des tribunaux, et notamment c'est à l'autorité judiciaire
à prononcer lorsqu'un habitant
d'une commune réclame l'usage
d'un chemin sur le bord duquel
il possède un bâtiment.

21 août 1821, t. IV, n° 657, p. 91.

36. — Lorsqu'il est question de
la copropriété que peuvent avoir
une commune et un particulier, et
que la première soutient qu'elle a
droit aux seconds fruits d'un pré,
c'est aux tribunaux seuls, et non
pas à l'administration, qu'appartient le droit de prononcer sur le
cantonnement qui est demandé
par le propriétaire de ce pré ;
bien que celui-ci l'ait établi en
état de clôture, en vertu de la loi
du 28 septembre 1791, la commune a droit d'y faire pâturer son
bétail après la récolte des seconds
fruits, dans la proportion de son
droit de copropriété, et jusqu'à la
fixation du cantonnement.

25 mars 1822, t. IV, n° 668, p. 106.

37. — Les tribunaux sont
compétents pour prononcer sur la
délimitation, l'étendue et l'application de titres anciens, lors même
qu'il s'agit d'un terrain faisant
partie d'une adjudication nationale. Mais quand ce titre d'adjudication est contesté, c'est à
l'administration seule à prononcer
suivant les lois des 24 août 1790,
16 fructidor an III et 28 pluviôse
an VIII.

20 juin 1822, t. IV, n° 678, p. 121.

§ 3.

*Réintégration des communes dans les
terres dont elles ont été dépouillées
par les abus de la puissance féodale.*

38. — L'article 8 de la loi
du 28 août 1792, aux termes duquel les communes sont autorisées
à revendiquer les biens sur lesquels elles auraient possédé anciennement des droits d'usage et dont
les seigneurs les auraient dépouillées, est applicable aux seules communes et non aux simples particuliers.

14 ventôse an X, t. I, n° 53.

39. — Il résulte des articles 6 et 8 de la loi du 28 août 1792, que cette loi n'a anéanti les jugements, accords ou transactions qui auraient statué sur des questions de propriété, qu'autant qu'ils seraient intervenus entre les ci-devant seigneurs et les communautés.

26 vendémiaire an IX, t. I, n° 19.

40. — La loi du 27 août 1792 ne permet de revenir contre des arrêts qui ont dépouillé les communes qu'à celles qui l'ont été par l'effet de l'usurpation de la puissance féodale ; mais les dispositions de cette loi ne peuvent être invoquées pour faire anéantir un arrêt qui a prononcé sur une contestation élevée entre deux communes, et relative à un droit d'usage, l'esprit comme la lettre de cette loi s'opposant à cette prétention.

23 août 1820, t. IV, n° 646, p. 72.

41. — Les communes ne peuvent, en vertu de la loi de 1792, se faire réintégrer dans les droits dont elles avaient été dépouillées non par l'abus de la puissance féodale, mais par l'ordonnance de 1669.

1er frimaire an X, t. I, n° 19.

42. — La loi du 28 août 1792 n'a point rapporté la disposition de l'ordonnance de 1669 portant suppression de tous droits d'usage dans les forêts domaniales, puisque cette suppression ne peut être regardée comme un abus de la puissance féodale et qu'elle émane au contraire de la puissance législative.

26 prairial.an X, t. I, n° 57.

43. — L'article 8 de la loi du 28 août 1792 n'a pas dérogé aux articles 1 et 10, t. 20, de l'ordonnance de 1669, et n'a pas aboli les jugements de la chambre de réformation des eaux et forêts des 30 décembre 1727 et 1er octobre 1743.

18 pluviôse an IX, t. I, n° 19.

44. — Suivant l'article 8 de la loi du 28 août 1792, les communes ne peuvent être réintégrées dans les biens dont elles ont été dépouillées que sous deux conditions : 1° qu'elles justifient les avoir anciennement possédés; 2° qu'elles aient été dépouillées par l'effet de la puissance féodale.

26 mars 1817, t. III, n° 506.

45. — Les communes qui demandent, en vertu de la loi du 28 août 1792, à être réintégrées dans les biens dont elles ont été dépouillées par leurs anciens seigneurs, doivent justifier que c'est par suite de la puissance féodale qu'elles ont été privées des droits d'usage qui leur avaient été originairement concédés ; elles ne peuvent intenter leur action que contre leurs anciens seigneurs et non point contre les détenteurs qui auraient acquis d'eux à titre onéreux les forêts soumises à l'usage.

14 avril 1826, t. V, n° 891.

46. — Quoiqu'un acte authentique d'échange passé entre des communes et leur ci-devant seigneur ne soit pas revêtu de l'homologation de l'intendant de la province et ne porte pas que les formalités prescrites pour l'aliénation des biens communaux ont été remplies, ces irrégularités et vices de formes sont censés couverts par une possession de cinquante ans qui s'est écoulée depuis sa date jusqu'à la demande en réintégration de ces communes.

26 août 1822, t. IV, n° 688, p. 136.

47. — Une commune qui a vendu à son seigneur des bois et des communaux, sans l'observation préalable des formalités prescrites pour l'aliénation des biens de cette nature, ne peut les revendiquer en vertu de la loi de 1792, si le ci-devant seigneur représente un titre authentique, et s'il y a eu légitime cause d'aliénation, et notamment si la commune a vendu pour acquitter des capitaux de rentes constituées au profit dudit seigneur. Il en est de même

6

si cette vente a été suivie d'une longue possession.

4 juin 1812, t. II, n° 364 *bis*.

48. — Toutes les actions des communes relatives à des réintégrations demandées par des communes contre leur ci-devant seigneur doivent, à peine de nullité, être dirigées contre le procureur général syndic du département.

5 février 1818, t. III, n° 527.

49. — L'action intentée pour être admise à former la revendication des biens dans lesquels une commune aurait été réintégrée par la loi doit être poursuivie dans la forme voulue par la loi des 16-24 août 1790. — L'accomplissement de ces formalités ne peut être prouvé que par la représentation des exploits originaux qui doivent les constater.

11 janvier 1816, t. III, n° 468.

Les questions relatives à la propriété des fonds revendiqués par les communes et à la nullité des jugements et transactions qui auraient statué sur des questions de propriété entre elles et les seigneurs tombent sous l'application de l'article 6 de la loi du 28 août 1792.

17 ventôse an XIII, t. I, n° 118.

50. — Une commune ne peut revendiquer une propriété dans laquelle elle aurait été réintégrée que dans les cinq années qui ont suivi la loi du 28 août 1792.

11 janvier 1816, t. III, n° 468.

51. — L'action résultant de l'article 6 de la loi du 28 août 1792 est prescriptible par cinq ans, à dater de la publication de la loi.

17 ventôse an XIII, n° 118.

52. — La prescription établie par l'art. 1er de la loi du 28 août 1792 a été interrompue par la demande en autorisation adressée à l'administrateur du département et par l'enregistrement du mémoire présenté par les communes, ainsi que par l'arrêté qui l'autorise à poursuivre.

Cette interruption résulte également de la demande formée par ces communes d'exploiter les bois dans lesquels elles avaient été réintégrées en vertu d'une sentence arbitrale nulle, quoique l'administration forestière ait refusé cette permission à raison de la loi du 7 brumaire an III.

10 juin 1826, t. V, n° 902.

53. — Il y a interruption de la prescription édictée par l'art. 1er de la loi du 28 août 1792 contre l'action en revendication des communes, quand la prise de possession a été non interrompue, paisible, publique, non équivoque, à titre de propriétaire et exclusive. — La prescription, en effet, ne court point au préjudice de celui qui possède ni en faveur de celui qui ne possède pas.

10 juin 1826, t. V, n° 902.

54. — La prescription ne peut courir contre celui qui possède au profit de celui qui ne possède pas.

Lorsqu'une commune, au lieu d'exercer en justice la revendication de ses communaux conformément à la loi du 28 août 1792, s'est mise en possession de sa propre autorité, mais sans violence, cette possession a l'effet d'interrompre la prescription de cinq ans établie contre l'action en revendication de l'art. 1er de la loi prérappelée.

12 juillet 1828, 27-28, n° 105.

55. — La loi du 28 août 1792 n'a circonscrit la faculté de se pourvoir pendant le laps de cinq ans que dans des cas spéciaux énoncés par les articles 1, 6 et 9 de cette loi ; elle n'a point déterminé de délai pour l'hypothèse prévue par l'art. 8. Ainsi, la faculté de demander la réintégration autorisée dans ce cas est laissée dans le domaine du droit commun.

24 novembre 1823, t. IV, n° 713, p. 166.

56. — C'est par la prescription ordinaire seulement que s'éteint l'action intentée par une commune pour être réintégrée dans les biens dont elle a été dépouillée par l'effet de la puissance féodale. — Loi du 28 août 1792, an VIII.

14 mai 1829, 29, n° 42, p. 141.

57. — Une commune ne peut suspendre la prescription qui court à son préjudice en négligeant de se faire autoriser à plaider.

La délibération d'une commune à l'effet de plaider et l'arrêté d'autorisation de l'administration du département ne sont point des actes interruptifs de la prescription de cinq ans établie par l'art. 6 de la loi du 28 août 1792.

14 mai 1829, 29, n° 42, p. 141.

58. — Pendant l'intervalle écoulé entre la loi du 7 brumaire an III et celle du 28 brumaire an VII, les administrations centrales ne pouvaient acquiescer valablement à des sentences dont l'exécution était suspendue : de semblables actes ne pouvaient nuire à la république ni mettre obstacle à la révision ordonnée par la loi du 28 brumaire an VII. Depuis la publication de cette dernière loi, l'administration ni le préfet n'ont pu de même porter préjudice à la république par des acquiescements que la loi ne les autorisait point à donner, leurs délibérations devant être soumises au ministre des finances, qui seul pouvait acquiescer.

Une commune n'ayant complété que l'an XII la production ordonnée par les lois des 28 brumaire an VII et 11 frimaire an IX, malgré l'injonction qui lui en avait été faite par le préfet, il en résulte que le délai d'un an fixé par la loi du 11 frimaire an IX n'a point couru contre la république, vu que le délai prescrit soit par l'une soit par l'autre de ces lois supposait l'envoi des pièces fait au ministère des finances, et que la négligence de la commune ayant mis obstacle à cet envoi ne peut nuire à la république, qui pourrait même, suivant la loi du 11 frimaire an

IX, demander qu'elle fût déclarée déchue de plein droit, faute de production dans les délais.

29 mars 1808, t. Ier, n° 199.

§ 4.

Réintégration des communes dans la propriété des terres vaines et vagues.

59. — La présomption légale de propriété établie au profit des communes par la loi du 10 juin 1793, pour les terrains vains et vagues, s'applique de commune à seigneur et non de commune à particulier.

30 janvier 1844, 43-44, n° 26.

Lorsqu'il est question de décider si un terrain est *vain et vague et petit terrain épars*, et si par conséquent les possesseurs de ce terrain qui l'ont obtenu en vertu d'un acensement d'un seigneur engagiste sont compris dans l'exception que renferme l'art. 5 de la loi du 14 vendémiaire an VII, relative à la réunion des domaines engagés ou sous-engagés, il suffit qu'il soit vérifié en fait que ce terrain était vain et vague lorsqu'il était dans la possession du domaine de la couronne.

1er mai 1818, t. III, n° 533.

60. — Les espaces vides improductifs dans les villages, en dehors des maisons et des clôtures, sont des dépendances des rues ou places publiques et appartiennent de plein droit aux communes.

Inédits. 7 mai 1835, 1re Ch. Commune de Taillecourt. — 19 mars 1855, 1re Ch. Commune de Cromary c. Touranchet.

61. — Les terres vaines et vagues sont de plein droit réputées biens communaux; mais cette présomption n'existe que contre les anciens seigneurs; elle n'est opposable ni à un particulier qui plaide avec une commune ni à une commune voisine.

Inédits. 26 décembre 1832, 1re Ch. Lamy. — 9 décembre 1837, 2e Ch. Marnier c. Etray.

62. — Les terres vaines et

vagues situées dans l'enceinte d'un village appartiennent à la commune. Si elles ont été usurpées, la commune peut les revendiquer sans produire de titres de propriété. Il suffit qu'elle prouve qu'avant l'usurpation remontant à moins de trente ans, le terrain était vain et vague et non clos.

Inédits. 7 mai 1835, 1re Ch. Commune de Taillecourt. — 13 juillet 1839, 2e Ch. De Maiche c. commune d'Oiselay.

63. — Une commune qui agit comme demanderesse au pétitoire est obligée de prouver son droit de propriété, même quand il s'agit d'un terrain vague, improductif, situé entre les habitations, et que l'on veut faire considérer comme rue et place publique. Il n'existe au profit de la commune aucune présomption légale de propriété.

13 juillet 1839, 2e Ch. De Maiche c. commune d'Oiselay.

64. — Tous les terrains vagues, en suivant l'alignement des habitations depuis une maison à l'autre, sont, par la nature des choses, présumés faire partie de la rue.

Inédits. 22 juillet 1843, 2e Ch. Terrey c. commune de Fretigney.

65. — Les communes sont présumées propriétaires de toutes les places vides situées dans leur enceinte et affectées à l'usage des habitants.

11 février 1847, 47-48, n° 138.

66. — De droit commun les places et rues des villes sont présumées appartenir aux communes dans l'intérieur desquelles elles sont situées ; celui qui se prétend propriétaire d'un terrain placé en dehors de ses bâtiments est tenu de justifier de ses droits.

22 juin 1850, 49-52, n° 82.

67. — La présomption légale de propriété existant en faveur des communes sur les terrains vains et vagues joignant la voie publique dans les bourgs et villages peut

être combattue par la preuve contraire, et c'est aux tribunaux à apprécier si les actes de possession invoqués par un riverain pour justifier sa propriété d'un terrain de cette nature sont suffisants pour faire fléchir la présomption légale militant en faveur de la commune.

14 décembre 1864, 62-65, n° 72, p. 321.

68. — Les terres vaines et vagues sont de plein droit réputées biens communaux ; mais cette présomption n'existe que contre les anciens seigneurs ; elle n'est point opposable à un particulier qui plaide avec une commune.

Cette présomption n'existe pas nécessairement par le seul fait que le terrain litigieux est inculte. Le point de savoir si ce terrain est une terre vaine et vague dans le sens de la loi de 1793 dépend essentiellement des circonstances de la cause, et les tribunaux en sont souverains appréciateurs.

3 juillet 1865, 62-65, n° 88, p. 377.

§ 5.

Partage des biens communaux.

69. — Les maisons distraites d'une commune, soit pour les réunir à une autre, soit pour composer une commune nouvelle, ont droit de demander le partage des biens de l'ancienne commune. On ne doit excepter du partage que les biens qui ne sont pas dans le commerce par suite de leur destination à un usage public, et le partage, étant déclaratif et non attributif de propriété, doit être fait suivant le nombre de feux existant au moment de la séparation.

Inédit. 19 mai 1832, 1re Ch. Commune de Marlier c. hameau des Essarts.

70. — La loi du 10 juin 1793, relative au partage des biens communaux, et qui consacre les principes établis par les édits de 1667 et 1702, autorisant les communes à retirer les immeubles par elles aliénés, n'est pas introductive d'un droit nouveau, et ne peut avoir aucune influence dans la Franche-Comté, où ces édits n'étaient point obligatoires et n'avaient point été enregistrés par le parlement.

6 juillet 1820, t. IV, n° 640.

71. — La loi du 10 juin 1793, qui a prononcé la nullité des partages antérieurs de biens communaux faits sur d'autres bases que celles fixées par cette loi, est encore en vigueur. Les décrets de 1807 et 1808 ne l'ont modifiée qu'en ordonnant le partage par feux.

Inédit. 25 mars 1841, 2° Ch. Commune de Pont-d'Héry c. Fonteny.

72. — La loi du 10 juin 1793, qui a autorisé le partage par tête des biens communaux, ne se réfère qu'aux communaux autres que les bois; elle ne peut, en conséquence, s'appliquer aux forêts, et ne saurait servir à déterminer la proportion suivant laquelle des communes sont respectivement propriétaires de leurs bois restés dans l'indivision.

8 février 1869, 68-69, n° 25, p. 100.

73. — Les avis du conseil d'Etat des 20 juillet 1807 et 26 avril 1808, qui prescrivent le partage des forêts entre les communes indivises d'après le nombre des feux de chaque commune copartageante, ne sont applicables qu'autant qu'il n'y a pas de titres contraires et, à défaut de titres ou s'ils sont éteints, une possession constante qui en tienne lieu.

8 février 1869, 68-69, n° 25, p. 100.

74. — La proportion selon laquelle les *produits* des forêts ont été possédés et partagés entre les communes indivises est aussi celle qui doit servir à la répartition entre les mêmes communes de la *propriété* des forêts.

8 février 1869, 68-69, n° 25, p. 100.

75. — Si l'autorité administrative n'a pas qualité pour régler l'étendue des droits ou parts des communes dans une chose indivise entre elles, les opérations matérielles et le mode du partage sont de son ressort exclusif, soit que ce partage se fasse sans contestation sur l'étendue des parts, soit qu'il ne s'effectue qu'après décision judiciaire. Les tribunaux ne doivent jamais retenir l'exécution du partage.

Inédit. 5 mai 1841, 2° Ch. Commune de Sainte-Agnès c. commune de Vincelles. — 25 mars 1841, 2° Ch. Commune de Pont-d'Héry c. Fonteny.

76. — Sont de la compétence des conseils de préfecture toutes les contestations qui surgissent relativement à l'occupation des biens communaux et aux actes de partage desdits biens entre copartageants ou détenteurs depuis le 10 juin 1793 et les communes.

5 mars 1861, 60-61, n° 51.

§ 6.

Jouissance des biens communaux.

Compétence.

77. — Aux tribunaux ordinaires appartient le jugement de la contestation élevée entre une commune et plusieurs particuliers sur l'usage établi relativement au mode de répartition des fruits.

22 août 1844, 43-44, n° 92.

CHAPITRE V.

CONTRATS DES COMMUNES.

78. — Jugé qu'une vente de biens de commune est valable, quoique tous les actes qui ont régularisé cette vente ne soient pas reproduits, parce que le long temps qui s'est écoulé dispense de les reproduire : *In antiquis omnia præsumuntur rite acta*; que l'édit du mois d'avril 1667 n'a jamais été enregistré ni observé dans la province de Franche-Comté; que le concours de l'autorité administrative pour l'aliénation des biens de communes n'a été exigé que par l'édit de 1703, et que jusqu'alors la permission du parlement était nécessaire pour l'autoriser.

28 ventôse an IX, t. Ier, n° 20.

79. — On ne peut assimiler une vente de bois faite par une commune à une aliénation de fonds stipulée entre des individus. Si, dans celle-ci, il y a lieu d'examiner l'hypothèse où la vente a été faite au corps ou à la mesure, cette distinction ne peut point avoir lieu dans la vente faite par une commune, parce que, suivant les art. 5 et 6, titre XV, art. 12, titre XXV, de l'ordonnance de 1669, les communes ne peuvent vendre qu'à la mesure.

Du 13 frimaire an XII, t. Ier, n° 86.

80. — Sous l'empire de l'édit de 1749 et dans le cas d'aliénation par des communes sans lettres patentes, on ne prononçait pas l'annulation de l'acte, mais on ordonnait seulement aux communautés et autres gens de mainmorte de transporter l'immeuble acquis en des mains habiles.

17 mars 1815, t. III, n° 456.

81. — L'incapacité des communes est relative, comme celle des mineurs; seules, elles peuvent s'en prévaloir pour demander la nullité des contrats qu'elles ont passés sans autorisation.

22 février 1845, 45, n° 27, p. 79.

CHAPITRE VI.

DETTES DES COMMUNES.

82. — D'après l'édit de 1683 et l'arrêté du 17 vendémiaire an X, relatifs aux créanciers des communes, ceux-ci ne peuvent agir devant les tribunaux qu'après avoir présenté leurs mémoires à l'autorité administrative; les fabriques étant assimilées aux communes pour l'administration de leurs biens, ces lois leur sont applicables, et dès lors la procédure et le jugement rendus contre elles

avant d'avoir rempli cette formalité sont nuls.

25 janvier 1820, t. IV, n° 626, p. 43.

83. — Les tribunaux civils, et non les tribunaux administratifs, sont compétents pour connaître d'une action dirigée pour fournitures faites à une commune par un individu sur la lettre qui lui aurait été écrite par les plus notables particuliers, déclarant qu'ils *répondaient chacun d'eux et en particulier et se portaient garants des choses qui seraient fournies*, et ce quand même l'administration aurait déclaré que la créance qui en résultait serait à la charge de ladite commune.

28 novembre 1817, t. III, n° 519.

84. — Il appartient à l'autorité administrative de distinguer quelles sont les dettes des communes qui ont été transférées à la charge de l'Etat d'après la loi du 24 août 1793, et de faire une juste application des dispositions principales et exceptionnelles de cette loi. Les juges civils saisis d'un tel débat doivent prononcer purement et simplement le renvoi de cette question, sans distinction ni sans réserve ultérieure, comme de retenir pour eux la connaissance des questions subsidiaires, après décision de la question principale, prétendue préjudicielle.

25 janvier 1819, t. IV, n° 767, p. 221.

CHAPITRE VII.

RESPONSABILITÉ DES COMMUNES.

85. — La loi du 10 vendémiaire an IV, sur la responsabilité imposée aux communes pour les délits commis à force ouverte par des attroupements, n'a pas cessé d'être applicable. En conséquence, sont encore aujourd'hui responsables les communes sur le territoire desquelles de pareils faits se sont accomplis et celles dont les habitants y ont pris part, si elles n'ont pas employé tous les moyens dont elles pouvaient disposer pour prévenir ces désordres, les arrêter ou en faire connaître les auteurs.

La partie lésée, en pareil cas, peut user de tous moyens de preuves pour établir ses pertes; ces moyens ne sont limités que pour le cas où ces poursuites se font d'office et dans l'intérêt de l'ordre public.

Les réparations civiles se calculent au double, aussi bien pour les dégradations que pour les choses pillées ou volées. Qu'il s'agisse de choses fongibles ou de corps certains, l'offre de restituer en nature des objets de même espèce ne doit pas être indistinctement accueillie; il faut qu'il soit possible de faire une juste appréciation des choses qui ont été enlevées ou détruites.

Les dommages-intérêts au simple sont dus indépendamment de la restitution en nature ou du paiement au double des objets détruits ou volés.

19 mars 1845, 45, n° 32, p. 96.

V. Ajournement, Dispositions entre-vifs et testamentaires.

Communications de pièces, V. Exceptions et fins de non-recevoir.

Compensation.

§ 1er. — *Des conditions de la compensation légale.*

§ 2. — *Des cas dans lesquels la compensation légale n'a pas lieu.*

§ 1er.
Des conditions de la compensation légale.

On peut compenser une dette définitive avec une somme résultant d'une condamnation provisoire prononcée en vertu d'un acte authentique.

5 mars 1807, t. I, n° 165.

La créance de dépens admis en taxe n'est exigible et ne peut dès lors être opposée en compensation que si la taxe est revêtue de l'exécutoire. Décret du 16 septembre 1807.

27 juillet 1829, 29, n° 55, p. 188.

Le débiteur d'une somme liquide peut être admis à la retenir à charge de compensation, jusqu'à la liquidation des frais qui lui sont adjugés contre son créancier à titre de dommages-intérêts, bien que le chiffre en soit encore inconnu.

22 juin 1844, 43-44, n° 68.

§ 2.
Des cas dans lesquels la compensation légale n'a pas lieu.

Les parties peuvent mettre obstacle à la compensation de plein droit par une convention. Cette convention peut même s'induire des circonstances de fait.

Inédit. 2e Ch., 30 avril 1845. Bride c. Bride.

L'art. 1298 n'est applicable qu'au cas de compensation légale. Elle ne peut plus s'opérer au préjudice d'une saisie-arrêt et postérieurement à cette saisie. Mais s'il s'agit d'une compensation conventionnelle stipulée par anticipation avant la saisie-arrêt, cette convention est valable et obligatoire. Elle constitue un droit acquis auquel la saisie-arrêt ne peut porter atteinte.

Inédit. 1re Ch., 2 déc. 1857. Bernard c. caisse de Neuchatel.

Compétence, V. Affouage, Arbitrage, Assistance judiciaire, Commune, Enregistrement, Expropriation pour cause d'utilité publique, Faillite et Banqueroute, Mines, Référé, Voirie.

Compétence administrative.

CHAPITRE Ier.

LES AUTORITÉS ADMINISTRATIVE OU JUDICIAIRE NE DOIVENT STATUER QUE SUR LES MATIÈRES QUI LEUR SONT RÉSERVÉES. (Nos 1 à 29.)

§ 1er. — *Les tribunaux ne peuvent con-*

naître des actions résultant des actes et des contrats administratifs. (N°° 1 à 13.)

1° Actions en dommages-intérêts résultant des actes de l'administration. (N°° 1 à 11.)

2° Contrats administratifs. (N°° 12, 13.)

§ 2. — *L'autorité administrative ne peut statuer sur les questions de propriété, les contrats civils, etc.* (N°° 14 à 28.)

1° Questions de propriété. (N°° 14 à 22.)

2° Questions de servitudes. (N° 23.)

3° Questions de contrats civils. (N°° 24 à 28.)

§ 3. — *Obligation de surseoir à statuer lorsque l'une ou l'autre autorité a à juger un incident en dehors de ses attributions.* (N° 29.)

CHAPITRE II.

CHACUNE DES AUTORITÉS ADMINISTRATIVE ET JUDICIAIRE DOIT APPLIQUER ET RESPECTER LES ACTES ÉMANÉS DE L'AUTRE. (N°° 30 à 33.)

CHAPITRE III.

CHACUNE DES AUTORITÉS ADMINISTRATIVE ET JUDICIAIRE NE DOIT PAS INTERPRÉTER LES ACTES L'UNE DE L'AUTRE. (N°° 34 à 36.)

TABLE ALPHABÉTIQUE.

CHAPITRE Ier.

LES AUTORITÉS ADMINISTRATIVES OU JUDICIAIRES NE DOIVENT STATUER QUE SUR LES MATIÈRES QUI LEUR SONT RÉSERVÉES.

§ 1er.

Les tribunaux ne peuvent connaître des actions résultant des actes et des contrats administratifs.

1° Actions en dommages-intérêts résultant des actes de l'administration.

1. — Jugé que les tribunaux civils sont compétents pour connaître du préjudice résultant de l'établissement de patouillets pour le lavage des mines.

20 frimaire an XII, t. I, n° 87. *(Cassé par arrêt de la cour de cassation du 6 mai 1806.)*

2 — Les tribunaux seraient incompétents s'il s'agissait de faire enlever des patouillets dont l'emplacement aurait été déterminé par l'autorité administrative ; mais, lorsque l'on demande seulement l'enlèvement de patouillets établis par un particulier, et dont l'emplacement n'a point été fixé par le gouvernement, la contestation ne présente plus qu'une entreprise ordinaire sur un cours d'eau, dont la connaissance appartient à l'autorité judiciaire.

15 décembre 1815, t. III, n° 466.

3. — Les tribunaux peuvent prendre connaissance des actes de l'autorité administrative lorsque ces actes n'ont d'autre but que le règlement des intérêts particuliers d'une commune ; ils ont seuls qualité pour juger les contestations qui peuvent en être la suite ; au contraire, ils ne peuvent être saisis des difficultés relatives aux actes par lesquels les fonctionnaires de l'ordre administratif ont statué sur des objets dont la décision leur est attribuée, ou aux arrêtés qui ont prononcé sur des objets de police, de sûreté publique, ou sur des matières appartenant à l'administration générale de l'État ou des communes.

8 février 1820, t. IV, n° 629, p. 47.

4. — La contestation qui n'est relative qu'à une indemnité réclamée contre un flotteur de bois de construction par un meunier, pour dégradations occasionnées par le premier à la portière d'un moulin ensuite du passage de ses radeaux, est de la compétence des tribunaux, puisqu'elle ne constitue qu'une difficulté particulière qui ne tient ni à l'ordre public ni à l'intérêt général, et la loi du 28 pluviôse an VIII, qui attribue aux conseils de préfecture la connaissance des difficultés en matière de grande voirie, ne peut recevoir son application lorsqu'il s'agit d'intérêts purement privés.

8 février 1825, t. IV, n° 747, p. 200.

5. — Si les remblais opérés sur un chemin vicinal joignant une route en ont rendu l'abord impraticable pour les habitants de quelques-unes des maisons voisines, le maire et, à son défaut, le préfet sont compétents pour décider qu'un passage public sera provisoirement établi sur des propriétés particulières, sauf indemnité à régler par le conseil de préfecture.

Les tribunaux ordinaires sont compétents pour statuer sur les difficultés soulevées par une telle décision.

Le particulier qui demande la destruction de travaux exécutés sur son terrain par l'ordre du maire de la commune doit assigner le maire lui-même et non l'ouvrier qui les a faits.

16 juillet 1845, 45, n° 90, p. 240.

6. — Les tribunaux administratifs sont seuls compétents pour connaître des demandes en indemnité formées par des riverains à raison du dommage permanent causé par les travaux de curage et de rectification d'une rivière non navigable, faits dans l'intérêt général.

16 janvier 1846, 46, n° 22.

7. — Lorsqu'un entrepreneur de travaux publics, sans être autorisé par son cahier de charges ni par le préfet, occupe le terrain d'un tiers contre le gré de ce dernier, c'est aux tribunaux civils, et non aux conseils de préfecture, à connaître de l'action dirigée contre l'entrepreneur par la partie lésée.

25 août 1856, 53-57, n° 100, p. 284.

8. — Est de la compétence des tribunaux civils l'action en dommages-intérêts intentée contre une compagnie concessionnaire de chemins de fer en réparation du préjudice ressenti par suite de l'éviction d'une parcelle de terrain sans l'accomplissement préalable des conditions et formalités voulues par la loi.

31 août 1860, 60-61, n° 35.

9. — Est de la compétence des conseils de préfecture l'action en réparation du dommage causé à une propriété particulière par l'exécution d'un chemin de fer, s'il ne s'agit ni de l'exécution d'une convention privée entre la compagnie concessionnaire et le propriétaire lésé, ni d'une décision du jury d'expropriation, et si d'ailleurs il n'est pas articulé que la compagnie, en exécutant les travaux qui ont causé le dommage, ait agi en dehors du cahier des charges ou contrairement aux ordres de l'administration.

31 août 1860, 60-61, n° 35.

10. — L'entrepreneur de travaux publics ne peut réclamer le privilège de la juridiction administrative qu'autant qu'il agit en vertu et dans les limites d'un acte administratif.

Spécialement, les tribunaux ordinaires sont compétents pour statuer sur l'indemnité réclamée par un particulier pour occupation temporaire d'un terrain par un entrepreneur de travaux publics, lorsque cette occupation n'a été autorisée ni par le préfet ni par le cahier des charges.

21 juin 1864, 62-65, n° 62, p. 293.

11. — Les tribunaux administratifs sont compétents pour connaître de la demande formée par un particulier en réparation du préjudice qu'il prétend éprouver par suite de l'exécution de travaux communaux d'utilité publique : c'est ce caractère et non le mode d'exécution ou la forme variable des marchés qui détermine la compétence, laquelle embrasse le dommage permanent comme le dommage temporaire.

31 juillet 1869, 68-69, n° 81, p. 331.

2° Contrats administratifs.

12. — Les difficultés relatives à l'existence d'un partage de biens communaux sont de la compétence exclusive des conseils de préfecture.

19 juin 1865, 62-65, n° 86. p. 367.

13. — Toute interprétation de ventes nationales, lorsqu'elle résulte du texte des actes administratifs, appartient aux autorités administratives. Ainsi, lorsqu'elles ont déclaré que c'est dans l'*affiche* d'un domaine qu'il faut chercher l'emport d'un contrat, c'est aux autorités à prononcer sur la situation et les confins de ce domaine donnés dans les affiches et procès-verbaux. Le conseil de préfecture devrait au contraire se reconnaître incompétent, dans le cas où l'autorité administrative aurait décidé que l'immeuble contesté n'est compris ni dans ses *affiches et procès-verbaux* ni dans l'adjudication, et lorsqu'il faudrait vérifier, par la possession ancienne et par les titres étrangers aux actes administratifs, l'existence d'un pré dont le genre de possession est entièrement opposé à celui d'autres prés vendus nationalement.

6 janvier 1823, t. IV, n° 692, p. 123.

§ 2.

L'autorité administrative ne peut statuer sur les questions de propriété, les contrats civils, etc.

1° Questions de propriété.

14. — Lorsqu'il ne s'agit de la localité territoriale d'une forêt que relativement à la division de deux seigneuries, comme il n'y a point de contestation de territoire, c'est alors une question de propriété qui ne doit point être soumise à l'autorité administrative, mais aux tribunaux.

23 avril 1806, t. I, n° 145.

15. — Suivant l'article 6 de la loi du 9 ventôse an XIII, l'administration publique est chargée de faire rechercher et reconnaître les anciennes limites des chemins vicinaux et d'en fixer la largeur ; l'article 8 de la même loi veut que les poursuites en contravention à ces dispositions soient portées devant les conseils de préfecture, sauf le recours en conseil d'État : ainsi, lorsqu'il s'agit uniquement de la reconnaissance d'un ancien chemin, et non pas d'un chemin prétendu par l'une des parties sur l'autre, l'autorité judiciaire est incompétente pour connaître de cette contestation.

13 mai 1812, t. II, n° 279.

16. — Les tribunaux civils sont seuls compétents pour statuer sur les questions qui se présenteraient à l'occasion de la propriété du sol des chemins vicinaux, ou de la servitude de passage sur un terrain au profit de quelques individus ou de l'universalité des habitants d'une ou de plusieurs communes.

4 mai 1820, t. IV, n° 638, p. 59.

17. — Quoique l'autorité administrative ait le droit de régler tout ce qui concerne les chemins vicinaux, tant pour leur emplacement que pour les anticipations et autres abus qui peuvent s'y commettre, c'est aux tribunaux à prononcer, lorsqu'il est question de la propriété ou d'un droit de servitude d'un chemin placé sur une propriété particulière.

27 avril 1825, t. IV, n° 751, p. 206.

18. — C'est aux tribunaux qu'appartient l'application des actes administratifs dans les questions de propriété, lorsque ces actes ne présentent aucune ambiguïté, spécialement quand il s'agit de juger si certaines parcelles de terrain ont été comprises dans les limites désignées dans une adjudication faite par l'Etat.

30 janvier 1844, 43-44, n° 26.

19. — L'Etat peut acquérir un immeuble sans convention expresse, spécialement quand l'abandon en ayant été proposé par le propriétaire au préfet, sous la condition d'accomplissement de certains travaux, le préfet, sans répondre directement à l'offre, les a fait exécuter.

En pareil cas, les tribunaux civils, compétents pour décider si la propriété a été acquise à l'Etat, le sont, par voie de conséquence, pour examiner si l'administration s'est conformée aux conditions attachées par le propriétaire à son abandon ; mais ils sont incompétents pour prononcer sur les dommages-intérêts ou autres réparations dus en raison de l'exécution vicieuse des travaux ordonnés par le préfet.

12 avril 1845, 45, n° 34, p. 102.

20 — Les tribunaux civils sont compétents pour apprécier les prétentions que l'une des parties élèverait à la propriété de terrains communaux, en alléguant une prescription qui serait accomplie à son profit depuis le partage.

19 juin 1865, 62-65, n° 86, p. 367.

21. — Les tribunaux civils, compétents pour connaître des questions de propriété ou de servitude soulevées à l'occasion de dommages résultant pour les particuliers de l'exécution de travaux publics, commettent un excès de pouvoir s'ils ordonnent la suppression ou la modification de ces travaux ordonnés administrativement.

31 juillet 1869, 68-69, n° 81, p. 331.

22. — En cas de partage de bois indivis entre des communes,

si l'autorité judiciaire est compétente pour fixer les droits respectifs de propriété et de jouissance, il n'appartient qu'à l'autorité administrative de procéder à l'exécution du partage, et de statuer sur les difficultés relatives aux opérations et au mode de ce partage. Les contestations qui s'élèvent à ce propos sont, par leur nature même, en dehors des attributions judiciaires ; l'incompétence des tribunaux est, en ce cas, d'ordre public, et, dans le silence des parties, devrait être déclarée d'office.

23 juillet 1869, 68-69, n° 82, p. 335.

2° Questions de servitudes.

23. — Toute contestation en matière de grande et de petite voirie se porte devant l'autorité administrative, mais les tribunaux sont seuls compétents pour statuer quant à la propriété ou à des droits sur un immeuble, soit que le litige existe entre des communes, soit qu'il existe entre une commune et des individus, qui revendiquent des droits de propriété ou de servitude sur un fonds communal, une rue ou une place publique.

22 mai 1823, t. IV, n° 657, p. 91.

3° Questions de contrats civils.

24. — Jugé que sous l'empire de l'arrêté des consuls des 13 et 23 brumaire an x, les tribunaux administratifs étaient seuls compétents pour connaître d'une opposition à saisie faite par un particulier pour avoir paiement d'une créance commune entre ce particulier et la république, quand d'ailleurs le receveur des domaines s'est, en ce qui le concerne, désisté de sa poursuite.

24 nivôse an x, t. I, n° 49.

25. — L'autorité judiciaire est compétente pour prononcer sur la question de savoir si un adjudicataire de biens nationaux s'est valablement obligé à partager avec plusieurs individus les objets qui ont fait partie de son adjudication, puisqu'il s'agit de l'exécution d'une convention intervenue entre particuliers et non point de prononcer sur la qualité du domaine vendu, sur son étendue, sur la validité de l'adjudication ou sur l'identité de la personne à qui cette adjudication a été faite.

6 pluviôse an x, t. I, n° 50.

26. — L'autorité judiciaire est compétente pour prononcer sur une action qui a pour but de recouvrer des avances faites en qualité de *negotiorum gestor*, quand même ces avances auraient été provoquées par un agent de l'administration et réglées par cette même administration, lorsqu'il n'a été élevé aucun conflit de juridiction, et que la partie attaquée n'a pas attaqué cette décision.

30 avril 1819, t. IV, n° 775, p. 233.

27. — Les tribunaux civils sont compétents pour connaître des contestations entre particuliers à l'occasion de concessions faites par l'administration ; spécialement, des difficultés qui surgissent par suite de la location d'une barque lavandière que le bailleur a été autorisé à placer sur une rivière navigable et flottable.

13 décembre 1849, 49-50, n° 40.

28. — Les tribunaux civils sont compétents pour statuer sur les réclamations des habitants d'une commune contre la décision du conseil municipal qui, par suite de l'arrêté d'un commissaire extraordinaire de la république, a ordonné la mise en vente de coupes de bois qui, d'après un usage ancien, étaient partagées en nature.

22 février 1850, 49-52, n° 48.

§ 3.

Obligation de surseoir à statuer lorsque l'une ou l'autre autorité a à juger un incident en dehors de ses attributions.

29. — Des juges commettent un excès de pouvoir en désignant nominativement le préfet qui doit connaître de l'affaire administrative qui avait été mal à propos portée devant eux ; ils doivent se borner à renvoyer purement et simplement devant l'autorité compétente, puisqu'ils ne peuvent en cette matière fixer les attributions de cette autorité.

Une pareille sentence toutefois ne fait point grief aux parties, et l'appelant est non recevable à en demander la réformation devant une Cour.

1er juillet 1808, t. I, n° 212.

CHAPITRE II.

CHACUNE DES AUTORITÉS ADMINISTRATIVE ET JUDICIAIRE DOIT APPLIQUER ET RESPECTER LES ACTES ÉMANÉS DE L'AUTRE.

30. — Lorsqu'un arrêté administratif est produit dans une contestation portée devant les tribunaux civils, ceux-ci ont le droit d'examiner s'il a été rendu dans les limites des pouvoirs du fonctionnaire dont il émane, ou en dehors de ses attributions. Dans le premier cas, ils sont tenus de s'y conformer ou de surseoir jusqu'à ce qu'il ait été définitivement statué par l'autorité administrative supérieure. Dans le second, ils doivent décider la contestation sans avoir égard à un pareil arrêté, mais sans pourtant le réformer.

10 avril 1829, 29, n° 37, p. 128.

31. — Quand il y a contestation sur les formes et la portée d'un acte administratif, les tribunaux doivent en donner l'application, si la régularité et le sens de cet acte sont manifestes.

27 juin 1829, 29, n° 74, p. 229.

32. — La décision par laquelle un préfet refuse d'autoriser une commune à accorder les radiations amiables d'une inscription hypothécaire, n'est qu'un simple avis contre lequel il n'est pas nécessaire de se pourvoir devant la juridiction administrative supérieure. Les tribunaux ordinaires sont compétents, nonobstant cet arrêté, pour ordonner que l'inscription sera immédiatement rayée, bien que la commune se soit pourvue en cassation contre l'arrêt qui sert de base à l'action de la partie adverse.

13 juin 1846, 46, n° 44.

33. — L'existence d'une décision administrative, tant qu'elle n'est pas annulée par l'autorité supérieure, met légalement obstacle à ce que les tribunaux connaissent de la question jugée, fût-elle judiciaire par sa nature.

5 janvier 1853, 53-57, n° 3, p. 5.

CHAPITRE III.

CHACUNE DES AUTORITÉS ADMINISTRATIVE ET JUDICIAIRE NE DOIT PAS INTERPRÉTER LES ACTES L'UNE DE L'AUTRE.

34. — D'après les lois des 24 août 1790, 16 fructidor an III, 28 pluviôse an VIII , et l'arrêté des consuls du 3 fructidor an IX, la connaissance d'une demande en délimitation de deux terrains nationaux vendus à deux personnes est attribuée à l'autorité administrative, non-seulement pour la substance de l'acte, mais même encore pour les conséquences qui en dérivent.

4 nivôse an x, t. I, n° 45.

35. — C'est à l'autorité administrative seule qu'appartient l'interprétation des ventes des domaines nationaux.

6 août 1828, 27-28, n° 114.

36. — La répartition des affouages confiée au pouvoir municipal sous l'autorité des préfets, est une opération administrative qui ne peut être interprétée, lorsqu'elle présente de l'ambiguïté, que par l'autorité administrative.

Les tribunaux civils doivent surseoir à statuer jusqu'à ce que l'autorité administrative ait interprété les actes de répartition de l'affouage ; ils ne peuvent décider qu'ils sont suffisamment clairs, et qu'il s'agit non de les interpréter, mais de les appliquer, quand ces actes ont été diversement interprétés par l'autorité municipale, les juges d'instance et d'appel, et qu'il faut se livrer à des efforts et à des recherches pour en démêler le véritable caractère.

8 avril 1862, 62-65, n° 12, p. 40.

V. au surplus v° AFFOUAGE.

Compétence civile des juges de paix.

§ 1er. — *Prorogation de juridiction.* (N° 1.)

§ 2. — *Contestations entre maîtres et gens de travail.* (N°s 2, 3.)

§ 3. — *Actions en matière de louage.* (N° 4.)

§ 4. — *Actions personnelles et mobilières.* (N°s 5 et 6.)

§ 5. — *Associations syndicales.* (N° 7.)

§ 6. — *Actions relatives aux travaux prescrits par l'art. 674 du C. N.*

§ 1er.

Prorogation de juridiction.

1. — Les parties peuvent, en vertu d'une convention expresse, soumettre à un juge de paix sans appel une action personnelle et mobilière qui excéderait le taux de sa compétence en premier ressort.

21 juin 1844, 43-44, n° 84.

§ 2.

Contestations entre maîtres et gens de travail.

2. — La loi du 25 mai 1838, art. 5, § 3, est générale et investit les juges de paix du pouvoir de prononcer même sur les contestations existantes entre les commerçants et les journaliers qu'ils emploient.

5 déc. 1843, 43-44, n° 9.

3. — Le *fromager* ou *fruitier* dans une société de fromagerie étant un employé mandataire des associés et non leur domestique ou serviteur, ne peut être rangé au nombre des gens de service, et l'action qu'il intente en paiement de ce qui lui est dû par la société échappe à la juridiction des tribunaux de paix.

17 nov. 1862, 62-65, n° 28, p. 99.

§ 3.
Actions en matière de louage.

4 — Un tribunal d'instance est incompétent pour connaître en premier ressort d'une contestation relative aux réparations locatives et aux dégradations à la charge du fermier ; le juge de paix doit d'abord prononcer sur cet objet, à quelque taux que se porte la demande, suivant l'art. 10, t. III, de la loi du 24 août 1790 ; cette incompétence étant d'ordre public ne peut être couverte par aucun acquiescement donné par les parties, puisque c'est de la loi seule et non du fait des parties que les tribunaux tiennent leur juridiction.

30 pluviôse an XIII, t. I, n° 116.

§ 4.
Actions personnelles et mobilières.

5. — Le fait par celui qui se croit victime d'un vol de dénoncer à la gendarmerie ce vol et son auteur présumé ne constitue pas une diffamation. — En conséquence, l'action en dommages-intérêts pour réparation du préjudice occasionné par la dénonciation reconnue fausse est de la compétence des tribunaux civils et non de celle des juges de paix.

11 avril 1867, 66-67, n° 101.

6. — L'action civile pour voies de fait n'est de la compétence des juges de paix qu'autant que ces voies de fait ont le caractère de violences légères, passibles de peines de simple police ; mais si elles constituent un délit correctionnel, l'action doit être portée devant les tribunaux civils.

28 juillet 1855, 53-57, n° 75, p. 211.

§ 5.
Associations syndicales.

7. — Les lois spéciales qui ont attribué aux conseils de préfecture et aux juges de paix une compétence exceptionnelle en matière d'associations syndicales, ne s'appliquent qu'aux difficultés survenues à l'occasion des opérations dirigées ou surveillées administrativement.

C'est ainsi notamment que les difficultés survenues à l'occasion d'emprunts contractés par l'association syndicale sont de la compétence des tribunaux ordinaires.

28 avril 1866, 66-67, n° 24.

§ 6.
Actions relatives aux travaux prescrits par l'art. 674 du Code civil.

8. — La compétence accordée aux juges de paix par l'art. 6, n° 3, de la loi du 6 juin 1838, en matière d'actions relatives aux constructions et travaux énoncés dans l'art. 674 du C. N. est générale et absolue ; en conséquence, ils en connaissent, soit qu'il s'agisse de faire établir des ouvrages préservatifs, soit que l'action introduite tende à faire détruire les travaux établis contrairement aux prescriptions de l'art. 674.

26 juin 1858, 58-59, n° 24.

Compétence commerciale.

CHAPITRE Ier.
CARACTÈRES GÉNÉRAUX DE LA COMPÉTENCE DES TRIBUNAUX DE COMMERCE. (Nos 1 à 3.)

CHAPITRE II.
COMPÉTENCE D'ATTRIBUTION. (Nos 4 à 43.)

§ 4. — *Actions exercées pour ou contre les commis des marchands.* (Nᵒˢ 21 à 23.)

§ 5. — *Actions en matière de lettres de change et de billets à ordre.* (Nᵒˢ 24 à 35.)

§ 6. — *Actions en matière de sociétés commerciales.* (Nᵒˢ 36 à 41.)

§ 7. — *Incompétence des Tribunaux de commerce pour connaître de l'exécution de leurs jugements.* (Nᵒˢ 42, 43.)

CHAPITRE III.

COMPÉTENCE DÉTERMINÉE PAR LE LIEU DE LA PROMESSE ET DE LA LIVRAISON OU PAR LE LIEU OU LE PAIEMENT DOIT ÊTRE EFFECTUÉ. (Nᵒˢ 44 à 58.)

§ 1ᵉʳ. — *Quels marchés tombent sous l'application de l'art. 420.* (Nᵒˢ 44 à 46.)

§ 2. — *Lieu de la promesse et de la livraison.* (Nᵒˢ 47 à 49.)

§ 3. — *Lieu du paiement.* (Nᵒˢ 50 à 58.)

CHAPITRE IV.

DEGRÉ DE JURIDICTION EN MATIÈRE COMMERCIALE. (Nᵒˢ 59 à 62.)

TABLE ALPHABÉTIQUE.

CHAPITRE Iᵉʳ.

§ 1ᵉʳ.

Caractères généraux de la compétence des tribunaux de commerce.

1. — L'incompétence des tribunaux de commerce en matière civile est absolue et ne peut être couverte par aucune renonciation. Elle peut être proposée pour la première fois en appel.

12 juin 1868, 68-69, nᵒ 17, p. 67.

2. — En cas de connexité de deux chefs d'une même demande et des actes y correspondant, dont l'un est essentiellement commercial et l'autre offre un caractère civil, la connaissance de l'intégralité du litige appartient non aux juges d'exception, rigoureusement limités à des attributions spéciales, mais aux tribunaux ordinaires, investis de la plénitude de juridiction. — Si ces actes forment un tout complet et indivisible, c'est-à-dire si chacun d'eux n'a pas une nature propre et un caractère distinct, et s'ils ne diffèrent pas dans leurs effets juridiques, l'élément commercial ou civil dominant fixe la compétence. — Il y a connexité et non indivisibilité entre les chefs d'une action intentée contre une société commerciale par un propriétaire : 1ᵒ en résolution d'un acte qui contenait bail de bâtiments et de terres avec obligation de culture de betteraves pour l'établissement et l'alimentation d'une fabrique de sucre, en même temps que faculté d'une acquisition éventuelle par le preneur ; 2ᵒ en dissolution de cette société que le demandeur avait commanditée, et le tribunal de commerce est radicalement incompétent pour statuer sur cette demande, dont le caractère civil est d'ailleurs prépondérant.

31 décembre 1867, 66-67, nᵒ 137.

3. — La question de légalité d'une vente publique de marchandises neuves, faite par le ministère de commissaires priseurs, et par suite celle de dommages-intérêts qui peut s'y rattacher, sont du ressort des tribunaux ordinaires.

2 mars 1829, 29, n° 19, p. 72.

CHAPITRE II.
COMPÉTENCE D'ATTRIBUTION.

§ 1er.

Actions résultant d'actes de commerce.

4. — Deux négociants qui s'associent pour l'exploitation à deniers communs d'une ferme qu'ils donnent à bail font acte de commerce et sont justiciables des tribunaux de commerce lorsque des difficultés existent entre eux. — Il en serait autrement de deux laboureurs s'associant pour le même objet.

2 juillet 1807, t. I, n° 176.

5. — Ne peuvent être réputés actes de commerce les achats et reventes de bétail que font les cultivateurs à raison de leurs besoins et pour l'exploitation de leurs terres.

10 juin 1844, 43-44, n° 61.

6. — L'individu non négociant qui achète un fonds de commerce pour l'exploiter lui-même fait par cela seul un acte commercial qui le rend justiciable des tribunaux de commerce, bien que le vendeur ait continué son exploitation.

19 mars 1845, 45, n° 40, p. 117.

7. — N'est pas un acte de commerce l'achat que fait un artisan des outils ou machines nécessaires à l'exercice de sa profession.

Spécialement, celui qui achète des machines, non pour les revendre ni les louer, mais pour en tirer parti pour lui-même en battant le grain qu'on lui confie, n'est pas justiciable des tribunaux de commerce.

18 avril 1850, 49-52, n° 51.

8. — Le mandat donné par un non-commerçant à un commerçant, pour parvenir à une liquidation comprenant un actif commercial et un actif non commercial, n'a pas le caractère d'un acte de commerce et ne peut dès lors soumettre le mandataire à la juridiction consulaire.

L'exception d'incompétence en pareil cas peut être opposée en tout état de cause.

7 mars 1853, 53-57, n° 18. p. 41.

9. — Le cautionnement, par sa nature acte de droit civil, perd seulement ce caractère quand celui qui l'a souscrit a un intérêt personnel étroitement lié à l'opération commerciale garantie.

Un tel intérêt ne se rencontre pas dans l'hypothèse *d'une femme mariée sous le régime de la communauté réduite aux acquêts*, qui se porte caution des engagements commerciaux de son mari.

9 mai 1868, 68-69, n° 14, p. 51.

10. — L'aval, fait par acte séparé, ne peut être considéré comme un acte de commerce qu'autant qu'il rappelle l'objet précis de la lettre de change ou du billet à ordre, son étendue et sa durée.

Spécialement, la juridiction commerciale est incompétente pour connaître du cautionnement solidaire donné à une maison de banque par une femme mariée, *pour toutes les opérations de commerce que son mari a faites ou pourra faire.*

9 mai 1868, 68-69, n° 14, p. 51.

11. — L'achat de bois sur pied pour les couper et les revendre constitue un acte de commerce; par suite, la société formée pour une opération de cette nature a un caractère commercial.

4 mars 1870, 70-71, n° 12.

§ 2.

Contestations résultant d'actes présumés commerciaux à raison de la qualité des personnes.

12. — Le tribunal de commerce est seul compétent pour prononcer sur une négociation intervenue entre un négociant et un receveur général des contributions.

27 mars 1811, t. II, n° 335.

13. — Le sous-traité fait avec des ouvriers par l'entrepreneur d'une construction immobilière est un acte commercial, et les contestations qui s'y réfèrent sont de la compétence des tribunaux de commerce.

7 mars 1844, 43-44, n° 43.

14. — Les tribunaux de commerce sont compétents pour statuer sur la demande dirigée contre un sous-entrepreneur par son cessionnaire pour obtenir le paiement d'une fourniture de matériaux faite pour la construction d'un ouvrage public.

16 mars 1846, 46, n° 75, p. 191.

15. — Les tribunaux de commerce connaissent de toutes contestations relatives aux engagements entre négociants, alors même que ces engagements dérivent de quasi-contrats ou de quasi-délits.

19 janvier 1847, 1847, n° 29.

16. — La veuve d'un justiciable du tribunal de commerce, qui a pris la qualité de commune dans une action originaire, n'est plus recevable à contester cette qualité devant les juges consulaires saisis d'une instance nouvelle et à demander son renvoi devant la juridiction civile, même sur ce motif qu'il est survenu une liquidation qui la constitue créancière de la communauté; sauf à elle toutefois à se prévaloir, quand il y aura lieu, de son acceptation sous bénéfice d'inventaire.

31 juillet 1854, 53-57, n° 52, p. 123.

17. — Les tribunaux de commerce ne connaissent des contestations relatives aux engagements et transactions entre négociants que lorsque ces engagements et transactions ont un caractère commercial.

16 janvier 1861, 60-61, n° 43.

18. — Les tribunaux de commerce ne sont point compétents pour connaître du cautionnement d'une obligation commerciale souscrite même par un commerçant, si la cause de cet engagement n'est point un motif de spéculation, mais bien un pur sentiment de bienveillance, et si d'ailleurs il n'est pas donné sous forme d'aval.

12 juin 1868, 68-69, n° 17, p. 67.

19. — La juridiction commerciale est incompétente pour statuer sur une instance dirigée contre un négociant en raison d'un fait étranger à son commerce.

14 juin 1871, 70-71, n° 45.

§ 3.

Actions en matière de commissions et transport.

20. — La demande en dommages-intérêts formée par un commissionnaire de roulage contre un négociant qui, lui ayant remis sous une fausse déclaration des marchandises prohibées, l'a ainsi exposé aux poursuites de la régie, est de la compétence des tribunaux de commerce.

23 nov. 1846, 46, n° 115, p. 294.

§ 4.

Actions exercées pour ou contre les commis des marchands.

21. — L'art. 634 du C. de Comm. n'est point applicable à l'égard d'un régisseur de forges qui réclame à celui qui l'employait des avances, gages ou indemnités, lorsque ce commis n'a point en cette qualité contracté personnellement avec des tiers au nom du maître de forges; cela est d'autant plus certain que l'on ne retrouve point dans le C. de Commerce la disposition qui existait dans l'ordonnance de 1673, qui attribuait nominativement aux tribunaux consulaires le jugement des difficultés entre les marchands et leurs facteurs, pour gages de ces derniers.

24 janvier 1816, t. III, n° 562.

7

22. — Les difficultés qui s'élèvent entre un négociant et ses commis, qui ont, outre un traitement fixe, une certaine part dans les bénéfices, pour la reddition de leur compte, sont de la compétence des tribunaux de commerce.

19 mai 1826, t. V, n° 928 *bis*.

23. — Les tribunaux de commerce sont compétents pour connaître de la demande en paiement de salaire formée par un commis contre la société commerciale qui l'emploie.

3 août 1844, 43-44, n° 75.

§ 5.

Actions en matière de lettres de change et de billets à ordre.

24. — Le tribunal de commerce est compétent pour prononcer sur des lettres de change souscrites par des individus non négociants, si elles ont été endossées par un négociant.

17 février 1809, t. I, n° 249 *bis*.

25. — L'article 3 titre XI, 2, de l'ordonnance de 1773 défendait aux tribunaux de commerce de connaître des billets de change entre particuliers autres que négociants et marchands; mais la compétence des tribunaux était dans le domaine du législateur, qui avait pu leur attribuer une juridiction qu'ils n'avaient pas auparavant, et le Code de commerce étant promulgué à l'époque de l'ouverture d'une action a, par son article 637, étendu la compétence des juges de commerce, qui se trouvent autorisés à connaître des billets à ordre portant signatures d'individus négociants et de particuliers non négociants souscrits sous l'empire de l'ordonnance de 1673, lorsque l'ouverture de l'action relative à ces effets avait eu lieu postérieurement à la promulgation du Code de commerce.

14 décembre 1809, t. II, n° 288.

26. — Lorsque le tireur d'une lettre de change n'est pas négo-

ciant, non plus que celui au profit duquel la lettre de change est tirée, ainsi que celui qui doit l'acquitter, cette circonstance fait présumer que les parties ont voulu déguiser, sous la forme d'une lettre de change, un prêt ou toute autre négociation étrangère à cette espèce de contrat ; pour justifier le contraire, il faudrait que le porteur prouvât que celui sur qui l'effet a été tiré avait des fonds à la disposition du tireur, ce qui n'existait point dans l'espèce, puisque la lettre de change avait été protestée.

13 août 1810, t. II, n° 315.

27. — L'article 637 du Code de commerce saisit le tribunal sans distinguer le cas où les signataires non négociants seraient seuls poursuivis : il l'est à plus forte raison lorsqu'il s'agit d'actes de commerce et que les effets ont été souscrits pour paiement de marchandises.

25 juin 1813, t. III, n° 436 *bis*.

28. — Si, en matière de garantie relative à des effets de commerce, on peut être distrait de ses juges naturels, il ne faut pas du moins que ce soit par suite d'un concert frauduleux, formé entre les autres parties. Lorsque ce concert est manifesté soit par écrit, soit par les circonstances de la cause, et qu'il est prouvé que la demande principale, suivie de l'action en garantie, n'a eu pour but que de distraire le garant de ses juges, le tribunal auquel est soumise l'action principale est tenu de renvoyer les parties devant les juges qui doivent légalement en connaître.

2 juillet 1824, t. IV, n° 852, p. 335.

29. — En matière d'effets de commerce, le tiré peut, sur l'action intentée par le porteur contre le tireur, être appelé en garantie par celui-ci devant un tribunal autre que celui de son domicile, alors que de sa correspondance il résulte qu'il avait autorisé l'émission de la traite.

13 mars 1850, 49-52, n° 77.

30. — Les termes généraux de l'article 637 du Code de commerce attribuent sans distinction aux tribunaux consulaires la connaissance de toutes les difficultés survenues au sujet d'effets qui, revêtus d'une forme commerciale, portent à la fois des signatures d'individus négociants et non négociants.

23 juin 1868, 68-69, n° 19, p. 75.

31 — Le tribunal de commerce est compétent pour prononcer sur un billet à ordre dont le souscripteur s'est déclaré négociant au moment de la souscription.

19 août 1808, t. I, n° 223.

32. — Lorsque des individus ont pris la qualité de négociants dans un effet à ordre et ont donné à recevoir de l'argent dans une ville contre celui qu'ils se sont fait remettre dans une autre, la souscription de cet effet constitue une opération de banque ou de change ; il y a une véritable remise de place en place, soit que l'on considère qu'il a été simplement créé entre deux personnes, soit que l'on reconnaisse qu'il y a eu intervention morale du négociant chez qui l'effet était payable ; dès lors il est indifférent de savoir si les souscripteurs étaient marchands ou non, leurs engagements ayant eu lieu à l'occasion d'un acte de commerce : ils sont donc justiciables des tribunaux de commerce et soumis à la contrainte par corps, suivant l'article 637 du Code de commerce.

11 février 1824, t. IV, n° 724, p. 178.

33. — Les tribunaux de commerce sont incompétents pour connaître de la demande en paiement d'un billet à ordre souscrit par un entrepreneur de bâtiments, s'il n'est pas prouvé qu'il a eu pour cause un achat relatif à sa profession ou pour l'objet des marchandises qu'il se procurait pour revendre après les avoir fait mettre en œuvre.

17 mai 1827, 27-28, n° 30.

34. — Le négociant, après avoir passé à l'ordre d'un tiers, valeur en retour, un billet à ordre, ne peut ensuite lui-même traduire le souscripteur non négociant devant le tribunal de commerce, pour obtenir le paiement de ce billet.

15 juin 1836, 36, p. 107.

35. — La circonstance qu'un billet à ordre souscrit par un non négociant est payable dans une ville autre que celle où il a été créé, ne donne pas à l'opération le caractère d'une remise de place en place, si la dette a été contractée dans un but purement civil. Il n'y a là qu'un billet à domicile, dont le souscripteur n'est pas sujet à la contrainte par corps.

31 mars 1847, 47-48, n° 6.

§ 6.

Actions en matière de sociétés commerciales.

36. — Des personnes associées pour une entreprise de construction de bâtiments sont, d'après l'article 632, justiciables du tribunal de commerce.

6 mars 1816, t. III, n° 564.

37. — Les tribunaux de commerce, compétents pour connaître de l'action intentée par un associé en participation contre son coassocié, en paiement d'une somme qualifiée de reliquat du compte social et subsidiairement en reddition de compte, le sont, par voie de conséquence, pour apprécier le mérite des actes invoqués par le défendeur comme établissant sa libération.

17 décembre 1829, 29, n° 76, p. 241.

38. — Les tribunaux civils sont compétents pour connaître de l'exécution des actes qui emportent dissolution de société commerciale.

1er déc. 1829, 29, n° 70, p. 222.

39. — La demande en restitution de pièces confiées à des arbitres pour la liquidation d'une société commerciale est de la compétence des tribunaux civils.

16 avril 1845, 45, n° 36, p. 110.

40. — Le juge de l'action est le juge de l'exception. Par suite, si celui qui est poursuivi comme associé dénie cette qualité, le tribunal saisi de la demande est compétent pour statuer sur l'existence de la société.

3 juillet 1849, 49-52, n° 13.

41. — Une société, quelle qu'en soit d'ailleurs la forme, n'est commerciale, et justiciable des tribunaux de commerce, qu'autant qu'elle a pour objet des opérations que la loi répute actes de commerce.

Et spécialement est société civile, relevant à ce titre des tribunaux ordinaires, la compagnie d'assurances mutuelles contre la mortalité du bétail, dont les associés ne se proposent pas de faire des bénéfices, mais de mettre des risques en commun en s'imposant un sacrifice pour alléger des pertes éventuelles.

4 février 1854, 53-57, n° 45, p. 102.

§ 7.

Incompétence des tribunaux de commerce pour connaître de l'exécution de leurs jugements.

42. — Les tribunaux de commerce prononçant un jugement emportant contrainte par corps ont capacité pour commettre un huissier comme les tribunaux civils.

Inédit. 3 mars 1842, 1re Ch. Mairot.

43. — Les tribunaux de commerce peuvent, comme les tribunaux civils, commettre un huissier pour signifier un jugement prononçant la contrainte par corps;

on ne peut voir là un acte d'exécution.

2 janvier 1858, 58-59, n° 17.

————

CHAPITRE III.

COMPÉTENCE DÉTERMINÉE PAR LE LIEU DE LA PROMESSE ET DE LA LIVRAISON OU PAR LE LIEU OU LE PAIEMENT DOIT ÊTRE EFFECTUÉ.

§ 1er.

Quels marchés tombent sous l'application de l'article 420.

44. — L'article 420 du Code de pr. civ., qui attribue compétence soit au tribunal de commerce du lieu où la promesse a été faite et la marchandise livrée, soit à celui du lieu où le paiement doit être effectué, n'est pas applicable au cas où la convention est contestée.

Le concours des deux circonstances de promesse faite et de livraison exécutée dans un même lieu est nécessaire pour qu'elles soient attributives de compétence, aux termes du premier paragraphe de cet article.

30 juin 1855, 53-57, n° 73, p. 202.

45. — En matière de commerce, la compétence est réglée par l'article 420 du Code de procédure civile.

Cet article cesse d'être applicable lorsque l'existence du marché allégué est sérieusement contestée, ou lorsque l'étendue des pouvoirs de celui qui l'a passé au nom d'un commettant est l'objet d'un débat qui a pour effet de mettre en question la validité de ce marché.

13 avril 1870, 70-71, n° 19.

46. — La compétence exceptionnelle attribuée, par l'article 420 du Code de procédure civile, au tribunal dans l'arrondissement duquel la promesse a été faite et la marchandise livrée, où le paiement devait être effectué, n'est point restreinte au cas de *vente et d'achat*.

Spécialement, elle régit le contrat de commission fait pour le placement des marchandises entre un tiers et une maison de commerce.

23 mai 1862, 62-65, n° 13, p. 46.

§ 2.
Lieu de la promesse et de la livraison.

47. — L'article 420 du Code de procédure, qui permet au demandeur en matière commerciale de porter son action devant le tribunal dans l'arrondissement duquel la promesse a été faite et la marchandise livrée, doit s'entendre en ce sens que le concours de ces deux circonstances est indispensable pour qu'elles soient attributives de compétence.

Les contestations relatives à l'exécution d'un marché fait par un commis voyageur qui se présente de l'aveu de la maison qu'il représente, peuvent être portées au tribunal du domicile de l'acheteur comme étant le lieu de la promesse, alors que c'est également à ce domicile que la marchandise a été livrée.

7 mai 1847, 47-48, n° 36.

48. — En matière commerciale, est compétent le tribunal du lieu où la promesse a été faite et la marchandise livrée.

Spécialement, si une proposition d'achat a été faite par correspondance, elle est censée avoir été acceptée et le contrat formé au lieu d'où les marchandises ont été expédiées : en conséquence, le tribunal de ce lieu est compétent pour connaître des difficultés survenues à l'occasion de cette vente.

25 juin 1861, 60-61, n° 56.

49. — En cas de vente de marchandises telles que le vin, dont la propriété n'est transférée à l'acheteur qu'après la dégustation, le lieu de la livraison est, à moins de conventions contraires, celui du domicile de l'acheteur qui doit faire la dégustation ; en conséquence, le tribunal de commerce de ce domicile est compétent pour connaître des difficultés survenues

à l'occasion de la vente, si d'ailleurs c'est également dans ce lieu qu'a été conclu le marché.

13 juillet 1867, 66-67, n° 117.

§ 3.
Lieu du paiement.

50. — Lorsque le lieu où doit se faire le paiement de marchandises qui étaient livrables dans un endroit désigné n'a pas été indiqué par celui qui en a fait la demande, c'est le cas d'avoir recours à l'art. 1351 du Code civil, combiné avec l'article 420 du Code de procédure. Si le vendeur a tiré sur l'acheteur une lettre de change qui a été protestée au domicile de ce dernier, faute d'acceptation et de paiement, le vendeur a par là fixé lui-même le lieu où devait s'effectuer le paiement, et il est obligé de se pourvoir devant le tribunal de ce domicile pour l'obtenir.

23 nov. 1825, t. IV, n° 870, p. 358.

51. — Les commissionnaires qui se chargent du transport d'objets mobiliers peuvent être assignés pour la reproduction de ces objets devant le tribunal du lieu où le paiement de ce transport devait être fait.

Ne serait pas compétent pour juger une pareille contestation le tribunal du lieu où a été faite la promesse de transport, et où les objets ont été remis et livrés ; le § 2 de l'article 420 du Code de procédure n'est pas applicable dans ce cas.

15 décembre 1836, 36, p. 202.

52. — Si, lors d'une vente de marchandises, aucune convention n'est intervenue sur le lieu où le prix serait payé, le tribunal compétent pour connaître du refus du paiement est celui du domicile de l'acheteur.

En vain le vendeur aurait-il inséré dans la facture la condition de paiement à son propre domicile, si l'acheteur a protesté.

23 avril 1845, 45, n° 78, p. 211.

53. — Quand un négociant, sans rien spécifier sur le lieu de la délivrance ni sur celui du paiement, a fait une commande au commis voyageur d'une maison étrangère, la livraison est censée faite et le prix doit être payé au lieu où se trouvait la marchandise au temps de la vente. — En conséquence, l'acheteur peut y être assigné en cas de refus de paiement.

12 novembre 1845, 45, n° 77, p. 209.

54. — Entre négociants, quel que soit le domicile du défendeur, le tribunal du lieu où doit s'effectuer la réparation du dommage est compétent pour la prononcer.

19 janvier 1847, 47-48, n° 29.

55. — Doit être réputée faite au comptant la vente de marchandises payables à livraison, alors surtout que le vendeur a tiré sur l'acheteur le jour même de la livraison, quoique la traite fût payable à une époque ultérieure. — En conséquence, le tribunal du domicile du vendeur est compétent comme le tribunal du lieu de paiement, dans le sens de l'article 420 du Code de procédure, pour connaître de l'action en paiement de la traite non acquittée.

10 février 1858, 58-59, n° 2.

56. — Lorsqu'une vente de marchandises déterminées seulement quant à leur espèce est faite au comptant, la volonté présumée des parties est que le paiement aura lieu au domicile de l'acheteur : en conséquence et aux termes de l'article 420, § 3, du Code de procédure civile, le tribunal du domicile de ce dernier est compétent pour connaître de la demande en exécution du contrat formée par l'acheteur contre le vendeur.

9 août 1860, 60-61, n° 32.

57. — L'article 420, § 3, du Code de procédure civile, qui attribue compétence pour connaître de l'exécution d'un marché commer-cial au tribunal dans l'arrondissement duquel devait s'effectuer le paiement, s'applique sans distinction au tribunal du lieu où le prix doit être payé, que ce soit en totalité ou en partie.

21 août 1860, 60-61, n° 33.

58. — A défaut de convention expresse sur le lieu où doit se faire le paiement du prix d'une vente commerciale, les règles du droit commun sont applicables, et c'est au domicile du débiteur que ce paiement doit avoir lieu, s'il s'agit de la vente, non d'un corps certain, mais d'objets indéterminés.

Il en est ainsi alors même que des factures auraient été envoyées à l'acheteur, portant que le prix de la vente sera payable au domicile du vendeur, si, en même temps, il est dit dans ces factures que, pour la plus grande facilité de l'acheteur, des traites seront tirées sur lui.

29 déc. 1869, 68-69, n° 102, p. 408.

CHAPITRE IV.
DEGRÉS DE JURIDICTION EN MATIÈRE COMMERCIALE.

59. — La loi attribue aux tribunaux de commerce la connaissance en dernier ressort de toutes les demandes dont le principal n'excède pas 1,000 francs. Les parties peuvent jusqu'au moment du jugement définitif modifier et changer leurs conclusions. Lorsqu'elles usent de cette faculté, le juge n'a plus à statuer que sur la dernière demande qui lui est soumise; par conséquent, c'est celle-ci et non la demande originaire, qu'il faut considérer pour déterminer la compétence en premier ou dernier ressort. Il est de principe consacré par la jurisprudence, que les dommages-intérêts qui dérivent de la demande principale, c'est-à-dire ceux qui sont réclamés par le défendeur à raison des poursuites exercées contre lui, ne forment qu'un accessoire, qui ne doit point être en ligne de compte pour fixer en dernier ressort la compétence des tribunaux inférieurs.

10 juin 1826, t. V, n° 933.

60. — Un tribunal de commerce peut juger en dernier ressort jusqu'à concurrence de 1,000 francs, et la contrainte par corps, prononcée par ce tribunal faute de paiement, n'est qu'un accessoire et un moyen d'exécution qui n'interdit pas à ce tribunal le droit de juger en dernier ressort une contestation dont le principal n'excède pas 1,000 fr. On ne peut donc appeler d'un jugement rendu dans ce cas.

23 février 1826, t. V, n° 926.

61. — De ce que, dans l'examen d'une demande dont l'objet n'excède pas mille francs, un tribunal apprécie un acte pour reconnaître seulement en quelle qualité les parties y ont paru, mais non pour statuer sur le mérite de cet acte, on ne peut en induire que son jugement soit susceptible d'appel.

17 décembre 1836, 36, p. 205.

62. — Les dommages-intérêts réclamés par le demandeur pour fait antérieur au litige doivent être joints à ses conclusions principales pour fixer le taux du dernier ressort.

Le jugement rendu sur une demande qui comprend des conclusions en dommages-intérêts indéterminés est toujours susceptible d'appel.

3 août 1844, 43-44, n° 75.

V. Effets de commerce.

Complicité.

§ 1er.

Infractions auxquelles s'appliquent les règles de la complicité.

1. — Les règles de la complicité sont applicables aux infractions en matière forestière.

4 mars 1867, 66-67, n° 92.

§ 2.

Procédure.

2. — Le complice d'un vol condamné correctionnellement par les premiers juges est non recevable à demander devant le second degré de juridiction son renvoi devant une cour d'assises, lorsque l'auteur principal accepte la situation qui lui a été faite et ne fait pas la même demande.

5 déc. 1857, 53-57, n° 141, p. 438.

V. Chasse.

Compromis. V. Arbitrage.

Compte.

§ 1er. — *Formes de la reddition de compte.* (Nos 1 à 3.)

§ 2. — *Révision de compte.* (Nos 4 à 7.)

_____

§ 1er.

Formes de la reddition de compte.

1. — Entre majeurs, le détail des éléments d'un compte était inutile, et l'ordonnance de 1667 leur laissait la faculté de compter sous la forme qui leur convenait davantage.

15 frimaire an xiv, t. I, n° 136.

2. — L'art. 535 du C. de proc. qui a permis à l'oyant compte de requérir exécutoire à l'instant de la présentation et de l'affirmation, n'en a pas borné l'exercice à cet instant seulement, et ne lui défend pas d'en profiter postérieurement.

Dans le cas où l'exécutoire est un jugement de la nature de ceux auxquels on peut former opposition, et lorsque cette opposition a eu lieu, il n'est pas nécessaire d'en requérir la délivrance en présence des parties, puisque l'art. 535 n'exige pas qu'elles soient appelées pour contester la demande de l'oyant compte.

Quoique l'art. 535 ordonne que l'exécutoire sera requis du juge-commissaire lui-même, qui devra le délivrer, il suffit qu'il en ait ordonné au greffier la délivrance. Cette opinion paraît d'autant plus juste que l'art. 535 ne parle pas de la manière dont se délivrera l'exécutoire et que l'art. 5 du décret du 16 février 1807, le seul qui renferme des dispositions sur la matière, charge le greffier de faire la délivrance de l'exécutoire.

2 mai 1811, t. II, n° 337.

3. — Suivant l'art. 538 du C. de proc., l'usage et la jurisprudence, le juge-commissaire nommé pour la reddition d'un compte a le droit d'accorder à l'oyant un délai plus ou moins long, suivant l'étendue du compte, pour fournir ses débats, et il peut dès lors proroger le même délai si le premier ne lui a pas paru suffisant.

30 nov. 1822, t. IV, n° 823, p. 297.

§ 2.
Révision de compte.

4. — S'il est permis de demander la révision d'un arrêté de compte pour erreurs, il faut que ce compte contienne les éléments et détails nécessaires pour discuter les articles prétendus erronés. Mais si c'est un traité par lequel le rendant s'est reconnu débiteur sans explications, de sorte qu'il ne soit pas possible de reconnaître s'il y a eu des erreurs dans le calcul verbal qui a précédé cet arrêté de compte, on doit le considérer comme une transaction qui a l'autorité de la chose jugée.

18 juillet 1816, t. III, n° 486.

5. — L'action en redressement de compte, autorisée par l'article 541 du Code de procédure, est une demande nouvelle et principale, puisqu'elle a pour objet des prétentions qui n'ont été ni discutées ni jugées ; la durée de cette action n'étant pas fixée par la loi, elle peut être exercée pendant trente ans, comme toute action ordinaire. De là il résulte qu'on est admissible à relever les erreurs et omissions intervenues dans un jugement rendu sur un compte, sans être obligé d'attaquer ce jugement, ni par la voie de l'opposition ni par celle de l'appel ou de la requête civile. L'art. 2058 du C. civil permet d'ailleurs de faire réparer les erreurs de calcul dans une transaction qui a l'autorité de la chose jugée en dernier ressort.

5 juillet 1823, t. IV, n° 832, p. 311.

6. — La défense d'ordonner une révision de compte s'applique aux comptes extrajudiciaires. Elle s'applique aux matières commerciales. Pour qu'il y ait rectification et non révision de compte, il faut que la demande porte sur des articles spéciaux, sur des erreurs déterminées et non sur des erreurs alléguées d'une manière générale.

Inédit. 29 juin 1852. Jacquot c. Brochet.

7. — L'action en redressement d'un compte rendu devant des arbitres doit être portée devant les tribunaux ordinaires.

2 juillet 1856, 53-57, n° 92, p. 262.

Compte courant.

Nature et effets du contrat de compte courant.

1. — Les marchands peuvent exiger les intérêts du prix des marchandises qu'ils livrent en compte courant, où tout produit intérêt.

10 février 1814, t. II, n° 406.

2. — Lorsque deux commerçants sont en compte courant et que l'un d'eux fait faillite, l'autre est autorisé à retenir pour sa sûreté tous les effets reçus en compte, même sauf encaissement, bien que ces valeurs aient été protestées depuis la faillite et contre-passées au débit de l'envoyeur …, surtout s'il apparaît que l'intention des parties était de transmettre par l'endossement la propriété incommutable de ces valeurs.

21 février 1855, 53-57, n° 67, p. 175.

3. — En matière de compte courant, la clause de *sauf encaisse-*

ment est toujours sous-entendue, à moins de conventions contraires, pour les valeurs que les parties se remettent réciproquement, et qui, en cas de non-paiement, doivent être rayées du débit de l'acceptant ou contre-passées à son crédit.

Le compte courant est régi par des règles particulières, et la compensation de droit commun ne saurait s'appliquer dans un contrat de cette nature.

1er mars 1865, 62-65, n° 79, p. 345.

Concession de mines, V. MINE.

Conciliation (préliminaire de).

§ 1er. — *Dans quels cas il y a lieu au préliminaire de conciliation. — Exceptions au principe que toute demande doit être précédée du préliminaire de conciliation.* (Nos 1 à 14.)

§ 2. — *Des effets que produit l'absence du préliminaire de conciliation.* (Nos 15 à 17.)

§ 3. — *Du procès-verbal de non-conciliation.* (N° 18.)

§ 4. — *Du juge de paix siégeant comme conciliateur.* (N° 19.)

§ 1er.

Dans quel cas il y a lieu au préliminaire de conciliation. — Exceptions au principe que toute demande doit être précédée du préliminaire de conciliation.

1. — Jugé que, suivant l'art. 2 du titre X de la loi du 24 août 1790, il est nécessaire de citer en conciliation celui dont on voulait demander la mise en cause ordonnée par un jugement.

23 messidor an II, t. I, n° 79.

2. — Il est nécessaire d'employer le préliminaire de conciliation lorsqu'il s'agit d'une action principale et indépendante d'une autre précédemment formée; elle ne peut être introduite incidemment à celle-ci.

8 janvier 1818, t. III, n° 578.

3. — Un commandement en expropriation forcée n'est pas une procédure ni un commencement de procédure; celle en expropriation ne commence que par l'apposition des affiches, et la notification qui en est faite au saisi et aux créanciers inscrits; s'il est permis de former opposition à un commandement en expropriation, sous le prétexte qu'il est vexatoire, on ne peut le faire que par action principale précédée de la tentative de conciliation.

21 mars 1806, t. II, n° 331.

4. — Il n'est point nécessaire d'employer le préliminaire de conciliation relativement à une demande subsidiaire de rescision pour cause de lésion du tiers au quart, lorsque principalement on l'a demandé pour la demande en partage d'une succession; cette seconde conclusion n'est qu'une défense contre l'exception de la partie adverse, et il n'est point nécessaire de la faire précéder d'une citation au bureau de paix.

13 février 1817, t. III, n° 503.

5. — Il n'y a pas demande nouvelle lorsque, à une première demande de dommages-intérêts, basée sur une saisie de produits industriels et sur des imputations de contrefaçon, il vient s'en adjoindre une seconde fondée sur une poursuite correctionnelle en contrefaçon suivie d'un acquittement; la poursuite correctionnelle n'étant que la continuation des manœuvres qui ont donné naissance à la première demande. On ne peut donc opposer à la seconde demande une fin de non-recevoir tirée de ce qu'elle n'a pas été précédée d'une citation en conciliation.

16 janvier 1861, 60-61, n° 42.

6. — Il n'est point nécessaire d'employer la voie du préliminaire de conciliation, lorsqu'on intente une action qui est relative à une question d'état; on ne peut donc tirer, en ce cas, du défaut de comparution des parties au bureau de paix, une fin de non-recevoir contre cette action.

18 août 1826, t. V, n° 909.

7. — N'est point soumise au préliminaire de la conciliation la demande formée contre un administrateur de deniers publics à l'effet de le faire déclarer débiteur pur et simple des causes d'une saisie-arrêt pratiquée entre ses mains.

19 nov. 1846, 46, n°.110, p. 274.

8. — Sous l'empire de la loi du 24 août 1790, la demande en mainlevée d'une opposition à saisie mobilière nécessitait le préliminaire de conciliation en tant que demande principale introductive d'instance.

24 brumaire an x, t. I, n° 42.

9. — Le C. de procéd., par son art. 49, § 6, n'a dispensé de la tentative de conciliation que lorsqu'il y aurait plus de deux personnes citées en conciliation et non lorsque la conciliation serait sollicitée à la requête de plus de deux personnes.

24 janvier 1809, t. I, n° 243.

10. — L'art. 49, § 6, du C. de proc. dispense de la tentative de conciliation les demandes formées contre plus de deux parties : il suffit donc qu'il y ait assignation donnée à plus de deux parties pour que la demande doive être réputée formée contre elles, sans qu'il y ait à examiner si l'action est à tort formée contre une ou plusieurs desdites parties.

15 déc. 1815, t. III, n° 466.

11. — La demande intentée contre plusieurs acquéreurs, pour obtenir la résolution de leurs contrats d'acquisition, lorsqu'ils ont acheté chacun par un acte de vente particulier et distinct, n'est pas dispensée du préliminaire de conciliation, comme ayant été formée contre plusieurs parties.

22 mai 1827, 27-28, n° 32.

12. — Est dispensée du préliminaire de conciliation, comme formée contre plus de deux défendeurs, la demande introduite contre un mari, sa femme et une troisième personne. — Il en est ainsi à plus forte raison si chacun des époux est assigné en son nom personnel et pour des engagements distincts.

13 février 1856, 53-57, n° 83, p. 237.

13. — Si la loi donne au président du tribunal civil un pouvoir discrétionnaire pour abréger les délais d'ajournement, il n'en est pas de même en ce qui concerne la dispense du préliminaire de conciliation, et, dans le cas où il y a contestation à cet égard, le débat doit être porté par voie d'exception devant le tribunal civil et ne saurait être déféré par voie d'appel à la Cour impériale.

6 janvier 1863, 62-65, n° 1, p. 101.

14. — La faculté de permettre d'assigner à bref délai dans les cas qui requièrent célérité entraîne, par voie de conséquence, le pouvoir de dispenser de la tentative de conciliation.

Inédit. 29 décembre 1841, 1re Ch. Fondet c. Patry et Leridon.

§ 2.

Des effets que produit l'absence du préliminaire de conciliation.

15. — Le défaut de citation en conciliation ne produit qu'une de ces fins de non-recevoir qui se couvrent par la contestation en cause et que l'on ne peut proposer en appel qu'autant qu'on l'a fait en première instance.

22 brumaire an XII, t. I, n° 85.

16. — Lorsque de plusieurs demandeurs ayant le même intérêt, un seul a essayé le préliminaire de conciliation, on ne peut opposer aux autres une fin de non-recevoir, résultant de ce qu'ils n'ont pas employé cette voie, s'ils se sont portés parties intervenantes dans l'action intentée par leur cointéressé, bien qu'ils ne se soient pas expressément désistés de leur assignation primitive.

31 juillet 1829, 29, n° 62, p. 209.

17. — Lorsque le demandeur a conclu au fond sur une demande reconventionnelle formée par le défendeur, il est non recevable à opposer le défaut de préliminaire de conciliation.

Cette exception tient à l'intérêt privé des parties et non à l'ordre public.

8 juillet 1836, 36, p. 154.

§ 3.

Du procès-verbal de non-conciliation.

18. — Le procès-verbal de non-conciliation ne doit contenir aucune mention de dires, aveux ou dénégations des parties. La disposition de l'art. 3, t. XVI, de la loi des 10-24 août 1790, qui prescrivait une telle mention, a été abrogée par l'art. 54 du C. de proc. civ., qui se borne à exiger la mention du défaut sommaire de conciliation.

19 déc. 1853, 53-57, n° 5, p. 11.

§ 4.

Du juge de paix siégeant comme conciliateur.

19. — Le juge de paix, lorsque les parties paraissent devant lui en conciliation, n'exerce pas une juridiction.

19 déc. 1853, 53-57, n° 5, p. 11.

Conclusions.

Modification des conclusions au cours de l'instance.

Celui qui, sous réserve expresse de prendre d'autres conclusions, poursuit l'exécution d'un contrat, peut, si le défendeur en demande la résolution, prendre dans le cours de la même instance des conclusions en ce sens, et, partant de cette nouvelle base, réclamer des dommages-intérêts, surtout lorsque ce mode de procéder ne prive pas le défendeur du double

degré de juridiction et que l'affaire n'est pas assujettie au préliminaire de conciliation.

19 février 1846, 46, n° 37.

V. Degré de juridiction.

Concordat, V. Faillite et Banqueroute.

Confiscation, V. Emigré.

Congé, V. Bail.

Connexité, V. Exceptions et Fins de non-recevoir.

Conseil d'Etat.

Pourvoi. — Effets.

1. — Un pourvoi au conseil d'Etat peut bien avoir pour effet de faire réformer la décision rendue par un préfet; mais, en attendant, cette décision doit recevoir son exécution, à moins que le conseil d'Etat, saisi de l'affaire, n'ait décidé qu'il y serait sursis.

6 décembre 1811, t. II, n° 423 *ter*.

2. — Un pourvoi formé par un individu au conseil d'Etat contre un arrêté d'un préfet ne peut être regardé comme un conflit d'attributions, quoique ce particulier ait conclu par sa pétition à ce que le préfet se déclarât incompétent et renvoyât l'affaire devant les tribunaux et qu'il eût déclaré qu'il élevait le conflit de juridiction, puisqu'un pareil conflit ne pourrait être formé par un simple particulier, mais bien par l'autorité qui prétend que la contestation est de sa compétence, lors surtout qu'il n'y a jamais eu que l'administration qui ait été saisie de la contestation.

6 décembre 1811, t. II, n° 423 *ter*.

Conseil de famille, V. Tutelle.

Conseil de surveillance, V. Société commerciale.

Conseil du sceau des titres, V. Titres de noblesse.

Conseil judiciaire.

§ 1er. — *Des cas dans lesquels il y a
lieu à nomination d'un con-
seil judiciaire. De la procédure à suivre à cet effet.
(Nos 1 et 2.)*

§ 2. — *Des actes juridiques pour la
validité desquels l'assistance
du conseil judiciaire est nécessaire. (Nos 3 et 4.)*

§ 1er.

*Des cas dans lesquels il y a lieu à
nomination d'un conseil judiciaire.
De la procédure à suivre à cet effet.*

1. — Le choix d'un fondé de
pouvoir dissipateur ne suffit pas
pour faire donner à celui qui l'a
choisi un conseil judiciaire.

9 avril 1808, t. I, n° 202.

2. — Le défaut de signification
à partie d'un jugement de dation
de conseil judiciaire ne peut être
opposé que par la personne pourvue de ce conseil, et le défaut
d'inscription sur les tableaux
déposés dans les études des notaires du même jugement ne peut
l'être que par ceux qui auraient pu
être trompés, et contre lesquels
l'interdit demanderait la nullité
des actes qu'il aurait passés.

17 août 1824, t. IV, n° 735, p. 189.

§ 2.

*Des actes juridiques pour la validité
desquels l'assistance du conseil judiciaire est nécessaire.*

3. — La défense de plaider
faite aux personnes pourvues d'un
conseil judiciaire est générale et
absolue; elle s'applique même au
cas où il s'agit de plaider sur une
opposition au mariage du prodigue.

Dans le cas où le conseil judiciaire refuse au prodigue son assistance pour plaider, il ne peut être
suppléé à cette assistance par l'autorisation de la justice; seulement,
le prodigue peut, si le refus est
abusif, provoquer ou la révocation
de son conseil ou la nomination
d'un conseil *ad hoc*, selon les circonstances.

11 janvier 1851, 49-52, n° 106.

4. — Bien qu'il soit interdit aux
prodigues d'aliéner un capital
mobilier sans l'assistance de conseil, la vente de meubles peut être
considérée, d'après les circonstances, comme ne dépassant pas
leurs pouvoirs d'administration,
et le prix peut en être employé
par eux notamment à rembourser
le montant d'un prêt qui a tourné
à leur profit.

19 déc. 1868, 68-69, n° 44, p. 179.

Consignation, V. Paiement.

Contrainte par corps.

CHAPITRE 1er.

DE LA CONTRAINTE PAR CORPS EN MATIÈRE
CIVILE. (Nos 1 à 11.)

§ 1er. — *Quelles personnes sont contraignables par corps. (Nos 1 à 4.)*

§ 2. — *Titre en vertu duquel les con-
traintes par corps peuvent
être exercées. (N° 5.)*

§ 3. — *Mode et forme d'exécution de
la contrainte par corps. (Nos
6 à 11.)*

CHAPITRE II.

DE LA CONTRAINTE PAR CORPS EN MATIÈRE
CRIMINELLE. (N° 12.)

CHAPITRE 1er.

DE LA CONTRAINTE PAR CORPS EN
MATIÈRE CIVILE.

§ 1er.

*Quelles personnes sont contraignables
par corps.*

1. — Il ne résulte pas clairement des termes de l'article 1er,
n° 2, de la loi du 15 germinal an VI,
que la contrainte par corps puisse
être prononcée au profit d'un associé liquidateur d'une entreprise
de commerce contre son associé,
lorsqu'ils ne font pas du commerce
leur profession habituelle.

30 déc. 1824, t. IV, n° 848, p. 328.

2. — Un négociant qui a pris

cette qualité postérieurement à sa faillite, soit dans des effets souscrits par un négociant, et qu'il a endossés, soit par une lettre missive, est passible de la contrainte par corps, puisqu'il doit être considéré comme négociant, quant aux opérations de commerce qu'il a faites depuis sa faillite.

23 février 1826, t. IV, n° 861, p. 346.

3. — Est commerçant celui qui exerce la profession de teinturier; en conséquence, les billets qu'il souscrit sont censés faits pour son commerce, et dès lors il devient contraignable par corps pour le paiement de ces billets.

13 janvier 1836, 36, p. 1.

4. — La contrainte par corps peut être ordonnée pour le paiement d'une lettre de change, lorsqu'elle est signée par des individus négociants, quand même cette lettre de change ne serait réputée que simple promesse aux termes de l'article 112 du Code de commerce.

La contrainte par corps peut également être ordonnée pour le paiement de lettres de change qui ne seraient que simples promesses, contre les individus non négociants, lorsqu'ils se sont engagés à l'occasion d'opérations de commerce.

2 septembre 1814, t. II, n° 416 *bis*.

§ 2.

Titre en vertu duquel la contrainte par corps peut être exercée.

5. — Un jugement sur requête qui permet d'exercer la contrainte par corps, étant une décision judiciaire susceptible d'être attaquée par opposition et par appel, est suffisant pour se conformer à l'article 2067 du Code civil, à l'article 780 du Code de procédure civile et à l'usage constant. Il n'est pas nécessaire que ce jugement ait été rendu parties présentes ou du moins appelées.

22 mars 1809, t. I, n° 254.

§ 3.

Mode et formes d'exécution de la contrainte par corps.

6. — Le procès-verbal de capture peut être fait par un autre huissier que celui qui a été commis par la signification du jugement qui prononce la contrainte par corps.

30 décembre 1825, t. IV, n° 876.

7. — Le débiteur arrêté et conduit, sur sa demande, dans une maison particulière pour y passer la nuit, ne peut demander la nullité de son emprisonnement : l'article 788 du Code de procédure n'est point alors applicable.

30 mars 1827, 27-28, n° 25.

8. — L'emprisonnement du débiteur est nul, si l'acte d'écrou a été rédigé par le geôlier : il doit l'être par l'huissier porteur du mandat spécial pour exercer la contrainte.

23 juillet 1812, t. II, n° 371.

9. — Il résulte de l'article 789 du Code de procédure civile que l'huissier doit rédiger l'acte d'écrou, parce que lui seul a caractère pour faire une élection de domicile au nom des créanciers des pouvoirs desquels il est porteur, pour délivrer copie des actes d'emprisonnement et d'écrou, et pour attester que les formalités prescrites par la loi ont été remplies, et que d'ailleurs c'est par l'acte d'écrou que le débiteur est constitué prisonnier.

5 juillet 1814, t. II, n° 371.

10. — L'emprisonnement n'est pas nul par le seul motif que l'huissier qui l'a opéré n'a pas été commis par la justice.

2 janvier 1858, 58-59, n° 17.

11. — Suivant les articles 780 du Code de procédure civile et 433 du même Code, l'arrestation d'un débiteur faite en vertu d'un jugement du tribunal de commerce, qui ordonne la contrainte par corps, n'est point nulle parce que le commandement prescrit par l'article 780 du Code de procédure aurait eu lieu en même temps que la signification de ce jugement, et serait renfermé dans cette signification.

Il n'y a pas non plus nullité de l'emprisonnement parce que le commandement aurait été fait par l'huissier commis par le tribunal de commerce pour faire la signification, car l'article 435 autorisant ce tribunal à désigner l'officier ministériel pour signifier ce jugement, il en résulte nécessairement que celui qui a été indiqué peut faire le commandement.

6 février 1824, t. IV, n° 845, p. 325.

CHAPITRE II.
DE LA CONTRAINTE PAR CORPS EN MATIÈRE CRIMINELLE.

12. — Pour la fixation de la contrainte par corps, il y a lieu de comprendre dans le chiffre des amendes, notamment en matière de douane, les décimes de guerre qui viennent s'y ajouter et qui en font partie intégrante.

23 août 1871, 70-71, n° 74, p. 328.

Contrat.

CHAPITRE Iᵉʳ.

CHAPITRE Iᵉʳ.
DES CONDITIONS NÉCESSAIRES A L'EXISTENCE ET A LA VALIDITÉ DES CONTRATS.

§ 1ᵉʳ.
Du consentement des parties.

1. — Le gérant d'une société peut, en cette qualité, *traiter avec lui-même* comme personne privée et distincte de la société.

Inédit. 24 juin 1841, 1ʳᵉ Ch. Faillite Baille et Febvre c. Pierre Desgranges et compagnie.

2. — Le consentement d'une des parties peut être donné dans un autre lieu et dans un autre temps. Celui des parties qui ont signé l'acte est censé durer tant qu'elles ne l'ont pas rétracté par écrit, et les autres parties peuvent compléter le contrat et le rendre obligatoire en signant l'acte ou en notifiant leur adhésion.

Inédit. 2ᵉ Ch., 18 août 1837. Vouillot c. Tournier.

3. — Une partie qui a signé un acte devant notaire peut, avant que le notaire ait signé, se désister de l'acte et s'opposer à ce que le notaire signe.

Inédit. 2ᵉ Ch., 30 août 1845. Rouche c. Vuilleret.

4. — Une partie qui a signé un

acte devant notaire peut, avant que le notaire ait signé, se désister de l'acte et s'opposer à ce que le notaire signe. Le consentement n'est pas parfait avant ce temps.

Inédit. 1re Ch., 5 mai 1847. Doriot c. Chenot.

5. — Celui qui a été partie à un acte ne peut l'attaquer pour cause de simulation que dans le cas où des manœuvres ou des artifices auraient été employés contre lui pour l'amener à souscrire le contrat qu'il attaquerait. Dans tout autre cas il doit s'imputer d'avoir consenti à l'acte qu'il critique.

23 novembre 1820, t. IV, n° 687.

6. — Il y a dol personnel, soit que les manœuvres pratiquées par l'une des parties envers l'autre consistent en actes positifs, soit qu'elles résultent de la dissimulation d'actes et de faits ; mais il faut que ces manœuvres soient telles que si elles n'eussent pas été employées, l'autre partie n'aurait pas contracté.

19 mars 1827, 27-28, n° 21.

7. — Une convention ne peut être annulée pour cause de dol qu'autant qu'il a été articulé et prouvé que des manœuvres avaient été exercées contre l'une des parties, et que sans ces manœuvres elle n'aurait pas contracté. Dans ce cas, les simples présomptions sont insuffisantes : on ne doit admettre que la preuve par témoin ou par écrit.

30 mars 1810, t. II, n° 301.

8. — Tout consentement qui n'a été donné que par erreur est nul et entraîne la nullité du contrat qui s'en est suivi.

Spécialement, est nul le contrat d'atermoiement consenti à un débiteur par des créanciers dans la croyance que ce contrat est la loi commune, si, par des traités occultes, quelques-uns d'entre eux n'ont donné leur signature que moyennant un paiement privilégié.

29 août 1855, 53-57, n° 78, p. 220.

9. — L'erreur n'est un moyen de résolution des contrats qu'autant qu'elle n'est pas accompagnée de faute de la part de celui qui en souffre.

C'est ainsi que celui qui, étant à Paris, a proposé au propriétaire d'une créance sur l'Etat de la lui vendre en lui annonçant qu'elle s'élevait à telle somme, ne peut point demander la résolution de cette vente, sous prétexte qu'il y a eu des erreurs de calcul par les agents du gouvernement qui ont liquidé la créance.

23 novembre 1807, t. I, n° 183.

10. — D'après les articles 1131, 1109 et 1110 du Code N., *l'erreur de droit*, comme l'erreur de fait, annule les conventions ; et notamment on peut faire prononcer la nullité d'un partage pour cause d'erreur de droit, dans le cas où l'on aurait admis, ensuite du bénéfice de la représentation dans une succession collatérale, des parents du défunt en faveur de qui cette fiction de la loi n'était pas établie.

1er mars 1827, 27-28, n° 15.

11. — On ne peut présenter l'ivresse comme moyen de nullité d'une obligation lorsqu'elle n'a pas été provoquée par celui au profit de qui l'obligation a été contractée, ou que l'acte ne prouve pas, par l'ensemble des clauses qu'il renferme, l'état de déraison complète dans laquelle la partie qui s'est obligée aurait été en contractant.

5 mai 1809, t. II, n° 260.

12. — L'ivresse empêche qu'il y ait consentement, puisqu'elle fait naître l'erreur. C'est surtout vrai quand il y a eu manœuvres frauduleuses de la partie qui a à profiter du contrat.

Inédit. 2e Ch., 15 décembre 1852. Gerberon c. Prudhon.

13. — La menace de poursuites criminelles faite pour obtenir réparation d'un préjudice réellement éprouvé ne peut vicier le consentement de celui qui s'oblige à cet effet.

Et cette obligation doit être exécutée, malgré l'acquittement du souscripteur, poursuivi depuis à l'occasion des faits dommageables.

6 juin 1868, 68-69, n° 16, p. 64.

§ 2.
De l'objet des contrats.

14. — La promesse de vendre, par préférence, un immeuble à une personne déterminée constitue un pacte qui n'a rien de contraire à la loi. — Ce droit de préférence peut, comme tous les autres droits non exclusivement attachés à la personne, faire l'objet d'une cession.

A l'égard du vendeur, il peut être considéré comme une obligation de faire ou de ne pas faire, qui se résoudra, suivant les cas, en dommages-intérêts.

6 mars 1865, 62-65, n° 80, p. 349.

15. — En matière de transmission d'office, toute contre-lettre tendante à augmenter le prix porté à l'acte est nulle comme contraire à l'ordre public, et le supplément qui aurait été payé en vertu d'un pareil titre est sujet à restitution.

29 août 1846, 46, n° 55.

16. — Doit être déclarée nulle toute contre-lettre tendante à augmenter le prix porté en l'acte de cession d'un office ministériel.

24 novembre 1847, 47-48, n° 66.

17. — La cession de droits éventuels et aléatoires est très licite et n'a rien de conditionnel. Elle produit son effet dès le jour de la cession. Il ne faut pas la confondre avec la cession faite sous une condition suspensive.

Inédit. 1re Ch., 21 décembre 1852. Caron c. le *Palladium.*

18. — Lorsqu'un individu a sciemment acheté des marchandises de contrebande, et qu'elles sont ensuite saisies chez lui, il ne peut pas se faire un moyen de cette circonstance pour se refuser à payer le prix à raison du vice de la chose vendue et demander des dommages-intérêts.

Inédit. 2e Ch., 3 mai 1838. Boll c. Guibert.

19. — La vente faite pour un seul et même prix, d'une succession échue et de celle d'une personne vivante, est nulle pour la totalité, même quand l'acheteur offrirait d'abandonner le prix tout entier, pour s'en tenir à celle des deux successions qui était ouverte au moment du contrat.

20 mai 1845, 45, n° 46, p. 138.

20. — La femme peut, du vivant de son mari, renoncer au douaire qu'il lui a constitué, sans que cette renonciation puisse être assimilée à une convention sur la succession d'une personne vivante.

3 avril 1846, 46, n° 27.

21. — Le traité par lequel des enfants liquident la succession de leur père défunt, et par lequel leur mère cède à l'un d'eux un immeuble qui lui appartient en lui imposant l'obligation de rapporter certaine somme et en le dispensant de rapporter l'immeuble en nature, n'est pas un pacte sur succession future, bien qu'il y ait consentement donné par les autres enfants.

Inédit. 10 juin 1852, 2e Ch. De Groslier c. Boillot.

22. — Ce n'est pas faire un pacte illicite sur une succession non ouverte que de stipuler que certains enfants ne rapporteront pas les frais de leur remplacement militaire et le montant des frais faits pour leur éducation.

Inédit. 22 février 1858, 1re Ch. Gros c. Grandmougin.

23. — Quoique ordinairement les avances faites au fils par ses père et mère, pour frais extraordinaires d'éducation ou de libération du service militaire soient acquittés au moyen de rapport à leurs successions, cependant il est loisible à l'enfant débiteur de se libérer du vivant de son ascendant, soit en espèces, soit par dation en paiement ou autrement, et l'on ne saurait voir dans un semblable arrangement un pacte sur succession future.

28 février 1858, 58-59, n° 5.

§ 3.
De la cause des contrats.

24. — Toute convention est présumée avoir une cause ; c'est à celui qui prétend le contraire à en faire la preuve.

20 février 1844, 43-44, n° 35.

25. — Une cause fausse déclarée dans un acte ne le rend pas annulable, si le créancier établit qu'il existe une autre cause légitime.

6 juin 1868, 68-69, n° 16, p. 64.

26. — Lorsqu'il n'y a qu'une clause du contrat qui soit contraire à la loi et à l'ordre public et que cette clause n'est pas constitutive d'une condition, elle doit être seule annulée, et le surplus du contrat doit recevoir son exécution.

Inédit. 27 février 1835, Delille c. héritiers du baron de Grusse.

27. — Les héritiers des notaires ont, comme ceux-ci, la faculté de présenter des successeurs pour les offices vacants ; ainsi, il n'y a rien d'illicite dans l'obligation que s'impose, moyennant une somme d'argent, l'héritier d'un notaire de désigner telle ou telle personne au choix de Sa Majesté, pour la nomination à la place de ce fonctionnaire.

L'héritier d'un notaire qui a cédé son étude sans y comprendre ses minutes peut, dans la suite, en réclamer le prix.

28 mars 1828, 27-28, n° 79.

28. — N'est point contraire à l'ordre public, non plus que dénuée de cause, l'obligation consentie, moyennant un paiement anticipé, de supporter la responsabilité civile de la faute d'autrui.

28 mars 1866, 66-67, n° 21.

29. — Des effets souscrits au profit d'une tierce personne, pour en faire parvenir le montant à une concubine, sont nuls.

La cause de pareils billets est illicite et contraire aux bonnes mœurs.

L'auteur d'un pareil don pourrait se prévaloir du concubinage qui a existé entre lui et celle à qui il a voulu faire ce même don pour en demander la nullité.

25 mars 1808, t. 1, n° 198.

30. — Une obligation qui a pour cause des relations illicites est nulle, lors même qu'elle aurait été souscrite depuis la cessation de ces relations.

Est nulle, comme fondée sur une cause illicite, l'obligation dont le débiteur *reconnaît devoir* une somme d'argent, *valeur à titre de reconnaissance*, lorsqu'il est établi par écrit, même en dehors de l'acte, que la reconnaissance n'a d'autre mobile que des relations illicites.

19 mars 1862, 62-65, n° 7, p. 19.

CHAPITRE II.
DES EFFETS JURIDIQUES DES CONTRATS.

31. — La déclaration d'un acquéreur dans le contrat de vente qu'il acquiert, tant pour lui que pour des tiers désignés, est une stipulation pour autrui qui oblige l'acquéreur dès que la déclaration a été acceptée par le tiers avant révocation.

L'acceptation peut résulter d'une assignation donnée à l'acquéreur par le tiers qui demande l'exécution de la stipulation faite à son profit.

26 février 1866, 66-67, n° 9.

32. — Nul ne peut se prévaloir

des clauses d'un contrat synallagmatique sans exécuter, en ce qui
le concerne, les obligations qui
lui sont imposées par ce contrat.

Ainsi, un cohéritier qui a consenti à la licitation d'immeubles
attribués à son cohéritier dans un
acte de partage antérieur est non
recevable et mal fondé à poursuivre l'exécution des droits résultant pour lui de cet acte, qui ne
peut plus dès lors former obstacle
à une liquidation judiciaire entre
les intéressés.

21 mai 1870, 70-71, n° 26.

CHAPITRE III.

DE L'INTERPRÉTATION DES CONTRATS.

33. — L'exécution que les conventions ont reçue des parties est
le plus sûr moyen de les interpréter.

29 mars 1844, 43-44, n° 46.

34. — L'exécution que les conventions ont reçue des parties est
le plus sûr moyen de les interpréter.

23 mai 1844, 43-44, n° 54.

35. — La meilleure manière
d'interpréter les actes douteux est
de s'en référer à l'exécution qu'ils
ont reçue.

15 juin 1844, 43-44, n° 64.

36. — Les prohibitions apportées dans un contrat à la liberté
de l'industrie doivent être prises
dans un sens restrictif, et les dispositions ambiguës doivent s'entendre dans le sens de la liberté.

11 janvier 1865, 62-65, n° 73, p. 325.

Contrat de mariage.

TABLE ALPHABÉTIQUE.

CHAPITRE PRÉLIMINAIRE.

HISTORIQUE SUR LA DOT. (N°s 1 à 6.)

§ 1er. — *Droit romain.* (N°s 1, 2.)

CHAPITRE PRÉLIMINAIRE.

HISTORIQUE SUR LA DOT.

§ 1ᵉʳ.

Droit romain.

1. — Suivant le droit romain,
la doctrine des auteurs et la jurisprudence, le beau-père n'était
responsable de la dot assurée à la

belle-fille, et cette dot n'était hypothéquée sur ses biens, quand il avait paru au contrat de mariage de son fils, que lorsqu'elle avait été payée dans un temps où le mari était encore en puissance, et seulement quand elle avait été remise au père, ou qu'il en avait profité, ou enfin lorsque le fils l'avait reçue par ordre de son père.

25 mai 1808, t. I, n° 206.

2. — Suivant les lois romaines et la jurisprudence du parlement de Franche-Comté, pour que le père répondit comme caution des deniers dotaux vis-à-vis de sa belle-fille, il fallait que le contrat de mariage contînt la preuve d'une numération effective de ces deniers.

27 juin 1817, t. III, n° 511.

§ 2.
Coutume de Franche-Comté.

3. — Sous l'empire de la coutume de Franche-Comté, il a pu être valablement convenu que les deniers institués à la femme par contrat de mariage conserveraient leur qualité de *propres*, même après une première dévolution, et dans la succession des héritiers de la femme.

24 février 1829, 29, n° 16, p. 62.

4. — La femme mariée sans contrat sous l'empire de la coutume de Franche-Comté demeurait propriétaire du mobilier par elle apporté sans estimation ; elle ne pouvait le réclamer qu'en nature et dans l'état où il se trouvait lors de la dissolution du mariage.

25 juin 1845, 45, n° 70, p. 195.

5. — Suivant les anciennes ordonnances de Franche-Comté, les quittances dotales ne pouvaient être opposées aux créanciers du mari quand elles étaient sous seing privé ; il devrait en être de même sous l'empire du Code civil.

10 mars 1812, t. II, n° 359.

6. — La coutume de Franche-

Comté permettant les sociétés d'acquêts entre deux époux et un tiers, une semblable communion établie avant le Code doit être, quant à sa durée et à ses effets, réglée par les dispositions de cette coutume.

16 juin 1853, 53-57, n° 19, p. 43.

CHAPITRE Iᵉʳ.

DE L'IMMUTABILITÉ DES CONVENTIONS MATRIMONIALES. — DE LA LOI A LAQUELLE, EN L'ABSENCE DE CONTRAT DE MARIAGE, LES ÉPOUX SONT CENSÉS S'ÊTRE SOUMIS.

7. — Sous l'empire de la coutume de Franche-Comté, le mari, en l'absence de tout contrat de mariage, pouvait reconnaître la consistance du mobilier apporté par sa femme, mais non s'engager à en restituer la valeur, cette coutume, comme le Code civil, exigeant, pour la validité des conventions matrimoniales, qu'elles fussent rédigées par acte authentique, et tenant pour nul tout changement postérieur à la célébration du mariage.

25 juin 1845, 45, n° 70, p. 195.

8. — Ce ne sont pas seulement les conventions matrimoniales proprement dites qui ne peuvent pas être modifiées : il en est ainsi de toutes les stipulations qui ont été faites dans le contrat de mariage, notamment des donations faites par les père et mère.

Inédit. 23 février 1858, 1ʳᵉ Ch. Charasson c. les époux Vuillernet.

9. — Est nulle, comme contrevenant aux dispositions de l'article 1395 du Code Napoléon, la clause par laquelle les père et mère, encore débiteurs d'une somme par eux donnée à un de leurs enfants par contrat de mariage, stipulent dans un partage le retour des biens partagés, en cas de prédécès de leurs enfants sans postérité.

23 février 1858, 58-59, n° 7.

10. — L'immutabilité des conventions matrimoniales ne fait pas obstacle à ce que les époux, qui vendent conjointement un acquêt de communauté, en convertissent le prix en une rente viagère réversible au survivant.

Cette condition n'est pas contraire à la disposition qui prohibe, pendant le mariage, les donations réciproques entre époux consenties par un seul et même acte.

23 mai 1871, 70-71, n° 44.

11. — Il est de principe que les droits des époux, à défaut de conventions matrimoniales, doivent être réglés par les dispositions des lois existantes à l'époque du mariage, dans le lieu du domicile du mari, quoiqu'il ait été contracté ailleurs, lorsque depuis il n'a eu, dans un autre lieu, qu'un domicile momentané et précaire, et qu'il n'y a point transporté le siège de ses affaires, mais a conservé son domicile d'origine.

9 déc. 1822, t. IV, n° 689, p. 136.

CHAPITRE II.

DU RÉGIME DE COMMUNAUTÉ.

A. De la communauté légale.

§ 1er.

De l'actif de la communauté.

1° Du mobilier présent et futur des époux.

12. — Le prix d'une vente faite pendant la communauté d'immeubles soit personnels à la femme, soit indivis entre elle et ses cohéritiers, si dans ce second cas elle a plus tard exercé la faculté de retrait qui lui est accordée par l'art. 1408 du C. N., constitue au profit de la femme des deniers qui lui demeurent propres, tant qu'ils n'ont pas été versés dans la communauté.

20 mars 1850, 49-52, n° 79.

2° Des fruits, revenus, intérêts et arrérages des biens propres des époux.

13. — Pour attribuer à la com-

munauté les produits de biens propres à l'un des époux, la loi ne s'attache pas à la nature des produits, mais à l'intention présumée de les convertir en fruits par une mise en exploitation régulière.

En conséquence, tombent dans la communauté des extractions de minières ouvertes avant le mariage par le mari dans le tréfonds de ses bois, et destinées à procurer le minerai nécessaire au roulement d'une usine.

On ne peut considérer comme entreprises nouvelles et distinctes des précédentes les diverses ouvertures de minières postérieures au mariage, qui ne sont qu'un mode d'exécution *d'un seul et même plan d'exploitation*, puisqu'il s'agit d'ailleurs de minerai d'alluvion s'extrayant sans concession et sans détermination de périmètre et au moyen d'une série d'ouvertures pratiquées.

Il en serait autrement en présence d'une volonté nettement établie de diviser le tréfonds en groupes ou périmètres distincts pour créer des mines et des exploitations isolées.

3 mars 1863, 62-65, n° 39, p. 129.

14. — Tombent dans la communauté, sans qu'à la dissolution il y ait lieu à aucune reprise, les arrérages d'une rente viagère constituée pendant le mariage pour prix de vente d'un immeuble propre à l'un des époux.

23 nov. 1868, 68-69, n° 42, p. 169.

3° Des conquêts immeubles.

15. — Lorsqu'il a été dit dans un contrat de mariage que l'argent apporté par la femme pourra être employé en acquisitions immobilières, la déclaration d'emploi que fait le mari seul au moment de l'acquisition d'un immeuble n'en confère la propriété à la femme qu'autant qu'elle accepte cet emploi pendant la durée de la communauté.

L'acceptation faite après la mort

du mari ne peut plus enlever à l'immeuble le caractère d'acquêt.

11 janvier 1844, 43-44, n° 20.

16. — Les immeubles acquis en remploi des propres mobiliers de la femme n'entrent pas en communauté et sont eux-mêmes des propres.

21 mai 1867, 66-67, n° 105.

17. — L'acquisition d'un immeuble faite par le mari en remploi de deniers propres à la femme, deniers dont on justifiera l'origine, ne rend pas cet immeuble propre, malgré l'accomplissement de toutes les formalités prescrites par l'art. 1453 du C. N., si l'origine des deniers n'est pas suffisamment justifiée.

Ainsi la donation en numéraire faite à la femme par un tiers, qui déclare avoir versé cette somme précédemment et notamment avant l'acte de remploi, ne serait point une justification suffisante de l'origine des deniers, si les circonstances suspectes et équivoques qui ont entouré cette prétendue donation faisaient douter de sa sincérité.

21 mai 1867, 66-67, n° 105.

18. — Le mot *immeuble* employé dans l'art. 1408 du C. N. comprend dans sa généralité les droits immobiliers susceptibles de se réaliser et en définitive se réalisant en corps certains d'immeubles.

20 mars 1850, 49-52, n° 79.

19. — La femme ne perd pas le droit d'option établi à son profit par l'art. 1408 du C. N. par cela seul qu'elle consent à un acte de vente où les immeubles provenant de l'indivision sont qualifiés d'acquêts.

20 mars 1850, 49-52, n° 79.

20. — Sont de plein droit propres à la femme les parts acquises conjointement par les époux pendant la communauté et appartenant aux cohéritiers de la femme dans les immeubles provenant de la succession du père de celle-ci.

La femme est d'ailleurs censée, par son concours à l'acte, avoir renoncé au droit d'option créé à son profit par l'art. 1408 du C. N.

6 février 1850, 49-52, n° 50.

21. — Pour que l'acquisition d'une part indivise constitue un propre, il faut que cette acquisition opère licitation, qu'elle fasse cesser l'indivision. Il en est autrement lorsque l'acquisition ne porte que sur l'une des parts indivises et que l'acquéreur se trouve dans l'indivision avec les propriétaires des autres parts.

Inédit. 27 déc. 1852, 1re Ch. Girod c. Mougenot et Loiseau.

22. — L'art. 1408 ne s'applique qu'à l'acquisition de portion d'un immeuble déterminé, et non à l'acquisition d'une part de droits successifs mobiliers et immobiliers indivis.

Inédit. 27 déc. 1852, 1re Ch. Girod c. Mougenot et Loiseau.

23. — Le retrait d'indivision peut être exercé par la femme ou par ses héritiers, lors même que ceux-ci ou leurs auteurs auraient vendu l'immeuble qu'ils entendent retirer comme propre, et qu'en cette qualité de vendeurs ils soient tenus de la garantie de tous trouble et éviction, le mari acquéreur ayant dû savoir qu'il n'acquérait que sauf l'exercice des droits de la femme, réservés par la loi elle-même.

9 mars 1864, 62-65, n° 56, p. 270.

§ 2.

Du passif de la communauté.

24. — L'époux commun en biens, qui, avant son mariage, a acheté une propriété pour un prix fixe, moyennant un viager, ne peut mettre à la charge de la communauté les arrérages de ce viager que jusqu'à concurrence des revenus de la propriété dont le viager forme le prix. S'il s'agit d'un viager étranger à une acquisition faite par l'un des époux, il tombe activement et passivement dans la communauté; mais s'il forme le prix d'un de ses propres, il n'est point à sa charge pour tout ce qui excède les revenus du propre, puisque ce viager représente en partie la propriété dont il est le prix et doit être acquitté par celui qui en profite.

10 juin 1820, t. IV, n° 639, p. 60.

25. — Le cautionnement par le père des dettes de son fils, quand même ce cautionnement ne recevrait son exécution qu'après le décès de la mère et le décès du fils cautionné, constitue une dette de communauté et, au profit du fils cautionné, un avantage sujet à rapport.

17 juin 1854, 53-57, n° 50, p. 116.

§ 3.
De l'administration de la communauté.

26. — Quoique le mari soit l'administrateur et le maître de la communauté conjugale pendant qu'elle subsiste, il doit cependant administrer sans fraude, et il commet une fraude toutes les fois qu'il emploie les deniers ou effets de la communauté de manière à les faire tourner à son profit particulier, pour en priver sa femme ou ses héritiers.

22 floréal an x, t. I, n° 55.

27. — L'excès, eu égard aux forces de la communauté, des libéralités consenties par le mari en objets mobiliers et communs, fait présumer que le mari les a faites en fraude des droits de la femme ; de telles donations ne sont point opposables, soit à cette dernière, soit à ses héritiers.

9 janvier 1867, 66-67, n° 78.

28. — Est valable la donation d'acquêts de communauté consentie par un mari et une femme à d'autres qu'aux enfants communs.

25 juin 1866, 66-67, n° 43.

29. — La donation que le mari fait pendant le mariage des immeu-

bles de la communauté est nulle pour la part de la femme et valable seulement pour celle qui échoit au mari lors du partage.

28 mai 1846, 46, n° 107, p. 267.

30. — Des fournitures, même alimentaires, faites à une femme qui a un domicile séparé de celui de son mari et qui reçoit de ce dernier une pension suffisante pour ses besoins, ne donnent point aux tiers action contre le mari.

25 juillet 1866, 66-67, n° 47.

31. — Le mari ne peut être tenu personnellement des dépens d'une instance dans laquelle son épouse demanderesse en divorce a plaidé contre lui et sans son autorisation.

9 frimaire an xiv, t. I, n° 135.

32. — La femme mariée qui reçoit de son mari, durant le mariage, mandat de gérer les biens de la communauté, n'est point tenue de rendre compte comme un mandataire ordinaire ; elle n'est soumise, à raison de ce mandat, qu'à l'action *de in rem verso* jusqu'à concurrence du profit personnel dont la preuve est faite contre elle.

18 nov. 1862, 62-65, n° 23, p. 79.

§ 4.
Des conséquences de la communauté en ce qui concerne le patrimoine propre des époux.

33. — Suivant les anciens principes, le mari ne pouvait aliéner ni partager les immeubles propres à sa femme sans son consentement ; mais il aurait été reconnu que l'aliénation et le partage des biens immeubles de l'épouse faits par le mari seul devaient obtenir leur effet vis-à-vis des acquéreurs et copartageants jusqu'à la dissolution de la communauté ; avant cette époque, la femme ne pouvait pas les critiquer. On fondait cette décision sur ce que le mari, comme maître de la communauté, avait le droit de disposer de la jouissance de ces biens de la manière la plus absolue et était censé l'avoir fait en souscrivant de pareils traités. Ces règles de l'ancien droit n'ont point été changées par la loi nouvelle ; l'article 1428 du Code civil ne contient rien de plus que l'article 226 de la coutume de Paris ; aujourd'hui comme avant la publication de ce Code, le mari peut disposer de la jouissance des biens de sa femme, et, d'après l'article 818 du Code, le partage fait par le mari, quoique qualifié provisoire, doit toujours en ce cas être considéré comme définitif.

17 nov. 1823, t. IV, n° 712, p. 165.

34. — Le pouvoir accordé au mari par l'article 1428 du Code N. de toucher les capitaux dus à sa femme et d'en poursuivre les débiteurs, n'emporte pas celui de les céder ou déléguer à ses créanciers personnels ; par suite, ces derniers ne peuvent pratiquer de saisie-arrêt sur les créances appartenant à la femme.

20 mars 1850, 49-52, n° 79.

§ 5.

Des droits des époux contre la communauté et de ceux de la communauté contre les époux.

1° Des droits des époux contre la communauté.

35. — Il est de principe général que tous les linges, nippes et hardes donnés par un mari à sa femme constant le mariage appartiennent à celle-ci, même dans le cas où la succession du mari est en déconfiture. Ce principe est fondé sur la loi 7 ff. *De jure dotium*, qui, en accordant au mari les fruits de la dot, le déclare tenu des charges du mariage, du nombre desquelles fait partie l'obligation de fournir à la femme les nippes, linges et hardes servant à son entretien ; ce principe est encore fondé soit sur l'ancienne jurisprudence du parlement de Franche-Comté, jurisprudence attestée par Dunod, *Observations*, p. 323, et notamment par l'arrêt du 30 juin 1639, arrêt qui statue dans le cas d'un bénéfice d'inventaire, soit encore sur la doctrine de Dargentier sur l'article 416 de la coutume de Bretagne.

21 juillet 1809, t. II, n° 277.

36. — La récompense due à la femme en cas de vente d'un de ses biens propres pendant la durée du mariage a pour base le prix réel de la vente et comprend tout ce que le mari en a retiré directement ou indirectement, spécialement les sommes que les contractants auraient dissimulées pour éviter des droits d'enregistrement. La femme peut être admise à prouver par témoins, contre le mari ou ses héritiers, que les sommes portées à l'acte sont inférieures au prix véritable.

20 février 1845, 45, n° 26, p. 74.

37. — La stipulation de remploi énoncée dans un titre d'acquisition, lorsqu'elle est faite sans fraude et qu'elle est acceptée par la femme, suffit pour assurer le remploi.

21 nivôse an x, t. 1, n° 48.

38. — Les frais d'enregistrement et de transcription de l'acquisition faite en remploi du prix d'un immeuble propre à la femme sont à la charge de la femme et non à celle du mari. En conséquence, ils doivent être déduits de ce prix.

29 juillet 1871, 70-71, n° 61, p. 256.

39. — La récompense due à la femme en cas de vente d'un de ses biens propres pendant la durée du mariage a pour base le prix réel de la vente et comprend, en conséquence, les sommes que les contractants auraient dissimulées pour éviter les droits de mutation. La femme peut être admise à prouver par témoins contre le mari ou ses créanciers que les sommes portées à l'acte, alors même qu'elle y est intervenue, sont inférieures au prix véritable.

21 juin 1845, 45, n° 62, p. 178.

40. — La récompense due à la femme en cas de vente d'un de ses biens propres pendant la durée de la communauté a pour base le prix porté au contrat.

La femme ne peut être admise à prouver par témoins contre les créanciers du mari que les sommes portées à l'acte sont inférieures au prix véritable.

2 mars 1846, 46, n° 65.

41. — Les créanciers de la femme dont l'immeuble a été vendu pendant la durée de la communauté ne sont pas recevables à prétendre qu'elle a droit à une récompense plus forte que le montant du prix porté à l'acte de vente, sauf le cas où il paraîtrait qu'une fraude a été commise à leur préjudice.

28 novembre 1846, 46, n° 71.

42. — Le remploi accepté par la femme mariée sous le régime de la communauté réduite aux acquêts de valeurs mobilières à elles propres peut être fait en rentes viagères. Les arrérages tombant en totalité, conformément à l'art. 1401 du Code Napoléon, dans la communauté conjugale, la femme ou ses héritiers n'ont droit, à la dissolution, à aucun prélèvement à titre de reprises ou d'indemnités à raison de la perception desdits arrérages.

18 février 1853, 53-57, n° 30, p. 67.

43. — En cas de dissolution de la communauté, la femme exerce ses reprises sur le mobilier et subsidiairement sur les immeubles de la communauté.

En conséquence, il n'y a lieu à mainlevée des saisies-arrêts dont elle a frappé les créances dépendant de la communauté, et ce, quelles que soient, d'une part, les garanties que présentent pour le paiement des reprises les immeubles de la communauté et du mari, et, d'autre part, le long temps pendant lequel, faute de liquidation des reprises de la femme, les saisies-arrêts frappent d'indisponibilité les créances communes.

15 décembre 1866, 66-67, n° 75.

44. — La femme qui n'a pas figuré dans un acte de donation de deniers communs n'est pas réputée y avoir concouru, bien que précédemment elle ait été partie comme venderesse dans l'aliénation des biens communs, dont le prix a été ainsi employé par le vrai donateur, et qu'elle ait ensuite *indirectement participé* à l'exécution de cette libéralité.

La publicité de la donation, la connaissance personnelle que la femme en aurait eue, et une réserve d'intérêts stipulée à son profit comme à celui de son mari, n'impliqueraient pas non plus de la part de cette femme une suffisante ratification.

14 juin 1871, 70-71, n° 68, p. 285.

45. — La vente que fait une femme avant la liquidation de la communauté conjugale, d'une maison acquise pendant sa durée, doit être considérée comme une aliénation de la chose d'autrui, et dès lors est frappée de nullité, lors même que cette femme aurait des prélèvements à faire pour le remploi de ses propres aliénés, parce que, suivant l'art. 1471 du Code civil, ce n'est que subsidiairement qu'elle peut les exercer sur les acquêts de la communauté.

20 août 1824, t. IV, n° 737, p. 191.

46. — La femme qui a stipulé le prélèvement de ses apports et qui en a fait inventaire n'est pas assujettie à subir, avec les créanciers chirographaires du mari décédé insolvable, une réduction au marc le franc.

La femme mariée sous le régime de la communauté réduite aux acquêts ne justifie pas suffisamment avoir fait un apport mobilier par la reconnaissance authentique qui lui a été passée par le mari peu de temps après la célébration du mariage, lorsqu'on ne prouve ni la manière dont elle a acquis ces valeurs ni leur versement effectif dans la communauté.

8 janvier 1846, 46, n° 16.

47. — La femme qui renonce à la communauté n'a pas de privilége pour l'exercice de ses reprises sur le mobilier appartenant à son mari. Il en est ainsi alors même qu'elle a stipulé par son contrat de mariage la reprise de ses apports francs et quittes.

23 mars 1850, 49-52, n° 81.

48. — La femme, soit qu'elle accepte la communauté, soit qu'elle y renonce, exerce ses reprises à titre de propriété et par voie de prélèvement, à l'exclusion des autres créanciers.

20 décembre 1853, 53-57, n° 6, p. 14.

49. — La femme qui renonce à la communauté exerce ses reprises, non à titre de propriétaire, mais à titre de créancière et concurremment avec les autres créanciers.

Et il en est ainsi, alors même qu'elle aurait stipulé dans son contrat de mariage la faculté de reprendre, en cas de renonciation, son apport franc et quitte de toutes charges de la communauté.

15 juillet 1859, 58-59, n° 40 *bis*.

2° Des droits de la communauté contre les époux.

50. — Lorsque deux époux ont vendu par le même acte les immeubles qu'ils ont acquis pendant leur communauté, en stipulant qu'*ils s'en réservaient la jouissance pendant leur vie et qu'à leur décès l'usufruit serait réuni à la nue propriété, au profit des acquéreurs*, et que, pour prix de cette vente, on a constitué une rente viagère qui devrait être payée jusqu'au décès du prémourant des vendeurs, *époque à laquelle la rente serait réduite à moitié*, le survivant de ces époux ne peut jouir par accroissement de la totalité de l'usufruit, parce qu'il appartenait à chacun pour sa part, et que, pour le transmettre au survivant, il aurait fallu une disposition expresse, et que, lorsqu'elle existerait dans l'acte de vente, ce serait un don mutuel fait par ce même contrat et prohibé par l'art. 1097 du Code Napoléon.

4 juin 1818, t. III, n° 538.

51. — Le mari institué légataire du mobilier par sa femme commune en biens peut être déclaré tenu d'acquitter préalablement l'indemnité due par celle-ci à la communauté.

25 avril 1853, 53-57, n° 9, p. 19.

52. — Le mari qui, en disposant, à titre gratuit et particulier, de sommes ou de créances communes, s'en est réservé l'intérêt jusqu'à son décès, en doit récompense à la communauté lors de sa dissolution.

La stipulation d'exigibilité au décès du donateur de la somme donnée implique, en pareil cas, réserve d'usufruit.

14 juin 1871, 70-71, n° 68, p. 285.

53. — Si l'art. 1347 du Code Napoléon limite, conformément à l'ancien droit, à la plus-value la récompense due à la communauté pour dépenses aux propres du mari, sauf les impenses nécessaires recouvrables en totalité, la nature et la classification des dépenses rentrent dans l'appréciation du juge, qui doit avoir égard à la condition des époux et à l'importance de leur propriété. C'est ainsi que la construction d'*un chenil* peut n'être pas considérée comme voluptuaire.

3 mars 1863, 62-65, n° 39, p. 129.

§ 6.

Des créances de l'un des époux contre l'autre.

54. — Lors de la dissolution de la communauté, le mari peut exercer contre sa femme, dont il a payé les dettes et qui a renoncé, une action en dommages-intérêts pour cause de dissipations et de dépenses excessives.

10 juillet 1866, 66-67, n° 50.

55. — Si l'art. 1382 du Code Napoléon peut, dans certains cas, rendre la femme passible de dommages-intérêts pour ses délits ou quasi-délits envers son mari, cette action, en cas de séparation de corps motivée sur l'inconduite de la femme, doit être concomitante à cette instance et ne serait plus recevable après liquidation de la communauté et homologation de cet acte intervenu sur les conclusions que le mari aurait prises même sous la réserve usuelle de tous droits et actions.

10 juillet 1866, 66-67, n° 50.

§ 7.
De la dissolution de la communauté.

1° Dissolution arrivée par suite de la mort de l'un des deux époux. — Obligation de faire inventaire.

56. — Lors même que la communauté ne serait pas pure et simple et ne comprendrait pas les acquêts mobiliers, le défaut d'inventaire après la mort de l'un des époux fait perdre au conjoint survivant la jouissance des biens de ses enfants mineurs.

20 mai 1829, 29, n° 43, p. 148.

57. — Quand la coutume du lieu était muette sur les conséquences du défaut d'inventaire à la mort de l'époux dont un des enfants était mineur, on suivait les principes posés par la coutume de Paris, d'après laquelle la communauté était continuée entre l'époux survivant et les enfants du prédécédé. Art. 240 de la coutume de Paris.

Cette coutume ne comprenait pas dans la communauté continuée après le décès du père ou de la mère les acquisitions faites par les enfants depuis cette époque; elle ne faisait entrer que leur part dans la succession du prédécédé.

31 juillet 1829, 29, n° 79.

58. — Si l'inventaire prescrit par la loi n'est pas une formalité d'ordre public à laquelle les héritiers majeurs ne puissent renoncer, la preuve de cette renonciation ne peut être admise qu'autant qu'elle a pour but d'établir directement la convention intervenue entre la veuve et les héritiers du mari quant à cette renonciation, et non pas seulement certains faits d'où l'on pourrait induire que cette convention a existé.

En tous cas, cette preuve ne pourrait résulter de ce que les héritiers du mari ont disposé de la totalité du mobilier, ce fait les rendant simplement comptables envers la veuve de sa part dans ce mobilier.

22 déc. 1855, 53-57, n° 81, p. 229.

2° De la séparation de biens judiciaire.

a. Des cas dans lesquels il y a lieu à séparation de biens.

59. — Quoique la communauté ne soit pas dissoute, la femme ou ses ayants droit sont recevables à réclamer les fonds acquis en remploi, si le mari est tombé en déconfiture.

21 nivôse an x, t. 1, n° 48.

60. — La femme dont le mari est saisi mobilièrement ou immobilièrement n'a pas besoin d'être séparée de biens judiciairement pour pouvoir exercer ses droits de créance dans une distribution par contribution ou dans un ordre. C'est ce qui résulte de la combinaison des art. 2092, 2093, 1595, 1446, 2122, 2166, 2195, du C. N., 754, 759, du C. de proc. civ.

Inédit. 20 nov. 1852, 2° Ch. Deport c. Bourdaut.

61. — Il y a lieu à séparation de biens quand la part de la femme dans les acquêts de communauté est compromise par une dette ancienne que n'a point contractée le mari et qui cependant menace d'engloutir tout son bien.

18 déc. 1806, t. I, n° 156.

62. — Lorsque la dot d'une femme est évidemment mise en

péril, le tribunal doit prononcer la séparation de biens et ne peut pas se borner à ordonner que le mari fournira caution pour la sûreté de la dot.

17 avril 1815, t. III, n° 458.

63. — Suivant l'art. 1443 du C. N., la femme est bien fondée à se pourvoir en séparation de biens, lorsque le désordre des affaires de son mari met sa dot en péril; mais pour qu'il y ait lieu à l'application de cet article, il faut que ce désordre ou l'insolvabilité dudit mari ait été occasionné pendant le mariage, car si la femme, connaissant le défaut de fortune et les dettes de son époux, a cependant consenti à lui confier sa dot, elle n'est pas recevable, après le mariage, à se plaindre d'un événement dont elle a cherché volontairement à courir les chances.

24 nov. 1815, t. III, n° 461.

64. — Il résulte de la doctrine et de la jurisprudence que, quoique la femme n'ait apporté aucune dot, lorsqu'elle a une industrie qui lui en tient lieu, elle peut demander sa séparation de biens, parce qu'autrement tous ses gains appartiendraient aux créanciers de son mari, et elle se trouverait ainsi dans l'impossibilité de subvenir aux besoins de son ménage et à l'éducation de ses enfants; l'art. 1443 du Code civil ne s'oppose point à cette interprétation, puisque ses dispositions sont conformes aux principes de l'ancienne jurisprudence, et que la dot comprend et ce que la femme reçoit lors de son mariage et ce qui peut lui arriver autrement qu'à titre d'acquêts.

18 juillet 1825, t. IV, n° 758, p. 212.

b. Droit d'intervention des créanciers.

65. — Les créanciers intervenant dans une instance en séparation de biens doivent, pour contester la demande, démontrer qu'elle n'est pas fondée et qu'elle est faite en fraude de leurs droits.

26 avril 1806, t. I, n° 146.

c. Exécution du jugement qui prononce la séparation.

66. — La femme séparée de biens, qui n'a pas exercé les poursuites prescrites par l'art. 1444 du Code civil, dans le délai qu'il détermine, ne peut être déclarée non recevable à les intenter après ce délai, si le jugement qui a prononcé la séparation de biens ne contient pas la liquidation de ses droits et reprises, mais seulement un appointement de preuves relatif à cette liquidation.

30 juin 1809, t. II, n° 272.

67. — Si la femme ne poursuit pas le recouvrement de ce qui lui est dû dans les délais fixés par l'art. 1444, le jugement de séparation tombe et ne produit plus d'effet.

15 mai 1818, t. III, n° 590.

68. — La séparation de biens est nulle, si elle n'a pas été poursuivie par la femme qui l'a obtenue dans la quinzaine du jugement qui l'a prononcée ou même après, lorsqu'il est rentré des immeubles à son mari.

8 février 1826, t. V, n° 883.

69. — D'après l'art. 1444 du C. N., la femme, même d'un failli, agit régulièrement en concluant à la liquidation de ses droits et reprises en même temps qu'à la séparation de biens, et le tribunal ne peut pas la déclarer non recevable dans cette demande, sous le prétexte que, d'après l'art. 534 du Code de commerce, sa créance est soumise à la vérification comme toutes celles qui grèvent la masse. On comprend en effet que cette liquidation étant nécessaire pour lui servir de titre à présenter aux créanciers de la faillite de son mari, les syndics auraient refusé de l'admettre au passif si elle se fût présentée sans ce titre.

5 mars 1817, t. III, n° 504.

70. — Lorsque la liquidation des reprises de la femme a lieu avant l'accomplissement des formalités exigées par les art. 1445 du C. N. et 872 et suivants du C. de proc., les créanciers à qui cette séparation peut préjudicier ont le droit d'y former opposition jusqu'à ce qu'elle ait été rendue publique.

15 mai 1818, t. III, n° 590.

d. De l'époque à laquelle remontent les effets du jugement de séparation.

71. — Le mari contre lequel sa femme a ouvert une action en séparation de biens doit, par provision et le plaid pendant, jouir des droits que lui donne sa qualité de chef de la communauté et en avoir l'administration.

22 prairial an II, t. I, n° 76.

72. — L'art. 1449 du C. N., en décidant que les jugements qui prononcent des séparations de biens remontent quant à leurs effets au jour de la demande, n'a pas pour conséquence de valider les actes d'administration, notamment les achats de meubles faits par la femme avant la séparation prononcée. Le nom porté sur la plaque d'une voiture est un simple indice et non pas une preuve de propriété; ainsi, la femme séparée de biens peut être reconnue propriétaire de la voiture qui porte le nom du mari.

16 janvier 1846, 46, n° 5.

73. — La séparation de biens résultant de la séparation de corps remonte, quant à ses effets, au jour de la demande.

28 mars 1849, 49-52, n° 10.

e. Des effets de la séparation de biens.

74. — Les art. 217 et 1449 du C. N. ne prohibant point à la femme séparée de biens la faculté d'emprunter, elle peut engager ses meubles et ses revenus par des emprunts.

Si, pendant la vie du mari et tant que dure l'obligation de fournir aux dépenses du ménage de la part de la femme séparée de biens, l'art. 1448 du même Code n'autorise le créancier à poursuivre le paiement de ce qui lui est dû que sur les meubles et revenus, il en est autrement après le décès du mari.

31 janvier 1827, 27-28, n° 7.

§ 8.
Du droit de la femme d'opter entre l'acceptation ou la répudiation de la communauté.

75. — La renonciation à la communauté conjugale faite par les héritiers de la femme, qui n'a pas été précédée d'un inventaire, n'en est pas moins valide. A cet égard, le doute qui pourrait résulter des art. 1456, 1457 et 1466 du C. N. doit être levé par le texte de la coutume de Paris, parce qu'en droit l'incertitude sur le sens des lois nouvelles se décide d'après celles qui les ont précédées.

21 décembre 1826, t. V, n° 940.

76. — La femme survivante peut sans faire inventaire préalable, au décès de son mari, renoncer à la communauté conjugale dans les trois mois.

23 février 1828, 27-28, n° 72.

77. — Dans le cas de dissolution de la communauté par la mort de la femme, ses héritiers, pour renoncer, ne sont pas tenus de faire inventaire.

6 janvier 1844, 43-44, n° 16.

78. — Le divertissement de quelques effets de la communauté par la femme judiciairement séparée de son mari ne saurait la priver du bénéfice de sa renonciation. — Cette déchéance ne peut être surtout prononcée lorsque le détournement a eu lieu pendant l'instance en séparation.

4 mars 1846, 46, n° 68.

§ 9.
Des suites de l'acceptation de la communauté.

1° Du partage de l'actif de la communauté.

79. — Lorsqu'un des époux a légué à l'autre tous ses meubles et effets mobiliers, le juge ne doit pas, à la dissolution de la communauté, ordonner le partage immédiat des immeubles seulement; il faut, avant tout, procéder

à la liquidation de cette communauté et fixer les droits et les prélèvements des parties tant sur les
meubles que sur les immeubles.

9 mars 1864. 62-65, n° 56, p. 270.

80. — La déchéance prononcée par les articles 792 et 1477 du
Code Napoléon contre l'héritier ou
l'époux commun, coupables de
recel, les prive de tous les droits
qu'ils avaient à exercer sur les
objets détournés, non-seulement en
leur qualité d'héritiers ou de communs en biens, mais à tout autre
titre, comme par exemple de donataires ou de légataires de leur
auteur ou de leur conjoint.

3 août 1854, 53-57, n° 57, p. 144.

81. — Le recel des objets dépendant de la communauté constitue un dommage dont la réparation, après le décès de l'époux
coupable, est due par ses héritiers,
qui subissent la déchéance encourue par leur auteur.

Tous les légataires à titre universel de l'époux recéleur sont
tenus du rapport de la valeur détruite dans la proportion de leurs
droits à la succession, alors même
que le mobilier aurait été légué par
préciput à l'un d'eux, et que les
autres, qui n'auraient reçu que des
immeubles, n'auraient en aucune
façon profité des objets divertis.

L'époux qui a recélé ou ses héritiers doivent, dès le jour de la
dissolution de la communauté, les
intérêts de la valeur représentative des objets détournés.

19 janvier 1849, 49-52, n° 29.

82. — La peine de privation
de part, prononcée par l'art. 1477
en cas de recel ou de divertissement, par l'un des époux, d'objets
de la communauté, doit être appliquée, lors même que ces objets ont
été rapportés avant la clôture de
l'inventaire, si cette restitution
n'a point été spontanée et volontaire et n'a eu lieu qu'après la découverte du détournement.

9 janvier 1867, 66-67, n° 78.

83. — Des omissions exemptes
de mauvaise foi et des inexacti-
tudes résultant d'une erreur de
droit concernant la liquidation de
la communauté n'entraînent pas
l'application de l'article 1477 du
Code civil.

14 juin 1871, 70-71. n° 68, p. 285.

2° Du partage du passif de la communauté ou du paiement des dettes
communes.

De la manière dont les époux sont tenus des dettes
communes envers les créanciers.

84. — Sous la coutume de
Franche-Comté, la femme qui ac-
ceptait la communauté était tenue
de payer sa part des dettes résultant de cautionnements souscrits
par le mari.

14 février 1849, 49-52. n° 37.

85. — Le mari, suivant l'article 1484 du Code civil, est tenu
solidairement des dettes de la
communauté, et cette solidarité
ne cesse point par l'acceptation
que la femme a faite de cette
communauté.

29 juin 1810. t. II, n° 311.

86. — Suivant l'art. 1487 du
Code Napoléon, la femme, même
obligée personnellement, ne peut
être poursuivie que pour moitié
de la dette de son mari, à moins
que l'obligation ne soit solidaire ;
les principes de la solidarité entre
associés ne peuvent s'appliquer
aux obligations communes des
maris et femmes ; la signature de
la femme n'est point un aval,
puisqu'elle est principale obligée.

28 mai 1813, t. III, n° 436.

87. — L'inventaire que la
femme doit faire dresser pour
n'être pas tenue des dettes de la
communauté au delà de son émolument ne saurait être suppléé
par la preuve testimoniale de certains faits, notamment de celui-ci,
que la femme n'a rien retiré du
mobilier et que dès lors l'inventaire était inutile....., surtout si
cette preuve n'est offerte que plu-

sieurs années après la mort du mari.

22 déc. 1855, 53-57, n° 81, p. 229.

88. — Les créanciers de la communauté en concours avec des créanciers personnels des époux n'ont aucun droit de préférence, sauf le cas d'hypothèque, sur les biens de cette communauté; à cet égard, on assimilerait à tort la communauté aux sociétés civiles et commerciales.

24 juin 1858, 58-59, n° 15.

B. Des conventions par lesquelles les époux modifient le régime de la communauté légale.

§ 1er.

Des conventions qui ont pour objet de restreindre la communauté légale.

De la communauté réduite aux acquêts.

a. Historique.

89. — D'après l'usage constant admis en Franche-Comté, chacun des époux qui avaient contracté mariage sous l'empire de cette coutume pouvait, lorsqu'il n'avait pas été rédigé d'inventaire du mobilier qui lui appartenait lors de la célébration du mariage, faire constater, par voie de commune renommée, la valeur et la nature des meubles conférés dans la société conjugale introduite par cette coutume; les juges étaient libres, suivant les circonstances, d'admettre ou de rejeter cette preuve.

22 avril 1823, t. IV, n° 704, p. 155.

90. — Sous l'empire de la coutume de Franche-Comté, lorsqu'il y avait entre époux communauté d'acquêts et de conquêts, les meubles, aussi bien que les immeubles, arrivant à la femme par héritage et même par donation lui demeuraient propres. — Par ces mots acquêts et conquêts, on n'entendait que le produit des revenus, du travail et de l'industrie des deux époux.

A la dissolution de la communauté, si aucun des effets mobiliers propres à la femme et cons-tatés par inventaire n'existe plus en nature, le mari est obligé d'en restituer la valeur, lors même que l'estimation qui en a été faite ne pourrait pas être considérée comme une vente.

30 juillet 1846, 46, n° 104, p. 256.

b. De quoi se compose la communauté réduite aux acquêts.

91. — Sous le régime de la communauté réduite aux acquêts, doit être considéré comme propre de la femme l'immeuble qu'avec l'autorisation de son mari elle déclare acheter de ses deniers personnels et pour son compte particulier.

21 décembre 1849, 49-52, n° 27.

92. — L'art. 1498 du Code civil règle d'une manière expresse quelques-uns des effets qui dérivent des stipulations faites ensuite de la faculté qu'il accorde; mais, pour tous les autres cas, il est indispensable de se référer aux principes généraux du Code (articles 1400, 1401 et suiv.). Ainsi, l'art. 1512 mettant au compte de la communauté les intérêts des sommes dues par un des époux mariés avec clause de séparation de dettes, il en doit être de même, par identité de raison, lorsque le contrat de mariage n'établit qu'une simple société d'acquêts, puisque le mari, recevant les revenus des biens de sa femme, est obligé de payer les intérêts des capitaux qu'elle doit.

15 juillet 1824, t. IV, n° 853, p. 336.

c. Administration de la communauté réduite aux acquêts.

93. — Le mari ne peut compromettre sur les biens propres de la femme. Spécialement, celle-ci n'est pas liée par le compromis signé sans son concours qui a pour objet la délimitation générale du territoire dont les immeubles font partie.

21 décembre 1849, 49-52, n° 27.

d. Droit de poursuite des créanciers.

94. — Sous le régime de la

communauté réduite aux acquêts, comme sous celui de la séparation de dettes, les créanciers de la communauté peuvent poursuivre le mobilier échu à l'un ou à l'autre des époux, s'il n'a été constaté par inventaire ou autre acte authentique, et la femme n'est pas recevable, pour échapper à l'application de ces principes, à prouver par témoins la consistance du mobilier à elle échu.

19 novembre 1858, 58-59, n° 27.

e. Dissolution de la communauté. — Reprises.

95. — Lorsque les époux n'ont stipulé qu'une communauté d'acquêts, la femme séparée de biens qui revendique les meubles que les créanciers du mari ont saisis est obligée de prouver, par un inventaire régulier, que ces meubles qu'elle soutient avoir apportés en se mariant lui appartenaient réellement; il n'en serait pas de même s'il s'agissait du mobilier qui lui serait échu pendant le mariage : elle pourrait en justifier la consistance tant par preuve testimoniale que par voie de commune renommée.

Dans le cas où ces meubles revendiqués, pour lesquels un gardien aurait été établi, auraient péri par force majeure, cette femme ne serait point passible de dommages-intérêts envers les saisissants.

5 août 1826, t. V, n° 937.

96. — Les art. 1502 et 1504 du C. N. ne reçoivent aucune application lorsque la communauté a été limitée aux acquêts d'après les art. 1498 et suivants. Les époux ont alors le droit de prélever tout ce qui leur appartenait à l'époque de leur union et tout ce qui leur est échu depuis ; aucun mode spécial n'a été établi pour constater la propriété des biens que chacun d'eux devait prélever ; ainsi on ne peut que consulter les dispositions générales du Code. De droit commun, les époux ne peuvent prélever que ce qu'ils justifient par acte authentique leur avoir appartenu à l'époque de leur mariage, ou ce qui leur est échu depuis par donation ou succession. Par une exception spéciale, la femme est admise à prouver par voie de commune renommée la valeur et la consistance du mobilier qui lui serait arrivé pendant le mariage, lorsque le mari n'en a pas fait inventaire : de plus, les époux sont en droit de reprendre l'apport mobilier de chacun d'eux ou sa valeur telle qu'elle a été reconnue par le contrat de mariage. Cette faculté cesse quand la reconnaissance est frauduleuse et a eu lieu au préjudice des tiers et pour éluder une incapacité de disposer à titre gratuit par un des époux en faveur de l'autre. Les tiers peuvent le combattre, et s'il n'existe pas d'acte qui constate la réalité de l'apport ou sa possibilité et que les présomptions soient insuffisantes, les magistrats peuvent proscrire les clauses du mariage et refuser ou réduire le prélèvement.

1er mai 1823, t. IV, n° 705, p. 156.

97. — La femme peut, sous le régime de la communauté réduite aux acquêts, établir par tous les moyens de preuve ses droits sur un titre de créance trouvé par les syndics dans les papiers de son mari en faillite.

21 juin 1845, 45, n° 62, p. 178.

98. — Les dispositions des art. 1415 et 1504, al. 3, du C. N., aux termes desquels la femme peut, à la dissolution de la communauté légale, recourir à la preuve testimoniale pour établir la consistance des objets mobiliers à elle échus pendant le mariage, lorsque le mari a négligé d'en faire dresser inventaire, ne sont point applicables par analogie pour justifier des apports mobiliers de la femme au moment du mariage, en cas de communauté réduite aux acquêts.

3 août 1866, 66-67, n° 53.

99. — La femme commune en biens qui a renoncé à la communauté peut, si elle est mariée sous le régime de la communauté réduite aux acquêts, exercer ses reprises en nature, ou, si elle le préfère, les exercer en argent, selon l'estimation qui en a été faite au contrat de mariage.

8 mai 1859, 58-59, n° 37.

100. — La femme qui s'est, sous le régime de la communauté réduite aux acquêts, constitué en dot son trousseau estimé à une somme déterminée, ne peut, après le jugement ordonnant la séparation de biens, exercer ses reprises pour la somme intégrale de l'estimation de son trousseau, quand il est prouvé qu'elle en a conservé en nature une partie.

La valeur relative des objets conservés en nature doit, pour fixer d'une manière définitive le chiffre des reprises de la femme, être déduite de l'estimation qui en a été faite au contrat de mariage.

7 juillet 1866, 66-67, n° 49.

§ 2.

Des conventions qui tendent à modifier les effets de la communauté légale.

De la clause de séparation de dettes.

101. — Sous le régime de communauté *avec clause de séparation de dettes*, et à défaut d'inventaire du mobilier apporté par la femme, ses créanciers peuvent poursuivre le paiement de leurs créances antérieures au mariage, et même non échues, sur tous les meubles qui se trouvent dans la communauté au moment de la faillite du mari.

3 juillet 1863, 62-65, n° 49, p. 170.

CHAPITRE III.

DU RÉGIME EXCLUSIF DE LA COMMUNAUTÉ.

Du régime dotal.

1° Des droits du mari sur les biens dotaux.

102. — Les accroissements et améliorations du fonds dotal font partie de ce fonds ; ils sont une charge de l'administration qui appartient au mari sur les biens de son épouse, et notamment il ne peut rien lui être adjugé à titre d'acquêts, pour défrichements faits sur les propriétés de celle-ci.

6 messidor an x, t. I, n° 60.

103. — Le fils de famille qui était habile à se marier pouvait faire, sans l'autorisation de son père, tous les actes relatifs à son titre d'époux : le mari est propriétaire de la dot de son épouse lorsqu'elle consiste en argent ; il peut exercer seul l'action possessoire pour en demander le paiement, il en est responsable et doit la restituer après la dissolution du mariage ; par conséquent, il peut sans l'intervention de sa femme recevoir le remboursement des créances dotales et en donner seul valable quittance. Les dispositions des art. 319 et 320 de la suite des anciennes ordonnances de Franche-Comté, qui veulent que les quittances dotales soient passées devant notaire, à peine de nullité, n'ont lieu qu'en fraude des tiers intéressés, en faveur desquels on pourrait faire des quittances sous seing privé.

18 août 1823, t. IV, n° 710, p. 163.

2° De l'inaliénabilité des immeubles dotaux.

104. — Pour que le principe de l'inaliénabilité de la dot reçoive exception au cas de délit ou de quasi-délit commis par la femme, il faut qu'il apparaisse clairement que cette dernière a agi librement ou qu'on ne puisse pas attribuer ses actes aux suggestions du mari.

1er juin 1852, 49-52, n° 125.

3° De l'inaliénabilité de la dot mobilière.

105. — La dot mobilière est inaliénable, mais ce principe reçoit exception au cas de délit ou de quasi-délit commis par la femme.

1er avril 1852, 49-52, n° 124.

4° Dettes de la femme mariée sous le régime dotal. — Droit de poursuite des créanciers.

106. — Lorsqu'une femme plaide pour ses deniers dotaux, le mari est responsable des dépens non-seulement s'il l'a autorisée à plaider, mais encore s'il a refusé cette autorisation et qu'il n'ait pas fait connaître les motifs de son refus au tribunal près duquel la femme réclamait.

28 avril 1806, t. I, n° 117.

5° De la restitution de la dot.

107. — Aux termes des anciennes ordonnances de Franche-Comté, toutes quittances de dot faites aux père et mère devaient être passées devant notaire à peine de nullité. — En conséquence, la femme ou ses héritiers ne peuvent opposer aux créanciers du mari un acte notarié de liquidation de communauté après séparation de biens portant déclaration par le mari au profit de sa femme qu'il a touché la dot promise à celle-ci.

30 juillet 1846, 46, n° 104, p. 256.

108. — La présomption du paiement de la dot, résultant de ce que plus de dix ans se seraient écoulés depuis le jour fixé pour son échéance, n'était pas admise en Franche-Comté, et ne s'appliquait d'ailleurs pas au cas où il s'agissait d'une somme promise par des père et mère à leur fille pour lui tenir lieu de sa légitime. — Cette présomption, en tant que reproduite par l'art. 1569 du C. N., n'est pas applicable aux dots constituées sous l'empire du droit ancien.

30 juillet 1846, 46, n° 104, p. 256.

109. — Quand il s'agit d'une somme dotale reçue par le mari à titre d'avancement d'hoirie, elle a dû porter intérêts de plein droit depuis la dissolution de la communauté; on pouvait, suivant la coutume de Franche-Comté, répéter ces intérêts pendant trente ans : ils doivent être réglés d'après la loi sous l'empire de laquelle ils ont couru : ainsi on peut exiger tous les intérêts de la dot échus depuis la dissolution de la communauté jusqu'à la publication du Code civil; mais on ne peut en réclamer que de cinq ans depuis cette publication.

17 juillet 1822, t. IV, n° 683, p. 125.

6° Des biens paraphernaux.

110. — Le mari qui a autorisé sa femme à aliéner ses biens paraphernaux est responsable du défaut de remploi de ces mêmes biens, et doit rendre aux héritiers de sa femme le montant du prix des ventes qu'elle a faites et dont il n'y a pas eu remploi.

29 janvier 1810, t. II, n° 296.

Contrefaçon, V. PROPRIÉTÉ INDUSTRIELLE.

Contribuable, V. COMMUNE.

Contribution, V. DEGRÉ DE JURIDICTION.

Contributions indirectes. (V. v° VOITURES PUBLIQUES.)

§ 1er. — *Droit de circulation.* (N°s 1 à 3.)

§ 2. — *Droit de vente au détail.* (N°s 4 à 6.)
    1° Recélé frauduleux. (N° 4.)
    2° Marchands en gros. (N° 5.)
    3° Bières. (N° 6.)

§ 3. — *Constatation des contraventions. — Poursuites. — Procédures. — Peines.* (N°s 7 à 16.)

---

§ 1er.

Droit de circulation.

1. — En matière de contributions indirectes, pour que le maître absent au moment de la contravention commise par son serviteur puisse être poursuivi comme responsable, il n'est pas nécessaire qu'il ait été sommé d'assister à la rédaction du procès-verbal par lequel saisie lui est déclarée, quand cette sommation a été faite parlant à la personne du domestique contrevenant.

Transporter du vin chez une personne dont le nom diffère de celui porté au congé constitue une contravention, lors même que la différence de nom a pour cause une erreur de l'employé buraliste avouée par lui et prouvée par ses registres : en pareil cas, l'inscription de faux n'en est pas moins la seule voie ouverte contre le procès-verbal.

23 juin 1845, 45, n° 63, p. 182.

2. — L'introduction d'un fût d'eau-de-vie au moyen d'une corde par-dessus le mur d'une ville constitue la fraude par escalade.

11 janvier 1851, 49-52, n° 69.

3. — Le chef de gare entre les mains duquel une saisie de liquides est pratiquée par la régie des contributions indirectes, pour fausse déclaration, doit être considéré comme *agent de transport* et non comme dépositaire, et peut à ce titre être poursuivi.

5 août 1868, 68-69, n° 36, p. 148.

§ 2.
Droit de vente au détail.

1° Recélé frauduleux.

4. — Lorsque les tribunaux ont décidé, d'après les circonstances de la cause, qu'un bail authentique fait par un aubergiste à un tiers non débitant est simulé quoique antérieur au procès-verbal, il n'est pas nécessaire que les employés, en faisant une visite chez le locataire, aient été accompagnés d'un officier municipal ou d'un agent supérieur de l'administration ; et quand même le locataire revendiquerait les liquides saisis chez lui, l'aubergiste n'en devrait pas moins subir la peine applicable aux débitants qui soustraient des boissons à l'exercice des agents des contributions indirectes.

20 août 1844, 43-44, n° 98.

2° Marchands en gros.

5. — Pour qu'il y ait lieu à prendre simplement en charge les excédants de liqueurs reconnus chez un marchand en gros, il faut qu'ils puissent être considérés comme étant le résultat de la fabrication et dès lors que la présence en soit justifiée par des manquants en alcool de quantité correspondante, eu égard aux bases de conversion posées dans la loi du 24 juin 1824.

9 juillet 1844, 43-44, n° 71.

3° Bières.

6. — Le brasseur chez qui les employés des contributions ont reconnu l'existence d'un brassin de petite bière doit justifier de l'accident ou de la force majeure qui l'empêcha d'en représenter le produit à l'heure fixée pour l'entonnement, sous peine d'encourir l'amende portée par l'art. 129 de la loi du 28 avril 1816 et de payer, conformément à l'art. 8 de la loi du 1er mai 1822, les droits fixés pour la bière forte.

26 janvier 1848, 47-48, n° 102.

§ 3.
Constatation des contraventions. — Poursuites. — Procédure. — Peines.

7. — En matière de contributions indirectes, les nullités résultant : 1° de ce que les préposés n'ont pas transcrit en tête de leur procès-verbal la réquisition par eux faite au commissaire de police de les accompagner dans leurs perquisitions ; 2° de ce que le procès-verbal n'énonce pas d'une manière formelle que cette réquisition ait réellement été faite, se couvrent par la présence du commissaire de police aux recherches des employés et par le silence du contrevenant qui leur a ouvert sans protestation les portes de son domicile.

1er juin 1829, 29, n° 48, p. 159.

8. — L'affiche du procès-verbal, exigée en cas d'absence du prévenu, peut être suppléée par une notification faite à sa personne ou à son domicile.

Quoiqu'un procès-verbal dressé par les employés des contributions indirectes, argué de faux en première instance, ait été annulé pour vice de forme, la déclaration d'inscription de faux contre son contenu n'en doit pas moins, à peine de déchéance, être suivie, dans les trois jours, du dépôt au greffe des moyens de faux.

1ᵉʳ octobre 1829, 29, n° 48, p. 159.

9. — En matière de contributions indirectes, l'affiche d'une copie du procès-verbal rédigé en l'absence du prévenu n'est exigée que pour qu'il en ait connaissance.

En conséquence, elle n'est pas nécessaire si le prévenu étant présent lors de la saisie, les employés l'ont requis d'assister le lendemain à la rédaction du procès-verbal et lui ont remis ensuite, parlant à sa personne, copie de ce procès-verbal dressé en son absence.

20 août 1844, 43-44, n° 98.

10. — Les tribunaux n'ont pas, en matière de contributions indirectes, le droit d'infirmer par des appréciations les faits constatés par un procès-verbal régulier, et non frappé d'inscription de faux.

5 août 1868, 68-69, n° 36, p. 148.

11. — Il n'est pas nécessaire, pour la validité de la saisie faite par les préposés des contributions indirectes, qu'il y ait dans tous les cas gardien constitué.

12 novembre 1844, 43-44, n° 81.

12. — En matière de contributions indirectes et dans les cas non prévus par le décret du 1ᵉʳ germinal an XIII, la procédure en inscription de faux dirigée par le prévenu contre le procès-verbal dont les auteurs sont encore vivants, doit être instruite dans les formes tracées par le Code d'instruction criminelle. — Il ne peut y avoir lieu en pareil cas à une ins-

cription en faux incident civil.

Néanmoins, le Code de procédure civile, dans la disposition qui punit d'une amende le demandeur en faux lorsqu'il a succombé, est applicable en pareil cas et généralement à toute inscription de faux en matière correctionnelle. — Il suffit que, par ordonnance de la chambre du conseil non attaquée par opposition, une plainte en faux principal ait été écartée, quant à présent, pour que la partie qui l'avait formée ne puisse se pourvoir dans la même affaire par demande en faux incident.

19 février 1845, 45, n° 24, p. 65.

13. — En matière de contributions indirectes, la déclaration d'inscription en faux contre un procès-verbal doit être signée par le déclarant s'il est présent en personne ; il n'est point exigé qu'elle soit écrite de sa main ou de celle de son fondé de pouvoirs. — L'inscrivant doit non pas borner ses moyens de faux à une dénégation sèche des faits du procès-verbal argué de faux, mais bien exposer les faits, actes et circonstances par lesquels il prétend prouver la fausseté des faits consignés. — Ainsi il ne suffirait pas de dire que la sommation d'assister à la rédaction d'un procès-verbal et à sa lecture n'a point été faite et que le contrevenant a continué sa route, ignorant complétement qu'on lui eût dressé procès-verbal.

Un moyen de faux ne peut consister dans la dénégation d'un fait qu'il n'y avait pas nécessité de constater.

28 mars 1857, 53-57, n° 108, p. 309.

14. — Les formalités de procédure dans les poursuites pour contravention aux lois sur les contributions indirectes sont régies, non par l'art. 203 du Code d'Inst. crim., mais par les dispositions du décret du 1ᵉʳ germinal an XIII, encore actuellement en vigueur.

En conséquence, l'appel résultant d'une simple déclaration au greffe, ignorée de l'administration, est, vis-à-vis d'elle, frappée de nullité.

21 nov. 1868, 68-69, n° 45, p. 182.

15. — Lorsqu'en première instance l'administration des contributions indirectes n'a pas pris de conclusions contre un tiers intervenant et n'en prend point devant la Cour, l'intimé est non recevable à soutenir que ce tiers devait être nécessairement mis en cause sur l'appel.

20 août 1844, 43-44, n° 98.

16. — L'arrêt qui ne prononce pas la confiscation de boissons saisies en contravention, sur le motif d'une nullité prétendue de l'exploit introductif d'instance, viole les lois spéciales qui ordonnent cette sanction en toute hypothèse, et même dans le cas de nullité du procès-verbal.

5 août 1868, 68-69, n° 36, p. 148.

Copropriété, V. PROPRIÉTÉ.

Contumace.

Sous l'empire de la législation antérieure à la loi du 31 mai 1854, portant abolition de la mort civile, le condamné par contumace à une peine afflictive et infamante n'était point frappé d'interdiction légale et pouvait stipuler sans le fait d'un curateur; les art. 2 et 3, t. IV, de la loi du 25 sept. 1791 ne s'appliquaient qu'au condamné par jugement contradictoire, qui *pendant la durée de sa peine* doit être pourvu d'un curateur, et sont absolument étrangers au condamné par contumace.

27 février 1818, t. III, n° 529.

Cour d'assises, V. INSTRUCTION CRIMINELLE.

Curage de ruisseaux, V. PROPRIÉTÉ.

Curatelle.

---

§ 1er.

Comment s'opère l'émancipation.

1. — L'art. 477 du Code Napoléon n'indique pas si l'émancipation aura lieu devant le juge de paix du domicile du père ou devant celui du domicile de l'enfant; mais comme le père doit paraître en personne et non point par procureur, que l'enfant peut être émancipé même en son absence, il paraîtrait plus naturel que la déclaration du père fût faite devant le juge de paix de son domicile.

22 juillet 1817, t. III, n° 515.

§ 2.

Des fonctions et de la responsabilité du curateur.

2. — Le curateur donné aux mineurs dans la ci-devant province de Franche-Comté n'était qu'à conseil et non pas administrant, et le principe que nul n'est tenu des suites du conseil qu'il a donné sans fraude était particulièrement applicable aux curateurs.

22 décembre 1809, t. II, n° 290.

3. — Puisque le mineur émancipé exerce seul tous les actes d'administration, et, avec l'assistance du curateur, tous ceux d'une nature différente, les significations doivent donc lui être faites directement comme à un majeur; ainsi, l'acte d'appel qui lui est notifié en la personne de sa mère, comme tutrice, est irrégulier et nul.

21 juin 1821, t. IV, n° 801, p. 273.

4. — L'acte par lequel une femme mineure émancipée cautionne son mari ne peut être considéré comme étant de pure administration; en conséquence, cet acte est nul s'il n'a été accompli avec l'autorisation nécessaire.

29 juin 1869, 68-69, n° 73, p. 309.

§ 3.

Actes par rapport auxquels le mineur émancipé reste soumis aux mêmes formalités que le mineur non émancipé.

5. — La nullité de l'emprunt contracté en minorité par la femme mariée non pourvue de l'autorisation nécessaire au mineur émancipé s'étend à la cession de ses reprises mobilières, consentie par elle accessoirement et comme garantie au profit du prêteur.

23 mars 1850, 49-52, n° 81.

§ 4.

Du curateur au ventre.

6. — Le curateur au ventre ne peut ni requérir l'apposition des scellés sur les effets provenant de la succession du père de l'enfant conçu, ni défendre à une action en partage dirigée contre lui et relative à cette même succession.

4 mai 1810, t. II, n° 304.

D

Débit de boissons.

Police.

Les débits de boissons forains ou temporaires ne peuvent être établis qu'avec l'autorisation exigée par le décret du 29 décembre 1851.

La bonne foi, qui peut innocenter les délinquants ordinaires, ne doit pas être prise en considération quand il s'agit de ce genre de délit.

9 mai 1853, 53-57, n° 40, p. 87.

Défaut congé, V. Jugement PAR DÉFAUT.

Défaut profit joint, V. Jugement par défaut.

Défense, V. Ministère public.

Degrés de juridiction.

CHAPITRE Ier.

DEGRÉS DE JURIDICTION DANS LES AF-
FAIRES D'UNE VALEUR DÉTERMINÉE.

§ 1er.

*Mode de détermination du ressort. —
Conclusions.*

1. — Pour déterminer si un
jugement a été rendu ou non en
dernier ressort, on doit prendre
égard aux demandes respectives
des parties, mais seulement jusqu'à concurrence des sommes ou
de la valeur des objets contestés,
par la raison que les demandes non
contestées n'étant pas soumises à
la décision du tribunal, elles n'ont
pu être prises en considération
pour régler sa compétence.

25 janvier 1812, t. II, n° 425.

2. — Ce n'est pas la somme
demandée, mais celle que le litige
a pour objet, qui doit être considérée pour décider s'il a été prononcé en dernier ressort.

Spécialement, lorsqu'à l'appui
de la demande en paiement d'une
somme inférieure à 1,000 fr. pour
reliquat d'un prix de vente, on a
prétendu prouver par témoins que
ce prix avait été de 1,000 fr. en
sus de celui porté au contrat, les
juges n'ont pu statuer en dernier
ressort.

21 mars 1827, 27-28, n° 26.

3 — Le chef de demande
qui n'a pas été contesté ou qui a
cessé de l'être ne peut servir à déterminer le degré de juridiction.

20 août 1844, 43-44, n° 99.

4. — Ce sont les dernières
conclusions du demandeur, et non
celles de l'exploit introductif d'instance, qui déterminent le chiffre
de la demande et fixent la compétence en premier ou dernier ressort du tribunal.

Spécialement, au cas où l'exploit introductif d'instance ne tend
qu'à une condamnation à 240 fr.,
mais où des conclusions modifica-
tives prises postérieurement portent à 1,600 fr. le chiffre de la demande, ce sont ces dernières conclusions qui déterminent l'importance du litige. En conséquence,
serait nulle l'enquête reçue en la
forme sommaire après que le demandeur a pris ses nouvelles conclusions.

24 août 1867, 66-67, n° 131.

5. — Le jugement qui intervient sur une demande par laquelle
on avait conclu originairement à
1,500 fr., lorsqu'on s'est restreint
ensuite à 300 fr., a été rendu en
dernier ressort quand surtout la
contestation n'a plus porté que sur
ce dernier objet.

19 messidor an XIII, t. I, n° 127.

6. — Lorsque, sur une demande originaire qui excédait
1,000 fr., le défendeur a, par des

offres réelles, réduit le litige à une somme inférieure à 1,000 fr., encore bien que lesdites offres n'aient pas été acceptées, la sentence qui intervient est en dernier ressort.

Spécialement, quand on demande 2,104 fr. pour solde d'un marché, 825 fr. pour l'enregistrement de cet acte, si le défendeur offre 2,104 fr. et prétend que les offres sont suffisantes parce qu'il ne doit pas les frais d'enregistrement, le jugement qui prononce sur cette difficulté n'est pas sujet à appel.

26 mars 1828, 27-28, n° 80.

7. — Le jugement qui statue sur une demande réduite pendant l'instance au taux du dernier ressort n'est pas susceptible d'appel.

24 février 1846, 46, n° 63.

8. — Lorsqu'il existe une différence entre les motifs et le dispositif d'un jugement quant à la somme adjugée à l'une des parties, on ne peut consulter que le dispositif seul pour décider si l'appel est admissible ; ainsi, lorsque les motifs d'un jugement portent qu'une partie doit être condamnée à payer une somme de 866 fr., et que, néanmoins, le dispositif prononce une condamnation qui s'élève à 1,168 fr., on ne doit pas considérer le jugement comme rendu en dernier ressort, et il y a lieu à appel.

1er mars 1823, t. IV, n° 700, p. 152.

9. — Au cas où, sur une demande inférieure à 1,500 fr., le tribunal, par son jugement, alloue une somme plus forte ou présentant un caractère indéterminé, la règle que la juridiction se règle par le taux de la demande reçoit une exception, et l'appel du jugement est recevable.

30 juillet 1856, 53-57, n° 99, p. 278.

10. — Le jugement qui ordonne enquête, quant au degré de juridiction, le sort de la demande principale ; il en est de même de celui qui statue sur les moyens de nullité proposés contre la validité de l'enquête.

23 déc. 1868, 68-69, n° 48, p. 198.

11. — Est susceptible d'appel le jugement rendu sur une demande d'une somme supérieure à 1,500 fr., bien que le demandeur ait, dans ses conclusions, consenti à faire état sur cette somme de *tous paiements justifiés*, et que les premiers juges, tout en prononçant condamnation pour le montant de la somme déclarée, aient ordonné ce décompte, mais sans rien préciser sur le chiffre à déduire.

13 juin 1868, 68-69, n° 21, p. 81.

12. — Pour déterminer la valeur du litige et par suite le taux du dernier ressort, il faut s'en référer aux dernières conclusions choisies par les parties et présentées au tribunal.

15 juin 1871, 70-71, n° 49.

13. — Le jugement qui statue sur la demande en paiement de sommes inférieures à 1,500 francs est en dernier ressort, bien qu'elle ait eu pour base une obligation qui, en supprimant les termes échus et à échoir, aurait excédé ce taux.

Le litige demeure circonscrit dans les termes de la demande, nonobstant la corrélation existante entre la créance immédiatement exigible qui en fait l'objet et une instance en compte, liquidation et partage, engagée entre les mêmes parties, concernant des intérêts supérieurs et encore pendante.

30 mai 1871, 70-71, n° 46.

13 *bis*. — Le taux du premier et du dernier ressort se détermine par les conclusions des parties, sans qu'il y ait à examiner le mérite de ces conclusions. Ce sont les dernières conclusions du demandeur qui déterminent le chiffre de l'instance et fixent le degré de juridiction.

26 août 1871, 70-71, n° 72, p. 324.

§ 2.

Demandes formées par plusieurs ou contre plusieurs personnes.

14. — Lorsque deux parties dans la même instance ont formé chacune une demande au-dessous de 1,000 fr., mais qui réunies excèdent le taux du dernier ressort, elles ne peuvent être déclarées non recevables dans l'appel émis du jugement qui a prononcé sur leurs conclusions, lorsque leurs prétentions résultent d'un titre commun et dérivent des mêmes faits.

24 janvier 1809, t. I, n° 243.

15. — Un jugement est rendu en dernier ressort, bien que la demande soit supérieure à 1,000 fr. et ait été introduite par un même exploit, lorsque les demandeurs ont conclu à des sommes distinctes et séparées et même sur plusieurs articles pour des causes différentes et non communes, et que chacune de ces demandes n'excède pas 1,000 fr.

8 juillet 1827, 27-28, p. 108.

16. — Le jugement rendu sur les demandes de plusieurs créanciers réunis dans un même exploit est en dernier ressort, lorsque chaque demande est inférieure à 1,000 fr., bien que leur ensemble dépasse ce taux.

23 mars 1838, *Journal du Palais*, année 1839, 2ᵉ partie, p. 319.

17. — Bien que plusieurs cohéritiers, sans être créanciers solidaires, se réunissent pour former une demande excédant 1,500 fr., si la part de chacun d'eux dans la créance est inférieure à ce taux, l'affaire n'est susceptible que d'un degré de juridiction.

7 décembre 1848, 47-48, n° 91.

18. — Lorsque plusieurs cohéritiers se réunissent pour former une demande supérieure à 1,000 fr., qui a pour objet le reliquat d'un compte fait entre eux, le jugement qui statue à cet égard n'est rendu qu'en premier ressort, encore que la portion qui revient dans cette somme à chaque demandeur soit inférieure à 1,000 fr.

26 mars 1827, 27-28, n° 24.

19. — Est en dernier ressort la demande collective intentée par plusieurs cohéritiers, quoiqu'elle soit supérieure à 1,500 fr., si la part de chacun d'eux dans la créance est inférieure à ce chiffre.

23 janvier 1851, 49-52, n° 108.

20. — Le principe de la division des dettes et des créances entre cohéritiers est absolu et s'applique sans distinction à tous les héritiers.

Le bénéfice d'inventaire ne fait aucun obstacle à la division des dettes, l'héritier bénéficiaire n'étant pas seulement un administrateur, mais restant héritier tenu des dettes dans la mesure de sa vocation héréditaire jusqu'à concurrence de son émolument.

Par suite, n'est pas sujet à appel le jugement qui condamne un débiteur à payer à plusieurs héritiers bénéficiaires une somme qui dépasse le taux du dernier ressort, si la part divise de chacun d'eux est inférieure à ce taux.

14 déc. 1869, 68-69, n° 100, p. 398.

21. — Lorsque deux créanciers solidaires concluent chacun au paiement de leur part dans la créance, le degré de juridiction se détermine par le chiffre total et non au vis-à-vis de chacun des créanciers par le montant de sa part, surtout si, se prévalant de la solidarité, ils ont demandé dans leurs conclusions que le jugement fût rendu en premier ressort.

12 nov. 1846, 45, n° 109, p. 273.

22. — Lorsque, dans l'exploit introductif d'instance, le mari demande deux sommes, l'une à lui propre, l'autre appartenant à sa femme, mariée en communauté, et que ces sommes réunies sont supérieures à 1,500 fr., le jugement qui intervient est en premier ressort, le mari ayant pu légalement réunir ce qui lui était dû et ce qui était dû à sa femme.

3 mars 1853, 53-57, n° 24, p. 56.

23. — Est en dernier ressort le jugement qui prononce sur une demande intentée par un même exploit et en vertu d'un même titre contre les héritiers du débiteur, lorsque la part de chacun des héritiers ne dépasse pas 1,500 fr. — Pour déterminer la compétence, les juges ne doivent s'attacher qu'aux règles applicables à la voie choisie par les parties; ils n'ont pas à examiner quelle aurait été sur leur détermination l'influence d'un autre mode d'agir que l'une des parties prétend avoir été à sa disposition, mais auquel elle ne s'est point arrêtée. — Inutile également de rechercher si les actes d'instruction faits par l'intimé ont lié définitivement le débat devant la Cour de manière qu'il ne puisse plus opposer la fin de non-recevoir tirée du dernier ressort. — Cette fin de non-recevoir, tenant à l'ordre des juridictions, est d'ordre public.

27 janvier 1853, 53-57, n° 14, p. 31.

24. — Un jugement rendu sur une demande formée collectivement par plusieurs parties, même en vertu d'un titre commun, n'est pas susceptible d'appel, si l'intérêt de chacune d'elles dans le litige est inférieur au taux du dernier ressort.

11 juillet 1871, 70-71, n° 53.

25. — Lorsque plusieurs parties demandent contre un défendeur unique des dommages-intérêts, la somme réclamée par elles, à défaut de solidarité au profit de chacune des parties concluantes, doit se diviser entre elles, et ne peut entrer ainsi dans le calcul du dernier ressort que pour la part afférente à chacune d'elles.

15 juin 1871, 70-71, n° 49.

26. — Le jugement qui statue sur une action en responsabilité introduite contre un conseil de surveillance par des actionnaires ayant un même mandataire en justice, est en premier ou dernier ressort, suivant le chiffre des demandes formées au nom de chacun d'eux, alors même que la faute des défendeurs constitue un principe indivisible de demande.

28 mai 1869, 68-69, n° 62, p. 267.

§ 3.

Des demandes en garantie.

27. — Est en dernier ressort le jugement qui statue tant sur une demande principale que sur l'action en garantie intentée par le défendeur, lorsque le montant de la demande principale est inférieur à 1,500 fr. Ne doivent point être ajoutés au principal, pour déterminer le taux de la compétence, les dépens répétés par le défendeur originaire contre le garant, non plus que la demande de dommages-intérêts dirigée par celui-ci contre le défendeur originaire, lorsque cette demande n'a d'autre cause que l'action en garantie elle-même.

23 février 1853, 53-57, n° 16, p. 36.

28. — Il n'y a pas entre la demande primitive et l'action en garantie une indivisibilité absolue, mais seulement simultanéité de procédure fondée sur la connexité des litiges, et la demande en garantie ne modifie point la compétence à l'égard du demandeur originaire.

C'est ainsi que si la demande primitive a été formée dans les limites du dernier ressort, tandis que la demande en garantie dépasse ce taux, le jugement qui a statué sur ces demandes n'est susceptible d'appel qu'en ce qui concerne l'action récursoire.

18 nov. 1863, 62-63, n° 52, p. 177.

§ 4.

Demandes accessoires.

1° Intérêts.

29. — Les intérêts demandés

conjointement avec le capital contribuent à fixer le degré de juridiction. Si l'époque depuis laquelle le demandeur entend les faire courir n'est pas indiquée, les conclusions sont présumées comprendre tous ceux qui ont pu échoir depuis la création du titre.

6 mars 1849, 49-52, n° 6.

30. — En matière commerciale, les intérêts de droit courent du jour du protêt qui constitue la demande; par suite, ils ne doivent pas être comptés pour la détermination du taux du dernier ressort.

9 mars 1870, 70-71, n° 14.

Les intérêts des sommes réclamées ne peuvent être comptés pour la fixation du degré de juridiction.

15 juin 1871, 70-71, n° 49.

2° Frais et dépens.

31. — On ne peut appeler d'une condamnation aux dépens qu'autant qu'elle excède 1,000 fr.

24 février 1811, t. II, n° 284.

32. — Un tribunal est compétent pour prononcer en dernier ressort sur les frais résultant d'une expropriation forcée, si ces frais n'excèdent pas 1,000 francs, et s'il y a eu sommation de la part du saisi de les payer, lors même qu'une assignation n'a pas été donnée pour saisir ce tribunal à cet égard. (Le paiement des intérêts par le saisi et la soumission de payer les dépens ont fait que l'expropriation n'était plus poursuivie que pour la liquidation des frais et la condamnation à les payer.)

23 novembre 1810, t. II, n° 318.

33. — Les frais de la demande en paiement et ceux faits depuis que la demande a été formée ne doivent point s'ajouter au chiffre de la demande et servir au calcul du taux du ressort.

27 janvier 1865, 62-65, n° 74, p. 328.

34. — Le jugement rendu sur opposition à un exécutoire délivré

à des experts par le président du tribunal est susceptible d'appel pourvu que la demande excède les causes du dernier ressort.

29 juillet 1871, 70-71, n° 60, p. 253.

3° Dommages-intérêts.

35. — Les dommages-intérêts demandés par le défendeur contre un tiers qu'il appelle en garantie ne doivent point être comptés pour la détermination du premier ou du dernier ressort, s'ils sont fondés exclusivement sur la demande principale.

5 mai 1855, 50-57, n° 64, p. 168.

36. — S'il doit être statué en dernier ressort sur les dommages-intérêts fondés exclusivement sur la demande principale, cette disposition ne concerne que les dommages-intérêts réclamés reconventionnellement par le défendeur. En conséquence, les dommages-intérêts à liquider en exécution, auxquels a conclu le demandeur dans l'exploit d'ajournement, rendent la demande d'une valeur indéterminée et susceptible d'appel.

1er août 1856, 53-57, n° 104, p. 301.

37. — Pour que les dommages-intérêts auxquels un défendeur a conclu en se fondant sur des faits antérieurs à la demande entrent en ligne de compte et servent à déterminer le taux du ressort, il faut que ces dommages-intérêts aient été réclamés au demandeur et non à un tiers appelé en garantie : dans ce dernier cas, le chiffre des dommages intérêts est sans influence en ce qui touche la demande originaire.

18 nov. 1863, 62-65, n° 52, p. 177.

38. — Les dommages-intérêts réclamés par le demandeur doivent être comptés pour la détermination du dernier ressort, mais il faut qu'ils n'aient pas pour motif exclusif et unique la demande principale, et qu'ils aient une cause antérieure au litige.

Il en est ainsi des dommages-intérêts réclamés pour le préjudice tant moral que matériel éprouvé par le refus d'offres réelles, encore que ces offres refusées aient été faites par le même exploit que celui d'ajournement.

1er mars 1865, 62-65, n° 79, p. 345.

39. — Lorsque les dommages-intérêts réclamés reconventionnellement par le défendeur ont pour objet la réparation du préjudice éprouvé par les insinuations malveillantes contenues dans l'assignation, et que le défendeur prétend avoir été propagées dans le public, la généralité de ces termes comprend même les propos antérieurs à l'assignation; dès lors ces dommages-intérêts ne sont pas fondés exclusivement sur la demande, et si le chiffre réclamé est supérieur au taux du dernier ressort, l'affaire est susceptible d'appel.

22 juin 1868, 68-69, n° 22, p. 83.

40. — Les tribunaux de première instance ne connaissent en dernier ressort des demandes reconventionnelles en dommages-intérêts excédant 1,500 francs, que lorsqu'elles sont exclusivement fondées sur la demande principale elle-même, et non sur des diffamations et des injures proférées à l'occasion des faits qui ont motivé l'action.

.... Sans que les juges puissent rechercher, pour fixer la compétence, le but et la valeur de la reconvention.

5 février 1869, 68-69, n° 53, p. 219.

§ 5.
Des exceptions et incidents.

41. — Dans le cas où le jugement intervenu sur un incident de procédure est en dernier ressort à raison du chiffre de la demande principale, il ne peut être attaqué devant la Cour, même pour vice de forme; bien plus, l'allégation du défaut de transcription sur les registres du greffe du texte de la décision frappée d'appel ne saurait saisir les magistrats supérieurs. Ces divers moyens pourraient seulement donner ouverture à un pourvoi en cassation.

23 déc. 1868. 68-69, n° 48, p. 198.

§ 6.
Demandes relatives aux rentes, loyers, fermages, baux.

42. — Sous l'empire de la loi des 16-24 août 1790 sur la compétence des tribunaux civils, un jugement qui condamne au paiement de cinq termes d'une pension viagère de 100 fr. est censé rendu en dernier ressort, parce que les legs annuels, loin de pouvoir être comparés à un revenu, forment au contraire autant de capitaux ou de legs qu'il est dû de termes annuels.

8 thermidor an IX, t. I, n° 35.

43. — En matière de résiliation de bail, la valeur du litige, et par suite le point de savoir si le jugement qui y a statué est en premier ou en dernier ressort, se déterminent uniquement par le prix du loyer pendant tout le temps que doit durer le bail et le chiffre de dommages-intérêts réclamés par le demandeur, sans qu'il y ait lieu de tenir compte des obligations accessoires imposées aux parties par la nature même du contrat dont l'une d'elles demande à être dégagée.

15 mars 1856. 53-57, n° 89, p. 255.

44. — Le prix du bail qui règle, en matière immobilière, le taux de la compétence, doit fixer aussi les limites du premier et dernier ressort, en cas de contestation sur l'existence même du bail.

En conséquence, est en dernier ressort le jugement qui statue sur la demande en reconnaissance d'une sous-location, lorsque le prix de cette sous-location n'est autre que celui du bail principal, et que le montant des annuités restant à courir jusqu'à l'expiration du bail, joint aux autres objets de la demande, n'excède pas 1,500 francs.

8 déc. 1862, 62-65, n° 26, p. 90.

§ 7.
Demandes en reddition de compte.

45. — Un tribunal n'a pas pu prononcer en dernier ressort quant à un règlement de compte qui portait sur une somme excédant 1,000 francs, lors même qu'une des parties aurait prétendu que le reliquat de ce compte ne devait pas s'élever à ce taux.

14 novembre 1826, t. V, n° 915.

46. — Lorsque, dans les débats d'un compte dont le reliquat, tel qu'il est déterminé par les conclusions, excède le taux du dernier ressort, le demandeur réclame du comptable une somme indûment payée à un tiers et inférieure à ce taux, le jugement relatif à ce chef est susceptible d'appel.

Dans ce cas, le tiers, dont la mise en cause ordonnée par le tribunal n'a point été requise par le demandeur, qui n'a pris aucune conclusion contre lui, ne peut opposer à l'appelant la fin de non-recevoir tirée du dernier ressort.

8 juillet 1845, 45, n° 89, p. 236.

47. — Lorsque la demande principale est inférieure au taux du dernier ressort, les conclusions du défendeur tendantes à ce que les parties entrent en compte ne peuvent rendre le jugement susceptible d'appel.

16 mars 1846, 46, n° 75, p. 191.

48. — Lorsqu'une demande originaire est inférieure à 1,500 francs, le jugement qui intervient est en dernier ressort, encore que, rectifiant ses conclusions principales, le demandeur ait réclamé une entrée en compte.

18 novembre 1847, 47-48, n° 65.

49. — Le jugement qui statue sur une demande en paiement d'une somme inférieure à 1,500 francs est en dernier ressort, alors même que le défendeur oppose par ses conclusions qu'il y a compte à régler entre les parties et repousse de cette sorte la demande principale sans se prétendre lui-même créancier.

L'exception ainsi formulée ne peut être assimilée à une demande reconventionnelle indéterminée; elle reste un simple moyen de défense, sans que l'importance des sommes figurant parmi les éléments du compte puisse avoir une influence sur le taux du ressort.

23 déc. 1868, 68-69, n° 48, p. 198.

§ 8.
Opposition à commandement.

50. — L'option qui a été déférée au débiteur soit dans le commandement, soit dans la saisie, de se libérer par le paiement d'une somme inférieure à 1,000 francs, rend-elle l'appel non recevable, quoiqu'elle n'ait pas été acceptée et qu'elle ait été révoquée par les conclusions prises dans les défenses et mises dans les qualités de la cause ?

L'instance commence-t-elle par le commandement, ou la nature n'en est-elle déterminée que par les conclusions prises ensuite de l'assignation donnée pour procéder sur l'opposition faite à ce commandement?

8 août 1828, 27-28, n° 116.

51. — La demande formée par un débiteur en nullité du commandement par lequel il est sommé de payer une somme inférieure à 1,500 fr. n'est susceptible que d'un seul degré de juridiction.

9 avril 1845, 45, n° 33, p. 101.

52. — Est en dernier ressort le jugement qui statue sur l'opposition faite à un commandement de payer une somme inférieure à 1,500 fr., encore bien que l'opposant ait prétendu dans ses conclusions n'être tenu de la dette qu'en qualité d'héritier bénéficiaire et ne pas pouvoir, en conséquence, être poursuivi sur ses biens personnels.

12 déc. 1850, 49-52, n° 61.

53. — Le débiteur qui forme opposition à un commandement de payer et en demande la nullité doit être considéré comme défendeur ; en conséquence, les dommages-intérêts qu'il réclame pour le préjudice à lui causé par ce commandement doivent être considérés comme fondés exclusivement sur la demande principale, et sont sans influence sur le degré de juridiction. — Il en est de même des conclusions en dommages-intérêts prises par ce débiteur contre un prétendu garant, lorsqu'elles ne sont motivées que par la poursuite originaire.

26 janvier 1846, 46, n° 24.

§ 9.
Saisies.

1° Saisie-arrêt.

54. — Est en premier ressort, quand la somme saisie-arrêtée est supérieure à 1,500 francs, le jugement déclarant que celui entre les mains de qui l'opposition a été pratiquée est tenu, non pas envers le débiteur saisi, mais au profit d'un tiers.

La décision doit être la même quand dans les causes de la saisie-arrêt sont compris les frais qu'elle occasionnera, l'objet du litige étant, dans ce cas, indéterminé.

20 mars 1850, 49-52, n° 79.

55. — Est en dernier ressort le jugement qui statue sur la demande en validité d'une saisie-arrêt pratiquée pour une somme inférieure à 1,500 francs, alors que le litige n'existe qu'entre le saisissant et le tiers saisi, quel que soit d'ailleurs le montant de la dette de ce dernier envers le débiteur du saisissant.

22 déc. 1849, 49-52, n° 31.

56. — La saisie-arrêt n'est qu'un moyen d'exécution qui est subordonné, au point de vue de la compétence, au taux de la demande principale.

9 mars 1870, 70-71, n° 14.

2° Saisie immobilière.

57. — Un jugement rendu en matière de saisie immobilière est sujet à appel, lors même qu'il résulterait des énonciations contenues dans ses motifs que, sans prendre à cet égard de conclusions précises, le demandeur a, dans le cours de l'instance, restreint ses prétentions à une somme inférieure au taux du dernier ressort.

17 février 1845, 45, n° 22, p. 60.

58. — Est en premier ressort le jugement qui statue sur une demande en validité de saisie immobilière, quoique la cause de la saisie soit inférieure à 1,500 fr.

30 juin 1852, 49-52, n° 132.

59. — En matière de saisie immobilière, si le tiers détenteur contre qui sont exercées les poursuites conteste l'existence de la créance, bien que la somme réclamée soit inférieure à 1,500 francs, l'affaire n'en est pas moins susceptible de deux degrés de juridiction.

15 janvier 1847, 47-48, n° 28.

60. — Le jugement qui statue sur l'opposition formée contre des poursuites en saisie immobilière est en dernier ressort si le chiffre de la créance du saisissant est inférieur à 1,500 fr., alors même que la contestation porte sur la validité de la saisie et non sur l'existence et le *quantum* de la dette.

15 novembre 1847, 47-48, n° 56.

61. — L'action intentée par un créancier hypothécaire contre le tiers détenteur qui n'a pas rempli les formalités de la purge est susceptible de deux degrés de juridiction, quel que soit le montant de la créance.

10 février 1848, 47-48, n° 74.

62. — L'instance qui a pour but la revente par voie de folle enchère d'un immeuble adjugé sur licitation doit être considérée comme portant sur une valeur indéterminée et comme étant dès lors susceptible de deux degrés de juridiction, bien que la créance du poursuivant soit inférieure au taux du dernier ressort.

4 mars 1845, 45, n° 29, p. 83.

63. — En cas de demande en nullité d'une saisie immobilière, le degré de juridiction est fixé par la valeur de la somme réclamée dans le commandement, et non par celle de l'immeuble saisi.

En conséquence, n'est pas susceptible d'appel le jugement qui prononce la nullité d'une saisie dont les causes sont inférieures au taux du dernier ressort.

25 juillet 1870, 70-71, n° 37.

§ 10.

Ordres et contributions.

64. — Si les conclusions réunies de tous les créanciers paraissant à un ordre excèdent le taux du dernier ressort, chacun d'eux peut individuellement interjeter appel, bien que sa créance personnelle ne dépasse pas 1,500 fr.

14 mai 1847, 47-48, n° 12.

65. — En matière d'ordre, le dernier ressort se fixe d'une part par la quotité de la somme à distribuer, de l'autre, par le montant des créances, parmi lesquelles on doit compter celles des produisants qui, sur les contredits, déclarent s'en rapporter à justice.

8 mars 1850, 49-52, n° 76.

66. — Lorsqu'il y a contredit sur le règlement provisoire d'un ordre, la valeur du litige et, par suite, la compétence se déterminent non pas d'après le chiffre total de la somme à distribuer, mais seulement d'après le chiffre des créances contestées.

6 juin 1855, 53-57, n° 72, p. 200.

67. — Un jugement qui prononce sur une distribution de deniers n'est point censé rendu en dernier ressort, quoique la créance de l'appelant soit au-dessous du taux du dernier ressort, si la somme à distribuer l'excède.

15 juillet 1812, t. II, n° 370.

68. — Dans le cas où le prix des biens d'un débiteur se distribue par contribution, la compétence du tribunal en premier ou dernier ressort se détermine à l'égard de chacun des créanciers par le montant de sa demande et non, comme en matière d'ordre, par la masse des sommes à répartir entre les créanciers privilégiés ou hypothécaires.

19 déc. 1844, 43-44, n° 106.

§ 11.

Des demandes reconventionnelles.
(V. § 4, 3°.)

69. — Lorsque, d'après les conclusions originaires, une affaire aurait été de nature à être jugée en dernier ressort, mais que les conclusions reconventionnelles prises par le défendeur ont augmenté la somme faisant l'objet des prétentions des parties, cette cumulation doit fixer la compétence du tribunal pour prononcer en dernier ressort : on peut appeler de la sentence des premiers juges.

20 mai 1815, t. III, n° 558.

70. — La loi du 24 août 1790 attribue aux tribunaux de première instance le pouvoir de statuer sur les demandes accessoires ou reconventionnelles, quand elles n'ont pas une cause préexistante à l'assignation introductive d'instance ; elle proroge à cet égard leur compétence, et les investit de la faculté de prononcer définitivement ; ils peuvent par conséquent statuer sur les dommages-intérêts réclamés par l'une des parties, à raison de faits ou d'actes qui se seraient passés à l'époque où l'action aurait été ouverte, ainsi que depuis ; dès lors on ne peut appeler de leur jugement si la condamnation n'excède pas 1,000 francs.

22 juin 1821, t. IV, n° 802, p. 273.

71. — Une demande reconventionnelle, formée subsidiairement et pour le cas où les conclusions principales du demandeur seraient accueillies, ne doit pas être computée pour former le taux du dernier ressort.

8 février 1836, 36, p. 32.

72. — Lorsque les conclusions en dommages-intérêts indéterminés, prises par le défendeur contre un prétendu garant, ne sont motivées que par la poursuite originaire, elles doivent être considérées comme fondées exclusivement sur la demande principale et sont dès lors sans influence sur le degré de juridiction.

13 nov. 1844, 43-44, n° 85.

73. — Les dommages-intérêts réclamés par le défendeur et fondés tant sur une saisie-brandon que sur la demande en validité qui l'a suivie, ne peuvent servir à la computation du dernier ressort.

22 août 1844, 43-44, n° 104.

74. — Doivent être réunis à la demande principale, pour la computation du dernier ressort, les dommages-intérêts réclamés reconventionnellement par le débiteur, sous prétexte que le créancier n'aurait point exécuté la transaction qui a servi de base aux poursuites.

29 juillet 1844, 43-44, n° 97.

75. — Les tribunaux de première instance connaissent en dernier ressort de toute action en dommages-intérêts réclamés à l'occasion de l'action principale.

Les dommages-intérêts indéterminés demandés dans le cours d'une instance ne se joignent à la demande principale pour fixer le taux du dernier ressort qu'autant qu'ils ont une cause antérieure au procès.

Les dommages-intérêts indéterminés réclamés par le demandeur à l'occasion de la production faite, dans le cours d'une instance, d'une quittance dont la date est antérieure au litige et qui est arguée de faux, ne peuvent servir à fixer la limite du dernier ressort.

30 novembre 1843, 43-44, n° 6.

76. — La partie qui forme opposition à une saisie-exécution pratiquée en vertu d'un titre paré doit être considérée comme défenderesse. Les dommages-intérêts qu'elle réclame à raison de cette saisie ne peuvent, quel qu'en soit le chiffre, influer sur le degré de juridiction.

13 juin 1850, 49-52, n° 54.

77. — Est en dernier ressort le jugement qui statue sur une demande même supérieure à 1,500 fr., lorsqu'il est constant que la demande de dommages-intérêts ajoutée à l'intérêt originaire du litige n'a été formée que dans le but avoué de ménager à la partie la faculté d'interjeter appel.

9 déc. 1852, 49-52, n° 133.

78. — Les conclusions prises par le demandeur en dommages-intérêts dont la cause n'est pas indiquée sont présumées se rattacher à la demande principale, et ne peuvent pas plus en ce cas que s'ils étaient réclamés par le défendeur influer sur le degré de juridiction.

31 janvier 1848, 47-48, n° 79.

CHAPITRE II.

DES DEMANDES D'UNE VALEUR INDÉTERMINÉE.

79. — Lorsqu'il a été question devant un tribunal de première instance de savoir si une tierce opposition incidente formée à un jugement était irrecevable, abstraction faite du principal de la difficulté, la décision des premiers juges est sujette à l'appel, ayant porté sur une valeur indéterminée.

16 juin 1809, t. II, n° 268, p. 28.

80. — Le jugement qui prononce sur une demande en revendication d'un objet mobilier d'une valeur indéterminée compris dans une saisie faite pour une somme au-dessus de 1,000 livres est susceptible d'appel.

13 août 1828, 27-28, n° 118.

81. — Si la valeur de meubles revendiqués n'est pas déterminée par les conclusions, elle ne peut être fixée par de précédents actes de vente, et l'affaire est susceptible de deux degrés de juridiction.

0 mars 1040, 47 48, n° 94

82. — Est sujet à appel, comme statuant sur une valeur indéterminée, le jugement rendu sur la demande d'un bailleur qui, en réclamant pour loyers échus une somme inférieure au taux du dernier ressort, a conclu à la mise en séquestre des meubles de son locataire.

26 février 1845, 45, n° 28, p. 82.

83. — Il n'y a pas lieu à dernier ressort lorsqu'il s'agit d'une demande en retrait de pièces qui, par sa nature, est d'une valeur indéterminée ; il en est de même à l'égard d'une demande en jonction de deux affaires connexes.

28 juillet 1823, t. IV, n° 709, p. 163.

84. — Une demande en élargissement fondée sur la nullité d'un emprisonnement ne peut être décidée en dernier ressort.

30 décembre 1825, t. IV, n° 876.

85. — Le jugement qui prononce sur une redevance en grains dont la valeur n'est pas déterminée n'est pas en dernier ressort.

8 août 1828, 27-28, n° 116.

86. — Est d'une valeur indéterminée et, comme telle, susceptible des deux degrés de juridiction, la demande en paiement de droits de péage réclamés par les concessionnaires de ces droits contre un entrepreneur de messageries qui se prétend exempté de ce paiement par l'ordonnance de concession.

11 janvier 1861, 60-61, n° 41.

87. — L'appel d'un jugement est recevable lorsqu'il a statué sur l'étendue des pouvoirs donnés à des arbitres par un compromis, et quant à l'établissement d'un chemin sur la propriété de l'une des parties.

12 juin 1826. t. V, n° 903.

88. — Les créanciers hypothécaires n'ont point d'action personnelle contre les tiers détenteurs des immeubles affectés à leur hypothèque ; ils n'ont qu'une action en délaissement de ces immeubles.

En conséquence, bien que la somme pour laquelle cette action est exercée soit inférieure au taux fixé pour le dernier ressort, cette action n'en est pas moins susceptible d'appel, lorsque la valeur de l'immeuble est indéterminée.

20 août 1836, 36, p. 163.

89. — Une affaire est susceptible d'appel, bien que la somme réclamée soit inférieure à 1,500 fr., quand les conclusions principales prises par le créancier poursuivant contre les héritiers naturels de son débiteur décédé tendent à faire annuler leur renonciation à la succession du défunt.

13 déc. 1844, 43-44, n° 108.

90. — Est susceptible d'appel le jugement intervenu sur l'action en résolution d'un marché de fournitures d'une valeur indéterminée, lors même que les dommages-intérêts compris dans la demande sont inférieurs à 1,500 fr.

13 juillet 1846, 46, n° 122, p. 323.

91. — Lorsque l'action en reconnaissance d'écrits et signature forme l'objet du litige, le jugement est en premier ressort, cette demande étant indéterminée.

21 mai 1853, 53-57, n° 25, p. 57.

92. — Est immobilière l'action en radiation d'hypothèque intentée contre le conservateur, et dès lors si l'immeuble frappé de l'inscription est d'une valeur indéterminée, l'appel est recevable, encore que l inscription ait été prise pour une somme inférieure à 1,500 fr.

12 mai 1853, 53-57, n° 23, p. 53.

93. — Est en premier ressort le jugement qui reconnaît à une partie la qualité d'héritier, bien que cette question soit soulevée et jugée à l'occasion d'une demande inférieure à 1,500 fr.

23 juillet 1853, 53-57, n° 33, p. 72.

94. — L'action intentée par un adjudicataire d'un immeuble saisi contre un tiers qui se prétend propriétaire de cet immeuble, et récursoirement et en cas d'éviction contre le créancier saisissant, en répétition du prix et des intérêts versés indûment entre les mains de l'avoué de ce dernier, cette demande, d'une valeur indéterminée vis-à-vis du défendeur principal, parce qu'elle soulève une question de propriété portant sur un des immeubles saisis, conserve ce caractère vis-à-vis du second défendeur, qui peut interjeter appel, bien que la somme à répéter par suite d'éviction, et fixée par ventilation devant les premiers juges, soit inférieure à 1,500 fr.

D'ailleurs, le chiffre non précisé des frais de la demande principale dont l'adjudicataire conclut dans la demande récursoire à être indemnisé, rend la décision sur ce débat susceptible d'appel.

8 février 1868, 68-69, n° 3, p. 9.

CHAPITRE III.

DU PRINCIPE QUE LES JURIDICTIONS SONT D'ORDRE PUBLIC. — EXCEPTIONS.

95. — Quoique la fin de non-recevoir dirigée contre l'appellation et résultant du dernier ressort n'ait pas été proposée avant un arrêt interlocutoire rendu par la Cour, elle ne peut cependant pas être rejetée, parce que la compétence des tribunaux étant d'ordre public, les fins de non-recevoir résultant de l'incompétence ne peuvent être couvertes par le silence des parties, et dans le cas où l'intimé ne l'aurait pas proposée, la Cour aurait dû y statuer d'office.

25 janvier 1812, t. II, n° 425.

96. — Un tribunal ne peut ordonner la jonction d'une contestation dont il est saisi sur appel avec une autre portée directement devant lui en premier ressort.

13 déc. 1819, 49-52, n° 40.

97. — La partie à qui on oppose en appel, comme fin de non-recevoir, un fait émané de l'avoué de ses adversaires postérieurement au jugement, peut appeler directement devant la Cour cet officier ministériel.

13 avril 1848, 47-48, n° 105. *

98. — Les règles qui fixent les juridictions sont d'ordre public et l'on ne peut indirectement s'y soustraire : en conséquence, les juges de première instance ne peuvent, par une décision prononcée sur le fond d'un litige, rendre inefficace l'appel interjeté d'un premier jugement par lequel ils auraient retenu leur compétence.

La réformation de la première décision rendue sur la compétence entraîne l'annulation du jugement qui a statué sur le fond, alors même que celui-ci serait intervenu avant tout appel et aurait statué sur une demande inférieure au taux du dernier ressort.

4 mars 1870, 70-71, n° 12.

V. Compétence commerciale, Huissier.

Délaissement, V. Privilèges et Hypothèques.

Délit forestier, V. Forêts.

Délits (au point de vue privé).

De l'obligation de réparer le dommage occasionné par un délit.

1. — L'action en réparation

du dommage occasionné par un crime peut être exercée contre le prévenu par tous ceux qui en ont souffert, d'après la jurisprudence et les lois anciennes retracées dans les articles 1382 du C. N., 1 et 2 du C. d'Inst. crim. — Il serait aussi immoral que contraire aux plus doux sentiments de la nature de décider que l'héritier se trouve suffisamment indemnisé par l'appréhension de la succession du défunt.

D'après l'ancienne jurisprudence, les frères et sœurs héritiers du défunt étaient même admis à poursuivre contre ses meurtriers la réparation civile résultant du dommage éprouvé par leur auteur; cette jurisprudence doit être suivie sous l'empire des lois nouvelles parce que, d'après l'art. 724 du C. N., l'héritier succède aux droits et actions qui appartenaient au défunt, et que celui-ci est décédé étant saisi du droit de poursuivre la réparation civile du crime commis contre lui.

11 juillet 1812, t. III, n° 428 *bis*.

2. — Une dénonciation calomnieuse peut donner lieu à des réparations civiles, alors même qu'elle n'aurait point été formulée par écrit.

26 nov. 1847, 47-48, n° 57.

3. — Si plusieurs ont participé à une même fraude, la partie lésée a son recours contre chacun d'eux pour le tout.

21 juin 1844, 43-44, n° 67.

Demande nouvelle, V. Appel civil.

Demande reconventionnelle, V. Degrés de juridiction.

Département, V. Dispositions entre-vifs et testamentaires.

Dépôt.

Caractères du contrat de dépôt. — Droits et obligations en résultant.

1. — Il est de l'essence du contrat de dépôt que l'on spécifie les espèces ou les pièces de monnaie qui composent la somme déposée, et non pas seulement la quotité de cette somme ; autrement cet acte ne constituerait qu'un simple prêt.

13 nov. 1811, t. II, n° 351.

2. — Un dépositaire n'est pas garant d'un vol fait chez lui avec effraction et fausses clefs, lorsqu'on ne peut lui reprocher aucune négligence.

10 février 1814, t. II, n° 406.

3. — Lorsque le dépositaire a employé à son profit la somme déposée, il en doit l'intérêt comme le mandataire du jour de l'emploi.

Inédit. 19 juillet 1844. De Marcellus c. préfet du Jura.

4. — Les aubergistes sont responsables, indépendamment de toute déclaration préalable des voyageurs qu'ils reçoivent, des soustractions commises au préjudice de ces derniers dans l'auberge où ils sont descendus.

27 mars 1860, 60-61, n° 13.

Dépôt, V. Presse, — Outrage, — Publication.

Dénonciation calomnieuse.

A quelles conditions le délit existe.

1. — Pour qu'un acte répréhensible imputé à un officier ministériel relativement à ses fonctions puisse amener la condamnation du plaignant pour dénonciation calomnieuse, il faut que le pouvoir disciplinaire ait préalablement déclaré la fausseté des faits articulés et la mauvaise foi du dénonciateur.

Le procureur général, aux termes de la loi du 20 avril 1810, art. 45, n'a que la surveillance des officiers ministériels; il n'est pas compétent pour prononcer sur le mérite des faits à raison desquels ils sont dénoncés.

1er juin 1846, 46, n° 91, p. 230,

2. — Une décision du procureur général déclarant faux les faits contenus dans une dénonciation portée contre un juge de paix ne suffit point pour autoriser les juges saisis d'une action en dénonciation calomnieuse relativement à ces mêmes faits à statuer sur cette action ; la décision préalable sur la vérité ou la fausseté des faits dénoncés doit émaner de la Cour impériale, conformément aux art. 479 et suivants, 483 et suivants, du C. d'Inst. crim.

24 nov. 1858, 58-59, n° 16.

3. — En matière de dénonciation calomnieuse, il faut, pour constituer le délit, qu'une décision émanant de l'autorité compétente ait déclaré faux les faits dénoncés; mais il n'est pas nécessaire que cette fausseté soit déclarée en termes exprès, il suffit qu'elle résulte d'un acte l'impliquant. — Spécialement, au cas où une dénonciation calomnieuse a été adressée contre un maire et un juge de paix au ministre de l'intérieur, autorité compétente pour en connaître, la fausseté des faits dénoncés résulte suffisamment de l'autorisation délivrée par le ministre au préfet de déférer le dénonciateur à l'autorité judiciaire.

6 juin 1867, 66-67, n° 113.

4. — Est régulièrement rendue et peut servir de base à une action en dénonciation calomnieuse l'ordonnance de non-lieu rendue par un juge d'instruction sur des faits imputés à un fonctionnaire public et intervenue avant que le Conseil d'Etat ait autorisé les poursuites. En pareil cas, le juge d'instruction apprécie les faits en eux-mêmes et indépendamment de toute relation de ces faits avec le fonctionnaire public inculpé.

8 nov. 1867, 66-67, n° 133.

5. — Le décret du Conseil d'Etat refusant d'autoriser les poursuites contre un fonctionnaire public n'infirme pas l'ordonnance de non-lieu précédemment rendue par le juge d'instruction sur les faits imputés à ce fonctionnaire ; cette ordonnance n'ayant été l'objet d'aucun recours a acquis l'autorité de la chose jugée. — Le refus par le Conseil d'État d'autoriser les poursuites contre un agent du gouvernement ne saurait affranchir le dénonciateur qui aurait agi méchamment des peines de l'art. 373 du C. pén. et priver celui qui a été dénoncé du droit de poursuivre la réparation qui lui est due. On doit, dans cette position, donner suite à l'action en dénonciation calomnieuse, sauf au juge saisi à apprécier les moyens de défense qui seraient opposés par le prévenu.

8 nov. 1867, 66-67, n° 133.

Désaveu.

Dans quels cas il y a lieu à désaveu contre un avoué.

1. — L'avoué étant le mandataire de la partie pour laquelle il se constitue, il n'est pas nécessaire qu'elle signe les différents actes d'errements de procédure, puisque l'avoué, en y apposant sa signature, agit dans l'étendue de ses pouvoirs, et qu'il est de principe que lorsqu'il s'est constitué pour une partie il est présumé avoir pouvoir d'elle jusqu'au désaveu qu'elle forme.

22 déc. 1809, t. II, n° 290.

2. — L'avoué représente la partie pour tout ce qui est relatif aux errements de la procédure ; ainsi, en nommant un expert, l'avoué est toujours censé s'être conformé au mandat qu'il a reçu de sa partie, et celle-ci ne peut s'élever contre cette nomination si elle n'a formé un désaveu contre son avoué.

8 prairial an XII, t. I, n° 103.

3. — C'est la voie du désaveu que doit employer une partie qui prétend qu'un exploit d'ajourne-

ment a été signifié sans son consentement.

'28 août 1808, t. I, n° 225.

4. — Les soumissions faites à
l'audience par l'avocat, en présence
de sa partie qui n'a point réclamé
contre ces mêmes soumissions,
doivent être considérées comme
le fait propre de cette partie, qui
ne peut les désavouer.

L'avoué ne peut être désavoué
lorsqu'il n'a rien fait qui puisse
nuire à sa partie, ni dans le cas où,
sans les offres, aveux ou consen-
tements faits, donnés ou acceptés,
cette partie eût été également condamnée.

4 août 1808, t. I, n° 219.

5. — L'avoué n'est obligé de
s'opposer à la clôture du procès-
verbal d'ordre que lorsque son
mandant l'en a formellement
chargé, et dans le cas où il ne l'a
pas fait, l'avoué n'est pas passible
de dommages-intérêts envers celui pour lequel il agit; l'acte en
désaveu de cet avoué fait pour
pouvoir s'opposer à la clôture de
ce procès-verbal n'est pas admissible quand elle a eu lieu sans réclamation.

25 avril 1809, t. II, n° 276.

6. —Pour intenter une action en
désaveu, il ne suffit pas que l'acte
que l'on reproche à l'avoué ait été
signifié sans mandat, il faut encore
prouver que cet acte a servi de
base au jugement ou à l'arrêt attaqué par voie de désaveu et qu'il
soit justifié que sans cela il aurait
été impossible de juger autrement.

31 juillet 1811, t. II, n° 344.

7. — Une décharge de pièces
donnée par une partie à son avoué
ne porte que sur le matériel de
ces pièces et non sur les actions
qui peuvent provenir de la faute
ou du dol de celui qui les remet;
dès lors il n'en résulte aucune ratification tacite.

23 mars 1808, t. I, n° 197.

8. —En matière de désaveu, il

peut être décidé, d'après les circonstances de la cause, que la ratification des actes objets du litige
ne peut s'induire avec certitude de
la seule présence de la partie à
l'audience et du silence qu'elle aurait gardé lors de la lecture des
conclusions désavouées.

7 janvier 1862, 62–65, n° 1, p. 1.

Désaveu, V. Paternité et Filiation.

Désistement.

§ 1er. — *De la forme du désistement.*
(N°⁵ 1 à 9.)

§ 2. — *Des effets du désistement.* (N°⁵
10 à 16.)

§ 1er.

De la forme du désistement.

1. — L'acte en désistement
doit être signé par les parties à
la requête desquelles il est notifié,
et aucune disposition de cette loi
n'autorisant le mari qui plaide
conjointement avec sa femme à se
désister seul, tant en son nom
qu'au sien, le désistement qui n'est
pas signé par elle est nul.

17 février 1820, t. IV, n° 630, p. 48.

2. — Un désistement, quoique
signé par l'avoué de la partie qui
se désiste, n'est pas suffisant s'il
ne représente pas la procuration
spéciale donnée à cet effet par sa
partie.

20 février 1807, t. I, n° 163.

3. —Si l'art. 402 du C. de pr. autorise les désistements par de simples actes signés des parties ou de
leurs mandataires, et signifiés d'a-
voués à avoués, il faut que la partie à qui on signifie le désistement
puisse s'assurer de la sincérité des
signatures apposées à des mandats
sous signature privée; ainsi, le désistement dans lequel on donnerait seulement copie d'un pouvoir
sous signature privée doit être déclaré insuffisant.

15 janvier 1824, t. IV, n° 720, p. 176.

4. — La disposition de l'art. 402 qui exige que le désistement soit signé par la partie, n'est relative qu'au désistement se référant au fond du droit ou à une instance intentée que le demandeur veut abandonner, mais cette signature n'est pas exigée pour le désistement des actes de procédure, par exemple pour le désistement d'une saisie-exécution en remplacement de laquelle on en fait une autre.

Inédit. 9 déc. 1833, Garessus c. Gaume.

5. — Aucune loi n'ordonne que le désistement sera signifié à l'avoué de la partie adverse, il suffit qu'il ait été au domicile de celle-ci.

8 mai 1816, t. III, n° 480 *bis*.

6. — Une Cour ne peut s'arrêter au désistement qui se trouve consigné dans les motifs du jugement s'il n'est pas établi par les qualités qu'il ait été accepté ni qu'il en ait été demandé acte, lorsque d'autre part ce désistement n'a pas été rappelé dans le dispositif.

22 mai 1844, 43-44, n° 53.

7. — Une partie ne peut, sans le consentement de l'autre, à moins d'une disposition législative expresse, se désister de l'appel qu'elle a émis et se réserver d'en interjeter un nouveau sous une autre forme et dans un autre temps.

29 janvier 1824, t. IV, n° 843, p. 322.

8. — Un consentement donné par le poursuivant qui renonce à se prévaloir des actes d'une procédure en saisie immobilière ne peut être considéré comme un désistement de ces actes, parce qu'un désistement ne forme un contrat irrévocable que lorsqu'il a été accepté par la partie à laquelle on l'a fait signifier, et que jusque-là celle qui l'a fourni peut se rétracter; cependant le poursuivant, pour tout terminer, a le droit de renoncer aux errements de cette procédure ainsi qu'à l'adjudication préparatoire qui en a été la suite, en se soumettant à tous les dépens frustratoires faits jusqu'à cette époque, pour reprendre sa procédure à partir du moment où le saisi l'attaque comme vicieuse.

24 février 1813, t. II, n° 389.

9. — Le désistement et l'acceptation du désistement ne se présument pas; s'il est admis que les dispositions de l'article 402 du C. de pr. civ. ne sont point impératives, et que le désistement et son acceptation peuvent s'induire d'autres actes que ceux spécifiés dans l'art. 402, il faut, du moins, que l'intention des parties apparaisse clairement et ne laisse aucune place au doute.

19 juin 1865, 62-65, n° 86, p. 367.

§ 2.

Des effets du désistement.

10. — Le désistement pur et simple, signifié à requête d'un appelant, contient un acquiescement implicite au jugement dont appel et lui confère ainsi irrévocablement l'autorité de la chose jugée; aucune disposition du Code de pr. n'exige pour sa validité que l'acceptation soit expresse et ne permet, dans le cas où elle ne le serait point, de former incident pour le faire juger valable et suffisant lorsqu'il a été fait sans réserve.

22 mars 1821, t. IV, n° 799, p. 270.

11. — Lorsque l'appelant s'est désisté en forme légale, ce désistement ne peut être révoqué par conclusions postérieures sous prétexte que l'intimé a appelé incidemment, puisque c'est un privilège qui lui appartient en tout état de cause.

23 juin 1825, t. IV, n° 755, p. 210.

12. — Le désistement remettant les parties au même état qu'avant la demande, un jugement définitif n'est pas nul bien que rendu avant qu'il eût été statué sur l'appel d'un jugement interlocutoire intervenu dans la même cause, si depuis il y a eu désistement de cet appel.

17 février 1848, 47-48, n° 128.

13. — Celui qui s'est désisté de son appel peut être admis à en former un nouveau suivant les circonstances.

11 déc. 1843, 43-44, n° 11.

14. — Une fois que le ministère public a interjeté un appel *à minimâ*, il ne peut, par un désistement, arrêter le cours des poursuites.

15 juin 1845, 45, n° 61, p. 177.

15. — Le dol personnel et le fait de la retenue de pièces par la partie adverse donnant lieu, après des arrêts rendus en dernier ressort, à ouverture à requête civile, peuvent à plus forte raison motiver après un arrêt une demande en restitution contre un simple désistement.

16 février 1808, t. I, n° 191 *bis*.

16. — Le désistement déclaré à l'audience, sans pouvoir spécial, par les avoués, et suivi d'un arrêt de radiation, est opposable aux parties tant qu'il n'y a pas eu de recours en désaveu, et ce désistement fera courir, de *plein droit* et sans signification ni formalité, le délai d'enquête suspendu par l'appel.

... En ce cas, le désistement n'est d'ailleurs qu'un acquiescement à chose jugée.

3 déc. 1863, 62-63, n° 56, p. 196.

Destination du père de famille, V. SERVITUDES.

Devis et marchés, V. LOUAGE.

Diffamation, V. PRESSE, — OUTRAGE, — PUBLICATION.

Dispense de rapport, V. SUCCESSIONS.

Dispositions à titre gratuit entre-vifs et testamentaires.

SECTION PREMIÈRE.

DES DISPOSITIONS A TITRE GRATUIT SELON LE DROIT COMMUN.

CHAPITRE Ier.

DE LA CAPACITÉ DE DISPOSER OU DE RE-
CEVOIR PAR DONATION ENTRE-VIFS OU
PAR TESTAMENT.

§ 1er.

*De la capacité de disposer par donation
entre-vifs ou par testament.*

Sanité d'esprit.

1. — L'état de raison est l'état
naturel de l'homme. La présomption légale est en faveur de la capacité du donateur et de la validité
de l'acte.

Inédits. 11 mars 1835. Guy c. Rous-
seau. — 2e Ch., 26 juin 1841. Terroux
c. du Lédo. — 1re Ch., 27 août 1851.
De Tinseau.

2. — Lorsqu'il s'agit de prononcer la nullité d'une disposition, les témoignages verbaux doivent être admis avec la plus grande
circonspection. Il ne suffit pas
d'articuler la démence, il faut encore articuler des faits propres à
la démontrer.

Inédit. 1re Ch., 27 juin 1833. Barbi-
set c. Viel.

3. — Pour faire une donation ou un testament, il n'est pas nécessaire que l'esprit soit parfaitement sain. Il suffit qu'il n'y ait pas perte totale des facultés intellectuelles.

Inédit. 2ᵉ Ch., 6 mars 1833. Thierry c. Vuillier.

4. — Quand les dispositions ne présentent point en elles-mêmes de traces d'insanité d'esprit, la disposition est valable, quoique les facultés du donateur se soient progressivement affaiblies, s'il n'en résulte pas cet état d'imbécillité qui rend incapable de volonté.

Inédit. 24 mars 1834. Dornier c. Dornier.

5. — C'est à celui qui allègue les *intervalles lucides* à les prouver. Ils ne se présument pas. Le testament fait dans un intervalle lucide, même après l'interdiction, est valable.

Inédit. 1ʳᵉ Ch., 8 décembre 1825. Gagneur c. Prost.

6. — Les testaments et donations peuvent être attaqués après la mort du testateur pour cause de démence, quoique l'interdiction n'ait été ni prononcée ni même provoquée avant son décès, et encore que la preuve de la démence ne résulte pas de l'acte même; ainsi, l'article 504 du Code civil n'est applicable ni aux donations ni aux testaments.

La preuve de la démence d'un testateur est inadmissible, si les faits desquels on prétend la faire résulter ne sont pas précisés.

19 décembre 1810, t. II, n° 323.

7. — Un testament peut être annulé par ce motif qu'il n'était pas justifié que le testateur, qui ne jouissait pas depuis quelque temps avant la confection de cet acte de toutes ses facultés intellectuelles, avait disposé dans un intervalle lucide, et qu'à cette époque il n'avait pas habituellement cette sanité d'esprit qui, malgré des intervalles plus lucides, puisse ga-

rantir suffisamment la liberté d'esprit et la volonté qui doivent caractériser les dernières dispositions.

8 décembre 1825, t. IV, n° 765, p. 218.

7 bis. — La preuve testimoniale de faits de démence d'un testateur ne peut être admise contre un testament olographe, lorsque cet acte ne renferme que des dispositions sages, et que les circonstances qui l'ont précédé et accompagné attestent la volonté déterminée du testateur dans ses dispositions.

24 août 1813, t. II, n° 100.

8. — Jugé, avant le Code civil, qu'on ne peut pas attaquer, après cinq années écoulées depuis le décès d'une personne que l'on prétend avoir été en démence, un acte de donation fait par cette personne contrairement aux dispositions des lois connues sous le titre de *Ne de statu defunctorum post quinquennium quæratur* et à l'opinion de Dunod, *Des Prescriptions*, p. 159.

30 ventôse an II, t. I, n° 71.

§ 2.
De la capacité de recevoir par donation entre-vifs ou par testament.

1° Ancien droit.

9. — Avant la promulgation du Code civil, toutes libéralités étaient prohibées entre personnes qui avaient vécu en état de concubinage adultérin : cette prohibition s'étendait même aux avantages que les concubinaires auraient tenté de se faire par voie indirecte en les déguisant sous la forme d'un contrat onéreux.

2 février 1820, t. IV, n° 628.

10. — D'après la jurisprudence constante du royaume, avant le Code civil, la fille qui avait été séduite par un homme engagé dans les liens d'un mariage non dissous n'avait aucune action en indemnité contre son séducteur : elle était incapable de rien

recevoir de lui à ce titre et ne pouvait demander ni obtenir, dans le
cas où elle serait devenue enceinte,
que les frais de couches, les sommes qu'elle lui aurait prêtées réellement ou qui lui seraient légitimement dues et les effets mobiliers
qu'elle lui aurait confiés ou qu'elle
aurait déposés entre ses mains.

2 février 1820, t. IV, n° 628, p. 46.

11. — L'ordonnance de 1731
n'a apporté aucun changement à
l'ancien droit relatif aux donations
faites par un père à son enfant en
puissance : en conséquence, une
donation faite en 1791 et avant
que la loi du 20 septembre 1792,
qui a fixé la majorité à 21 ans,
fût rendue, était régie par les dispositions du droit romain; et suivant la loi 25, C. *De don. inter vi-
rum et uxorem*, les donations faites
par un père aux enfants sous sa
puissance étaient valables si le
père ne les révoquait point.

13 mars 1818, t. III, n° 531.

2° Tuteurs des mineurs.

12. — Aux termes de l'art. 907,
le tuteur ne peut recevoir de son
pupille une libéralité entre-vifs ou
testamentaire, à défaut d'un
compte de tutelle préalablement
rendu et apuré. Dans l'hypothèse
de deux tutelles successives, l'o-
bligation pour le second tuteur
d'exiger un compte de la précédente tutelle engage sa responsabilité personnelle, et il ne saurait
s'en exonérer en soutenant que
celui qui objecte ce défaut de reddition de compte était lui-même
héritier du premier tuteur et lui
devait dès lors garantie pour le
compte qui n'a pas été rendu.
Un acte de liquidation et partage de la succession de la précédente tutrice entre le pupille devenu majeur et son second tuteur
ne saurait tenir lieu d'un compte,
s'il ne renfermait un compte spécial et régulier de la double gestion tutélaire.

27 nov. 1862, 62-65, n° 24, p. 83.

3° Enfants naturels.

13. — Un enfant naturel légalement reconnu dont le père est
vivant ne peut recevoir par disposition entre-vifs ou testamentaires,
de son aïeule maternelle, une portion de sa fortune, et l'institution
d'héritier faite en sa faveur pour
la lui transmettre est nulle.

25 juin 1807, t. I, n° 174.

4° Communes, hospices, établissements ecclésiastiques.

14. — Il n'était point nécessaire pour la validité d'un legs fait
en 1785, à titre de fondation, aux
curés et familiers d'une église, qu'il
intervînt des lettres patentes, puisque les legs de cette espèce étaient
dispensés de cette formalité par la
déclaration de 1749, attendu que
l'homologation de pareille fondation par le parlement n'était pas
ordonnée à peine de nullité ni
dans un délai déterminé.

29 août 1820, t. IV, n° 647, p. 73.

15. — Un hospice ne peut accepter une donation entre-vifs
qu'après y avoir été dûment autorisé par arrêté du gouvernement,
et cette autorisation ne peut rétroagir et valider l'acceptation qui
l'a précédée.

25 novembre 1814, t. II, n° 419.

16. — Les tribunaux peuvent
ordonner toutes les mesures provisoires ayant pour but d'assurer,
après l'obtention de l'autorisation
administrative, la pleine et entière exécution des dispositions
faites au profit des hospices, communes et autres établissements
d'utilité publique; mais ils ne peuvent prescrire l'exécution de ces
dispositions avant que l'autorisation administrative ait été obtenue.

27 novembre 1860, 60-61, n° 37.

17. — L'autorisation exigée
par l'art. 910 du C. N. pour la validité des donations faites au profit d'une fabrique étant requise
dans un intérêt d'ordre public, il

ne peut y être suppléé par le consentement du donateur ou de ses héritiers.

23 juin 1852, 49-52, n° 126.

18. — Si une fabrique d'église légataire d'une rente l'accepte par le fait de son trésorier, avant d'y être autorisée par le gouvernement, l'autorisation qui survient ne rétroagit pas au jour de l'acceptation provisoire, et la fabrique n'a droit aux arrérages qu'à dater de l'ordonnance rendue.

1er avril 1848, 47-48, n° 82.

5° Personnes interposées.

19. — La présomption légale d'interposition de personne, décrétée par l'art. 911 du C. N., ne s'applique qu'aux incapacités absolues d'ordre public établies par les art. 907, 908, 909 et 910 du C. N. et non à une incapacité relative résultant de stipulations privées. Spécialement, lorsque des père et mère instituent contractuellement leurs deux filles, chacune pour moitié, dans les biens qu'ils ont ou auront, en se réservant toutefois un immeuble déterminé et en s'interdisant la faculté d'en disposer au profit exclusif de l'une de ces filles, l'incapacité de disposer et de recevoir résultant de ces stipulations est relative et d'ordre privé; en conséquence, la présomption légale d'interposition de personne de l'art. 911 du C. N. ne saurait s'appliquer, et le père ou la mère donateurs restent libres, chacun dans la proportion de ses droits sur l'immeuble réservé, d'en disposer au profit des enfants de l'une des deux filles.

16 mars 1857, 53-57, n° 122, p. 380.

20. — Les dons et legs faits à la mère par le père d'un enfant naturel ne peuvent être déclarés nuls, comme faits à une personne interposée, que dans le cas où ces libéralités, réunies à ce que l'enfant naturel a obtenu de son père, excéderaient ce dont le père aurait pu disposer directement au profit de son fils.

26 février 1829, 29, n° 17, p. 67.

21. — Un héritier a qualité et intérêt à repousser l'action de légataires, en soutenant que la disposition testamentaire invoquée n'est qu'une disposition fidéicommissaire faite sous le nom d'une personne interposée au profit d'une fabrique, dans le but d'éluder la loi et de se soustraire à la condition de l'autorisation du gouvernement.

L'interposition de personne accomplie dans le but d'éluder le contrôle du gouvernement sur les dons faits à des établissements publics constitue une fraude à la loi, et peut être établie par conséquent au moyen de la preuve testimoniale.

3 juin 1864, 62-65, n° 55, p. 266.

CHAPITRE II.

DES CONDITIONS INTRINSÈQUES NÉCESSAIRES A L'EXISTENCE ET A LA VALIDITÉ DES DISPOSITIONS A TITRE GRATUIT.

§ 1er.

Des conditions intrinsèques requises pour les donations entre-vifs.

22. — La convention, quoique qualifiée donation par les parties, ne doit pas être régie par les règles relatives aux donations, si les charges équivalent aux avantages ou les dépassent.

Inédit. 2e Ch., 30 mai 1857. Perins c. Mathey.

§ 2.

Des conditions intrinsèques requises pour la validité des dispositions testamentaires.

1° De l'erreur et du dol en fait de dispositions testamentaires.

23. — Il n'est pas de texte spécial autorisant l'action en nullité de testament pour suggestion ou captation. Cette faculté découle des principes généraux posés dans les art. 1109 et 1116 du C. N.

Inédit. 1re Ch., 27 juin 1833. Bapliste c. Niel.

2° Des dispositions testamentaires laissées à la volonté d'autrui ou faites au profit de personnes incertaines.

24. — La disposition par laquelle le testateur, après avoir légué à quelqu'un le huitième de ses biens, a dit qu'il lui *remet* tout le reste de ses biens, meubles et immeubles, *pour en disposer comme il sait, et qu'il lui a dit de vive voix, ou qu'il lui notera par écrit, en s'en rapportant à sa conscience pour cela et le chargeant de tous frais funéraires, dons, charités, etc.*, doit être déclarée nulle comme faite au profit d'une personne incertaine et dès lors comme ne manifestant point suffisamment la volonté du testateur.

6 février 1827, 27-28, n° 8.

25. — La disposition testamentaire ainsi conçue : *Pour les pauvres, pour charités, pour l'église et pour prières, mon héritier universel se conformera à ce que je lui ai dit et écrit, me confiant à lui*, est valable ; on ne peut dire qu'elle renferme un *fidéicommis* et qu'elle soit faite au profit d'une personne incertaine.

22 mai 1828, 27-28, n° 88.

26. — Les mots bonnes œuvres de *charité religieuse*, employés dans une disposition testamentaire, doivent s'entendre de libéralités envers les pauvres de la commune du testateur, libéralités que le bureau de bienfaisance, seul représentant légal des pauvres, est appelé à recueillir.

31 mai 1866, 66-67, n° 35.

CHAPITRE III.

DES FORMALITÉS REQUISES POUR LA VALIDITÉ EXTRINSÈQUE DES DISPOSITIONS A TITRE GRATUIT.

§ 1er.

De la forme des donations entre-vifs.

De la manière dont le consentement des parties doit être constaté.

27. — Sous l'ordonnance de 1731 les donations entre-vifs devaient être faites par acte passé devant notaire. En conséquence, elles ne pouvaient être faites dans un contrat de mariage passé dans la province de Normandie, qui permettait de rédiger ces contrats par acte sous seing privé.

11 avril 1829, 29, n° 38, p. 135.

28. — Lorsque l'acceptation d'une donation a lieu par acte séparé, la propriété des objets donnés n'est transférée au donataire que par la notification faite par lui au donateur de l'acte contenant l'acceptation. En conséquence, est nulle la donation acceptée par acte séparé lorsque l'acte contenant acceptation n'a pas été notifié du vivant du donateur et ne l'a été qu'à ses héritiers. — En pareil cas, la donation manque d'une condition essentielle à son existence, à savoir le concours des volontés du donateur et du donataire exprimées en forme authentique et réciproquement connues des deux parties.

2 mai 1860, 60-61, n° 17.

29. — Le notaire second ou les témoins instrumentaires doivent assister à la rédaction de la donation à peine de nullité.

Inédit. 2e Ch., 18 août 1839. Saulgeot c. Laligant.

30. — Une donation à charge doit être revêtue de toutes les formalités voulues pour les donations pures et simples.

25 nov. 1814, t. II, n° 419.

31. — La donation d'effets mobiliers n'est assujettie à aucune autre formalité qu'à la tradition des objets dont le donateur veut se dessaisir ; il peut même charger un tiers de faire la remise de ces effets.

Il en doit être ainsi décidé à l'égard de billets à ordre revêtus d'endossements en blanc ; la simple remise de ces titres à une personne en constate la donation, lorsque le donateur lui a in diqué ceux à qui il les destinait ; elle ne doit pas être considérée comme un simple mandat, mais elle a transféré la propriété desdits effets.

15 déc. 1812, t. II, n° 379.

32. — Est nulle la donation déguisée sous forme de vente, même entre personnes à qui il n'est pas défendu de s'avantager.

28 frimaire an IX, t. I, n° 11.

33. — La donation déguisée sous le nom de vente est nulle ; elle ne peut subsister que lorsque l'on a employé les formalités voulues pour la donation entre-vifs

Les héritiers de la personne qui a ainsi disposé peuvent arguer de simulation l'acte souscrit par leur auteur.

30 mars 1810, t. II, n° 301.

34. — Une donation peut être faite sous la forme d'une vente, lorsque la personne à qui l'on donne n'est pas incapable de recevoir, mais seulement la disposition est réductible à la portion disponible, si elle l'excède.

6 mai 1818, t. III, n° 534.

35. — Lors même qu'on pourrait admettre que le souscripteur d'effets de commerce n'en a pas touché la valeur, ils devraient être considérés comme libéralités qu'il a voulu faire au profit de celui à qui ils étaient payables, lorsque celui qui les a signés n'avait point d'héritiers à réserve, parce que, d'après la jurisprudence et le rapprochement des dispositions du Code civil, les libéralités faites sous la forme de contrat onéreux sont valables, sauf la réduction à la quotité disponible.

11 août 1821, t. IV, n° 808, p. 280.

36. — Une donation déguisée sous la forme d'un contrat onéreux est valide, quoique non revêtue des formalités voulues pour les actes de cette espèce.

10 mai 1828, 27-28, n° 82.

37. — La donation déguisée sous la forme de contrat onéreux est valable ; mais la différence qui sépare le prix porté à l'acte de la valeur réelle de la chose constitue un avantage indirect.

15 nov. 1843, 43-44, n° 1.

38. — Est valable la donation déguisée sous la forme d'un contrat à titre onéreux.

28 mai 1846, 46, n° 107, p. 267.

39. — Sont valables les dispositions entre-vifs indirectes ou déguisées, quand la loi ne défend pas aux parties de s'avantager entre elles au préjudice des tiers.

Spécialement, est valable la donation faite pendant le mariage à l'un des époux au profit de l'autre et déguisée sous la forme d'acquisition en remploi.

23 décembre 1859, 58-59, n° 45.

40. — Une obligation nulle en raison d'une cause illicite ne peut être invoquée comme renfermant une donation déguisée sous forme de contrat à titre onéreux ; le vice qui affecte l'obligation dans son essence l'empêche de produire aucun effet, même comme libéralité.

19 mars 1862, 62-65, n° 7, p. 19.

41. — Est valable la donation déguisée sous la forme d'un contrat à titre onéreux, pourvu que les conditions exigées pour la régularité de ces sortes de contrats soient remplies.

2 mai 1866, 66-67, n° 26.

§ 2.

De la forme des testaments.

A. Généralités.

1° De la diversité des formes testamentaires suivant la nationalité du testateur et le pays où le testament a été fait.

42. — Dans l'ancien droit comme dans le nouveau, un Français pouvait faire en pays étranger un testament olographe, quoique dans ce pays la forme du testament olographe ne fût pas admise.

12 mars 1829, 29, n° 22, p. 83.

43. — Le testament fait en pays coutumier, et dans lequel il existe un simple legs d'usufruit en faveur de la mère du testateur, sans que la forme d'institution ait été employée, est néanmoins valable.

Les dispositions universelles faites entre personnes étrangères, et qui étaient mariées lors de la publication de la loi du 17 nivôse an II, ont été maintenues.

19 mai 1809, t. II, n° 262.

44. — L'art. 999, qui place le testament olographe en dehors de la règle *Locus regit actum*, n'est qu'une interprétation de l'ancien droit. Il peut donc être appliqué à des testaments de date antérieure à la publication du Code civil.

12 mars 1829, 29, n° 22, p. 83.

2° Des dispositions législatives qui règlent la forme des testaments.

45. — La confirmation renfermée en termes généraux dans un testament postérieur ne peut valider un testament nul dans son principe, et qui a été fait dans l'ancienne législation ; il faut que la disposition contenue dans le premier testament se trouve retracée dans le second.

19 mai 1809, t. II, n° 262.

B. Spécialités sur les différentes espèces de testaments.

1° Des testaments ordinaires.

A. Du testament olographe.

1. Formalités de ce testament.

a. Écriture.

46. — La nullité des dispositions mises à la suite d'un testament et qui ne s'y rattachent point nécessairement par aucun signe matériel ni par un lien intellectuel ne peut réagir contre la validité de l'acte régulier, distinct et indépendant, qui le précède, si ces additions successives et séparées ne forment pas avec lui une œuvre unique et indivisible..., encore même que le testateur eût dû considérer comme valables chacune d'elles.

Il en est ainsi notamment des dispositions nulles faisant suite à un testament complet et régulier écrit sur plusieurs feuilles, bien que le testateur ait eu soin de les paginer et d'apposer sur chaque marge une signature *ne varietur*.

21 janvier 1857, 53-57, n° 115, p. 353.

b. Date.

47. — La date n'est exigée dans un testament olographe que pour décider, au cas où il existerait plusieurs dispositions de cette nature, celle qui devrait être préférée ; l'art. 970 du C. N., en prescrivant cette formalité, n'ayant point déterminé dans quelle partie de l'acte elle serait observée, elle peut être placée au commencement, au milieu ou à la fin de l'acte, dont la date est une partie substantielle et constitutive.

9 juillet 1818, t. III, n° 597.

48. — Un testament olographe n'est pas nul par le fait seul que la date se trouve écrite immédiatement après la signature, lorsque le testateur y a déclaré qu'il était écrit, daté et signé de sa main, et que cette date paraît écrite avec la même plume, la même encre, sans intervalle de temps et aussitôt après la signature.

7 février 1822, t. IV, n° 826, p. 299.

49. — Lorsqu'à la suite de la date d'un testament olographe se trouve une nouvelle disposition non datée, elle peut être déclarée valable si, par son contexte, elle forme un seul et même tout avec le testament.

Spécialement, est valable la disposition additionnelle et signée du testateur par laquelle, après avoir signé et daté l'acte de ses dernières volontés, il veut en assurer l'exécution en nommant un exécuteur testamentaire.

21 janvier 1857, 53-57, n° 115, p. 353.

50. — La clause inscrite en marge d'un testament olographe qui renferme constitution d'un legs est une institution distincte et séparée de ce testament. Elle sera donc nulle, conformément à l'art. 970 du C. N., lorsque le testateur aura négligé de lui donner une date particulière.

19 juillet 1861, 60-61, n° 59.

51. — Une simple omission ou une erreur involontaire dans la date d'un testament olographe peut être complétée et redressée par des indications puisées dans l'acte lui-même, mais l'incertitude d'une date démontrée fausse ou altérée ne saurait être réparée à l'aide de la preuve testimoniale et par des documents extrinsèques ou postérieurs au testament.

25 juin 1862, 62-65, n° 20, p. 66.

52. — On ne peut, par assimilation d'une date inexacte à une absence de date, conclure à la fausseté d'un testament, si le fait matériel que la date a été réellement écrite par le testateur n'est pas méconnu ; il n'y a pas lieu dans ce cas à inscription de faux.

La preuve de l'erreur de la date ne peut être tirée que du testament lui-même, quand il n'est pas articulé que cette antidate est frauduleuse et a pour but de dissimuler des causes de nullité.

22 avril 1864, 62-65, n° 52, p. 259.

2. De la force probante du testament olographe.

53. — Quoique les art. 969, 970, 1006, 1007 et 1008 du Code civil accordent aux testaments olographes la même force exécutoire qu'à ceux reçus par des officiers publics avec les formalités prescrites, ils n'en changent point la nature et ne leur ôtent point le caractère d'écriture privée qui résulte de la forme dans laquelle ils ont été rédigés, et les héritiers à réserve, comme les héritiers institués, peuvent demander la vérification par experts des écrits et signature du testateur.

26 avril 1820, t. IV, n° 826, *in fine.*

54. — Le légataire qui se prévaut d'un testament olographe doit en prouver la sincérité, même après l'envoi en possession.

Inédits. 1re Ch., 31 mai 1841. Louvet c. Louvet. — 2e Ch., 23 mars 1842. Gauthier c. Amiot. — 1re Ch., 23 février 1843. Billard c. Billerey et Duval.

55. — Si les écrits et signature d'un testament olographe sont déniés par les héritiers naturels, c'est sur le légataire que pèse la charge de la preuve, alors même qu'il a été préalablement envoyé en possession.

31 mars 1846, 46, n° 96, p. 242.

56. — C'est à celui qui se prétend légataire en vertu d'un testament olographe à faire preuve, en cas de contestation, de la sincérité des écrits et signature. Il en est ainsi notamment quand sa demande est dirigée contre un autre légataire qui, par suite d'un testament olographe antérieur, a obtenu la délivrance de son legs.

29 avril 1847, 47-48, n° 35.

57. — En cas de dénégation de l'écriture d'un testament olographe, c'est au légataire à établir que l'acte dont il se prévaut est réellement l'œuvre du défunt.

29 juin 1850, 49-52, n° 103.

58. — Si les écrits et signature d'un testament olographe sont déniés par les héritiers naturels, la vérification est à la charge du légataire, eût-il été antérieurement envoyé en possession.

1er mars et 3 juillet 1849, 49-52, n° 4.

59. — La vérification de l'écriture et de la signature d'un testament olographe est à la charge non de l'héritier légitime qui les méconnaît, mais du légataire universel, même déjà envoyé en possession.

23 mars 1842. *Journal du palais,* 1842, 2e partie, p. 363.

60. — La vérification de l'écriture et de la signature d'un testament olographe est à la charge de l'héritier *ab intestat* lorsque le légataire a été envoyé en possession.

23 février 1858, 58-59, n° 9.

61. — La vérification de l'écriture et de la signature d'un testament olographe est à la charge des héritiers *ab intestat* lorsque le légataire a été envoyé en possession.

2 déc. 1858, 58-59, n° 28.

62. — Le légataire universel régulièrement envoyé en possession, sur la présentation d'un testament olographe, n'a rien à prouver pour se maintenir en cette possession. C'est à l'héritier naturel qui dénie les écrits et signature à prouver que le testament n'émane pas de celui à qui il est attribué.

6 février 1861, 60-61, n° 46.

63. — L'ordonnance du président, portant envoi en possession d'un légataire universel institué par testament olographe, donne au légataire universel le titre de défendeur vis-à-vis de l'héritier qui dénie l'écriture du testament, et la vérification tombe à la charge de ce dernier.

26 février 1868, 68-69, n° 6, p. 25.

64. — La vérification de l'écriture d'un testament olographe incombe à l'héritier non réservataire qui dénie cette écriture, et non au légataire universel envoyé en possession en vertu de ce legs.

5 mai 1869, 70-71, n° 23.

65. — Est nul le testament olographe antidaté pour masquer le vice de son origine et dissimuler, par exemple, l'incapacité du testateur atteint d'aliénation mentale à l'époque véritable où le testament a été fait.

Les héritiers *ab intestat* qui attaquent ce testament ne sont point tenus, pour prouver la fausseté de la date, de recourir à l'inscription de faux ou de ne puiser leurs preuves que dans le testament seul ; il s'agit d'une fraude à la loi,

et dès lors, selon le droit commun, cette fraude peut être établie par la preuve testimoniale et les présomptions.

19 mai 1862, 62-65, n° 16, p. 55.

B. Du testament par acte public.

1. Des personnes qui doivent concourir à la confection d'un testament par acte public.

66. — Sous l'empire de l'ordonnance de 1735, il suffisait que le testament d'un aveugle fût fait en présence de six témoins, et il n'y avait pas nullité pour n'en avoir pas appelé huit.

10 mars 1808, t. I, n° 194.

67. — Un étranger ne peut revendiquer la qualité de Français, et par conséquent paraître comme témoin dans un testament, s'il n'a tout à la fois 1° obtenu l'autorisation préalable à l'effet de s'établir en France ; 2° fixé sa résidence ultérieure pendant dix années consécutives sur le sol français ; 3° obtenu une ordonnance du roi déclarative de naturalité.

Dans le droit romain, la capacité putative dans les témoins testamentaires ne suffisait qu'autant que l'erreur sur l'état de la personne du témoin était le résultat de faits tellement éclatants, qu'il aurait été impossible à la prudence ordinaire de ne pas tomber dans l'erreur.

Ainsi, et à supposer que ces principes du droit romain soient encore applicables sous l'empire du Code civil, on ne pourrait considérer comme témoin ayant une capacité putative suffisante, l'étranger qui aurait obtenu d'une mairie seulement la jouissance des droits civils, aurait fait partie de la garde nationale en 1815, se serait marié en France avec une Française et aurait déjà paru comme témoin dans un testament, alors surtout que son contrat de mariage et la déclaration faite à la mairie qu'il entendait se fixer en France constatent qu'il était né en pays étranger.

28 janvier 1829, 29, n° 7, p. 23.

68. — L'article 980 du C. N. a dérogé pour les testaments à la loi du 25 ventôse an XI, qui exige que les témoins des actes reçus par des notaires soient domiciliés dans l'arrondissement, parce qu'il est de principe que lorsqu'il existe une loi spéciale sur une matière, la loi générale n'est applicable que dans les cas pour lesquels la loi spéciale ne s'est point expliquée. L'expression *républicole*, appliquée aux témoins, indique que l'intention du législateur a été d'écarter la qualité de *domicilié dans l'arrondissement*, exigée par la loi de ventôse.

4 août 1825, t. IV, n° 761, p. 215.

69 — Un individu appartenant au royaume de Savoie, qui était venu se fixer en France lorsque ce royaume était en partie réuni à la France, mais qui depuis 1814 n'a pas obtenu des lettres de naturalisation, ne peut être témoin dans un testament, lors même qu'il jouirait des droits civils.

L'opinion commune dans laquelle serait le public qu'un individu appelé dans un pareil acte comme témoin avait la qualité de citoyen français, suffit pour sa validité, si cette erreur est appuyée sur des faits certains, ou si du moins on demande à les établir.

16 nov. 1826, t. V, n° 916.

70. — L'art. 9 de la loi du 25 ventôse an XI, qui exigeait pour les témoins instrumentaires la qualité de citoyen français, a été abrogé pour les témoins testamentaires par l'art. 980 du C. N.

C'est à l'époque du testament qu'il faut se reporter pour apprécier les faits tendant à établir l'erreur commune sur la capacité d'un témoin.

Pour que la capacité putative de l'étranger qui a servi de témoin à un testament puisse remplacer la capacité réelle, il faut que l'erreur générale soit fondée sur une série d'actes de nature à former une possession publique et paisible de la qualité de Français, en telle sorte

qu'il eût été complétement impossible de s'en défendre.

26 juin 1844, 43-44, n° 70.

71. — Quel que soit le vice de forme qui fasse annuler un testament authentique, le notaire rédacteur en est responsable, encore qu'il n'y ait aucune mauvaise foi de sa part, s'il ne justifie que le vice provient d'une cause étrangère dont les conséquences ne sauraient lui être imputées. — Spécialement, si l'un des témoins, fût-il produit par le testateur, était allié de l'un des légataires au degré prohibé par la loi, le notaire n'est excusable qu'autant que ce témoin interpellé l'a induit en erreur par une réponse mensongère, consignée dans le corps de l'acte. — L'absence de cette précaution ne constitue pas une faute lourde qui doive être assimilée au dol, et le notaire peut être condamné, pour toute réparation envers l'un des légataires évincés, aux dépens à titre de dommages-intérêts.

Les héritiers du notaire rédacteur d'un testament annulé pour vice de forme ne peuvent se soustraire à l'action du légataire évincé en soutenant que leur auteur eût dû être appelé en garantie dans l'instance originaire, s'ils ne justifient pas de moyens péremptoires à l'aide desquels celui qu'ils représentent eût pu repousser la demande en nullité dirigée contre le testament.

20 nov. 1844, 43-44, n° 86.

72. — Est valable le testament authentique fait en présence d'un témoin étranger, alors que ce témoin était considéré par tout le monde comme citoyen français.

17 déc. 1861, 60-61, n° 68.

73. — L'interpellation faite aux témoins sur leur capacité civile et leur réponse affirmative ne dégagent pas la responsabilité du notaire qui reçoit un testament, quand il a eu d'autres moyens de s'assurer de leur aptitude, et spécialement quand des circonstances de fait devaient lui révéler l'incapacité notoire de l'un d'eux.

17 mars 1864, 62-65, n° 51, p. 257.

74. — Lorsqu'un testament par acte public est annulé par suite de la minorité de l'un des témoins instrumentaires, le notaire qui a reçu ce testament est responsable de la nullité, si, alors qu'il ne connaissait pas ce témoin, il ne s'est point fait attester son état par deux citoyens de lui connus et ayant les qualités requises pour être témoins instrumentaires.

27 janvier 1865, 62-65, n° 75, p. 329.

75. — Jugé que, dans le cas de destruction d'un testament par incendie des minutes d'un notaire, il n'est pas nécessaire de prouver par témoins la régularité de ce testament, mais seulement son existence, les dispositions qu'il renfermait et sa destruction.

13 messidor an XII, t. I, n° 105.

2. Formalités du testament par acte public.

a. Dictée.

76. — La dictée existe alors même que le testament a été fait au moyen de réponses à des interpellations.

Inédit. 1re Ch., 26 mars 1860. Clavelin c. Tissot.

b. Mention de l'accomplissement des formalités.

77. — Il n'y a pas nullité dans un testament lorsque le notaire a placé dans la bouche du testateur la mention de l'accomplissement d'une partie des formalités qui sont exigées par le Code civil, quand le notaire, par la même phrase, s'est approprié la mention de l'accomplissement de ces formalités faites par le testateur.

On ne remplit pas le vœu de l'art. 972 du C. civil, qui exige la mention expresse de la lecture au testateur en présence de témoins, lorsqu'il faut se livrer à des raisonnements pour prouver que ces témoins ont été présents à cette lecture.

4 janvier 1813, t. II, n° 384.

78. — D'après l'article 5 de l'ordonnance de 1735, le testament nuncupatif devait être prononcé en présence du notaire qui en écrivait les dispositions; après quoi on donnait lecture de l'acte, et il devait être fait mention de cette lecture par le notaire.

La Cour a décidé que des termes rapportés ci-après il ne résultait pas une preuve suffisante que ce fût le notaire qui eût fait mention des formalités de l'acte :

« Moi, etc., ai fait mon testament nuncupatif dont j'ai dicté les dispositions au notaire soussigné, en présence.... Après avoir ainsi dicté mes dispositions, lecture m'en ayant été faite par ledit notaire, je les ai trouvées conformes à mon intention. Ainsi fait, lu et passé en la résidence du testateur pardevant François Gaudion, notaire, en présence de... »

25 février 1819, t. IV, n° 604.

79. — Un testament fait le 23 prairial an XI n'est pas nul parce que la mention de l'accomplissement des formalités prescrites par l'art. 972 du Code civil aurait été placée dans la bouche du testateur et non dans celle du notaire, si le testateur et le notaire lui-même déclarent dans ce même acte que toutes les formalités ont été remplies. Le notaire s'appropriant ainsi tout ce que dit le testateur, le vœu de la loi est rempli, d'autant plus qu'il n'existe point de formule sacramentelle pour ces sortes d'actes.

22 juin 1825, t. IV, n° 754, p. 209.

80. — L'art. 972 du Code civil ne prononce pas la nullité du testament dans le cas où les mentions qui y sont prescrites seraient faites par le testateur lui-même plutôt que par le notaire qui en reçoit et signe l'acte.

22 mai 1823, t. IV, n° 829, p. 305.

81. — L'art. 972 du Code civil n'a pas déterminé les expressions qu'on emploierait pour attester l'accomplissement des formalités requises pour la validité des dispositions de dernière volonté, pas plus que l'endroit du testament où serait placée la mention de leur observation. Il suffit que le notaire, après avoir écrit en présence des témoins et sous la dictée du testateur, fasse aux témoins et au testateur lecture simultanée de toutes les dispositions, qu'il l'énonce d'une manière expresse, et qu'il ne soit pas possible de douter que toutes les formalités ont été remplies. Lorsque les termes employés présentent quelque ambiguïté, l'interprétation se fait toujours en faveur du testament et pour le déclarer valable.

18 décembre 1823, t. IV, n° 838, p. 316.

82. — On n'est point obligé d'employer des termes sacramentels pour exprimer les mentions ordonnées par les art. 972 et 1001 du C. N.; des expressions équivalentes suffisent, pourvu qu'elles aient absolument la même signification que celles adoptées par le législateur.

5 déc. 1815, t. III, n° 463.

83. — Les dispositions de la loi du 25 ventôse an XI sont applicables aux testaments comme aux autres actes; ainsi, un testament est nul si la mention de la lecture du testament en présence de témoins est précédée des signatures, ou s'il existe des surcharges, additions et interlignes qui portent sur des formalités substantielles.

Le notaire qui a placé la mention de la lecture au testateur en présence des témoins, après les signatures de l'acte, a commis une faute grave qui équivaut au dol et devient par conséquent passible des dommages et intérêts des parties si le testament est annulé.

1er février 1816, t. III, n° 563.

84. — La mention de l'écriture faite dans un testament ne peut être suppléée par les mots *fait, lu, passé et rédigé* par le notaire.

27 novembre 1806, t. I, n° 154.

85. — La formalité prescrite par l'art. 972 du C. N. de donner lecture au testateur en présence des témoins du testament ne peut résulter du contexte général de l'acte ni d'aucune présomption ou conjecture; la mention de l'accomplissement de cette formalité doit être formelle et textuelle, de manière à ne laisser aucun doute.

6 décembre 1806, t. I, n° 155.

86. — La mention de la lecture faite au testateur n'était pas nécessaire à la validité d'un testament fait dans un pays de coutume; celle de la simple lecture suffisait pour remplir le vœu de l'ordonnance de 1735.

19 mai 1809, t. II, n° 262.

87. — La mention de la lecture d'un testament au testateur en présence des témoins doit être formellement exprimée et ne peut résulter des différents raisonnements au moyen desquels on pourrait l'établir.

5 août 1811, t. II, n° 345.

88. — La mention qu'un testament a été lu au testateur en présence des témoins est suffisante, quoique ces mots, *en présence des témoins*, ne suivent pas immédiatement les mots *lu au testateur*, si d'ailleurs ils se trouvent à la fin de la phrase et se rapportent à tout ce qui précède.

1er avril 1811, t. II, n° 336.

89. — La loi qui veut que la lecture d'un testament soit donnée au testateur en présence de témoins, et qu'il soit fait du tout mention expresse, n'ajoute pas que cette mention portera textuellement que c'est le notaire qui a lu, d'où l'on doit conclure qu'en omettant d'exprimer que c'est le notaire lui-même qui a fait la lecture, on ne commet aucune nullité.

8 mai 1815, t. III, n° 460.

90. — Il y a suffisante mention de la lecture du testament au testateur, en présence des témoins, dans la phrase suivante, qui est d'un seul contexte : « Fait, lu et » passé en présence des sieurs... » les quatre appelés comme té- » moins, qui ont signé ledit testa- » ment avec ledit notaire ; la tes- » tatrice a déclaré en présence des- » dits témoins ne savoir ni écrire » ni signer ses nom et prénoms, » sur la réquisition et interpella- » tion qui lui a été faite de le faire » par ledit notaire, en déclarant » que son présent testament est » conforme à sa volonté, et y a per- » sisté après lecture à elle faite. »

19 février 1824, t. IV, n° 725, p. 179.

91. — Il y a suffisante mention de la lecture au testateur en présence de témoins dans un testament ainsi terminé : « Ecrit en » entier par ledit notaire, qui en » a fait lecture intelligible à la tes- » tatrice et aux témoins. Fait, lu » et passé devant ledit notaire, en » présence desdits témoins, qui » tous ensemble ont assisté dès le » commencement du présent, fait » sans interruption. »

3 mars 1819. t. IV, n° 771, p. 226.

92. — La mention de la lecture du testament s'applique au renvoi comme au surplus du testament. Il n'est pas besoin de mention spéciale de lecture du renvoi.

Inédit. 1re Ch., 18 juillet 1855. Faivre c. Bouchard.

93. — Il y a suffisante mention de lecture *au testateur en présence de témoins* dans un testament qui se termine ainsi : « De tout quoi, » moi, ledit notaire, ai fait et » donné lecture à la testatrice, qui » a déclaré avoir bien entendu ses » dispositions et y persister, pré- » sents témoins. »

17 janvier 1815, t. III, n° 446.

94 — Le testament est nul si l'on a placé la mention de l'écriture par le notaire dans la bouche du testateur.

Il est également nul si la mention de l'écriture n'a été faite qu'après la lecture de l'acte.

6 juin 1818, t. III, n° 539.

95. — Est nul le testament qui ne porte pas la mention expresse que le testament a été lu au testateur en présence des témoins, mais seulement dans une première partie que *le testament a été lu en présence de témoins*, et ailleurs que *du tout il a été fait lecture au testateur.*

11 août 1818, t. III, n° 544.

c. De la signature du testateur, des témoins et du notaire.

96. — La loi du 8 septembre 1791, qui veut que le notaire fasse mention de l'interpellation par lui faite au testateur de signer son testament, ne prescrivant aucuns termes sacramentels dans lesquels la mention de cette réquisition doit être conçue, il résulte que cette formalité a été suffisamment observée si le testament porte : « ladite testatrice ayant déclaré ne savoir signer, de ce interpellée suivant la loi, » et que le testament énonce que *les formalités ont été remplies en présence des témoins* : ces mots, suivant la loi, prouvent que la réquisition de signer a été adressée par le notaire au testateur, et non point par un témoin, à qui la loi n'accorde pas le droit de remplir cette formalité.

18 août 1823, t. IV, n° 711, p. 164.

97. — Un testament fait sous l'empire de la loi du 8 octobre 1791 est nul si la mention de la réquisition faite au testateur de déclarer la cause qui l'empêche de signer n'attribue pas cette réquisition au notaire.

29 mars 1820, t. IV, n° 711, p. 164.

98. — D'après les art. 973 et 1001, lorsque le testateur ne signe pas un testament par acte public, le notaire doit, à peine de nullité de cet acte, faire mention de la déclaration du testateur et de la cause pour laquelle il n'a point signé ; mais lorsque le testateur a déclaré qu'il ne savait point écrire, quoiqu'il ait été établi qu'il avait signé d'autres actes, on doit supposer qu'il n'a pas signé pour que sa disposition n'obtînt pas son effet et parce qu'il aurait eu des motifs secrets de paraître vouloir faire un testament ; dès lors, s'il est justifié que la personne qui a ainsi testé a signé plusieurs actes authentiques, soit avant, soit après la passation dudit testament, cet acte est nul.

3 juillet 1816, t. III, n° 484.

99. — Doit être réputée suffisante, notamment dans un testament, la signature formée d'une partie des lettres dont se compose le nom du signataire qui a l'habitude constante de l'écrire ainsi.

11 juillet 1850, 49-52, n° 80, p. 168.

100. — Dans un testament par acte public, le défaut de signature du testateur qui déclare faussement ne pouvoir signer peut être interprété comme un refus absolu de signer et une cause de nullité du testament.

Toutefois, la déclaration faite par le testateur qu'il ne peut signer pour cause de cécité n'est point une fausse déclaration, bien qu'il ait, malgré cette cécité, signé un certain nombre d'actes antérieurs, si, au moment de tester, il a pu se croire de bonne foi incapable d'apposer une signature suffisamment correcte , surtout s'il résulte des circonstances que le testament est l'expression fidèle d'une volonté libre et réfléchie.

14 août 1867, 66-67, n° 124.

C. Du testament mystique ou secret.

101. — D'après l'art. 11 de l'ordonnance de 1735, un testament mystique qui n'a point été écrit par le testateur et qui n'a pas été signé par ce testateur, à cause *de la faiblesse de sa vue et de sa main droite*, est nul et irrégulier, parce qu'il est impossible de reconnaître la dernière volonté du défunt dans un acte où rien ne prouve qu'il ait été fait avec son concours. La régularité de l'acte de suscription ne peut être invoquée pour couvrir les nullités de ce prétendu testament, ces deux actes étant distincts et les vices essentiels de l'un ne pouvant être effacés par le plus ou moins d'exactitude suivie dans l'autre.

9 fructidor an xi, t. I, n° 84.

102. — Les incapacités prononcées par l'art. 8 de la loi du 25 ventôse an xi ne s'appliquent pas au notaire appelé à recevoir l'acte de suscription d'un testament mystique qui contient quelque disposition, soit à son profit personnel, soit en faveur de ses parents ou alliés au degré indiqué dans cet article ; il en serait ainsi, lors même qu'il aurait écrit le testament.

7 floréal an xii, t. I, n° 101.

103. — On ne peut prononcer la nullité d'un testament mystique parce que l'acte de suscription ne contiendrait pas formellement qu'il a été présenté par le testateur au notaire, s'il y est énoncé que le testateur *tenant à la main le présent pli a déclaré qu'en icelui était renfermé son testament.*

On ne peut critiquer l'acte de suscription d'un testament mystique sous le prétexte que la testatrice y a fait insérer la déclaration qu'ayant disposé de son mobilier, elle prohibait toute apposition de scellés et inventaire.

28 mai 1813, t. II, n° 395.

104. — Etait nul, sous l'empire de l'art. 9 de l'ordonnance de 1735, le testament mystique dans l'acte de suscription duquel il était seulement dit : « Le testateur, te- » nant en main le présent pli, a » demandé acte à Marc Bonguyot, » notaire, de ce que dans ledit pli » est contenu son testament mys- » tique , de tout quoi il a de- » mandé acte audit notaire, etc., » cette suscription n'indiquant pas que le testament ait été présenté aux sept témoins, y compris le notaire, et aucune mention des témoins n'ayant été faite.

17 août 1816, t. III, n° 491.

105. — Pour qu'un testament mystique soit valable, il faut que le testateur ait su lire l'écriture à la main. La signature n'implique nullement la possibilité de lecture de l'écriture à la main.

Inédit. 1re Ch., 8 janvier 1840. Jacquet c. Perroulet.

106. — La mention faite par le notaire, dans l'acte de suscription d'un testament mystique, de la lecture que le testateur aurait faite du testament, n'a point un caractère d'authenticité. Dès lors elle peut être combattue sans inscription de faux préalable.

15 janvier 1849, 49-52, n° 1.

107. — A supposer qu'il y ait nullité dans le cas d'erreur sur les prénoms de l'un des témoins à l'acte de suscription d'un testament mystique, elle ne pourrait être prononcée lorsque ce témoin était généralement connu sous les prénoms qui lui ont été donnés dans l'acte. On doit alors appliquer la maxime *Error communis facit jus*.

6 mars 1844, 43-44, n° 42.

108. — Le testament mystique régulier dans la forme est un acte authentique, en ce sens que la dénégation de la signature du testateur n'autorise pas le juge à en ordonner la vérification.

22 mai 1845, 45, n° 41, p. 119.

2° Des testaments privilégiés.

109. — L'ordonnance de 1735 sur les testaments n'abroge, en ce qui concerne les testaments militaires, que les dispositions du droit romain incompatibles avec cette loi.

Dès lors, d'après cette ordonnance comme avant, les privilèges militaires ne pouvaient plus être appliqués un an après la cessation du service militaire par le testateur.

12 mars 1829, 29, n° 22, p. 83.

CHAPITRE IV.

DES BIENS QUI PEUVENT FAIRE L'OBJET D'UNE DISPOSITION A TITRE GRATUIT.

110. — La nature d'un acte se détermine par sa substance et son objet plutôt que par la dénomination qu'il a plu aux parties de lui donner.

On doit considérer comme donation de biens à venir et comme annulable à ce titre la disposition au profit d'un tiers d'une somme d'argent qui, d'après l'intention du donateur, devait être prélevée sur les biens de sa succession, encore bien d'ailleurs que l'acte eût été qualifié de donation entre-vifs.

15 mai 1854, 53-57, n° 44, p. 99.

111. — Est nulle, et comme donation à cause de mort et comme donation de biens à venir, la disposition par laquelle le donateur donne une somme à prendre à son décès sur le plus clair de sa succession.

9 mars 1867, 66-67, n° 94.

112. — Un testateur peut léguer directement la chose de son héritier, soit naturel, soit testamentaire, avec la clause que cet héritier sera privé de sa succession s'il ne renonce à tous droits sur l'objet légué.

14 mai 1845, 45, n° 45, p. 134.

113. — Le legs d'une chose commune, soit le legs d'un immeuble dépendant d'une succession encore indivise, est nul comme legs de la chose d'autrui pour tout ce qui excède la part du testateur, si toutefois ce legs n'est pas une charge expresse de l'hérédité ou du legs principal.

27 mars 1866, 66-67, n° 20.

114. — Lorsqu'un testateur lègue une chose indivise, il est présumé n'avoir transmis que les droits qu'il avait lui-même sur cette chose, à moins qu'il n'apparaisse clairement, soit des termes du testament, soit des circonstances, que ce testateur avait compris dans le legs la portion ne lui appartenant pas, comme charge et condition imposées à ses légataires universels.

19 avril 1868, 68-69, n° 31, p. 130.

CHAPITRE V.

DE LA QUOTITÉ DE BIENS DONT IL EST
PERMIS DE DISPOSER A TITRE GRATUIT.

A. De la réserve de droit commun.

§ 1er.

Aperçu historique sur la réserve.

115. — Sous le droit romain les légitimaires n'étaient pas héritiers, ils n'étaient créanciers que d'une quote-part des biens, mais il n'en est pas de même à l'égard des légitimaires dont les droits se sont ouverts sous la loi des 17 nivôse an II et 18 pluviôse an V; ces lois leur ont rendu la qualité d'héritiers en les appelant à la succession *ab intestat* de leurs auteurs.

29 mai 1828, 27-28, n° 91.

116. — Jugé que la légitime est une quote de biens et non pas une quote d'hérédité, et le légitimaire ne peut être contraint par action personnelle au paiement des dettes de la succession.

La soumission d'un légitimaire, après option et réception de sa légitime, de contribuer au paiement des dettes dans la proportion de la part qu'il a emportée dans les biens, ne doit pas être considérée comme une acceptation d'hérédité et peut être révoquée.

7 germinal an IX, t. I, n° 21.

117. — L'acceptation par une fille légitimaire qui était restée en communion avec ses cohéritiers et frères, après la mort de son père, des dispositions testamentaires faites en sa faveur par sondit père, n'a pu emporter, de la part de cette fille, renonciation à sa légitime dans les successions paternelle et maternelle. La prescription n'a point pu courir dans ce cas contre le légitimaire; telle est la disposition de la loi 35, § 2, au C. *De inofficioso testamento*, confirmée par la novelle 115, c. 5, ainsi que par la jurisprudence des pays de droit écrit.

17 avril 1809, t. I, n° 256.

118. — La diminution ou augmentation des biens de l'hérédité ne nuit ni ne profite au légitimaire qui réclame un supplément de légitime, après avoir, depuis le décès de son auteur, reçu en deniers tout ou partie de la légitime primitivement assignée : ce principe est attesté par la jurisprudence et les auteurs.

13 mars 1809, t. I, n° 252.

119. — L'action en supplément de légitime, comme celle relative à la demande de légitime, ne se prescrivait que par trente ans, à moins qu'il n'y ait eu renonciation expresse : la fille, en recevant la dot que ses père et mère lui avaient constituée, n'était point censée avoir renoncé à ce supplément.

11 juillet 1816, t. III, n° 485 *bis*.

120. — Jugé que la plainte d'inofficiosité n'appartient qu'aux enfants qui doivent être institués nécessairement, que celui dont l'état est en suspens ne peut agiter cette question pendant la durée de cette suspension, qu'il ne pourra même le faire après la promulgation du C. civil, quels que soient l'état et les droits que cette loi lui accorde, par la raison que la nullité d'une disposition de dernière volonté ne peut résulter que de la contravention à une loi antérieure au décès du testateur, parce que la nullité est une peine.

27 pluviôse an X, t. I, n° 52.

121. — Il résulte de la combinaison des lois des 7 mars 1793, 5 brumaire et 17 nivôse an II, que les ascendants, nonobstant le vœu d'égalité absolue entre cohéritiers établi par ces lois, n'étaient point frappés d'incapacité de disposer en faveur de leurs descendants ; l'effet des dispositions était subordonné à la condition d'existence, à l'époque du décès des donateurs, d'héritiers que la loi avait en vue, lesquels n'avaient le droit de réclamer le bénéfice de ces lois, quant aux dispositions qu'elles annulaient, qu'à dater seulement du jour où leur droit était ouvert, sans que jusqu'à cette époque il y eût lieu à une restitution de fruits. La loi du 4 germinal an VIII, lorsque le donateur est décédé sous son empire, en autorisant les ascendants à disposer d'une quotité de leurs biens, a implicitement rapporté le vœu d'égalité absolue établi par l'art. 9 de celle du 17 nivôse an II, et il y a lieu à réduction seulement, en conformité de l'art. 39 de la même loi, si la libéralité est excessive ; ainsi les donateurs, en ce cas, sont fondés à retenir, en renonçant à la succession, le don qui a été fait, jusqu'à concurrence du sixième des biens qui la composent ; mais, d'après la jurisprudence, ils ne peuvent retenir cumulativement leur part afférente dans la réserve.

13 juillet 1824, t. IV, n° 731, p. 184.

122. — L'enfant qui, sous l'empire de l'ancien droit, a reçu une somme à titre de dot sans avoir renoncé, par son contrat de mariage ou par des quittances postérieures, à réclamer un supplément de légitime, peut, sous le Code civil, prendre sa réserve en nature, sauf à tenir compte de ce qui lui a été donné.

19 juin 1844, 43-44, n° 66.

§ 2.

Du montant de la réserve.

1° De la réserve des enfants et descendants.

123. — Les enfants qui renoncent à la succession de leur père doivent néanmoins compter pour calculer la réserve qui est due à ceux qui acceptent cette même succession.

23 avril 1836, 36, p. 55.

124. — Un père qui donne toute la quotité disponible ne peut pas donner en outre la *faculté de choisir* parmi les biens de la succession ceux qui doivent composer cette quotité.

Inédit. 1re Ch., 26 avril 1842. Pernot c. Perrigot.

125. — Le père qui a disposé par contrat de mariage en faveur de son conjoint de la moitié de ses biens en usufruit ne peut plus, dans le cas où il a trois enfants ou plus, donner encore la nue propriété du quart de ses biens à l'un de ses enfants, sans excéder la quotité disponible.

13 février 1840. *Journal du Palais.* 1840, 1re partie, p. 487.

2° De la réserve des ascendants.

126. — Lorsqu'un mineur a disposé en faveur de sa mère de la totalité de sa succession, si on suppose que cette succession est divisée en vingt-quatre portions, la mère doit en obtenir quinze dans le partage, et l'oncle de ce mineur neuf seulement.

Cette disposition, quoique conçue en termes qui caractérisent l'universalité, ne peut être considérée que comme une disposition de quotité, et la mère, ne pouvant réunir les qualités de légataire et d'héritière *ab intestat*, n'a aucun droit au surplus de la succession, soit relativement à la propriété, soit quant à l'usufruit.

23 novembre 1812, t. II, n° 377 *ter.*

§ 3.

De la dévolution de la réserve.

127. — La réserve est *une quotité* de la succession et non *une créance* ; elle est due en nature.

Inédit. 1re Ch., 1er déc. 1837. Dumont c. consorts Gaudey.

§ 4.

De la réduction des donations et des legs qui portent atteinte à la réserve.

128. — Pour savoir s'il y a lieu de réduire une donation entre-vifs ou même une institution contractuelle, il faut s'attacher à la loi du temps de la donation et non à celle du décès du donateur.

Inédit. 2ᵉ Ch., 29 janvier 1842. Michel Briant c. ses cohéritiers.

1° Composition de la masse sur laquelle se calcule la quotité disponible.

129. — Le calcul de la quotité disponible doit comprendre tous les biens du disposant, tant ceux qu'il aurait précédemment donnés, directement ou indirectement, même par préciput, que ceux qui ont fait partie d'un partage consenti par l'ascendant à ses enfants.

16 juin 1853, 53-57, n° 18, p. 43.

130. — Les biens compris dans un partage d'ascendant fait par acte entre-vifs doivent, comme formant l'objet d'une véritable libéralité, être fictivement réunis à la masse pour le calcul de la quotité disponible, alors même que les libéralités dont l'exécution est demandée sont postérieures au partage.

24 avril 1858, 58-59, n° 22.

131. — Les biens compris dans un acte de partage consenti de son vivant par le père de famille à ses enfants doivent, pour le calcul de la quotité disponible, être fictivement rapportés à sa succession, aussi bien que les dispositions entre-vifs faites à quelques-uns seulement par préciput ou avancement d'hoirie.

8 août 1860, 60-61, n° 31.

2° Des personnes à qui compète l'action en réduction.

132. — Les héritiers du contractant, pas plus que le contractant lui-même, ne peuvent arguer de nullité un acte pour seule cause de simulation ; il faut qu'ils articulent et prouvent que cet acte a été fait au préjudice de leurs droits sur la succession et de leur réserve légale.

26 août 1822, t. IV, n° 687, p. 134.

3° Fins de non-recevoir contre l'action en réduction.

133. — Sous l'ancienne législation, la plainte d'inofficiosité, à laquelle a succédé l'action en réduction, ne pouvait être accueillie lorsque l'on y avait renoncé. Cette législation doit encore être suivie sous l'empire du Code, d'après les art. 1338 et 1340 du C. N., surtout lorsque, comme dans l'espèce de la cause, la renonciation résulte d'une série d'actes qu'il est impossible d'interpréter dans un autre sens.

17 août 1826, t. V, n° 908.

134. — La clause par laquelle un père et une mère réservent au dernier mourant d'entre eux l'usufruit des biens qu'ils assurent à quelques-uns de leurs enfants par contrat de mariage, n'empêche pas les intérêts ou fruits de la portion réservée par la loi de courir au profit des autres enfants du jour où vient à s'ouvrir la succession de l'un des donateurs, pourvu toutefois que les fruits réunis au capital ne portent pas atteinte à la légitime des enfants institués contractuellement.

19 juin 1844, 43-44, n° 66.

135. — La clause par laquelle un testament met un legs particulier à la charge d'un légataire à titre universel n'indique pas de sa part une intention de préférence qui dispense ce legs de la réduction proportionnelle établie par l'art. 926, en cas d'excès des libéralités sur la quotité disponible.

15 juin 1848, 47-48, n° 84.

A bis. Appendice à la réserve de droit commun.

De la réserve des enfants naturels.

136. — Les enfants naturels authentiquement reconnus ont droit à une réserve légale, ou en d'autres termes ils peuvent demander le retranchement des libéralités qui auraient été faites par leurs père et mère au préjudice d'une quotité de biens qui leur est impérieusement réservée par la loi.

11 déc. 1825, 27-28, n° 129.

137. — L'enfant naturel dont le père ou la mère n'a laissé que des frères et sœurs a droit, à titre de réserve, à la moitié des biens du défunt.

L'autre moitié est disponible au profit de tout autre que l'enfant naturel, sans que celui-ci puisse opposer l'existence au profit des frères et sœurs d'une réserve que la loi n'admet pas.

29 mai 1845, 45, n° 49, p. 146.

B. Des cas dans lesquels la quotité indisponible est ou plus grande ou moindre que la réserve, ou de la quotité indisponible de droit exceptionnel.

§ 1er.

De la quotité de biens dont les mineurs peuvent disposer par testament.

138. — Le père en concours avec des collatéraux autres que des frères, sœurs, neveux ou nièces du défunt, a droit aux trois quarts des biens de son fils qui, mineur âgé de plus de seize ans, lui a légué par préciput la moitié de sa succession.

21 juillet 1846, 46, n° 124, p. 325.

139. — La mère en concours avec des collatéraux autres que des frères, sœurs, neveux ou nièces du défunt, a droit aux trois quarts des biens de son fils, qui, mineur âgé de moins de seize ans, a fait à son profit une institution universelle.

19 février 1847, 47-48, n° 1.

§ 2.

De la quotité de biens disponible entre époux n'ayant pas d'enfant d'un précédent mariage.

140. — Le don excessif d'usufruit fait par un mari en faveur de son épouse ne peut être converti en celui que détermine l'art. 1094 du Code civil; il est seulement sujet à retranchement jusqu'à proportion du taux fixé par la loi.

27 juin 1809, t. II, n° 271.

141. — Lorsqu'un époux a disposé par testament en faveur de son épouse de la totalité de ses biens, elle a droit à la pleine propriété de la moitié et à l'usufruit de l'autre moitié desdits biens, s'il existe des ascendants.

7 mars 1818, t. III, n° 530.

142. — Un père n'a pu léguer tout à la fois dans son testament l'usufruit de la moitié de ses biens à son épouse et la propriété d'un quart par préciput à deux de ses fils, et la première disposition doit être réduite à l'usufruit du quart donné en préciput.

6 mai 1813, t. II, n° 393 *bis*.

143. — L'art. 1094 est une exception à l'art. 913, qui ne peut profiter qu'à l'épouse.

Spécialement, un père ne peut donner, soit par le même acte, soit par des actes séparés, l'usufruit de moitié à sa femme et la nue-propriété du quart à son enfant.

Inédit. 1re Ch., 29 août 1842. Veuve Melchior c. ses enfants.

144. — Il ne peut y avoir cumul des deux quotités disponibles fixées par les art. 913 et 1094 du C. N. — Si l'époux qui a disposé par contrat de mariage au profit de son conjoint donne ultérieurement par préciput à l'un de ses héritiers la portion disponible de l'art. 913, cette seconde libéralité ne doit s'exécuter que pour la fraction dont elle excéderait la première.

19 déc. 1846, 46, n° 81, p. 203.

145. — L'usufruit qui constitue le don fait au conjoint peut, suivant les circonstances, être estimé au tiers de la valeur en pleine propriété des immeubles sur lesquels il repose.

19 déc. 1846, 46, n° 81, p. 203.

§ 3.

De la quotité disponible entre époux ayant des enfants d'un précédent mariage.

146. — La disposition de l'usufruit de tous les biens, faite par une femme qui a des enfants d'un premier mariage en faveur de son second époux, doit être réduite au quart en propriété des biens de cette femme.

22 mai 1823, t. IV, n° 829, p. 305.

147. — L'art. 1099 du C. N., qui déclare nulles les donations déguisées entre époux, n'est applicable qu'au cas où la donation porte atteinte aux réserves légales, et la donation demeure valable si l'époux qui l'a faite est mort sans avoir usé du droit de révocation mis à sa disposition par les art. 1096 et 1099.

23 déc. 1859, 58-59, n° 45.

148. — La nullité, prononcée par l'art. 1099 du C. N., de toutes donations entre époux, déguisées ou faites à personnes interposées, n'est pas applicable dans l'hypothèse d'une institution contractuelle faite par la femme au profit de l'enfant né du premier mariage de son mari, si le conjoint donateur ne laisse aucun héritier à réserve. Cette donation n'en demeure pas moins révocable, aux termes de l'art. 1096, par exemple, par les dispositions contraires d'un testament subséquent.

7 nov. 1863, 62-65, n° 54, p. 186.

CHAPITRE VI.

DES MODALITÉS PERMISES OU PROHIBÉES EN MATIÈRE DE DISPOSITIONS ENTRE-VIFS OU TESTAMENTAIRES.

§ 1er.

Des conditions et des charges illicites.

149. — Une disposition testamentaire par laquelle un père fait, dans son testament, divers legs à ses enfants, à condition qu'ils accepteront le partage de la communauté qu'il a fait dans ce testament, n'a rien de contraire à la loi ; seulement chaque enfant a le droit de répudier le partage de la communauté, en renonçant au bénéfice du testament.

14 janvier 1836, 36, p. 3.

§ 2.

Des substitutions.

1° Historique.

150. — La loi du 25 octobre 1792 n'a prohibé que les fidéicommis, mais elle n'a point interdit les dispositions directes conditionnelles, ni abrogé les substitutions pupillaires ; cette faculté, accordée par le droit romain, n'a été anéantie que par la loi du 17 nivôse an II.

D'après les lois *ult.* au C. *De inst. et substit.* et 8, C. *De impuberibus,* hors le cas de substitution pupillaire expresse ou de substitution compendieuse, la mère, survivant à ses enfants morts en pupillarité, exclut le substitué de la succession desdits enfants.

La disposition faite en 1791, par un père dans son testament, où, après avoir institué ses deux filles ses héritières universelles, il a ajouté *que dans le cas où elles viendraient à décéder sans enfants habiles à succéder ou sans avoir disposé de leurs biens, il nomme son frère son héritier universel dans tous ses biens,* ne renferme point un fidéicommis, mais une disposition directe.

La substitution renfermée dans la clause ci-dessus n'est ni pupillaire expresse ni compendieuse, mais seulement pupillaire tacite.

19 décembre 1826, t. V, n° 919.

2° Des substitutions fidéicommissaires. De leur prohibition.

151. — La disposition par laquelle un testateur lègue une propriété à trois personnes et au survivant des trois, ne renferme pas une substitution prohibée par l'art. 896 du Code civil, mais un droit d'accroissement, et doit être considérée comme une substitution vulgaire.

Ce même article n'a point anéanti la substitution compendieuse.

1er avril 1811, t. II, n° 336.

152. — L'institution universelle faite par une femme en faveur de son mari, ainsi conçue : « Dans le cas où il aurait un ou » plusieurs enfants à son décès, » je le nomme et institue mon hé- » ritier universel ; et pour le cas » où il n'en aurait pas à son décès, » j'institue, etc., » ne doit pas être déclarée nulle comme faite sous une condition prohibée par l'art. 1040 du Code civil, ou comme renfermant une substitution, soit au profit des enfants du mari, soit à celui des héritiers de la femme.

3 mars 1819, t. IV, n° 771, p. 226.

153. — L'institution testamentaire par laquelle deux époux sont nommés héritiers universels, avec la clause que dans le cas où le mari survivrait à sa femme et viendrait à se remarier, les biens retourneraient aux enfants desdits époux, ne constitue point une substitution prohibée, mais une institution sous condition résolutoire ; et la condition arrivant, cette institution serait considérée comme n'ayant jamais été faite, et les enfants se trouveraient eux-mêmes institués immédiatement par la testatrice.

11 janvier 1821, t. IV, n° 650, p. 83.

154. — Pour qu'une disposition testamentaire constitue une substitution prohibée, il suffit que la charge de conserver et de rendre à l'époque du décès de l'institué résulte des termes et de l'ensemble de la disposition, encore même que cette charge a été imposée au profit d'un absent, comme dans les clauses suivantes : « J'ins- » titue pour mon héritière ma » tante, à laquelle je donne tous » mes biens, à charge par elle de » donner lesdits biens, à son décès, » à mon frère, absent depuis long- » temps pour le service et dans le » cas où il revienne de l'armée. » Dans le cas contraire, elle en » pourra disposer comme elle » l'entendra, sans que mondit » frère, au cas où il revienne,

» puisse ôter l'usufruit de mesdits » biens à madite tante. »

28 juillet 1821, t. IV, n° 807, p. 278.

155. — Il y a substitution fidéicommissaire dans la disposition testamentaire suivante : « En » faveur de ce mariage, la mère » du futur époux remet et cède » à sondit fils, Claude-François, » toutes les acquisitions, tant en » meubles qu'immeubles, faites » pendant son mariage avec Claude » Vuillermet, et à Jean-Claude » Vuillermet, son autre fils, à les » partager également entre eux ; et » au cas où Jean-Claude ne laisse- » rait pas d'enfants de son ma- » riage ou d'autres, lesdites acqui- » sitions céderont entièrement, » après son décès, au profit dudit » futur époux, ce que l'un et l'autre » ont accepté. »

21 juillet 1826, t. IV, n° 771 *bis*, p. 367.

156. — Un testament ne peut être annulé pour cause de substitution prohibée qu'autant que l'obligation de conserver et de rendre y est formellement exprimée.

L'intention du testateur de faire un double legs d'usufruit et de nue propriété peut résulter des motifs et de l'ensemble des dispositions du testament attaqué, malgré le sens littéral des expressions employées.

En cas de doute sur le point de savoir si la disposition renferme une substitution prohibée ou un legs d'usufruit aux uns et de nue propriété aux autres, c'est dans ce dernier sens qu'il faut l'interpréter.

17 août 1855, 53-57, n° 77, p. 217.

157. — On ne doit pas voir de substitution prohibée, mais bien une constitution d'usufruit, dans la clause par laquelle le testateur lègue à sa femme, *pendant son vivant*, tout ce qu'il laissera à son décès.

Une semblable clause doit s'interpréter suivant les usages et d'après l'intention du testateur, dans le sens de la validité de l'acte, lorsque les autres parties du testament ne présentent rien d'inconciliable avec cette interprétation.

1er mars 1858, 58-59, n° 12.

3° Des substitutions permises par le Code Napoléon.

a. Des mesures prescrites pour la conservation des droits des appelés.

158. — Le non-accomplissement des formalités prescrites par le Code Napoléon pour la conservation des droits des appelés à une substitution entraîne au préjudice de ces derniers les déchéances spécifiées par la loi, mais laisse subsister la substitution, qui doit produire, d'ailleurs, tous ses effets.

Le défaut de transcription par le grevé de l'acte contenant la substitution fait, au cas où il existe des créanciers hypothécaires inscrits, perdre aux appelés leur droit sur les immeubles donnés; mais il demeure à leur profit et contre le grevé une action en responsabilité qui leur permet, en qualité de créanciers, de concourir avec les autres créanciers sur les biens du grevé.

Le défaut de transcription n'empêche pas la substitution de valoir, quant aux meubles.

23 mars 1866, 66-67, n° 18.

b. Des droits du grevé et de ses obligations quant à la jouissance des biens substitués.

159. — Les biens donnés à charge de substitution peuvent être aliénés par le grevé ou saisis par ses créanciers, sauf à l'appelé à faire résoudre la vente si la substitution vient à s'ouvrir.

28 janvier 1851, 49-52, n° 88.

160. — Le grevé de substitution doit être considéré non comme usufruitier des biens substitués, mais comme véritable propriétaire sous condition résolutoire.

En cas d'expropriation des biens substitués, le grevé a droit au remboursement des dépenses d'amélioration jusqu'à concurrence de la plus-value, et la somme due

pour cette indemnité doit être distribuée à ses créanciers hypothécaires d'une manière définitive.

25 nov. 1854, 53-57, n° 59, p. 148.

c. Des droits des appelés.

161. — Quand des biens dépendant d'une substitution ont été séquestrés par la république comme appartenant à un émigré et donnés par elle à bail; quand ensuite, l'extinction de la substitution survenant, la propriété des biens passe à des personnes non émigrées, ces dernières ne sont point obligées d'exécuter le bail, puisqu'elles ne tiennent point leurs droits de la république : elles ne sont pas non plus obligées de payer les dédommagements fixés par la loi du 13 frimaire an II, et c'est l'autorité judiciaire qui est compétente pour statuer sur les difficultés survenues à cet égard.

24 thermidor an IX, t. I, n° 38.

162. — L'action en partage de biens frappés de substitution ne peut être régulièrement suivie qu'en présence des appelés à la substitution. La procédure commencée peut cependant être maintenue ; en ce cas, l'irrégularité doit être couverte, en mettant les appelés en cause directement devant la Cour.

19 mars 1853, 53-57, n° 21, p. 47.

CHAPITRE VII.

DES DONATIONS ENTRE-VIFS, SOUS LE RAPPORT DE LEURS MODALITÉS, DE LEURS EFFETS ET DE LEUR RÉVOCATION.

§ 1er.

Modalités des donations. — Donations avec charges.

163. — Une rente viagère et le paiement de dettes, stipulés à son profit par un ascendant dans un partage anticipé ou démission de biens, n'altèrent point l'essence du contrat, qualifié d'acte à titre gratuit et soumis comme tel aux règles des donations et spécialement à la révocation pour cause d'inexécution des charges...., s'il n'est pas justifié d'ailleurs que les charges qui grevaient les choses cédées en égalaient ou surpassaient la valeur.

6 déc. 1856, 53-57, n° 114, p. 347.

§ 2.

Effets des donations.

a. De la manière dont s'acquiert la propriété des biens donnés. — De la transcription des donations.

164. — L'héritier d'un donateur n'a pas qualité pour se prévaloir du défaut de transcription d'une donation.

Pareillement, le donataire ne peut non plus se prévaloir du défaut de transcription d'une donation précédente faite à une autre personne, et qu'il aurait intérêt à faire annuler pour conserver le bénéfice intégral de celle qui lui a été consentie...., surtout si la seconde donation n'avait été faite que sous la condition que la première serait respectée.

6 juin 1854, 53-57, n° 49, p. 113.

b. Des droits du donataire.

165. — Un donataire d'une somme d'argent peut agir par voie de saisie mobilière et de saisie-arrêt sur l'héritier et les débiteurs du donateur, quoique cette donation ait été faite sous réserve d'usufruit.

30 juin 1812, t. II, n° 369.

166. — Quand la donation est rémunératoire, la garantie est due par le donateur au donataire en cas d'éviction.

2 juillet 1828, 27-28, n° 100.

§ 3.

De la révocation des donations entre-vifs.

2° De la révocation pour inexécution des charges.

167. — L'impossibilité pour une fabrique instituée héritière à charge de reconstruire son église, de remplir cette condition par la suppression même de cette église, ne rend pas caduque cette disposition. Cette condition est réputée accomplie, parce que son accomplissement n'a manqué que par un fait entièrement indépendant de la volonté de ceux à qui elle était imposée.

Cette condition doit être considérée comme purement potestative et peut être accomplie d'une manière équipollente.

28 mars 1822, t. IV, n° 669, p. 107.

168. — La révocation d'une donation pour cause d'inexécution des charges est un principe établi d'une manière absolue et sans distinction de la nature ou de l'objet des conditions imposées : la seule exception édictée dans l'art. 1978 du Code Napoléon ne se réfère qu'aux constitutions de rente viagère à titre onéreux. — En conséquence, le jugement qui révoque pour une telle cause une donation faite sous les réserves ci-dessus doit être déclaré commun, même avec l'adjudicataire sur expropriation des immeubles donnés par cet acte à son débiteur, conformément aux art. 954 du Code Napoléon et 717 du Code de procédure civile.

6 déc. 1856, 53-57, n° 114, p. 347.

2° De la révocation pour cause d'ingratitude.

169. — La spoliation depuis l'ouverture de la succession n'est pas un délit envers le testateur ou le donateur ; elle ne peut servir de motif à la révocation pour cause d'ingratitude.

Inédit. 1re Ch., 21 mars 1853. Tissot c. consorts Delacour.

170. — Les donations entre époux faites par contrat de mariage ne sont pas révocables pour cause d'ingratitude.

4 mai 1836, 36, p. 43.

171. — La disposition de l'article 959 est applicable aux donations faites aux époux par un parent ou par un étranger, et aussi aux avantages stipulés entre les époux eux-mêmes.

Inédit. 1ʳᵉ Ch., 4 mai 1836. Frères Sauvageot c. veuve Sauvageot.

CHAPITRE VIII.

DES MESURES CONCERNANT LA CONSERVATION ET L'EXÉCUTION DES TESTAMENTS. — DE L'INTERPRÉTATION DES DISPOSITIONS DE DERNIÈRE VOLONTÉ. — DES LEGS SOUS LE RAPPORT DE LEUR ÉTENDUE, DE LEURS MODALITÉS, DE LEURS EFFETS ET DE LEUR NULLITÉ, CADUCITÉ OU RÉVOCATION.

§ 1ᵉʳ.

Des mesures concernant la conservation et l'exécution des testaments.

De la mise à exécution des testaments.

172. — Est susceptible de recours l'ordonnance d'envoi en possession d'un legs universel rendue par le président du tribunal civil.

Ce recours peut s'exercer devant le président lui-même statuant en référé.

En conséquence, est compétemment rendue l'ordonnance de référé qui, contradictoirement avec un héritier du sang, lequel arguë de nullité le legs universel, maintient l'ordonnance d'envoi en possession de ce legs universel.

9 février 1866, 66-67, n° 11.

173. — L'ordonnance du président, portant envoi en possession d'un légataire universel institué par testament olographe, appartient à la juridiction contentieuse, et comme telle est susceptible d'opposition devant le tribunal même saisi d'une demande en délivrance formée par des héritiers.

26 février 1868, 68-69, n° 6, p. 25.

174. — L'ordonnance du président portant envoi en possession d'un légataire universel, institué par testament olographe, est susceptible d'opposition et même d'appel.

5 mai 1869, 70-71, n° 23.

175. — Les actes de dernière volonté qui ne sont pas contraires aux lois, aux bonnes mœurs et à l'ordre public, doivent être strictement exécutés, avec toutes les conditions et clauses que le testateur a cru devoir y insérer, et le légataire particulier ne saurait, même au moyen d'une convention passée avec l'héritier, modifier l'exécution du legs ou supprimer les conditions et clauses qui y sont attachées.

Spécialement, le légataire particulier d'une rente viagère stipulée dans le testament incessible et insaisissable ne peut libérer l'héritier de l'obligation de cette rente viagère moyennant le paiement immédiat d'une somme d'argent; un pareil acte, qui constitue une véritable aliénation de la rente viagère, est radicalement nul comme contraire à la volonté du testateur, et l'annulation peut toujours en être réclamée.

14 mai 1870, 70-71, n° 24.

§ 2.

De l'interprétation des dispositions de dernière volonté.

176. — L'interprétation des clauses et conditions renfermées dans des actes de dernière volonté a lieu toujours d'après l'intention du testateur, et c'est pour se conformer à cette volonté, quand elle est évidente et certaine, que l'on doit disjoindre des conditions d'un legs qui sembleraient indivises. Ainsi se trouve révoqué le legs fait à une femme sous clause révocatoire, « si ladite femme venait à » contracter mariage, et si elle » avait des enfants qui ne seraient » pas portés héritiers, et s'il y » avait acte contraire, » lorsque cette femme est accouchée depuis le décès du testateur d'un enfant naturel. La première condition est réputée non écrite; la seconde, au contraire, est licite.

21 mars 1820, t. IV, n° 635, p. 55.

177. — Lorsque les termes

d'un testament sont assez clairs pour qu'on puisse apprécier avec certitude l'intention du testateur, les tribunaux doivent s'arrêter aux énonciations de ce testament, sans pouvoir recourir à des preuves extrinsèques.

19 avril 1868, 68-69, n° 31, p. 130.

178. — On ne peut, par interprétation, substituer une intention présumée au sens clair et littéral d'une disposition testamentaire.

Les mots : *remettre tous titres et billets qui seront trouvés dans les papiers du défunt*, ne peuvent s'entendre d'une remise de dettes, et comprennent toutes créances, même communes avec des tiers, constatées par des actes, encore bien que le testateur n'en soit pas matériellement détenteur au moment de son décès.

12 juin 1863, 62-65, n° 48, p. 166.

179. — Les testaments, notamment en matière de substitution, doivent être interprétés dans le sens le plus favorable à la validité de l'acte.

Spécialement, on ne doit pas voir une substitution prohibée dans la clause suivante : « En cas de prédécès, si mon légataire meurt avant sa mère, sans descendants, cette dernière ne pourra avoir droit ni à partie ni à la totalité de mes biens, mais seulement en aura la jouissance pendant sa vie, et, en cas de mariage contracté par elle, elle perdra le droit à la jouissance de mes biens, qui immédiatement appartiendront à mon neveu, fils de ma sœur. »

26 novembre 1846, 46, n° 64.

180. — Les clauses obscures ou ambiguës d'un testament s'interprètent, non par des éléments d'appréciation relevés en dehors de l'acte, mais par ceux qu'il fournit lui-même.

La disposition finale d'un testament ne doit pas être envisagée comme dérogeant à celles qui précèdent, lorsqu'elles peuvent se concilier et recevoir une application simultanée.

29 nov. 1871, 70-71, n° 64, p. 264.

181. — La preuve testimoniale ne peut être admise en dehors du testament, même pour l'interpréter et en fixer le sens.

Inédit. 1re Ch., 3 mai 1852. Savarin c. Jouffroy.

182. — On ne peut recourir aux preuves extérieures, dans l'interprétation d'une disposition testamentaire, qu'autant que la substance de la disposition elle-même se trouve renfermée dans le testament.

Spécialement, la volonté du testateur de faire dépendre d'un événement incertain la révocation de son testament ne saurait s'induire de circonstances étrangères à ses dispositions écrites.

27 mars 1866, 66-67, n° 20.

183. — Le mot « domestiques » comprend tous ceux qui, recevant des gages, demeurent chez celui qui les leur donne. Cette qualification s'applique notamment aux intendants ou régisseurs.

15 juin 1848, 47-48, n° 84.

184. — Le legs fait par un testateur *de tous ses biens tels qu'ils s'étendent et comportent* ne doit pas être restreint aux seuls immeubles; l'expression *tous les biens* constituant un legs universel, les mots qui le suivent doivent s'entendre dans un sens extensif plutôt que dans un sens restrictif.

21 août 1852, 49-52, n° 128.

185. — La clause par laquelle un testateur appelle à sa succession ses frères et sœurs, et, en cas de prédécès, les *enfants* qu'ils auront laissés, ne comprend pas l'enfant naturel reconnu. — Il en est surtout ainsi quand le testateur a déclaré qu'en cas de prédécès de ses frères et sœurs, la succession se partagerait entre leurs enfants par souches, l'enfant naturel, bien que seul descendant de l'un des frères ou sœurs, ne pouvant être considéré comme formant une souche ou branche de la famille.

7 février 1846, 46, n° 7.

186. — La clause par laquelle le testateur déclare un fonds légué à des enfants inaliénable tant que *leur père, usufruitier de cet immeuble, vivra*, ne forme pas obstacle à ce que la propriété puisse en être transférée par les légataires au père, surtout quand il apparaît que la clause d'inaliénabilité a été imposée par le testateur dans l'intérêt du père usufruitier.

28 février 1858, 50-50, n° 5.

187. — Le testateur qui lègue son *mobilier*, tel qu'il se trouvera à son décès, est censé avoir compris dans sa disposition les créances et l'argent comptant, si d'ailleurs aucune clause du testament n'indique qu'il ait entendu autrement cette expression.

15 avril 1867, 66-67, n° 106.

188 — Il peut résulter du rapprochement des diverses parties d'un testament que la disposition portant : « Je lègue mon mobilier, » ne comprend ni le numéraire, ni les titres de créances, ni les valeurs ou dettes actives.

3 juillet 1871, 70-71, n° 52.

§ 3.

Des legs sous le rapport de leur étendue, de leurs modalités, de leurs effets et de leur nullité, caducité ou révocation.

1° De l'étendue des legs.

189. — Le legs d'objets désignés ne comprend point un immeuble qui faisait partie d'un domaine légué et qui n'avait point été spécialement indiqué par le testateur.

4 janvier 1813, t. II, n° 383.

190. — Le legs du surplus après des legs particuliers s'applique à une universalité. Il constitue un legs universel quand il porte sur le surplus des meubles et immeubles, et un legs à titre particulier quand il ne porte que sur des meubles.

Inédit. 2ᵉ Ch., 4 déc. 1863. Regnier c. Duchesne.

2° Des modalités des legs.

191. — L'art. 1190 du C. N., qui donne au débiteur d'une obligation alternative le choix de se libérer par la délivrance d'une des choses comprises dans l'obligation, n'est point applicable aux legs alternatifs, qui sont soumis à des règles particulières ; malgré que quelques lois donnent l'option à l'héritier dans un legs alternatif, d'autres l'accordent au légataire, notamment la loi 2, au Dig. *De opt. vel elect. legat* , qui décide que celui à qui un esclave a été légué a le droit de choisir dans la succession l'esclave qu'il juge à propos.

7 mai 1816, t. III, n° 430.

192. — Le legs subordonné à l'accomplissement d'une condition contraire aux lois, sous quelque forme et mode qu'il ait été conçu, est nul et de nul effet ; ainsi une mère ne peut valider le partage qu'elle aurait fait par testament entre ses enfants, tant de ses biens propres que de ceux de son conjoint prédécédé ou de ceux de la communauté, en disposant de la quotité disponible en faveur de ceux qui se conformeraient à ce testament, au préjudice de ceux qui en demanderaient la nullité.

18 mars 1826, t. V, n° 888.

3° Des effets des legs.

a. De la demande en délivrance de legs.

193. — Le légataire particulier peut agir contre le légataire universel par voie d'exécution parée lorsque le testament est notarié et que l'héritier à réserve a déclaré par acte authentique consentir à la délivrance.

1ᵉʳ juillet 1846, 46, n° 53.

194. — Le légataire particulier qui, au décès du testateur, se trouve en possession des objets qui lui ont été légués, notamment la femme commune en biens en possession du mobilier que lui a légué son mari, n'est pas tenu de demander la délivrance de son legs.

15 avril 1867, 66-67, n° 106.

195. — Le légataire à titre universel doit supporter les frais par lui faits pour obtenir la délivrance de son legs avant l'expiration des délais accordés à l'héritier pour faire inventaire et délibérer.

24 juillet 1829, 29, n° 77, p. 242.

b. Des obligations des légataires en ce qui concerne les dettes et charges de la succession.

1. Légataires universels.

196. — Le légataire universel est présumé, dans ses rapports avec ceux qui prennent une part dans la succession du défunt, avoir acquitté les frais du testament et les droits de mutation.

18 juillet 1844, 43-44, n° 111.

2. Légataires à titre universel.

197. — Lorsqu'on a légué à quelqu'un le quart de ses biens, sous l'obligation de supporter le quart des charges de la succession, et qu'on lui a accordé le droit d'imputer la valeur entière de ce legs sur des objets désignés, on ne peut, pour effectuer cette imputation, retrancher le montant des charges qui affectent ce legs, parce qu'une institution ou un legs à titre universel se composant du passif comme de l'actif, comprend les charges et les obligations imposées à l'institué, comme les droits et les biens qui lui sont donnés.

9 juin 1823, t. IV, n° 706, p. 157.

3. Légataires particuliers.

198. — Lorsque le testament impose aux légataires particuliers l'obligation de concourir au paiement des dettes, il n'en résulte pas que les créanciers du défunt aient une action directe contre ceux-ci. La disposition ne doit produire d'effet qu'entre les légataires particuliers et les légataires universels.

Inédit. 2e Ch., 29 mai 1855. Bouchard c. Vuillermot.

4° De la nullité, de la révocation et de la caducité des legs.

a. Nullité des testaments.

199. — En droit romain, l'héritier légitime qui avait exécuté un testament nul en recevant un legs qui y était fait en sa faveur, n'était plus recevable à en opposer la nullité.

30 août 1814, t. II, n° 416.

200. — La renonciation à se prévaloir de la nullité, si elle n'est pas expresse de la part d'un héritier légitime, doit être au moins la conséquence nécessaire du fait qui lui serait imputé.

5 août 1811, t. II, n° 345.

201. — L'héritier qui exécute même en partie les dispositions d'un testament par le paiement d'un legs, renonce par là même à en demander la nullité pour vice de forme, quand même, lors de l'exécution, il n'était pas question des nullités qu'il renfermait.

1er avril 1811, t. II, n° 336.

202. — Une quittance donnée par une femme légalement autorisée, d'un legs qui lui a été fait par un testament, dans laquelle elle rappelle la date du testament et le nom du notaire qui l'a reçu, est une exécution de ce testament et une ratification suffisante, lorsque le vice de forme de cet acte est apparent.

9 déc. 1824, t. IV, n° 740, p. 195.

b. De la révocation d'un testament ou d'un legs par le testateur.

203. — La révocation d'un testament a lieu par la déclaration expresse du changement de volonté, ou par la manifestation implicite de ce changement, résultant d'incompatibilité des nouvelles dispositions avec les précédentes; on ne peut admettre aucune distinction entre le cas où l'institué clairement désigné est frappé d'une incapacité légale et celui où l'institué ne peut recueillir à défaut de désignation suffisante.

22 mai 1828, 27-28, n° 88.

204. — La disposition universelle renfermée dans un testament est révoquée par une institution contractuelle faite postérieurement au profit d'autres personnes, nonobstant les clauses ultérieures d'inexécution de l'acte révocatoire, soit la survie de l'époux auteur des dispositions testamentaires. Ce n'est pas comme aliénation sous condition suspensive et suivant les termes de l'art. 1038 du C. N., mais en vertu de son essence même et de ses caractères identiques à ceux du testament, sauf son irrévocabilité, que l'institution contractuelle produit cet effet. L'instituant peut toutefois soumettre la révocation de ses dispositions testamentaires à la condition de l'efficacité des dispositions nouvelles, et la preuve de cette intention résulte des circonstances.

23 janvier 1867, 66-67, n° 80.

205. — Il n'est pas nécessaire que l'acte de révocation d'un testament dressé en la forme d'un testament olographe contienne, outre la déclaration de révocation, d'autres dispositions explicites de dernière volonté.

Ainsi, est valable l'acte de révocation conçu en ces seuls termes : *Je déclare révoquer tous testaments faits en faveur de telle personne,* pourvu qu'il soit écrit, signé et daté de la main du testateur.

Dans cet acte, la désignation en masse des légataires d'une même famille, avec indication du lieu de leur origine commune, est valable et exclut la souche entière, sans qu'on ait à se préoccuper du lieu de naissance ou du domicile actuel de chaque individu de cette souche.

21 août 1867, 66-67, n° 130.

206. — A défaut de disposition expresse, la question de savoir si un testament postérieur annule un testament précédent est une question de fait et d'intention laissée à l'appréciation des tribunaux.

Inédit. 1re Ch., 18 juin 1862. Vuillaume c. Garnier.

207. — La révocation, comme la disposition, est une question d'intention et de fait laissée à l'appréciation du juge.

Inédit. 1re Ch., 3 mai 1852. Savarin c. Joulroy.

208. — Un contrat de mariage par lequel deux époux se sont assuré l'usufruit de leurs biens n'est pas une révocation du testament que le futur avait fait en faveur de sa future quelques années auparavant.

19 mai 1809, t. II, n° 262.

209. — Le legs particulier, même fait par testament postérieur, n'a rien d'incompatible avec le legs universel fait à la même personne et ne le révoque pas.

Inédit. 1re Ch., 21 août 1852. Dornier c. hôpital de Gray.

210. — Le legs d'usufruit d'un mobilier par un testament postérieur au profit de la personne à laquelle ce mobilier avait été légué par un testament précédent est une révocation par incompatibilité.

Inédit. 21 août 1852, 1re Ch. Dornier c. hôpital de Gray.

211. — Il y a inconciliabilité entre deux testaments successifs et par conséquent révocation tacite du legs universel contenu dans le premier, lorsque dans le second le testateur lègue à un nouveau légataire universel tous les biens, tant meubles qu'immeubles, qu'il pourra laisser à son décès.

25 juillet 1862, 62-65, n° 20, p. 66.

c. De la caducité des legs.

212. — Lorsque le testateur institue deux légataires en indiquant la portion pour laquelle il les gratifie, chacun des institués est légataire à titre universel, et, au cas où l'un d'eux décède avant le testateur, sa portion n'accroît pas à son colégataire, mais doit être partagée entre les héritiers.

Spécialement, au cas où deux légataires ont été institués par une disposition ainsi conçue : « Pour le surplus de mes biens, bois, prés, vignes, champs, usines, etc., je le donne et lègue à mes frères Joseph et Auguste, par moitié, à condition par eux, etc., » et où l'un des deux légataires vient à décéder avant le testateur, sa portion n'accroît pas à son colégataire, mais doit être partagée entre les héritiers du sang.

20 août 1860, 60-61, n° 34.

213. — Lorsqu'un testateur a légué ses biens conjointement à deux personnes, avec ordre de les vendre moyennant une rente viagère payable dans son entier jusqu'au décès du dernier mourant des légataires, bien qu'un d'eux vienne à décéder avant l'exécution de cette clause, il ne transmet pas à ses héritiers les biens qui étaient encore en nature entre ses mains, mais sa part accroît à celle de son colégataire.

4 juin 1847, 47-48, n° 21.

214. — C'est à celui qui eût été chargé de l'acquittement d'un legs que doit revenir le bénéfice de la caducité de ce legs.

23 juin 1808, t. I, n° 211.

215. — La disposition par laquelle un père lègue à ses deux enfants une maison, à charge par eux de la tirer au sort, et sous la condition que celui qui sera vainqueur par le sort paiera une somme déterminée à l'autre, est un legs conjoint *re et verbis*.

En conséquence, si l'un d'eux refuse d'exécuter le testament, la maison appartient pour le tout au cohéritier, qui se trouve, en ce cas, déchargé du paiement de la soulte.

14 janvier 1836, 36, p. 3.

216. — Le légataire astreint, sous peine de déchéance, à ne critiquer sous aucun rapport le testament par lequel il est institué, est déchu du bénéfice du legs, s'il fait lui-même des dispositions testamentaires contraires aux dernières intentions du défunt.

14 mai 1845, 45, n° 45, p. 134.

d. Des cas dans lesquels les legs sont susceptibles d'être révoqués après la mort du testateur.

217. — Aucune loi ne déclare un légataire déchu du bénéfice de son legs, parce qu'il n'en aurait pas acquitté toutes les charges; ceux qui, par suite de l'acceptation qu'a faite le légataire, ont des droits à exercer contre lui, peuvent avoir recours aux voies légales, pour le contraindre à remplir les engagements résultant de cette acceptation; mais ils ne peuvent demander l'application d'une peine qui n'est pas prescrite par la loi.

17 août 1826, t. V, n° 908.

218. — Le légataire n'est pas tenu de se conformer aux conditions qui ne lui ont été imposées par le testateur que dans l'intérêt propre du légataire. En conséquence, le legs n'est pas révoqué au cas où le légataire ne se serait pas conformé à une semblable condition.

4 juin 1847, 47-48, n° 21.

219 — L'inconduite notoire de la femme antérieure ou postérieure à la mort du mari ne suffit pas pour faire cesser l'usufruit qu'il avait légué à sa femme.

1er août 1844, 43-44, n° 74.

SECTION SECONDE.

DES DISPOSITIONS A TITRE GRATUIT DE DROIT EXCEPTIONNEL.

CHAPITRE 1er.

DU PARTAGE D'ASCENDANTS.

§ 1er.

Des partages auxquels s'appliquent les dispositions des art. 1075 à 1080.

220. — L'acte par lequel un père abandonne la plus grande partie de ses biens à ses enfants, moyennant une pension en nature, et en se réservant la jouissance de quelques immeubles, est une démission de biens.

Les démissions de biens étaient révocables de leur nature dans la province de Franche-Comté.

27 décembre 1810, t. II, n° 325.

221. — Si, en général, les démissions de biens, faites par les père et mère en faveur de leurs enfants, sont révocables *ad nutum*, cette règle générale cesse lorsque les choses ne sont plus entières, quand, par exemple, il y a eu vente des biens démissionnés et transactions intervenues sur la démission par les paiements faits pour la confirmer.

9 janvier 1810, t. II, n° 325.

222. — Une vente faite par un père à ses enfants qui renferme des objets certains et déterminés, ainsi que l'obligation d'acquitter des dettes déterminées, ne peut être considérée comme une démission de biens, puisqu'une disposition de cette espèce ne peut porter que sur une universalité de biens, à charge de payer l'universalité des dettes.

13 mars 1815, t. III, n° 454.

223. — Il n'existe pas , en droit français, de règles spéciales aux pactes de famille; ces actes doivent être régis par les dispositions législatives applicables aux conventions qu'ils contiennent.

8 août 1860, 60-61, n° 31.

§ 2.

De la forme du partage d'ascendants.

224. — Les partages faits par ascendants entre leurs descendants au moyen d'actes entre-vifs étant soumis aux formalités des donations, doivent être acceptés dans les formes requises pour ces sortes d'actes. En conséquence, ils ne sont pas sujets à la règle des partages ordinaires , qui veut qu'un tuteur particulier soit donné à chacun des mineurs dont les intérêts sont opposés.

Si la mère, après le décès du père, a partagé sans distinction les biens paternels avec les siens propres, la nullité de l'acte, en ce qui concerne la fortune du père, quoique nécessitant, en raison de la confusion des biens, un second partage de ceux de la mère, n'atteint pas les clauses ou libéralités légalement insérées dans le premier.

La condition portant que l'enfant qui attaquera un pareil partage sera privé de toute part dans la quotité disponible est valable et doit être exécutée, même contre celui qui, lors du partage, était mineur et placé sous la tutelle du disposant.

16 janvier 1846, 46, n° 4.

§ 3.

Des personnes entre lesquelles le partage d'ascendants doit être fait pour être valable.

225. — Le partage fait par acte entre-vifs par des père et mère entre leurs enfants est nul, si l'un d'eux est mineur et s'il n'a pas été habilité pour accepter par un tuteur spécial.

30 juillet 1828, 27-28, n° 110.

226. — Le mineur devenu majeur ne peut, pendant la vie de ses auteurs, en couvrir les vices par son exécution.

Un tel acte est nul pour le tout; il ne peut être scindé et valoir comme donation entre-vifs à l'égard de ceux des enfants qui étaient majeurs.

30 juillet 1828, 27-28, n° 110.

CHAPITRE II.

DES DISPOSITIONS FAITES PAR CONTRAT DE MARIAGE.

§ 1er.

Dispositions de biens présents.

227. — L'art 1086 du Code Napoléon a fait revivre les dispositions de l'art. 18 de l'ordonnance de 1731, momentanément suspendues par l'article 2 de la loi du 18 pluviôse an v.

En conséquence, si la faculté de disposer d'une certaine somme a été réservée dans une donation faite par contrat de mariage, sous l'empire de l'ordonnance de 1731, et que le donateur soit mort depuis la publication du Code Napoléon sans en avoir disposé, elle demeure acquise à l'institué.

Toutefois, elle doit d'abord, s'il y a lieu, être employée à remplir jusqu'à due concurrence les héritiers réservataires des droits qui leur sont assurés par les art. 913 et suivants du Code Napoléon.

19 juin 1844, 43-44, n° 66.

§ 2.

Des dispositions ayant pour objet tout ou partie de l'hérédité du disposant ou des institutions contractuelles.

1° Des caractères de l'institution contractuelle.

228. — La disposition contractuelle, par laquelle « les père » et mère déclaraient donner à » leur fils, par donation entre-vifs, » pure, parfaite, irrévocable, tout » et un chacun de leurs biens » meubles et immeubles qu'ils dé- » laisseront à leur mort, sans s'y » rien réserver que le droit de do- » ter leurs filles, » était nulle et prohibée par les lois des 7 mars 1793, 17 nivôse an II, art. 1 et 2, 22 ventôse suivant, art. 47, sous l'empire desquelles cette institution avait été faite.

23 janvier 1817, t. III, n° 499.

229. — Doivent être sans distinction déclarées nulles toutes institutions contractuelles faites sous l'empire de la loi du 17 nivôse an II, bien que l'instituant soit mort après la publication du Code civil, qui les permet.

10 février 1829, 29, n° 12, p. 49.

230. — La quotité dont il a pu être valablement disposé par institution contractuelle se règle par la loi en vigueur au moment où le contrat a été passé.

19 juin 1844, 43-44, n° 66.

231. — Est institution contractuelle et non donation entre-vifs la clause par laquelle des père et mère ont donné à leur fille, en la mariant, *une somme de 10,000 fr. en avancement d'hoirie, dont ils lui paieront annuellement la rente au denier vingt.* En conséquence, ces père et mère ne peuvent être contraints durant leur vie à rembourser le capital.

17 juillet 1817, t. III, n° 512.

232. — Une disposition par laquelle des père et mère *font donation entre-vifs et irrévocable de la cinquième partie de tous leurs biens présents et futurs, tant meubles qu'immeubles, et tels qu'ils se trouveront après leur décès, à les partager avec leurs autres enfants,* est une donation de biens présents et à venir et non une institution contractuelle.

3 juin 1808, t. I, n° 207.

233. — Le père ou la mère qui, dans le contrat de mariage d'un de ses enfants, lui promet dans sa succession une part égale à celle des autres, fait une véritable institution contractuelle de la quotité disponible. — L'étendue de cette disposition se détermine par le nombre d'enfants que laisse l'instituant à son décès.

11 mars 1846, 46, n° 119, p. 309.

234. — Est nulle la disposition qualifiée donation entre-vifs d'une somme à prendre sur les plus clairs biens de la succession du prétendu donateur, lorsque, d'ailleurs, ce dernier se réserve la libre disposition et la jouissance absolue de tous les biens, et va même jusqu'à interdire au donataire de prendre des sûretés pour la conservation de ses droits.

Une semblable disposition, consentie par un tiers dans un contrat de mariage et au profit d'un des futurs époux, constitue une institution contractuelle frappée de caducité en cas de prédécès de l'époux donataire et de sa postérité.

9 juin 1862, 62-65, n° 18, p. 60.

2° Des effets de l'institution contractuelle.

1. L'instituant reste propriétaire.

235. — Celui qui institue contractuellement plusieurs de ses enfants dans une part égale de ses biens, à les partager avec ses autres enfants héritiers, n'est pas dépouillé de la propriété de ces mêmes biens et conserve le droit d'en disposer à titre onéreux ou à titre gratuit, pourvu que ce soit pour cause légitime et qu'il n'excède pas les bornes d'une sage administration, et, notamment, il peut faire une donation d'usufruit à sa seconde épouse.

19 frimaire an XIV, t. I, n° 137.

236. — Des père et mère qui ont fait en faveur de leurs enfants des institutions contractuelles ne peuvent être privés du droit de partager les biens qui y sont compris entre les institués.

14 avril 1806, t. I, n° 144.

237. — Le donateur contractuel des immeubles qu'il laissera à son décès ne peut priver indirectement l'institué du bénéfice de la donation, notamment en convertissant ses immeubles en valeurs mobilières dans le seul but de détruire les effets de l'institution.

En pareil cas, l'institué peut exercer son droit sur les valeurs en argent délaissées par le donateur jusqu'à concurrence des sommes produites par la vente des immeubles compris dans la donation.

13 décembre 1849, 49-52, n° 33.

238. — Est valable la donation d'objets mobiliers et immobiliers ayant précédemment fait l'objet d'une institution contractuelle.

25 juin 1866, 66-67, n° 43.

239. — La vente consentie par l'instituant de biens compris dans l'institution contractuelle est nulle, lorsqu'elle déguise une libéralité.

L'acquéreur de ces biens ne peut transmettre à un second acquéreur plus de droits qu'il n'en a; en conséquence, est nulle la vente consentie par cet acquéreur à un tiers, fût-il de bonne foi.

2 juin 1860, 60-61, n° 20.

2. L'institué est héritier dès le jour de l'institution.

240. — La donation contractuelle d'une part héréditaire de biens à venir faite au profit d'un héritier présomptif lui donne le droit de se faire attribuer cette portion d'après les règles propres au partage des successions. Il doit recevoir cette part avant tous légataires particuliers ultérieurement institués, et le juge ne peut, dans le but de conserver en nature à ces légataires des immeubles qui leur ont été attribués, confondre dans de certaines limites différentes masses dévolues aux mêmes héritiers, de manière à priver l'institué contractuel de la chance qu'il pouvait avoir d'obtenir en nature une part dans les immeubles ainsi soustraits aux règles ordinaires des partages.

20 novembre 1847, 47-48, n° 62.

241. — Une institution contractuelle doit se régler, quant à la quotité disponible, par la législation en vigueur à l'époque du contrat, alors même que cette législation aurait été modifiée antérieurement au décès du testateur.

11 juillet 1850, 49-52, n° 56.

242. — Est valable la renonciation consentie au profit d'un tiers par un institué contractuellement de son droit éventuel sur les objets dans lesquels il a été institué, et cette renonciation gratuite est, comme telle, révocable pour cause de survenance d'enfants.

25 juin 1866, 66-67, n° 43.

243. — Jugé qu'un enfant peut renoncer à une disposition faite en sa faveur dans un acte contenant une institution contractuelle, pour s'en tenir à sa légitime.

7 germinal an IX, t. I, n° 21.

244. — Est nulle la donation consentie par contrat de mariage d'objets mobiliers ayant précédemment fait l'objet d'une institution contractuelle.

3 août 1869, 68-69, n° 84, p. 341.

245. — Est nulle la renonciation consentie par l'institué, au profit d'un tiers, à son droit éventuel sur les objets faisant partie de l'institution contractuelle. Une semblable renonciation est un pacte sur succession future prohibé par la loi, et porte d'ailleurs atteinte au principe de l'immutabilité des conventions matrimoniales.

3 août 1869, 68-69, n° 84, p. 341.

3° De la caducité de l'institution contractuelle.

246. — Dans le cas où deux personnes sont instituées contractuellement chacune pour une part des biens de l'instituant, et que l'un des institués vient à mourir avant l'instituant, sa part dans l'institution ne va pas accroître celle de l'autre institué.

28 frimaire an XII, t. I, n° 90.

247. — Quand une personne a été instituée contractuellement *en qualité d'héritier universel* dans la moitié des biens de l'instituant, et quand une autre personne instituée pour une autre partie vient à mourir avant l'instituant, la part de cette seconde personne va accroître celle du premier institué.

26 nivôse an XII, t. I, n° 92.

4° De la promesse d'égalité.

248. — L'effet des institutions contractuelles était que l'instituant, tout en conservant la pleine et libre administration de ses biens et même la faculté d'aliéner pour les besoins pressants et de récompenser par quelques legs modiques

des services domestiques, ne pouvait cependant enfreindre d'aucune manière la promesse d'égalité ni se permettre sans cause ni motif, surtout au profit d'un successible, des dispositions qui portassent atteinte à cette promesse ou qui diminuassent le préciput.

17 juin 1820, t. IV, n° 789, p. 257.

249. — La promesse d'égalité que les père et mère font à leurs enfants, dans son contrat de mariage, les prive du droit de disposer à titre gratuit directement ou indirectement au profit d'un autre enfant, à moins qu'il ne s'agisse de sommes modiques.

11 juin 1844, 43-44, n° 63.

§ 3.

Des dispositions ayant cumulativement pour objet des biens présents et à venir.

250. — Une disposition faite par des père et mère et ainsi conçue : « Lesquels font donation entre-vifs pure, parfaite et irrévocable, et à cause de noces, de la généralité de leurs biens présents et à venir, et tels qu'ils se trouveront à leur décès, sous la réserve de l'usufruit et à les partager par égales parts avec le frère de celui en faveur de qui la donation est faite, » est une donation de biens présents et à venir.

Cette donation devient caduque par le prédécès du donataire et de sa postérité avant le donateur, tant pour les biens présents que ceux à venir.

5 janvier 1810, t. II, n° 291.

CHAPITRE III.

DES DISPOSITIONS ENTRE ÉPOUX.

§ 1er.

Des dispositions entre époux faites par contrat de mariage.

251 — Les donations déguisées, faites entre époux par contrat de mariage, sont-elles nulles quand elles n'excèdent pas la quotité disponible? (*Quest. non résolue par la Cour, nég. par le tribunal de Lure.*)

En cas d'affirmative, l'époux donateur pourrait-il proposer la nullité par voie d'action ou d'exception? (*Quest. résolue négat. par la Cour.*)

La nullité serait-elle encourue si la donation excédait la quotité disponible et spécialement celle déterminée par l'art. 1098 du Code civil? (*Quest. non résolue par la Cour, affirm. par le tribunal de Lure.*)

Le préjudice éventuel résultant de ces simulations rend les enfants d'un premier lit recevables à intervenir, du vivant de leur père donateur, dans une instance introduite, contre celui ci, par sa seconde femme, en vue de réaliser le bénéfice des donations déguisées, après avoir fait prononcer sa séparation de biens.

Les intervenants peuvent ils, en l'état, être admis à prouver qu'un apport reconnu par leur père à sa seconde femme était une donation déguisée? (*Résolu nég. par le tribunal, affirm. par la Cour.*)

28 août 1871, 70-71, n° 56.

252.—L'article 1193 du C. civ. n'impose pas de termes sacramentels pour la stipulation de la condition de survie. Elle peut résulter de la nature même des dons que les époux se sont réciproquement faits, en disposant que leur effet cesserait du jour où le survivant convolerait à de secondes noces.

28 août 1871, 70-71, n° 56.

§ 2.

Des dispositions entre époux faites pendant le mariage.

1° Forme.

253. — En droit romain et aux termes de l'ordonnance de 1731, les donations mutuelles faites entre époux, pendant le mariage,

étaient valables. Il en est de même sous l'empire de la loi du 17 ventôse an II, dont l'art. 14 a validé tous les avantages stipulés entre époux.

28 février 1807, t. I, n° 164.

254. — Une donation entre mari et femme faite hors contrat de mariage, sous l'empire de l'ordonnance de 1731, était considérée, quant à la forme dont elle était revêtue, comme un acte entre-vifs; mais ses effets se rapportaient aux actes à cause de mort

Une pareille donation ne valant que comme disposition à cause de mort n'était pas nulle faute d'insinuation, d'après l'article 42 de l'ordonnance de 1755, puisque cette formalité n'était exigée que pour les actes entre-vifs emportant translation actuelle de propriété.

7 avril 1807, t. I, n° 168.

255. — Les donations que les époux se font pendant leur mariage étant assimilées à celles qui leur seraient faites par leur contrat de mariage, ils peuvent se dispenser d'y joindre un état des meubles qu'ils se donnent.

10 janvier 1818, t. III, n° 580.

2° Fond.

256. — Les donations indirectes ou simulées ainsi que les dons manuels faits par l'un des époux à l'autre pendant le mariage sont valables et imputables sur la quotité disponible. Seulement ils sont toujours révocables.

Inédit. 1re Ch., 23 juillet 1838. Boisson c. Boisson.

Distribution, V. Presse, — Outrage, — Publication.

Distribution des causes, V. Tribunaux.

Distribution par contribution.

Dans quels cas il y a lieu à distribution.

Les articles 576 et 656 et suiv. du Code de pr. civ. ne sont relatifs qu'aux saisies-arrêts dénoncées au saississant et faites antérieurement aux jugement et arrêt qui lui ont adjugé définitivement les sommes saisies à sa requête ; ils sont étrangers aux créanciers qui se sont pourvus depuis ; dès lors, les sommes adjugées appartiennent au premier saississant et ne peuvent faire partie d'une nouvelle distribution entre les saississants postérieurs.

23 mars 1827, 27-28, n° 22.

Divorce, V. Mariage.

Dol personnel, V. Requête civile.

Domaine de l'État.

Inaliénabilité du domaine de l'État.

1. — Il est de droit commun en France que le domaine de l'État est inaliénable et imprescriptible ; si avant la réunion de la Franche-Comté à la France en 1664, il y avait eu quelques aliénations de ce genre, qui avaient été maintenues depuis cette époque, la province est retombée sous l'empire des lois de l'État, qui déclarent le domaine du souverain inaliénable et imprescriptible.

31 déc. 1821, t. IV, n° 714, p. 167.

2. — Les ducs de Wurtemberg ne jouissaient pas en Franche-Comté du pouvoir souverain, et, en conséquence, les domaines qu'ils y possédaient n'étaient point inaliénables.

25 août 1826, t. V, n° 910.

3. — Sous l'empire de l'ancienne législation, le domaine de l'État était inaliénable et imprescriptible. Aucune loi n'a modifié ce principe quant aux grandes masses de forêts.

27 mai 1848, 47-48, n° 130.

Domaine public.

§ 1er.

Quelles choses font partie du domaine public.

1. — D'après les lois et règlements concernant la navigation, personne ne peut mettre obstacle au flottage des bois destinés à la marine, sur les rivières navigables et flottables : si l'autorité publique a permis des barrages, ils doivent être munis de *gords* ou *pertuis*, pour faciliter le passage des bateaux et des radeaux ; il en doit être de même à l'égard des barrages mobiles appelés *arrêts*.

Les flotteurs de bois à bûches perdues, qui, par l'établissement de ces barrages mobiles, ont interrompu la navigation d'une rivière, sont passibles des dommages-intérêts qui résultent du défaut de passage des bateaux ou radeaux.

13 janvier 1812, t. II, n° 356.

2. — Les rivières qui ne sont ni navigables ni flottables n'appartiennent pas aux riverains : elles rentrent dans la classe des choses qui n'appartiennent à personne et dont l'usage est commun à tous.

1er juin 1859, 58-59, n° 30.

3. — Le chemin militaire établi devant les remparts est une rue publique, et dès lors il est permis d'ouvrir des portes et de prendre des jours sur ce chemin.

17 mars 1836, 36, p. 50.

4. — Le chemin affecté au service d'un polygone fait partie du domaine public, et dès lors on ne peut acquérir par prescription aucune servitude sur un pareil chemin.

En conséquence, est inadmissible la preuve testimoniale offerte, qu'un pareil chemin était depuis plus de trente ans considéré comme un chemin public servant au passage des habitants d'une commune pour se rendre dans une autre.

7 déc. 1836, 36, p. 188.

5. — Les rues des villages sont

des dépendances du domaine public.

30 nov. 1843, 43-44, n° 7.

6. — Le sentier qui depuis un temps immémorial sert à relier des maisons isolées avec un village doit être considéré comme un chemin public et non comme un simple chemin de défruitement, alors surtout qu'il figure dans des titres anciens et qu'il a été classé dans le tableau officiel des chemins de la commune.

9 février 1863, 62-65, n° 36. p. 122.

7. — C'est principalement par sa destination et son usage qu'on doit fixer le caractère d'un chemin et décider *s'il est ou non public.* S'il sert de communication entre la partie principale du village et une autre partie de ce village, s'il est plus court, il est public, quoique en très mauvais état, non empierré, et que la commune n'y ait jamais fait de réparations, lors même qu'il y a un autre chemin en bon état, classé comme vicinal, servant à la même communication, mais un peu plus long.

Inédit. 19 déc. 1863, 2ᵉ Ch. Commune de la Vieille-Loye c. Laporte.

8. — Les talus d'une route n'en sont une partie intégrante qu'autant qu'ils sont dus à des travaux faits pour sa construction.

27 février 1866, 66-67, n° 14.

§ 2.

Inaliénabilité.

9. — Avant le Code civil, les biens des communes pouvaient se prescrire en Franche-Comté par la possession de trente ans.

28 mars 1829, 29, n° 31, p. 111.

10. — Avant le C. N., les biens des communes pouvaient se prescrire par la possession de trente ou quarante ans.

30 nov. 1843, 43-44, n° 7.

11. — Les rues des villages entrent dans la classe des communaux aliénables et prescriptibles, lorsqu'elles ont été abandonnées.

30 nov. 1843, 43-44, n° 7.

Domicile.

De l'établissement du domicile de fait et du changement de ce domicile.

1. — En principe, le domicile acquis se conserve par la seule intention de le maintenir dans le lieu où on l'a choisi, et la preuve de l'intention résulte suffisamment de la déclaration prescrite par l'art. 104 du C. N. Mais la déclaration n'a cet effet qu'autant qu'elle est conforme aux faits et qu'elle n'est pas contredite par les circonstances dans lesquelles elle s'est produite.

23 janvier 1851, 49-52, n° 107.

2. — L'émigré rentré en France est censé avoir conservé son ancien domicile, s'il n'a pas déclaré vouloir en changer; il importe peu qu'avant sa mort il soit allé habiter un autre lieu et qu'il y soit décédé.

4 janvier 1828, 27-28, n° 66.

3. — Un individu est présumé avoir conservé son domicile d'origine ou celui qu'il a légalement acquis, et l'absence accidentelle ou la résidence plus ou moins prolongée dans un autre lieu ne suffisent pas pour en faire supposer l'abandon irrévocable; il faut encore qu'il ait manifesté son intention de se fixer ailleurs ou que des faits caractéristiques prouvent cette translation de domicile.

17 février 1827, 27-28, n° 13.

4. — Celui qui a fait la déclaration voulue par l'article 104 du Code N., et qui a résidé de fait dans le lieu où il a établi son nouveau domicile, conserve, quoiqu'il ait habité postérieurement son ancien domicile, celui qu'il a choisi, et c'est dans ce dernier lieu qu'il a droit à l'affouage.

10 janvier 1828, 27-28, n° 68.

5. — Celui qui, suivant les

formes établies par les articles 103 et 104 du C. N., s'est choisi un domicile nouveau, n'est pas censé y avoir renoncé par cela seul qu'il a fait signifier et qu'il a reçu sans protestation des actes où son ancien domicile continuait à lui être attribué.

23 juillet 1846, 46, n° 50.

6. — La translation de domicile est suffisamment caractérisée par l'établissement d'un commerce et l'habitation jointe à l'intention de se fixer dans le lieu où ce commerce a été créé. Ce domicile nouveau fixe, en cas de poursuite, la compétence du tribunal, alors même que le commerce de ce négociant ayant cessé et son mobilier ayant été vendu par autorité de justice, il est venu résider à son ancien domicile.

27 mars 1867, 66-67, n° 98.

Dommages-intérêts, V. OBLIGATIONS, DEGRÉS DE JURIDICTION.

Donations entre-vifs, V. DISPOSITIONS ENTRE-VIFS ET TESTAMENTAIRES

Douanes.

§ 1er. — *Contraventions aux lois prohibitives de l'entrée des marchandises.* (N°s 1, 2.)

§ 2. — *Contraventions aux lois sur la circulation des marchandises et les acquits-à-caution.* (N°s 3, 4.)

§ 3. — *Constatation et poursuite des contraventions.* (N°s 5 à 16.)

§ 4. — *Des peines.* (N° 17.)

§ 1er.

Contraventions aux lois prohibitives de l'entrée des marchandises.

1. — Le fait d'avoir reçu un salaire élevé pour le transport de marchandises soustraites, à leur entrée en France, au paiement des droits de douanes, ne suffit pas pour faire considérer l'individu employé en qualité de porteur comme intéressé à la contrebande. Dès lors, en dehors du rayon des douanes, cet individu échappe à toute poursuite, alors même qu'il ne ferait pas connaître le propriétaire ou expéditeur des marchandises.

2 juillet 1858, 58-59, n° 14.

2. — Les mesures en vertu desquelles l'administration des douanes juge à propos de se relâcher temporairement de la surveillance qu'elle est chargée d'exercer sur tel ou tel point du territoire ne peuvent équivaloir à l'abrogation ou à la suppression de la loi : les citoyens ne sont pas moins obligés de l'observer et les tribunaux de l'appliquer, quand, malgré ce relâchement de la surveillance, des infractions sont constatées.

Spécialement, alors même qu'une circulaire du directeur général des douanes prescrit l'abandon de la police du rayon-frontière, les importations frauduleuses de marchandises tarifées demeurent, quant à leur mode de constatation, soumises aux prescriptions de la loi sur la police du rayon-frontière.

24 mai et 6 nov. 1867, 66-67, n° 134.

§ 2.

Contraventions aux lois sur la circulation des marchandises et les acquits-à-caution.

3. — Ne sont pas assujettis, pour circuler, à la formalité du passavant, et ne sont soumis d'acquitter aucun droit, les fromages fabriqués dans les deux lieues limitrophes du territoire étranger, alors même qu'une partie du parcours dépendant des métairies où se fabriquent ces fromages serait située sur le territoire étranger.

10 avril 1829, 29, n° 37, p. 129.

4. — Les soies introduites en France peuvent, quand elles sont hors du rayon-frontière, circuler librement à l'intérieur, à moins qu'elles n'aient été suivies à vue quand elles franchissaient ce rayon, et cette circulation est licite sans certificat ni passavant.

Au contraire, lorsqu'elles sont introduites de l'extérieur dans le rayon-frontière, ou lorsqu'elles y rentrent de l'intérieur, elles deviennent saisissables à défaut d'expédition ou passavant, sans distinguer si elles sont d'origine française ou étrangère.

9 février 1856, 53-57, n° 8, p. 249.

§ 3.

Constatation et poursuite des contraventions.

5. — En matière de douanes, le délit résulte du fait matériel d'importation ou d'exportation prohibée, même sans intention frauduleuse.

4 août 1829, 29, n° 57, p. 192.

6. — En matière de contrebande, la bonne foi ne peut effacer les contraventions; il suffit que le fait soit matériellement constaté pour entraîner l'application de la loi pénale.

9 février 1856, 53-57, n° 89, p. 249.

7. — Un procès-verbal des préposés des douanes est nécessaire pour autoriser des poursuites et fonder une condamnation en matière de contrebande.

18 juillet 1828, 27-28, n° 107.

8. — Les procès-verbaux des employés des douanes ne font foi, quant au nombre des délinquants, que si les individus désignés comme tels ont pu être arrêtés. Hors ce cas, ils n'ont d'autre valeur que celle de simples renseignements.

30 déc. 1846, 46, n° 84, p. 215.

9. — L'inscription de faux contre un procès-verbal dressé par des employés de la douane doit, à peine de déchéance, être formée par écrit au plus tard à l'audience indiquée dans la citation. Il ne suffit pas qu'à cette audience le prévenu ait annoncé l'intention de s'inscrire en faux et l'ait réalisée le jour même.

14 juillet 1846, 46, n° 95. p. 239.

10. — Le prévenu qui veut s'inscrire en faux contre un rapport de douaniers doit faire sa déclaration par écrit, en personne ou par un fondé de pouvoir porteur d'une procuration spéciale passée par-devant notaire, au plus tard à l'audience indiquée par la sommation de comparaître devant le tribunal correctionnel. Toute déclaration postérieure à ce moment serait tardive et ne saurait faire revivre le droit de s'inscrire en faux. Il en est ainsi alors que la déclaration a été faite à l'audience à laquelle la cause a été renvoyée par le tribunal pour la prononciation de son jugement; l'audience où la cause est plaidée ne peut pas se confondre avec celle où la sentence est rendue au point de vue de l'inscription de faux.

1er juin 1867, 66-67, n° 128.

11. — Est valable la saisie faite par les préposés des douanes, des livres, lettres, papiers et carnets qui sont relatifs à des débits de contrebande et dont peuvent être porteurs ceux qui se livrent à ces délits.

6 juin 1836, 36, p. 105.

12. — Est régulière la saisie de lettres opérée par les employés des douanes, même sur un individu qui ne serait pas messager, si elle a eu lieu par suite d'une perquisition faite pour rechercher des marchandises prohibées.

28 juin 1850, 49-52, n° 73.

13. — En cas de connexité entre un délit de douane et le crime de rébellion, il n'y a pas lieu de joindre les deux causes pour les soumettre toutes deux au jury, par application des art. 226 et 227 du C. d'inst. crim., qui décident que la Cour, chambre des mises en accusation, statuera par un seul et même arrêt sur les délits connexes dont les pièces se trouveront en même temps produites devant elle.

A plus forte raison doit-on le décider ainsi quand l'existence du délit de douane, complétement établie par les pièces soumises à la Cour, n'est pas discutée par le prévenu.

18 novembre 1844, 43-44, n° 100.

14. — Le jugement par défaut qui a déclaré valable la saisie de marchandises prohibées faite sur un inconnu n'est pas susceptible d'opposition : on ne peut l'attaquer que par la voie de l'appel.

10 mai 1826, 27-28, n° 29, p. 125.

15. — L'administration des douanes peut transiger aussi bien sur l'action publique que sur l'action civile résultant du délit.

4 août 1829, 29, n° 57, p. 192.

16. — Dans le cas où l'administration des douanes a transigé sur des faits de contrebande, l'action publique est éteinte, qu'elle ait pour objet l'amende ou l'emprisonnement.

13 mai 1844, 43-44, n° 51.

§ 4.

Des peines.

17. — Lorsque des marchandises prohibées ont été introduites à la frontière sans que la douane ait pu les saisir, les délinquants ne doivent pas être condamnés à en payer la valeur, pour tenir lieu de la confiscation.

30 déc. 1846, 46, n° 84, p. 215.

E

Eaux.

CHAPITRE Ier.

DES EAUX DE SOURCE.

§ 1er. — *A qui appartient la propriété des eaux de source.*

§ 2. — *Prescription des eaux de source.*

CHAPITRE II.

DES EAUX PLUVIALES.

Eaux pluviales tombant sur une voie publique.

CHAPITRE III.

DES EAUX COURANTES.

§ 1er. — *Historique.*

§ 2. — *Droits des propriétaires dont l'héritage est traversé par un cours d'eau.*

§ 3. — *Droits des propriétaires dont l'héritage est bordé par des eaux courantes.*

§ 4. — *Règles communes aux propriétaires dont l'héritage est traversé et à ceux dont l'héritage est bordé par des eaux courantes.*

§ 5. — *Attributions respectives des autorités administratives et judiciaires en matière d'eaux courantes.*

TABLE ALPHABÉTIQUE.

CHAPITRE Ier.

DES EAUX DE SOURCE.

§ 1er.

A qui appartient la propriété des eaux de source.

1. — Les concessions de cours d'eau faites avant 1789 par les anciens seigneurs pour le roulement des usines leur appartenant, à moins d'une disposition expresse, ne comprennent point les sources qui alimentent les cours d'eau, si d'ailleurs il n'est pas établi d'une part que les eaux de source soient indispensables au roulement de l'usine, d'autre part que le seigneur fût propriétaire du fonds où jaillit la source.

25 janvier 1860, 60-61, n° 2.

2. — Les anciens seigneurs étaient propriétaires non-seulement des cours d'eau, mais encore des sources alimentant ces cours d'eau et jaillissant dans les fonds dépendant de la seigneurie.

En conséquence, l'acte d'acensement d'un cours d'eau consenti par un seigneur comprend la concession des sources dont les eaux venues des fonds voisins alimentent le cours d'eau, de telle sorte que les propriétaires de ces fonds voisins n'en peuvent user pour leur usage particulier au préjudice du concessionnaire.

13 avril 1867, 66-67, n° 102.

3. — Sous l'ancien droit comme sous l'empire du Code Napoléon, celui qui avait une source dans son fonds pouvait en user à sa volonté, sauf le droit que le propriétaire du fonds inférieur pouvait avoir acquis par titre ou par prescription.

11 mars 1865, 62-65, n° 77, p. 335.

§ 2.

Prescription des eaux de source.

4. — Les droits respectifs du propriétaire de la source et de celui qui a prescrit une partie de l'usage des eaux doivent être fixés, non d'après la règle qui permet au juge de concilier l'intérêt de l'agriculture avec le respect dû à la propriété, laquelle ne s'applique qu'aux servitudes dérivant de la situation des lieux, mais d'après le titre et la possession qui font en ce cas la loi des parties.

29 avril 1869, 68-69, n° 80, p. 327.

5. — Les travaux apparents nécessaires à la prescription des eaux d'une source appartenant au voisin sont présumés faits par ce-

lui dans l'intérêt exclusif duquel ils ont été établis.

29 avril 1869, 68-69, n° 80, p. 327.

6. — Quand l'acheteur d'un moulin et de son cours d'eau n'a été induit en erreur par aucun ouvrage apparent sur l'étendue des droits qu'il acquérait, il ne peut refuser le paiement du prix sous prétexte d'éviction, en se fondant sur ce que le propriétaire de l'une des sources dont il profitait en raison seulement de la disposition des lieux l'a détournée de son ancien lit.

10 août 1829, 29, n° 63, p. 211.

CHAPITRE II.

DES EAUX PLUVIALES.

Eaux pluviales tombant sur une voie publique.

7. — Les eaux pluviales qui tombent sur une voie publique sont au premier occupant; mais, tant qu'elles sont laissées à celui qui s'en est emparé, elles forment une dépendance du fonds dans lequel il les a introduites, et le droit à ces eaux peut s'acquérir par titre, prescription ou destination du père de famille.

19 juillet 1860, 60-61, n° 28.

CHAPITRE III.

DES EAUX COURANTES.

§ 1er.

Historique.

8. — A supposer qu'en Franche-Comté, les seigneurs hauts justiciers aient été propriétaires des ruisseaux fluant dans leurs seigneuries, et que les concessions qu'ils ont faites de ces cours d'eau dussent encore avoir tous leurs effets, malgré les lois abolitives de la féodalité, il n'en est pas moins vrai que tous ces droits ont été supprimés par la loi du 4 août 1789, et que, postérieurement à cette loi, ni eux ni la nation qui les représentait n'ont pu les céder à des tiers.

24 mai 1828, 27-28, n° 90.

9. — Avant la révolution, les seigneurs étaient en Franche-Comté propriétaires des petites rivières qui coulaient dans l'étendue de leurs seigneuries, et ils avaient seuls le droit d'y faire des concessions de cours d'eau. Les lois qui ont aboli la féodalité n'ont point porté atteinte à ces droits accordés par les ci-devant seigneurs.

4 juin 1827, 27-28, n° 35.

10 — La concession d'un cours d'eau faite par un seigneur avant la révolution ne peut avoir d'effet que dans l'enclave et sur le territoire de sa seigneurie.

21 novembre 1828, 27-28, n° 124.

11. — Les seigneurs hauts justiciers avaient, avant la révolution de 1789, la libre disposition des cours d'eau situés dans l'étendue de leurs seigneuries. Les lois abolitives de la féodalité n'ont point porté atteinte aux droits qu'ils avaient antérieurement établis.

5 janvier 1846, 46, n° 15.

12. — Les parlements, et notamment le parlement de Franche-Comté, avaient la haute police des cours d'eau. Leurs règlements en cette matière avaient force de loi et étaient réputés connus de tous.

En conséquence, l'acquéreur d'une usine avec écluse, dont l'abaissement aurait été autrefois ordonné par arrêt du parlement, doit supporter sans réclamation cet abaissement, comme servitude inhérente à sa propriété et non occulte pour l'acheteur.

17 janvier 1829, 29, n° 6, p. 15.

§ 2.

Droits des propriétaires dont l'héritage est traversé par un cours d'eau.

13. — Celui dont l'héritage est traversé par un ruisseau peut, pour son usage, détourner les eaux sous la seule obligation de les rendre, à la sortie de son fonds, à leur cours naturel ; ceux qui ne sont propriétaires chacun que d'un côté du ruisseau peuvent se réunir pour user du même droit.

L'art. 644, § 1er, a pour but de fixer les droits aux eaux dans l'intérêt seulement des copropriétaires du lit du ruisseau ; ceux qui possèdent les fonds inférieurs n'ont droit qu'à demander l'exécution du deuxième paragraphe de l'article précité.

24 mai 1828, 27-28, n° 90.

14. — L'art. 644 du Code Napoléon, qui impose au propriétaire dont une eau courante traverse l'héritage l'obligation de la rendre à la sortie de son fonds, n'est pas d'ordre public. En conséquence, les parties peuvent y déroger au gré de leurs besoins, sauf aux intéressés à prouver le retour au droit commun, soit par titres, soit par prescription.

1er juin 1859, 58-59, n° 30.

15. — On n'a pas le droit de prendre de l'eau pour l'irrigation d'un fonds non adjacent à la rivière. Il y a obligation pour le riverain à rendre l'eau au cours ordinaire.

Inédit. 28 juillet 1866, 2e Ch. Coulon c. Gaudet.

§ 3.

Droits des propriétaires dont l'héritage est bordé par des eaux courantes.

16. — D'après l'art. 644 du Code Napoléon, toute personne dont le terrain borde une eau courante peut l'employer en irrigation, à charge de la rendre à son état naturel après en avoir fait usage ; cet article, ni aucun autre, ne lui confère la faculté d'en user indéfiniment, lorsque les propriétaires des fonds inférieurs en réclament une partie : alors il devient nécessaire de procéder à un règlement d'eau.

19 avril 1826, t. V, n° 893.

17. — Celui dont la propriété

borde une eau courante ne peut l'absorber en totalité, de manière à ne la rendre à l'autre riverain que dépourvue de ses parties fécondantes, et le juge peut décider, suivant les circonstances, que l'un des deux propriétaires jouira exclusivement des eaux pendant cinq jours de la semaine, l'autre pendant deux jours, le partage se faisant au moyen d'un régulateur et d'une vanne construits à frais communs.

Le riverain d'un ruisseau ne peut pas, pour l'irrigation de son terrain, appuyer un barrage quelconque sur la propriété opposée, mais seulement pratiquer des saignées sur la rive qui lui appartient.

27 novembre 1844, 43-44, n° 115.

18. — Le propriétaire d'une usine régulièrement autorisée peut prescrire par trente ans l'usage des eaux qui servent à l'exploitation de son usine, et le propriétaire riverain des fonds supérieurs ne pourrait user des droits qui lui sont conférés par l'article 644 du Code Napoléon qu'à la condition de ne pas porter atteinte aux droits ainsi acquis par l'usinier.

16 avril 1859, 58-59, n° 34.

19. — L'art. 644 du Code Napoléon, qui permet à celui dont la propriété borde une eau courante de se servir de cette eau pour l'irrigation de sa propriété, n'est point limitatif. En conséquence, le riverain peut se servir de l'eau à son passage, pourvu qu'il n'absorbe pas aussi la part de ses coriverains, et que le cours naturel de l'eau ne soit pas entièrement détourné par de telles entreprises.

Spécialement, on peut employer l'eau comme force motrice et s'en servir pour alimenter une usine ou tout autre établissement industriel.

10 février 1864, 62-65, n° 62, p. 217.

20. — Celui dont la propriété borde une eau courante peut se servir de cette eau pour tous les besoins de sa propriété, non-seulement pour l'irrigation, mais en y puisant, trempant, lavant, abreuvant, etc. L'art. 644 n'est point limitatif.

12 déc. 1868, 68-69, n° 43, p. 173.

§ 4.

Règles communes aux propriétaires dont l'héritage est traversé et à ceux dont l'héritage est bordé par des eaux courantes.

21. — Celui dont une rivière ou un ruisseau borde ou traverse les propriétés a le droit de s'en servir pour leur irrigation, sans que le propriétaire d'une usine inférieure puisse s'y opposer, à moins qu'il ne justifie, par titres ou par des travaux faits sur l'héritage du propriétaire supérieur, qu'il a acquis la possession exclusive des eaux. Il en est, à plus forte raison, ainsi lorsque celui qui se sert de l'eau pour l'irrigation d'un pré a exercé sa prise d'eau et a établi son écluse depuis un temps fort ancien et s'est soumis à n'en jouir que lorsque l'arrosement ne préjudicierait pas au propriétaire de l'usine.

10 déc. 1822, t. IV, n° 690, p. 138.

22. — D'après les art. 645 et 646 du Code civil, pour concilier l'intérêt de l'agriculture avec le respect dû à la propriété, il est juste d'ordonner une distribution des eaux en faveur des propriétaires riverains dans la proportion de leurs droits respectifs, eu égard à la valeur et à l'étendue de leurs propriétés.

18 juin 1822, t. IV, n° 677, p. 120.

23. — On peut prendre de l'eau non-seulement pour arroser une propriété qui touche la rivière, mais même pour une propriété réunie à la propriété riveraine, lors même qu'elle n'avait pas été arrosée précédemment, qu'elle était en nature de champs, et qu'il a fallu en changer le niveau pour la rendre irrigable.

Inédit. 24 février 1842, 1re Ch. Deschamps c. Roy.

24. — Ce n'est pas à la nature de la propriété qu'il faut s'attacher pour savoir si elle a droit aux eaux, mais à sa situation. Ainsi, dans un règlement d'eau, on doit prendre égard non-seulement à ce qui est en pré, mais aussi à ce qui est en champs et qu'on veut convertir en prés.

Inédit. 6 juillet 1846. Lalloz c. veuve Cardot.

25. — L'usage des eaux courantes est susceptible de possession, comme les autres biens, et la jouissance des eaux est protégée contre tout trouble ou toute entreprise par une action possessoire.

12 déc. 1868, 68-69, n° 43, p. 173.

26. — La possession plus qu'annale de l'usage d'eaux courantes doit être maintenue au possessoire contre toute entreprise de nature à la troubler, sans qu'il soit besoin que l'entreprise ait un caractère abusif ou dommageable; la question de savoir si l'auteur du trouble n'a fait qu'user de son droit, ou s'il l'a excédé, ne pouvant être soulevée et résolue qu'au pétitoire.

12 déc. 1868, 68-69, n° 43, p. 173.

27. — Le juge de paix est compétent pour statuer sur une action possessoire à fin de réintégration du demandeur dans la jouissance des eaux d'un cours d'eau non navigable ni flottable, même lorsque cette action tend à la destruction des travaux autorisés par l'administration, si l'autorisation n'a été donnée que dans un intérêt privé.

12 déc. 1868, 68-69, n° 43, p. 173.

§ 5.

Attributions respectives des autorités administratives et judiciaires en matière d'eaux courantes.

28. — Les lois qui ont attribué à l'autorité administrative le règlement des cours d'eau, l'élévation des barrages, écluses ou déversoirs, ne l'ont fait qu'autant que les décisions à prendre se réfèrent à des objets d'administration ou d'intérêt public ; il en est autrement lorsqu'il s'agit de statuer sur les prétentions respectivement élevées par des parties dans leur intérêt privé. Ainsi, lorsque l'action ouverte par l'une des parties a pour but de faire régler le mode dont elles jouiront des eaux d'un ruisseau sur le bord duquel elles ont établi des lavoirs à mines, les tribunaux doivent seuls prononcer.

19 mars 1823, t. IV, n° 702, p. 153.

29. — L'autorisation accordée par l'administration d'établir un barrage sur un cours d'eau n'est accordée que sauf le droit des tiers. Si le barrage porte préjudice, les tribunaux sont compétents non-seulement pour accorder des dommages-intérêts, mais encore pour faire abaisser le barrage ou pour faire ordonner d'autres travaux destinés à éviter à l'avenir le préjudice.

Inédits. 1re Ch., 6 avril 1854. De Grimaldi c. Hézard et Grobert. — 1re Ch., 29 janvier 1855. Lombard c. Courcenet.

30. — Les contestations entre particuliers relatives à l'usage des eaux des rivières qui ne sont ni navigables ni flottables sont de la compétence des tribunaux, qui seuls peuvent apprécier les titres et la possession qui sont invoqués.

14 déc. 1826, t. V, n° 918.

31. — Il appartient exclusivement aux tribunaux civils de juger les questions relatives au règlement des cours d'eau, quand ce règlement n'a pour but que l'intérêt des parties en cause; mais il en serait autrement si ces questions révélaient un intérêt public et général concernant la police des eaux.

16 avril 1859, 58-59, n° 34.

32. — Il n'y a pas lieu à l'application de l'art. 645 du C. N. lorsque les parties qui se disputent les eaux n'y ont pas des droits respectifs, mais que l'une d'elles en a acquis à l'exclusion de l'autre.

4 juin 1827, 27-28, n° 35.

33. — Pour faire un règlement d'eau, il est nécessaire que tous les propriétaires riverains qui usent de l'eau soient appelés dans la cause.

21 nov. 1828, 27-28, n° 124.

34. — L'art. 645 du C. N. laisse aux tribunaux le soin de faire les règlements d'eaux et indique les bases à suivre : la faveur due à l'agriculture lui accorde la préférence sur tout établissement d'industrie ; l'on doit d'abord pourvoir aux besoins réels des fonds supérieurs et attribuer le surplus aux fonds placés au-dessous. Le même article donne donc implicitement aux tribunaux le droit d'indiquer les moyens de partage des eaux et de déterminer les ouvrages à faire pour y parvenir.

19 avril 1826, t. V, n° 893.

35. — Quoique l'administration ait le droit, dans l'intérêt public, de fixer la hauteur des eaux, d'ordonner l'abaissement d'une écluse et même la destruction d'un moulin, elle ne peut exproprier les propriétaires sans leur accorder une indemnité, et l'autorité judiciaire peut seule prononcer sur le droit qu'ils ont d'obtenir le maintien de leurs usines.

14 déc. 1826, t. V, n° 918.

36. — Si les propriétaires d'usines établies en Franche-Comté avant 1560 ne pouvaient être sans indemnité dépossédés dans l'intérêt de la navigation, la généralité de l'ordonnance des eaux et forêts, les lois des 20 août 1790, 6 octobre 1791, et l'arrêté du gouvernement du 19 ventôse an VI, n'en subordonnent pas moins la reconstruction ou l'augmentation de ces usines à la nécessité d'une autorisation préalable.

23 mai 1844, 43-44, n° 54.

37. — La fixation de la hauteur des eaux et l'établissement des ouvrages d'art dans les rivières navigables ou flottables sont de la compétence de l'autorité administrative dans tout ce qui est relatif à l'intérêt public et à la navigation ; mais les tribunaux peuvent seuls connaître des contestations entre propriétaires d'usines établies sur des rivières, lorsque pour les décider il est nécessaire d'apprécier les titres des parties ou la possession qui en est la suite et desquels résultent leurs droits.

9 janvier 1827, 27-28, n° 1.

V. Servitudes.

Eaux pluviales, V. Propriété.

Echange.

Avant le Code civil, la révision pour cause de lésion était admise dans le contrat d'échange.

5 déc. 1808, t. I, n° 237.

V. Vente.

Effets de commerce.

§ 1er.

De la forme de la lettre de change.

1° Remise de place en place.

1. — Une lettre de change doit être réputée simple promesse toutes les fois qu'il n'y a pas remise de place en place réelle et effective.

13 août 1810, t. II, n° 315.

2° Expression de la valeur fournie.

2. — Une lettre de change causée *valeur en compte*, prouve, comme si toute autre cause y eût été exprimée, que celui au profit duquel elle est tirée en a fait réellement les fonds.

22 déc. 1820, t. IV, n° 793, p. 260.

3. — Un billet à ordre qui ne fait pas mention de la valeur reçue ne peut être cédé à un tiers, même par un endossement régulier; cet effet ne constitue qu'un mandat qu'on ne peut étendre, puisqu'on aggraverait la position du mandant, qui, créancier du tireur, en deviendrait, par le fait de son mandataire, le codébiteur solidaire envers les porteurs d'endossements.

9 février 1822, t. IV, n° 800, p. 270.

3° Signatures.

4. — Jugé qu'une traite qui se trouve biffée ne peut autoriser des poursuites en recouvrement de sa valeur, soit contre le tireur, soit contre l'accepteur, dont les signatures se trouvent effacées; que de cette circonstance résulte la présomption légale du paiement; que cette preuve ne peut être détruite par un certificat qui constaterait que cette traite n'a point été comprise dans le compte rendu à la compagnie sur laquelle elle était tirée, et qu'ainsi elle aurait été biffée par erreur.

11 nivôse an IX, t. I, n° 13 *bis*, p. 13.

§ 2.

De la forme du billet à ordre.

5. — Un billet à ordre, bien qu'il soit payable dans un lieu autre que celui où il a été souscrit, ne peut être assimilé à une lettre de change, qui suppose l'intervention de trois personnes et exige remise d'argent de place en place. Dès lors, le souscripteur non négociant d'un semblable billet n'est pas passible de la contrainte par corps.

18 janvier 1842, *Journal du Palais*, année 1843, 1re partie, p. 562.

6. — Tout billet à ordre doit énoncer l'*espèce de valeur fournie;* à défaut de quoi il n'y a plus qu'une promesse ordinaire, non transmissible par la voie de l'endossement; à plus forte raison, l'endossement d'une telle promesse est lui-même irrégulier. Ce simple billet ne peut plus être transmis que par un pouvoir spécial et *ad hoc.* Au contraire, une lettre de change, suivant un arrêt de cassation du 20 janvier 1814, causée *valeur en moi-même*, acquiert son complément par le premier endossement régulier, quand même les endossements précédents seraient irréguliers.

24 mars 1821, t. IV, n° 800, p. 270.

§ 3.

De l'acceptation.

7. — Sous l'empire de l'ordonnance de 1673, une lettre de change devait être acceptée expressément et sur le titre même; on ne pouvait induire cette acceptation d'une lettre missive écrite par celui sur lequel elle était tirée.

21 frimaire an XIV, t. I, n° 138.

§ 4.

De l'échéance.

8. — Jugé que le mot *fixe*, ajouté au terme certain de l'échéance d'un effet de commerce, emporte nécessairement avec lui l'idée d'une époque invariablement déterminée; que l'usage général a été de lui donner cette acception entre négociants et de le considérer comme une renonciation aux dix jours de grâce accordés par l'ordonnance de 1673.

6 thermidor an XIII, t. I, n° 129.

§ 5.
Endossement.

9. — Il n'est pas prescrit par l'ordonnance de 1673 que les endossements soient écrits de la main de l'endosseur.

12 messidor an x, t. I, n° 61.

10. — L'endossement qui n'est pas daté est irrégulier et n'opère pas le transport d'un effet; il ne peut être suppléé par des actes postérieurs ni remplacé par des équivalents.

L'endossement qui n'énonce pas la valeur fournie en espèces, en marchandises, en compte, ou de toute autre manière, ne transfère point la propriété de l'effet.

14 août 1811, t. II, n° 347.

11. — D'après les art. 110, 136 et 138 du C. de com., l'endossement qui n'exprime pas la valeur fournie en espèces, en marchandises, en compte ou de toute autre manière, ne vaut que comme procuration et ne transmet pas la propriété de l'effet.

29 août 1812, t. III, n° 430.

12. — Lorsqu'un endossement n'est pas revêtu de toutes les énonciations prescrites par les art. 137 et 138 du Code de commerce, la lettre de change qui en est revêtue n'est plus qu'une simple procuration, et l'on ne peut y suppléer par un acte subséquent.

2 juillet 1824, t. IV, n° 852, p. 335.

13. — Tout endossement d'effet de commerce n'est valable qu'autant que les énonciations prescrites y sont contenues; le législateur, en admettant à prouver que la valeur en avait été fournie, lorsque les parties ne l'avaient point énoncé non plus que la nature des choses données, n'a pas déterminé le mode dont la preuve

serait faite; il s'en réfère à la discrétion du juge pour apprécier les titres et les documents invoqués.

23 décembre 1826, t. V, n° 941.

§ 6.
Du paiement.

14. — Un effet dont les fonds ont été souscrits pendant le cours du papier-monnaie, à une époque antérieure à celle de sa date, doit être acquitté suivant le cours du jour où il a été souscrit, et non d'après celui où les fonds ont été faits.

1er messidor an IV, t. I, n° 30.

15. — La personne qui a souscrit un billet à ordre ne peut pas se dispenser d'en payer le montant lorsqu'il a été négocié, sous le prétexte qu'elle y aurait déclaré que cet effet avait pour objet les causes énoncées dans une transaction. Cette énonciation ne suffit pas pour faire penser à celui qui a accepté cet effet que la cause qui y avait donné lieu n'existait pas et n'était pas échue.

11 avril 1809, t. I, n° 254 bis.

16. — Jugé que l'art. 31, t. V, de l'ordonnance de 1673, qui oblige le porteur d'un billet négocié de faire ses diligences contre le débiteur dans les dix jours, et l'art. 32 portant que, faute de paiement du montant d'un billet de change, le porteur fera ses diligences contre celui qui a signé ce billet ou l'ordre, et que l'assignation en garantie sera donnée dans le délai prescrit pour les lettres de change, sont corrélatifs et doivent s'appliquer indifféremment, soit aux simples billets à ordre négociés, soit aux billets de change, les motifs de la disposition de la loi étant les mêmes dans l'un et l'autre cas.

6 thermidor an XIII, t. I, n° 129.

17. — Lorsqu'un billet à ordre n'est considéré que comme simple promesse, les juges peuvent accorder un délai modéré au débiteur pour en acquitter le montant, suivant l'art. 1244 du C. N.

24 avril 1818, t. III, n° 586.

§ 7.
Des droits et devoirs des porteurs et des autres intéressés.

18. — Le porteur d'une lettre de change ne perd pas son recours contre celui qui l'a acceptée, quoiqu'il n'ait pas fait des diligences pour obtenir le paiement à l'époque fixe de l'échéance de cet effet.

20 déc. 1811, t. II, n° 424.

19. — Le porteur d'un effet de commerce protesté faute de paiement n'est pas dispensé par la faillite de l'endosseur son cédant d'assigner celui-ci en paiement dans les délais prescrits par l'art. 165 du Code de commerce.

21 mai 1818, t. III, n° 592.

20. — Le porteur d'un effet de commerce a une action solidaire contre les endosseurs et le tireur originaire; il ne peut être privé de ses droits contre celui-ci par la remise de sa créance qu'il aurait consentie dans un concordat à l'un des endosseurs tombé en faillite, qu'autant qu'elle serait volontaire et sans réserve; le tireur étant personnellement obligé, puisqu'il a reçu ou est censé avoir reçu, relativement au porteur, la somme qui lui est réclamée, ne peut repousser la demande dirigée contre lui, sous le prétexte que le créancier ne pourrait plus lui céder ses droits; il n'y a d'exception à ce principe que dans le cas où la remise aurait été accordée à un accepteur ayant déjà provision; on ne peut entendre d'une autre manière les art. 1210, 1213 et 1265 du Code civil, 140, 164 du Code de commerce, sans contrevenir à leur texte précis.

30 novembre 1820, t. IV, n° 792.

Les vices des ordres mis au dos d'un effet de commerce peuvent être opposés au porteur, soit par le tireur lorsqu'il est créancier d'un des endosseurs, soit par les premiers endosseurs lorsqu'ils sont créanciers de l'un des endosseurs subséquents.

14 août 1811, t. II, n° 347.

21. — Celui qui a endossé un billet à ordre d'un souscripteur dont il ne peut établir l'existence est responsable envers le porteur, même dans le cas où il n'y aurait pas eu de protêt.

5 février 1851, 49-52, n° 86.

22. — L'endosseur d'un effet de commerce ne peut se soustraire à ses obligations envers le porteur en prouvant que sa signature n'a été donnée que par complaisance, et que ce fait a été connu du porteur qui l'actionne.

23 mars 1860, 60-61, n° 11.

23. — Le recours d'endosseur à endosseur d'un billet à ordre protesté peut s'exercer, conformément à la loi et aux usages du commerce, au moyen de *simples retraites*, et le délai de quinzaine accordé à chaque endosseur part du lendemain du jour où ce recours a produit son effet.

Spécialement, quand le recours est exercé au moyen d'une retraite stipulée *à présentation* et d'un compte de retour sur lequel, selon l'usage du commerce, figurent les intérêts du principal de l'effet pendant quinze jours, le délai accordé à l'endosseur pour exercer lui-même son recours commence à courir du lendemain du jour de l'échéance de la retraite, et non du moment où il a cessé, dans son compte courant avec le retireur, de le créditer des intérêts de l'effet.

12 janvier 1863, 62-65, n° 2, p. 103.

§ 8.
Des protêts.

24. — La clause de retour *sans frais*, apposée sur un billet de change, dispense le porteur de faire protêt pour conserver son recours en garantie contre les endosseurs, mais il est tenu d'exercer ce recours en garantie dans les délais ordinaires.

31 mai 1838, Répertoire de Sirey, année 1839, 2ᵉ partie, p. 492.

25. — La mention *retour sans frais* insérée dans une lettre de change dispense le porteur de l'obligation de faire protester à l'échéance pour conserver son recours contre les endosseurs.

5 février 1851, 49-52, n° 86.

§ 9.

Prescription.

26. — Si l'un des souscripteurs d'un billet est commerçant, l'engagement est réputé commercial et prescriptible par cinq ans, même à l'égard du non-commerçant coobligé solidaire.

Ce n'est point seulement à partir des poursuites judiciaires que court la prescription d'un effet de commerce payable à première réquisition et non soumis à la formalité du protêt, mais du jour même de sa souscription.

5 juillet 1856, 53-57, n° 111, p. 334.

27. — Lorsque l'adjudicataire d'une coupe de bois a souscrit des traites pour le montant du prix de son adjudication, il n'y a pas eu novation à cet acte, puisque les traites n'étaient relatives qu'au mode de paiement, n'avaient pour but que de le faciliter, et que l'ancienne obligation n'était point éteinte ; ainsi la prescription de cinq ans, établie par l'art. 189 du Code de commerce, n'est point applicable à ces traites, puisque ces effets sont d'une espèce différente des lettres et billets de commerce.

30 mai 1823, t. IV, n° 830, p. 307.

28. — Le banquier qui, ayant ouvert un crédit à un négociant, prétend avoir payé puis égaré les effets tirés sur lui par ce négociant, et se présente comme créancier à la faillite, doit être admis et colloqué s'il offre de fournir caution pendant les cinq années de la prescription pour le remboursement des sommes qu'il aura reçues.

20 juin 1867, 66-67, n° 114.

29. — Une citation en justice interrompt pendant trente ans la prescription d'un billet qui n'était soumis qu'à la prescription quinquennale.

13 juin 1836, 36, p. 107.

30. — Les modes d'interruption de la prescription indiqués dans l'art. 189 précité n'ont rien de limitatif ; en conséquence, la reconnaissance de la dette par le débiteur interrompt cette prescription.

Elle résulte spécialement du paiement des intérêts stipulés dans la convention, paiement dont mention a été faite, soit dans l'inventaire dressé lors du décès du créancier, soit dans un jugement de condamnation suivi d'acquiescement des débiteurs.

5 juillet 1856, 53-57, n° 114, p. 334.

31. — L'acquiescement dont parle l'art. 189 du Code de commerce n'a pas le caractère d'une renonciation à une prescription, renonciation qui, aux termes de l'art. 2225 du Code Napoléon, ne peut pas être opposée aux autres créanciers du renonçant.

Spécialement, un créancier hypothécaire du mari, son seul débiteur, ne peut invoquer la prescription d'un effet de commerce solidairement souscrit par le mari et la femme, celle-ci à titre de caution, pour être colloqué de préférence au bénéficiaire de ce billet exerçant le droit de préférence de la femme coobligée, si, le temps de la prescription s'étant accompli durant la communauté, les époux débiteurs avaient acquiescé au jugement de condamnation prononcé contre eux.

5 juillet 1856, 53-57, n° 111, p. 334.

§ 10.

Compétence en matière d'effets de commerce.

32. — Quoiqu'un effet de commerce ait été réputé simple pro-messe pour défaut d'énonciation de la valeur fournie, le tribunal de commerce ne cesse pas d'être com-pétent, lorsque le souscripteur et les endosseurs de cet effet ont pris la qualité de négociants.

24 avril 1818, t. III, n° 586.

33. — Le tiré qui n'a ni en-dossé, ni accepté la lettre de change, ni même promis de la payer, peut cependant être appelé en garantie devant un tribunal autre que celui de son domicile, s'il paraît être réellement le débi-teur du montant de l'effet et s'il n'y a pas entre le défendeur et le demandeur originaire collusion pour le distraire de ses juges na-turels.

1er avril 1829, 29, n° 32, p. 112.

34. — Le débiteur qui n'a point autorisé son créancier à tirer sur lui une lettre de change ne peut être poursuivi hors de son domicile pour le paiement de sa dette, même en qualité d'appelé en garantie sur l'action dirigée par le tiers porteur qui a fait pro-tester la traite.

Il en est ainsi du moins quand, lors des débats, le demandeur, fai-sant abstraction du tiers porteur, paraît avoir voulu distraire le tiré de ses juges naturels.

26 juin 1850, 49-52. n° 93.

35. — Le souscripteur d'un billet à ordre, actionné par le por-teur en paiement du montant de ce billet, ne peut introduire contre l'endosseur, devant le tribunal où est pendante la demande origi-naire une action en garantie fon-dée, non par sur des engagements pris par l'endosseur relativement au billet, mais sur des engage-ments étrangers à cet effet. En pa-reil cas, le recours en garantie constitue une demande principale de la compétence exclusive du juge du domicile de l'appelé en garantie.

15 octobre 1866, 66-67, n° 70.

Élections.

§ 1er. — *Cens électoral.* (N° 1.)
§ 2. — *Liste électorale.* — *Refus d'ins-cription.* (N° 2.)

§ 1er.
Cens électoral.

1. — Les citoyens ont le droit, pour compléter leur cens électoral, de compter la valeur estimative des prestations en nature auxquelles ils sont assujettis pour l'entretien des chemins vicinaux.

28 octobre 1837, *Journal du Palais,* année 1837, 1re partie, p. 598.

§ 2.
Liste électorale. — *Refus d'inscription.*

2. — En matière électorale, ce n'est point à peine de nullité que les arrêtés des préfets portant refus d'inscription sur les listes ou pro-nonçant des radiations doivent être notifiés dans les cinq jours aux parties intéressées, à moins qu'elles ne prouvent que le retard leur a été dommageable.

En conséquence, l'exploit intro-ductif d'une instance en réclama-tion doit, même dans ce cas, être signifié au préfet dans les dix jours de la notification de son arrêté.

4 décembre 1844, 43-44, n° 101.

Émancipation, V. Cura-telle.

Émigré.

§ 1er. — *Mort civile des émigrés.* (N° 1, 2.)
§ 2. — *Confiscation.* (N° 3, 4.)
§ 3. — *Amnistie.* (N° 5 à 11.)
§ 4. — *Restitution ordonnée par la loi du 5 décembre 1814.* (N° 12 à 17.)
§ 5. — *Loi dite d'indemnité.* (N° 18 à 20.)

§ 1er.
Mort civile des émigrés.

1. — Les émigrés français n'é-taient réputés morts civilement que relativement à la France ; ils pouvaient valablement tester en pays étranger.

12 mars 1829, 29, n° 22, p. 83.

2. — La loi du 14 floréal an III n'étant pas applicable à la restitution des biens des émigrés, le créancier de ceux ci ne peut agir contre les parents des émigrés, quand même ces parents auraient accepté par erreur la succession d'un émigré.

19 juillet 1809, t. II, n° 276 *bis*.

§ 2.
Confiscation.

3. — Les commissions administratives des départements avaient qualité pour représenter l'Etat dans les procès concernant les biens d'émigrés. Cette attribution ne leur a point été enlevée par la loi du 25 juillet 1793, sect. 5, § 1, art. 11.

Sous l'empire de cette loi, l'Etat est censé avoir acquiescé à la sentence arbitrale par laquelle une commune a été réintégrée dans les biens d'émigrés, lorsque cette commune a été autorisée par la commission administrative à en vendre une partie.

27 juin 1829, 29, n° 74, p. 229.

4. — L'obligation de rembourser une somme due par un émigré a subsisté malgré son inscription sur la liste : cela résulte de ce que les lois qui ont prononcé la confiscation contre les émigrés n'obligeaient le fisc à payer les dettes de ceux-ci que jusqu'à concurrence de la valeur des biens confisqués, de la loi du 16 ventôse an IX, de l'arrêté du 3 floréal an II et de la loi du 5 décembre 1814, qui ont accordé aux créanciers des émigrés la faculté de s'inscrire sur les biens de leurs débiteurs et de se faire payer par eux sans aucune condition.

1er mars 1825, t. IV, n° 683, p. 125.

§ 3.
Amnistie.

5. — L'émigration n'entraînait pas la dissolution de la communauté, si le mari obtenait d'être amnistié, parce que la peine de mort civile dont les émigrés se trouvaient frappés était en quelque sorte suspendue tant que l'inscrit sur les listes des émigrés pouvait espérer sa radiation : l'amnistie qu'il a obtenue le réintègre dans ses droits civils et politiques.

22 prairial an II, t. I, n° 76.

6. — Jugé que, soit que l'émigration ait eu pour effet de suspendre la communauté d'entre deux époux, soit que cette communauté ait été momentanément dissoute, l'amnistie générale prononcée par le sénatus-consulte du 6 floréal an X a eu pour effet de remettre les choses, quant aux époux, dans le même état que s'il n'y avait pas eu d'émigration ; ainsi il n'y a jamais eu lieu de déclarer qu'il y a eu de plein droit séparation de biens entre ces époux.

28 pluviôse an XII, t. I, n° 95.

7. — Un émigré amnistié qui a obtenu par le fait de celui qui le représentait une part dans les biens de ses père et mère, dans un partage de présuccession fait en vertu de la loi du 9 floréal an III, peut encore obtenir sa portion dans les biens non aliénés de son père, puisqu'il ne vient point à partage comme étant aux droits de la république, mais *jure proprio*.

Les tribunaux sont compétents pour déterminer la nouvelle part que l'émigré amnistié doit obtenir dans ces derniers biens.

27 ventôse an XIII, t. I, n° 119.

8. — Il résulte de la loi du 28 mars 1793 que les parents des émigrés en ligne directe étaient exclus des successions qui leur auraient appartenu, lesquelles étaient dévolues à la république, représentant ces émigrés

Lorsqu'il ne s'agit point d'une succession *ab intestat*, mais d'une institution contractuelle qui a été faite en faveur de l'émigré dans son contrat de mariage par ses père et mère et antérieurement à l'émigration, l'effet de cette disposition, qui conférait un droit acquis à l'émigré, a appartenu au fisc pendant l'émigration; mais l'émigré y a été réintégré, soit par l'amnistie, soit par les lois qui ont prononcé la restitution des biens des émigrés; on ne peut considérer ce droit comme devenu caduc par la mort civile et admettre l'enfant de l'émigré *jure suo* à la succession de son aïeul.

9 décembre 1826, t. V, n° 917.

9. — Une femme qui, pendant l'émigration de son mari, a traité de ses droits dans les successions de ses père et mère, ne peut plus, après son amnistie, user de la faculté que lui accordait la loi du 18 pluviôse an V, de demander des corps héréditaires.

16 février 1808, t. I, n° 191 *bis*.

10. — Une donation entre-vifs faite par un individu inscrit sur la liste des émigrés, qui avait réclamé à temps utile, mais qui n'a été rayé définitivement qu'après la publication de la loi du 12 ventôse an VIII, n'est pas nulle pour cause d'incapacité.

30 mars 1810, t. II, n° 301.

11. — Il résulte, soit de la loi du 16 ventôse an IX, soit de l'arrêté du 3 floréal an XI, que les émigrés amnistiés en vertu du sénatus-consulte du 6 floréal an X sont tenus de leurs dettes non liquidées contractées antérieurement à leur émigration.

L'article 11 de la loi du 1er floréal an III n'est point applicable lorsque la créance résulte d'une constitution dotale; suivant l'article 2 de la même loi, elle reste à la charge de l'émigré.

17 juillet 1822, t. IV, n° 683. p. 125.

§ 4.

Restitution ordonnée par la loi du 5 décembre 1814.

12. — D'après la jurisprudence attestée par des arrêtés du gouvernement et plusieurs arrêts de la Cour de Cassation, les arrêtés prononçant des mainlevées de séquestre, lorsqu'ils sont conçus en termes vagues, ne peuvent s'appliquer qu'aux biens qui avaient appartenu à l'émigré, et ne comprenaient point ceux recueillis par succession échue pendant sa mort civile, pour lesquels il fallait un abandon formel, une mainlevée spéciale de séquestre.

7 mars 1815, t. III, n° 453.

13. — Le délai de trois mois accordé par la loi du 11 brumaire an VII aux créanciers antérieurs des émigrés, pour conserver la priorité de leurs titres, n'a pas couru pendant tout le temps que leurs biens ont été frappés de séquestre et sous la main du gouvernement; les art. 2 et 3 de la loi du 16 ventôse an IX ne faisaient partir ce délai de trois mois que du jour de l'arrêté de mainlevée du séquestre accordé à leurs débiteurs; ces lois sont applicables à l'égard des biens séquestrés et dont la restitution n'a été ordonnée que par la loi du 5 décembre 1814; ainsi les créanciers des émigrés ont pu prendre inscription sur les biens qui ont été rendus en vertu de cette dernière loi, dans les trois mois à dater du jour de l'arrêté de mainlevée du séquestre, ou du moins dans le délai de trois mois depuis la publication de cette même loi.

13 avril 1818, t. III, n° 532.

14. — Les biens qui ont appartenu à un émigré et qui ont été rendus en exécution de la loi du 5 décembre 1814 ne peuvent être compris dans un legs universel fait par la mère de cet émigré, lorsque tous deux sont décédés avant la promulgation de cette loi; ils appartiennent aux plus proches héritiers de l'émigré existants à l'époque où a eu lieu la remise des biens.

16 août 1820, t. IV, n° 646, p. 66.

15. — La remise faite par un souverain étranger d'un billet qui avait appartenu à un émigré non amnistié, mort dans les Etats de ce souverain, et qui avait été déclaré appartenir au fisc par droit de déshérence, ne peut pas être considérée comme une restitution à titre successif de l'hérédité de cet émigré, mais comme un don volontaire fait à ses parents, d'un effet particulier ayant dépendu de sa succession ; les ayants droit de la succession qui n'ont pas réclamé à temps utile ne peuvent donc avoir recours sur les donataires de cet objet, surtout lorsque le décret portant remise énonce qu'elle est faite à tous les héritiers ou ayants droit du défunt, et que des jugements définitifs ont adjugé ce billet à certains héritiers.

30 décembre 1822, t. IV, n° 691.

16. — L'article 14 de la loi du 5 décembre 1814 et la loi du 12 avril 1818 ont prorogé en faveur des créanciers des émigrés, jusqu'en 1820, le délai pour conserver par inscription la priorité de leur titre.

Les dispositions de la loi du 16 ventôse an IX sont applicables aux biens rendus aux émigrés en vertu de la loi du 5 décembre 1814.

Lorsque la remise des biens qui ont appartenu à l'émigré n'est constatée par aucun arrêté du préfet et ne se trouve pas inscrite sur le registre qui, d'après la loi de l'an IX, doit servir de publication et de notification aux tiers, les créanciers de l'émigré n'ont perdu par aucun délai le droit de conserver la priorité de leur titre au moyen d'une inscription.

29 août 1825, t. IV, n° 869.

17. — Lorsque, en matière de réintégration, l'émigré n'a pas été valablement représenté, ou que la commune n'a agi que contre l'agent du district et non contre le procureur syndic du département, que cet agent a fait défaut, que la sentence n'a pas été signifiée et que les cohéritiers n'ont point été appelés en cause, on peut attaquer la sentence arbitrale de réintégration, soit par opposition, soit par tierce opposition.

14 novembre 1826, t. V, n° 914.

§ 5.

Loi dite d'indemnité.

18. — La déchéance prononcée par l'art. 19 de la loi du 27 avril 1825 ne peut être opposée par les héritiers auxquels on a accordé la totalité de l'indemnité à leur cohéritier qui n'est plus dans les délais pour réclamer.

20 juillet 1827, 27-28, n° 42.

19. — L'émigré qui a souffert d'un partage de présuccession a pu seul prétendre à l'indemnité accordée à cette occasion par la loi de 1825, encore bien qu'en renonçant à la succession de la personne qui aurait ouvert le partage, il ait paru abdiquer à son égard sa qualité d'héritier.

12 février 1829, 29, n° 14, p. 54.

20. — A moins de stipulation expresse, la vente faite par un émigré ou par son héritier, antérieurement à la loi du 27 avril 1825, ne comprend pas l'indemnité accordée par cette loi aux émigrés ou à leurs successions.

3 juillet 1828, 27-28, n° 102.

Endossement, V. EFFETS DE COMMERCE.

Enfant légitime et légitimé, V. PATERNITÉ ET FILIATION.

Enfant naturel, V. PATERNITÉ ET FILIATION.

Enfants incestueux et adultérins, V. PATERNITÉ ET FILIATION.

Enfants naturels, V. DISPOSITIONS ENTRE-VIFS ET TESTAMENTAIRES.

Engins prohibés, V. Pêche, Chasse.

Enregistrement.

§ 1er. — *Des droits d'enregistrement.*
(N°s 1, 2.)

§ 2. — *Compétence.* — *Procédure.*
(N°s 3 à 6.)

§ 1er.
Des droits d'enregistrement.

1. — La cession du droit d'extraire des pierres d'une carrière pendant un certain nombre d'années doit être considérée comme une vente mobilière et non comme un louage d'immeubles, alors même que le prix en serait payable par année.

En conséquence, le droit proportionnel de 2 0/0 doit être perçu sur le montant total des annuités.

28 février 1848, 47-48, n° 86.

2. — La vente comprenant des meubles et des immeubles moyennant un prix unique est sujette pour le tout au droit de mutation fixé pour les immeubles, encore bien qu'une sentence arbitrale présentée à l'enregistrement en même temps que l'acte de vente ait déterminé séparément la valeur des meubles et celle des immeubles.

27 mars 1848, 47-48, n° 85.

§ 2.
Compétence. — *Procédure.*

3. — Le recouvrement des amendes est rangé dans la classe des impôts indirects, dont le jugement en premier et dernier ressort appartient aux tribunaux de première instance.

Quand il s'agit de revenus de biens appartenant à l'État et qu'il est question de sommes inférieures au taux du dernier ressort, l'administration de l'enregistrement doit se pourvoir contre ce jugement en cassation et non en appel.

3 juin 1809, t. II, n° 266.

4. — Les dispositions de l'art. 65 de la loi du 22 frimaire an VII, portant que les jugements rendus en matière de droits d'enregistrement ne sont point susceptibles d'appel, ne profitent pas aux garants appelés en cause par les redevables.

20 décembre 1848, 47-48, n° 90.

5. — Conformément aux articles 17 de la loi du 9 octobre 1791, prescrivant pour toutes les instances relatives aux domaines et droits la forme de procédure que les articles 2 de la loi du 11 septembre et 25 de celle du 19 décembre 1790 ont introduite pour les instances relatives à la perception des droits d'enregistrement et des impôts indirects, et suivant l'article 17 de la loi du 27 ventôse an IX, qui exige que la même forme de procédure soit suivie pour toutes les perceptions confiées à la régie, l'instruction sur simples mémoires et sans plaidoiries doit être employée, soit qu'il s'agisse de perceptions de revenus fonciers, d'adjudication de bois domaniaux ou de quartiers de réserve des communes, soit que les actions de la régie aient pour objet la perception des droits d'enregistrement ou d'autres contributions indirectes.

2 mai 1812, t. II, n° 361.

6. — C'est à la procédure spéciale instituée par la loi du 22 frimaire an VII que doit se restreindre la dérogation au droit commun apportée par l'art. 65 de cette loi, aux termes duquel les tribunaux de première instance connaissent en dernier ressort des contestations relatives aux poursuites en matière d'enregistrement.

Spécialement, est recevable l'appel d'un jugement statuant non sur une instance contre la régie et au redevable pour une perception de droits ou un paiement d'amende, mais sur un débat s'agitant vis-à-vis d'un tiers et ayant pour objet la validité d'une saisie-arrêt et l'existence d'un privilége.

30 juillet 1856, 50-57, n° 99, p. 278.

V. PRIVILÉGES ET HYPOTHÈQUES.

Enseigne, V. PROPRIÉTÉ IN-DUSTRIELLE.

Envoi en possession, V. ABSENCE.

Enquête.

CHAPITRE Iᵉʳ.

ENQUÊTE EN MATIÈRE ORDINAIRE.
(Nᵒˢ 1 à 47.)

CHAPITRE Iᵉʳ.

ENQUÊTE EN MATIÈRE ORDINAIRE.

§ 1ᵉʳ.

Signification du jugement ordonnant enquête.

1. — La signification d'un jugement qui ordonne une enquête n'est point assujettie à d'autres formalités qu'à celles des actes signifiés d'avoué à avoué : il suffit que l'huissier ait mentionné qu'il était audiencier, il n'est pas exigé qu'il ait énoncé son immatricule.

9 juillet 1822, t. IV, n° 682, p. 125.

2. — La signification à avoué d'un jugement en appointement de preuve, faite en vertu de l'art. 257 du Code de procédure, *parlant au clerc de l'avoué* que l'on désigne, n'annule pas l'enquête pour vice de signification, parce que l'on n'aurait pas énoncé les nom et prénoms de ce clerc ; il suffit qu'il ait été désigné comme *clerc* de l'avoué que l'on a dénommé, pour que le but de la loi se trouve rempli.

2 juin 1812, t. II, n° 364.

§ 2.

Délai dans lequel l'enquête doit être commencée.

3. — Le tribunal qui, en ordonnant une enquête devant se faire au lieu où il siége, impose aux parties l'obligation de prendre l'ordonnance du juge-commissaire *dans quarante jours à dater du prononcé du jugement*, viole la disposition impérative et formelle de l'art. 257 du C. de pr. civ.

4 avril 1857, 53-57, n° 126, p. 389.

§ 3.
Ordonnance du juge-commissaire.

4. — Une enquête est nulle lorsque le juge-commissaire n'indique pas lui-même dans son ordonnance les jour et heure auxquels les témoins seront assignés, et qu'il délègue à l'une des parties la faculté de faire cette indication dans les exploits d'assignation qui doivent être donnés à l'autre partie et aux témoins.

14 août 1826, t. V, n° 907.

5. — Quand le juge nommé pour procéder à une enquête est absent au jour par lui fixé pour l'audition des témoins, la partie poursuivante, à peine de forclusion, doit s'adresser au président du tribunal qui recevra les dépositions, ou présenter à cet effet dans la huitaine une seconde requête au juge-commissaire.

25 janvier 1845, 45, n° 6. p. 12.

§ 4.
Assignation des défendeurs à l'enquête.

6. — L'assignation donnée pour paraître à une enquête devant être remise au domicile de l'avoué, il n'est pas nécessaire qu'elle fasse mention du domicile de la partie déjà indiqué dans tous les autres actes de la procédure, ni du domicile de l'avoué auquel cet acte est adressé.

9 juillet 1822, t. IV, n° 682, p. 124.

7. — L'art. 261 du C. de pr. ordonnant que la partie sera assignée pour être présente à l'enquête au domicile de son avoué si elle en a constitué, sinon à son domicile, a voulu diminuer les frais que cette assignation devait occasionner ; ainsi l'enquête n'est pas nulle parce qu'on n'aurait signifié qu'une copie à l'avoué qui occupe pour un certain nombre de parties ayant le même intérêt.

5 juillet 1816, t. III, n° 485.

8. — Au cas où plusieurs défendeurs à une enquête ont le même avoué, l'assignation qui leur est donnée au domicile de cet avoué, conformément à l'art. 261 du C. de pr. civ , pour assister à l'enquête, doit, à peine de nullité, être délivrée en autant de copies qu'il y a de défendeurs.

26 janvier 1861, 60-61. n° 45.

9. — L'assignation exigée par l'art. 261 du Code de procédure civile, ayant pour but de mettre en demeure la partie d'assister à l'enquête et d'y faire valoir ses moyens, présente tous les caractères d'une véritable assignation à partie.

En conséquence, au délai déterminé par l'art. 261 du Code de procédure civile il faut ajouter les délais de l'art. 1033 du même Code, à peine de nullité.

2 juin 1869, 68-69, n° 271, p. 299.

§ 5.
Prorogation d'enquête.

10. — Il n'est pas absolument nécessaire que la demande de prorogation d'enquête soit formée sur le procès-verbal même du juge-commissaire. Ce mode de procéder n'étant pas prescrit à peine de nullité, il suffit pour la recevabilité de la demande qu'elle soit présentée avant l'expiration du délai fixé pour la confection de l'enquête.

7 mars 1864, 62-65, n° 47, p. 239.

11. — La disposition de l'art. 279 du Code de procédure qui autorise la prorogation d'enquête doit être entendue sainement, et il ne doit être usé de cette faculté qu'autant que la partie qui en réclame le bénéfice n'a pas été dans la possibilité de faire entendre tous ses témoins dans le délai.

1er sept. 1823, t. IV, n° 671, p. 364.

12. — Il y a lieu à prorogation du délai accordé pour commencer l'enquête, lorsque la demande en prorogation formulée en temps utile est causée par la nullité de l'assignation donnée aux défendeurs à l'enquête.

26 janvier 1861, 60-61, n° 45.

13. — La prorogation d'enquête peut être ordonnée sur la demande d'une partie, bien qu'elle soit nécessitée par la faute personnelle de cette partie ou de son avoué, en ce que, par exemple, l'assignation donnée à la partie adverse pour être présente à l'enquête se trouve viciée de nullité.

Inédit. 9 décembre 1851, 1re Ch. Bourgeois c. Bouillon.

14. — D'après les art. 278 et 280 du Code de procédure civile, il ne peut être accordé plus d'une prorogation d'enquête à peine de nullité ; mais ces articles ne sont point applicables lorsqu'une partie sollicite une autorisation pour pouvoir réassigner des témoins qui n'ont pas comparu sur une première assignation qui leur a été donnée dans les délais prescrits par la loi.

25 janvier 1822. t. IV, n° 661. p. 99.

15. — Le tribunal qui a ordonné une première enquête, sur la demande des parties, ne peut plus, si cette enquête a été frappée de déchéance ou déclarée nulle par la faute des parties ou de leurs avoués, ordonner d'office une enquête nouvelle sur les mêmes faits.

3 déc. 1863, 62-65, n° 56, p. 196.

16. — L'art. 280 du C. de pr. civ. ne peut recevoir son application que lorsque l'enquête est faite devant un commissaire du tribunal ou de la Cour ; mais lorsqu'elle a lieu devant un juge étranger, en exécution de l'art. 412 du même Code, l'affaire ne peut être portée à l'audience que sur incident.

4 mai 1808, t. I. n° 203.

§ 6.
Des procès-verbaux d'enquête.

17. — Lorsqu'un procès-verbal d'enquête contient toutes les formes exigées par l'art. 275 du C. de pr. civ., les défendeurs à l'enquête ne peuvent exiger la production des copies d'assignation délivrées aux témoins produits par les demandeurs ; ces copies, en effet, sont la propriété des témoins.

21 novembre 1808, t. I, n° 232.

18. — L'injonction faite par l'art. 262 du Code de pr. civ. d'entendre les témoins séparément est une formalité dont l'art. 275 ordonne la mention, à peine de nullité.

9 juillet 1822, t. IV, n° 682. p. 124.

19. — La disposition de l'art. 271 du Code de pr. civ. ne constitue point une formalité exigée à peine de nullité, mais un simple avertissement ou ordre donné au commissaire, pour prévenir un abus ; au surplus, c'est un fait négatif dont la mention ne peut être exigée.

9 juillet 1822, t. IV, n° 682, p. 124.

20. — La prohibition faite dans le commencement de l'art. 271 du C. de pr. d'admettre, pour une déposition, aucun projet écrit, ne peut être considérée comme une des formalités ordonnées par ledit article dont la mention au procès-verbal serait prescrite à peine de nullité par l'art. 275 ; dès lors, la nullité prévue par l'art. 275 ne peut s'entendre que dans le cas de mention de formalités positives prescrites par l'art. 271.

20 mai 1815, t. III, n° 558.

§ 7.
Des reproches des témoins.

1° Causes de reproches prévues par la loi.

a. Partie en cause.

21. — Dans une enquête concernant une commune, on ne peut pas reprocher les témoins faisant partie de la commune lorsqu'ils déposent dans l'intérêt général.

7 janvier 1829, 29, n° 1, p. 1.

22. — Le maire, l'adjoint, les membres du conseil municipal et autres habitants d'une commune ne peuvent être reprochés comme témoins dans une enquête qui la concerne, quand ils n'ont pas à la contestation un intérêt direct, *ut singuli*.

27 août 1829, 29, n° 80, p. 50.

23. — En principe, le demandeur en revendication doit justifier qu'il est propriétaire du terrain dont il demande le déguerpissement ; dès lors, les dépositions des habitants d'une commune entendus comme témoins dans une cause qui intéresse ces habitants *ut singuli* ne font pas foi pleine et entière ; d'après le texte et l'esprit de la loi 6, ff, *De testibus*, de semblables témoins ne méritent pas une entière confiance ; ce principe est consacré par la jurisprudence des cours supérieures et par la doctrine des auteurs.

9 avril 1813, t. II, n° 392.

24. — Lorsqu'il s'agit de la revendication exercée par une commune d'une propriété qu'elle prétend lui appartenir, les habitants de cette même commune ne peuvent être entendus comme témoins dans cette cause.

16 janvier 1815, t. III, n° 554.

25. — Les habitants d'une commune peuvent être entendus comme témoins dans une enquête portant sur un objet dont ils ne jouissent que collectivement.

Bien qu'en général il en soit autrement dans le cas où, la jouissance étant individuelle, les habitants ont un intérêt direct et personnel à la contestation, néanmoins les tribunaux peuvent, même dans ce second cas, se décider d'après les circonstances.

26 février 1846, 46, n° 38.

26. — Les sociétaires d'une fromagerie peuvent être entendus comme témoins sur le point de savoir si l'un d'eux a falsifié son lait, alors même que la constatation de ce fait devrait entraîner l'exclusion de celui qui s'en est rendu coupable, et qu'une peine pécuniaire au profit de la masse intéresse la société tout entière.

11 août 1848, 47-48, n° 116.

27. — Les sociétaires d'une fromagerie, et à plus forte raison leurs parents, peuvent être entendus comme témoins dans une enquête intéressant l'association.

12 mars 1853, 2e Ch. Alp. Poulain et autres c. Bordy.

28. — Lorsqu'il y a procès entre les gérants d'une société de fromagerie et un sociétaire, on ne peut point considérer chaque sociétaire comme étant individuellement partie en cause, et ce, quand même, par une délibération spéciale, la société aurait autorisé les gérants à intenter le procès. En conséquence, dans le cas où il y a enquête, les parents des sociétaires ne peuvent, à ce seul titre de parents, être reprochés comme témoins.

21 août 1869, 68-69, n° 89, p. 358.

29. — Peut être reproché le témoin appelé à déposer dans un procès qu'il s'est chargé de suivre pour la partie au profit de laquelle il comparaît.

26 mai 1845, 45, n° 42, p. 122.

30. — Le notaire rédacteur d'un testament peut être entendu comme témoin dans l'enquête relative à l'inscription de faux dirigée contre le testament, sous prétexte qu'il n'a pas été dicté.

Inédit. 26 mars 1860, 1re Ch. Consorts Clavelier c. Tissot.

b. Parenté.

31. — On ne peut suspecter des témoins sous le prétexte qu'ils sont parents des habitants de la commune qui les fait entendre, lorsque cette commune est partie dans la cause en qualité de corps, *ut universi.*

6 juillet 1825, t. IV, n° 757, p. 211.

32. — Le neveu du failli proposé comme témoin par un des créanciers peut être reproché par les syndics.

Il en est de même du neveu par alliance de l'un des créanciers de la faillite.

11 juillet 1848, 47-48. n° 75.

c. Certificats.

33. — Le témoin qui a fourni aux conseils de l'une des parties tous les renseignements nécessaires pour la direction du procès doit être assimilé à celui qui a délivré des certificats sur les faits de la cause, et le reproche proposé contre sa déposition doit être admis par les tribunaux.

27 avril 1844, 43-44. n° 96.

34. — Peut être reproché le témoin qui, comme expert, a déjà manifesté son opinion sur le procès.

2 juin 1845, 45. n° 55.

35. — Peut être entendu comme témoin dans une enquête ordonnée dans une instance en exclusion d'une société de fromagerie formée par les gérants contre l'un des sociétaires pour cause de falsification du lait, l'expert qui a fait la vérification du lait avant le débat et en exécution d'une des clauses du traité social.

21 août 1869. 68-69, n° 89. p. 358.

d. Serviteurs et domestiques.

36. — Peut-on reprocher le garde particulier de la partie qui veut se prévaloir de sa déposition?

29 novembre 1827, 27-28, n° 54.

37. — Les dispositions de l'article 283 du Code de procédure civile, relatives aux reproches des témoins, sont applicables en matière de commerce.

La circonstance que les maîtres de poste peuvent renvoyer leurs postillons en prévenant l'administration ne suffit pas à elle seule pour les faire considérer comme serviteurs et domestiques; mais le juge peut reconnaître, dans les faits de la cause, les relations de la domesticité et admettre le reproche.

L'art. 283 est impératif : lors donc que le fait qui donne lieu au reproche est établi, le juge ne peut pas ordonner l'audition du témoin.

26 janvier 1853, 53-57, n° 27, p. 60.

38. — Les employés d'une compagnie de chemin de fer, et notamment un chef de gare et un chef de la manutention, sont, par rapport à elle, de véritables serviteurs dans le sens de l'art. 283 du Code de procédure, et peuvent par suite être reprochés lorsque la compagnie invoque leur témoignage.

9 déc. 1864, 62-65, n° 69, p. 316.

39. — L'ouvrier qui n'habite ni ne mange chez le patron pour lequel il travaille ne peut être assimilé aux serviteurs ou domestiques dont parle l'article 283 du Code de procédure; dès lors, il ne peut être reproché comme témoin dans une enquête où son patron est partie.

9 déc. 1864. 62-65, n° 69, p. 316.

2° Causes de reproches non prévues par la loi.

40. — Les causes de reproches ne sont pas énumérées limitativement dans l'art. 283 du Code de procédure. Les tribunaux ont sur ce point un pouvoir discrétionnaire d'appréciation.

22 janvier 1858, 58-59, n° 18.

41. — L'énumération de l'article 283 du Code Napoléon n'est pas limitative.

Spécialement, l'assistance d'un témoin à une délibération du conseil municipal sur le procès est une cause de reproche.

21 avril 1866, 66-67, n° 92.

42. — L'omission du nom d'un témoin désigné, dans la notification faite à la partie adverse, par son prénom seulement et par sa qualité, ne constitue pas une cause de reproche, s'il est certain qu'il ne pouvait y avoir de la part de celui qui a reçu la notification erreur sur la personne du témoin.

24 avril 1844, 43-44, n° 48.

43. — Les causes de reproche énumérées dans l'art. 283 du Code de procédure civile ne sont pas limitatives.

Spécialement, peut être reproché celui qui a un intérêt personnel au procès, ou qui a manifesté contre une partie des sentiments d'animosité.

19 janvier 1870, 70-71, n° 2.

3° Comment les reproches doivent être proposés et jugés.

44. — Suivant l'art. 6, titre XXIII, de l'ordonnance de 1667, il fallait que le reproche dirigé contre un témoin fût signé de la partie, ou que son procureur présentât une procuration spéciale qui lui aurait été donnée pour le proposer ; mais cet article ne prescrivant pas, à peine de nullité, l'obligation de justifier de ce pouvoir, on ne peut en exiger la représentation.

25 mars 1822, t. IV, n° 667, p. 106.

45. — Les termes de l'art. 283 du Code de procédure ne donnent pas au juge la faculté d'écarter ou d'admettre le reproche proposé dans un des cas prévus par cet article.

11 juillet 1848, 47-48, n° 75.

46. — La faculté de reprocher ou de ne pas reprocher un témoin n'appartient qu'aux parties, et le juge, le reproche étant proposé et justifié, ne peut arbitrairement l'écarter ou l'admettre.

28 juin 1860, 60-61, n° 26.

47. — Lorsque l'on n'a point

proposé, en première instance, les reproches articulés contre des témoins devant le juge-commissaire, on est non recevable à les proposer en appel.

28 janvier 1836, 36, p. 27.

CHAPITRE II.

ENQUÊTE EN MATIÈRE SOMMAIRE.

48. — Une enquête faite en matière sommaire n'est pas nulle pour n'avoir pas eu lieu à l'audience, mais devant un membre de la Cour.

La comparution des intimés à l'enquête couvre la nullité de forme qui existerait dans l'assignation qui leur a été donnée par les appelants pour y paraître.

9 décembre 1808, t. I, n° 239.

49. — Aucune disposition du Code de procédure ne prescrit de rappeler, dans la rédaction des jugements rendus en matière sommaire, que les témoins entendus à l'audience sur des faits dont la preuve avait été admise y ont prêté serment ; il en est de même des autres formalités dont l'observation est de rigueur : il suffit qu'il soit justifié d'ailleurs qu'elles n'ont point été omises, et cette preuve peut résulter d'un procès-verbal rédigé par le greffier du tribunal, constatant que l'on s'est conformé aux formes établies par les articles 408, 413 et suivants du Code de procédure. L'art. 286 du même Code n'est point applicable aux enquêtes qui ont eu lieu en matière sommaire ; l'art. 411, en ordonnant de rédiger procès-verbal des dires des témoins, n'ajoute pas qu'il sera signifié.

18 juin 1818, t. III, n° 594.

50. — L'enquête qui a eu lieu devant un tribunal de commerce dans une cause sujette à appel est nulle, si les formalités prescrites par les art. 411 et 432 du Code de procédure civile n'y ont pas été observées, encore bien qu'il soit constaté, par le jugement qui l'a ordonnée, que les parties s'étaient réciproquement dispensées de l'observation des formes judiciaires.

12 août 1850, 49-52, n° 59.

51. — La disposition de l'article 413 du Code de procédure, portant défense d'entendre comme témoins les conjoints des parties, leurs parents et alliés en ligne directe, n'exclut pas la faculté de reprocher en matière sommaire les parents ou alliés en ligne collatérale, conformément à l'article 283 du même Code.

20 décembre 1847, 47-48, n° 60.

52. — Le témoin reproché dans une enquête sommaire ne doit pas être entendu.

2 juin 1845, 45, n° 55, p. 166.

53. — Les dispositions relatives au délai dans lequel doivent être commencées et achevées les enquêtes ne sont pas applicables en matière commerciale sous peine de déchéance, et le tribunal peut, après un jugement inexécuté et sans demande en prorogation, ordonner à nouveau une enquête jugée nécessaire.

5 février 1869, 68-69, n° 53, p. 219.

CHAPITRE III.

FORCE PROBANTE DE L'ENQUÊTE.

54. — Lorsqu'une enquête a été ordonnée et que chaque partie paraît avoir prouvé ses fins, les juges, pour pouvoir porter un jugement plus certain et démêler la vérité du mensonge, doivent avoir égard principalement aux dépositions des témoins qui sont le plus à même d'avoir une connaissance des faits qui sont à prouver : *Non enim*, dit la loi 21, t. 3, au Dig., *de testibus, ad multitudinem respici oportet, sed ad sinceram testimoniorum fidem et testimonia quibus potiùs lux veritatis assistet.* Ils doivent aussi considérer la condition des témoins, *in personâ eorum explo-*

randa erit imprimis conditio cujusque; l. 3, tit. 3.

19 juin 1813, t. II. n° 397 *bis*.

Escroquerie.

Caractères du délit d'escroquerie.

1. — Le délit d'escroquerie n'existe qu'autant que des manœuvres frauduleuses ont été cause de la délivrance des fonds.

Ces manœuvres ne résultent ni de ce que le prévenu, pour se faire ouvrir un compte chez un banquier, lui aurait faussement annoncé qu'il ne lui présenterait que des billets sur des personnes auxquelles il aurait livré des marchandises et lui aurait remis des effets portant cette inscription mensongère, toutefois sans produire à l'appui une correspondance ou des factures simulées; ni de ce que les signatures portées sur ces billets seraient celles de personnes inconnues, ces noms ne pouvant être considérés comme cause de la livraison des fonds.

12 janvier 1848, 47-48, n° 117.

2. — Les manœuvres frauduleuses constitutives du délit d'escroquerie existent quand même elles n'auraient pas été employées directement contre le propriétaire des fonds qu'il s'agissait d'obtenir, si d'ailleurs elles avaient le but qui a été atteint.

3 mai 1866, 66-67, n° 73.

3. — Est coupable de délit d'escroquerie celui qui, étant créancier d'un même débiteur de deux sommes égales à des titres différents, et recevant le paiement de l'une d'elles indiquée par le débiteur, lui délivre frauduleusement une quittance constatant le paiement de l'autre dette.

2 août 1866, 66-67, n° 52.

4. — Le fait seul de s'être présenté dans un magasin avec le costume d'une communauté religieuse que l'on a quittée la veille et d'avoir acheté à crédit, sans faire connaître qu'on n'appartient plus à la maison religieuse, constitue le délit d'escroquerie prévu et puni par l'art. 405 du C. P.

20 novembre 1866, 66-67, n° 64.

Etat.

Des actions où l'État est partie.

1. — Suivant les art. 13, 14 et 15, tit. III, de la loi du 23 octobre 1790 ; 13 et 14 de celle du 15 mars 1791 ; 27 de la loi du 14 ventôse an VII ; 1 et 2 de celle du 28 pluviôse an VIII, lorsqu'un préfet intente une action qui a pour objet de faire rentrer dans le domaine de l'Etat des terres qu'il soutient en avoir été irrégulièrement séparées, il doit se faire autoriser par le conseil de préfecture.

16 août 1817, t. III, n° 516.

2. — C'est au préfet seul qu'il faut adresser les mémoires qui doivent, aux termes de l'art. 15 de la loi du 5 novembre 1790, précéder toutes les actions à intenter contre l'Etat, et c'est lui seul qui peut prononcer sur ces demandes. Cette formalité est de rigueur, mais dans le doute qui existait avant l'avis du conseil d'Etat du 28 août 1828, sur la question de savoir qui devait statuer, du préfet ou du conseil de préfecture, ceux-là ont rempli le vœu de la loi qui se sont adressés *au préfet en son conseil de préfecture, le cas y échéant.*

21 mai 1828, 27-28, n° 86.

V. REQUÊTE CIVILE.

Étranger.

Autorité et exécution des actes et des jugements étrangers.

1. — Aucune loi formelle ne détermine d'une manière précise le mode de légalisation des actes passés en pays étranger ; il suffit donc que l'authenticité de ces actes soit démontrée d'une manière qui puisse inspirer de la confiance ; ainsi, une procuration est authentique lorsqu'elle porte l'attestation de l'ambassadeur envoyé en France par la puissance étrangère où cet acte a été rédigé, et que la signature de ce ministre est légalisée par celle du roi.

17 décembre 1817, t. III, n° 522.

2. — Aux termes des traités des 28 mars 1777 et 23 fructidor an VI, art. 11, faits avec la Suisse, les sentences rendues par les tribunaux suisses peuvent être mises à exécution en France, avec la simple légalisation de l'envoyé de France en Suisse.

18 messidor an XII, t. I, n° 107.

3. — Aux termes des traités internationaux existant entre la France et le royaume d'Italie, les jugements rendus dans les deux Etats sont exécutoires dans chacun d'eux, lorsque, sur la demande en exécution, il est reconnu : 1° que la décision émane d'une juridiction compétente ; 2° qu'elle a été rendue entre les parties dûment citées et légalement représentées ou défaillantes ; 3° que les règles du droit public ou les intérêts de l'ordre public du pays où l'exécution est demandée ne s'opposent point à cette exécution.

28 mars 1866, 66-67, n° 58.

Évocation, V. APPEL CIVIL.

Exceptions et fins de non-recevoir.

---

§ 1er.

Des demandes en renvoi.

1° Renvoi pour incompétence.

1. — Les juridictions sont d'ordre public et les parties ne peuvent, même de leur consentement, dessaisir le tribunal primitivement désigné par la loi et reporter le litige directement ou indirectement devant un autre.

14 novembre 1828, 27-28, n° 123.

2. — Le tribunal saisi d'une demande dont il ne peut connaître peut, en se déclarant incompétent, condamner le demandeur à des dommages-intérêts pour le préjudice éprouvé par le défendeur en raison de l'irrégularité de l'action.

27 mars 1867, 66-67, n° 98.

3. — Quand, après avoir décliné la compétence du tribunal, on plaide au fond devant ce même tribunal, tout en renouvelant ses moyens d'incompétence, on n'acquiesce pas au premier jugement qui a rejeté le déclinatoire.

9 mars 1827, 27-28, n° 17.

4. — Nul ne peut être distrait de ses juges naturels que dans les cas prévus par les articles 59 et 181 du Code de procédure, et lorsqu'il s'agit d'une action personnelle, on doit assigner celui contre qui on l'intente devant le tribunal de son domicile; mais si, sur ce déclinatoire, il se borne à s'en rapporter à ce que le tribunal décidera, après avoir conclu néanmoins à son renvoi devant le tribunal compétent, il n'est pas censé avoir par là renoncé au déclinatoire.

30 décembre 1819, t. IV, n° 781.

5. — L'incompétence du juge *ratione personæ* n'est point absolue, mais seulement relative; dès lors, elle peut être couverte par le consentement exprès ou tacite des parties; ainsi, celui qui se borne en première instance à conclure *au déboutement* des prétentions de sa partie adverse, tant par fin de *non-recevoir* qu'autrement, sans conclure principalement au renvoi devant le juge compétent, ne peut plus proposer son déclinatoire en appel.

26 mai 1815, t. III, n° 559.

6. — L'incompétence du juge *ratione personæ* est une de ces fins de non-recevoir qui se couvrent par le débat au fond, et que l'on ne peut proposer en appel qu'autant qu'on l'a fait en première instance.

22 brumaire an XII, t. I, n° 85.

7. — La fin de non-recevoir résultant de ce qu'une demande personnelle n'a pas été portée devant le tribunal du domicile du défendeur n'est pas couverte par la comparution d'un fondé de pouvoir dudit défendeur devant un bureau de paix, lorsque ce fondé de pouvoir n'a paru que pour demander un délai et n'a proposé aucun moyen au fond; cette même fin de non-recevoir n'est pas couverte par la continuation demandée au tribunal civil autre que celui du défendeur, lorsque celui-ci n'est point entré dans la discussion des moyens de fond.

18 nivôse an x, t. 1, n° 46.

8. — L'incompétence du tribunal civil en matière de société de commerce est purement personnelle et doit être présentée *à limine litis;* des conclusions prises au fond couvrent cette fin de non-recevoir.

1ᵉʳ août 1809, t. II, n° 278.

9. — L'incompétence des tribunaux de commerce est absolue et peut être proposée en tout état de cause.

6 janvier 1818, t. III, n° 576.

10. — L'incompétence du tribunal de commerce pour statuer en matière civile est d'ordre public; en conséquence, cette exception peut être opposée en tout état de cause, même après une défense au fond.

14 mai 1859, 58-59, n° 39.

11. — Les contestations qui s'élèvent entre les maîtres et les domestiques, relativement aux gages de ces derniers, sont de la compétence des juges de paix, qu'il y ait ou non titre ou promesse reconnue; mais cette disposition n'est pas tellement d'ordre public qu'elle ne puisse être couverte lorsque les parties ne la présentent pas *à limine litis.*

16 mai 1816, t. III, n° 565.

12. — L'incompétence résultant du taux de la somme n'est pas une compétence *ratione materiæ.*

Inédit. 1ᵉʳ août 1843, 2ᵉ Ch. Consorts de Plénise c. Jacques.

13. — Les tribunaux français sont incompétents pour connaître d'une demande en séparation de corps entre étrangers, *ratione personæ* et non *ratione materiæ;* en conséquence, cette incompétence n'est point d'ordre public et ne peut être proposée pour la première fois en appel.

2 août 1860, 60-61, n° 29.

14. — L'action en dommages-intérêts contre un huissier à raison de la nullité d'un acte d'appel doit être portée devant le tribunal du lieu de sa résidence, quand même il serait intervenu devant la Cour pour soutenir la validité de son exploit et aurait été déclaré responsable devant cette juridiction.

15 mai 1866, 66-67, n° 30.

15. — Un jugement n'est pas nul pour avoir joint au principal une demande en renvoi, surtout si la partie qui pouvait protester a pris des conclusions au fond.

19 mars 1846, 46, n° 17.

16. — La revendication diplomatique faite par la France d'un territoire limitrophe, dont un Etat voisin a la possession apparente de souveraineté, n'est point un motif suffisant pour justifier devant les tribunaux français une exception d'incompétence territoriale et faire annihiler des poursuites en vertu d'un jugement étranger.

La question de savoir si ce jugement a acquis force de chose jugée, ou est atteint par la péremption, doit être décidée d'après les lois du pays et non d'après les lois françaises.

1ᵉʳ août 1859, 58-59, n° 43.

17. — Bien qu'une irrégularité dans le mode de distribution des causes ne puisse servir de base à une exception d'incompétence, la chambre devant laquelle cette exception est proposée ne peut statuer, par un seul et même jugement, sur la compétence et sur le fond, à peine de nullité de la sentence intervenue.

Alors du moins que les conclusions prises, dégagées de tout ce qui est pur style, se réduisent à un déclinatoire.

2 janvier 1869, 68-69, n° 52, p. 215.

2° Renvoi pour litispendance.

18. — C'est le tribunal qui a été saisi le premier par un exploit d'ajournement signifié à la requête de l'une des parties qui est compétent pour prononcer sur l'affaire qui lui était soumise, et non pas celui qui n'a été saisi que par un exploit postérieur.

2 mars 1826, t. V, n° 885.

19. — La fin de non-recevoir résultant d'une prétendue litispendance, ne peut être accueillie en appel lorsqu'elle n'a pas été opposée en première instance.

29 décembre 1818, t. III, n° 551.

20. — L'exception de litispendance n'est pas recevable si elle n'est proposée avant toutes les autres exceptions et spécialement avant celle de non-conciliation.

15 janvier 1833, *Journal du Palais*, année 1833, p. 47.

3° Connexité.

21. — Deux affaires ne sont connexes qu'autant qu'elles existent entre les mêmes parties, qu'elles ont le même objet ou des objets qui, bien que différents, ont entre eux un rapport direct.

1er mai 1852, 49-52, n° 134.

22. — La jonction de deux causes ne peut être ordonnée qu'autant qu'elles existent entre les mêmes parties et que toutes deux sont en état. Elles ne sont point en état lorsque, distribuées à deux chambres différentes d'une même Cour, l'une est classée et conclue, tandis que le classement de l'autre n'est même pas encore demandé.

29 avril 1845, 45, n° 95, p. 250.

23. — La jonction de deux causes ne peut être ordonnée que si toutes deux sont simultanément en état.

9 janvier 1846, 46, n° 89, p. 228.

24. — La jonction de deux instances entre les mêmes parties ne peut avoir lieu que si toutes deux sont en état. Elle ne peut être ordonnée s'il a été pris des conclusions suivies de classement dans l'une des deux causes et non dans l'autre.

18 décembre 1846, 46, n° 72.

§ 2.
Des nullités d'exploits et d'actes de procédure.

25. — Sous l'empire de l'ordonnance de 1667, les nullités d'exploits se couvraient comme aujourd'hui par les défenses au fond. (Art. 5, tit. V, de l'ordonnance de 1667.)

14 mai 1829, 29, n° 42, p. 141.

26. — Des actes d'instruction, tels qu'une demande en communication de pièces, une réquisition de justifier de procuration, ne couvrent point une nullité d'exploit, lorsque, par l'acte en constitution d'avoué, on s'est réservé de faire valoir les nullités et fins de non-recevoir, et qu'on a proposé cette nullité dans les conclusions prises à l'audience.

4 juillet 1809, t. II, n° 273.

27. — La nullité d'un exploit résultant de ce que, dans une demande en partage, on ne s'est point conformé aux dispositions de l'art. 64 du Code de procédure, en désignant spécialement par contenance, climats et confins, les fonds indivis, est couverte lorsque les défendeurs ont simplement conclu *au déboutement* de cette demande, *tant par fin de non-recevoir qu'autrement*; ils ne sont plus recevables à la proposer.

13 avril 1824, t. IV, n° 726, p. 180.

28 — Le défendeur qui, sur l'assignation, conclut à ce que le demandeur soit déclaré non recevable, ne se prive point du droit de proposer la nullité de l'exploit.

16 janvier 1821, t. IV, n° 651, p. 84.

29. — L'acquéreur d'un immeuble qui a rempli les formalités exigées par l'article 2194 du Code Napoléon peut proposer, même sur l'appel, la nullité de l'inscription d'un créancier qui aurait été colloqué au procès-verbal d'ordre ouvert pour la distribution du prix de cet immeuble.

22 juin 1816, t. III, n° 481.

30. — La nullité résultant de ce que la copie d'assignation ne fait pas mention de la personne à qui elle a été laissée est couverte, lorsqu'on a conclu devant les premiers juges, soit quant à la forme, soit quant au fond, sans spécifier la nullité dont on se prévalait.

23 déc. 1824, t. IV, n° 743, p. 197.

31. — Les fins de non-recevoir à diriger contre un appel sont couvertes par un arrêt de réassignation d'une partie figurant au procès.

Si de simples défenses couvrent les fins de non-recevoir, à plus forte raison cet effet est-il produit par un arrêt rendu du consentement de toutes parties et sans qu'elles se soient réservé les moyens de forme qu'elles pourraient proposer.

15 novembre 1808, t. I, n° 230.

32. — La nullité résultant de ce qu'un acte d'appel n'a pas été signifié à personne ou domicile est couverte, si l'intimé a conclu simplement à ce que les appelants soient déclarés non recevables et subsidiairement à ce qu'ils soient déboutés.

30 déc. 1814, t. II, n° 420 quater.

33. — Il n'y a que les nullités d'exploits ou d'actes de procédure qui, d'après l'art. 173 du même Code, soient couvertes, faute d'avoir été proposées avant toutes défenses ou exceptions; mais les fins de non-recevoir ou exceptions qui tiennent au fond peuvent être alléguées en tout état de cause ; ainsi, les nullités invoquées contre une saisie ne sont pas couvertes, quoiqu'elles n'aient pas été présentées à limine litis, si elles tiennent au fond.

7 janvier 1815, t. III, n° 353.

34. — La loi du 5 novembre 1790 exige impérativement, et à peine de nullité, que toute demande intentée contre le gouvernement soit précédée de la présentation d'un mémoire à l'administration ;

l'omission de cette formalité est radicale et ne peut jamais se couvrir, ainsi que cela résulte, soit de la loi ci-dessus, soit de celle du 27 mars 1791, et d'un arrêt de la Cour de cassation du 19 prairial an II.

24 décembre 1810, t. II, n° 324.

35. — La fin de non-recevoir résultant de la chose jugée ne peut être assimilée aux fins de non-recevoir qui dérivent d'un vice de procédure ou d'une nullité d'exploit, qui sont couvertes lorsqu'on ne les a pas proposées à limine litis et qu'on a défendu au fond : l'exception de la chose jugée et la fin de non-recevoir qui en résulte, étant puisées dans le fond de l'affaire, peuvent être proposées en tout état de cause.

15 juin 1807, t. I, n° 173.

36. — Une assignation donnée à une personne qui était inscrite sur la liste des émigrés depuis 1792 est nulle puisque, d'après la loi du 28 mars 1793, elle était réputée morte civilement.

Cette nullité, quoique non présentée à limine litis, est viscérale de sa nature, et on peut la faire valoir en tout état de cause.

28 nov. 1821, t. IV, n° 659, p. 98.

37. — Le défaut d'autorisation obtenue du préfet pour un hospice pour intenter une action ne produit qu'une nullité relative, qui ne peut être opposée en appel si elle ne l'a été en première instance.

28 floréal an XII. t. I, n° 102.

38. — Le moyen résultant de ce que l'assignation n'indique pas la qualité de gérant ou d'associé du défendeur est une fin de non-recevoir tirée du fond, opposable en tout état de cause. L'art. 173 du Code de pr. civ. ne s'applique point à ce cas.

24 février 1844, 43-44. n° 37.

39. — Si le domicile véritable du créancier qui fait un commandement n'est pas celui qu'il s'est attribué dans l'exploit, la nullité résultant de cette fausse indication est couverte quand le débiteur, au lieu d'y former opposition, a fait lui-même des significations à ce prétendu domicile.

11 déc. 1843, 43-44, n° 11.

40. — Ne peut être opposé pour la première fois en appel le moyen tiré de ce qu'une enquête est nulle, faute par la partie qui se prévaut de la nullité d'avoir été assignée dans les délais.

31 juillet 1848, 47-48, n° 132.

41. — La saisie mobilière doit, à peine de nullité, être précédée d'un commandement; mais cette nullité doit être proposée avant toute défense au fond; l'art. 173 du C. de pr. est applicable dans ce cas.

30 mai 1828, 27-28, n° 92.

42. — La déchéance résultant, pour le défendeur à la poursuite de saisie immobilière, de ce qu'il n'a proposé que le jour même de l'adjudication les moyens qu'il avait à faire valoir (et qui devaient, selon la loi, art. 729 et 939 du C. de pr. civ., être opposés au plus tard dans les trois jours qui précèdent l'adjudication), peut être opposée pour la première fois en appel.

16 juin 1860, 60-61. n° 23.

43. — Est couverte la nullité d'un exécutoire de dépens non daté, si des défenses au fond ont été signifiées, si notamment des offres réelles du montant de cet exécutoire ont été faites par le débiteur.

25 novembre 1816, t. III, n° 493.

44. — La partie qui a paru à une enquête ne peut en demander ultérieurement la nullité en se fondant sur ce qu'elle n'aurait pas été assignée dans les délais.

31 juillet 1848, 47-48, n° 132.

45. — La nullité d'un procès-verbal d'expertise, tirée de ce que les experts n'ayant pas rédigé leur rapport sur les lieux contentieux n'auraient pas indiqué celui où ils procéderaient à cette rédaction, ne peut être présentée pour la première fois en appel.

D'ailleurs, celui qui se prévaut de ce défaut de forme doit justifier du préjudice qu'il en a ressenti.

6 juin 1848, 47-48, n° 131.

46. — L'appelant qui n'a pas proposé en première instance un moyen résultant du défaut de demande de délivrance d'un legs, avant la saisie-arrêt faite par le légataire sur les débiteurs de la succession, n'est pas recevable à l'employer en Cour d'appel.

7 mai 1816, t. III, n° 480.

§ 3.

Des exceptions dilatoires.

Recours en garantie.

47. — Toute demande en garantie, lors même qu'elle n'est fondée que sur un fait de responsabilité et non sur un titre positif, doit être suivie devant le tribunal où la demande originaire est pendante.

Inédit. 13 avril 1840, 1re Ch. Tuaillon c. héritiers Sirodot.

48. — Un tribunal de première instance est compétent pour connaître de l'action en garantie connexe à un procès pendant par-devant lui, bien que cette action, formée par voie de demande principale, eût dû être portée devant le juge de paix.

16 janvier 1845, 45, n° 3, p. 6.

49. — La demande en garantie formée contre un huissier, à raison de la nullité d'un exploit, est une demande principale qui doit subir les deux degrés de juridiction; mais il n'en est point ainsi s'il s'agit de la responsabilité à raison d'une nullité commise dans la procédure d'appel.

Inédit. 6 juin 1851. Jacques c. Premas.

50. — Dans le cas où une action à responsabilité pour nullité d'un exploit dans une procédure d'appel est formée devant la Cour, l'huissier en faute ne doit être condamné par la Cour qu'aux frais de la procédure annulée, et les parties doivent être renvoyées en première instance pour faire statuer sur les dommages-intérêts résultant de l'annulation de la procédure.

Inédit, 21 juin 1851, 2ᵉ Ch. Jacques c. Premas.

51. — Le plaideur qui, par le retard apporté à se pourvoir contre les garants, les a mis dans l'impossibilité d'arrêter le procès par un arrangement, peut être condamné, malgré le succès de son action en garantie, à la plus grande partie des dépens.

14 nov. 1844, 43-44, nᵒ 110.

§ 4.

De la communication des pièces.

52. — Toute pièce produite dans un procès est commune à toutes les parties de la cause ; à la vérité, dans un procès par écrit, on ne peut pas obliger de produisant de signifier les titres qu'il emploie ; mais la partie adverse peut en demander les expéditions signées par le greffier du tribunal devant lequel la pièce est produite ; ces expéditions doivent être aux frais de celui qui les demande, sans recouvrement.

12 avril 1815, t. III, nᵒ 457.

53. — Tout acte produit dans le cours d'une instance devenant commun aux deux parties, chacune d'elles peut en appel exiger de son adversaire communication des pièces par lui produites et visées dans la sentence des premiers juges.

10 mai 1845, 45, nᵒ 38, p. 114.

54. — Toute pièce remise pendant le cours d'une instance devient commune entre les parties ; en conséquence, celui contre qui elle est produite a droit d'en obtenir communication.

12 décembre 1845, 45, nᵒ 94, p. 245.

55. — Toute pièce remise pendant le cours d'une instance à des experts devient commune entre les parties ; en conséquence, celui contre qui elle est produite a droit d'en obtenir communication.

12 décembre 1845, 45, nᵒ 94, p. 248.

56. — La partie qui, dans un exploit d'appel, déclare avoir pris inscription sur certains biens, doit être regardée comme ayant fait usage de cette inscription. — Aux termes de l'art. 188 du C. de pr. civ., elle est tenue dès lors d'en communiquer les bordereaux.

25 juin 1846, 46, nᵒ 103, p. 256.

Excitation à la débauche.

Caractère du délit.

Les actes immoraux ou obscènes de nature à blesser l'honnêteté de ceux qui en sont témoins, mais non répressibles comme outrages à la pudeur pour défaut de publicité, ne peuvent constituer le délit d'excitation à la débauche.

La peine édictée contre ceux qui excitent, favorisent ou facilitent la corruption des mineurs, ne s'applique qu'au proxénète qui fait le métier de livrer des victimes à la prostitution et non à celui qui ne fait que satisfaire ses propres passions.

19 juin 1861, 60-61, nᵒ 55.

Exécuteur des arrêts criminels.

Logement.

L'article 114 du décret du 25 juin 1811 n'oblige pas à fournir un logement à l'exécuteur des arrêts criminels dans la localité où il réside.

22 mai 1829, 29, nᵒ 44, p. 150.

Exécution des jugements et actes.

§ 1ᵉʳ. — *De la formule exécutoire.* (Nᵒˢ 1 à 5.)

§ 2. — *Jugements et actes étrangers.* (Nos 6, 7.)

§ 3. — *Du pouvoir nécessaire pour exécuter.* (Nos 8, 9.)

_____

§ 1er.

De la formule exécutoire.

1. — Le défaut de mandement *de debitis* ou de commission exécutoire sur la grosse d'un acte n'empêchait point que cet acte ne fût exécutoire et qu'on ne pût, en l'an v, faire procéder, en vertu de la grosse d'un acte de 1786, à une saisie immobilière et à une saisie-arrêt.

30 juin 1812, t. II, n° 369.

2. — Un jugement rendu en l'an viii décidait qu'un acte signifié postérieurement au Code de procédure devait être revêtu, à peine de nullité, de la formule exécutoire prescrite par les articles 141 et 545 du Code de procédure.

Cette formalité n'est point nécessaire pour l'ordonnance du président qui désigne l'huissier qui doit faire cette signification ; mais le commandement qui l'accompagne doit, à peine de nullité, être revêtu des formalités prescrites par l'art. 545.

13 mai 1813, t. II, n° 393 *ter.*

3. — La signification d'un jugement qui ne contient pas la copie entière de la formule exécutoire est nulle.

8 et 15 février 1812, t. II, n° 393 *ter.*

4. — Une saisie-exécution ne peut avoir lieu qu'en vertu d'un titre exécutoire ; il n'y a qu'une exception à cette règle, portée par l'art. 822 du Code de procédure civile. En conséquence, est nulle la saisie-exécution pratiquée en vertu d'une simple permission du juge.

21 novembre 1812, t. III, n° 431.

5. — Lorsqu'un exécutoire de dépens est contesté, il n'est plus censé contenir des sommes liquides et certaines, et dès lors il ne peut plus servir de titre pour faire une saisie.

7 janvier 1815, t. III, n° 553.

§ 2.

Jugements et actes étrangers.

6. — Les tribunaux français ont le droit d'examiner si les jugements des tribunaux suisses, dont l'exécution se poursuit en France, ont été compétemment rendus.

1er août 1859, 58-59, n° 43.

7. — Quand il s'agit d'actes notariés ou de jugements suisses, ils sont exécutoires après le simple visa de l'ambassadeur. Il n'y a pas besoin qu'ils soient rendus exécutoires par les tribunaux français. Il est seulement d'usage de faire apposer la formule exécutoire par le président du tribunal du lieu de l'exécution.

Inédit. 16 juin 1843, 1re Ch. Hers Chavot c. Tronchère.

V. v° Etranger, n°s 2, 3.

§ 3.

Du pouvoir nécessaire pour exécuter.

8. — Suivant l'article 556 du même Code, l'huissier n'a besoin d'un pouvoir spécial que pour procéder à la saisie immobilière, et il n'est pas nécessaire que ce pouvoir précède le commandement.

Le Code n'exige pas que le saisissant donne copie du pouvoir qu'il remet à l'huissier.

15 décembre 1812, t. II, n° 380.

9. — L'huissier peut saisir immobilièrement, quoique n'étant porteur que d'une procuration en blanc, spécialement destinée à cet effet, quand même elle ne contiendrait pas la désignation du domicile de cet huissier.

20 nov. 1816, t. III, n° 570.

Exécutoire de dépens, V. FRAIS ET DÉPENS.

Expertise.

---

§ 1er.

*Signification du jugement ordonnant
expertise.*

1. — Une expertise est nulle
si le jugement qui l'ordonne n'a
pas été signifié à la partie adverse.

21 juin 1813, t. II, n° 398.

§ 2.

Remplacement des experts.

2. — Un expert qui a accepté
sa commission et prêté serment
est acquis à toutes les parties, et il
ne peut donner sa démission sans
motifs légitimes, à moins qu'elle
ne soit acceptée par toutes les
parties.

24 janvier 1807, t. I, n° 161.

3. — L'impossibilité accidentelle où se trouve l'un des experts
d'opérer au jour indiqué n'impose point l'obligation de procéder à une nomination nouvelle ;
l'art. 316 Pr. civ. n'est point applicable à ce cas.

18 mars 1829, 29, n° 26, p. 96.

§ 3.

Présence des parties à l'expertise.

4. — L'opération des experts et
la procédure qui y est relative
sont frappées de nullité, lorsque
l'on n'a point indiqué aux parties
le jour où doit avoir lieu cette
opération, ou, ce qui est la même
chose, lorsque après avoir fait cette
indication, les experts n'ont pas
vaqué au jour indiqué.

21 juin 1813, t. II, n° 398.

5. — Est frappé de nullité tout
rapport d'expert qui a été commencé dans un endroit et terminé
dans un autre, sans que les parties en aient été averties.

20 juin 1818, t. III, n° 595.

6. — L'art. 315 du C. de pr.
civ. ne prescrit pas, à peine de
nullité, l'indication, par des experts qui n'ont pas rédigé leur
procès-verbal de rapport sur les
lieux contentieux, de l'endroit où
ils procéderaient à cette rédaction.

6 juin 1848, 47-48, n° 131.

7. — La loi n'exigeant pas que
la sommation d'assister à l'expertise soit faite le jour même où les
experts ont indiqué l'époque de
leur opération, il suffit qu'elle ait
lieu à temps utile pour que la
partie requise puisse y assister.

18 mars 1829, 29, n° 26, p. 96.

8. — Quand le jugement qui a
ordonné l'expertise a été rendu
par défaut contre une partie non
pourvue d'avoué, il n'est pas nécessaire de lui faire à personne ou
domicile une sommation de se
trouver à l'opération des experts.

Inédit. 3 août 1837. 1re Ch. Mourcet
c. Planche.

§ 4.

Enonciations du rapport.

9. — Lorsqu'il s'agit d'une
expertise conventionnelle, il n'est
point nécessaire, comme dans l'expertise judiciaire, d'observer toutes les formalités exigées par le
Code de procédure ; dès lors les
experts nommés par les parties au
bureau de paix, où elles avaient
paru volontairement, étaient dispensés d'indiquer le jour de leur
opération, de rédiger leur rapport
sur les lieux et d'en déposer la minute au greffe.

5 décembre 1811, t. II, n° 354.

10. — L'article 317 du Code de

procédure civile n'exige pas que les experts fassent une mention expresse dans leur rapport que les formalités qu'il prescrit ont été observées. Il est de principe de présumer que les formalités nécessaires pour la validité d'un acte ont été remplies, à moins que l'acte ne fournisse lui-même la preuve du contraire; ainsi, il est régulier s'il a été écrit par un des experts et signé par tous; enfin, s'il a été rédigé le même jour où l'opération a été exécutée, il en résulte qu'il a été rédigé sur le lieu même où la reconnaissance a eu lieu.

18 juin 1812, t. II, n° 367.

11. — La disposition de l'article 317 du Code de procédure civile est une formalité substantielle du rapport d'experts, puisque, jusqu'au moment de sa clôture, les parties ont le droit de faire toutes observations, toutes réquisitions qu'elles croiront nécessaires à leurs intérêts; ainsi, un procès-verbal d'experts est nul s'il a été clos à une grande distance des lieux contentieux, sans qu'il y soit fait mention des lieu, jour et heure auxquels il devait être terminé, ni de la présence des parties lors de la dernière opération.

3 mars 1820, t. IV, n° 786. p. 254.

12. — La déclaration des experts, portant que les parties les ont assistés dans la visite des lieux contentieux, justifie suffisamment qu'elles ont été présentes à l'opération et doit être crue jusqu'à inscription de faux. — L'article 317 du Code de procédure civile, qui veut que le rapport soit rédigé sur les lieux contentieux ou dans celui choisi par les experts, n'exige pas qu'ils déclarent dans leur rapport qu'ils ont fixé tel endroit pour en faire la rédaction; il suffit, pour remplir le vœu de la loi, que les experts, lorsqu'ils ne le rédigent pas sur les lieux contentieux, indiquent l'endroit où il a été rédigé. On ne peut pas dire alors que les parties n'ont pas pu être présentes à la rédaction, parce que dans ce moment toutes les opérations des experts étant terminées, leur présence serait inutile.

28 décembre 1815, t. III, n° 467.

13. — Il n'y a pas cause de nullité dans le défaut d'indication, de la part des experts, des lieu, jour et heure auxquels ils rédigeront leur rapport, surtout lorsque la partie qui se plaint de cette omission a constamment refusé de paraître aux opérations préparatoires.

31 juillet 1845, 45, n° 92, p. 244.

14. — L'indication du jour et du lieu de la clôture d'un rapport d'experts n'est pas prescrite à peine de nullité, surtout si les parties ont été présentes aux opérations.

27 décembre 1849, 49-52, n° 19.

15. — Le procès-verbal d'une opération faite par un géomètre est nul, s'il n'a pas été rédigé sur les lieux contentieux, ou dans un autre lieu, aux jour et heure indiqués par le fonctionnaire, conformément à l'article 317 du Code de procédure, afin que les parties puissent y assister.

6 juin 1826, t. V, n° 901.

16. — Un procès-verbal d'experts est une pièce authentique contre laquelle on ne peut avoir que l'inscription de faux, pour établir qu'un des experts, qui tous trois ont signé le procès-verbal de chaque vacation, n'aurait cependant pas été présent à l'une d'elles.

26 janvier 1827, 27-28, n° 6.

17. — L'article 318 du Code de procédure civile, qui exige que l'avis de chaque expert soit motivé, ne prononce pas la nullité en cas d'inobservation; dès lors, d'après l'art. 1030, on ne peut la prononcer dans le cas où l'avis de l'expert qui ne s'est pas trouvé d'accord avec les deux autres ne serait pas motivé.

28 décembre 1815, t. III, n° 467.

§ 5.

Frais d'expertise.

18. — Suivant l'article 319 du Code de procédure, l'avance des frais de vacation d'experts doit être faite par celle des parties qui a requis l'expertise ou qui l'a poursuivie, si elle a été ordonnée d'office ; d'où l'on doit induire que lorsque l'expertise a été ordonnée du consentement des parties, l'avance du montant des vacations doit être faite par parts égales entre parties ayant le même intérêt.

2 août 1822, t. IV, n° 822, p. 296.

19. — La partie qui forme opposition à un exécutoire peut demander la réduction du chiffre des honoraires alloués aux experts ; cette demande est un litige distinct nullement subordonné à l'instance qui a motivé l'expertise, et le décret du 16 février 1807, concernant la taxe des dépens, ne doit point, en ce cas, recevoir son application.

29 juillet 1871, 70-71, n° 60, p. 253.

§ 6.

Signification du rapport.

20. — La signification d'une pièce, d'une expertise par exemple, n'est pas exigée lorsque la partie adverse s'en est elle-même prévalue.

17 mai 1845, 45, n° 52, p. 159.

Exploit, V. AJOURNEMENT, APPEL CIVIL, JUGEMENT PAR DÉFAUT.

Expropriation pr cause d'utilité publique, V. PROPRIÉTÉ.

Extradition.

L'accusé dont l'extradition a été demandée et obtenue pour crime de banqueroute frauduleuse doit être reconduit à la frontière, si une ordonnance du juge d'instruction vient à déclarer qu'il n'y a lieu à suivre contre lui de ce chef, et le renvoie devant le tribunal correctionnel pour simple délit de banqueroute simple et d'abus de confiance.

En conséquence, sont irréguliers et nuls la citation donnée au prévenu, maintenu en état d'arrestation, et le jugement rendu sur cette poursuite.

22 janvier 1862, 62-65, n° 3, p. 5.

F

Fabrique d'église.

Biens des fabriques.

1. — Quoique, par la loi du 13 brumaire an II, les biens des fabriques aient été confisqués et déclarés nationaux, l'arrêté du 7 thermidor an XI ayant rendu ces biens à leur première destination, la qualité d'héritier n'en est pas moins restée à ces fabriques, lorsqu'une restitution de ces biens avait eu lieu à leur profit, et ceux qui prétendent les revendiquer sont recevables à se pourvoir contre elles.

28 mars 1822, t. IV, n° 669, p. 107.

2. — Au temps de la révolution, les biens destinés à l'acquittement des fondations pieuses avaient été attribués au gouvernement ; mais il résulte de plusieurs décrets et avis du conseil d'Etat que les biens non aliénés et provenant des fabriques, des confréries et des fondations, ont été rendus aux fabriques des églises actuelles, de sorte que le gouvernement n'y a plus aucun droit et qu'il est sans action contre les détenteurs de ces biens.

29 août 1820, t. IV, n° 647, p. 73.

Faillite et banqueroute.

CHAPITRE Ier.

CARACTÈRES DE LA FAILLITE.

Cessation de paiements.

1. — Le refus seul d'acquitter un engagement commercial ne constitue point la faillite ; il faut encore qu'il ait été suivi de déclaration de cessation de paiements, ou que le débiteur n'ait pas payé les effets qu'il a souscrits ; le protêt même, et depuis il y a eu paiement, n'établit point la faillite ; il en doit être de même, par identité de raison, quand il serait intervenu un jugement de con-

damnation, lorsque avant toute déclaration le débiteur s'est libéré et a continué ses paiements et ses opérations commerciales.

27 juillet 1821, t. IV, nº 806, p. 277.

2. — L'état de faillite est caractérisé et constitué seulement par la cessation effective et générale des paiements ; il ne peut l'être par un traité, quelque situation embarrassée que ce traité accuse et quelque moyen extrême de crédit qu'il nécessite.

29 août 1857, 53–57, nº 138, p. 417.

3. — L'état de cessation de paiements qui caractérise la faillite est un fait complexe et ne dépend pas nécessairement de quelques poursuites ou actes isolés : la loi laisse aux tribunaux le soin d'apprécier l'ensemble des circonstances.

16 mars 1860, 60–61, nº 10.

4. — La cessation de paiements est la condition absolue de la déclaration de faillite, à laquelle on ne peut substituer le motif d'insolvabilité du commerçant.

28 août 1867, 66–67, nº 132.

CHAPITRE II.

DÉCLARATION DE LA FAILLITE.

§ 1er.

Compétence.

5. — Un négociant ne peut être déclaré en faillite que par le tribunal dans la juridiction duquel il exerçait son commerce à l'époque de la cessation de ses paiements. Peu importe qu'il ait transféré postérieurement son domicile en Suisse, qu'il y ait déposé son bilan, que ses créanciers français y aient produit et fait vérifier leurs titres après acceptation par la justice du lieu de sa démission de biens.

23 février 1846, 46, nº 61.

6. — C'est le tribunal du domicile qu'avait le négociant au moment de la cessation de paiements, et non le tribunal du domicile qu'il a eu au moment de la demande en déclaration de faillite, qui est compétent pour statuer sur cette demande.

27 mars 1867, 66-67, n° 98.

§ 2.
Jugement déclaratif.

7. — Les anciens art. 437 et 441 du Code de comm. n'étaient pas introductifs d'un droit nouveau, mais seulement confirmatifs de la jurisprudence suivie en exécution de l'ordonnance de 1673.

Du 13 mai 1808, t. I, n° 205.

8. — D'après les anciens art. 449 et 454 du C. de comm., le tribunal peut déclarer l'époque de la faillite d'un débiteur et ordonner les mesures conservatoires prévues par ces articles, sur *la simple requéte* d'un créancier et sans qu'il soit besoin d'assignation préalable ; une Cour est à cet égard investie des mêmes pouvoirs.

Les autres créanciers ont le droit d'intervenir dans cette instance.

13 mai 1808, t. I, n° 205.

9. — La date de la cessation de paiements d'un failli peut être fixée à l'époque du protêt de ses traites, bien que depuis il les ait acquittées lui-même.

18 février 1845, 45, n° 23, p. 62.

10. — Les tribunaux ont un pouvoir souverain d'appréciation pour déterminer l'époque à laquelle doit remonter la cessation de paiements d'un failli ; mais la faillite ne saurait être reportée à une époque où la vie commerciale du failli durait encore, et ce, quand même il serait justifié qu'à cette époque déjà son passif était supérieur à son actif.

22 nov. 1861, 60-61, n° 64.

11. — Doit être déclaré en état de faillite, si ses créanciers le requièrent, tout commerçant qui a cessé ses paiements, quand même son actif paraîtrait insuffisant pour couvrir les frais du jugement déclaratif de faillite.

15 janvier 1845, 45, n° 10, p. 23.

12. — Le greffier d'un tribunal de commerce a qualité pour constater, jusqu'à inscription de faux, que l'extrait du jugement qui déclare une faillite ou fixe l'époque de son ouverture a été affiché dans la salle des audiences, conformément aux art. 442 et 42 du C. de comm.

Il y a présomption que cette affiche a été maintenue pendant le temps fixé par la loi, lorsque son apposition a été légalement constatée.

16 déc. 1844, 43-44, n° 123.

CHAPITRE III.
EFFETS DU JUGEMENT DÉCLARATIF DE LA FAILLITE.

§ 1er.
A qui ce jugement est opposable.

13. — Le jugement qui fait remonter la cessation des paiements à une date antérieure à la déclaration de faillite est opposable même à celui qui, ayant cessé d'être créancier à cette époque, est resté étranger à toutes les opérations de la faillite.

15 juin 1850, 49-52, n° 72.

§ 2.
Dessaisissement du failli. — Actions judiciaires.

14. — Le traité à titre onéreux passé depuis la cessation des paiements par le failli n'est point annulable, malgré la connaissance de cet état de la part du contractant, si ce traité n'avait d'autre but que de régler l'exécution d'une clause d'un contrat passé précédemment.

Spécialement, quand, dans un traité fait pour la livraison de montres, on a omis d'expliquer si les montres seraient livrées à l'état brut ou à l'état fini, c'est-à-dire si les montres deviendraient la propriété de l'établisseur ou acheteur, à la première remise qui lui en aurait été faite par le monteur de boîtes ou vendeur pour y opérer certains travaux de sa spécialité, ou seulement à la remise définitive, qui suit la dernière main-d'œuvre, l'acte survenu depuis la cessation de paiements de l'établisseur, portant que la livraison des montres doit à l'avenir se faire à l'état fini, est opposable aux créanciers de la faillite, et les montres remises à l'état brut peuvent être revendiquées contre le syndic par le monteur de boîtes.

19 déc. 1862, 62-65, nº 27, p. 92.

15. — Une action régulièrement formée contre plusieurs parties ne saurait être arrêtée par la faillite ultérieure de l'une des parties; les syndics, en pareil cas, ne peuvent se prévaloir du défaut de réassignation, si sans protestation ni réserve et sur une simple sommation à eux faite, ils ont comparu volontairement et pris part aux débats.

16 juin 1863, 62-65, nº 45, p. 150.

16. — Les faillis ne sont point censés complétement représentés par leurs syndics, lorsque ceux-ci demandent la nullité d'actes prétendus faits en fraude des créanciers, et rien ne s'oppose à ce que l'on appelle ces faillis dans la cause pour donner des renseignements.

23 mars 1825, t. IV, nº 748, p. 201.

17. — Le mari en état de faillite ne peut être interrogé sur la question de savoir si, pendant l'instance en séparation, sa femme a enlevé par ses ordres le mobilier de la communauté.

4 mars 1846, 46, nº 68.

§ 3.

Annulation de certains actes.

1º Actes nuls de plein droit.

18. — Sous l'empire de l'art.

443 de l'ancien Code de commerce, était nulle, abstraction faite de toute question de fraude, l'hypothèque acquise dans les dix jours qui avaient précédé l'ouverture de la faillite, c'est-à-dire l'époque de la cessation des paiements et non le jugement déclaratif.

18 décembre 1844, 43-44, nº 123.

19. — La loi du 28 mai 1838 concernant les faillites est applicable à celles qui ont été déclarées depuis sa promulgation, encore bien que la cessation des paiements remonte à une époque antérieure. Dès lors, la validité de l'hypothèque, considérée même sous l'empire du Code 1807, doit être appréciée d'après la législation qui lui incombe.

30 novembre 1847, 47-48, nº 66.

20. — La rétrocession consentie par le failli des marchandises qui lui ont été livrées constitue un paiement opéré autrement qu'en espèces ou effets de commerce, et soumis par suite à la règle de l'article 446 du Code de commerce.

15 juin 1850, 49-52, nº 72.

21. — La restitution par l'acheteur failli à son vendeur non payé, de marchandises que celui-ci avait, avant la cessation de paiements, expédiées et livrées pour le compte du failli à un tiers, chargé de leur faire subir une préparation, par exemple au teinturier chargé de les teindre, et qui étaient ainsi devenues la propriété du failli, est nulle et sans effets vis-à-vis de la masse, comme constituant un paiement de marchandises fait pour dettes échues, par le débiteur, postérieurement à la cessation de paiements.

14 avril 1856, 53-57, nº 68, p. 182.

2º Actes dont l'annulation est facultative pour le tribunal.

22. — Des créanciers d'une faillite sont admissibles à prouver la simulation d'un acte à l'aide de présomptions graves, précises et concordantes, lorsque les faits présentés comme tels ont un caractère direct et essentiel à ce qu'il s'agit de prouver et que l'on peut en tirer des inductions tellement fortes, qu'elles ne puissent s'appliquer à aucune autre chose.

2 août 1814, t. II, n° 412.

23. — Il ne résulte pas des art. 442 et suivants du Code de commerce que les actes faits par le failli, dans l'intervalle qui s'est écoulé depuis l'époque où l'ouverture de la faillite a été fixée jusqu'à la déclaration même de cette faillite, soient nuls de droit, le dessaisissement du failli n'a réellement lieu que par le jugement de déclaration de faillite ; les actes qu'il a faits précédemment ne peuvent être anéantis, à moins qu'ils ne soient, par leur nature, sous une présomption légale de fraude, ou qu'en fait on ne démontre qu'ils sont infectés de fraude et de simulation.

3 juin 1826, t. V, n° 931.

24. — Les actes passés avec le failli dans les dix jours qui ont précédé la déclaration de la faillite et postérieurement à l'époque à laquelle on en a fait remonter l'ouverture, ne peuvent être annulés qu'autant qu'il y a fraude de la part des tiers ; il y a absence de bonne foi en cette matière toutes les fois que les créanciers, connaissant la situation et l'état de fortune de leur débiteur, ont voulu assurer leur paiement intégral au détriment de la masse.

9 mai 1827, 27-28, n° 36.

25 — Les actes passés depuis l'époque ou le jugement qui a déclaré la faillite et a fixé l'ouverture jusqu'au moment de cette déclaration ne sont pas nuls de plein droit : on ne peut annuler que ceux qui ont été faits en fraude de la masse des créanciers ; mais s'il y a eu bonne foi de la part des tiers, ces actes doivent être déclarés valables.

Le créancier qui a fait prononcer une condamnation contre son débiteur dans cet intervalle a obtenu une hypothèque judiciaire en faisant inscrire le jugement, si son titre n'est pas simulé.

23 janvier 1827, 27-28, n° 3.

26. — Le rapport à la masse des sommes payées par le failli après la cessation des paiements et avant le jugement déclaratif de la faillite, doit être ordonné si le créancier a connu l'état de cessation de paiements du débiteur et indépendamment de toute question de bonne foi.

En pareil cas, le créancier doit rapporter non-seulement le capital, mais les intérêts des sommes qu'il a reçues.

29 août 1855, 53-57, n° 78, p. 220.

26 bis. — Dans le cas de faillite d'un adjudicataire de bois, la personne qui l'a cautionné, sous la réserve expresse que la remise des coupes serait faite à des sous-traitants qui acquitteraient les traites à sa décharge, a le droit de toucher seule le montant du prix des coupes des mains de ces derniers, quoique l'acte qui constate ce cautionnement n'ait pas été enregistré et n'ait pas acquis date certaine avant les dix jours qui ont précédé la déclaration de faillite.

24 mars 1846, 46, n° 120, p. 315.

27. — Les tribunaux doivent user de la faculté que leur laisse l'article 447 du Code de commerce, lorsqu'il résulte des circonstances de la cause que le créancier, en recevant son paiement du failli, s'est prêté, en connaissance de cause, à une combinaison ayant pour but de diminuer en apparence la quotité du passif et pour résultat de faire rompre en sa faveur l'égalité qui doit régner entre les créanciers d'une même faillite.

24 avril 1860, 60-61, n° 15.

3° Action de la masse en rapport des sommes indûment reçues.

28. — Le jugement qui ordonne le rapport d'une somme reçue par un créancier depuis la cessation des paiements et avant la déclaration de faillite, doit préciser les circonstances de mauvaise foi qui ont déterminé le tribunal à prononcer la nullité de ce paiement fait en espèces ; il ne suffirait pas d'alléguer la prétendue connaissance qu'aurait eue le créancier de l'état de cessation de paiements de son débiteur, alors d'ailleurs que les circonstances ont pu l'induire en erreur sur la véritable situation. Le paiement obtenu sur des poursuites intentées ne tombe pas nécessairement sous le coup de l'art. 447 du C. de comm.

28 février 1866, 66-67, n° 15.

29. — Est de la compétence du tribunal du domicile du failli l'action intentée par le syndic en restitution de marchandises vendues au failli avant l'ouverture de sa faillite et reprises par le vendeur après l'époque à laquelle cette faillite a été reportée.

16 mars 1860, 60-61, n° 8.

4° Rapport du paiement des effets de commerce.

30. — L'action en rapport à la masse d'une faillite ne peut être exercée contre le premier endosseur d'un billet à ordre, souscrit et endossé avant la cessation de paiements du débiteur, mais payé depuis cette époque par le failli entre les mains du tiers porteur, bien que cet endosseur, connaissant la cessation de paiements, ait lui-même procuré les fonds contre nantissement, pour éteindre la dette ; en cas de fraude, ce nantissement, préjudiciable à la faillite, ne donnerait lieu qu'à une action en dommages-intérêts.

19 déc. 1862, 62-65, n° 27, p. 92.

5° Inscription tardive du privilège et de l'hypothèque.

31. — Le vendeur d'un immeuble, dont le privilège n'a pas été inscrit utilement avant la faillite de l'acheteur, n'est pas déchu du droit d'exercer l'action résolutoire,

la faillite n'ayant pas pour effet l'anéantissement total du privilège prévu par la loi du 23 mars 1855, puisque ce privilège peut renaître avec la cessation de l'état de faillite.

Il importerait peu que le syndic de la faillite eût pris inscription au nom de la masse, antérieurement à la transcription de la vente et à l'inscription d'office.

15 mars 1862, 62-65, n° 5, p. 12.

CHAPITRE IV.

APPOSITION DES SCELLÉS ET MESURES A L'ÉGARD DE LA PERSONNE DU FAILLI.

32. — La simple qualité de créanciers présumés d'une faillite suffit pour donner à ces créanciers droit et intérêt de prendre part aux opérations des scellés, mais ils n'ont pas celui de compulser tous les livres et papiers du failli.

28 août 1813, t. III, n° 437.

33. — D'après l'art. 455 du C. de comm., le failli constitué en état de dépôt ne peut être écroué ou recommandé par aucun de ses créanciers, en vertu d'un jugement du tribunal de commerce ; cet article s'exprime en termes généraux qui n'admettent aucune exception ; dès lors aucun créancier, quelle que soit la cause de sa créance, ne peut, en vertu d'un jugement du tribunal de commerce, attoucher à la personne de son débiteur failli, si celui-ci a été constitué en état de dépôt. Cette défense est non-seulement établie en faveur du débiteur, qui, dessaisi de tous ses biens, ne peut payer aucun de ses créanciers, mais encore en faveur des créanciers eux-mêmes, afin que nul d'entre eux ne puisse exercer des poursuites qui pourraient lui faire obtenir quelque préférence sur les autres.

1er septembre 1813, t. II, n° 401.

34. — Il résulte de l'esprit du

Code de commerce que les créanciers ne peuvent pas individuellement former opposition au jugement qui a accordé un sauf-conduit au failli, lorsque le juge-commissaire de la faillite ne s'est pas opposé à ce qu'il l'obtînt. La contrainte par corps que ces créanciers auraient exercée contre leur débiteur ne pourrait point motiver cette opposition.

16 janvier 1815, t. III, n° 445.

CHAPITRE V.
FONCTIONS DES SYNDICS.

§ 1er.

Levée des scellés et inventaire.

35. — Tout créancier est en droit d'exiger des syndics la représentation de l'inventaire par eux dressé de l'état de la faillite, et, s'il n'y en a pas eu, il doit obtenir la communication des pièces qui leur ont servi de base pour la rédaction du bilan, notamment celle des livres et carnets du failli.

Il n'en est pas ainsi pour le bilan lui-même, que tout créancier peut consulter au greffe.

30 janvier 1845, 45, n° 16, p. 38.

36. — Les syndics d'une faillite ne sont pas nécessairement tenus de faire inventaire. Ils ne doivent pas être exclus, pour l'avoir omis, du droit de représenter la masse, lorsque, d'ailleurs, ils ont dressé le bilan conformément à l'état rédigé par le juge de paix, et que le défaut d'inventaire n'a porté préjudice à aucun créancier.

18 février 1845, 45, n° 23, p. 62.

37. — Les syndics d'une faillite doivent faire un inventaire exact des marchandises laissées par le failli et sont non recevables à prétendre qu'ils s'en sont rapportés à la balance des livres. Ils sont responsables des déficits même antérieurs à leur gestion, s'ils ne les ont pas signalés, et doivent représenter en nature ou en valeur tout article qu'ils ont pris en charge.

8 juillet 1845, 45, n° 89, p. 236.

§ 2.

Vente de marchandises. — Recouvrements. — Actes conservatoires.

38. — Le juge-commissaire d'une faillite peut ordonner le mode de vente des marchandises du failli qu'il juge convenir; il n'est point tenu de prendre à cet égard l'avis du failli.

4 mai 1859, 58-59, n° 38.

39. — S'il est nécessaire que le syndic d'une faillite obtienne l'autorisation du commissaire du tribunal de commerce pour diriger une saisie immobilière contre les débiteurs du failli, ceux-ci ne peuvent se prévaloir du défaut de son autorisation.

14 août 1811, t. II, n° 423.

40. — L'inscription prise par les syndics d'une faillite, en vertu de l'art. 490, § 3, C. comm., n'est point une formalité uniquement destinée à rendre public l'état de faillite; elle crée au profit de la masse des créanciers un droit hypothécaire primant toute hypothèque ultérieurement inscrite.

16 avril 1862, 62-65, n° 15, p. 53.

41. — Le jugement qui ordonne la cessation des opérations d'une faillite en se fondant, non sur ce que cette faillite a été déclarée à tort, mais sur ce que ses causes n'existent plus, ne statue que pour l'avenir, sans porter atteinte aux droits acquis et aux actes régulièrement faits par le syndic : il laisse notamment subsister l'inscription syndicale de l'art. 490 Code de comm.

21 juillet 1868, 68-69, n° 24, p. 87.

42. — Dans la faillite d'une société, le tiers qui est à la fois créancier personnel de l'un des associés et débiteur de la société, ne peut invoquer la compensation pour éteindre sa dette envers la société.

Il en est ainsi surtout lorsque la créance dont il se prévaut est à terme, qu'elle n'est point encore exigible, et que le terme a été stipulé dans l'intérêt exclusif du débiteur.

13 juin 1870, 70-71, n° 31.

§ 3.
Gestion des syndics.

43. — Dans les instances où le syndic d'une faillite représente la masse des créanciers, l'intervention personnelle de ces derniers peut être admise, toutefois à leurs risques et frais.

29 août 1857, 53-57, n° 138, p. 427.

44. — Un agent de faillite, étant un mandataire comptable et salarié, est responsable des sommes qu'il aurait déposées dans la caisse dont parle l'art. 436 du Code de commerce, et qui y auraient été enlevées, lorsqu'il n'a point fait désigner par le juge-commissaire le créancier qui serait préposé pour recevoir l'une des clefs de cette caisse et qu'il n'a point fait constater par un procès-verbal du même juge-commissaire ou par celui des créanciers qui était dépositaire de cette clef, que telle ou telle somme y avait été déposée.

27 novembre 1815, t. III, n° 462.

45. — Les syndics d'une faillite dont le tribunal n'a pas divisé la gestion sont solidairement responsables de tous les actes qu'ils laissent faire à l'un d'eux dans les limites de ses fonctions.

8 juillet 1845, 45, n° 89, p. 236.

46. — Les syndics provisoires ou définitifs d'une faillite sont solidairement responsables à raison de leur gestion.

Il en est ainsi, lors même que des attributions spéciales auraient été confiées à l'un d'entre eux.

26 mai 1847, 47, n° 17.

47. — Comme c'est ordinairement parmi les créanciers de la faillite que le tribunal choisit les syndics provisoires, il ne leur est pas dû des émoluments ou une indemnité s'ils n'ont pas été expressément stipulés ; mais ces syndics peuvent exiger tous les frais et avances qu'ils ont faits, et on ne peut les réduire qu'autant qu'il y aurait eu faute grave de leur part.

27 décembre 1816, t. III, n° 571.

48. — Tout syndic de faillite a droit à des honoraires qui se règlent d'après l'importance de l'affaire et le soin qu'il a mis à la gestion.

8 mai 1846, 46, n° 102, p. 255.

49. — Les comptes de gestion d'un syndic de faillite doivent être rendus par le syndic en personne, au lieu où s'est ouverte la faillite ; c'est là que doivent rester les papiers du syndicat et les titres et registres de la faillite.

1er juillet 1857, 53-57, n° 128, p. 398.

§ 4.
Vérification et affirmation des créances.

50. — Avant la promulgation du Code de commerce, un négociant qui se prétendait créancier d'une faillite ne pouvait, d'après les arrêts de règlement du parlement de Franche-Comté, être admis au passif de cette faillite, s'il ne représentait pas ses livres où son titre devait se trouver inscrit.

Ces arrêts de règlement ont eu force de loi jusqu'à la promulgation du Code de commerce, quoique la faillite n'ait été ouverte que sous l'empire de cette dernière loi, si la créance lui était antérieure.

14 janvier 1812, t. II, n° 357.

51. — Il résulte de l'art. 503 du Code de commerce (art. 493) que la vérification des créances de faillite est faite contradictoirement entre les créanciers et les syndics provisoires, et en présence du juge-commissaire ; aucun des art. de la sect. 3, chap. 7, livre III, du même Code, n'exige que le failli soit appelé et entendu ; dès lors, cette vérification ne peut lui être opposée comme une reconnaissance de la légitimité des créances.

15 juillet 1825, t. IV, n° 865, p. 349.

52. — L'art. 514 du Code de commerce semble exiger qu'une créance soit vérifiée et affirmée, afin que le porteur de cette créance puisse prendre part aux opérations particulières de la faillite ; mais, d'après les circonstances, il peut être d'un grand intérêt pour la masse des créanciers que quelques-uns surveillent les opérations générales, même avant l'époque où la vérification des créances peut se faire.

28 août 1813, t. III, n° 437.

53. — L'art. 509 du Code de commerce n'a pour objet que de régler un point de procédure, en indiquant la forme de l'enquête, lorsque la preuve testimoniale est admissible; mais il n'autorise pas cette preuve dans tous les cas où il s'agit de vérification de créances, soit civiles, soit commerciales. En général, dans le cas de faillite, les tribunaux de commerce attirent à eux la décision des causes civiles qui y ont rapport; cette compétence tient à des causes de commerce et de nécessité; mais dans la décision de ce genre d'affaires ils ne doivent et ne peuvent consulter que les lois civiles et non celles relatives au commerce.

29 mars 1819, t. IV, n° 773, p. 231.

54. — Le privilége accordé à la régie de l'enregistrement par la loi du 5 septembre 1807 ne peut être exercé pour amende prononcée en sa faveur sur les meubles d'un failli, lorsque la condamnation est postérieure à l'époque de l'ouverture de la faillite.

Cette administration n'a point un privilége pour obtenir le paiement d'une amende prononcée par un jugement correctionnel pour délit d'usure, mais seulement pour les frais.

10 juillet 1819, t. IV, n° 778, p. 236.

55. — L'état de faillite de l'individu condamné criminellement ne dispense pas le Trésor public de faire inscrire son privilége dans les deux mois de l'arrêt, aux termes de l'art. 3 de la loi du 5 septembre 1807, malgré l'inscription générale prise par le syndic.

Le Trésor public ne peut poursuivre le recouvrement de sa créance privilégiée contre la faillite par voie de commandement ; il doit, comme tout autre créancier, demander la vérification de sa créance, conformément à l'art. 491 du C. de comm.

11 août 1857, 53-57, n° 110, p. 322.

56. — La créance du Trésor public pour frais avancés et mis par arrêt de la cour d'assises à la charge du failli condamné, remonte à la date des faits antérieurs à la faillite qui ont nécessité la poursuite et affecte les biens du failli comme toute autre créance préexistante à la faillite et vérifiée ultérieurement... sauf à ventilation et réduction des frais afférents à la poursuite de banqueroute frauduleuse. Il en est ainsi des frais d'extradition, bien qu'ils aient été occasionnés par la fuite du failli, postérieure à la déclaration de faillite.

11 août 1857, 53-57, n° 110, p. 322.

57. — L'amende à raison de crime poursuivi n'est acquise au Trésor public que du jour où elle est prononcée par la justice et ne peut, dès lors, si la condamnation est postérieure à la déclaration de faillite, figurer au passif, puisque le sort de la masse et la position des créanciers se trouvent fixés par l'événement de la faillite déclarée.

11 août 1857, 53-57, n° 110, p. 322.

58. — On ne peut déclarer un créancier d'une faillite non recevable à contester le privilége que réclame un autre créancier parce qu'il n'aurait pas fourni ses contredits avant la clôture du procès-verbal de la vérification des créances.

10 juill. 1819, t. IV, n° 778, p. 236.

59. — Lorsque des créanciers d'une faillite dont les créances ont déjà été vérifiées croient avoir quelque grief contre l'ordonnance du juge-commissaire, ils peuvent s'adresser au tribunal de commerce, auquel l'art. 458 du Code attribue les contestations qu'une faillite peut faire naître. Ils ne doivent pas adopter, dans ce cas, la voie de l'appel, qui priverait les syndics d'un degré de juridiction; en général, l'appel n'a lieu que contre des jugements, et la loi ne fait point d'exception pour les ordonnances des juges-commissaires comme pour les ordonnances sur référé.

26 sept. 1814, t. II, n° 416 *ter*.

60. — L'admission d'une créance au passif d'une faillite ne fixe irrévocablement les positions du créancier et de la masse, l'un vis-à-vis de l'autre, que sous les conditions que le syndic et le juge-commissaire auraient connu et pu apprécier les éléments et toutes les causes de la créance, et que l'admission n'aura pas été le résultat de leur ignorance de certaines opérations du failli de nature à modifier les droits du créancier.

En conséquence, il appartient au juge, tant que la faillite n'est pas complétement liquidée, d'apprécier et de réparer les erreurs que les syndics ont pu commettre en arrêtant, avec les formes sacramentelles de la loi, un compte dont ni les créanciers ni le failli ne lui auraient préalablement fait connaître tous les éléments.

14 avril 1856, 53-57, n° 68, p. 182.

61. — Les art. 498 et 551 de la nouvelle loi sur les faillites, portant que le tribunal de commerce, après avoir entendu le rapport du juge-commissaire, prononcera sur les contestations relatives à l'ad-

mission soit d'une créance, soit d'un privilége, ne rendent point compétent pour statuer sur une question d'imputation de paiement ou sur la collocation privilégiée de la créance du locateur.

11 juin 1845, 45, n° 85, p. 227.

CHAPITRE VI.

DU CONCORDAT.

§ 1er.

Formation du concordat.

62. — Décidé sous l'ancien Code que les créanciers hypothécaires ne doivent pas concourir avec les créanciers chirographaires pour former la majorité en nombre et les trois quarts en sommes dues et vérifiées, exigée par la loi pour la validité du concordat.

Les créanciers hypothécaires n'ont pas, suivant la loi, le droit de former opposition au concordat; mais, quand ils pourraient employer cette voie, ils seraient obligés de le faire dans la huitaine, ainsi que le prescrit l'art. 523 du C. de comm.

25 août 1812, t. II, n° 377.

63. — Est valable la clause d'un concordat par laquelle le commerçant remis à la tête de ses affaires cède à ses créanciers le droit de poursuivre la cessation de ses paiements.

15 juin 1850, 49-52, n° 72.

§ 2.

Opposition au concordat.

64. — Un créancier a droit de former opposition au concordat en vertu de l'art. 519 du C. de comm. lorsqu'on a refusé de vérifier sa créance, quoiqu'il ait remis son titre au syndic et rempli les formalités exigées pour accomplir cette vérification, si le concordat fait en son absence peut préjudicier à ses intérêts.

21 mai 1818, t. III, n° 592.

§ 3.

Homologation du concordat.

65. — Un failli n'est pas dispensé de faire figurer ses immeubles dans son bilan, parce qu'ils sont grevés d'hypothèques ou autres charges.

Le concordat qu'il a obtenu malgré ce défaut de mention ne doit pas être homologué.

29 nov. 1843. 43-44, n° 4.

66. — Le jugement qui homologue un concordat n'est pas entaché de nullité parce que le juge-commissaire de la faillite n'a pas été préalablement entendu dans son rapport, si d'ailleurs ce juge a siégé parmi ceux qui ont rendu le jugement d'homologation; l'art. 515 du C. de comm. cesse d'être applicable.

29 nov. 1843, 43-44, n° 4.

66 *bis.* — Le consentement donné par l'un des associés déclarés en faillite à ce qu'un débiteur personnel de son coassocié, et écarté comme tel de la vérification des créances sociales, vote au concordat collectif et participe aux droits des autres créanciers, n'est point un avantage particulier tombant sous l'application de l'art. 597 du C. de comm.

L'homologation de ce concordat rend définitive à l'égard de ce créancier la confusion des deux masses et lui permet d'actionner l'un ou l'autre des associés en paiement des dividendes.

7 août 1867, 66-67, n° 122.

§ 4.

Effets du concordat.

67. — Décidé sous l'ancien Code que le créancier hypothécaire lié par le concordat qui a acquis l'autorité de la chose jugée ne peut exercer la contrainte par corps pour cause de stellionat contre le failli qui a obtenu cet arrangement de ses créanciers.

25 août 1812, t. II, n° 377.

68. — La nullité d'un paiement opéré en marchandises peut être prononcée alors même qu'au moment où les créanciers l'invoquent l'état de faillite a cessé par l'effet d'un concordat.

15 juin 1850, 49-52, n° 72.

69. — La disposition de l'art. 525 du C. de comm., relative aux actes faits par le débiteur postérieurement au jugement d'homologation et antérieurement à l'annulation du concordat, est spéciale au cas où il y a eu concordat et ne saurait s'étendre par analogie au cas où il y a eu contrat d'atermoiement.

29 août 1855, 53-57, n° 78, p. 220.

70. — La clause d'un concordat portant que toutes les opérations relatives à la liquidation seront accomplies sous la direction et la surveillance d'une commission qui agira par le fait d'un ou plusieurs liquidateurs choisis par elle, emporte pour ceux-ci le droit d'agir en justice au nom de la masse de la faillite, et ce droit ne peut surtout leur être contesté par les créanciers qui ont personnellement concouru à la formation du concordat.

14 avril 1856. 53-57, n° 68, p. 182.

71. — Le concordat homologué met fin à la faillite, alors même qu'il serait consenti moyennant abandon d'actif à liquider, cette liquidation constituant entre les créanciers une simple communauté d'intérêts, qui ne peut ni continuer la faillite ni la faire revivre.

Et, spécialement, l'action en rapport à la masse d'une faillite intentée par les liquidateurs de l'actif abandonné contre un des créanciers qui a reçu un paiement en marchandises depuis la cessation de paiements du failli n'est point une action en matière de faillite dans le sens de l'art. 59 du Code de procédure civile, et dès lors n'est pas de la compétence du tribunal du domicile du failli.

14 avril 1856, 53-57, n° 68, p. 182.

72. — Le concordat est obligatoire pour tous les créanciers portés ou non portés au bilan, vérifiés ou non vérifiés, et même pour les créanciers domiciliés hors du territoire continental de la France; il régit toute créance, même non liquidée ou contestée, dont l'existence est antérieure à la faillite.

Spécialement, si, à la dissolution d'une société, un des associés faillis concordataires est condamné à payer à son coassocié diverses dettes antérieures à la faillite, et qui n'ont pu être établies que par la liquidation de la société, le concordataire est fondé à exciper du bénéfice de son concordat, soit pour le principal, soit pour les intérêts. Il en serait autrement si ces dettes procédaient d'un fait postérieur au concordat et personnel au failli concordataire, ces dettes devant être intégralement acquittées.

31 mai 1865, 62-65, n° 84, p. 359.

CHAPITRE VII.
DE L'UNION DES CRÉANCIERS.

73. — La délibération par laquelle les créanciers d'une faillite se déclarent en état d'union et refusent d'allouer des secours au failli doit être annulée, si tous ceux qui y ont pris part n'étaient pas réellement créanciers, sans qu'il soit nécessaire d'examiner si la présence des personnes étrangères à la faillite a pu déplacer la majorité.

24 juin 1850, 49-52, n° 96.

74. — Les fonctions du syndic cessent après la réunion où il rend compte de sa gestion à l'union des créanciers : à partir de cette époque, il n'a plus qualité pour représenter la masse.

Spécialement, le failli ne peut interjeter appel contre lui.

13 mai 1861, 60-61, n° 52.

CHAPITRE VIII.
DES DIFFÉRENTES ESPÈCES DE CRÉANCIERS ET DE LEURS DROITS EN CAS DE FAILLITE.

§ 1er.
Créanciers nantis de gages.

75. — Le gage en matière de commerce est assujetti aux formes tracées par l'article 2074 du Code Napoléon.

1er déc. 1846, 46, n° 116, p. 296.

76. — La remise d'effets à un négociant chargé d'en opérer le recouvrement constitue entre ses mains un gage dont il est en droit de s'appliquer exclusivement le produit jusqu'à concurrence du montant de ses avances. Mais s'il paraît au concordat de son débiteur tombé en faillite, il renonce par ce seul fait à son droit de préférence, et dans ce cas, s'il est porteur d'engagements garantis solidairement par le failli et par d'autres coobligés également en faillite, il peut se prévaloir de l'art. 542 du Code de commerce pour s'attribuer jusqu'à parfait paiement les sommes qu'il recouvre dans ses différentes masses.

28 juillet 1848, 47-48, n° 127.

§ 2.
Droits des créanciers hypothécaires.

77. — Les créanciers hypothécaires sont liés par le concordat comme les créanciers cédulaires, surtout lorsqu'ils ont paru au concordat en cette dernière qualité et ont touché une partie du dividende qui leur revenait. En conséquence, ils n'ont point d'action hypothécaire ni d'action personnelle contre leur débiteur pour cause de stellionat.

2 juillet 1836, 36, p. 142.

78. — Est valable la convention par laquelle plusieurs des créanciers d'un failli confèrent aux prêteurs d'une somme destinée à faciliter la liquidation des affaires de leur débiteur le droit d'être payé avant eux, nonobstant leur rang d'hypothèque, et lui assurent jusqu'à due concurrence le montant de ce qu'ils ont eux-mêmes à toucher comme chirographaires.

1ᵉʳ déc. 1846, 46, n° 116, p. 296.

79. — Les créanciers privilégiés et hypothécaires du failli doivent être réglés par voie d'ordre, conformément au Code de procédure civile. Le fait par un créancier hypothécaire de n'avoir pas fait vérifier sa créance par le juge-commissaire ne constitue pas une fin de non-recevoir, s'il produit à l'ordre postérieurement ouvert.

21 juillet 1868, 68-69, n° 24, p. 87.

§ 3.
Droits des femmes des faillis.

80. — La femme d'un commerçant tombé en faillite ne peut exercer son hypothèque légale pour ses apports matrimoniaux sur l'actif de la faillite qu'en justifiant par acte authentique vis-à-vis des créanciers, non-seulement de la constitution de ses apports, mais encore de leur paiement réel fait à son mari.

21 juin 1828, 27-28, n° 99.

81. — La femme qui, en se mariant sous le régime de la séparation des biens, a stipulé que les effets mobiliers qui garnissaient le logement commun des époux seraient toujours présumés lui appartenir, ne peut se prévaloir de cette clause contre les créanciers de son mari tombé en faillite. Elle n'en est pas moins tenue de fournir à l'appui de sa revendication les preuves exigées par l'art. 560 du Code de commerce.

20 janvier 1845, 45, n° 17, p. 40.

82. — La femme dont le contrat de mariage a été passé sous l'empire des lois anciennes peut reprendre dans la faillite de son mari ceux de ses effets mobiliers qui ne sont pas entrés en communauté, sans être tenue de justifier de leur identité par inventaire ou par tout autre acte authentique.

6 janvier 1844, 43-44, n° 16.

83. — Les droits hypothécaires de la femme mariée au fils d'un négociant sous l'empire du Code de commerce de 1807, doivent être réglés d'après cette loi dans le cas même où la faillite du mari a été déclarée postérieurement à la loi du 28 mai 1838.

4 mars 1846, 46, n° 68.

84. — La qualité de négociant prise par le mari dans son contrat de mariage ne suffit pas pour que l'hypothèque légale de la femme soit réduite conformément à l'art. 563 du Code de commerce, lorsque de fait le mari n'était pas commerçant et ne l'est devenu que plus d'une année après la célébration du mariage.

13 février 1856, 53-57, n° 82, p. 235.

CHAPITRE IX.
LIQUIDATION DU MOBILIER ET RÉPARTITION ENTRE LES CRÉANCIERS.

85. — Quand un mandataire est poursuivi comme ayant contracté en son propre nom pour le compte d'une personne qui depuis est tombée en faillite, il peut, s'il n'existe plus de deniers entre les mains des syndics, être autorisé à retenir sur le montant de la demande une somme égale à celle qu'il eût touchée s'il eût été poursuivi en temps utile, pour pouvoir se présenter à la distribution des biens du failli.

28 décembre 1844, 43-44, n° 113.

86. — Les opérations d'une faillite ne peuvent être retardées par la demande que fait un créancier à l'effet d'obtenir un sursis à la distribution de l'actif.

Dans ce cas, il est seulement mis en réserve une somme suffisante pour désintéresser le réclamant, si ses droits sont ultérieurement reconnus.

1ᵉʳ juillet 1846, 46, n° 106, p. 265.

CHAPITRE X.

DE LA REVENDICATION.

87. — Si le Code civil est applicable aux matières commerciales, ce n'est que dans les dispositions auxquelles il n'est pas expressément dérogé par le Code de commerce ; ainsi, quand même un billet à ordre aurait été causé valeur en échange, la résolution ne pourrait être prononcée et par suite la revendication admise en cas de faillite, parce que l'échange d'effets mobiliers équipolle à vente et que des articles 576 et 577 du même Code il résulte que les effets mobiliers entrés dans les magasins du failli ne peuvent être revendiqués hors les cas prévus par les art. 583 et 584, et que d'ailleurs, dans la vente ou l'échange d'effets mobiliers de commerce ou autres, on ne pourrait créer un privilége ou stipuler avec effet que dans le cas de faillite le créancier ne partagerait pas le sort commun à tous les créanciers.

21 avril 1825, t. IV, n° 860, p. 344.

88. — Peuvent encore être revendiquées les marchandises expédiées au failli, bien que le vendeur les ait livrées au commissionnaire de transport chargé par l'acheteur d'acquitter le prix de la voiture et de les réexpédier à un tiers sous-acquéreur, tant que ce tiers ne les a pas reçues.

Il importe peu que les marchandises voyagent sur l'ordre de l'acheteur ou sur celui du vendeur.

31 décembre 1845, 45, n° 99, p. 261.

89. — La revendication en matière de faillite est un privilége introduit en faveur du vendeur non payé au préjudice de la masse, qui, représentée par les syndics, a seule caractère pour s'y opposer.

En conséquence, le failli, après avoir obtenu un concordat, ne peut point réclamer la livraison de marchandises qui, par l'effet de la revendication, sont rentrées sans opposition des syndics dans la possession du vendeur, surtout s'il n'a fait à celui-ci aucune offre de paiement et s'il a laissé entrevoir ainsi l'intention de se soumettre aux conditions de son concordat.

23 mars 1846, 46, n° 79, p. 201.

90. — Ne peuvent être revendiquées en cas de faillite les marchandises mises à la disposition de l'acheteur dans les magasins d'un commissionnaire, lors même qu'elles auraient une destination ultérieure.

17 nov. 1854, 53-57, n° 59, p. 146.

91. — L'expression de magasins dont se sert l'art. 576 du C. de comm. n'a pas un sens restreint : c'est ainsi que les marchandises vendues ne peuvent plus être revendiquées par le vendeur si la tradition en a été effectuée à l'acheteur, que ce soit ou non dans les magasins de ce dernier. Au cas où il y a lieu à restitution de marchandises reprises sans droit par le vendeur, c'est la valeur de ces marchandises d'après le prix de facture qui doit être restituée, au besoin à titre de dommages-intérêts, à la masse.

16 mars 1860, 60-61, n° 8.

92. — La revendication exceptionnellement permise par la loi en cas de faillite ne peut s'exercer qu'autant que la chose vendue étant en route et la délivrance n'en ayant pas été effectuée à l'acheteur, elle ne se trouve plus en la possession du vendeur, sans être encore à la libre disposition de l'acquéreur.

La délivrance qui met obstacle à l'exercice de la revendication et qui résulte, en cas d'expédition, de la remise à l'acheteur des factures, connaissements ou lettres de voiture signés par l'expéditeur, peut avoir lieu, sans déplacement de la marchandise, par la remise à l'acheteur des clefs du magasin où se trouve la marchandise.

Les mots *magasins de l'acheteur* de l'art. 576 du C. de comm. doivent s'entendre dans un sens général de tout emplacement dans lequel la tradition s'opère, tel que les quais, ports, grèves, rives, chantiers, entrepôts publics ou privés.

Spécialement, il y a délivrance dans le fait de l'administration forestière venderesse d'une coupe de bois, de remettre à l'adjudicataire le permis d'exploiter ; en pareil cas, le parterre de la coupe devient le magasin de l'acheteur, et la revendication de la marchandise n'est plus possible.

14 déc. 1864, 62-65, n° 71, p. 320.

93. — Dans une vente commerciale faite à terme et sous cette condition que les marchandises seront placées jusqu'à une époque déterminée dans des magasins loués à cet effet par le vendeur, ce dernier garde une possession utile et peut, à défaut de paiement, lors de la faillite de l'acheteur, exercer son droit de rétention, quoique cet acheteur ait toujours eu libre accès dans ces magasins et ait vendu même les marchandises, soit en totalité, soit en partie.

29 mai 1866, 66-67, n° 34.

CHAPITRE XI.

VOIES DE RECOURS CONTRE LES JUGEMENTS
RENDUS EN MATIÈRE DE FAILLITE.

94. — Le syndic d'une faillite ne peut appeler d'un jugement qu'ensuite d'une délibération prise par la masse des créanciers qui l'y auraient autorisé.

30 mars 1808, t. I, n° 200.

95. — C'est à celui qui prétend que l'on a appelé d'un jugement qui a déclaré une faillite avant que les huit jours depuis l'affiche du jugement n'aient été écoulés, à en apporter la preuve.

4 février 1809, t. I, n° 247.

96. — Les syndics définitifs d'une faillite ne peuvent demander que l'on recule l'époque de son ouverture fixée par un jugement : ils sont soumis à la déchéance portée par l'art. 457 du C. de comm.

2 août 1814, t. II, n° 412.

97. — Les jugements qui déclarent une faillite ou qui en fixent l'ouverture ne sont pas susceptibles d'appel de la part du failli ou des tiers intéressés qui n'y ont pas été parties. La voie d'opposition leur est seule ouverte, conformément aux art. 580 et 581 du C. de comm.

5 mars 1830, 49-52, n° 49.

98. — Le jugement qui fixe l'époque de l'ouverture d'une faillite n'est susceptible d'appel que s'il a été attaqué par la voie de l'opposition dans les délais établis par l'art. 580 du C. de comm.

Pour un pareil jugement, l'affiche tient lieu de signification.

16 déc. 1844, 43-44, n° 123.

99. — L'art. 582 du C. de comm., qui limite à quinze jours le délai d'appel pour tout jugement rendu en matière de faillite, n'est pas applicable aux décisions intervenues sur les poursuites exercées par les syndics contre un débiteur dont l'obligation est antérieure à la cessation des paiements, bien que ce débiteur oppose à leur demande un moyen de compensation tiré de la faillite de son créancier.

24 mai 1845, 45, n° 48, p. 143.

100. — Est susceptible d'opposition le jugement par défaut repoussant la demande intentée par quelques-uns des créanciers d'une faillite à l'effet de surseoir à toute distribution jusqu'à ce que le tribunal déjà saisi par eux ait statué sur le montant de leurs créances. Les délais d'appel d'un pareil jugement courent du jour où l'opposition n'est plus admissible.

1er juillet 1846, 46, n° 106, p. 265.

101. — Est non recevable l'appel interjeté par le failli contre le principal créancier, lorsque celui-ci n'a pas été partie au jugement frappé d'appel.

13 mai 1861, 60-61, n° 52.

102. — La décision prononçant sur l'excusabilité d'un failli est un véritable jugement qui peut être attaqué par la voie d'appel. Les délais d'appel sont de quinzaine ; ils ne courent qu'à partir de la signification du jugement.

13 mai 1861, 60-61, n° 52.

CHAPITRE XII.

BANQUEROUTE.

Banqueroute frauduleuse.

103. — L'art. 492 du C. de comm., qui ne permet en aucun cas de mettre à la charge de la masse de la faillite les frais de poursuite en banqueroute frauduleuse, est une dérogation au droit commun et doit être restreint au cas exceptionnel qu'il prévoit. En conséquence, il ne saurait s'appliquer, même sous prétexte de connexité, aux frais relatifs à d'autres crimes, aux crimes de faux, par exemple, qui seraient compris dans la même poursuite.

11 août 1857, 53-57, n° 110, p. 322.

104. — L'art. 601 du Code de commerce, qui prescrit la séparation des poursuites civiles et criminelles en cas de banqueroute, ne porte pas atteinte à la règle d'après laquelle l'exercice de l'action civile est suspendu, tant qu'il n'a pas été prononcé définitivement sur l'action publique, intentée avant ou pendant la poursuite de l'action civile.

19 déc. 1862, 62-65, n° 27, p. 92.

Falsification de substances alimentaires.

Destruction des substances falsifiées.

Le tribunal auquel est déféré un délit de falsification de substances alimentaires doit, lorsque ces denrées ont été légalement saisies, en ordonner la destruction, même dans le cas où, pour une cause quelconque, l'acquittement du prévenu est prononcé et aussi dans le cas où les substances nuisibles ont cessé d'appartenir au vendeur falsificateur.

28 fév. 1857, 53-57, n° 119, p. 369.

Fausses nouvelles, V. PRESSE — OUTRAGE — PUBLICATION.

Faux.

§ 1er. — *Eléments du crime de faux.* (N° 1.)

§ 2. — *Du faux en écritures authentiques et publiques.* (Nos 2, 3.)

§ 1er.

Eléments du crime de faux.

1. — Le crime de faux ne peut exister que si le fait matériel incriminé a été accompagné de l'intention de porter dommage à autrui.

31 juillet 1847, 47, n° 42.

§ 2.

Du faux en écritures authentiques et publiques.

2. — L'étranger qui fabrique ou fait fabriquer, pour en faire usage en France, un faux acte authentique (par exemple, un faux acte de naissance), portant la signature contrefaite d'un officier public de son pays, se rend coupable d'un faux en écriture publique et non point seulement d'un faux en écriture privée, encore bien que cette pièce ne soit pas revêtue des légalisations exigées pour l'admission en France des actes venus de l'étranger.

14 avril 1855, 53-57, n° 88, p. 253.

3. — Surprendre la signature d'un préfet ou de son délégué en créant, pour s'en approprier le profit, de fausses obligations à la charge du Trésor, constitue le crime de faux en écriture publique.

Les acquits joints à ces obligations, bien qu'apposés sur la même feuille, constituent des actes à part qui doivent être qualifiés de faux en écriture privée, quand les signatures fausses dont ils sont revêtus sont celles de simples particuliers.

Il y a faux en écriture publique dans le fait du témoin qui paraît à la rédaction d'un certificat notarié, pour attester frauduleusement que la partie requérante porte réellement le nom imaginaire sous lequel elle s'est présentée.

17 février 1845, 45, n° 35, p. 107.

Faux incident.

§ 1er. — *De la faculté laissée au juge d'admettre l'inscription.* (N° 1.)

§ 2. — *Procédure.* (N°s 2 à 7.)

------

§ 1er.

De la faculté laissée au juge d'admettre l'inscription.

1. — L'art. 214 du Code de procédure civile ne dit pas en termes absolus que toute demande en inscription de faux sera admise, mais, ce qui est bien différent, que les tribunaux l'admettront, *s'il y échet.* D'après ces mots, la loi s'en réfère à la sagesse et à la prudence des magistrats; en usant de ce pouvoir discrétionnaire, ils doivent donc examiner si la demande est admissible.

29 avril 1826, t. V, n° 927.

§ 2.

Procédure.

2. — La femme mariée qui s'inscrit en faux doit elle-même ou par procurateur spécial signer la déclaration exigée de l'art. 218 du Code de procédure civile. Il ne suffirait point que le mari ait signé cette déclaration, malgré ses qualités de mari et de chef de la communauté.

19 mars 1807, t. I, n° 167.

3. — Pour faire admettre une demande en inscription de faux, il ne suffit pas de dénier ses écrits et signature et d'en demander la reconnaissance par experts atramentaires ; il faut encore, suivant les articles 219 et suivants du Code de procédure civile, articuler des faits tendant à établir les circonstances et preuves par lesquelles on entend démontrer le faux : toutes les lois ont exigé pour la vérification du faux la preuve par titre, par témoins et par experts atramentaires, en regardant cette dernière preuve comme la plus faible et comme un moyen subsidiaire, car il serait trop dangereux de confier le sort d'une accusation aussi grave à l'art conjectural des experts.

31 janvier 1809, t. I, n° 245.

4. — Lorsque la personne à qui on a opposé un billet a sommé l'autre partie de déclarer si elle voulait se servir de cette pièce, en annonçant que dans ce cas elle s'inscrirait en faux, si le défendeur laisse écouler non-seulement les huit jours portés dans l'article 216 et les délais accordés pour cause d'éloignement, mais encore plusieurs mois, sans signifier la déclaration prescrite par ce dernier article, et qu'il ne l'ait fait qu'après que le demandeur s'est pourvu à l'audience, conformément à l'art. 217, il y a lieu à rejeter du procès la pièce opposée.

3 août 1825, t. IV, n° 760, p. 214.

5. — Une pièce arguée de faux ne doit pas être rejetée du procès à l'égard du défendeur qui n'a répondu aux moyens de faux qui lui avaient été signifiés que par un acte dont la copie ne portait pas la date du jour de sa confection, lorsque cette date est assurée par l'enregistrement.

Il ne peut encourir de déchéance, d'après les art. 217 et 230 du Code de procédure, lorsqu'il a signifié des réponses aux moyens de faux avant que les demandeurs ne se fussent pourvus pour obtenir le rejet de la pièce.

11 janvier 1826, t. V, n° 878.

6. — Les termes dans lesquels l'art. 219 du Code de procédure est conçu ne permettent pas de douter que le délai fixé pour le dépôt de la pièce arguée de faux est fatal, et qu'après l'expiration de ce délai la partie ne peut être admise à purger la demeure.

Ce même délai ne peut courir qu'ensuite d'une signification légale du jugement qui admet l'inscription de faux; dès lors, si la formule exécutoire n'a pas été transcrite en entier sur la copie de ce jugement qui a été signifiée, on peut en conclure que cette signification n'a pas été régulièrement faite.

18 juillet 1811, t. II, n° 421.

7. — Le défendeur à l'inscription du faux incident doit, à peine de nullité, non-seulement déposer au greffe la pièce arguée, mais encore signifier dans les trois jours cet acte de dépôt; s'il ne l'a pas fait et que le demandeur ait conclu au rejet de la pièce, le juge ne peut se refuser à le prononcer.

5 mars 1819, t. IV, n° 772, p. 230.

Folle enchère.

§ 1er.

Dans quels cas il peut y avoir folle enchère.

1. — L'adjudication après folle enchère peut être suivie de surenchère aussi bien que l'adjudication primitive.

Cette surenchère doit être calculée sur le montant de la dernière adjudication.

19 août 1847. 47-48, n° 26.

2. — L'adjudication sur folle enchère peut être suivie de surenchère aussi bien que l'adjudication primitive.

Le prix principal qui doit servir de base à la surenchère ne comprend pas les intérêts dus par le fol enchérisseur, alors même que, par une condition spéciale du cahier des charges, ces intérêts auraient été mis à la charge de l'adjudicataire sur folle enchère.

Du moins, le surenchérisseur satisfait à l'art. 708 du Code de procédure, lorsqu'en offrant le sixième du prix principal, il déclare se soumettre en outre aux clauses et conditions résultant du cahier des charges, ainsi qu'à augmenter son offre en cas d'insuffisance.

28 décembre 1848, 47-48, n° 114.

3. — L'adjudication après folle enchère peut être suivie de surenchère de même que l'adjudication primitive.

23 janvier 1849, 49-52, n° 2.

4. — L'adjudication sur folle enchère peut être suivie de folle enchère.

30 mai 1850, 49-52, n° 58.

§ 2.

Formes de la revente sur folle enchère.

5. — Lorsque l'adjudicataire d'un immeuble est en demeure d'acquitter le prix de son acquisition et de remplir les conditions insérées au cahier des charges, les créanciers peuvent poursuivre la revente par voie de folle enchère; la première vente se trouve dès lors résolue, et la seconde se poursuit toujours contre le débiteur primitif seul, et aucun article du même Code n'oblige le créancier de poursuivre simultanément la revente par voie de folle enchère contre le fol enchérisseur et le débiteur saisi, puisque la première vente se trouve résolue et considérée comme non avenue, lorsque l'adjudicataire n'a pas payé le prix de son acquisition; le poursuivant doit seulement notifier un placard au domicile de l'avoué du fol enchérisseur.

10 janvier 1824, t. IV, n° 841.

6. — La saisie immobilière étant une procédure distincte dans laquelle les parties sont appelées par les placards et notifications d'affiches, il est inutile d'appeler à l'audience, par un exploit séparé, celui sur lequel l'on poursuit la revente sur folle enchère.

29 décembre 1825, t. IV, n° 875.

§ 3.
Effets de la revente sur folle enchère.

7. — Le bail que l'adjudicataire a consenti avant sa dépossession par suite de folle enchère, est valable, s'il a été fait sans fraude et dans l'intérêt de la propriété; au contraire, il est nul en cas d'intention frauduleuse établie par des présomptions graves, précises et concordantes.

3 février 1869, 68-69, n° 55, p. 228.

Fonctionnaire public.

CHAPITRE Iᵉʳ.
MISE EN JUGEMENT DES FONCTIONNAIRES ADMINISTRATIFS. (N°ˢ 1 à 13.)

CHAPITRE II.
MISE EN JUGEMENT DES FONCTIONNAIRES DE L'ORDRE JUDICIAIRE. (N°ˢ 14 à 26.)

TABLE ALPHABÉTIQUE.

CHAPITRE Iᵉʳ.
MISE EN JUGEMENT DES FONCTIONNAIRES ADMINISTRATIFS.

§ 1ᵉʳ.
Personnes à l'égard desquelles l'autorisation est nécessaire.

1. — On ne peut, sans autorisation spéciale et préalable, poursuivre un garde qui a commis un délit dans l'exercice de ses fonctions.

14 mai 1828, 27-28, n° 85.

2. — L'autorisation du conseil d'Etat ou de l'administration forestière devient nécessaire pour poursuivre un garde forestier à raison d'un délit de chasse qu'il aurait commis dans l'étendue du terrain confié à sa garde. En conséquence, si cette autorisation n'est pas obtenue, la citation qui lui est donnée pour comparaître devant la Cour est nulle.

12 juillet 1836, 36, p. 156.

3. — Les agents voyers nommés par les préfets dans un intérêt communal ne sont pas protégés par l'art. 75 de la constitution de l'an VIII; ils peuvent être poursuivis sans autorisation préalable.

3 mai 1849, 49-52, n° 22.

4. — Les conseillers municipaux ne peuvent être considérés comme des fonctionnaires publics; ils n'exercent aucune partie de l'au-

torité ou de l'administration publique ; ils ne sont pas les délégués
de cette autorité et peuvent, en
conséquence, être poursuivis sans
autorisation préalable.

16 février 1870, 70-71, n° 36.

§ 2.

*Faits à raison desquels l'autorisation
est nécessaire.*

5. — Celui qui poursuit l'officier
de l'état civil qui a rédigé un acte
à rectifier n'est pas obligé de solliciter l'autorisation du gouvernement.

3 juin 1809, t. II, n° 267.

6. — Une autorisation préalable du conseil d'Etat est nécessaire pour mettre en jugement un
maire à l'occasion de faits relatifs
à ses fonctions, spécialement, pour
avoir injurié un piqueur d'ouvriers
qui lui présentait ses états à signer.

L'exception résultant du défaut
d'autorisation, étant d'ordre public,
peut être opposée pour la première fois en appel.

9 janvier 1844, 43-44, n° 19.

7. — L'autorisation du conseil
d'Etat, exigée par l'art. 75 de la
constitution de l'an VIII pour
poursuivre des agents du gouvernement à l'occasion de faits relatifs à leurs fonctions, n'est pas requise dans le cas où cette action
est intentée devant les tribunaux
administratifs.

16 janvier 1846, 46, n° 22.

8. — Un maire ne peut être
poursuivi sans autorisation préalable du conseil d'Etat pour faits
relatifs à ses fonctions, eût-il agi
comme administrateur de sa commune et non dans l'intérêt de
l'Etat.

Que l'action soit criminelle ou
civile, l'autorisation du conseil
d'Etat est nécessaire sans distinction. La garantie résultant de cette
nécessité d'autorisation protège le
fonctionnaire, alors même qu'il a
cessé d'être revêtu d'un caractère
public.

Il ne peut y renoncer valablement.

19 mars 1847, 47-48, n° 4.

9. — Un fonctionnaire public
ne peut invoquer la garantie établie par l'art. 75 de la constitution
de l'an VIII, si le fait objet de la
poursuite, sans être relatif à ses
fonctions, s'est seulement accompli
dans le moment où il les exerçait.

12 février 1850, 49-52, n° 68.

10. — L'autorisation préalable
du conseil d'Etat est nécessaire pour
poursuivre le maire d'une commune à l'occasion d'une battue d'a-
nimaux nuisibles qu'il était chargé
de provoquer et de diriger, en exécution d'un arrêté préfectoral.

27 août 1868, 68-69, n° 40, p. 162.

§ 3.

Caractère et étendue de l'autorisation.

11. — La nécessité d'une autorisation du conseil d'Etat à l'effet
de poursuivre un maire pour des
faits relatifs à ses fonctions est une
garantie constitutionnelle et d'ordre public, opposable en tout état
de cause, et malgré toute renonciation de la part du maire, puisqu'elle est accordée, non à l'individu, mais à la fonction elle-même
et à l'Etat.

5 janvier 1856, 53-57, n° 85, p. 241.

12. — Bien qu'aux termes de
l'art. 3 du décret du 9 août 1806,
les magistrats chargés de la poursuite puissent avant l'autorisation
du conseil d'Etat informer et recueillir tous les renseignements
relatifs aux délits commis par les
agents du gouvernement dans
l'exercice de leurs fonctions, les
tribunaux ne peuvent, dans ces
conditions, procéder à l'audience
à une enquête ayant pour but de
décider si la partie poursuivie a
agi comme fonctionnaire public
ou comme simple particulier.

Si ce point paraît douteux, c'est
au conseil d'Etat qu'il appartient
de l'apprécier.

9 août 1849, 49-52, n° 25.

13. — Bien que les fonctions d'un prévenu s'opposent à ce qu'il soit poursuivi sans autorisation de l'administration, le juge d'instruction peut néanmoins, s'il en est requis, procéder à une information préalable.

30 août 1848, 47-48, n° 137, p. 313.

CHAPITRE II.
MISE EN JUGEMENT DES FONCTIONNAIRES DE L'ORDRE JUDICIAIRE.

§ 1er.
Crimes et délits commis hors de l'exercice des fonctions.

14. — Le juge suppléant prévenu d'avoir commis un délit en dehors de l'exercice de ses fonctions doit, à titre de membre d'un tribunal de première instance, être traduit directement devant la Cour dans le ressort de laquelle il exerce ses fonctions.

16 novembre 1829, 29, n° 65. p. 211.

15. — Les suppléants des juges de paix sont, comme les juges de paix eux-mêmes, justiciables de la Cour à raison des délits par eux commis hors de leurs fonctions.

La compétence établie par l'art. 479 du Code d'instruction criminelle ne cesse pas d'être applicable au fonctionnaire qui a donné sa démission postérieurement aux faits à raison desquels il est poursuivi.

6 mai 1844, 43-44, n° 50.

16. — Les formes d'instruction établies par l'art. 484 du C d'inst. crim. ne sont pas applicables à la poursuite du crime qu'un garde forestier ou tout autre officier de police judiciaire aurait commis après sa révocation, quand d'ailleurs ce crime n'est pas connexe de faits de même nature dont ce fonctionnaire se serait rendu coupable pendant la durée de sa charge.

Ces formes doivent être observées même à l'égard des simples particuliers ses complices, par application des art. 226 et 227 du C. d'inst. crim., dont la violation donne ouverture à cassation.

30 janvier 1845, 45, n° 13, p. 29.

§ 2.
Crimes et délits commis dans l'exercice des fonctions.

17. — Le garde particulier est officier de police judiciaire, et quand il commet un délit correctionnel dans l'exercice de ses fonctions, c'est par la première chambre de la Cour royale qu'il doit être jugé en premier et en dernier ressort.

21 août 1827, 27-28, n° 49.

18. — Le garde particulier prévenu du délit de chasse doit être traduit directement devant la première chambre de la Cour dans le ressort de laquelle le fait incriminé s'est accompli.

Il en est de même du maître poursuivi comme civilement responsable du délit imputé à son garde.

10 nov. 1845, 45, n° 71, p. 199.

19. — Un garde champêtre qui commet un délit forestier dans la forêt d'une commune dont les propriétés rurales sont confiées à sa garde ne peut être considéré comme l'ayant commis dans l'exercice de ses fonctions; dès lors, la Cour royale n'est pas compétente pour le juger sans appel.

13 mai 1828, 27-28, n° 84.

20. — Le garde champêtre prévenu du délit de chasse dans l'étendue du territoire confié à sa garde doit être traduit directement devant la première chambre de la Cour dans le ressort de laquelle le fait incriminé est indiqué comme s'étant accompli.

1er février 1847, 47-48, n° 10.

21. — Le garde champêtre prévenu du délit de chasse dans l'étendue du territoire confié à sa garde doit être traduit directement devant la première chambre de la Cour dans le ressort de laquelle le fait incriminé est indiqué comme s'étant accompli.

Le simple particulier qui a chassé conjointement avec le garde est soumis à la même juridiction.

4 décembre 1848, 47-48, n° 125.

22. — Le garde champêtre qui commet un délit de chasse dans la forêt d'une commune dont il est l'agent doit être traduit directement devant la première chambre de la Cour, ce délit étant réputé commis dans l'exercice de ses fonctions.

Le simple particulier qui a chassé avec le garde est soumis à la même juridiction.

10 juillet 1850, 49-52, n° 67.

23. — Le garde forestier prévenu de coupe ou d'enlèvement de bois doit être traduit directement devant la première chambre de la Cour dans le ressort de laquelle le fait incriminé s'est accompli.

10 novembre 1845, 45, n° 72, p. 200.

24. — Le garde forestier prévenu de délit de chasse doit être traduit directement devant la première chambre de la Cour dans le ressort de laquelle le fait incriminé est indiqué comme s'étant accompli.

5 mars 1846, 46, n° 14.

25. — Le garde forestier prévenu d'un délit de chasse dans l'étendue de son triage est réputé avoir agi dans l'exercice de ses fonctions et doit être poursuivi devant la juridiction indiquée par les art. 479 et 483 du Code d'inst. crim.

10 juillet 1850, 49-52, n° 68.

26. — Le délit de chasse commis par un garde forestier dans le triage confié à sa surveillance doit être réputé commis dans l'exercice de ses fonctions d'agent de police judiciaire, et le rend justiciable de la Cour d'appel.

27 août 1868, 68-69, n° 40, p. 162.

Fonds de commerce, V. Usufruit.

Forclusion, V. Ordre.

Forêts.

CHAPITRE 1er.

CONSTATATION DES CONTRAVENTIONS.

1. — Est nul le procès-verbal qui n'a pas de date, spécialement celui dont la date est surchargée sans que cette surcharge ait été approuvée.

1er août 1836, 36, p. 162.

2. — Lorsqu'un procès-verbal constate une mauvaise exploitation contre un adjudicataire ou un entrepreneur bûcheron, les juges ne peuvent, sur l'exception produite par ces derniers que la coupe a été bien exploitée, ordonner une vérification. Ils doivent, sur la foi du procès-verbal, appliquer la peine du délit qui leur est dénoncé.

12 déc. 1836, 36, p. 194.

3. — Le procès-verbal d'un garde forestier est indivisible : ainsi il fait foi aussi bien lorsqu'il établit l'existence à une époque donnée de l'empreinte du marteau royal sur un arbre que lorsqu'il en constate la disparition.

5 mars 1844, 43-44, n° 41.

4. — Les aveux attribués au prévenu ne peuvent être rangés dans la classe des faits matériels dont les procès-verbaux des agents forestiers font foi, dans certains cas, jusqu'à inscription de faux.

21 juillet 1845, 45, n° 64, p. 185.

5. — Quand un procès-verbal de récolement attribue à la souche d'un arbre coupé en délit une circonférence de deux décimètres, le juge ne peut se refuser à appliquer au prévenu l'amende portée par l'art. 192 du C. forestier, en se fondant sur ce que la souche reconnue pour avoir deux décimètres lors du récolement n'avait pas encore atteint cette grosseur à l'époque de l'exploitation.

10 mars 1847, 47-48, n° 13.

6. — La date erronée de l'acte d'affirmation d'un procès-verbal en matière forestière ne pourrait entraîner la nullité du procès-verbal qu'autant que l'ensemble des énonciations ne fournirait pas des indications propres à établir la date réelle de l'affirmation.

15 janvier 1868, 68-69, n° 2, p. 6.

7. — Des procès-verbaux des gardes forestiers résulte une preuve légale des présomptions de fraude qui met à la charge du prévenu toute preuve contraire des faits constitutifs du délit. Ce principe serait violé par le tribunal qui ordonnerait, à la diligence de l'administration forestière, la mise en cause du tiers dont le prévenu prétend avoir acheté de bonne foi le bois trouvé à son domicile.

11 décembre 1861, 60-61, n° 66.

8. — En autorisant les agents et les gardes de l'administration des forêts à rechercher et à saisir les bois coupés en délit dans les lieux où ils ont été transportés, le Code forestier fait résulter de la seule possession de ces bois des indices de fraude qui sont la conséquence de cette possession, et c'est à celui chez qui ils ont été trouvés qu'incombe la charge de détruire les présomptions de fraude que la loi élève contre lui.

30 mars 1870, 70-71, n° 17.

CHAPITRE II.

PRESCRIPTION EN MATIÈRE DE DÉLITS FORESTIERS.

9. — Le délai de la prescription pour les délits forestiers n'est réduit à trois ou six mois que s'il y a eu procès-verbal rédigé.

En l'absence de procès-verbal et bien que l'existence du délit ait été reconnue plus de six mois avant les poursuites, l'action n'est éteinte qu'à l'expiration des délais fixés par l'art. 638 du C. d'instr. crim.

11 janvier 1848, 47-48, n° 71.

10. — L'art. 185 du Code forestier, qui limite à trois mois l'action en réparation des délits forestiers, n'est pas applicable lorsqu'il y a eu poursuite commencée.

Dans ce cas, la prescription n'est acquise qu'après trois années révolues à dater du dernier acte, conformément aux art. 637 et 638 du C. d'instr. crim.

23 mars 1850, 49-52, n° 66.

11. — Lorsque, sur les poursuites exercées par l'administration forestière dans l'intérêt d'une commune, le prévenu obtient son renvoi devant les tribunaux civils pour faire juger la question de propriété et succombe devant cette juridiction, la prescription du délit qu'il a commis est interrompue jusqu'au jour où il fait connaître à l'administration la décision intervenue sur le fond du droit.

23 mars 1850, 49-52, n° 66.

CHAPITRE III.

PROCÉDURE.

12. — En matière forestière, il doit être donné copie au prévenu du procès-verbal et de son affirmation, sous peine de nullité. L'original d'assignation doit, sous la même peine, faire mention de l'accomplissement de cette double formalité.

14 déc. 1836, 36, p. 198.

13. — En matière forestière, il n'est pas nécessaire que la copie de citation donnée au prévenu mentionne l'enregistrement du procès-verbal.

24 juin 1845, 45, n° 57, p. 168.

14. — Les formalités prescrites pour les citations par le Code de procédure civile ne sont pas impérieusement exigées en matière forestière ; mais l'inobservation de celles qui tiennent à la substance de l'acte a pour conséquence la nullité du jugement rendu par défaut contre le prévenu.

Spécialement, l'exploit doit être signifié au délinquant ou à quelqu'un de sa famille, et si la copie en est remise au voisin du prévenu, l'acte doit constater, à peine de nullité, que c'est à défaut du prévenu lui-même et des personnes de sa maison.

24 juin 1845, 45, n° 58, p. 70.

15. — L'administration forestière n'a pas qualité pour conclure à des dommages-intérêts dont le bénéfice serait applicable à des particuliers.

3 août 1829, 29, n° 58, p. 196.

CHAPITRE IV.

POLICE ET CONSERVATION DES BOIS ET FORÊTS.

§ 1er.

Enlèvement de produits forestiers.

16. — Le fait d'avoir cueilli des fraises dans un bois ne constitue ni un délit ni une contravention.

26 déc. 1843, 43-44, n° 112.

17. — Cueillir des fraises dans un bois est un délit compris dans les termes de l'art. 144 du Code forestier.

Ce fait, du reste, n'est punissable qu'autant qu'il a une certaine importance en raison soit du nombre de ses auteurs, soit de la quantité des fruits cueillis.

10 juin 1845, 45, n° 51, p. 155.

18. — Le délit prévu par l'article 144 du Code forestier est consommé par le simple déplacement du produit opéré dans des vues d'appropriation.

Spécialement, cette disposition est applicable à celui qui a mis en tas des feuilles mortes et les a préparées de manière à en faciliter le transport.

7 février 1848, 47-48, n° 109.

19. — L'enlèvement de mousse non autorisé dans une forêt soumise au régime forestier constitue le délit prévu et puni par les articles 144 et 198 du Code forestier.

24 novembre 1848, 47-48, n° 111.

§ 2.

Passage en forêt.

20. — Quoique le titre constitutif de la servitude ne subordonne son exercice à aucune condition, c'est aux habitants qui, pour faire abreuver leurs bestiaux, sont en droit de traverser une forêt, de faire déterminer le lieu du passage.

A défaut de quoi, l'introduction des troupeaux dans les coupes, même sans dépaissance constatée, suffit pour constituer un délit.

2 juin 1829, 29, n° 49, p. 165.

21. — Celui dont les voitures ou animaux sont trouvés dans un bois hors des chemins ordinaires ne peut être admis à exciper de sa bonne foi; l'article 147 du Code forestier doit être interprété d'une manière absolue.

16 mars 1846, 46, n° 31.

22. — Les expressions *routes et chemins ordinaires* employées dans l'art. 147 du Code forestier doivent s'entendre, non-seulement des routes et chemins publics, mais encore de tous chemins ayant un caractère fixe et permanent.

13 janvier et 24 mars 1858, 58-59, n° 11.

23. — L'article 147 du Code forestier, qui réprime tout passage en forêt avec voitures hors des routes et chemins ordinaires, est applicable lors même que la route forestière parcourue a été construite par la commune sans opposition de la part de l'administration et qu'elle aboutit à un chemin rural, malgré toute présomption d'utilité commune de ces deux voies, si la preuve d'une entente de l'administration et de la commune n'est point rapportée...., quand même aucune défense de passer n'aurait été signifiée à la commune, ni aucun signe d'interdiction placé à l'entrée de la route forestière...., alors surtout qu'il est constant en fait qu'il existe une voie de communication non contestée à travers la forêt, voie que le prévenu aurait pu suivre.

3 février 1860, 60-61, n° 147.

24. — L'article 146 du Code forestier, qui punit d'une amende de 10 francs le seul fait d'avoir été trouvé dans un bois hors des routes et chemins ordinaires avec serpes, cognées, scies, haches et autres instruments de même nature, doit encore être appliqué lorsqu'il y a un délit commis et constaté.

Dans ce cas, les deux peines doivent être cumulées.

9 février 1829, 29, n° 10, p. 42.

§ 3.

Pâturage.

25. — Si l'introduction des bestiaux dans les coupes est nécessaire pour leur exploitation, elle ne doit avoir lieu que conformément aux règles tracées par le cahier des charges ; la violation de ces règles est punie par l'art. 199 du Code forestier.

17 novembre 1829, 29, n° 73, p. 226.

26. — Les peines portées par l'art. 199 du Code forestier sont applicables à celui qui fait pâturer son bétail sur un terrain communal à lui amodié par bail régulier, alors que le préfet, sans la participation de l'amodiataire, a déclaré résolu ce bail qu'il avait d'abord approuvé, et que depuis le conseil de préfecture a prononcé la réunion du terrain au sol forestier.

Le prévenu ne peut en pareil cas demander le renvoi à fins civiles.

10 janvier 1848, 47-48, n° 101.

27. — Doit être réputé propriétaire, dans le sens de l'art. 199 du Code forestier, celui qui, en vertu d'une convention quelconque, tel qu'un prêt à usage, possède momentanément les bestiaux trouvés en délit.

15 janvier 1868, 68-69, n° 2, p. 6.

28. — Il résulte de la combinaison des art. 199, 200, 201, 202, du Code forestier, que c'est seulement l'aggravation de peine dérivant du doublement de l'amende prononcée en vertu des art. 200 et 201, que le législateur a entendu exclure du calcul des dommages-intérêts, par la disposition de l'article 202 du même Code.

Par suite, l'amende prononcée par le dernier paragraphe de l'article 199, quoique double de celle édictée par la première partie de cet article, n'en constitue pas moins une amende simple dans le sens de l'art. 202, et, s'il y a lieu d'adjuger des dommages-intérêts, ils ne peuvent être inférieurs à cette amende.

1er avril 1868, 68-69, n° 11, p. 43.

§ 4.

Feux.

29. — L'exception implicitement apportée par l'article 153 à l'article 148 du Code forestier, en ce sens que les propriétaires admis à conserver leurs maisons à une distance de 200 mètres des bois et forêts ont nécessairement le droit d'y allumer du feu, se restreint à l'intérieur des bâtiments et ne peut s'étendre à leurs dépendances extérieures.

5 août 1845, 45, n° 68, p. 192.

§ 5.

Usines.

30. — Dans les cas prévus par les art. 155 et 158 du Code forestier, la distance de l'usine à la forêt doit se mesurer en ligne droite.

24 janvier 1848, 47-48, n° 78.

§ 6.

Coupe et enlèvement de bois.

31. — Les bois provenant de tranchées faites pour marquer l'étendue des coupes sont la propriété des communes ; ils ne peuvent être donnés ni par le maire ni par le géomètre forestier aux ouvriers employés à faire ces tranchées. Dès lors, ces derniers sont passibles d'amende s'ils les enlèvent.

12 décembre 1836, 36, p. 195.

32. — Est un délit passible de l'amende établie par l'art. 194 du Code forestier, la coupe ou l'enlèvement d'un arbre qui aurait moins de deux centimètres de tour.

14 décembre 1836, 36, p. 198.

33. — Les peines édictées par l'article 194 du Code forestier se calculent sur le mode d'enlèvement du bois, il n'y a lieu de prononcer qu'une seule amende de 10 fr. pour une charretée, quel que soit le nombre des fagots qu'elle renferme.

22 juillet 1846, 46, n° 48.

CHAPITRE V.

ALIÉNATION DES PRODUITS DES BOIS
SOUMIS AU RÉGIME FORESTIER.

§ 1er.

Coupe des réserves.

34. — L'adjudicataire qui a
coupé des baliveaux marqués en
réserve doit nécessairement être
condamné à des dommages-intérêts, bien qu'il ait laissé un certain nombre d'arbres non marqués
plus considérable que celui des
baliveaux manquants.

28 janvier 1845, 45, n° 12, p. 26.

35. — Quand le bûcheron
d'une commune est convaincu
d'avoir coupé pour elle des arbres
réservés par l'administration, il
doit nécessairement être condamné
à des dommages-intérêts, encore
bien qu'il s'agisse de bois résineux, cas auquel la marque portant sur les pieds à couper, il
peut se rencontrer parmi ceux qui
ne sont pas marqués des arbres
secs ou dépérissants.

22 juillet 1845, 45, n° 65, p. 186.

36. — L'adjudicataire qui a
coupé des bois réservés par l'administration doit nécessairement
être condamné à des dommages-
intérêts, encore bien qu'il s'agisse
de bois résineux, cas auquel la
marque portant sur les pieds à couper, il peut se rencontrer parmi
ceux qui ne sont pas marqués des
arbres secs ou dépérissants.

24 janvier 1846, 46, n° 13.

37. — L'adjudicataire qui a
coupé des baliveaux marqués en réserve doit nécessairement être condamné à des dommages-intérêts.

19 juillet 1849, 49-52, n° 24.

38. — L'article 34 du Code forestier est impératif en ce qui
concerne les dommages-intérêts,
qui doivent nécessairement être
prononcés contre l'adjudicataire
coupable d'avoir abattu des arbres
marqués en réserve.

8 mars 1848, 47-48, n° 106.

39. — La restitution doit être
égale à l'amende, aussi bien si le
délit a été commis dans une coupe
de nettoiement sur de jeunes
plants réservés d'une manière générale et à raison seulement de
leur essence, que si, dans une
coupe ordinaire, le délit a porté
sur des arbres individuellement
marqués pour être laissés à la réserve.

En cas d'abatage d'arbres réservés, la condamnation à des dommages-intérêts contre l'adjudicataire est facultative.

10 mars 1847, 47-48, n° 13.

40. — L'aggravation de peine
encourue aux termes de l'art. 34
du Code forestier pour le cas
d'abatage ou de déficit d'arbres
réservés est applicable à l'adjudicataire d'une coupe, encore bien
que rien n'établisse qu'il est l'auteur du délit.

15 décembre 1850, 49-52, n° 71.

§ 2.

*Infractions au mode prescrit par le
cahier des charges pour l'abatage des
arbres et le nettoiement des coupes.*

41. — Le seul fait de l'adjudicataire qui, avant le lever du soleil,
a chargé du bois sur ses voitures,
est puni par l'art. 35 du Code forestier, bien que les chariots aient
été laissés dans la forêt jusqu'au
jour.

17 novembre 1829, 29, n° 73, p. 226.

42. — Lorsque l'adjudicataire
d'une coupe de bois résineux, qui,
d'après le cahier des charges, doit
représenter sur chaque souche
l'empreinte du marteau de l'Etat,
ne fait pas cette représentation à
l'égard d'un arbre, et que le garde
forestier constate dans son procès-
verbal qu'il a vu la marque de
l'Etat sur l'arbre en question, c'est
l'art. 37 et non l'art. 34 du Code
forestier qui est applicable à l'adjudicataire.

5 mars 1844, 43-44, n° 41.

43. — L'art. 36 du Code forestier impose aux tribunaux l'obligation de condamner à des dommages-intérêts l'adjudicataire qui, sans autorisation, a écorcé des arbres sur pied, encore que le fait qui lui est reproché, ayant eu lieu au moment même de l'exploitation, paraisse n'avoir pas été dommageable.

10 janvier 1848, 47-48, n° 100.

44. — La condamnation aux dommages-intérêts n'a pas nécessairement lieu dans tous les cas de contravention aux articles 34 et 37 du Code forestier; elle doit être prononcée seulement lorsque l'administration éprouve un dommage.

5 mars 1844, 43-44, n° 41.

45. — L'amende prononcée par l'article 38 du Code forestier contre l'adjudicataire qui a placé un atelier sur un point non désigné par l'administration s'applique à l'affouagiste qui, sans y être autorisé, a établi des scieurs de long pour débiter sur place les arbres de sa part d'affouage.

24 juin 1845, 45, n° 56, p. 167.

§ 3.

Responsabilité de l'adjudicataire.

46. — L'entrepreneur bûcheron qui, avant la délivrance du permis d'exploiter, n'a pas exigé qu'il soit procédé à la reconnaissance des délits qui auraient été commis dans sa vente ou à l'ouïe de la cognée, est présumé avoir reconnu qu'il n'en existait aucun, et dès lors il devient responsable de tous ceux qui peuvent être ultérieurement constatés, sans qu'il puisse être admis à prouver que ces délits auraient été commis avant la délivrance du permis d'exploiter.

22 août 1836, 36, p. 167.

47. — L'adjudicataire d'une coupe grevée de droits d'usage n'est point un entrepreneur de coupe, dans le sens de l'art. 81 du Code forestier, et l'art. 82 du même Code, qui assimile l'entrepreneur aux adjudicataires pour la vidange des coupes et le soumet à la responsabilité édictée par l'art. 40, ne lui est pas applicable, à défaut d'enlèvement dans le délai prescrit des bois délivrés aux usagers.

Cette même responsabilité ne lui incombe pas davantage dans cette même hypothèse, par application directe de l'art. 40, cet article n'ayant pour but que de réprimer la négligence de l'adjudicataire qui exploite pour son propre compte et profite exclusivement de tous les produits de son adjudication. — Ce n'est que dans le cas de *délivrance par coupe* des bois d'usage que le législateur a imposé à des entrepreneurs la responsabilité des adjudicataires; mais si les bois ne se délivrent pas par coupe, c'est aux agents forestiers chargés de la délivrance à provoquer, par des mises en demeure, l'enlèvement des bois délivrés aux usagers, alors même qu'une clause du cahier des charges substitue l'adjudicataire à ces agents pour la délivrance.

20 février 1861, 60-61, n° 50.

§ 4.

Réarpentage et récolement.

48. — Le bûcheron d'une commune prévenu d'avoir coupé dans une forêt de bois résineux des arbres non marqués ou de les avoir laissé couper sans en dresser procès-verbal, ne peut, après le récolement et l'expiration des délais fixés par l'art. 50 du Code forestier, être admis à prouver que l'empreinte du marteau de l'État existait sur les souches et qu'elle en a été frauduleusement effacée.

18 mai 1846, 46, n° 21.

49. — Lorsqu'un procès-verbal de récolement mentionne un délit, mais sous forme de doute, l'administration des forêts ne saurait se prévaloir de l'expiration des délais fixés par l'art. 50 du

Code forestier, pour soutenir que les tribunaux ne peuvent ni ordonner ni mettre à sa charge une expertise ayant pour but de constater si le délit existe réellement.

27 juillet 1846, 46, n° 49.

50. — L'annulation des procès-verbaux de récolement pour vices de forme ou fausses énonciations ne pouvant, aux termes de l'art. 50 du Code forestier, être demandée que devant le conseil de préfecture dans le mois qui suit la clôture des opérations, l'adjudicataire n'est pas recevable devant un tribunal correctionnel, et après l'expiration du délai légal, à se prévaloir par voie d'exception des nullités contenues dans le procès-verbal en vertu duquel il est poursuivi.

23 mars 1848, 47-48, n° 120.

CHAPITRE VI.
BOIS DES PARTICULIERS.

51. — L'observation des règlements prescrits par l'ordonnance de 1669, pour l'exercice des droits de pâturage dans les forêts de l'Etat ou des communes, n'était pas obligatoire pour les bois des particuliers, mais seulement facultative.

9 février 1829, 29, n° 11, p. 46.

52. — Les conditions prescrites pour le parcours des communes par le titre 19 de l'ordonnance de 1669 sont applicables aux bois des particuliers comme aux forêts de l'Etat.

On ne peut fixer d'avance, au moyen d'un règlement général, l'âge où les coupes doivent être déclarées défensables pour qu'une commune puisse y exercer son droit de morte et vaine pâture : il faut au contraire vérifier si elles sont défensables à chaque révolution.

Le propriétaire d'un bois a la liberté d'en exploiter tout ou partie, à l'âge qui lui convient, et ne peut être forcé, à raison du parcours accordé à une commune, de suivre un règlement d'aménagement perpétuel : seulement il doit exploiter *de suite en suite et non en jardinant.*

13 janvier 1823, t. IV, n° 825, p. 298.

53. — D'après le Code forestier, les arbres de réserve doivent être pris sur l'universalité de la coupe du taillis, eu égard à la nature du sol et à l'essence du bois. Ces principes sont applicables quand même le propriétaire, en louant la superficie de sa forêt, se serait réservé le droit d'y marquer une certaine quantité de pieds par hectare.

17 mai 1845, 45, n° 52, p. 159.

54. — L'art. 40 du Code forestier, qui punit d'une amende le fait par l'adjudicataire d'une coupe de n'en avoir pas terminé la vidange dans les délais du cahier des charges, est spécial aux bois de l'Etat, des communes et des établissements publics : il n'est point applicable aux bois des particuliers.

En règle générale, on ne peut par convention se déclarer passible des peines prononcées par la loi et en particulier de l'amende prononcée par l'art. 40 du Code forestier.

De ces deux principes il résulte qu'il n'y a pas délit dans le fait, par un acheteur, de n'avoir pas terminé la vidange de la coupe d'un bois particulier dans les délais imputés ; que le tribunal correctionnel est incompétent pour connaître de l'action en dernière instance intentée pour ce fait par le propriétaire du bois, et ce quand même l'acheteur se serait soumis à l'amende édictée par l'art. 40 du Code forestier.

26 janvier 1866, 66-67, n° 51.

55. — Le fait, par un adjudicataire de la coupe d'un bois particulier, d'avoir coupé des arbres réservés par le vendeur, constitue un délit prévu et puni suivant les circonstances par les art. 192, 193, 194 du Code forestier.

En conséquence, le tribunal correctionnel, juge de l'action en dommages-intérêts intentée pour ce fait par le propriétaire du bois, est aussi juge de l'exception opposée à cette action par l'acheteur, qui, excipant des conventions intervenues entre les parties, prétend qu'il avait le droit de couper les arbres abattus.

Ce n'est qu'au cas où l'exception proposée a trait à la propriété du sol de la forêt ou à un droit réel immobilier sur cette forêt, que le juge correctionnel n'en peut connaître.

26 janvier 1866, 66-67, n° 51.

56. — La clause par laquelle l'acheteur d'une coupe se soumet à l'obligation de *se conformer, pour tout ce qui tient à l'exploitation, à la traite et à la vidange de la coupe, aux règles prescrites par l'administration forestière et le cahier des charges dressé pour les dernières ventes des communes voisines*, doit, à cause de son obscurité, s'interpréter contre le vendeur et ne s'entendre que des dispositions impératives et prohibitives contenues aux articles du Code forestier, concernant les bois de l'Etat et des communes, et non du taux des dommages-intérêts édictés par ces articles en cas de délit.

26 janvier 1866, 66-67, n° 51.

57. — La compensation, interdite par le Code forestier en ce qui concerne les bois de l'Etat, peut-elle avoir lieu dans les bois des particuliers?

Il faut, en thèse générale, pour que la compensation puisse s'opérer, que les choses entre lesquelles on veut l'établir puissent se remplacer mutuellement, et, dans le cas particulier, des modernes ne peuvent être compensés par des baliveaux.

27 juillet 1866, 66-67, n° 51.

CHAPITRE VII.

BOIS DES COMMUNES.

58. — D'après le décret du 19 brumaire an XIII, on doit suivre la jurisprudence jusque-là incertaine en Franche-Comté, qui tient compte, dans le partage des bois entre plusieurs communes, de la population, des besoins et des charges de ces communes.

4 avril 1810, t. II, n° 302.

59. — Un terrain communal n'est pas de plein droit soumis au régime forestier, encore bien qu'il en soit susceptible.

En conséquence, l'administration n'a pas qualité pour poursuivre un prétendu délit de passage commis sur un terrain qui, antérieurement au Code forestier, n'était pas soumis à la surveillance et qui, depuis, ne l'a pas été par une décision administrative antérieure au fait incriminé.

16 déc. 1848, 47-48, n° 112.

60. — Le défrichement d'un terrain communal en nature de bois constitue un délit dont l'administration est en droit de poursuivre la répression, alors même qu'il ne s'agit pas d'une parcelle soumise au régime forestier.

28 mai 1851, 49-52, n° 85.

Formule exécutoire, V. EXÉCUTION DES JUGEMENTS ET ACTES.

Frais et dépens.

§ 1er. — *Huissiers. — Droits de transport.* (N° 1.)

§ 2. — *Avoués.* (N°s 2 à 4.)
   1° Surenchère. — Remise proportionnelle. (N° 2.)
   2° Exécutoire de dépens. — Délai d'opposition. (N° 3.)
   3° Sommes avancées. — Intérêts. (N° 4.)

§ 1er.

Huissiers. — Droits de transport.

1. — La défense faite aux huissiers par l'art. 35 du décret du 14 juin 1813 de réclamer plusieurs droits de transport lorsqu'ils signifient divers actes dans la même course, ne s'applique qu'au cas où ces significations ont été faites non-seulement dans le même voyage, mais encore dans le même lieu.

2 janvier 1850, 49-52, n° 91.

§ 2.

Avoués.

1° Surenchère. — Remise proportionnelle.

2. — En cas de surenchère, qu'il s'agisse d'une vente sur saisie immobilière ou d'une vente sur publications volontaires, la remise proportionnelle due à l'avoué qui a poursuivi cette surenchère doit se calculer, non sur la totalité du prix d'adjudication, mais seulement sur l'excédant du prix produit par cette surenchère.

2 mai 1855, 53-57, n° 70, p. 195.

2° Exécutoire de dépens. — Délai d'opposition.

3. — On n'est point obligé d'attendre la signification d'un exécutoire de dépens pour y former opposition, parce que si le délai de trois jours après la signification, fixé par l'art. 6 du décret du 16 février 1807, est accordé à celui qui veut former opposition, il peut également user pour le même objet du délai qui court jusqu'à la signification de l'acte contre lequel il veut se pourvoir.

7 janvier 1815. t. III, n° 553.

3° Sommes avancées. — Intérêts.

4. — L'avoué n'a pas droit, en matière civile, aux intérêts des avances qu'il prouve avoir faites à son client ; il en est autrement en matière commerciale.

19 mai 1869, 68-69, n° 68. p. 287.

Frais et dépens, V. APPEL CIVIL, DEGRÉS DE JURIDICTION, EXPERTISE, JUGEMENT, PRIVILÉGES ET HYPOTHÈQUES, SAISIE IMMOBILIÈRE.

Fruits, V. APPEL CIVIL, CONTRAT DE MARIAGE.

G

Gage, V. FAILLITE ET BANQUEROUTE.

Garantie, V. VENTE.

Gens de service, V. PRIVILÉGES ET HYPOTHÈQUES.

Gestion d'affaires, V. QUASI-CONTRAT.

H

Héritier apparent, V. SUCCESSIONS.

Homicide volontaire.

Duel.

Sous la législation actuelle, le duel constitue le crime d'homicide volontaire prévu par les art. 295, 296 et 297 du Code pénal.

Les témoins peuvent, suivant les circonstances, n'être pas réputés complices.

29 juillet 1847, 47-48, n° 58.

Hospices-hôpitaux.

Autorisation nécessaire aux hospices pour ester en justice et contracter.

1. — Le défaut d'autorisation obtenue du préfet par un hospice pour intenter une action ne produit qu'une nullité relative que l'hospice seul peut opposer.

28 floréal an XII, t. I, n° 102.

2. — Un contrat d'acensement fait par un hospice sans les formalités voulues par l'édit du mois d'août 1749 et par la déclaration du mois de juillet 1762 est radicalement nul.

16 mai 1815, t. III, n° 557.

V. Dispositions entre-vifs et testamentaires.

Huissier.

§ 1er. — *Responsabilité.* (N° 1.)
§ 2. — *Peines disciplinaires. — Degrés de juridiction.* (N°s 2, 3.)

§ 1er.
Responsabilité.

1. — L'huissier qui accorde mainlevée d'une saisie mobilière qu'il a faite, et cela en fraude des droits du poursuivant, prévarique dans ses fonctions et devient passible d'une partie des dommages-intérêts que celui qui avait fait faire la saisie éprouve ; il ne peut pas se soustraire à cette responsabilité, lors même qu'il aurait reçu un mandat de l'avoué pour faire la remise des meubles, si elle a été évidemment frauduleuse.

23 mars 1808, t. I, n° 197.

§ 2.
Peines disciplinaires. — Degrés de juridiction.

2. — L'huissier qui a été interdit peut appeler de la décision que les premiers juges ont portée contre lui ; elle ne peut être considérée comme prononcée en dernier ressort.

23 mars 1808, t. I, n° 197.

3. — Les amendes, les restitutions, les dommages-intérêts, prononcés contre un officier ministériel à l'occasion de ses fonctions, ne rentrent pas dans la classe des peines disciplinaires; la poursuite n'en est pas soumise au mode de juridiction établi par l'article 103 du décret du 30 mars 1808, et le jugement qui intervient est susceptible, comme toute décision en matière correctionnelle, de deux degrés de juridiction.

2 janvier 1850, 49-52, n° 91.

V. Frais et dépens, Degrés de juridiction.

Hypothèques, V. Priviléges et Hypothèques.

I

Immeubles, V. Contrat de mariage, Propriété.

Imputation, V. Paiement.

Indivision forcée, V. Propriété.

Injures, V. Presse — Outrage — Publication.

Inondation des propriétés d'autrui.

Compétence.

L'art. 15, titre II, de la loi du 28 septembre-6 octobre 1791 est applicable au propriétaire d'usines ou de moulins.

En conséquence, l'action en dommages-intérêts qui lui est intentée à raison d'une inondation causée aux propriétés voisines, lorsque cette inondation provient de son fait ou de sa négligence, est de la compétence des tribunaux correctionnels. Elle est de la compétence des tribunaux civils, lorsque l'inondation n'est que le résultat de la trop grande élévation du déversoir réglé par l'administration.

22 juin 1836. 36, p. 137.

Inscription de priviléges et d'hypothèques,

V. PRIVILÉGES ET HYPOTHÈQUES.

Instance.

Quelle est la loi applicable à la procédure d'une instance.

L'instance commencée sous l'ordonnance de 1667 doit être suivie d'après les règles tracées par cette loi.

29 mai 1828, 27-28, n° 91.

Institution contractuelle, V. DISPOSITIONS ENTRE-VIES ET TESTAMENTAIRES.

Instruction criminelle.

————

§ 1er.

Instruction préliminaire.

1° Du procureur de la république.

1. — Le procureur du roi ne peut saisir les papiers d'un citoyen qu'en cas de flagrant délit et lorsqu'il est de nature à entraîner une peine afflictive ou infamante ; aucune loi ne lui donne, non plus qu'aux préposés des douanes, le droit de saisir les papiers d'une personne soupçonnée de faire la contrebande.

18 juillet 1828, 27-28, n° 107.

2. — Les délits commis hors de France par un Français au préjudice d'un étranger ne peuvent être poursuivis devant les tribunaux du royaume qu'autant qu'il existe à cet égard une disposition spéciale de la loi ou une convention particulière entre les deux gouvernements.

19 février 1829, 29, n° 30, p. 109.

17

3. — La remise au procureur du roi du procès-verbal constatant le délit qu'on veut poursuivre équivaut à une plainte.

9 janvier 1844, 43-44, n° 17.

4. — Le procureur impérial qui maintient un prévenu en état d'arrestation, sans mandat de dépôt ou d'arrêt décerné par le juge d'instruction ni interrogatoire préalable, viole d'une manière grave les droits de la défense et de la liberté individuelle.

En conséquence, la procédure correctionnelle et le jugement qui a suivi doivent être annulés.

31 mars 1860, 60-61, n° 12.

2° Infractions commises à l'audience.

5. — Si un crime de faux témoignage a été commis à l'audience d'un tribunal de première instance, il y a lieu, même au cas où l'affaire n'était susceptible que d'un seul degré de juridiction, d'appliquer l'art. 506 du Code d'instruction criminelle.

20 janvier 1845, 45, n° 11, p. 25.

§ 2.
Des juridictions d'instruction.

De la chambre des mises en accusation.

6. — Nul ne peut être mis en accusation sans avoir subi un interrogatoire préalable, même quand son affaire est connexe à une cause en état d'être jugée. Jusqu'à cet interrogatoire, toute poursuite est suspendue contre le premier inculpé, bien qu'à son égard l'instruction soit complète.

30 juillet 1846, 46, n° 94, p. 238.

7. — Le ministère public peut, sans agir dans l'intérêt de la loi, se pourvoir en cassation contre un arrêt de renvoi émané de la chambre des mises en accusation.

29 juillet 1847, 47-48, n° 58.

8. — La chambre des mises en accusation est le centre d'instruction des affaires criminelles. Par suite, elle est compétente pour juger des demandes de mise en liberté provisoire, toutes les fois qu'aucune juridiction n'est saisie, ou que la juridiction saisie ne peut statuer, en raison d'un cas de force majeure.

17 janvier 1870, 70-71, n° 3.

9. — Si le condamné par contumace pour des faits constituant, les uns des crimes et les autres de simples délits justiciables de la cour d'assises à raison de leur connexité avec les crimes, reparaît lorsqu'il s'est écoulé plus de cinq ans depuis sa condamnation, la peine qu'il pourrait encourir pour ces délits est prescrite ; leur connexité avec les crimes ne saurait en empêcher la prescription.

29 juillet 1868, 68-69, n° 20, p. 78.

§ 3.
Procédure devant les tribunaux de police correctionnelle et de simple police.

1° Compétence de ces tribunaux.

10. — L'auteur principal d'un délit est entraîné devant la juridiction exceptionnelle compétente pour juger son complice.

1er février 1847, 47-48, n° 10.

11. — Les art. 226 et 227 du Code d'instruction criminelle sont applicables en police correctionnelle au cas de connexité entre une contravention et un délit.

Ainsi, le tribunal appelé à prononcer sur le double délit de contrebande et de rébellion doit également statuer, lorsque des conclusions sont prises à cet égard, sur le fait d'opposition à l'exercice des fonctions des préposés des douanes, bien que ce fait pris isolément soit de la compétence des juges de paix.

3 mai 1849, 49-52, n° 23.

2° Forme des citations.

12. — En matière correctionnelle, l'erreur de date relativement au jour de la comparution, bien qu'elle ne figure que dans la copie, entraîne la nullité de la citation.

Ainsi, la citation donnée le 19 juin 1845 pour le 26 août 1843 est nulle, quoique l'original contienne assignation pour le 26 août 1845.

6 juin 1846, 46, n° 2, p. 2.

13. — Les règles tracées par le Code de procédure pour la signification des ajournements sont applicables aux citations données en matière correctionnelle.

Ainsi, quand le garde forestier chargé de notifier une citation l'a portée, non chez le prévenu, mais chez lo maire, et l'y a laissée sans même la faire viser, il y a lieu d'annuler tant l'exploit que le jugement qui s'en est suivi.

26 janvier 1847, 47-48, n° 5.

3° Comment le juge est saisi.

14. — La comparution volontaire d'un prévenu sans citation n'est régulière qu'autant que le consentement est libre et spontané, et que les droits de la défense sont sauvegardés.

C'est donc à tort qu'un tribunal, statuant sur un délit non spécifié dans l'ordonnance de renvoi, condamne un prévenu qui comparaît volontairement et qui n'a pu connaître le nouveau chef de prévention. Cette irrégularité ne peut, pour un motif d'ordre public, être couverte en aucun cas par le silence du prévenu.

20 novembre 1856, 53-57. n° 106. p. 305.

15. — S'il est admis, par suite de la combinaison des articles 147 et 148 du Code d'instruction criminelle, que les prévenus peuvent comparaître volontairement devant les tribunaux correctionnels sans citation, comme en matière de simple police, c'est toutefois sous cette condition essentielle qu'il sera justifié qu'ils ont eu connaissance des chefs de prévention et qu'ils ont été mis à même de préparer leurs moyens de défense.

31 mars 1860. 60-61. n° 12.

16. — Pour saisir la juridiction correctionnelle, il est nécessaire que le prévenu ait reçu une citation donnée directement, soit par le ministère public, soit par la partie civile.

Le tribunal peut encore, dans certains cas, être saisi par la comparution volontaire du prévenu, mais à la condition que celui-ci déclarera expressément qu'il consent à être jugé.

Ces principes sont applicables en matière de poursuites correctionnelles dirigées à requête de l'administration des douanes.

6 décembre 1866, 66-67, n° 71.

4° Preuves.

17. — Un jugement de police correctionnelle ne peut, en déclarant la culpabilité du prévenu, faire dépendre l'application de la peine de l'administration de preuves ultérieures.

20 février 1829, 29, n° 27, p. 99.

18. — La preuve testimoniale d'un délit n'est pas recevable, si la convention ou le fait juridique dont il suppose l'existence n'est point prouvé par écrit, ou si la preuve testimoniale n'en est point admissible, d'après les principes du droit commun.

Spécialement, le délit d'abus de blanc seing, qui implique nécessairement la remise antérieure du blanc seing, ne peut être établi par témoins, s'il s'agit d'une valeur excédant 150 francs, ou s'il n'y a pas de commencement de preuve par écrit.

29 mars 1862, 62-65, n° 8, p. 24.

19. — Il suffit, pour qu'un procès-verbal puisse servir de base à une poursuite correctionnelle, qu'il contienne les éléments propres à éclairer les juges sur le fait délictueux et son auteur; peu importe d'ailleurs qu'il ait été dressé ou non contre l'auteur véritable du délit.

15 janvier 1868, 68-69, n° 2, p. 6.

5° Jugement.

20. — Un jugement correctionnel n'est pas nul parce qu'il ne contient pas la mention que les témoins entendus ont prêté serment de dire la vérité ; il suffit, pour la régularité de la procédure, que mention de ce serment soit faite dans les notes d'audience tenues par le greffier.

6 mars 1867, 66-67, n° 109.

21. — L'art. 196 du C. d'instr. crim., qui ordonne que les jugements correctionnels soient signés au plus tard dans les vingt-quatre heures par les juges qui l'ont rendu, ne prescrit point cette formalité à peine de nullité.

11 août 1869, 68-69, n° 92, p. 370.

6° Action civile.

22. — La partie citée en police correctionnelle à requête de partie civile peut à son choix, après son acquittement, introduire son action en dommages-intérêts ou devant le tribunal correctionnel lui-même ou devant le tribunal civil.

16 janvier 1861, 60-61. n° 42.

7° Récusation.

23. — La récusation des juges s'exerce en matière criminelle dans les cas prévus par le Code de procédure civile et suivant les règles qui y sont tracées; ainsi, notamment, elle doit se faire au greffe.

Toutefois, le mode de lier l'instance n'étant pas au criminel le même qu'au civil, la partie intéressée à récuser un juge est recevable à le faire, tant que par l'audition des témoins ou de quelque autre manière le débat oral n'est pas commencé.

13 février 1846, 46, n° 74. p. 203.

8° Jugement par défaut. — Opposition.

24. — Les rédacteurs de la loi du 27 juin 1866, modificative de l'art. 187 du C. d'instr. crim., n'ont entendu par ces mots *actes d'exé-*

cution du jugement, que certains actes, comme une tentative de la vente des meubles d'un condamné à la requête du Trésor ou de la partie civile. et à l'occasion des frais ou des actes de même nature.

En conséquence, en l'absence de toute signification et de tout acte d'exécution, tels que les ont prévus les rédacteurs de l'art. 187, § 3, les condamnés par défaut ont le droit de former opposition jusqu'à l'expiration du délai de prescription de la peine.

Spécialement, peut valablement former opposition celui qui, condamné par défaut à une peine correctionnelle, a déclaré acquiescer au jugement et s'est constitué prisonnier, mais à qui l'on n'a pas signifié le jugement qui le condamne, s'il ressort toutefois des débats qu'en exécutant volontairement la sentence, il n'a point entendu se priver du droit d'y former opposition.

13 avril 1870, 70-71, n° 21.

9° Appel en matière correctionnelle.

25. — L'administration publique qui poursuit la répression d'un délit n'est pas recevable à appeler, incidemment même, après l'expiration des délais fixés par les articles 203 et 205 du C. d'instr. crim.

13 mai 1829. 29, n° 40, p. 139.

26. — La règle de droit commun, que l'appel incident peut être reçu en tout état de cause, ne peut être invoquée en matière correctionnelle, où des lois spéciales ont réglé d'une manière absolue les conditions de l'appel.

Ainsi, l'appel interjeté par la partie civile hors du délai prescrit par l'art. 203 du C. d'instr. crim. est irrecevable, encore même qu'il intervienne incidemment sur l'appel principal formé en temps utile par le prévenu.

12 mars 1856, 53-57, n° 97, p. 273.

27. — La partie qui a obtenu un jugement par défaut en matière correctionnelle ne peut pas interjeter appel avant d'avoir signifié le jugement à son adversaire et d'avoir laissé écouler les délais de l'opposition

28 novembre 1843, 43-44, n° 3.

28. — Le jugement par lequel un tribunal correctionnel qualifie à tort de contravention et punit de peines de simple police des faits réputés délits est susceptible d'appel : l'article 192 du Code d'instruction criminelle n'est point applicable à ce cas.

11 août 1855, 53-57, n° 76, p. 213.

29. — L'ordre des juridictions est d'ordre public et peut être invoqué en tout état de cause.

En conséquence, les conclusions du prévenu tendantes à son renvoi devant la juridiction criminelle sont recevables, quoique prises pour la première fois devant la Cour.

Sur l'appel du prévenu, et sur sa demande expresse de son renvoi devant la cour d'assises, la Cour, saisie, doit, s'il y a lieu, se déclarer incompétente ; une telle décision ne viole pas le principe qui défend d'aggraver le sort du prévenu sur son propre appel.

L'art. 214 du C. d'instr. crim., statuant sur le renvoi du prévenu devant le fonctionnaire compétent, autre toutefois que celui qui aura rendu le jugement, n'est point applicable, s'il existe une ordonnance du juge d'instruction passée en force de chose jugée, qui renvoie le prévenu devant le tribunal correctionnel.

5 déc. 1868, 68-69, n° 47, p. 195.

30. — L'art. 315 du C. d'instr. crim. est uniquement relatif aux affaires dont la connaissance appartient au jury.

En conséquence, en matière correctionnelle, les témoins assignés pour la première fois en appel peuvent être admis à déposer, bien que leurs noms, professions et résidences n'aient pas été préala-

blement notifiés par le prévenu au procureur général.

17 décembre 1844, 43-44, n° 105.

31. — Les Cours d'appel peuvent, en matière correctionnelle, se refuser à entendre des témoins nouveaux, lors même que le prévenu a notifié leurs noms au ministère public.

9 décembre 1845, 45, n° 79, p. 213.

32. — L'audition de témoins nouveaux est facultative pour les Cours d'appel.

14 décembre 1846, 46, n° 58.

33 — Tout jugement de condamnation contre un prévenu doit le condamner aux frais, même envers la partie publique, et cela quoique le ministère public appelant, les juges d'appel arrivent par de nouveaux motifs à une réduction de la peine prononcée en instance.

22 mars 1853. 53-57, n° 39, p. 83.

34. — La Cour saisie par le ministère public de l'appel d'un jugement appointant le prévenu à faire une preuve peut, en annulant pour vice de forme le procès-verbal qui a servi de base aux poursuites, juger au fond et acquitter le prévenu, quand le ministère public ne conclut pas à faire la preuve des faits constitutifs du délit.

Mais le prévenu ne peut être purement et simplement renvoyé de la plainte, quand il a demandé à faire preuve de circonstances qui excusaient le fait à raison duquel il est poursuivi. Après cet aveu implicite, les tribunaux peuvent seulement ou le condamner ou l'admettre à faire la preuve demandée.

4 septembre 1847, 47-48, n° 20.

§ 4.
Procédure devant la Cour d'assises.

1° Fonctions du président.

35. — Le consentement exprès

ou tacite du ministère public, de l'accusé ou de son conseil, n'autorise pas le président de la Cour d'assises à prononcer seul le renvoi des jurés dans leur chambre, bien que ce renvoi soit motivé sur une irrégularité manifeste dans la forme de leur déclaration. Ce droit n'appartient qu'à la Cour d'assises.

15 février 1844, 43-44, n° 34.

2° De l'examen, du jugement et de l'exécution.

36. — Un président de Cour d'assises n'est pas tenu de soumettre au jury toutes les questions qui peuvent ressortir des débats.

16 juillet 1846, 46, n° 46.

37. — Le procureur général a le droit de faire entendre les témoins dans l'ordre qui lui paraît le plus convenable, et cela sans distinguer entre le cas où il n'y a qu'un chef d'accusation et celui où il y en a plusieurs.

26 janvier 1870, 70-71, n° 7.

38. — Est nulle toute déclaration du jury qui comprend dans une seule réponse la solution de plusieurs questions distinctes.

Spécialement, il y a lieu à casser l'arrêt rendu sur une déclaration du jury ainsi conçue : Oui, l'accusé est coupable avec circonstances atténuantes. — Pour prévenir cette nullité, la Cour doit renvoyer le jury dans la salle de ses délibérations, non pas seulement pour exprimer d'une manière régulière le vote des circonstances atténuantes, mais pour rectifier ses déclarations complexes de manière à répondre séparément et successivement à chacune des questions qui lui sont posées.

3 déc. 1846, 46, n° 92, p. 234.

39. — La portée de l'acquittement se mesure sur la qualification donnée au fait incriminé dans les questions posées au jury. — Ainsi, l'auteur d'une plainte revêtue de signatures fausses peut, après un acquittement sur le crime de faux

en écritures, être poursuivi au correctionnel pour dénonciation calomnieuse, sans qu'il en résulte aucune atteinte à la règle *non bis in idem*.

16 juillet 1846, 46, n° 46.

40. — Celui qui sur la question d'homicide volontaire a été acquitté par la Cour d'assises, peut encore être poursuivi correctionnellement pour homicide par imprudence.

31 décembre 1845, 45, n° 82, p. 219.

41. — Celui qui, sur la question d'homicide volontaire, a été acquitté par la Cour d'assises, peut encore être poursuivi correctionnellement pour homicide ou blessures par imprudence.

23 février 1849. 49-52, n° 20.

42. — Une accusée acquittée de l'accusation d'infanticide ne peut être, à raison du même fait, poursuivie devant la police correctionnelle pour homicide par imprudence.

6 mai 1841, *Journal du Palais*, 1841, 1re partie, n° 665.

43. — La disposition de l'art. 365, § 2, du Code d'instr. crim. est générale, et s'applique à toutes les infractions atteintes de peines criminelles ou correctionnelles qui n'ont pas été explicitement ou implicitement exceptées, soit par des dispositions particulières de la loi, soit par le caractère de réparations civiles, attaché aux amendes en matière fiscale.

15 mai 1869, 68-69. n° 65, p. 279.

44. — L'art. 365 du Code d'instr. crim. n'est pas applicable aux contraventions commises en matière de contributions indirectes. — Ainsi l'introduction d'eau-de-vie en fraude des droits d'octroi et sans permis de circulation donne lieu à trois amendes qui doivent être cumulées.

30 août 1849, 49-52. n° 28.

45. — L'art. 365 du Code d'instr. crim. n'est pas applicable aux contraventions commises en matière de contributions indirectes. — S'il y a lieu en cette matière à différentes amendes, elles doivent être cumulées.

11 janvier 1850, 49-52, n° 69.

46. — Les Cours d'assises doivent prononcer sans assistance de jurés sur l'identité des condamnés par contumace.

13 mars 1845, 45, n° 25, p. 71.

Instruction publique.

Instruction primaire. — Loi du 28 juin 1833.

1. — Celui qui, sans remplir les conditions exigées par l'art. 4 de la loi du 28 juin 1833, a tenu école dans une commune, ne peut être excusé comme l'ayant fait avec l'approbation du maire et des habitants, seulement pendant l'hiver et dans un pays de montagnes éloigné de la résidence de l'instituteur légalement établi.

Bien qu'ayant traité avec le maire, il n'en reste pas moins instituteur privé et passible, à ce titre, des peines portées par l'art. 6 de la loi précitée : il ne peut être considéré comme s'étant immiscé dans des fonctions publiques ni soumis à l'application de l'art. 258 du Code pénal.

6 août 1844, 43-44, n° 76.

2. — La liberté de l'instruction primaire, consacrée par la loi du 28 juin 1833, ne peut être légalement restreinte par les règlements que l'Université est admise à faire en vertu de son droit de surveillance. — En conséquence, n'est passible d'aucune peine l'instituteur qui, ayant satisfait aux conditions imposées par l'art. 4 de cette loi, donne l'instruction primaire à des enfants au-dessus de 13 ans, bien que défense lui en ait été faite par le comité d'arrondissement, en exécution d'un arrêté du conseil royal, revêtu de l'approbation du ministre.

2 juin 1846, 46, n° 36.

3. — L'instituteur qui, ayant une école régulièrement établie, en ouvre une seconde dans la même commune, mais dans un local différent, sans faire préalablement au maire une nouvelle déclaration, est passible des peines portées par l'art. 471, § 15, du Code pénal.

2 juin 1846, 46, n° 36.

Interdiction, V. Tutelle.

Interdit, V. Tutelle.

Intérêts, V. Appel civil, Contrat de mariage, Degrés de juridiction.

Interrogatoire sur faits et articles.

§ 1er. — *Comment l'interrogatoire sur faits et articles doit être demandé et dans quelles circonstances il peut être ordonné. (N°s 1, 2.)*

§ 2. — *Quelles personnes peuvent être interrogées sur faits et articles. (N° 3.)*

§ 1er.

Comment l'interrogatoire sur faits et articles doit être demandé et dans quelles circonstances il peut être ordonné.

1. — On ne peut solliciter à l'audience un interrogatoire sur faits et articles, puisqu'il doit être demandé sur requête et sans retarder le jugement de la cause; à la vérité, l'art. 119 du même Code permet aux tribunaux de faire comparaître devant eux les parties, mais dans le cas seulement où il s'élèverait quelque doute sur la preuve de la demande ou de la défense; mais si cette preuve est tellement positive qu'elle ne doit laisser aucune incertitude dans leur esprit, le tribunal ne peut plus user de cette faculté d'interroger les parties sans commettre un abus de pouvoirs et sans enfreindre les dispositions de la loi.

20 janvier 1825, t. IV, n° 746, p. 199.

2. — Bien que l'interrogatoire sur faits et articles soit permis en toute matière et en tout état de cause, il ne doit point retarder l'instruction et le jugement, et il n'y a lieu de l'ordonner lorsque, l'affaire étant en état, l'une des parties insiste pour qu'elle soit jugée.

27 avril 1860, 60-61, n° 15.

§ 2.

Quelles personnes peuvent être interrogées sur faits et articles.

3. — On ne peut interroger qu'une personne capable de faire un aveu décisif et de compromettre ainsi la chose litigieuse : on ne peut faire interroger une personne désintéressée pour se servir de ses réponses comme témoignage.

Inédit. 8 février 1841, 1re Ch. Ferroux c. du Lédo.

Intervention.

Quelles personnes sont admises à intervenir dans une instance.

1. — Celui qui peut former tierce opposition à un arrêt a droit d'intervenir, lorsqu'il est menacé d'être dépouillé d'une propriété qu'il a acquise.

22 août 1809, t. II, n° 281.

2. — Toute personne admissible à former tierce opposition à un arrêt qui aurait été rendu en son absence peut être appelée dans la cause avant le jugement définitif son intervention peut être ordonnée sur la demande de l'une des parties, qui, par suite de cet arrêt, aurait droit d'exercer une action en garantie contre elle ; elle peut l'être sur l'appel, quoiqu'il n'ait pas été pris, à cet égard, de conclusions en première instance, et même d'office par le juge, lorsqu'il le croit utile à la décision de l'instance principale.

10 mars 1823, t. IV, n° 701, p. 132.

V. Appel civil.

Inventaire, V. Faillite et Banqueroute, Contrat de mariage, Successions.

J

Jeu et pari.

Dans quels cas il y a jeu et pari. — De l'exception qui en résulte. — Paiement.

1. — Il y a jeu et pari, dans le sens des art. 421 et 422 du Code pénal, toutes les fois que les marchés conclus portent sur des valeurs que le vendeur n'a à sa disposition ni à l'époque de la convention ni à celle de la livraison, et le caractère légal de ces opérations ne saurait être modifié par la situation pécuniaire de celui qui s'y livre.

30 mars 1868, 68-69, n° 10, p. 39.

2. — L'exception de jeu est opposable à celui dont l'office a consisté, non pas seulement à transmettre à un agent de change les ordres de bourse donnés par un tiers, mais bien à les faire exécuter en les comprenant dans ses propres spéculations et sans même faire connaître à l'agent de change le nom du tiers pour lequel il opérait.

Ne peuvent donner lieu à aucune action en justice, comme constituant essentiellement le jeu sur les valeurs industrielles, les achats et ventes d'effets publics hors de proportion avec les ressources de l'acquéreur ou vendeur et qui, dans l'intention commune des parties, ne peuvent être que fictifs et donner lieu seulement à des soldes de différence.

17 mars 1869, 68-69, n° 98, p. 388.

3. — Il n'y a pas paiement effectif de nature à couvrir le vice des opérations de jeux de bourse dans le fait par le perdant, pour solder ses différences, d'endosser un billet à ordre au tiers qui en a fait l'avance, lorsque d'ailleurs il résulte des circonstances que cet endossement a été plutôt une garantie qu'un véritable paiement.

30 mars 1868, 68-69, n° 10, p. 39.

Jours et vues, V. PROPRIÉTÉ.

Juge-commissaire, V. ENQUÊTE.

Jugement.

---

§ 1er.

Des magistrats qui rendent le jugement. — Signature.

1. — Est nul le jugement rendu alors que le tribunal est composé de magistrats au nombre desquels il s'en trouve un qui n'avait pas assisté aux débats.

15 avril 1867, 66-67, n° 103.

2. — Si, aux termes des règlements, le rapporteur nommé qui se trouve membre d'une autre chambre que celle où le rapport a été ordonné est autorisé à y venir faire ce rapport, la même chambre qui se trouve dépourvue, par l'effet du roulement annuel, d'une partie des juges qui ont assisté à l'arrêt du délibéré, doit être autorisée à se compléter par les juges formant la chambre actuelle.

25 mai 1822, t. IV, n° 675, p. 118.

3 — Lorsque le président d'un tribunal décède en laissant sans signatures des jugements civils, correctionnels et forestiers, la Cour doit, en ce qui concerne les jugements civils, et sur la requête du procureur impérial, autoriser le juge le plus ancien de ceux qui y ont concouru à les signer au lieu et place du président; mais aucune loi n'attribue à la Cour juridiction à l'effet de réparer l'irrégularité résultant, dans un jugement correctionnel ou forestier, de l'absence de signature du président décédé.

4 août 1869, 68-69, n° 92, p. 370.

§ 2.
De la rédaction des jugements.

4. — Les choses exigées par l'art. 141 du Code de procédure civile tiennent à l'essence des jugements; elles sont substantielles, aussi leur omission entraîne-t-elle nullité.

Inédits. 16 août 1836, 1re Ch. Genre c. Viennet. — 22 novembre 1838, 2e Ch. Gerdil c. David.

5. — L'insertion des conclusions des parties dans le contexte des jugements est une formalité substantielle.

7 février 1861, 60-61, n° 47.

6. — Les juges ne peuvent prononcer que sur les conclusions portées sur les qualités de la cause.

29 déc. 1825, t. IV, n° 875, p. 362.

7. — Le juge, qu'il décide un litige ou qu'il donne force exécutoire à une transaction, est soumis à des formes qui garantissent les droits des parties : il ne prononce régulièrement que lorsqu'il est saisi de leurs conclusions.

C'est ainsi qu'un contrat judiciaire ne serait point légalement prouvé si le jugement qui le constate s'appuyait seulement sur le consentement respectif donné par les parties à l'audience dans des explications orales : des conclusions écrites et signées sont nécessaires, alors surtout que les points de fait de la sentence attaquée ne mentionnent même pas la convention verbale dont il s'agirait au procès.

16 déc. 1865, 62-65. n° 96, p. 406.

8. — Lorsqu'au cours de l'instance une partie réduit sa demande au-dessous du taux du dernier ressort, cette réduction, qu'elle ait lieu devant les tribunaux de commerce ou devant la juridiction civile, doit être constatée par des conclusions écrites : elle ne saurait résulter seulement du dispositif du jugement.

14 déc. 1864, 62-65, n° 70, p. 317.

9. — Le juge est tenu de statuer définitivement sur le litige porté devant lui ; il ne peut, en prononçant sur la demande d'une partie, lui réserver le droit de renouveler ses prétentions par la production de nouveaux titres.

26 juin 1828, 27-28, n° 98.

10. — Le juge doit accueillir les conclusions prises devant lui, si elles sont fondées, ou les rejeter dans le cas contraire ; mais il ne peut réserver à une partie tous ses droits pour le cas où elle les établirait ultérieurement.

27 août 1844, 43-44, n° 117.

11. — Le juge doit rejeter les conclusions qui sont prises devant lui, si elles ne sont pas fondées ; il ne peut réserver ses droits à une partie pour le cas où elle les établirait ultérieurement.

4 mars 1846, 46, n° 68.

12. — Un jugement est nul lorsque les juges ont omis de statuer sur un des chefs du procès : dans ce cas, les motifs ne peuvent suppléer à l'omission qui existe dans le dispositif.

25 août 1826, t. V, n° 910.

13. — Lorsque l'admission d'un moyen est la conséquence nécessaire et indispensable du dispositif d'un jugement, il importe peu qu'il y ait été mentionné d'une manière expresse.

3 août 1861, 60-61, n° 60.

14. — L'omission complète de motifs dans un jugement le vicie et le rend nul.

6 janvier 1818, t. III, n° 576.

15. — On ne peut considérer comme demande reconventionnelle celle qui n'est point la défense naturelle contre l'action qui a été intentée la première et qui ne peut la modifier ni la restreindre ; en sorte que, dans le cas où la demande formée par le défendeur est indépendante de la première, elle doit être considérée comme une demande principale qui doit être jugée séparément, puisqu'il n'y a pas de connexité entre elles.

16 nov. 1824, t. IV, n° 738, p. 192.

§ 3.

Qualités des parties. — Points de fait et de droit.

16. — Jugé que, d'après l'article 13, titre V, de la loi du 24 août 1790, un jugement est nul s'il n'énonce point les questions qui constituent le procès.

24 germinal an IX, t. I, n° 24.

17. — Les juges ne sont pas astreints à poser en détail toutes les questions qu'une cause peut présenter ; mais il suffit qu'ils indiquent les principales, celles dont la décision entraîne nécessairement le jugement des autres.

6 nivôse an XI, t. I, n° 70.

18. — Un jugement n'est pas nul parce que les questions de fait et de droit n'auraient pas été posées aussi bien ou d'une manière aussi distincte qu'elles auraient pu ou dû l'être, si d'ailleurs le titre et l'objet de la demande se trouvent énoncés en peu de mots dans le jugement.

12 mars 1807, t. I, n° 70.

19. — Un jugement n'est pas nul, quoiqu'il ne contienne pas expressément les questions de droit et de fait, si elles se trouvent implicitement comprises dans le récit des faits et dans les dires des parties et y sont suffisamment détaillées.

1er ventôse an XII, t. I, n° 70.

20. — Un règlement de points de fait et de droit n'étant pas un jugement, on ne peut en appeler ; ce règlement ne consiste qu'à régler ou à maintenir les qualités signifiées par l'une des parties ; et

par sa nature il n'est pas susceptible d'appel, parce que le premier juge seul rapporter ce qui s'est passé à son audience, et il serait impossible au juge d'appel de décider les contestations qui pourraient s'élever à cet égard entre les parties.

Il est indifférent que le président d'un tribunal ait donné au règlement de qualités la forme d'un jugement par défaut, parce que la forme de cette rédaction ne peut pas changer la nature de sa décision, et c'est à la nature de l'acte et non pas à sa forme qu'on doit s'attacher.

20 décembre 1809, t. II, n° 289.

21. — Un fait ou une qualité donnés à l'une des parties dans les points de fait et de droit doivent être considérés comme prouvés par aveu quand il n'y a pas eu opposition ; mais l'opposition même rejetée empêche que le fait soit avoué ; le règlement de qualité est comme le jugement le fait du juge et non celui de la partie condamnée. Il en est autrement quand les conclusions ou le jugement contiennent quelque chose de contraire.

Inédit. 31 mars 1841, 1re Ch. Louvet c. Arbey.

22. — L'avoué n'oblige pas son client en négligeant de former opposition aux points de fait.

7 mai 1845, 45, n° 83, p. 221.

23. — Les points de fait d'un jugement, quoique non frappés d'opposition, ne peuvent avoir contre celui qui a succombé la force d'un aveu judiciaire.

Le juge d'appel étant juge du fait comme du droit peut admettre des pièces qui démontrent l'erreur consignée aux qualités.

21 janvier 1853, 53-57, n° 2, p. 3.

§ 4.

De la condamnation aux dépens.

24. — Ne doit pas être condamnée aux dépens la partie dont l'action, régulière dans le principe, n'a pas été accueillie à raison d'un fait ultérieur qui lui est étranger.

11 novembre 1844, 43-44, n° 121.

25. — Outre les dépens légaux qui se taxent, la partie qui succombe ne doit pas être condamnée à des dommages-intérêts pour démarches et faux frais.

Inédit. 2 juillet 1859. 2e Ch. Vuillaume c. André.

26. La partie qui succombe ne peut être condamnée à des dommages-intérêts ni soumise à ce titre au paiement des dépens avec contrainte par corps, que dans le cas où il y a eu de sa part une mauvaise foi clairement établie.

31 juillet 1844, 43-44, n° 87.

27. — Pour que les dépens pèsent personnellement contre un héritier bénéficiaire ou autre administrateur, il faut qu'il ait été expressément condamné aux dépens en son nom personnel, et que la décision contienne un motif spécial de cette condamnation personnelle, qui n'est qu'une exception à la règle ordinaire. Quand il n'a été donné aucune explication spéciale, soit dans les motifs, soit dans le dispositif, la décision se réduit de plein droit à l'administrateur en cette qualité Le tribunal qui a statué ne peut plus, sous prétexte d'interprétation de sa décision, déclarer que la condamnation aux dépens doit s'appliquer à l'administrateur en son nom personnel.

Inédit. 17 novembre 1847, 2e Ch. Consorts Tuaillon c. consorts Gastel.

28. — Quoique en règle générale la partie qui a obtenu le jugement doive faire l'avance des droits d'enregistrement, cependant si le droit réclamé surpasse toutes les prévisions, celle-ci peut signaler les exigences de la régie à la partie adverse, qui, en définitive, doit supporter le droit, en la mettant à même, dans le délai légal, d'y satisfaire ou d'y résister.

12 avril 1858, 58-59, n° 12.

29. — Sont compris dans la généralité des termes de l'art. 130 du Code de procédure civile les frais d'enregistrement des actes que le défendeur a été obligé de produire en réponse à l'action dirigée contre lui; ces frais doivent être mis à la charge du demandeur qui succombe.

31 janvier 1844, 43-44, n° 28.

30. — Lorsque la production en justice d'un marché non enregistré a donné lieu à la perception du double droit, le droit simple doit être supporté par la partie qui, ayant mal à propos refusé d'exécuter son engagement, a forcé son adversaire à l'enregistrer. Le surplus seulement est à la charge de la partie qui en fait la production tardive.

6 janvier 1848, 47-48, n° 76.

31. — Le débiteur qui refuse de payer doit être condamné aux frais occasionnés par l'enregistrement du billet.

3 janvier 1845. 45. n° 1, p. 1.

32. — Lorsque, sur la demande en nullité de la cession d'une créance, la Cour, après avoir annulé la cession, ordonne cependant sur les dépens qu'il en sera fait masse pour être supportés par chacune des parties dans une proportion déterminée, dans la masse ne doivent entrer ni les doubles droits et doubles décimes auxquels donne lieu l'enregistrement du titre de la créance cédée produit au procès par le concessionnaire, ni les droits et doubles droits perçus à l'occasion de l'enregistrement de la cession annulée; cette portion des frais demeure à la charge exclusive du cessionnaire.

24 juillet 1869. 68-69, n° 86, p. 349.

32 bis. — On ne doit pas liquider, comme en matière sommaire, les dépens faits sur l'appel d'un jugement du tribunal de commerce, lorsqu'il a été proposé un moyen d'incompétence devant la Cour qui a prononcé sur cet appel.

22 avril 1811, t. II, n° 335 *bis*.

33. — La compensation des dépens au cas où les parties succombent respectivement sur quelques chefs est purement facultative de la part des juges; ils peuvent condamner une partie à tous les dépens, encore qu'elle ait obtenu gain de cause sur une demande subsidiaire et n'ait pas dès lors complétement succombé.

Inédit. 6 avril 1846. 1re Ch. Belnot c. Delaune.

34. — Il y a faute grave de la part d'un huissier qui, par son fait, n'a signifié un acte que le dernier jour du délai accordé par la loi, lorsque ce retard a donné lieu à la demande de la nullité de l'acte signifié, et en ce cas un tribunal peut le condamner aux dépens de sa mise en cause et blâmer sa conduite.

25 février 1836, 36, p. 34.

35. — Le défaut de mise en cause de l'officier ministériel, si du moins il n'a pas été désavoué, et le paiement sous toutes réserves et pour éviter l'exécution provisoire de la taxe faite par le président, ne font point obstacle à ce qu'il soit statué par le tribunal sur la nature des frais prétendus frustratoires.

On ne peut déclarer frais frustratoires ceux d'une copie donnée dans la sommation de payer ou de délaisser, des titres de la créance, d'un arrêt de condamnation, d'un commandement et des inscriptions hypothécaires. Toute autre signification serait abusive.

29 juin 1861, 60-61, n° 70.

§ 5.
De l'exécution provisoire.

36. — Les art. 136 et 458 du C. de pr. autorisent à demander l'exécution sur l'appel lorsqu'elle pouvait l'être devant les premiers juges : ces articles ne distinguent point entre le cas où il fut alors pris à ce sujet des conclusions et celui où l'on a omis de le faire. L'art. 136, prohibant toute nouvelle demande pour faire ordonner cette exécution par le tribunal qui a statué primitivement, attribue implicitement et nécessairement aux Cours appelées à prononcer sur l'appellation la décision de pareilles demandes.

17 avril 1826, t. V, n° 892.

37 — L'exécution provisoire peut ne pas être ordonnée, bien qu'il y ait titre authentique, si ce titre est une sentence arbitrale dont la validité est contestée. — Du moins, si les arbitres ont prononcé sur une reddition de compte, celui qui demande l'exécution provisoire peut ne l'obtenir qu'à charge de fournir caution.

4 juillet 1846, 46, n° 52.

38. — Les tribunaux de commerce ont, comme les autres tribunaux inférieurs, la faculté d'ordonner l'exécution provisoire de leurs jugements par défaut, nonobstant l'opposition.

28 mars 1811, t. II, n° 335 *bis*.

§ 6.
De l'expédition des jugements.

39. — La copie d'une expédition de jugement qui ne fait pas mention de la signature du greffier est nulle, quoique l'expédition ait été réellement signée par ce fonctionnaire.

25 juillet 1814, t. III, n° 440.

40. — En cas de délivrance d'une seconde grosse d'arrêt, il n'y a lieu à référé devant le premier président qu'autant que des contestations se sont élevées entre les parties comparaissant au greffe. La Cour seule est compétente pour connaître de la demande en nullité de la grosse délivrée en l'absence de la partie qui, sommée de se présenter au greffe, n'y a pas comparu.

19 mai 1847, 47-48, n° 15.

41. — Le greffier dépositaire de la minute d'un jugement a seul qualité pour en délivrer une expédition ; il doit, à peine de nullité, attester que la copie qu'il donne est conforme à l'original. En conséquence, le défaut de cette mention entraîne la nullité de la signification du jugement. Cette signification étant nulle, elle ne peut faire courir les délais d'appel. La copie tient lieu d'original à celui qui la reçoit. Il importe donc peu que la mention de l'attestation du greffier soit portée sur l'original lorsqu'elle manque sur la copie.

13 août 1861, 60-61, n° 62.

§ 7.

De la signification des jugements.

42. — La preuve de la signification d'un jugement ou d'un arrêt ne peut résulter que de la reproduction même de l'acte de signification, sans qu'on y puisse suppléer par équipollents.

4 janvier 1868, 68-69, n° 1, p. 1.

43. — L'exploit de signification d'un jugement d'avoué qui se trouve raturé et surchargé dans la partie essentielle de cet acte, savoir, le nom de l'avoué auquel la signification était faite, ne mérite aucune foi.

7 juillet 1808, t. I, n° 214.

44. — La signification d'un jugement qui se trouve surchargé dans une partie essentielle, savoir, le nom de l'avoué à qui elle est faite, est nulle.

8 déc. 1808, t. I, n° 238.

45. — Sous l'empire de l'ordonnance de 1667, aussi bien que sous celui de l'art. 147 du C. de pr. civ., la signification d'un jugement à partie ou à domicile ne pouvait être valable qu'autant qu'elle avait été régulièrement faite à avoué.

7 juillet 1808, t. I, n° 214.

46. — La signification d'un jugement n'est pas nulle par ce seul motif qu'elle ne contient pas le prénom du requérant, quand aucun doute ne peut exister sur son identité.

22 déc. 1847, 47-48, n° 68.

47. — Est nulle la signification de deux jugements rendus le même jour, mais séparément, l'un prononçant sur un déclinatoire, l'autre prononçant au fond, lorsque chacun d'eux n'est pas revêtu entièrement de la formule exécutoire.

30 juillet 1836, 36, p. 157.

48. — La signification d'un jugement est nulle, soit que la copie qui est le titre de la partie recevant la signification, soit même que l'exploit original, ne contiennent pas la mention entière de la formule exécutoire prescrite par l'art. 146 du Code de procédure et l'ordonnance du 30 août 1815.

20 mai 1822, t. IV, n° 819, p. 290.

49. — La nullité résultant de ce qu'un arrêt aurait été signifié à une commune sans être suivi de la formule exécutoire, tenant à la forme de l'acte plutôt qu'à son essence, peut être couverte lorsque cette commune, par exemple, a demandé au juge-commissaire l'exécution de cet arrêt qui ordonnait une enquête sur les lieux, sans se prévaloir de cette nullité et sans réserve expresse, lorsque, d'ailleurs, elle a consenti depuis à la nomination d'un nouveau juge-commissaire et a paru à l'enquête sans articuler ce moyen de nullité.

6 juillet 1825, t. IV, n° 757, p. 211.

50. — Un jugement ayant été signifié avec fausse indication de sa date, cette erreur doit, s'il est possible, être rectifiée à l'aide des énonciations renfermées soit dans l'exploit, soit dans les pièces qui l'ont accompagné.

6 avril 1829, 29, n° 34, p. 119.

51. — Il n'est pas nécessaire,

pour la validité d'une signification, que la copie du jugement signifié soit signée ou certifiée par l'avoué de la partie qui l'a obtenu.

28 janvier 1836, 36, p. 25.

52. — La signification d'un jugement faite à une commune dans la personne de son maire n'est pas nulle quoique l'original de l'exploit ne serait pas revêtu du visa de ce maire, parce que, d'après l'art. 1030, on ne peut appliquer à la signification des jugements la nullité qui n'est prononcée par les art. 69 et 70 que pour les exploits d'ajournement. On ne doit donc observer dans ces significations que les formalités voulues pour les simples significations d'actes de procédure faites d'avoués à avoués.

31 mai 1825, t. IV, n° 753, p. 208.

§ 8.
De l'exécution des jugements.

53. — On ne peut exécuter un jugement avant sa signification et lors même qu'il serait possible d'induire de l'extrait d'enregistrement et d'autres pièces produites que ce jugement a été signifié : il faudrait, pour justifier que la signification a été régulière et légale, représenter l'exploit en bonne forme. (Dès lors une procédure en expertise commencée avant la signification du jugement qui l'a ordonnée est irrégulière et nulle.)

25 janvier 1809, t. II, n° 398, à la note.

54. — Un jugement ne peut être exécuté qu'autant qu'il a été signifié; mais ce principe ne s'entend que d'une exécution frappant sur la personne ou les biens du condamné et qui puisse être empêchée par lui, si le jugement lui est notifié; dès lors, il est indifférent que l'on ait pris l'ordonnance du juge-commissaire pour faire une enquête avant la signification du jugement. S'il en était

autrement, on ferait réagir contre le demandeur en enquête une faveur qui n'a été introduite que pour lui ; c'est afin de lui donner le temps de se procurer des témoins que la loi ne fait courir le délai pour prendre ordonnance que depuis la signification du jugement ; ainsi, il ne préjudicie qu'à lui en prenant cette ordonnance avant que ce délai soit commencé.

2 mars 1815, t. III, n° 452.

55. — D'après l'art. 147 du C. de pr. civ., la signification des jugements n'est prescrite que lorsqu'une des parties veut s'en prévaloir ; elle est superflue lorsque l'une et l'autre prescindent de ce qui a été jugé et n'en font aucun usage.

23 décembre 1826, t. V, n° 941.

56. — La saisie-arrêt étant un acte d'exécution, on ne peut saisir-arrêter en vertu d'un jugement qui n'a point été signifié.

6 janvier 1844, 43-44, n° 15.

57. — Des saisies-arrêts sont nulles, si elles n'ont pas été précédées de la signification du jugement en vertu duquel le créancier y a fait procéder, quoique ce même jugement ait été signifié à la requête du débiteur.

3 mai 1809, t. II, n° 259.

58. — Un arrêt contradictoire ordonnant d'office une expertise peut être valablement exécuté après signification à avoué ; la signification à partie n'est pas nécessaire.

18 mars 1829, 29, n° 26, p. 96.

§ 9.
Du droit d'interprétation des jugements.

59. — Un jugement préparatoire qui a ordonné, du consentement des parties, une nomination d'experts, ne peut être ni rapporté ni annulé par un tribunal d'arrondissement qui a remplacé le tribunal civil qui avait porté cette décision. Le second jugement contient un excès de pouvoir, puisque des juges ne peuvent pas réformer des jugements qu'ils ont rendus.

26 prairial, an IX, t. I, n° 28, p. 35.

60. — Si les Cours et Tribunaux ne peuvent réformer leurs décisions, ils ont le droit, en tout état de cause, de les interpréter et de donner les explications qui tendent à en fixer le sens, afin de prévenir les difficultés qui pourraient survenir en les exécutant.

7 janvier 1818, t. III, n° 577.

61. — Il est permis aux juges d'interpréter par un second jugement les dispositions obscures ou ambiguës d'un premier jugement et de statuer sur les difficultés d'exécution ; mais ils ne peuvent, sans excès de pouvoir, porter atteinte à la chose jugée et en changer l'économie soit par des retranchements, soit par des additions.

Spécialement, lorsqu'un premier jugement s'est borné à ordonner des réparations énumérées dans un rapport d'experts, les mêmes juges ne peuvent, par un second jugement, fixer un délai pour effectuer ces réparations et condamner à des dommages-intérêts par chaque jour de retard.

26 nov. 1863, 62-65, n° 53, p. 182.

V. INSTRUCTION CRIMINELLE.

Jugement arbitral, V. ARBITRAGE.

Jugement étranger, V. EXÉCUTION DES JUGEMENTS ET ACTES.

Jugement d'avant faire droit, V. APPEL CIVIL.

Jugement d'incompétence, V. APPEL CIVIL.

Jugement par défaut.

TABLE ALPHABÉTIQUE.

§ 1er.
Quels jugements sont par défaut.

1. — Les jugements et arrêts sont réputés contradictoires du moment où les qualités ont été posées et où les conclusions ont été prises contradictoirement à l'audience à laquelle la cause a été classée.

17 janvier 1811, t. II, n° 328.

2. — Un jugement par défaut rendu sans assignation préalable contre une partie, quoique entaché d'une nullité radicale, est néanmoins un acte judiciaire, dont un tribunal ne peut méconnaître, *sans excès de pouvoir*, la force et l'autorité, et qui ne peut être attaqué que par la voie de l'opposition ou toute autre voie de réformation.

19 février 1868, 68-69, n° 4, p. 16.

§ 2.
Du défaut profit joint.

3. — L'art. 153 du C. de pr. civ. ne défend de former opposition à un jugement ou à un arrêt par défaut qu'à celles des parties qui, ayant été assignées, n'ont pas constitué avoué et contre lesquelles il a été donné défaut avec injonction de les réassigner : cette prohibition ne s'applique point à celles qui ont paru lorsque cette assignation a été ordonnée.

21 octobre 1808, t. I, n° 242.

4. — Il n'y a pas nullité d'un jugement lorsqu'on n'a pas fait jonction du défaut contre des tiers saisis défendeurs en révélation, et lorsqu'ils n'ont pas été réassignés.

3 mai 1809, t. II, n° 259.

5. — L'art. 153 du C. de pr. civ. s'étend à tous les cas, sans recevoir d'exception ; la nécessité de réassigner les défaillants en faisant jonction du défaut à la matière principale, bien loin de retarder la décision des affaires qui requièrent célérité, l'avance plutôt en ce qu'elle ôte à la partie qui fait défaut le moyen de l'opposition : ainsi, un jugement qui ne prononce pas cette réassignation est nul.

1er décembre 1826, t. V, n° 939.

6. — La disposition de l'art. 153 du C. de pr. est générale et ne distingue point entre la partie qui a fait défaut et celle qui a comparu : dès lors, l'une ne peut pas plus que l'autre former opposition à un jugement rendu après un jugement de jonction de défaut : c'est même principalement à l'égard de la partie qui a comparu que doit s'appliquer la disposition de l'article précité, suivant l'art. 165 ; ce serait d'ailleurs l'occasion de lenteurs et de frais que le législateur a voulu éviter.

19 juillet 1823, t. IV, n° 834, p. 312.

7. — Lorsqu'un jugement rejetant un déclinatoire a été rendu après une réassignation, conformément à l'art. 153 du C. de pr., la sentence qui plus tard intervient sur le fond en l'absence de l'un des défendeurs est-elle contradictoire ou par défaut ?

4 mars 1870, 70-71, n° 12.

§ 3.
Du défaut-congé.

8. — Lorsqu'en première instance le demandeur fait défaut faute de plaider, le tribunal peut, à la requête du défendeur, juger la contestation au fond.

1er février 1844, 43-44, n° 30.

9. — On ne peut appeler du jugement de défaut-congé pris par le défendeur contre le demandeur qui ne comparaît pas.

4 décembre 1816, t. III, n° 496.

§ 4.
De la signification des jugements de défaut.

10. — Aucune loi n'exige la mention de l'immatricule de l'huissier dans le jugement qui commet cet huissier pour signifier un jugement par défaut.

16 janvier 1811, t. II, n° 326.

11. — L'art. 1033 du C. de pr., qui défend de compter le jour de la signification et celui de l'échéance pour le délai des ajournements, citations, sommations et autres actes faits à personne ou domicile, n'est pas applicable au délai de six mois fixé par l'art. 156 du même Code pour l'exécution des jugements par défaut faute d'avoir constitué avoué : un tel jugement doit être déclaré nul vis-à-vis des tiers lorsque, rendu le 18 juillet, il n'a été suivi d'acquiescement de la part du débiteur que le 19 janvier suivant.

14 mai 1847, 47-48, n° 12.

12. — Les six mois accordés par le C. de pr. civ. pour l'exécution d'un jugement par défaut, sous peine de péremption de ce jugement, s'écoulent quand même, pendant quatre de ces six mois, celui en faveur duquel le jugement a été rendu a été dans l'impossibilité de l'exécuter par suite *du blocus* : il suffit, pour que la péremption ait lieu, que depuis la cessation de l'obstacle la partie ait eu le délai nécessaire pour agir.

17 mars 1815, t. III, n° 455.

13. — Un procès-verbal de carence dressé en vertu d'un jugement par défaut, faute d'avoué constitué, au domicile du débiteur absent ou présent, est un acte d'exécution réputé suffisamment connu pour empêcher la prescription de six mois établie par l'art. 156 du Code de procédure civile.

10 février 1848, 47-48, n° 74.

14. — L'acquiescement donné dans les six mois par l'un des endosseurs d'un effet de commerce à un jugement par défaut faute d'avoué constitué, portant condamnation contre tous au paiement de cet effet, ne prive pas ses codébiteurs du bénéfice de l'art. 156 du C. de pr. L'art. 2249 du C. N. n'est pas applicable en pareil cas.

14 mai 1847, 47-48, n° 12.

15. — Lorsque, faute d'exécution dans les six mois de son obtention, un jugement par défaut

est périmé, les actes antérieurs conservent leur efficacité.

Spécialement, lorsqu'un jugement prononçant la validité d'une saisie-arrêt est périmé faute d'avoir été exécuté dans les six mois, la saisie-arrêt ne cesse pas de frapper les deniers saisis-arrêtés. — En conséquence, le tiers saisi qui, au mépris de cette saisie-arrêt, paierait un saisissant postérieur alors même que la saisie-arrêt de ce dernier aurait été validée, ne serait point valablement libéré vis-à-vis du premier saisissant.

15 avril 1867, 66-67, n° 103.

§ 5.
Du défaut faute de conclure.

16. — Lorsqu'une partie a conclu au commencement de la plaidoirie sur la forme et sur le fond et s'est retirée après avoir justifié ses conclusions, seulement quant à la forme, le jugement qui est intervenu n'en est pas moins contradictoire dans ses deux parties.

2 mars 1815, t. III, n° 452.

17. — Un arrêt doit être réputé contradictoire lorsqu'il a été rendu sur les qualités posées et les conclusions contradictoirement prises par les parties à l'audience où la plaidoirie de la cause avait été fixée, en conformité de l'art. 28 du décret du 30 mars 1808 ; il doit en être de même lorsqu'il y a eu simplement remise de la cause à une autre audience et qu'au jour fixé une des parties a paru pour demander ou consentir la continuation, mais a fait défaut sur le fond.

29 novembre 1809, t. II, n° 285.

§ 6.
De l'opposition aux jugements par défaut faute de comparaître.

18. — L'opposition à un jugement rendu par défaut contre une partie qui n'a pas constitué d'avoué ne peut pas être écartée d'après l'art. 158 du Code de procédure, s'il y a eu simple saisie des meubles et non pas vente.

12 décembre 1812, t. III, n° 433.

19. — Suivant la disposition de l'art. 158 du Code de procédure civile, la partie qui n'a pas eu d'avoué peut former opposition jusqu'à l'exécution du jugement, et d'après l'art. 159, le jugement n'est censé exécuté qu'après la vente des meubles; mais, ensuite de la disposition du même article, s'il résulte de quelque acte que la partie défaillante a eu nécessairement connaissance du jugement, elle est non recevable à y former opposition; pour concilier cette antinomie apparente, la jurisprudence doit restreindre la dernière disposition de cet article aux actes qui sont le fait de la partie elle-même, puisque nul ne pouvant ignorer son propre fait, la partie alors a nécessairement eu connaissance du jugement.

16 août 1814, t. III, n° 441.

20. — L'art. 159 du Code de procédure est démonstratif et non limitatif. Ainsi, en indiquant plusieurs actes desquels il résulte que le jugement est censé exécuté, il ne s'ensuit pas qu'il ne peut être réputé tel d'aucune autre manière.

16 janvier 1811, t. II, n° 326.

21. — L'art. 159 du Code de procédure est la suite et la conséquence des art. 156 et 158, et le mode d'exécution, tracé pour empêcher la péremption d'un jugement par défaut, faute de constitution d'avoué, suffit de même pour en interdire l'opposition.

L'art. 159 n'est pas limitatif, mais seulement démonstratif. Ainsi, un jugement peut être censé exécuté par d'autres voies que celles qui y sont nominativement indiquées, et notamment le procès-verbal de carence dressé par l'huissier à défaut de meubles saisissables peut et doit remplacer la discussion du mobilier.

27 janvier 1819, t. IV, n° 603.

22. — L'opposition à un jugement par défaut, formée par acte extrajudiciaire, est nulle si elle n'a point été renouvelée dans la huitaine par requête et par constitution d'avoué, et, dans ce cas, les délais de l'appel ont commencé à courir contre l'opposant depuis cette huitaine.

21 mai 1810, t. II, n° 306.

23. — L'art. 162 du Code de procédure civile ne concerne que les oppositions extrajudiciaires ou les déclarations d'opposition sur les commandements, procès-verbaux de saisie, d'emprisonnement, qui doivent être réitérés dans la huitaine; mais il est étranger aux oppositions formées par requête, conformément aux art. 160 et 161.

2 décembre 1814, t. II, n° 420.

24. — Une opposition à un jugement par défaut peut être valablement faite par un ajournement qui lie l'instance; il n'est pas nécessaire de réitérer l'opposition par requête d'avoué à avoué.

23 février 1854, 53-57, n° 46, p. 105.

§ 7.

*De l'opposition aux jugements par
défaut faute de conclure.*

25. — Jugé que les tribunaux ne peuvent être saisis que d'actions réelles existantes, et qui tendent à terminer les difficultés qui leur sont soumises; qu'ainsi, en accordant la faculté de former opposition à un jugement par défaut, la loi a entendu que cette opposition fût certaine, définitive et non pas éventuelle; que dans le cas particulier l'opposition du sieur Pescheur à l'arrêt du 21 août 1809 ne peut pas être regardée comme réelle et sérieuse, puisque le demandeur a déclaré qu'il n'entendait la former que dans le cas où, contre justice et toute impossibilité, la signification qui avait été faite à son avoué serait déclarée valable, se réservant, au cas contraire, de la former et d'y insérer les moyens dans les délais légaux, lorsque le jugement serait valablement signifié ; qu'une pareille forme d'opposition, si elle était adoptée, loin de terminer le procès par une décision souveraine, tendrait au contraire à l'éterniser et à rendre illusoire l'arrêt à intervenir, puisque, sous le prétexte que la signification faite à avoué de l'arrêt du 21 août n'est pas valable, le demandeur ne manquerait pas de former une nouvelle opposition, malgré l'arrêt qui l'aurait débouté de la première.

29 novembre 1809, t. II, n° 285.

26. — L'opposition formée à un arrêt par défaut le huitième jour, non compris celui de la signification de cet arrêt, n'est pas tardive.

Sous l'empire de l'ordonnance de 1667, il n'était pas nécessaire pour la validité d'une opposition que les motifs de cette opposition y fussent contenus.

24 août 1808, t. I, n° 224.

27. — Il n'est pas exigé, à peine de nullité, qu'une requête en opposition incidente formée contre un arrêt par défaut qui a admis une inscription de faux contienne les motifs d'opposition.

16 janvier 1807, t. I. n° 160.

§ 8.

De l'exécution des jugements par défaut contre des tiers.

28. — Quand toutes les personnes contre lesquelles on exécute un arrêt y ont été parties, il n'est pas nécessaire à leur égard de remplir les formalités établies par les art. 164 et 548 du Code de procédure civile.

23 mars 1827, 27-28. n° 28.

§ additionnel.

Des jugements par défaut en matière commerciale.

1° Du défaut profit joint.

29. — L'art. 153 du Code de procédure civile, relatif aux juge-

ments de jonction en cas de non-comparution de l'un des défendeurs, n'est point applicable, sous peine de nullité, devant les tribunaux de commerce.

8 août 1868, 68-69, n° 37, p. 153.

2° Défaut faute de comparaître.

30. — Il résulte de l'art. 643 du C. de comm. que les art. 158 et 159 du Code de procédure sont applicables aux tribunaux de commerce. Ainsi, toutes les fois qu'un jugement aura été rendu par ces tribunaux en l'absence d'une partie, ce jugement doit être réputé par défaut faute de comparaître, et la partie défaillante doit avoir, pour revenir par opposition, non pas seulement un délai de huitaine à compter du jour de la signification, mais celui accordé par l'art. 158 du Code de procédure.

27 juin 1823, t. IV, n° 832. p. 309.

3° Défaut faute de défendre.

31. — Devant les tribunaux de commerce, le jugement rendu par défaut contre une partie qui a comparu dans une précédente audience doit être qualifié *faute de défendre*, et par suite l'opposition n'est recevable que dans la huitaine de la signification.

Toutefois, cette comparution du défendeur en matière commerciale n'a l'effet d'une constitution d'avoué en matière civile qu'autant qu'il ne s'est produit dans le cours du débat aucune demande nouvelle.

Spécialement, sur l'instance intentée en paiement d'une somme déterminée à titre de dommages-intérêts, les conclusions prises par le demandeur, après expertise ordonnée contradictoirement, en paiement d'une somme plus forte, constituent une demande nouvelle qui ne peut être introduite par une simple citation au greffe du tribunal, conformément à l'art. 422 du Code de procédure civile, et le jugement par défaut, intervenu sur une telle procédure, n'est plus qu'un jugement faute de comparaître, dont l'opposition est recevable jusqu'à l'exécution.

7 juin 1862. 62-65. n° 14. p. 48.

4° Opposition.

32. — L'art. 543 du Code de commerce rend applicables aux tribunaux civils les dispositions des art. 158, 159 et 166 du Code de procédure civile. En conséquence, un jugement par défaut du tribunal de commerce est susceptible d'opposition tant qu'il n'a pas été exécuté non-seulement par la saisie des débiteurs, mais par la vente des objets saisis.

12 déc. 1812, t. III, n° 433.

33. — L'opposition formée à un jugement rendu en matière de commerce n'est point un acte qui puisse être signifié d'avoué à avoué, mais un véritable ajournement soumis aux formalités du Code de proc., art. 61, puisque, dans ces sortes de causes, les parties doivent paraître en personne devant le tribunal et sans le ministère d'avoués.

6 déc. 1821. t. IV, n° 832, p. 309.

34. — Par une exception spéciale aux matières de commerce, l'opposition à un jugement par défaut est recevable jusqu'à l'exécution du jugement.

L'omission de la signature de l'huissier sur la copie d'un exploit remise à une partie constitue une nullité radicale et absolue ; la copie, en effet, tenant lieu de l'original, la partie n'a entre les mains qu'un acte sans valeur et sans existence légale. L'huissier est responsable de la nullité qu'il a commise ; mais le juge ne peut être contraint à accorder à la partie lésée un délai pour le mettre en cause ; il est suffisamment pourvu aux intérêts de la partie en lui réservant son recours contre l'huissier.

14 juillet 1871, 70-71, n° 59, p. 251.

V. Appel civil, Instruction criminelle.

Jugement préparatoire — interlocutoire.

De la règle que les juges ne sont pas liés par leurs jugements préparatoires et interlocutoires.

1. — Les jugements interlocutoires ne lient pas les juges qui les ont rendus ; ils peuvent donc n'avoir aucun égard, lorsqu'ils prononcent définitivement, à la preuve qu'ils avaient ordonnée.

5 août 1826, t. V, n° 937.

2. — Les jugements interlocutoires qui ont été exécutés et dont on n'a point appelé ne lient ni les juges ni les parties sur le fond du droit.

10 déc. 1827, 27-28, n° 58.

Les jugements préparatoires ne lient pas les juges ni les parties qui y ont acquiescé, surtout quand ces jugements réservaient aux parties *tous leurs droits, moyens et prétentions*.

4 juin 1827, 27-28. n° 35.

3. — Le jugement qui prononce un sursis à l'exécution d'un arrêté administratif, jusqu'à ce que les parties aient fait statuer sur l'opposition qui y a été formée, est un jugement définitif, et non un simple interlocutoire, qui ne lierait pas les juges.

Ce jugement peut être signifié à partie pour faire courir les délais d'appel, et dès lors on ne peut dans la taxe des dépens rejeter les frais de cette signification, sous le prétexte que l'art. 147 du Code de pr. civ. n'autorise une pareille signification que pour les jugements portant condamnation.

1er juin 1836, 36. n° 36, p. 103.

4. — La règle que l'interlocutoire ne lie pas le juge ne s'applique à un jugement que lorsqu'il est purement interlocutoire.

3 août 1861, 60-61, n° 60.

5. — Un jugement interlocutoire ne lie pas le juge ; mais ce juge ne peut en discéder qu'après l'exécution de la mesure ordonnée et sur nouveaux débats.

Spécialement, le tribunal qui a ordonné une enquête et dont le jugement a été confirmé sur ce point par arrêt de la Cour, ne peut ensuite, sans commettre un déni de justice, refuser de donner un juge-commissaire pour procéder à l'enquête, sous prétexte que des motifs et du dispositif de l'arrêt il résulte que cette enquête n'a plus de raison d'être.

2 mars 1867, 66-67, n° 90.

6. — Les jugements qui ordonnent une expertise ne sont que de simples préparatoires qui ne lient point les juges et qui n'acquièrent pas l'autorité de la chose jugée : par suite, les juges peuvent en discéder sans violer aucune loi, s'ils ont d'autres éléments de décision et s'ils n'attendent pas des lumières nouvelles de ce préparatoire.

26 mai 1871, 70-71, n° 47.

L

Légataires, V. DISPOSITIONS ENTRE-VIFS ET TESTAMENTAIRES.

Légitimation, V. PATERNITÉ ET FILIATION.

Legs, V. DISPOSITIONS ENTRE-VIFS ET TESTAMENTAIRES.

Lésion, V. SUCCESSION, VENTE.

Lettre de change, V. EFFETS DE COMMERCE, COMPÉTENCE COMMERCIALE.

Liberté provisoire.

De la mise en liberté provisoire.

1. — Nul autre magistrat que le procureur du roi ne peut former opposition à l'ordonnance par laquelle une chambre du conseil a prononcé la mise en liberté d'un prévenu.

Une pareille ordonnance, comme tout arrêt ou jugement, contient autant de décisions indépendantes qu'elle renferme de dispositions ; si donc l'opposition du procureur du roi a été restreinte à un chef, les autres demeurent acquis au prévenu.

6 janvier 1845, 45, n° 9, p. 21.

2. — Est recevable devant la chambre des mises en accusation l'opposition formée par le procureur de la république contre un jugement prononçant sous caution la mise en liberté provisoire d'un prévenu.

5 novembre 1847, 47-48, n° 52.

3. — En matière correctionnelle, la mise en liberté provisoire sous caution peut être accordée en tout état de cause, et notamment par la Cour d'appel, après un arrêt de condamnation, quand, par suite d'un pourvoi en cassation, cet arrêt n'a pas acquis l'autorité de la chose jugée.

3 juin 1848, 47-48, n° 107.

Librairie.

De l'autorisation nécessaire pour exercer la profession de libraire.

Les règlements des 28 février 1723 et 14 mars 1744 ont été abrogés par la loi des 2-17 mars 1791. Ils n'ont été remis en vigueur par aucune loi ni ordonnance postérieures.

L'article 11 de la loi du 21 octobre 1814 ne contient pas de sanction pénale pour sa disposition.

En conséquence, aucune peine ne peut être prononcée contre celui qui exerce le commerce de la librairie sans brevet.

6 avril 1829, 29, n° 35, p. 122.

Ligne flottante, V. PÊCHE.

Litispendance, V. EXCEPTIONS ET FINS DE NON-RECEVOIR.

Livres de commerce, V. PREUVE.

Loi.

§ 1er.
Actes qui ont force de loi.

1. — Les décrets de la *Convention nationale* ont force de loi.

Spécialement, a force de loi le décret du 22 août 1793, qui a prononcé l'abolition de toutes procédures instruites sur des faits relatifs à la révolution, et nul ne peut se prévaloir, pour en exiger l'exécution, de jugements de condamnation intervenus sur de pareils faits.

20 août 1818, t. III, n° 545.

§ 2.
Promulgation de la loi.

2. — Une loi française ne peut être exécutée dans un pays réuni où elle n'a pas été promulguée de la manière que le législateur a prescrite.

Spécialement, le règlement de 1723 n'a jamais été en vigueur dans la principauté de Montbéliard, et à supposer que l'ordonnance de 1827 l'ait fait revivre, elle a souvent été regardée comme remplaçant la promulgation expresse exigée par la loi.

6 avril 1829, 29, n° 35, p. 122.

§ 3.
Du conflit des lois nouvelles avec les lois anciennes. — Du principe de la rétroactivité et de la règle de la non-rétroactivité des lois.

3. — Un partage ordonné par un jugement de l'an x, qui n'a été commencé et exécuté que sous l'empire du Code civil, doit être fait d'après les formes exigées par ce Code, parce que l'on doit toujours suivre, pour la confection d'un acte, les formes prescrites par la loi en vigueur lorsqu'il a eu lieu.

29 août 1810, t. II, n° 317.

4. — Une loi peut, sans effet rétroactif, assujettir à certaines formalités la conservation d'un droit né sous la législation antérieure.

Spécialement, la citation en conciliation donnée sous l'empire de la loi du 24 août 1790 n'a pu être interruptive de prescription, si dans le mois de la mise en activité de ce Code, elle n'a pas été suivie d'un ajournement en justice.

12 mai 1829, 29, n° 39, p. 137.

5. — Une loi nouvelle est exécutoire du jour de sa promulgation, mais ne peut enlever à personne les droits qui lui sont irrévocablement acquis ; il faut à ce sujet distinguer la forme d'un acte de procédure avec les voies et délais à employer pour attaquer les jugements ; la forme des actes est soumise à la loi existante au moment où ils se passent ; ainsi, les formalités de la requête civile présentée sous l'empire du Code de procédure doivent être réglées par ce Code ; mais les voies et délais pour attaquer les jugements antérieurs à cette loi sont réglés par celle qui était en vigueur au moment où ces jugements ont été rendus.

6 mai 1825, t. IV, n° 752, p. 207.

6. — Les procédures commencées sous l'empire de l'ancien droit n'ont pas été anéanties par la publication des lois nouvelles.

12 août 1829, 29, n° 60, p. 201.

7. — Si, en règle générale, la procédure faite en exécution d'un jugement doit être considérée comme une procédure nouvelle, dont l'instruction doit être soumise aux formes voulues par la loi existante lorsqu'elle a commencé, et non pas à celle qui était en vigueur au moment de la prononciation du jugement, il n'en doit pas être de même lorsque le jugement rendu avant le Code de pr. civ. ne s'est pas borné à ordonner une estimation de fruits et levées, mais a décidé le mode dont cette estimation serait faite : dans ce cas, on n'est pas obligé de faire nommer par arrêt nouveau trois experts en conformité des art. 302 et suiv. du C. de pr. civ.

25 janvier 1809, t. I, n° 244.

8. — Les règles de procédure civile établies par les lois anciennes doivent continuer à être observées, même sous l'empire de lois nouvelles, pour le jugement des procès intentés avant leur mise en activité.

Spécialement, la nomination de trois experts faite d'office par un tribunal, en exécution du C. de pr. civ., est nulle, si l'affaire qui a donné lieu à cette nomination a été commencée sous l'empire de l'ordonnance de 1667. Elle devait être instruite dans les formes établies par cette loi.

19 avril 1809, t. I, n° 257.

9. — C'est d'après la loi en vigueur lors de l'ouverture de la succession que doivent être déterminés les droits des prétendants à la succession, et non d'après la loi en vigueur lors de la confection du testament.

23 juin 1808, t. I, n° 211.

10. — Le fils en faveur duquel son père a fait, sous l'empire de l'ordonnance de 1731, une institution de tous les biens qu'il laisserait à son décès, en le chargeant de payer la légitime à sa sœur et en se réservant une somme de 10,000 fr. dont il n'a point disposé avant sa mort, arrivée sous l'empire du C. N., ne peut, au préjudice de la légitimaire, retenir la somme réservée par le donateur :

la fille a droit à la réserve légale fixée par le C. N., et par conséquent peut prendre les biens libres qui se trouvent dans la succession de son père, jusqu'à concurrence et en tant moins de sa légitime ou réserve légale ; elle peut donc retenir sur les biens paternels le montant de cette légitime et la réserve de 10,000 fr., si ces deux objets cumulés n'excèdent pas la réserve fixée par l'art. 913 du même Code.

2 déc. 1817, t. III, n° 520.

11. — La validité des testaments, en ce qui concerne leurs formes intrinsèques et notamment l'institution d'un enfant du testateur, ou sa prétérition, se détermine par la loi en vigueur au temps de la mort du disposant.

12 mars 1829, 29, n° 22, p. 83.

12. — La succession du militaire qui est parti sous l'ancienne législation doit cependant être dévolue conformément à la loi moderne, en vertu de laquelle son absence a été déclarée, tant qu'il n'est pas clairement établi par les héritiers qui réclament l'application de l'ancienne loi que l'absent est mort sous son empire.

18 mai 1844, 43-44, n° 52.

13. — La validité de l'hypothèque concédée par un commerçant, sous l'empire de la loi de 1807 sur les faillites, doit être appréciée d'après les principes de cette loi, quand même la faillite aurait été déclarée postérieurement à la loi du 28 mai 1838, si l'époque à laquelle a été fixée son ouverture est antérieure à la nouvelle législation.

18 déc. 1844, 43-44, n° 123.

14. — Dans les questions dont la décision était incertaine sous la législation ancienne, la loi nouvelle est considérée comme expliquant le véritable sens dans lequel la loi ancienne doit être interprétée.

Les lois interprétatives sont applicables à toutes les causes régies par les lois interprétées.

30 août 1814. t. III, n° 416.

15. — On ne peut appliquer les dispositions du C. N à des faits antérieurs à sa publication que lorsqu'il y a incertitude dans la jurisprudence et contrariété d'arrêts ; dans ce cas, la loi nouvelle doit être considérée comme étant venue expliquer le véritable sens dans lequel la loi ancienne devait être interprétée.

27 déc. 1826, t. V, n° 921.

§ 4.

Du conflit des lois françaises avec les lois étrangères. — Du statut personnel et du statut réel. — Lois relatives à la forme et à l'exécution des actes.

16. — Le statut personnel oblige tous les Français tant qu'ils n'ont pas perdu leur nationalité. — Spécialement, les descendants de Suisses naturalisés Français, étant eux-mêmes Français, sont soumis à la loi du recrutement militaire, s'ils ne justifient pas d'une naturalisation en pays étranger.

14 déc. 1844, 43-44, n° 116.

17. — Dans les cas où la contrainte par corps est autorisée par la loi française, un Français peut s'y soumettre même en pays étranger et à l'égard d'un étranger.

8 novembre 1808, t. I, n° 227.

18. — Les créances sur des Français, hypothéquées sur des biens de France et appartenant à un étranger décédé en pays étranger, sont soumises au droit de mutation.

Les lois sur l'impôt et ses modes de recouvrement rentrent dans le statut réel, et les tribunaux français sont compétents pour connaître des difficultés s'élevant à cet égard entre l'administration de l'enregistrement et un étranger

L'art. 3 du traité international du 8 juillet 1828 avec la Suisse, qui attribue la compétence aux juges naturels des défendeurs en matière personnelle, ne prévaut pas contre la règle ci-dessus.

29 janvier 1866, 66-67, n° 4.

19. — Le statut local ne régit les actes que relativement aux formes extérieures qui en constituent l'authenticité et la validité ; les effets qui en dérivent restent toujours subordonnés à la capacité des contractants et à la faculté qu'ils peuvent avoir de disposer de la chose qui fait l'objet du contrat ; les droits des parties dépendent ainsi de la législation qui fixe respectivement leur état personnel, la dévolution ou l'usage des biens sur lesquels il a été traité ; par sa nature, l'état des personnes est essentiellement variable.

2 février 1821, t. IV, n° 796, p. 265.

Lots, V. SUCCESSIONS.

Louage.

CHAPITRE 1er.

CHAPITRE 1ᵉʳ.

DU LOUAGE DES CHOSES.

§ 1ᵉʳ.

Des conditions de la validité du louage des choses.

1° Objet.

1. — Une carrière peut faire l'objet d'un bail, bien que ce soit une chose qui se diminue par l'usage.

24 juin 1854, 53-57, n° 52, p. 121.

2° Preuve.

2. — Suivant l'art. 1715, on ne peut admettre la preuve testimoniale pour établir l'existence d'un bail que lorsqu'il y a eu exécution de la convention qui serait intervenue à cet égard; mais si l'exécution dont se prévalent les preneurs ne résulte que de faits qui leur soient propres, tels que la culture et la semaille des immeubles prétendus amodiés, et que le bailleur soutienne qu'il s'est toujours opposé à ce qu'ils entrassent en jouissance d'un fonds, l'art. 1715 n'est pas applicable, etc.

14 déc. 1821, t. V, n° 944.

3. — Lorsqu'un bail verbal a reçu un commencement d'exécution, la preuve de sa durée et des conditions qui y ont été mises peut résulter de circonstances graves, précises et concordantes, s'il existe un commencement de preuve par écrit.

4 avril 1867, 66-67, n° 100.

3 bis. — La preuve de l'existence d'un bail verbal qui n'a encore reçu aucune exécution peut résulter de présomptions graves, précises et concordantes, et notamment d'une lettre écrite au bailleur par le preneur; mais cette preuve doit être admise avec beaucoup de réserve, et le doute s'interpréter contre la partie qui excipe de l'existence du bail.

28 décembre 1870, 70-71, n° 42.

§ 2.

Des clauses accessoires et des modifications que peut recevoir le contrat de louage.

4. — La clause par laquelle le fermier s'engage à reconstruire les bâtiments à lui loués et à faire dans ce but l'avance des capitaux, sauf à les imputer sur les termes à échoir des canons du bail, doit recevoir son exécution dans son entier, encore bien que le fonds loué fût affecté à des créances hypothécaires, alors d'ailleurs qu'aucun soupçon de fraude ne peut, eu égard aux circonstances de la cause, s'élever contre les stipulations intervenues entre le propriétaire et le locataire.

Si le locataire achète l'immeuble loué avant d'avoir pu recouvrer les sommes avancées par lui par des imputations successives, il doit être autorisé à conserver par-devers lui, sur le prix de son acquisition, tout ce qui peut lui rester dû, et ce, à l'encontre des créanciers hypothécaires, sans préjudice du droit appartenant toujours à ces derniers de critiquer les paiements directs faits par l'acquéreur au vendeur.

27 janvier 1853, 53-57, n° 13, p. 26

§ 3.

Des obligations du bailleur.

1° Délivrance.

5. — Quand même le preneur est obligé par son bail à la reconstruction d'un moulin, c'est toujours le propriétaire qui doit obtenir du gouvernement l'autorisation de construire.

23 mai 1844, 43-44, n° 54.

6. — Le locataire dont le mobilier est incendié par suite du mauvais état des lieux loués, n'a pas d'action en indemnité contre le propriétaire, si, en entrant en jouissance, il a connu le vice de construction qui a donné lieu à l'incendie.

14 novembre 1850, 49-52, n° 99.

2° Jouissance.

7. — Le bailleur ne peut, durant le bail, changer la forme de la chose louée; cependant, s'il s'agissait de changements qui ne peuvent gêner le locataire et auxquels il ne s'oppose que par malice, les juges devraient les permettre.

Inédit. 25 novembre 1841. Jacques c. Delangre.

8. — Le propriétaire ne peut apporter à l'état de la chose louée aucun changement qui soit de nature à nuire au preneur. Spécialement, le bailleur ne peut fermer par une serrure la porte d'un corridor dont le preneur avait le droit de jouir librement, alors même qu'une clef aurait été remise à ce dernier, si ce fait lui préjudicie.

21 mars 1861, 60-61, n° 69.

9 — Le bailleur est tenu de procurer au preneur la jouissance complète et paisible des avantages que le bail devait assurer à ce dernier.

En conséquence, le bailleur qui a loué une partie de sa maison pour y exercer une industrie déterminée ne peut, même en l'absence d'une stipulation expresse dans le bail, louer une autre partie de la même maison à un second locataire exerçant une industrie similaire.

Dès lors, est passible de dommages-intérêts vis-à-vis de son locataire le propriétaire qui tolère qu'un autre locataire transforme l'industrie par lui primitivement exercée en une autre industrie rivale de celle exercée par le premier.

31 janvier 1867, 66-67, n° 85.

10. — L'obligation que le bailleur contracte par le fait même du bail, de procurer au preneur la jouissance de la chose louée, ne doit s'entendre que de la détention matérielle en bon état et sans entraves de la chose louée.

Ainsi le bailleur ne peut être tenu de garantir son locataire commerçant contre la concurrence d'une industrie rivale qui s'établit dans la même maison qu'autant que cette obligation résulte d'une convention formelle ou des circonstances.

9 mars 1867, 66-67, n° 95.

§ 4.

Des obligations du preneur.

1° Usage de la chose louée.

11. — Le droit pour le preneur d'apposer sur les murs de la maison toutes indications pour faciliter au public l'entrée de son logement, résulte de la situation même des lieux et de la nécessité de ces inscriptions, mais ne doit s'exercer que de la manière la moins incommode pour les autres locataires.

21 mars 1861, 60-61, n° 69.

12. — L'art 1720 du C. N. obligeant le preneur à jouir de la chose louée suivant la destination présumée selon les circonstances, le locataire d'une forge est tenu de la faire rouler, pour prévenir, soit des dégradations des bâtiments, soit la perte de l'achalandage.

En vain soutiendrait-il que le roulement est devenu ruineux, notamment en raison des procédés anciens d'après lesquels l'usine est construite, quand le bailleur n'a pas pris l'engagement de se conformer au système nouveau.

Les tribunaux peuvent ordonner qu'il sera fourni une garantie en immeubles, ou qu'une somme sera consignée en prévision d'un dommage futur et incertain.

4 juin 1846, 46, n° 40.

13. — Quoique rien n'ait été spécialement stipulé dans le bail, le locataire qui a pris la qualité de menuisier a droit de placer un fourneau et de faire du feu dans la pièce qui lui a été louée pour lui servir de boutique. Le propriétaire doit souffrir que le locataire fasse les ouvrages nécessaires pour cela, notamment qu'il fasse un trou pour faire passer son tuyau dans la cheminée d'une chambre supérieure.

Inédit. 19 novembre 1835. Bourgeois c. Savory.

14. — Le locataire auquel une portion de maison a été louée pour en faire et disposer comme bon lui semblera ne peut pas la souslouer pour y établir une entreprise de messageries, bien qu'il y ait déjà eu dans le même local, dix ans avant, une entreprise de messageries. C'est un usage de la chose qui rend incommode l'habitation du surplus. Il faut que cette destination soit stipulée dans le bail, ou qu'elle résulte positivement des circonstances du fait.

Inédit. 28 août 1845. 2e Ch. Leminey c. Souzay.

15. — Il n'y a pas besoin de stipuler que le locataire se servira de la chose conformément à sa destination. C'est de droit. Si c'est une usine, le locataire doit la tenir en état de roulement. Si c'est une boutique, il doit l'occuper et la tenir ouverte.

Inédit. 16 mars 1860. Roland c. Dornier.

2° Paiement du prix.

16. — La clause portant que le cours du bail sera payable, *nonobstant tous cas fortuits prévus ou imprévus*, ne met à la charge du preneur que les cas de force majeure qui se réaliseraient après sa mise en jouissance.

23 mai 1844, 43-44. n° 54.

17. — Le fonctionnaire public dont la résidence est sujette à varier, et qui a loué un appartement, en promettant de payer six mois à l'avance, est censé avoir continué à jouir sous la même condition jusqu'à la fin du bail.

19 décembre 1810, t. II, n° 322.

3° Conservation de la chose louée.

18. — Les articles 1382 et 1383 du Code civil, en établissant que chacun est responsable du dommage qu'il a causé à autrui, rejettent par là même la preuve de la faute sur celui qui prétend les dommages-intérêts; ce principe général reçoit une exception par l'article 1733; mais les exceptions ne peuvent être étendues au delà des cas prévus, et cet article ne parlant que du locataire dans ses obligations envers le bailleur, on ne peut l'appliquer au propriétaire d'une maison voisine dont

l'incendie a consumé une maison assurée par une compagnie, et dès lors, c'est à cette compagnie à faire la preuve de l'imprudence ou de la négligence, cause de l'incendie.

30 novembre 1825, t. IV, n° 764, p. 217.

19. — Celui qui, locataire d'une maison pour partie, en est en même temps copropriétaire, n'en doit pas moins prouver, en cas de sinistre, qu'il est dans une des exceptions prévues par les articles 1733, 1734 du Code civil, à défaut de quoi il répond du dommage, mais en proportion seulement de la partie de maison qu'il occupait à titre de locataire.

18 avril 1845. 45. n° 55, p. 162.

20. — La responsabilité établie par l'art. 1733 du C. N. contre le locataire cesse quand il est démontré que la construction contenait des causes permanentes de danger, sans même qu'il soit justifié que le sinistre a précisément été occasionné par ces vices de construction.

29 août 1849, 49-52. n° 17.

21. — On ne doit pas être trop sévère pour la preuve des circonstances propres à exempter le locataire de présomption de faute que l'art. 1733 établit contre lui. Notamment, quand les vices de construction sont prouvés, il suffit qu'il soit probable qu'ils sont cause de l'incendie.

Inédit. 12 mars 1856, 1re Ch. *Assurances générales* c. Paul Duvergier. — 13 janvier 1866, 2e Ch. L'*Urbaine* c. faillite Lebaud.

22. — L'énumération faite par l'art. 1733 du C. N. des cas où le locataire cesse d'être responsable de l'incendie n'est pas limitative. En cas d'incendie, le preneur n'est pas tenu, pour se soustraire à cette responsabilité, de prouver que l'incendie est le résultat d'un cas fortuit déterminé; il suffit qu'il démontre qu'il n'y a pas faute de sa part, bien qu'il ne justifie pas que le feu n'a pas pris chez lui,

Et spécialement, le cas fortuit peut être déclaré résulter de la preuve que le feu ne s'est pas déclaré dans le local occupé par le locataire pour son industrie ou son ménage, et que la flamme s'est fait jour à une distance fort éloignée de la cheminée de ce même locataire, si du moins aucune négligence ou imprudence ne peut lui être reprochée.

26 août 1866, 66-67, n° 61.

23. — Pour être affranchi de toute responsabilité en cas d'incendie, le locataire doit établir qu'il apporte à la conservation du bâtiment la plus grande vigilance, qu'aucune faute ne lui est imputable, et que, par suite, l'incendie doit être attribué à un cas fortuit ou à une force majeure.

3 février 1869, 68-69, n° 61, p. 263.

23 bis. — Celui qui, étant propriétaire d'une maison, en habite une partie, peut, pour faire prononcer la responsabilité de l'un des locataires en cas d'incendie, agir comme s'il était lui-même un véritable locataire voulant se décharger de la responsabilité. Il lui suffit, en conséquence, de démontrer que le feu a commencé chez le locataire qu'il poursuit, sans être tenu d'articuler des faits de faute ou d'imprudence.

4 août 1869, 68-69, n° 85, p. 345.

§ 5.
Des différentes manières dont le contrat de louage prend fin.

1° Perte de la chose louée.

24. — Un locataire est fondé à demander la résolution du bail lorsqu'un voisin, en élevant sa maison, lui a ôté le jour dont il a besoin. On doit avoir égard à la profession qu'exerce le locataire. S'il exerce un métier pour lequel il faille beaucoup de jour, on doit plus facilement lui accorder la résolution du bail.

Inédit. 7 août 1845. 1re Ch. Magnus c. Ethis.

25. — Dans le cas où les réparations à exécuter par le bailleur rendent le logement inhabitable, le bailleur peut éviter la résolution en mettant momentanément à la disposition du locataire un autre local.

Inédit. 22 mai 1856, 2e Ch. Thouverez c. Laresche.

26. — Il n'y a pas lieu à résiliation du bail d'une carrière, mais simplement à une diminution du prix du loyer, si, par suite d'accidents naturels, l'exploitation est devenue plus difficile, plus dispendieuse et moins productive.

24 juin 1854, 53-57, n° 52, p. 121.

27. — La destruction partielle de la chose louée donne au preneur le droit de demander à son choix une diminution de prix ou la résiliation du bail. Dans l'une et l'autre de ces hypothèses, le preneur n'a droit à aucun dédommagement pour privation de jouissance.

17 janvier 1861, 60-61, n° 44.

2° Condition résolutoire.

28. — Il y a lieu à résolution du bail sous seing privé si le preneur refuse, contrairement à sa promesse, de le passer par-devant notaire.

4 mars 1844, 43-44, n° 40.

29. — Lorsque le canon d'un bail doit être payé au domicile du bailleur et qu'il a été stipulé que le contrat serait résolu faute de paiement au jour fixé, la résolution a lieu de plein droit en cas d'inexécution de l'engagement, sans qu'il soit besoin de mise en demeure, surtout si le bailleur, en relouant à un tiers, a usé du droit que lui conférait la déchéance convenue.

L'art. 1656 du Code Napoléon est inapplicable en pareil cas.

26 mars 1846, 46, n° 77, p. 196.

30. — A supposer que la résolution d'un bail puisse être, en général, prononcée à défaut de paiement d'un seul terme, il n'en doit point être ainsi dans le cas où quelques jours seulement se sont écoulés depuis le terme échu jusqu'au moment où une saisie-gagerie, paralysant toutes les ressources du fermier, a été pratiquée par le bailleur.

9 février 1846, 46, n° 34.

31. — Le bailleur qui a loué une partie de sa maison pour l'exercice d'une profession déterminée ne peut pas louer une autre partie de cette maison à un concurrent du premier locataire ou lui faire lui-même concurrence.

En tout cas, l'établissement d'un *cercle* ou *casino* ne doit pas être considéré comme une concurrence illégale à un café.

Inédit. 1re Ch. 5 décembre 1865. Veuve Coley c. Coly.

32. — Le bail peut être résilié lorsque le preneur emploie la chose louée à un autre usage que celui auquel elle a été destinée.

Spécialement, il y a lieu à résiliation du bail si le preneur emploie l'allée du jardin dépendant de sa location à faire trotter, avant de les acheter ou de les vendre, les chevaux dont il fait le commerce.

14 février 1867, 66-67, n° 86.

32 bis. — Lorsqu'un bail stipule que la résolution sera encourue, au gré du bailleur, à défaut du paiement d'un seul trimestre de loyer, dans le mois de son échéance, sans qu'il soit besoin d'acte de mise en demeure, le locataire ne peut se soustraire à l'application de cette clause pénale, en faisant des offres réelles plus d'un mois après le congé que le bailleur lui a notifié.

7 août 1871, 70-71, n° 51.

3° Eviction.

33. — Lorsque l'éviction d'un bail de biens ruraux provient d'un fait volontaire au bailleur, autre que la vente des immeubles loués,

il y a lieu à l'application de l'article 1746 du Code civil, qui fixe l'indemnité due au fermier au tiers du prix du bail, pour tout le temps qui reste à courir.

26 mai 1836, 36, p. 91.

34. — Selon les circonstances, l'éviction de partie de la chose louée ne donne lieu à la résolution du bail qu'autant qu'il en résulte une incommodité ou un préjudice notable. Il faut que la diminution de jouissance, résultat de l'éviction, soit de telle importance que, si elle avait été connue à l'époque du traité, le preneur n'aurait pas contracté.

Inédit. 15 juillet 1845, 1re Ch. De Magnoncourt contre Mariotte.

4° Expiration du temps fixé pour la durée du bail.

35. — La durée d'un bail doit être comptée, non de l'époque primitivement convenue entre les parties, mais de l'entrée en jouissance du locataire, quand cette entrée en jouissance a été tacitement acceptée pendant plusieurs années pour point de départ des termes de loyer.

11 novembre 1846, 46, n° 56.

36. — Quand la durée du bail verbal a été fixée par les parties et qu'elle est avouée, il ne peut pas être donné congé conformément à l'usage des lieux : il ne dépend pas de l'une des parties d'abréger le temps convenu.

Inédit. 26 août 1856. 1re Ch. Girod c. Ruffier.

37. — La tacite reconduction des meubles n'a lieu que pour le temps pendant lequel le locataire les a gardés du consentement du locateur après l'expiration du bail.

10 mars 1845, 45, n° 88, p. 234.

38. — La reconduction tacite est un nouveau bail qui ne s'opère que par le concours de volonté du bailleur et du preneur. Il ne suffit pas pour cela que le preneur reste en possession, il faut qu'il y reste avec l'intention de jouir comme preneur, et qu'il y soit laissé par le bailleur avec la même intention.

Inédit. 5 mai 1847, 1re Ch. Doriot c. Chenot.

39. — Le fait du preneur qui, après un congé donné par le bailleur, demande de nouveaux arrangements et met provisoirement en culture certaines parties du domaine avec l'agrément du propriétaire, ne peut être considéré comme opérant une tacite reconduction qui le soumette aux charges dérivant du bail primitif.

En cas de tacite reconduction, la solidarité primitivement consentie par les preneurs s'étend à leur nouvel engagement.

16 décembre 1848, 47-48, n° 126.

40. — La durée présumée des baux verbaux est, dans la ville de Gray, d'après l'usage, de trois, six ou neuf années.

27 mai 1850, 49-52. n° 96.

5° Congé.

41. — Lorsque le bail n'est que verbal, le bailleur peut donner congé au preneur, à quelque époque que ce soit de l'année.

Il suffit que le congé soit donné trois mois à l'avance, lorsqu'il ne s'agit pas d'un grand appartement ou d'un magasin, mais d'un petit appartement avec boutique, par exemple d'un appartement avec boutique dont le loyer ne s'élève qu'à 240 fr. par an.

31 août 1836, 36, p. 177.

42. — Dans l'arrondissement de Lure, l'usage pour les baux de maison est de donner congé trois mois à l'avance.

26 février 1845, 45. n° 28, p. 82.

6° Effets sur le bail de l'aliénation de la chose louée.

43. — La clause du cahier des charges imposant à l'adjudicataire d'une maison l'obligation d'entretenir les baux, s'il en existe, de telle manière qu'il n'y ait pas d'action en dommages-intérêts de la part des locataires, doit produire son effet même en ce qui concerne les baux qui n'ont pas acquis date certaine avant l'adjudication, quelle qu'en soit d'ailleurs la durée.

25 novembre 1850, 49-52, n° 62.

44. — Le propriétaire grevé de dettes, même hypothécaires, conserve le droit d'amodier les immeubles aux conditions et pour le temps qu'il juge convenables, pourvu qu'il n'y ait pas fraude de la part du fermier. Il peut valablement stipuler et recevoir des paiements de fermage par anticipation. Ces stipulations et paiements sont opposables par le fermier à un nouvel acquéreur et aux créanciers hypothécaires.

Inédit. 4 juin 1838, 1re Ch. Bretillot c. Gousset et Morel.

45. — Il ne résulte pas de l'art. 1743 du Code Napoléon que le preneur ait pour l'exécution du bail non-seulement action contre le bailleur, mais encore contre le tiers détenteur de l'immeuble loué.

Inédit. 1er février 1859, 2e Ch. Veuve Lanoix, etc., c. Nélaton.

§ 6.

Règles particulières aux baux à ferme.

1° Des baux à ferme ordinaires.

46. — La clause d'un bail par laquelle le fermier était obligé de payer toutes impositions prévues et imprévues ne peut être étendue aux réquisitions que l'invasion de 1814 a nécessitées, parce que c'est le résultat d'une force majeure qui ne peut avoir été l'objet de la convention; la répartition doit donc en être faite entre le propriétaire et le fermier suivant l'équité et les circonstances particulières.

20 juin 1816, t. III, n° 566.

47. — La stipulation par laquelle un fermier a pris à sa charge les cas fortuits ne s'entend pas des cas fortuits extraordinaires, tels que faits du prince et dévastations de guerre.

Et spécialement, doivent être considérées comme dommage résultant du fait du prince les dégradations et ruine de l'écluse d'un moulin causées par les travaux d'établissement de chemin de fer.

Ni l'action en indemnité portée par le fermier contre la compagnie du chemin de fer devant la juridiction administrative, ni le règlement de compte intervenu entre le preneur et le bailleur, ne devraient être interprétés, dans ce cas, comme une renonciation au recours contre le propriétaire. Le fermier peut, reconventionnellement, demander la compensation de l'indemnité due pour ce dommage, bien que cette créance ne soit ni certaine ni liquide, avec les sommes dont il s'est reconnu débiteur pour prix du fermage.

2 juillet 1866, 66-67, n° 115.

48. — Un bailleur qui n'a pas fait constater, lors de la sortie de ses fermiers, qu'ils n'avaient point laissé les pailles et fumiers qu'ils étaient obligés de fournir, ne peut plus, longtemps après, et lorsqu'il a loué ses terres à d'autres fermiers, réclamer ces fumiers et pailles, ni faire constater le déficit qui pourrait exister dans ces objets. Il en doit être décidé de même, par analogie, suivant l'art. 1731 du Code civil, tant à l'égard de ces pailles et fumiers qu'à l'égard des réparations locatives, que le fermier ne pourrait plus astreindre le propriétaire à prouver longtemps après son entrée dans la ferme lorsqu'il n'y a pas eu de reconnaissance qui constatait l'état des lieux.

23 juin 1821, t. IV. n° 803. p. 274.

49. — L'obligation imposée au fermier de ne divertir ni paille, ni fourrage, ni fumier, n'entraîne pas comme conséquence l'obligation de les laisser à sa sortie sans indemnité.

Inédit. 17 juin 1841, 1re Ch. Petit c. Jeanin.

50. — Lorsque la résolution du bail a été prononcée aux torts du propriétaire, le fermier a le droit de retenir les objets loués tant qu'il n'est pas payé des dommages-intérêts et indemnités à lui dus par le propriétaire.

Inédit. 29 octobre 1838, 2e Ch. De Magnoncourt c. Vautherin.

50 bis. — Bien que la saisie-gagerie ne puisse être exercée par les propriétaires sur les objets garnissant la ferme, d'après l'art. 819 du Code de pr., que pour loyers et fermages échus, on doit cependant, en entendant sainement cette disposition, l'étendre à tout ce qui est dû en vertu d'un bail, et qui en peut être considéré comme un accessoire immédiat.

3 juin 1824, t. IV. n° 847. p. 327.

2° Du colonage partiaire.

51. — Si, dans un bail, des parties n'ont point déterminé la mesure à suivre dans la livraison des rentaires, elles sont par cela seul censées avoir adopté celle du lieu du contrat.

22 messidor an II, t. I. n° 78.

CHAPITRE II.

DU LOUAGE D'OUVRAGE.

§ 1er.

Du louage des domestiques et ouvriers.

52. — La détermination immédiate du prix n'est pas de l'essence du contrat de louage d'industrie, et doit être, dans le silence des parties, fixée par les tribunaux.

....Alors surtout que l'exécution du contrat est commencée.

27 nov. 1863, 62-65, n° 57, p. 201.

53. — Le fabricant qui a admis un ouvrier non muni du livret exigé par l'art. 12 de la loi du 22 germinal an XI ne peut s'excuser en alléguant que cet ouvrier s'est présenté chez lui comme libre de tout engagement, ou que la retenue stipulée pour faire rentrer l'ancien maître dans ses avances a été exercée dans un temps plus court que celui dont les parties étaient convenues.

Les dommages-intérêts dus en pareil cas au maître que l'ouvrier a quitté sont, non-seulement de la perte qu'il a faite, mais du gain dont il a été privé.

8 mai 1844, 43-44, n° 93.

54. — Lorsque la durée du contrat de louage d'ouvrage n'est pas limitée à un temps fixe et précis, le patron qui veut rompre le contrat est obligé de prévenir le commis à temps utile ou de lui payer, s'il le congédie sans délai, une indemnité proportionnée au temps présumé nécessaire pour que le commis puisse se procurer un autre emploi ou se créer des occupations lucratives.

31 décembre 1858, 58-59, n° 29.

54 bis. — Le fait de remettre à un meunier une certaine quantité de blé pour être transformé en farine ne constitue pas un simple dépôt régi par l'art. 1927, C. civ., mais un contrat de louage d'industrie prévu par l'art. 1789 du même Code.

De là, en cas de perte des marchandises ainsi livrées, le meunier qui fournit, non la matière, mais seulement son travail ou son industrie, n'est tenu que de sa faute.

....1871, 70-71, n° 48, p. 193.

55. — Le commis qui a été renvoyé brusquement, sans congé préalable et sans motifs graves, a droit à une indemnité.

Inédits. 31 décembre 1857, 2° Ch. Paillard c. Jeanhenriot et Clerc. — 31 juillet 1857, 2° Ch. Vautier c. Guillemin. — 17 mars 1859, 3° Ch. Pansard c. Vautier.

55 bis. — Une compagnie de chemin de fer ne peut rompre brusquement et sans motifs le contrat de louage d'industrie qui intervient entre elle et un de ses employés, à moins d'allouer à l'agent renvoyé une indemnité qui lui permette de chercher et de trouver un autre emploi.

Spécialement, ne peut être congédié sans indemnité ou sans avertissement préalable l'employé à qui l'on ne peut reprocher que son état de maladie.

L'employé d'une compagnie de chemin de fer congédié pour des motifs suffisants, avant le temps de la retraite, ne peut répéter les retenues opérées sur son traitement pour la caisse des retraites. Il en serait autrement si la compagnie avait anéanti de mauvaise foi, et avant l'expiration du temps fixé pour la retraite, les droits de son employé par un renvoi arbitraire.

7 mars 1870, 70-71, n° 13.

L'employé congédié pour des motifs suffisants n'a droit ni à des dommages-intérêts ni à la restitution des sommes qui lui auraient été retenues par la caisse des retraites.

23 mars 1870, 70-71, n° 15.

§ 2.

Du contrat de remplacement militaire.

56. — Une convention faite pour remplacer un conscrit de la classe de 1807 ne peut être étendue au rappel qui a eu lieu en vertu du sénatus-consulte du 21 septembre 1808 ; c'est ici le fait du prince, dont on ne doit pas répondre.

14 juillet 1809, t. II, n° 275.

57. — Une convention par laquelle un individu s'est obligé à remplacer un conscrit est un contrat synallagmatique, et fait partie de ceux connus sous le nom de *locatio operarum*, qui se résolvent par l'inexécution de la part de l'une des parties : ce n'est point un contrat aléatoire.

Celui qui a remplacé un conscrit appelé au service ne peut exiger la somme entière qui lui a été promise, si, ayant été obligé de servir pour son propre compte, en vertu du rappel du sénatus-consulte du 10 septembre 1808, il en résulte que le conscrit remplacé n'est plus représenté par celui avec qui il avait traité : dans ce cas, le remplaçant n'a droit qu'à une partie de la somme, à titre d'indemnité, et qui doit être proportionnée au temps qu'il a servi.

17 juillet 1810, t. II, n° 312.

58. — Lorsqu'il y a eu entre deux conscrits substitution de numéros, et que le conscrit remplacé a été rappelé en vertu du sénatus-consulte du 5 octobre 1809, il est dû au remplaçant, à titre d'indemnité, le montant des termes échus de la convention passée entre eux.

Les sénatus-consultes des 10 septembre 1808 et 5 octobre 1809 n'ont été que l'exécution de la loi du 19 fructidor an VI, et ne doivent pas être considérés comme des mesures extraordinaires.

18 février 1812, t. II, n° 358.

59. — Lorsqu'il y a substitution de numéros entre deux conscrits, et qu'il a été stipulé, dans le contrat passé à cet effet, que si le numéro partant venait à être licencié, ou si celui qui recevait le numéro le plus éloigné venait à être rappelé, il serait payé une somme moindre que celle stipulée pour la substitution de numéros, cette clause ne s'applique pas au cas où le conscrit parti en vertu de cet échange a été réformé pour infirmités contractées au service.

25 juin 1812, t. II, n° 368 ter.

60. — La désertion d'un conscrit suppléant ne peut donner lieu à l'annulation du contrat, et dispenser le suppléé de payer le prix du remplacement, que dans le cas où celui-ci aurait été recherché et où son suppléant aurait été déclaré déserteur, mais non point lorsqu'il a obtenu un congé provisoire à l'époque du licenciement effectué en 1815.

28 mars 1816, t. III, n° 475.

61. — Jugé qu'il n'est dû au remplaçant qu'une simple indemnité proportionnée au temps qu'il a servi, quand celui qu'il remplace a été rappelé sous les drapeaux par la faute du remplaçant ; et ce quand même il existe des décisions administratives jugeant que le rappel du remplacé a été fait à tort et que le remplaçant doit continuer à servir.

30 août 1816, t. III, n° 509.

62. — L'obligation par laquelle plusieurs pères ou parents de conscrits se sont promis de faire *remplacer mutuellement et à frais communs tous et chacun de ceux qui seraient désignés par le sort pour faire partie du contingent d'activité et de réserve dans la conscription de* 1807, a dû être limitée à cinq ans d'après la loi du 5 fructidor an VI et le sénatus-consulte du 5 octobre 1809, et n'a pu être étendue à la levée des cohortes de la garde nationale faite en vertu du sénatus-consulte du 13 mars 1812.

10 décembre 1817, t. III, n° 575.

63. — L'article 57 du décret du 8 fructidor an XIII ne s'applique point au cas où il y a eu substitution de numéros entre deux conscrits, mais seulement à celui où le remplaçant était d'une classe de conscription antérieure à celle du remplacé.

13 janvier 1820, t. IV, n° 783, p. 245.

64. — L'entremise d'un tiers qui, moyennant une somme, se charge de trouver un remplaçant et d'acheter les services de celui-ci est un trafic honteux ; l'engagement pris par ce tiers porte sur un objet hors de commerce et a une cause illicite : l'inexécution de stipulations de cette espèce ne peut donner lieu à des dommages-intérêts comme s'il s'agissait d'une convention licite : il suffit en ce cas que la partie qui a profité du contrat au préjudice de l'autre rende celle-ci entièrement indemne.

20 avril 1825, t. V, n° 945.

65. — Lorsqu'un échange de numéros a eu lieu entre deux conscrits de 1809, et qu'il a été stipulé dans le contrat que tout paiement cesserait du jour où celui qui recevrait le numéro non appelé serait obligé de partir, sans que le premier conscrit puisse rien exiger au delà de ce qu'il aurait reçu, cette clause doit être considérée comme pure et simple, et applicable sans distinction, soit que le numéro cédé ait été rappelé en vertu du sénatus-consulte du 3 octobre 1809, publié au moment du contrat, ou en vertu d'un nouveau, alors imprévu, parce que, où la loi ni les stipulations des parties n'ont pas distingué, le juge ne doit pas admettre de distinction.

26 mai 1825, t. IV, n° 862, p. 347.

66. — La radiation d'un militaire des contrôles de son corps n'est qu'une mesure d'ordre intérieur de chaque régiment, et n'établit point une preuve de désertion ni de libération.

2 février 1828, 27-28, n° 70.

67. — L'engagement de remplacer, contracté envers un agent d'assurances militaires, est présumé pris, à moins de clauses contraires, pour l'année dans laquelle il est intervenu.

27 juin 1850, 49-52, n° 84.

68. — La guerre et, par suite, l'augmentation du contingent, doivent être placés, à moins d'indications contraires, au premier rang des risques assurés par le contrat de remplacement militaire.

En conséquence, demeurent valables les contrats d'assurance contre les chances du tirage au sort, alors même que, postérieurement à la convention, une loi a,

par suite de la guerre, augmenté le contingent de la classe à laquelle appartenait l'assuré.

24 mars 1857, 53-57, n° 125, p. 388.

68 *bis.* — La loi qui fixe à 140,000 hommes le contingent du recrutement au lieu de 80,000, est un fait de force majeure qui change les conditions tacites du contrat d'assurance fait antérieurement à cette loi.

Inédit. 12 janvier 1855. 2° Ch. Broissard c. Sœurs et Lévy.

68 *ter* — Le remplaçant est fondé à réclamer la totalité du prix stipulé si, s'étant fait enrôler dans l'armée conformément à la législation en vigueur, il est resté incorporé à ce même titre jusqu'au licenciement. Le remplacé ne serait pas déchargé d'une part proportionnelle de ce prix par cela seul qu'il aurait été lui-même inscrit sur les contrôles de la garde mobilisée, en vertu du décret du 29 septembre 1870. Il alléguerait en vain que ce décret ayant été également applicable au remplaçant, celui-ci se serait trouvé *ipso facto* incorporé pour son propre compte.

Il doit surtout en être ainsi quand le remplacé n'a pas satisfait, dans toute leur étendue et pendant toute leur durée, aux exigences de ce dernier décret et n'a pas rendu d'autres services que ceux auxquels un habitant non mobilisé aurait pu être astreint.

7 août 1871, 70-71, n° 50.

§ 3.

Du louage des voituriers par terre et par eau.

69. — Les entrepreneurs de diligences sont responsables de la gestion de leurs préposés dans les fonctions qu'ils leur ont confiées, et notamment ils répondent de la perte des sommes ou effets qui leur ont été remis et dont ces préposés ont donné des reconnaissances.

Aucune loi n'astreint ceux qui déposent ces sortes d'objets au bureau des messageries à les faire inscrire sur le registre tenu par les entrepreneurs et ne les prive, dans le cas de non-inscription, du recours qui leur appartient quand ces objets viennent à être perdus.

19 janvier 1816, t. III, n° 470.

70. — Pour faire condamner le voiturier comme responsable, il n'est pas nécessaire de prouver qu'il a commis une faute ; c'est à lui à prouver qu'il y a eu force majeure qu'il n'a pu éviter.

Inédit. 28 mars 1836, ... Ch. Otten c. Jourdain.

71. — Il faut, pour que la responsabilité imposée aux compagnies de chemins de fer par les art. 1782 et 1952 du C. N. soit engagée, et qu'elles puissent être recherchées comme ayant manqué à l'active surveillance qu'elles doivent exercer dans l'intérieur des gares et leurs dépendances, qu'aucune faute ne soit imputable ni aux voyageurs ni aux personnes à leur service.

On ne saurait considérer comme préposés de la compagnie et placés sous sa responsabilité des agents des services de correspondance agréés par elle et auxquels un arrêté préfectoral ouvre l'accès de la gare pour le transport des bagages, mais qui ne sont ni sous sa direction ni à son service.

6 déc. 1869, 68-69, n° 95, p. 377.

71 *bis.*— Une loi qui fait remise des droits de navigation doit profiter au destinataire et non au voiturier, lors même que, d'après la convention, les droits de navigation étaient à la charge du voiturier.

Inédit. 2° Ch., 28 décembre 1854. Frayrion c. Bugnot-Colladon.

71 *ter.* — Un simple voiturier par eau ne peut être astreint à avoir des livres de commerce et à les produire.

30 décembre 1846, 46, n° 84, p. 217.

§ 4.

Du louage d'ouvrage qui se forme par suite de devis ou de marchés.

72. — Les particuliers et communes n'ont pas les connaissances convenables pour les constructions. Ils s'adressent aux architectes pour avoir une direction éclairée. Les architectes doivent donc étudier le sol, la localité, et ne proposer que des projets utilement exécutables; ils sont donc responsables des vices du sol, de ceux des projets, plans et devis, et de l'exécution des travaux qu'ils doivent surveiller et diriger.

Inédit. 1er décembre 1842, 2° Ch. La commune de Noiron c. Grudelet et Guyet.

73. — L'entrepreneur et l'architecte sont indivisiblement responsables envers le propriétaire, si le fait dommageable dont celui-ci se plaint est tout à la fois imputable à la faute de l'entrepreneur et à celle de l'architecte ; mais, à part cela, il n'y a entre eux ni indivisibilité ni solidarité de responsabilité. Notamment, l'architecte n'est pas responsable des fautes de l'entrepreneur lorsqu'il a fait tout ce qu'il a pu pour les prévenir et les faire réprimer.

Inédits. 4 juin 1846, 2° Ch. Dubost c. Bauffremont. — 30 novembre 1837, 2° Ch. Fauchon et la ville de Besançon c. Marnotte.

74. — Quand l'entrepreneur et l'architecte sont condamnés indivisiblement pour un fait dommageable, le montant de la condamnation doit ensuite être réparti entre eux dans les proportions de leurs torts respectifs.

Inédit. 13 février 1847, 2° Ch. Commune de Noiron c. Grudelet.

75. — Les maçons qui n'ont pas traité pour l'entreprise d'un bâtiment, mais qui n'ont fait marché que pour quelques ouvrages particuliers, tels que les maçonneries et la taille des pierres qu'ils étaient censés travailler sous la direction d'un maître, ne doivent être considérés que comme de simples ouvriers, et ils ne sont point responsables de ce qui a été fait contrairement aux règles que doivent observer les entrepreneurs et qui sont relatives à la solidité et à la propreté du bâtiment, mais seulement de la mauvaise façon qui se rencontrerait dans la main-d'œuvre faisant l'objet de leur entreprise.

21 juillet 1814, t. II, n° 410.

76. — L'architecte chargé de dresser les plans et devis d'une construction et d'en diriger les travaux est responsable, tant au vis-à-vis du propriétaire qu'à l'égard de l'entrepreneur, des faits imprévus que peuvent occasionner sa négligence ou son impéritie.

25 juillet 1844, 43-44, n° 88.

77. — Un entrepreneur n'est pas un préposé de la compagnie ou du propriétaire qui l'emploie : celui-ci n'est pas civilement responsable.

Inédits. 11 décembre 1861, 1re Ch. Rougier c. Garnier, Chapuis et la compagnie Paris-Lyon. — 10 mars 1862, 1re Ch. Marcilly et Taesch c. compagnie Paris-Lyon.

78. — Le délai de dix années, fixé par l'art. 1792 du C. N. pour la garantie des ouvrages exécutés par un entrepreneur, ensuite de devis ou marchés, ne doit courir que du jour de la rendue qui en est faite, quand le marché énonçait surtout qu'il en serait fait une.

Le consentement donné par un entrepreneur, par lequel il s'engage à faire toutes les réparations nécessaires à un bâtiment pour empêcher l'infiltration des eaux, est une reconnaissance de son obligation, comme le délai réclamé par lui pour le remplir est une interruption civile conditionnelle.

18 février 1826, t. V, n° 925.

79. — Si un propriétaire accepte les travaux faits dans son fonds, sur l'approbation formelle donnée par l'architecte à l'entrepreneur, il ne se rend pas non recevable à opposer plus tard le vice résultant de l'insuffisance des constructions, notamment quand le devis n'a pas été suivi. L'expertise qui a été faite entre le propriétaire et l'entrepreneur sans que l'architecte y ait été appelé n'est pas opposable à l'architecte.

30 novembre 1843, 43-44, n° 5.

80. — La réception et le paiement des travaux font obstacle à toute action en responsabilité du propriétaire contre l'architecte et l'entrepreneur, lorsqu'à ce moment le vice dont était affectée la construction était connu du propriétaire et avait été autorisé et voulu par lui.

Il en serait autrement si la construction était dangereuse par le vice du sol ou compromettante pour la sécurité des habitants : en pareil cas, la question de l'intérêt général ou la sécurité publique dominent toutes les volontés particulières : l'entrepreneur demeure responsable, même lorsqu'il prouve avoir averti le propriétaire.

La réception et le paiement des travaux ne seraient pas non plus un obstacle à l'exercice de l'action en responsabilité du propriétaire si le vice de construction, caché et inconnu d'abord, n'était apparu que plus tard.

15 juillet 1865, 62-65, n° 89, p. 381.

81. — L'entrepreneur de travaux communaux qui excède les termes du devis en exécutant des travaux qui n'y sont pas compris, n'a pas d'action en supplément de prix, alors qu'elle lui est refusée par une des clauses du cahier des charges.

L'article même de ce marché portant que la profondeur du puits à creuser n'est que présumée, et que le travail doit être continué jusqu'à ce qu'on rencontre une source suffisamment abondante, ne le dispense pas des formalités exigées en cas d'augmentation sur les dépenses prévues.

5 janvier 1856, 53-57, n° 85, p. 241.

81 *bis.*— La responsabilité des architectes et des entrepreneurs, établie par les art. 1792 et 1799 du Code civil, n'est point exclusive de l'appréciation des torts réciproques des parties.

En conséquence, les tribunaux peuvent limiter les dommages-intérêts dus au propriétaire par l'entrepreneur, en considération des torts que le propriétaire aurait lui-même à se reprocher.

5 février 1870, 70-71, n° 9.

82. — Les ouvriers et fournisseurs peuvent avoir action contre le propriétaire au delà de ce que celui-ci doit à l'entrepreneur, lorsqu'il résulte des circonstances de fait que l'entrepreneur voulait quitter les travaux et que le propriétaire s'est entremis pour assurer l'achèvement des travaux, qu'il a fait à l'entrepreneur des avances dépassant les sommes promises à celui-ci, et que le propriétaire a assisté aux paiements pour empêcher l'entrepreneur de détourner les fonds de leur destination.

Inédit. 22 juin 1858, 1re Ch. Compagnie du chemin de fer de Paris à Lyon c. Varenzo et Cie.

83. — Jouissent du bénéfice de l'art. 1798 du C. N. tous ceux qui concourent personnellement à la main-d'œuvre d'une entreprise quelconque, et notamment les tâcherons, maîtres ouvriers et sous-entrepreneurs, qui organisent et dirigent sur le terrain même les chantiers d'une construction de chemin de fer.

L'action directe que peuvent exercer les sous-entrepreneurs contre le propriétaire de l'ouvrage ne constitue point un privilége proprement dit : son effet est de dessaisir l'entrepreneur principal et d'empêcher toute cession qu'il ferait ultérieurement de ses droits.

Cette action embrasse tout ce qui peut être dû pour la main-d'œuvre et pour les fournitures en tant qu'elles sont accessoires de la main-d'œuvre et se confondent avec elle ; elle s'étend d'autre part à toutes les sommes dont le propriétaire peut rester débiteur, sans qu'il y ait lieu à diviser ce reliquat et à l'attribuer spécialement à certaines catégories de travaux ou à certaines parties de l'entreprise.

16 juin 1863, 62-63, n° 45, p. 150.

V. Compétence civile des juges de paix.

Louage d'ouvrage, V. Louage.

Loyers, V. Degrés de juridiction.

M

Maire, V. Commune.

Mandat.

§ 1er.

Validité du mandat.

1. — L'acceptation d'un mandat peut bien s'induire tacitement de l'exécution que le mandataire lui a donnée, mais il ne peut résulter de sa simple déclaration : *Non silentio ejus, sed rebus et factis.*

30 décembre 1819, n° 781, t. IV, p. 242.

2. — Le mandat tacite ne peut résulter que de l'expression non ambiguë de la volonté du mandant et du mandataire.

Spécialement, le notaire qui a passé un acte de vente ne saurait être considéré comme ayant reçu du vendeur mandat tacite de recevoir le prix, par ce fait seul que ce vendeur aurait consenti à toucher des mains du notaire les à-compte payés par les acheteurs.

3 mai 1869, 68-69, n° 73, p. 305.

§ 2.

Etendue du mandat.

3. — Il n'y a que le mandataire général ayant l'administration entière des biens du mandant, et le mandataire particulier ayant reçu le pouvoir de toucher, qui puissent recevoir les sommes dues à ce mandant.

30 juin 1812, t. II, n° 369.

4. — L'avoué, quoique chargé de poursuivre une vente, n'a pas le droit de toucher le montant du prix sans un mandat spécial. S'il agit pour une faillite dont il est un des syndics, c'est à ce titre et non comme avoué qu'il est censé avoir touché le prix.

8 juillet 1845, 45, n° 89, p. 236.

5. — Le pouvoir donné à un mandataire de nommer des arbitres et d'acquiescer à leur sentence ou d'en appeler n'emporte pas celui de leur conférer à l'avance celui de juger en dernier ressort.

La voie d'appel à laquelle le mandataire aurait indûment renoncé n'en reste pas moins ouverte, soit au mandant, soit même à celles des parties qui, ayant un intérêt identique, auraient conféré à leurs représentants pouvoir suffisant pour renoncer d'avance à tout recours contre la décision des arbitres.

8 juillet 1848, 47-48, n° 115.

6. — Le pouvoir de compromettre et nommer des arbitres ne transmet pas au mandataire le droit de nommer des amiables compositeurs, ni celui de renoncer à l'appel de la sentence arbitrale. En conséquence, de tels actes, excédant les limites du mandat, doivent être annulés, comme les décisions et poursuites qui les suivent.

13 mars 1866, 66-67, n° 17.

7. — Le droit d'hypothéquer suppose capacité d'aliéner, et exige pour un gérant mandat exprès des associés : ces deux droits ne sont pas indivisibles, et le mandataire peut être autorisé à hypothéquer sans avoir la faculté d'aliéner. Cette autorisation, quoique expresse, n'est pas soumise à des formes sacramentelles.

21 juillet 1868, 68-69, n° 24, p. 87.

§ 3.

Obligations du mandataire.

8. — L'article 1992 est applicable au notaire, soit pour les actes qu'il fait dans l'exercice de sa profession, soit pour les actes qui ne dépendent pas de son ministère, mais qu'il fait comme mandataire, en homme de confiance. Ainsi, le notaire répond de la nullité d'une inscription dont il a rédigé le bordereau. Il doit réparer tout le préjudice qu'éprouve le créancier, c'est-à-dire lui rembourser tout ce qu'il perd par suite de la nullité.

Inédits. 10 décembre 1842, 2ᵉ Ch. Guyenot et Falatieu c. Guillot. — 13 mars 1848, 1ʳᵉ Ch. Veuve Chavanant et de Mussy c. Mercier.

9. — Les notaires sont spécialement institués pour recevoir, dans les formes et conditions de la loi, les actes auxquels les parties veulent donner le caractère de l'authenticité, et leur responsabilité en tant qu'exerçant ces fonctions est limitée à l'inobservation de ces formes et conditions.

Pour étendre la responsabilité d'un notaire au delà du cercle de ses attributions spéciales, il faut prouver le mandat ou la gestion d'affaires acceptés par lui et auxquels il aurait failli.

Spécialement, le notaire qui a dressé une obligation hypothécaire et pris l'inscription de l'hypothèque dans les quatre jours qui ont suivi le contrat n'est pas responsable envers les créanciers, ses clients, de la tardiveté de cette inscription, s'il n'est pas prouvé qu'il a reçu le mandat exprès de prendre l'inscription dans un délai déterminé.

1ᵉʳ décembre 1866, 66-67, nº 66.

10. — Le notaire chargé de faire une vente mobilière et d'en toucher le prix n'est obligé à payer au vendeur que les sommes qu'il a encaissées, surtout si le mandant a fait exécuter en son nom des poursuites contre les acquéreurs.

21 mai 1845, 45, nº 47, p. 141.

11. — Le notaire qui a reçu, pour garantie d'une obligation qui a été passée devant lui, plusieurs titres de propriété de la part de l'individu qui l'a souscrite, commet une faute dans le sens de l'art. 1992 du C. N., s'il a remis ces pièces au débiteur avant qu'il n'ait justifié s'être acquitté et qu'il n'en ait reçu l'ordre du créancier; dès lors il devient responsable des dommages-intérêts que peut ressentir le créancier à raison de cette remise.

20 mai 1826, t. V, nº 929.

12. — Jugé qu'un fondé de pouvoir qui a remis à la poste une lettre contenant un assignat qu'il adressait à son commettant, sans opérer le chargement à découvert de cette lettre, commet une faute grave et devient responsable de la perte de cet assignat.

4 nivôse an XII, t. I, nº 91.

13. — Dans le cas où l'emprisonnement d'un débiteur a été déclaré nul parce que l'huissier, en signifiant le jugement qui prononce la contrainte par corps, n'a pas donné copie de la formule exécutoire dont il était revêtu et n'a pas fait, dans le commandement notifié ensuite de ce jugement, mention de l'élection de domicile prescrite par l'art. 780 du C. de pr., l'huissier est responsable et garant, soit des frais, soit des condamnations portées contre le créancier, lors même que copies certifiées de ces actes non revêtus de ces formalités auraient été adressées à cet huissier par l'avoué de ce créancier.

24 juin 1826, t. V, nº 934.

14. — Le cessionnaire d'un office d'avoué, en recevant les dossiers de son prédécesseur, accepte tacitement le mandat d'opérer le recouvrement des frais dus à ce dernier, envers qui il est responsable des prescriptions acquises à défaut de poursuites dans les délais de la loi.

17 juillet 1850, 49-52, nº 100.

15. — L'avoué est un mandataire salarié qui répond non-seulement de son dol, mais de la faute grave dont il se rend coupable dans l'exercice de ses fonctions.

Si, par une clause imprudemment insérée dans le cahier des charges dressé en matière de saisie immobilière, il a exposé son client à un recours de la part de l'adjudicataire, il lui doit une entière garantie.

15 mars 1845, 45, n° 31, p. 90.

16. — Le mandataire à qui l'on a donné pouvoir de cautionner les emprunts qu'une personne aurait faits ou pourrait faire jusqu'à concurrence d'une somme désignée, ne peut créer une rente viagère au profit de l'un des prêteurs, parce qu'il excéderait les bornes de son mandat.

29 mai 1817, t, III, n° 508.

17. — Le mandataire auquel on a donné pouvoir de céder une créance avec ou sans garantie excède ses pouvoirs s'il cède avec promesse de fournir et faire valoir et même de rembourser le cessionnaire un mois après commandement resté infructueux.

Inédit. 4 mars 1851, 1re Ch. Renaud c. Billerey.

18. — Bien que le mandataire soit resté rigoureusement dans les limites de son mandat, il peut être déclaré responsable vis-à-vis du mandant s'il apparaît, par les circonstances de la cause, que les intérêts du mandant n'ont pas été suffisamment ménagés dans l'exécution du mandat.

12 janvier 1853, 53-57, n° 11.

19. — Est responsable des prix d'adjudications par lui consentis de meubles dépendant d'une faillite le notaire qui, en qualité de mandataire des syndics, a procédé à ces adjudications sans prendre les précautions suffisantes pour assurer le paiement du prix, et dont la négligence et l'inaction ont été cause de pertes pour les mandants.

7 mai 1818, t. III, n° 589.

20. — Lorsque le mandataire déclare ne plus avoir en sa possession les sommes qu'il a touchées en vertu de son mandat, il est censé les avoir employées à son usage; en pareil cas, les intérêts du prix des ventes qu'il a pu faire commencent à courir du jour du contrat, et les revenus de fonds qu'il a perçus produisent eux-mêmes intérêt à partir de chaque échéance.

27 août 1844, 43-44, n° 117.

21. — Si celui qui devait à terme fait, avant l'échéance et chez le notaire désigné au contrat, le paiement d'une dette productive d'intérêts, ce notaire, en conservant les sommes qu'il devait remettre au créancier pour l'extinction de la dette, s'oblige à en payer les intérêts à dater du jour du versement.

13 février 1844, 43-44, n° 33.

22. — Le fait du notaire qui se charge de recevoir, dans l'intérêt des parties, les deniers formant l'objet d'actes d'emprunt rédigés par lui et de distribuer ces deniers aux créanciers de l'emprunteur, ne rentre dans aucune des attributions notariales.

En agissant ainsi, le notaire fait acte de mandataire et doit, en conséquence, rendre compte de son mandat.

2 juin 1843, *Journal du Palais*, année 1844, 1re partie, p. 48.

23. — La procuration de vendre donnée au clerc d'un notaire oblige le notaire lui-même à rendre compte, s'il paraît résulter des circonstances que le clerc n'a été qu'un mandataire fictif mis en avant pour laisser à son patron la facilité de passer les actes.

7 juillet 1847, 47-48, n° 23.

24. — Le notaire qui, s'étant constitué dans un acte de vente le mandataire des parties pour toucher le prix et le remettre à un des créanciers du vendeur, dépose les fonds en l'absence de ce créancier dans l'étude d'un de ses con-

frères, est responsable du détournement opéré par celui-ci.

7 juillet 1849, 49-52, n° 12.

25. — Le notaire qui, agissant
comme mandataire en même temps
que comme officier ministériel,
place les deniers d'un de ses clients
chez un tiers inconnu de celui-ci,
sans avoir mis préalablement les
parties en présence, est garant du
remboursement envers le bailleur
de fonds.

23 mars 1850, 49-52, n° 81.

26. — Au cas où un mandat a
été confié par plusieurs mandants
à un seul mandataire, l'action en
reddition de compte de la gestion
de ce mandataire est indivisible
dans son objet, et chaque mandant
a qualité pour l'introduire en son
propre et privé nom.

Spécialement, quelques-uns seulement des membres d'une loge
maçonnique sont recevables à demander au trésorier de la loge la
reddition de son compte de gestion.

29 décembre 1860, 60-61, n° 39.

27. — L'action en compte intentée contre le mandataire substitué ne met point obstacle à celle
qui serait dirigée contre le subs-
tituant mandataire primitif.

20 décembre 1843, 43-44, n° 22.

§ 4.

Obligations du mandant.

28. — Les intérêts des avances
faites par un mandataire à son
mandant doivent courir du jour
où chaque paiement a eu lieu ; on
ne peut appliquer, en ce cas, la
prescription de cinq ans établie
pour les intérêts de rente, puisque
le droit ancien comme le droit
nouveau accordent au mandataire
les intérêts de ses avances, du
jour même où il les a faites.

21 décembre 1825, t. IV, n° 765 *bis*,
p. 219.

29. — Les experts ont une action solidaire contre toutes les
parties pour le paiement de leurs
émoluments, mais principalement
contre les parties qui ont acquiescé au jugement qui a ordonné l'expertise, en assistant à
l'expertise, en faisant des réquisitions aux experts, etc.

Inédit. 4 mars 1856, 1re Ch. Commune de Morez c. Vernier, Guillaume
et Chauvin.

30 — Les sommes payées par
un mandataire sont censées provenir du mandant, à moins qu'il
ne soit exprimé dans les quittances que les paiements avaient
été faits avec les deniers du mandataire, parce que celui-ci faisant
les affaires d'autrui et n'agissant
jamais en son nom particulier, la
présomption la plus forte et la
plus vraisemblable est que, lorsqu'il effectue un paiement au nom
d'un mandant, c'est celui-ci qui est
censé payer par le fait de son
chargé d'affaires, et que si le mandataire avait employé son argent
pour les affaires du mandant, il
l'aurait fait énoncer dans la quittance qui lui a été donnée afin de
pouvoir réclamer ses avances.

15 novembre 1809, t. II, n° 283.

31. — L'avoué est fondé à répéter contre son client les sommes qu'il a déboursées pour honoraires de l'avocat.

12 août 1850, 49-52, n° 58.

32. — L'avoué qui a payé les
honoraires de l'avocat choisi par
lui, sur la demande de son client,
a contre ce dernier une action en
remboursement.

19 février 1858, 58-59, n° 4.

33. — S'il est vrai que l'art.
2001 du C. N. soit applicable aux
avances faites par un avoué pour
son client, au paiement de dommages et intérêts auxquels ce client
aurait été condamné, ou autres
sommes acquittées dans son intérêt, il n'en doit point être ainsi
relativement aux sommes allouées
à l'avoué à titre de dépens, frais
de procédure, salaires et vacations,
qui, d'après l'art. 1153, ne sont

dus que du jour de la demande en justice.

29 juillet 1816, t. III, n° 488.

34. — Doivent être envisagées comme avances faites par un mandataire les parts de bénéfices qu'un commis avait droit de prélever et qu'il a laissées dans la caisse du patron ; les intérêts de ces sommes courent de plein droit sans pouvoir eux-mêmes en produire d'autres avant d'être demandés en justice.

25 juillet 1846, 46, n° 51.

35. — Le mandat donné à un notaire pour toucher des sommes et les gérer en faisant de nouveaux placements est salarié en sus des honoraires que le notaire a touchés pour la rédaction des actes, grosses, inscriptions.

Inédit. (V. Tarif des notaires de Besançon.) 11 mai 1866, 2° Ch. De Mollans c. Petitclerc.

36. — Les consorts qui se sont fait représenter par le même avoué sont tenus solidairement envers lui du paiement de ses émoluments et de ses avances.

20 novembre 1847, 47-48, n° 22.

37. — Les démarches, correspondances et voyages que peut faire un notaire pour procurer des fonds à un de ses clients ne doivent pas être considérés comme un courtage prohibé par l'art. 12, n° 1er, de l'ordonnance du 4 janvier 1843. Et dès lors le notaire peut exiger un salaire pour les soins qu'il a donnés aux affaires qui lui étaient ainsi confiées.

14 février 1848, 47-48, n° 81.

38. — Sans contrevenir à l'art. 1986 du Code civil, qui décide qu'en l'absence de toute stipulation les fonctions du mandataire sont gratuites, un notaire peut, outre ses droits pour un acte de vente mobilière, réclamer encore une indemnité proportionnelle à la partie du prix qu'il a encaissée.

21 mai 1845, 45, n° 47, p. 141.

39. — Le mandat étant gratuit dans son essence, le salaire convenu d'un agent d'affaires est réductible par les tribunaux, s'il n'est point en proportion avec les services rendus.

25 février 1864, 62-65, n° 44, p. 224.

§ 5.

Rapports du mandataire et du mandant vis-à-vis des tiers.

40. — Le mandant, hors le cas de dol, de fraude ou d'excès de pouvoirs, ne peut refuser d'exécuter les engagements contractés en son nom par son mandataire, sous le prétexte qu'ils n'auraient pas date certaine à défaut d'enregistrement.

Il ne peut opposer d'autres exceptions que celles qu'il pourrait faire valoir s'il eût traité lui-même directement.

17 août 1836, 36, p. 160.

41. — Lorsque des individus ont reçu un mandat pour acheter différents objets, et que la vente n'a été passée ni en vertu du mandat ni au nom des mandants, mais seulement en celui de ceux qui avaient reçu la procuration sous seing privé, ces derniers ne peuvent obliger les mandants à recevoir les objets ainsi acquis, lorsque surtout depuis la vente ils ont agi en qualité de propriétaires en amodiant les immeubles achetés, sans la participation de ceux dont ils avaient été fondés de pouvoirs.

28 janvier 1824, t. IV, n° 722, p. 177,

42. — Celui qui a traité sans autorisation ne peut faire résulter la ratification de ses actes d'une correspondance qui lui est étrangère.

4 avril 1829, 29, n° 33, p. 115.

43. — Lorsqu'un mari prend un domaine à bail, tant en son nom qu'en celui de sa femme, avec promesse qu'elle ratifiera, cette ratification ne résulte pas de la circonstance que la femme a depuis habité la ferme et l'a exploitée conjointement avec son mari.

7 mai 1845, 45, n° 83, p. 221.

§ 6.

Fin du mandat.

44. — Un mandant qui a donné quittance et décharge à son fondé de pouvoir ne peut plus lui demander un nouveau compte, parce que ces termes supposent qu'il y a eu un compte rendu, et que ces actes, lorsqu'ils sont intervenus entre majeurs, forment des engagements réciproques contre lesquels aucune des parties ne peut revenir d'après la loi 6 au Dig., *de acceptilatione.*

18 frimaire an IX, t. I, n° 8.

Mariage.

CHAPITRE Iᵉʳ.

DES CONDITIONS ESSENTIELLES A L'EXISTENCE DU MARIAGE. (N° 1.)

Qualités essentielles des parties en fait de mariage. (N° 1.)

CHAPITRE II.

DES CONDITIONS DE LA VALIDITÉ DU MARIAGE. (Nᵒˢ 2 à 10.)

§ 1ᵉʳ. — *Des oppositions au mariage.* (Nᵒˢ 2 à 4.)

§ 2. — *Des empêchements au mariage* (Nᵒˢ 5 à 8.) Du conseil à demander par les enfants légitimes. (Nᵒˢ 5 à 8.)

§ 3. — *De la célébration du mariage.* (N° 9.)

§ 4. — *Conséquences de l'inobservation des formalités requises pour la validité du mariage.* (N° 10.)

CHAPITRE III.

DES MARIAGES CONTRACTÉS PAR DES FRANÇAIS EN PAYS ÉTRANGER. (N° 11.)

CHAPITRE IV.

DES EFFETS DU MARIAGE EN CE QUI CONCERNE LES DROITS ET LES DEVOIRS RESPECTIFS DES ÉPOUX. (Nᵒˢ 12 à 25.)

§ 1ᵉʳ. — *Des droits et des devoirs particuliers à chacun des époux.* (Nᵒˢ 12, 13.)

§ 2. — *De l'autorisation maritale.* (Nᵒˢ 14 à 25.)

CHAPITRE V.

DE LA DISSOLUTION DU MARIAGE ET DE LA SÉPARATION DE CORPS. (Nᵒˢ 26 à 70.)

§ 1ᵉʳ. — *Des seconds mariages.* (N° 26.)
§ 2. — *De la séparation de corps.* (Nᵒˢ 27 à 70.)

1° Aperçu historique. — Divorce. (Nᵒˢ 27, 28.)

2° Des causes en vertu desquelles il est permis de former une demande en séparation de corps. — Des moyens à l'aide desquels on peut établir la preuve des faits qui lui servent de base. (Nᵒˢ 29 à 49.)

3° Des fins de non-recevoir qui peuvent être opposées à la demande en séparation de corps. (Nᵒˢ 50 à 58.)

4° De la procédure à suivre sur la demande en séparation de corps. — Des mesures provisoires auxquelles cette demande peut donner lieu. (Nᵒˢ 59 à 62.)

5° Des effets de la séparation de corps. (Nᵒˢ 62 à 70.)

CHAPITRE Iᵉʳ.

DES CONDITIONS ESSENTIELLES A L'EXIS-
TENCE DU MARIAGE.

*Qualités essentielles des parties en fait
de mariage.*

1. — Sous le Code N., l'impuis-
sance naturelle de l'un des époux
n'est pas une cause de nullité du
mariage.

28 août 1840, Recueil de Sirey, année 1840, 2ᵉ partie, p. 446.

CHAPITRE II.

DES CONDITIONS DE LA VALIDITÉ DU
MARIAGE.

§ 1ᵉʳ.

Des oppositions au mariage.

2. — Sous la loi du 20 septembre 1792, le défaut de consentement du père au mariage de
son enfant mineur n'était qu'une
nullité relative, qui pouvait être
couverte par des circonstances particulières, tendantes à suppléer à
ce consentement.

22 janvier 1820, t. IV, n° 625, p. 39.

3. — Aux termes de l'art. 174
du C. N., l'opposition à mariage
pour cause de démence, formée
par des collatéraux, doit être précédée, accompagnée ou suivie
d'une demande en interdiction.
L'intervention des frère et sœur
opposants, dans une instance en
interdiction déjà ouverte, équivaut
à une demande de leur part et
remplit complétement le vœu de
la loi.

Le défaut de fixation du délai
dont parle l'article 174, *in fine*,
constitue une omission du juge
qui n'est pas opposable aux défendeurs en mainlevée d'opposition.

Le concours des collatéraux à
l'avis des parents, qui ont proposé
la dation d'un conseil judiciaire,
ne leur enlève en aucune façon le
droit de former opposition au mariage de celui qui a fait l'objet de
cet avis.

Le concours des opposants au
mariage d'un collatéral à l'avis
du conseil de famille qui propose
la dation d'un conseil judiciaire
à ce parent, n'a pas pour effet
d'écarter l'opposition formée et
de mettre obstacle à ce qu'un
sursis à la célébration du mariage
soit prononcé jusqu'à la décision
sur la demande en interdiction
pour démence.

17 février 1863, 62-65, n° 37, p. 125.

4. — Le rejet de l'opposition
au mariage permet au défendeur
de poursuivre l'exécution du jugement, s'il est justifié qu'il n'y
ait ni appel ni opposition à l'exécution; si le délai d'appel en ce
cas est, comme en tout autre, de
trois mois, l'intimé est autorisé,
pour abréger les délais, à poursuivre et faire juger l'appel dans
les dix jours, suivant l'article 178
du Code civil.

30 juillet 1822, t. IV, n° 665, p. 131.

§ 2.

Des empêchements au mariage.

Du conseil à demander par les enfants
légitimes.

5. — Une fille âgée de vingt-cinq
ans accomplis n'est tenue de demander, avant de contracter mariage, le consentement de ses père
et mère que par un seul acte respectueux.

1ᵉʳ septembre 1807, t. I, n° 182.

6. — Le notaire qui notifie un
acte respectueux à des père et
mère n'est pas obligé de leur délivrer à la fois copie du procès-
verbal qui en est dressé et des réponses desdits père et mère.

1ᵉʳ septembre 1807, t. I, n° 182.

7. — Dans la notification d'un
acte respectueux par un notaire,
la signature des parties n'est point
exigée, comme dans les actes notariés, conformément à l'article 14
de la loi du 25 ventôse an XI.

On peut substituer dans cet
acte, aux mots l'*avis* et le *conseil*,
celui de *consentement*.

Un seul original suffit pour les

trois notifications exigées, sauf à signifier trois fois la copie du même acte.

30 juillet 1822, t. IV, n° 685, p. 131.

8. L'acte respectueux doit, à peine de nullité, être notifié à l'ascendant, à personne ou à domicile, et ce n'est qu'au cas où le notaire ne trouverait au domicile de l'ascendant ni parents ni serviteurs, que ce procès-verbal pourrait être notifié au plus proche voisin. Cette nullité est encourue lorsque le notaire a négligé de faire ces constatations dans son procès-verbal.

19 février 1861, 60-61, n° 49.

§ 3.
De la célébration du mariage.

9. — Le désistement d'une opposition formée à un mariage n'est pas valable, s'il n'est donné que par acte sous seing privé, revêtu seulement de la signature du maire de la commune du domicile de l'opposant, parce que l'on ne pourrait délivrer une expédition de ce désistement, ainsi que le prescrit l'article 67 du Code civil; d'ailleurs, un pareil acte peut se perdre, et la signature dans la suite être déniée, puisqu'il ne reposerait dans aucun dépôt public et que la légalisation du maire ne peut le rendre authentique.

31 décembre 1824. t. IV. n° 745, p. 198.

§ 4.
Conséquences de l'inobservation des formalités requises pour la validité du mariage.

10. — Le droit accordé aux père et mère et aux autres ascendants, par l'article 191 du Code civil, d'attaquer un mariage qui n'a point été contracté publiquement et qui n'a point été célébré devant l'officier public compétent, ne doit point être limité au cas où ces mariages auraient été contractés avant la majorité de leurs enfants.

La nullité prononcée par l'article 191 est absolue et radicale; dès lors elle ne peut être couverte ni par aucun laps de temps, ni par la possession d'état, ni par la reconnaissance ou l'acquiescement des personnes auxquelles la loi a accordé la faculté d'attaquer de pareils mariages.

31 juillet 1812, t. II, n° 373.

CHAPITRE III.
DES MARIAGES CONTRACTÉS PAR DES FRANÇAIS EN PAYS ÉTRANGER.

11. — Quelles sont les preuves qu'une Française qui prétend avoir été mariée en pays étranger avec un Français doit rapporter de son mariage, quand elle réclame la qualité de veuve en France, après le décès de son mari?

25 août 1827, 27-28, n° 51.

CHAPITRE IV.
DES EFFETS DU MARIAGE EN CE QUI CONCERNE LES DROITS ET LES DEVOIRS RESPECTIFS DES ÉPOUX.

§ 1er.
Des droits et des devoirs particuliers à chacun des époux.

12. — Doit être déclaré nul tout pacte qui tendrait à décharger le mari des obligations qui lui sont imposées par l'article 214 du Code civil.

Cette nullité s'étend à l'engagement de la caution qui a garanti l'exécution du pacte par la femme.

7 février 1845, 45, n° 19, p. 47.

13. — La violation des obligations imposées au mari par les art. 214 et suivants du Code N. peut-elle donner lieu contre lui, durant la communauté, à une condamnation en dommages-intérêts au profit de sa femme?

Le mari qui refuse d'habiter avec sa femme peut être contraint à lui abandonner la jouissance de tout le mobilier commun et non pas seulement celle des objets mobiliers qui lui seraient nécessaires.

La pension alimentaire accordée à la femme dans cette hypothèse doit être calculée, tant d'après les besoins de celle-ci et les ressources du mari, qu'eu égard au tort et à l'obstination grave du mari et à la situation dont la femme a été injustement privée.

19 août 1867, 66-67. n° 125.

§ 2.
De l'autorisation maritale.

14. — Le mari qui a tenu son mariage secret ne peut attaquer comme nuls les actes que sa femme a passés sans son autorisation.

25 juillet 1807, t. 1, n° 178.

15. — Il n'est pas nécessaire que dans les poursuites exercées par une femme sous puissance de mari, l'autorisation de celui-ci intervienne avant les actes de poursuites ni lors de ces actes; il suffit, au contraire, que cette autorisation soit donnée dans le cours des contestations ou des procédures, pourvu que ce soit avant la décision définitive, ce qui est de principe et consacré par la jurisprudence des arrêts.

1er octobre 1810, t. II, n° 317 *bis*.

16. — La juridiction saisie de l'appel interjeté par une femme mariée est seule compétente pour autoriser la femme à procéder sur cet appel.

20 mai 1864, 62-65, n° 57, p. 274.

17. — La femme, sous l'empire des anciennes lois, pouvait s'obliger sans autorisation de son mari, pour l'empêcher d'être mis en prison.

27 janvier 1807, t. I, n° 162.

18. — Lorsque le mari n'a ni domicile ni résidence connus en France, la demande en autorisation de la femme doit être portée devant le tribunal compétent pour statuer sur la contestation.

20 mai 1864, 62-65, n° 57, p. 274.

19. — Avant le Code civil, l'autorisation de la femme qui s'obligeait devait être expresse; le concours du mari dans l'acte ne suffisait pas: ainsi, le billet qu'une femme avait signé conjointement avec son mari, sans avoir été autorisée, était nul; il n'en doit plus être de même depuis la promulgation du Code civil.

13 novembre 1811, t. II, n° 351.

20. — Lorsque le mari s'oblige conjointement et solidairement avec son épouse, cette dernière ne peut demander la nullité de l'obligation, sous le prétexte qu'elle n'a pas été autorisée expressément dans l'acte ainsi passé.

27 janvier 1807, t. I. n° 162.

21. — Une femme ne peut être marchande publique sans obtenir le consentement de son mari; mais un consentement formel et une autorisation spéciale ne sont point rigoureusement exigés; il suffit que ce consentement soit tacite; il peut résulter des circonstances, qui sont laissées à la prudence du juge, et qu'il doit apprécier.

6 avril 1819, t. IV, n° 774, p. 232.

22. — L'autorisation nécessaire à la femme mariée pour faire une donation entre-vifs ou une institution contractuelle n'est valable qu'autant qu'elle a été passée en forme authentique.

30 mars 1844, 43-44, n° 47.

23. — Il résulte des articles 217, 218, 219, du Code civil, et de l'ensemble des dispositions du Code, que nul n'étant admis à critiquer l'usage que ferait le mari du pouvoir que la loi lui confère d'autoriser sa femme, nul autre que lui ne peut aussi se pourvoir contre le jugement qui, à raison de son absence ou de son refus, a accordé l'autorisation dont la femme avait besoin: les créanciers ne seraient pas reçus à former opposition à cette décision.

10 juin 1823, t. IV. n° 707, p. 158.

24. — La femme qui, en assignant sur appel sa partie adverse, s'est dite autorisée de son mari, quoiqu'elle ne le fût pas, ne peut plus demander la nullité de l'acte d'appel, sous le prétexte qu'il n'a pas été signifié à son mari.

13 juillet 1808, t. I, n° 216.

25. — La nullité de l'autorisation donnée par acte sous seing privé par un mari à sa femme, pour faire une donation entre vifs ou une institution contractuelle, peut être opposée même par un légataire de la femme.

La prescription ne commence à courir contre cette action en nullité qu'à dater du décès de la donatrice.

30 mars 1844, 43-44, n° 47.

CHAPITRE V.

DE LA DISSOLUTION DU MARIAGE ET DE LA SÉPARATION DE CORPS.

§ 1er.

Des seconds mariages.

26. — Les lois portées par le droit romain contre la femme qui se remariait dans l'année du deuil ont dû être exécutées en Franche-Comté jusqu'à la promulgation du Code civil ; en conséquence, celle qui passait à de secondes noces avant le terme fixé était déchue de tous ses avantages matrimoniaux et de toutes les libéralités que lui avait faites son premier mari ; mais elle conservait sa part d'acquêts dans la communauté.

13 février 1813, t. II. n° 388.

§ 2.

De la séparation de corps.

1° Aperçu historique. — Divorce.

27. — Pour qu'il y ait sévices et excès de nature à faire prononcer le divorce, il n'est pas nécessaire que l'époux ait couru des dangers pour sa vie ; il suffit que les sévices et mauvais traitements aient été habituels et assez graves pour rendre la vie commune insupportable.

Le mari fait une injure grave à sa femme en la forçant à coucher sur des copeaux, tandis qu'il place son enfant illégitime dans le lit conjugal. — Dans le cas de demande en divorce pour injures, excès et sévices, les juges d'appel ne peuvent surseoir pendant une année à l'admission du divorce si le tribunal n'a pas accordé le sursis.

16 germinal an XIII, t. I, n° 121.

28. — Un jugement prononçant un divorce est susceptible d'acquiescement de la part des parties : l'ordonnance de 1667, en donnant à l'acquiescement l'effet qu'il doit avoir, ne distingue pas le cas où la sentence a prononcé sur une question d'état et celui où elle a statué sur une autre question.

21 floréal an XIII. t. I. n° 122.

2° Des causes en vertu desquelles il est permis de former une demande en séparation de corps. — Des moyens à l'aide desquels on peut établir la preuve des faits qui lui servent de base.

29. — La femme peut demander la séparation de corps pour adultère, si son mari a tenu sa concubine dans un bâtiment qui est une dépendance de l'habitation commune et qui est renfermée dans l'enceinte même du terrain attaché à cette habitation, ou si cette même concubine a été placée dans une maison de campagne que les époux allaient habiter pendant une partie de l'année.

9 avril 1808, t. I. n° 201.

30. — Une conduite imprudente de la part de la femme atténue les torts de son mari vis-à-vis d'elle, et peut faire rejeter la demande en séparation de corps formée par elle.

28 avril 1866, 66-67, n° 25.

31. — Les torts de l'époux qui poursuit la séparation n'opèrent ni compensation ni fin de non-recevoir; mais ils peuvent avoir pour effet d'empêcher que les griefs dont se plaint la demanderesse soient trouvés assez graves pour motiver la séparation, notamment s'il s'agit de la conduite légère de la femme, qui a pu être cause des emportements du mari.

Inédit. 30 novembre 1866, 2ᵉ Ch. Delapchier c. sa femme.

32. — Quoique la concubine n'habite pas au domicile des époux, l'adultère du mari peut être une cause de séparation, si le commerce adultère du mari n'est que la suite et la continuation d'un concubinage antérieur, et perpétué depuis sans interruption avec la même femme; dans ce cas il y a outrage, mépris, injure grave.

Inédit. 22 août 1840, 2ᵉ Ch. Mᵐᵉ Leblond contre son mari.

33. — L'adultère du mari hors de la maison commune et même de simples tentatives d'adultère peuvent, selon les circonstances, être considérés comme des injures graves donnant lieu à la séparation de corps.

Inédit. 20 avril 1852, 1ʳᵉ Ch. De Montrichard c. sa femme.

34. — Il faut, pour faire prononcer la séparation de corps, que les sévices et mauvais traitements soient habituels et aient un caractère de gravité.

13 pluviôse an XIII, t. I, nº 115.

35. — La communication du mal vénérien est une injure grave pour laquelle la femme peut demander la séparation de corps.

L'accusation calomnieuse portée civilement par le mari contre sa femme d'avoir spolié un fonds de commerce est une injure grave.

1ᵉʳ février 1806, t. I, nº 140.

36. — Il suffit entre personnes d'une condition relevée, pour faire prononcer la séparation, que les mauvais traitements que l'on article soient graves et de nature à faire craindre à l'époux qui en a été victime d'en éprouver de plus violents dans la suite : il n'est pas nécessaire qu'ils aient été réitérés, continués et poussés jusqu'à l'excès.

9 avril 1808, t. I, nº 201.

37. — Pour admettre la preuve des faits qui établiraient les excès et sévices de la part d'un des époux envers l'autre, et qui nécessiteraient la séparation de corps, il faut que ces sévices soient graves et habituels.

1ᵉʳ juin 1811, t. II, nº 339.

38. — Les faits sur lesquels une femme peut se fonder pour obtenir une séparation de corps doivent être graves, suivant la qualité des parties et le nombre des sévices.

10 juillet 1819, t. IV, nº 613, p. 20.

39. — Par les expressions *injures graves* employées dans l'article 231 du Code civil, le législateur a entendu parler non de quelques propos ou de quelques qualifications grossières proférées par l'un des époux contre l'autre dans un moment d'humeur, de vivacité ou de mécontentement, mais d'une continuité d'outrages et d'injures tellement graves qu'il est démontré que les jours de l'époux qui en est l'objet se trouvent sinon en danger, du moins abreuvés de douleurs et d'amertumes au point de lui rendre la vie commune insupportable.

9 février 1816, t. III, nº 471.

40. — On doit regarder comme une injure grave pouvant motiver une séparation de corps, le fait d'un mari qui, entretenant une concubine dans son domicile, que n'habitait cependant pas son épouse, a déclaré devant l'officier public que les enfants adultérins dont était accouchée sa concubine étaient les siens et les a fait inscrire comme tels.

27 août 1818, t. III, nº 546.

41. — Les qualifications grossières proférées dans un moment d'humeur par l'un des époux habitué à de rudes travaux, ne constituent pas des injures graves, qui ne peuvent résulter que d'outrages réitérés, opérant la conviction qu'un rapprochement sincère est impossible entre les époux et que la vie commune est insupportable.

29 novembre 1844, 43-44, n° 89.

42. — Le refus constamment fait par le mari et réitéré, notamment à l'audience, de recevoir sa femme dans son domicile, constitue de sa part une injure grave de nature à faire prononcer contre lui la séparation de corps.

30 mars 1847, 47-48 n° 3.

43. — Le refus que fait le mari de recevoir sa femme dans son domicile ne constitue pas une injure grave de nature à motiver un jugement de séparation de corps, quand les époux vivent depuis longtemps volontairement séparés.

13 juin 1846, 46, n° 32.

44. — La séparation de corps peut être prononcée quand les injures et sévices du mari ont pour cause le refus de la femme de signer des cautionnements ou des obligations ruineuses.

Inédit. 19 décembre 1844. 1ʳᵉ Ch. Bignon contre sa femme.

45. — Peut être considéré comme une injure grave, entraînant la séparation de corps, le fait par le mari d'avoir proféré contre sa femme des propos diffamatoires.

Il en est de même si le mari a permis qu'en sa présence on outrageât gravement sa femme et qu'on la menaçât d'un couteau, sans vouloir intervenir.

19 février 1870, 70-71, n° 11.

46. — Le fait par un mari d'avoir communiqué à sa femme une maladie vénérienne constitue une injure grave de nature à faire prononcer la séparation de corps;

il en est de même de l'offre signifiée par le mari à sa femme de renoncer à ses droits d'époux moyennant une somme d'argent.

11 mars 1857, 53-57, n° 121, p. 377.

47. — Jugé que, quoique des témoins en matière de divorce ne déposent des sévices et mauvais traitements que sur des faits isolés, comme il s'agit de délits successifs, la réunion des témoins déposant chacun sur les différents faits suffit pour en administrer la preuve.

2 nivôse an IX, t. I, n° 12.

48. — Le mari qui demande la séparation de corps pour cause d'adultère de sa femme peut prouver cet adultère par les lettres adressées par la femme à son complice.

20 février 1860, 60-61, n° 6.

49. — Le refus par le mari de recevoir sa femme au domicile conjugal, ou l'offre d'un domicile insuffisant, qui ne permettrait pas à la femme âgée et infirme de vivre avec sa fille dont les soins lui sont nécessaires, peuvent constituer une injure grave de nature à entraîner la séparation de corps.

17 janvier 1870, 70-71, n° 4.

3° Des fins de non-recevoir qui peuvent être opposées à la demande en séparation de corps.

50. — La femme demanderesse en séparation de corps n'est pas non recevable parce que, depuis qu'elle a intenté son action, elle a continué à habiter avec son mari; ce fait de cohabitation n'est pas une preuve de réconciliation, comme si la femme était sortie du domicile de son mari et y était rentrée ensuite.

1ᵉʳ février 1806, t. I, n° 140.

51. — Jugé qu'on ne peut pas se prévaloir contre la demanderesse en divorce de ce que, postérieurement aux sévices et mauvais traitements de son mari, elle a cohabité avec lui, si dès lors il s'est rendu coupable de nouveaux torts envers elle, ce qui l'autorise à rappeler les anciens.

2 nivôse an IX, t. I, n° 12.

52. — Les mauvais traitements précédant une réconciliation peuvent être réunis à ceux qui sont survenus après, et faire revivre les anciens, afin d'en reconnaître la continuité, le caractère et les habitudes du mari ; mais les faits postérieurs à la réconciliation doivent être de nature à prouver que la vie commune est insupportable à la femme qui sollicite la séparation.

1er juillet 1819, t. IV, n° 613, p. 20.

53. — Le renvoi de la maison commune de la concubine et le défaut, pendant un certain laps de temps, de plaintes portées par l'épouse contre son mari du concubinage de ce dernier, prouve la réconciliation des époux.

28 novembre 1807, t. I, n° 184.

54. — La réconciliation entre époux dont l'un a demandé la séparation de corps résulte d'un acte passé entre eux, par lequel ils ont stipulé qu'ils feraient toutes les dispositions nécessaires pour changer de lieu et d'habitation, afin d'aller conjointement se fixer ailleurs.

1er juin 1811, t. II, n° 339.

55. — En matière de séparation de corps, il ne faut pas prendre la résignation ni l'hésitation de la femme à agir pour une réconciliation.

Inédit. 20 avril 1852, 1re Ch. De Montrichard c. son mari.

56. — Le pardon du mari ne peut être invoqué par la femme comme fin de non-recevoir à la demande en séparation de corps formée contre elle, lorsqu'au moment de la réconciliation le mari ne connaissait pas toute la gravité des torts de sa femme.

20 février 1860, 60-61, n° 6.

57. — Des relations intimes entre les époux au cours du procès en séparation de corps ne prouvent pas qu'il y a eu réconciliation, si les circonstances ne permettent pas de donner à ces faits isolés les caractères d'une renonciation libre et non équivoque à la demande formée par l'un des époux.

13 juin 1864, 62-65, n° 58, p. 277.

58. — La réconciliation couvre les faits qui ont motivé la demande en séparation de corps ; mais ces faits peuvent revivre à la charge de l'époux, si postérieurement il y a des torts graves à lui reprocher.

17 janvier 1870, 70-71, n° 4.

4° De la procédure à suivre sur la demande en séparation de corps. — Des mesures provisoires auxquelles cette demande peut donner lieu.

59. — Les actes préliminaires à la citation en divorce peuvent être faits à l'hôtel du juge.

On ne peut citer en divorce, après le délai de la suspension dont parle l'art. 240 du Code civil, sans demander une seconde fois la permission de citer.

16 août 1811, t. II, n° 348.

60. — Un époux demandeur en séparation de corps peut articuler dans son assignation et dans le cours du procès, quoiqu'il n'en ait point parlé dans sa requête, des faits de diffamation qui lui étaient inconnus à cette époque ou qui ont été postérieurs à cette requête.

9 avril 1808, t. I, n° 204.

61. — En matière de séparation de corps il peut y avoir exception à la règle de l'art. 134 du Code de proc. civile, aux termes duquel, lorsqu'il est formé une demande en provision et que la cause est en état, il peut être statué par un seul et même jugement.

20 décembre 1816, t. III, n° 497.

62. — Est nulle pour incompétence l'ordonnance rendue sur requête par le président du tribunal civil et statuant sur les droits du mari comme père ou comme chef de la communauté.

19 janvier 1866, 66-67, n° 2.

63. — En matière de séparation de corps entre étrangers, le consentement des deux époux suffit pour que la demande puisse être portée devant les tribunaux français.

2 août 1860, 60-61, n° 29.

64. — Le paiement d'une provision pour vivre et plaider constitue une dette urgente dont le paiement ne comporte pas de délai et doit être facile et sûr.

Est insuffisant, en pareil cas, le droit reconnu au créancier de la provision de se faire payer sur une créance qui n'aurait pour base qu'un jugement non exécutoire par provision et frappé d'appel.

15 septembre 1853, 53-57, n°35, p. 76.

5° Des effets de la séparation de corps.

65. — L'emprisonnement prononcé par le tribunal civil, à la requête du ministère public, contre la femme qui s'est rendue coupable du délit d'adultère, est une peine correctionnelle. En conséquence, l'action du ministère public est prescrite par le laps de trois années écoulées depuis le jour où le délit a été commis.

20 février 1860, 60-61, n° 6.

65 bis. — Les tribunaux peuvent, suivant les circonstances, confier la garde et l'éducation des enfants à l'époux contre qui la séparation a été prononcée.

30 mars 1847, 47-48, n° 3.

66. — Aucune disposition de la loi n'autorise, durant la liquidation de la communauté, la femme séparée de corps à faire vendre les fruits des immeubles communs, en vertu d'ordonnance du président du tribunal civil. En cas de contestation, il y aurait lieu seulement à la nomination d'un séquestre judiciaire.

D'ailleurs, un jugement en cours d'exécution, qui aurait accordé à la femme une provision, ferait obstacle par l'autorité de la chose jugée à cette mesure conservatoire.

27 novembre 1866, 66-67, n° 65.

67. — La pension alimentaire accordée à l'époux contre qui avait été obtenu le divorce n'était point susceptible d'augmentation quand elle avait été réglée sous l'empire de la loi du 20 septembre 1792.

20 brumaire an XIV, t. I, n° 134.

68. — L'effet rétroactif prononcé par l'art. 1445 du C. N. s'applique au cas de séparation de corps comme à celui de séparation de biens, et cette rétroactivité produit tous ses effets, non-seulement entre époux, mais même à l'égard des tiers.

Toutefois, comme le mari reste, au cours de l'instance, administrateur en fait de la communauté, ses actes accomplis de bonne foi, en cette qualité, doivent être respectés ; il en est de même de ceux qui auraient profité à la femme. Quant aux autres actes, les tiers qui ont traité avec le mari sont réputés avoir connu la condition et avoir suivi la foi de leur débiteur.

15 février 1864, 62-65, n° 45, p. 231.

69. — Après avoir prononcé la séparation de corps des époux, il appartient au juge de prendre, pour la garde des enfants, les mesures que l'intérêt de ceux-ci paraît réclamer.

28 août 1871, 70-71, n° 56.

70. — Lorsqu'une réconciliation a anéanti les effets d'un jugement de séparation de corps, la survenance de sévices ultérieurs rend nécessaire l'introduction d'une nouvelle instance. Quelles qu'aient été les dispositions du premier jugement concernant la garde des enfants mineurs, les juges conservent une entière latitude pour les mesures à prendre pendant cette nouvelle instance, en vue du plus grand avantage de ceux-ci.

23 août 1871, 70-71, n° 62, p. 258.

Marque de fabrique, V. PROPRIÉTÉ INDUSTRIELLE.

Matière ordinaire, V. ENQUÊTE.

Matière sommaire.

§ 1er. — *Quels litiges doivent être jugés comme en matière sommaire.* (Nos 1, 2.)

§ 2. — *Compétence en matière sommaire.* (Nos 3, 4.)

§ 3. — *Procédure en matière sommaire.* (N° 5.)

§ 1er.

Quels litiges doivent être jugés comme en matière sommaire.

1. — D'après les termes de l'art. 404 du Code de procédure civile, on doit considérer comme matière sommaire et requérant célérité, la demande tendant à obtenir la liberté de sa personne, au moyen de la cession de biens, permise par la loi, que le débiteur offre de faire à ses créanciers.

Ainsi, la chambre des appels en matière de police correctionnelle est compétente pour prononcer sur une pareille matière.

13 juillet 1826, t. V, n° 935.

2. — Il résulte de l'ensemble des dispositions de la loi du 8 mars 1810, et spécialement de l'art. 26, que les demandes en expropriation faites pour cause d'utilité publique devront être considérées comme matières sommaires. Par l'abréviation des délais, le législateur a rangé ces sortes d'affaires dans la classe de celles qui requièrent célérité : dès lors la chambre des appels correctionnels est compétente pour en connaître, aux termes de l'art. 11 du décret du 6 juillet 1810.

21 mars 1826, t. IV, n° 849, p. 328.

§ 2.

Compétence en matière sommaire.

3. — D'après la loi du 20 avril 1810 et le décret du 6 juillet suivant, les chambres de police correctionnelle ne sont autorisées à statuer que sur des affaires sommaires déterminées par l'art. 404 du Code de procédure. Lorsque le litige a pour objet l'exercice d'un droit de retrait successoral, exercé à raison de la vente des droits successifs de biens meubles et immeubles, cette chambre est incompétente et peut renvoyer l'affaire.

26 juin 1824, t. IV, n° 855, p. 339.

4. — L'ordonnance du premier président qui, en exécution des articles 11 et 18 du décret du 6 juillet 1810, prononce le renvoi d'une affaire à la Chambre des appels en matière de police correctionnelle, reposant dans un registre ouvert à toutes parties et aux avoués, on doit considérer cette ordonnance comme suffisamment signifiée par l'assignation qui en notifie l'existence et indique sa date ; il n'est donc pas nécessaire d'en donner copie dans cette assignation.

11 décembre 1824, t. IV, n° 855.

§ 3.

Procédure en matière sommaire.

En matière sommaire on peut prendre des conclusions à la barre sans les avoir préalablement fait signifier à la partie adverse ; il suffit que ces conclusions soient jointes aux qualités pour que le juge doive statuer sur leur contenu.

27 décembre 1836, 36, p. 207.

V. ENQUÊTE.

Mines.

§ 1er. — *Concession.* (Nos 1, 2.)

§ 2. — *Compétence.* (N° 3.)

§ 1er.
Concession.

1. — Avant la loi du 21 avril 1810, les concessions ou permissions d'exploiter les mines ne pouvaient jamais être que temporaires; elles n'étaient jamais obtenues que sans préjudice des droits de propriété, réservés à ceux à qui appartenait la superficie. D'après cette loi, les concessionnaires, devenus et rendus irrévocablement propriétaires des droits dont ils n'avaient ou qu'un exercice limité et subordonné à ceux des possesseurs de la superficie, ne furent plus dans le cas de solliciter de nouvelles concessions, et les stipulations contenues dans les baux antérieurs à cette loi, faits par ces concessionnaires et qui se référaient uniquement à une prorogation de concession, deviennent dès lors sans objet et ne peuvent plus produire aucun effet, quant à ce, en faveur des bailleurs; elles n'en conservent que relativement aux droits acquis, c'est-à-dire à celui de jouir pendant la durée de la concession primitive et jusqu'à l'époque où elle doit prendre fin.

14 mars 1826, t. V, n° 886.

2. — Le propriétaire de la superficie est aussi propriétaire des mines que renferme le fonds, et ces mines ne peuvent être concédées à des tiers sans qu'on lui accorde une indemnité.

En conséquence, la compagnie des salines de l'Est ne peut revendiquer la propriété des sels extraits d'un fonds qui ne lui appartient pas, quoique situé dans l'un des dix départements de l'Est, si préalablement elle n'a indemnisé le propriétaire du sol.

Elle ne peut même réclamer à celui-ci des dommages-intérêts pour vente de ces sels ou pour leur extraction faite sans concession. En ce cas, le propriétaire n'est passible que des peines portées par la loi contre ceux qui exploitent une mine sans en être devenus concessionnaires.

21 juillet 1836, n° 36, p. 121.

§ 2.
Compétence.

3. — L'autorité judiciaire est compétente pour juger les actions en indemnité intentées contre les propriétaires de mines, à raison de travaux postérieurs à la concession.

Les tribunaux civils peuvent même ordonner toutes mesures propres à faire cesser le dommage à l'avenir, si du moins ces mesures ne portent aucune atteinte au droit de l'exploitation.

Est compétemment rendu par le tribunal civil le jugement qui condamne les concessionnaires d'une saline à exécuter les travaux extérieurs nécessaires pour mettre fin au préjudice résultant, pour les propriétés voisines, soit de la nature corrosive, soit de l'écoulement insuffisant des eaux des puits d'exploitation.

6 avril 1854, 53-57, n° 43, p. 95.

Mineur, V. TUTELLE.

Ministère public.

§ 1er. — *Composition.* (Nos 1, 2.)
§ 2. — *Conclusions.* — *Droits de la défense.* — *Visa d'exploit.* — *Pourvoi en cassation.* (Nos 3 à 7.)

---

§ 1er.
Composition.

1. — Un avocat peut être appelé pour remplacer le procureur du roi, en l'absence des suppléants.

1er juin 1809, t. II, n° 265.

2. — Sous la loi du 30 germinal an V, les hommes de loi ne pouvaient être appelés à remplacer les commissaires du pouvoir exécutif. Ainsi, un jugement antérieur au 22 septembre 1808, époque à partir de laquelle un droit nouveau a été établi d'après la loi du 22 ventôse an XII, serait nul, si le ministère public qui devait être entendu avait été rempli, non par le commissaire ou un des juges, mais par un homme de loi appelé en remplacement.

1er mars 1810, t. II, n° 299 *bis*.

§ 2.

Conclusions. — Droits de la défense. — Visa d'exploit. — Pourvoi en cassation.

3. — Lorsque le commissaire du gouvernement a donné ses conclusions après la plaidoirie de la cause, il n'est pas nécessaire qu'il les réitère ensuite du délibéré au bureau qui a été ordonné, lorsque aucune pièce nouvelle, aucun moyen nouveau, n'ont été produits par les parties.

30 ventôse an XI, t. I, n° 71.

4. — L'art. 111 du Code de procédure civile et l'art. 87 du décret du 30 mars 1808 ne proscrivent qu'une chose, c'est la parole après le rapport ou les conclusions du ministère public ; mais on peut répondre au ministère public par des notes manuscrites ou imprimées ou par des mémoires. On peut rectifier les erreurs de droit comme les erreurs de fait, surtout quand ce sont des moyens nouveaux. La défense est de droit naturel et doit être protégée.

Inédit. 20 août 1852. Richard et autres c. de Reculot.

5. — Quand le ministère public, en concluant dans un procès civil, demande la suppression d'un mémoire produit par une partie et requiert des injonctions à l'avoué et à l'avocat, aux termes de l'art. 1036, la parole doit être donnée à la partie pour se défendre.

Inédit. 20 août 1852, 1re Ch. Richard et autres c. de Reculot.

6. — Le substitut du procureur du roi a le droit, en l'absence de ce dernier, de viser l'original de l'exploit d'appel signifié à une commune.

1er février 1828, 27-28, n° 71.

7. — Le ministère public, dans le cas où il ne peut agir au civil par demande principale, n'est pas en droit, si la partie intéressée garde le silence, de se pourvoir seul en cassation.

Cette règle s'applique au cas prévu par la loi du 22 germinal an IV et par le décret du 18 juin 1811, qui ne permettent au procureur du roi de faire exécuter ses réquisitions que par voie de police correctionnelle. (Rés. par la Cour de cassation.)

20 mai 1829, 29, n° 44, p. 150.

V. INSTRUCTION CRIMINELLE.

Mitoyenneté, V. PROPRIÉTÉ.

Mort civile.

Historique. — Effets.

Un curateur administrant nommé à un mort civilement n'a pas besoin d'être autorisé par le conseil de famille pour appeler d'un jugement ayant condamné celui qu'il représente dans une action en partage intentée contre lui. A supposer, en effet, qu'on puisse assimiler un curateur à un tuteur, l'art. 465 du C. N. ne requiert pas l'autorisation du conseil de famille pour répondre à une demande en partage dirigée contre le mineur.

10 thermidor an XIII. t. I. n° 130.

V. ÉMIGRÉ

Mort civile, V. PROPRIÉTÉ.

Mutilation d'arbres.

Législation.

Le titre II du décret du 28 septembre-6 octobre 1791, connu sous le nom de Code rural, est encore en vigueur dans toutes celles de ses dispositions qui n'ont pas été reproduites soit dans le Code pénal, soit dans d'autres lois postérieures.

Les mutilations d'arbres qui n'ont pas eu pour résultat de faire périr ces arbres, mais seulement de les endommager d'une façon plus ou moins grave, restent soumises aux dispositions de l'art. 14 du décret précité ; cet article n'a été abrogé par les art. 445 et 446 du C de pr. qu'en ce qui concerne les dégradations dont l'effet a été de faire périr les arbres.

24 janvier 1857. 53-57, n° 117, p. 362.

N

Nantissement.

Conditions de nantissement d'une créance.

Il ne suffit pas, pour la validité du nantissement d'une créance, que le débiteur de la créance donnée en gage ait, dans un acte sous seing privé enregistré, accepté le nantissement ; il faut encore que le créancier gagiste se soit directement et ostensiblement saisi du gage en faisant signifier l'acte qui le constate au débiteur cédé.

29 déc. 1868, 68-69, n° 50. p. 206.

Naturalisation.

Modes et conditions.

La Convention nationale, en rectifiant par la loi du 7 messidor an III un arrêté pris par les représentants du peuple le 24 brumaire an II, et approuvé par le comité de salut public, a conféré de plein droit la qualité de citoyen français aux Suisses qui, en 1793, se sont domiciliés à Besançon pour y établir une manufacture d'horlogerie.

14 décembre 1844. 43-44, n° 116.

Noms et prénoms.

Changements et additions de noms.

1. — Celui qui, sous l'ancien régime, est devenu coseigneur d'une terre noble, a pu joindre à son nom patronymique le nom de cette terre, quoique déjà porté par une autre famille, et le conserver même après avoir perdu le droit de justice dont il jouissait à titre d'engagement.

Les édits concernant les changements de nom n'ont jamais été enregistrés au parlement de Franche-Comté. Dans cette province, la noblesse pouvait s'acquérir par prescription ; à plus forte raison en était-il de même d'une simple qualification nobiliaire ou féodale.

La loi du 11 germinal an XI n'est pas applicable à ceux qui, lors de sa promulgation, étaient en possession de titres qu'ils avaient ajoutés à leurs noms patronymiques sans autorisation du prince.

20 juillet 1844, 43-44, n° 73.

2. — Le ministère public est recevable à agir d'office en matière de rectification d'actes de l'état civil ou d'actes notariés en ce qui touche les noms pris par les parties, et ce, quand même ce ne sont pas des erreurs substantielles qu'il s'agit de rectifier, mais de simples énonciations accessoires, comme par exemple une protestation insérée à la suite d'un acte de l'état civil pour réclamer un titre que l'officier de l'état civil aurait refusé d'admettre dans l'acte, ou bien encore le nom pris par l'un des témoins.

6 février 1866, 66-67, n° 5.

3. — L'édit de 1555 et l'ordonnance de janvier 1629, qui défendaient d'annexer au nom de famille le nom d'un fief, sont tombés en désuétude et n'ont plus force de loi

Toutefois, le droit de joindre à son nom patronymique un nom de terre ne doit être consacré par les tribunaux que si, par une possession constante, continue, non équivoque, les possesseurs de fief ont manifesté la volonté de confondre leur nom patronymique avec le nom terrien.

Une qualification seigneuriale, comme celle de seigneur d'une terre, prise dans un grand nombre d'actes par un ancêtre, n'est pas un acte de possession suffisamment caractérisée, mais un titre ou une dénomination honorifique qui ne passe pas nécessairement à tous ses enfants, surtout lorsqu'ils n'héritent pas de la seigneurie.

La perte de la possession de la terre entraîne la perte de ce nom même, à moins que, par suite d'un usage immémorial, il ne fasse déjà partie intégrante du nom patronymique.

Dans l'examen de l'ancienneté d'une dénomination noble, on doit faire abstraction de la période révolutionnaire de 1790 à 1814, où les qualifications nobiliaires ou seigneuriales étaient interdites.

En conséquence, la demande en rectification d'actes de naissance et en addition au nom patronymique d'un nom de terre pris par un ancêtre dans les actes de l'état civil peut être repoussée, si cette qualification seigneuriale n'a point fait partie intégrante de son nom, si la possession de ce nom est passée, avec celle de la terre, aux enfants d'un premier lit, à l'exclusion des auteurs des demandeurs, si, enfin, les demandeurs n'ont eux-mêmes pris ce nom et ne l'ont signé dans les actes de l'état civil et dans les actes authentiques que depuis une époque récente.

2 décembre 1868, 68-69, n° 46, p. 184.

V. PROPRIÉTÉ INDUSTRIELLE.

Notaire.

_____

§ 1er.

Peines disciplinaires.

1. — L'article 53 de la loi du 25 ventôse an XI attribue aux tribunaux civils la répression des contraventions qu'elle prévoit, et il résulte de la combinaison des art. 137 et 179 du Code d'instruction criminelle qu'il n'a point été innové à cette loi.

15 mars 1824, t. IV, n° 631, p. 49.

2. — La loi du 25 ventôse an XI, en indiquant dans les articles 16, 23, 26 et 33, les cas dans lesquels les tribunaux sont obligés de suspendre ou de destituer les notaires, n'a point prononcé d'une manière limitative.

Bien que le ministère public n'ait point conclu à la suspension d'un notaire, le tribunal n'en peut pas moins la prononcer, lorsqu'il a été investi par l'action du procureur du roi de la faculté de le destituer.

Il peut y avoir lieu à suspension, pour cause d'irrégularités dans les registres, même sans fraude et sans intention de nuire à des tiers ou de supprimer des actes.

19 février 1820, t. IV, n° 631, p. 49.

3. — L'art. 53 de la loi du 25 ventôse an XI autorise généralement et indéfiniment l'appel de toute sentence qui porterait une condamnation à l'égard d'un notaire ; il ne l'a point subordonné à le nature ni à la quotité de la peine prononcée ; par réciprocité, la faculté d'appeler appartient aussi nécessairement au ministère public, lorsque le tribunal de première instance a refusé d'accueillir les conclusions qu'il prenait, dans l'intérêt de la vindicte publique, contre le notaire qui se serait écarté des règles qu'il était tenu d'observer dans la rédaction des actes de son ministère.

24 janvier 1823, t. IV, n° 695, p. 145.

§ 2.
Responsabilité civile.

4. — En point de droit, le notaire n'est responsable que du dol qu'il a commis dans l'exercice de son ministère.

Il se rend coupable de négligence en ne signant pas l'acte qu'il reçoit et en ne faisant pas avancer par les parties l'argent nécessaire à l'enregistrement de cet acte, et il peut être à cet égard passible de dommages-intérêts.

14 ventôse an XII, t. 1, n° 96.

5. — Si les notaires peuvent être condamnés à des dommages-intérêts résultant de nullités qu'ils commettent sans dol ni fraude dans les actes qu'ils reçoivent, ce ne peut pas être pour l'omission de la mention de leurs signatures dans leurs actes, puisque, par un avis du conseil d'État du 20 juin 1810, approuvé le même jour et inséré au *Bulletin des lois*, il a été décidé qu'une pareille omission n'emportait pas nullité.

Cet avis n'est pas introductif d'un droit nouveau, puisqu'un arrêté du 15 prairial an XI donnait une formule pour la rédaction des actes et rappelait les mentions nécessaires.

22 juillet 1819, t. IV, n° 614, p. 21.

6. — La loi du 25 ventôse an XI ne rend les notaires responsables des nullités commises dans la rédaction des actes qu'ils reçoivent qu'autant qu'ils n'ont pas pris les précautions nécessaires pour en assurer la validité.

La preuve de cette dernière circonstance peut être faite par témoins quand sa constatation ne résulte pas de l'acte lui-même.

8 juin 1848, 47-48, n° 108.

7. — Le notaire qui signe en second un acte reçu par un de ses confrères n'est responsable que des nullités résultant de l'inaccomplissement des formalités extrinsèques.

23 mars 1850, 49-52, n° 81.

8. — L'obligation imposée aux notaires de s'assurer de l'état des parties qui contractent par leur ministère se réfère non-seulement à la profession des contractants, mais encore à leur âge, lorsqu'il peut influer sur la validité de l'acte qu'il s'agit de rédiger.

23 mars 1850, 49-52, n° 81.

9. — Un notaire qui a omis ou ajouté, dans l'expédition d'un testament qu'il a délivrée, plusieurs mots différents de ceux de la minute, et qui par là même a été cause d'un procès qui n'aurait été intenté que par ce motif, peut être condamné aux dépens qu'il a occasionnés.

16 avril 1821, t. IV, n° 631, p. 49.

10. — Le reproche fait à un notaire de n'avoir point libellé un contrat de manière à éviter le paiement de certains droits d'enregistrement, ne peut motiver une demande en dommages-intérêts.

25 février 1864, 62-65, n° 44, p. 224.

11. — Le notaire constitué le *negotiorum gestor* de son client n'est pas responsable des fautes de sa gestion, si elles sont imputables au fait même du client ou en ont été la conséquence nécessaire.

21 mars 1867, 66-67, n° 97.

12. — Les minutes des actes notariés sont exclusivement sous la garde et la garantie du titulaire de l'office dont elles dépendent, et le notaire est déchargé de toute responsabilité relative à ces obligations, lorsque les minutes de son étude ont été régulièrement transmises à son successeur, sans qu'aucune réserve ait été faite contre lui, ni par ce successeur, ni par l'autorité sous la surveillance de qui la transmission de l'office a eu lieu.

25 mai 1867, 66-67, n° 110.

13. — Le notaire qui a reçu le prix d'une adjudication, sans laisser à l'adjudicataire la position que lui assurait son contrat, est responsable du dommage que peut éprouver cet adjudicataire.

Il en est ainsi, spécialement, du notaire qui a provoqué le paiement, dans son étude, du prix d'une adjudication, sans donner à l'adjudicataire une quittance subrogatoire qui permette à celui-ci de produire à l'ordre, lieu et place du créancier qu'il a désintéressé, et qui s'est contenté de lui donner une simple quittance sans caractère authentique.

En ce cas, le notaire ne devait pas seulement offrir à l'adjudicataire la garantie d'une quittance subrogatoire; il devait la lui donner en échange de l'ancienne situation qu'il perdait par le paiement.

22 janvier 1870, 70-71, n° 5.

14. — Le rôle des notaires ne se borne pas à constater la manifestation de la volonté des parties et à lui donner le caractère d'authenticité. Mais s'ils doivent, surtout lorsqu'ils leur ont proposé de passer un acte dont ils se sont eux-mêmes constitués les négociateurs, les diriger dans la manifestation de cette volonté, ils ne sont cependant responsables qu'autant qu'il est justifié que ces officiers ministériels se sont rendus coupables d'une faute grave.

26 mars 1870, 70-71, n° 16.

14 *bis*. — Le notaire déclaré responsable par suite d'une faute commise dans l'exercice d'un mandat doit rembourser au mandant tout ce qu'il perd par suite de la faute commise.

Inédit. 2ᵉ Ch., 10 décembre 1842. Guyenot c. Falatieu et Guillot.

§ 3.

Honoraires.

15. — Les actes des notaires non spécifiés au tarif sont taxés suivant leur nature et les difficultés que leur rédaction a présentées : les tribunaux ont à cet égard une liberté souveraine d'appréciation.

24 novembre 1865, 62-65, n° 93, p. 397.

16. — Les démarches faites par un notaire pour la constitution d'une société commerciale et le placement d'actions constituent une véritable opération de courtage, interdite aux officiers ministériels, et la stipulation d'une somme déterminée pour honoraires peut être déclarée nulle par les tribunaux ; toutefois les honoraires payés ne sont pas sujets à répétition.

25 février 1864, 62-65, n° 44, p. 224.

§ 4.

Cession d'office. — Garantie.

17. — Le notaire qui a cédé son office peut, sans encourir de responsabilité vis-à-vis de son successeur, acheter une autre étude, fût-elle située dans un canton limitrophe, pourvu qu'il s'abstienne d'attirer à lui son ancienne clientèle et qu'aucun préjudice ne soit ressenti par le successeur.

3 mai 1869, 68-69, n° 79, p. 325.

V. DISPOSITIONS ENTRE-VIFS ET TESTAMENTAIRES.

Novation.

Dans quels cas il y a novation.

1. — L'huissier chargé de faire payer un effet de commerce ou de le protester n'a pas qualité pour opérer novation dans la créance, en faisant souscrire au tiers un billet à ordre en remplacement de l'effet non payé.

4 avril 1829, 29, n° 33, p. 115.

2. — Lorsqu'un débiteur paraît dans la cession que le créancier fait de sa créance à un tiers, pour éviter à ce dernier la signification prescrite par l'article 1690 du Code civil, et s'engage à payer la dette du nouveau créancier, il n'y a pas novation.

24 juin 1000, 06, p. 140.

3. — Lorsqu'une vente est faite pour une somme déterminée, et que dans l'acte même de vente on convertit l'obligation de payer le prix en celle de payer annuellement une rente viagère, on doit décider qu'il n'y a pas novation, parce qu'il n'y a pas deux contrats avec intervalle de temps.

Inédit. 1re Ch., 6 août 1838. Faivre c. Chauvey.

4. — L'acceptation d'un nouveau débiteur ne suffit pas pour opérer novation, même quand le créancier lui donne terme. Il faut de plus qu'il ait expressément déchargé l'ancien débiteur.

Inédit. 1re Ch., 26 mars 1859. Poumeyron c. Robbe.

5. — Le renouvellement d'un effet de commerce qui n'a pour but qu'un report d'exigibilité n'entraîne pas novation du titre originaire.

On ne peut donc pas dire que ce renouvellement est entaché de nullité par défaut de capacité, lorsqu'il a été signé par une femme mariée non autorisée de son mari, surtout dans le cas où la souscription du nouvel effet n'impose aucune charge nouvelle à la femme et au mari.

20 janvier 1863, 62-65, n° 35, p. 119.

6. — Il faut, pour qu'il y ait novation par suite de la substitution d'un nouveau débiteur à l'ancien, non-seulement que le créancier ait accepté le nouveau débiteur, mais encore qu'il ait expressément déchargé l'ancien.

Spécialement, dans le cas où une société étant dissoute une nouvelle se forme en remplacement et paie un des créanciers de la première au moyen de billets à ordre, ce créancier, par le fait seul qu'il a accepté les billets, ne renonce pas à son ancienne débitrice, et ce quand même il aurait accordé à la nouvelle une prorogation du terme assigné dans le principe au paiement de la créance.

7 avril 1865, 62-65, n° 82, p. 356.

7. — La capitalisation des intérêts d'une créance résultant d'un prêt et l'ouverture d'un compte courant où sont passés capital et intérêts ainsi capitalisés, ont nécessairement pour effet d'éteindre la dette originaire et de la remplacer par une dette nouvelle n'ayant plus d'autre cause ni d'autre titre que le compte courant.

Il y a novation dans la créance lorsque le créancier produit à la faillite du débiteur en vertu du compte courant et consent le concordat qui clôt la faillite.

22 juin 1864, 62-65, n° 63, p. 295.

8. — Le concours du créancier à l'acte de délégation n'est point indispensable pour opérer novation dans la dette; il suffit que son consentement à la substitution d'un nouveau débiteur à l'ancien et à la libération de ce dernier résulte clairement d'actes ultérieurs.

21 février 1866, 66-67, n° 8.

9. — Lorsqu'un vendeur en compte courant avec l'acheteur inscrit au débit de ce dernier le prix des marchandises vendues, cette écriture nécessairement est par elle seule novation dans la créance, de telle sorte que, devenu créancier commercial ordinaire, le vendeur se trouve dépouillé du droit de rétention consacré à son profit par l'art. 577 du Code de commerce.

L'acceptation par l'acheteur de lettres de change tirées sur lui en paiement du prix de la vente n'emporte point extinction de la première dette.

23 août 1866, 66-67, n° 54.

10. — En cas de faillite d'une société, si les créanciers renoncent au bénéfice du jugement déclaratif de cette faillite et permettent à une nouvelle société de prendre la suite des opérations de la pre-

mière, à la condition d'en acquitter toutes les dettes, une pareille renonciation entraîne novation par changement de débiteur et rend, par suite, les créanciers renonçants inhabiles à se prévaloir des garanties qu'ils avaient contre la première.

21 juillet 1868, 68-69, n° 24, p. 87.

Nullités, V. ACTIONS EN NULLITÉ ET EN RESCISION, EXCEPTIONS ET FINS DE NON-RECEVOIR.

O

Obligations.

CHAPITRE Ier.

DES DIFFÉRENTES ESPÈCES D'OBLIGATIONS.

§ 1er.

Des obligations solidaires.

De la solidarité entre débiteurs.

1° Des cas dans lesquels il y a obligation solidaire.

1. — La solidarité peut être expressément *stipulée* sans être convenue par écrit; il faut qu'elle soit avouée ou qu'elle résulte de stipulations légalement présumées.

Inédit. 2e Ch., 16 décembre 1848. Badoulier de Saint-Seine c. Lacroix.

2. — L'obligation contractée par plusieurs notables d'une commune, en demandant des fournitures pour cette commune, de *répondre chacun d'eux et en particulier, et se porter garants des choses qui seraient fournies,* est une obligation solidaire, soit aux termes de l'art. 2002 du C. N., ces notables ayant constitué ensemble un mandataire pour une chose commune, soit d'après l'art. 2025 du même Code, aux termes duquel : « Lorsque plusieurs personnes se » sont rendues caution d'un même » débiteur pour une même dette, » elles sont obligées chacune à » toute la dette. »

28 novembre 1817, t. III, n° 519.

3. — La solidarité stipulée dans une convention au profit du créancier s'étend même aux dépens auxquels les débiteurs solidaires sont condamnés par le jugement qui reconnaît et consacre leur obligation.

23 juin 1860, 60-61, n° 24.

4. — La solidarité en matière de dommages-intérêts peut être prononcée même par les tribunaux civils.

4 avril 1829, 29, n° 33, p. 115.

5. — Peuvent être condamnés solidairement au paiement des dommages-intérêts les coauteurs d'un quasi-délit.

26 novembre 1847, 47-48, n° 57.

6. — Une condamnation solidaire à des dépens ne peut être prononcée en matière civile, lorsqu'ils résultent des postulations et avances faites par un avoué dans un procès où il a exercé en cette qualité.

20 novembre 1809, t. II, n° 284.

2° Des effets de la solidarité entre débiteurs.

a. Lien juridique qui en résulte pour chaque débiteur.

7. — Le créancier qui se présente à un ordre ouvert pour la distribution du prix des biens d'un de ses débiteurs solidaires, ou même qui reçoit pour la totalité de sa créance un bordereau de collocation, ne décharge pas de la solidarité les autres débiteurs. La remise du bordereau n'est qu'une indication de paiement, qui n'impose pas au créancier l'obligation de s'en prévaloir et ne le rend point responsable de l'insolvabilité du débiteur, survenue depuis cette indication, lors même qu'il aurait différé de le poursuivre.

31 juillet 1820, t. IV, n° 643, p. 63.

8. — L'action du débiteur solidaire qui a payé pour son codébiteur est soumise à la prescription qui eût atteint le droit du créancier désintéressé.

27 juillet 1829, 29, n° 54, p. 182.

9. — Le créancier qui a une hypothèque sur un immeuble appartenant par indivis à deux débiteurs solidairement tenus envers lui peut, lors du règlement de l'ordre, après l'adjudication, exiger que son bordereau de collocation soit acquitté sur la part du prix revenant à celui de ses coobligés qu'il désigne.

Il en est ainsi surtout quand les circonstances du procès établissent que le débiteur solidaire dont la part est atteinte par ce choix avait seul profité des fonds empruntés.

L'option faite par ce créancier en première instance confère à chacune des parties intéressées dans l'ordre le droit de s'en prévaloir en tout état de cause, même devant la Cour, encore bien que ce créancier, ayant devant le tribunal succombé dans sa demande, n'ait pas lui-même interjeté appel.

15 février 1867, 66-67, n° 87.

b. Représentation des débiteurs les uns par les autres à l'égard du créancier.

10. — La renonciation à la prescription acquise faite par l'un des débiteurs solidaires peut être opposée aux autres.

9 mars 1846, 46, n° 76, p. 193.

11. — L'acquiescement à un jugement par défaut de la part d'un codébiteur solidaire n'interrompt pas la péremption à l'égard des autres codébiteurs.

Inédit. 2e Ch., 14 mai 1847. Gaudot c. Bresia.

12. — L'appel interjeté par l'un des codébiteurs solidaires profite aux autres et les relève de la déchéance que l'expiration des délais leur eût fait courir.

26 juin 1848, 47-48, n° 99.

c. Rapport des codébiteurs entre eux

13. — Celui qui a payé pour ses codébiteurs ne peut exiger que l'insolvabilité de l'un d'eux soit répartie entre tous, tant qu'elle n'est prouvée que par un certificat sous forme d'acte de notoriété, et non par des actes tels que des saisies ou des procès-verbaux de carence.

27 juillet 1829, 29, n° 54, p. 182.

14. — Lorsqu'un fonds a été affecté hypothécairement à la garantie d'un emprunt contracté solidairement par plusieurs débiteurs, sans distinction de la part de chacun, il y a présomption à l'égard du tiers acquéreur de l'immeuble hypothéqué que la part de son vendeur dans la dette est égale à celle des autres coobligés.

La preuve de l'inégalité dans les parts ne pourrait résulter que d'actes antérieurs à l'acquisition, l'acquéreur n'étant l'ayant cause de son vendeur que pour le temps antérieur à la vente. Si donc le tiers acquéreur a été, par suite de l'hypothèque, contraint de payer plus qu'une part égale, il est subrogé et a recours pour l'excédant contre les autres débiteurs, alors même qu'avant ce paiement il aurait été jugé entre les débiteurs et le syndic de son vendeur tombé en faillite que ce dernier avait seul profité de l'emprunt, la décision ainsi rendue étant, pour le tiers acquéreur, *res inter alios acta*.

12 août 1847, 47-48, n° 63.

15. — La règle établie par l'art. 1213 du Code Napoléon, que l'obligation solidaire se divise de plein droit entre les coobligés, n'établit qu'une simple présomption qui cède devant la preuve contraire, non-seulement dans les rapports des codébiteurs entre eux, mais encore à l'égard des tiers.

Spécialement, la part d'intérêt que l'un des engagés solidaires a dans l'emprunt peut, dans le silence de l'acte, être déterminée par les circonstances de la cause, même à l'encontre des créanciers hypothécaires de ce débiteur.

15 février 1867, 66-67, n° 87.

§ 2.

Des obligations de faire.

16. — Lorsque l'exécution forcée d'une obligation de faire est de nature à atteindre les tiers, le créancier ne doit point être autorisé à la poursuivre lui-même aux frais du débiteur; il est plus juste de condamner ce dernier à payer une certaine somme par chaque jour de retard, pour le contraindre à exécuter en s'entendant avec les tiers intéressés pour la confection des travaux.

8 juin 1852, 49-52, n° 125.

§ 3.
Des obligations indivisibles.

17. — La vente de plusieurs objets aux enchères, pour un prix unique en bloc et à plusieurs acquéreurs, doit être considérée comme imposant à ceux-ci des obligations indivisibles.

Inédit. 1re Ch., 2 janvier 1854. Brétillot c. Fumerey.

§ 4.
Des obligations conditionnelles et des obligations non conditionnelles.

1° Condition potestative.

18. — N'est pas nulle, comme faite sous une condition potestative, l'obligation d'acquitter une dette, *si cela est jamais possible* au débiteur; les tribunaux peuvent, en ce cas, apprécier l'intention des parties et ne voir, dans une reconnaissance ainsi conçue, qu'une obligation à terme indéfini, rentrant sous l'application de l'article 1901 du Code Napoléon.

2 août 1864, 62-65, n° 66, p. 308.

2° Condition résolutoire.

19. — Une cession de droits successifs faite à la condition que le cessionnaire rapportera quittance de tous les créanciers de la succession dans un délai déterminé : « La réalisation du présent » acte par-devant notaire étant » soumise à l'exécution de cette » clause qui fait la loi immuable » et unique des parties, suivant » l'art. 1134 du Code Napoléon, » est nulle et non avenue lorsque les héritiers cédants ont éprouvé des poursuites de la part de quelques créanciers postérieurement au délai fixé par la cession, et que la condition du traité n'a pas été accomplie. D'ailleurs, quand cette clause ne serait pas considérée comme suspensive, elle serait toujours résolutoire, et la résolution aurait lieu de plein droit, à défaut d'accomplissement dans le délai fixé des obligations imposées au cédant.

21 février 1815, t. III, n° 449 *bis.*

20. — La condition résolutoire inhérente aux contrats synallagmatiques ne confère jamais qu'un droit d'option entre l'exécution pure et simple et la révocation intégrale, avec dommages-intérêts contre la partie en tort : le juge ne saurait, en dehors du consentement des parties, et sous prétexte d'équité, substituer à l'ancien contrat des dispositions nouvelles et arbitraires.

11 janvier 1865, 62-65, n° 73, p. 325.

21. — Les clauses résolutoires n'ont pas lieu de plein droit en France; la résolution doit toujours être demandée et prononcée : suivant ce point de droit, la partie envers laquelle l'engagement n'a point été exécuté a le choix ou de forcer l'autre à l'exécution de la convention, lorsqu'elle est possible, ou d'en demander la résolution avec dommages-intérêts; ainsi la résolution doit être demandée en justice, et il peut être accordé au défendeur un délai, suivant les circonstances. D'après la jurisprudence la plus constante, les clauses résolutoires, soit expresses, soit tacites, dont l'événement dépend d'une condition potestative, sont soumises, pour leur exécution, à l'arbitrage du juge, qui peut, suivant les circonstances, accorder un nouveau délai au débiteur pour se libérer.

25 mai 1819, t. IV, n° 610, p. 16.

22. — Si les juges peuvent accorder un délai pour purger la demeure lorsque la clause résolutoire n'est que tacite, d'après la disposition générale de la loi, ils n'ont pas la même faculté lorsque les parties ont stipulé dans le titre

qu'il serait annulé en cas d'inexécution.

17 juillet 1817, t. III, n° 514 *bis.*

23. — Après l'expiration du
délai accordé par la justice, la résolution est acquise, le défendeur
n'est plus admis à purger la demeure, et les juges ne peuvent
accorder un second délai.

Inédit. 1re Ch., 31 décembre 1849.
Bourquenez c. faillite Levigne.

24. — Le droit de demander
la résolution d'un contrat synallagmatique, dans le cas où l'une
des parties n'exécute pas son engagement, se prescrit à compter
du jour où le contrat a été violé,
encore bien que cette violation ait
continué jusqu'au jour de la demande en justice.

28 janvier 1848, 47-48, n° 93.

CHAPITRE II.

DES EFFETS JURIDIQUES DES OBLIGATIONS.

§ 1er.

Du droit principal du créancier.

25. — La faculté d'exiger l'exécution de l'obligation, quand elle
est possible, au lieu de se contenter
des dommages et intérêts, appartient à la partie et non au juge.
Celui-ci ne peut pas se dispenser
d'ordonner l'exécution demandée,
et remplacer l'exécution par des
dommages et intérêts non demandés.

Inédit. 2e Ch., 24 décembre 1852.
Bergère c. Lorioz.

25 *bis.* — Il n'est pas dû de
dommages-intérêts par celui des
deux futurs époux qui refuse d'accomplir la promesse de mariage
qu'il a faite à l'autre, surtout lorsqu'il était mineur à cette époque ;
l'art. 1142 du Code civil n'est pas applicable au contrat de mariage. Cependant, celui qui a ainsi manqué
à ses engagements doit indemniser
l'autre partie des dépenses faites à
l'occasion de ce futur mariage.

8 mai 1811, t. II, n° 338.

§ 2.

Des droits accessoires du créancier.

1° Des dommages-intérêts.

a. De la mise en demeure du débiteur.

26. — La constitution en demeure ne peut pas avoir lieu par
lettres, même en matière commerciale.

Inédit. 1re Ch., 11 janvier 1848.
Plitt c. Zober.

27. — En matière commerciale
et en l'absence de stipulation, les
intérêts ne courent pas du jour de
la livraison des marchandises, mais
seulement du jour de la demande
en justice.

13 février 1849, 49-52, n° 3.

28. — Ce n'est pas la demande
du capital qui fait courir les intérêts, mais la demande des intérêts.

Inédits. 2e Ch., 31 août 1832. Com-
muné de Burgille. — 1re Ch., 9 janvier 1845. Mourey c. Léné.

29. — Les intérêts des intérêts
sont dus à dater de la demande en
justice, lors même qu'ils ne sont
pas liquidés à cette époque.

Les intérêts échus des restitutions des fruits sont susceptibles de
produire eux-mêmes des intérêts
à partir de la demande en justice.

27 août 1844, 43-44, n° 117.

30. — La présentation du mémoire au préfet ne suffit pas pour
constituer l'État en demeure et
faire courir les intérêts des fruits.
Ils ne courent que du jour de l'assignation.

Inédit. 2e Ch., 19 juillet 1844. De
Marcellus c. préfet du Jura.

31. — La promesse d'approvi-
sionner un entrepreneur de matériaux pour des travaux qu'il ne
peut différer implique virtuellement mise en demeure à l'égard
de celui qui s'est obligé.

Les réclamations de l'acheteur
sur le défaut de livraison, reconnues par le vendeur, peuvent, surtout en matière commerciale, être

considérées comme des mises en demeure équivalant à des sommations et servir de base à une demande en dommages-intérêts.

12 décembre 1866, 66-67, n° 68.

32. — Les dommages-intérêts dus pour retard dans l'exécution d'une obligation de payer une somme d'argent et consistant dans les intérêts de cette somme, doivent courir dès le jour de la demande en justice, et ce quand même, à cette époque, la somme à payer n'était pas liquidée.

15 Juin 1866, 66-67, n° 46.

33. — La demande en collocation est une véritable demande en justice dans l'instance d'ordre, et elle suffit pour constituer le débiteur en demeure.

13 février 1858, 58-59, n° 21.

b. De la faute du débiteur.

34. — Les dommages-intérêts sont dus indépendamment de toute mise en demeure, s'il s'agit d'un délit, d'un quasi-délit ou d'une contravention à une obligation de ne pas faire.

Le fait d'avoir, contrairement à une convention, détourné une partie des eaux servant à l'exploitation d'une usine voisine constitue, soit un délit ou quasi-délit, soit une contravention à une obligation de ne pas faire, et les dommages-intérêts sont dus, non du jour où il y a sommation de faire cesser l'indue prise d'eau, mais du jour où le préjudice a été ressenti.

16 juin 1866, 66-67, n° 41.

34 bis. — La règle que les intérêts ne sont dus que du jour où ils sont demandés n'est applicable qu'au cas où il s'agit d'obligations qui se bornent au paiement de certaines sommes. Elle ne s'étend pas au cas où des dommages et intérêts sont accordés pour réparation du préjudice causé par un fait dommageable.

Inédits. 1re Ch., 9 février 1843. Préfet du Jura c. commune d'Andelot. — 2e Ch., 12 avril 1843. Préfet du Doubs

c. commune de Boujailles. — 1re Ch., 12 avril 1843. Préfet du Doubs c. commune de Mouthe.

c. Du cas fortuit et de la force majeure.

35. — Un individu qui s'est engagé à voiturer plusieurs pièces de bois dans un délai fixé et qui n'a point rempli ses engagements est passible de dommages-intérêts : l'intempérie de la saison ne peut être regardée comme un cas de force majeure. C'est une de ces choses qu'on peut et doit prévoir au moment où on s'engage à l'accomplissement d'une obligation, au commencement de l'automne ou de l'hiver.

16 juillet 1807, t. I, n° 177.

d. De l'étendue et de l'évaluation des dommages-intérêts.

36. — Les dommages-intérêts adjugés pour retard apporté par le débiteur à se libérer de l'obligation de payer une somme d'argent ne sont jamais que représentatifs des intérêts qu'elle devait produire par la convention ou la demande judiciaire, et comme tels sujets à la retenue du cinquième ou à la réduction d'après l'échelle de dépréciation, au moment où ces mesures ont été ordonnées, et régis quant à leur taux par la loi sous l'empire de laquelle ils ont couru. Celle du 3 septembre 1807, en décidant qu'à l'avenir ils cesseraient d'être passibles de la retenue autorisée jusqu'alors, n'a pas apporté d'exception pour ceux qui résulteraient de créances antérieures à sa promulgation : elle n'en a introduit qu'en faveur des débiteurs qui, par le titre qu'ils ont souscrit, s'en seraient réservé la faculté.

10 janvier 1820, t. IV, n° 623.

37. — Les règles posées par l'article 1149 pour la fixation des dommages et intérêts ne s'appliquent qu'au cas où il s'agit d'inexécution d'une obligation et non au cas où il s'agit d'un quasi-délit, d'un fait préjudiciable.

Inédit. 2e Ch., 23 juin 1855. Bouchot c. Thomas et Laurent.

38. — Il faut se trouver dans un des cas prévus par l'article 1153, « sauf les règles particulières au commerce ou au cautionnement, » pour pouvoir obtenir, à raison du retard, d'autres dommages et intérêts que les intérêts.

Inédit. 1re Ch., 22 juin 1852. Compagnie du chemin de fer de Paris à Lyon c. Varenzo.

39. — La capitalisation des intérêts échus depuis moins d'une année, admise par l'usage entre banquiers après chaque règlement, ne peut s'étendre à des ouvertures de crédit au profit de simples commerçants et à des règlements de comptes courants qui ne supposent pas d'opérations de banque respectives.

Pour déroger à la prohibition légale en cette matière, il faut que la volonté des parties soit expresse et que le règlement du compte courant ait pour effet de rendre le reliquat immédiatement exigible.

24 février 1855, 53-57, n° 63, p. 164.

40. — Il peut être alloué des dommages-intérêts, en outre des intérêts moratoires de la somme due, pour le préjudice causé par la résistance abusive et les contestations blâmables du débiteur.

2 janvier 1869, 68-69, n° 52, p. 215.

41. — Le juge ne peut capitaliser par anticipation des intérêts à échoir, pour leur faire produire d'autres intérêts.

5 février 1845, 45, n° 20, p. 53.

42. — La réformation d'un jugement portant liquidation de dommages-intérêts se poursuit par voie d'appel et non, comme le prescrit l'article 541 du Code de procédure civile, sur les redditions de compte, par un pourvoi devant les premiers juges.

22 juin 1844, 43-44, n° 68.

2° De la clause pénale.

43. — La clause pénale ne peut être étendue hors de ses termes ; spécialement, lorsqu'elle a été stipulée contre la partie *contrevenante*, elle ne peut être réclamée des héritiers de l'un des contractants, lorsque c'est la mort seule de ce contractant et non une faute de sa part qui met obstacle à l'exécution complète du contrat.

7 août 1861, 60-61, n° 61.

3° Des mesures conservatoires.

44. — Le créancier de l'usufruitier d'une somme d'argent a le droit d'exercer tous les actes conservatoires sur le capital, notamment d'exiger qu'il sera placé sur hypothèque.

3 mai 1859, 58-59, n° 37.

4° De l'exercice des droits et actions du débiteur.

45. — Un créancier peut se rendre incidemment appelant d'une sentence qui a condamné son débiteur à payer une certaine somme à un de ses autres créanciers.

3 août 1808, t. I, n° 218.

46. — Un créancier peut, en exerçant les droits et actions de son débiteur, appeler d'un jugement rendu contre celui-ci, surtout lorsque son adversaire remet en question, en appel, les chefs sur lesquels il avait, lui créancier, triomphé en première instance, ayant été appelé dans la cause ou y étant intervenu.

17 janvier 1829, 29, n° 6, p. 15.

47. — L'hypothèque légale appartenant à des mineurs n'est pas un droit exclusivement attaché à leur personne : les créanciers desdits mineurs peuvent donc l'exercer à leur profit en vertu de l'action subrogatoire de l'article 1166 du Code Napoléon.

5 février 1853, 53-57, n° 17, p. 30.

48. — Quand il s'agit de nullité de signification tenant à la forme et non au fond du droit, cette nullité est *relative* en ce sens qu'elle n'existe qu'au profit de celui à qui la notification devait être faite. Elle constitue un droit exclusivement attaché à la personne, et les créanciers de la personne ne peuvent l'exercer.

Inédit. 1re Ch., 19 juin 1854. Daval c. de Marlay.

5° De l'action paulienne ou révocatoire.

49. — Pour faire annuler un acte comme frauduleux, il faut avoir non-seulement des droits au moment où l'on porte plainte, mais encore il faut en avoir eu à l'époque de l'acte argué de faux.

Inédit. 1re Ch., 19 août 1840. Vauthier-Ducret c. Pahindriot.

50. — Un créancier ne peut attaquer comme frauduleuse une libéralité consentie par un débiteur qu'autant que sa créance est antérieure à l'acte argué de fraude.

3 mai 1859, 58-59, n° 37.

51. — Un créancier ne peut faire annuler, en vertu de l'article 1167 du Code Napoléon, une donation émanée de son débiteur qu'autant qu'à l'époque où cette donation a été faite, il en résultait préjudice pour lui, c'est-à-dire impossibilité de le payer. C'est, en effet, au jour de l'acte attaqué qu'on doit se placer pour reconnaître si cet acte a constitué le débiteur en état d'insolvabilité, et non à une époque postérieure, alors que différents autres actes ont pu modifier la position de celui-ci.

2 juin 1853, 53-57, n° 22, p. 50.

52. — Le créancier qui poursuit, par l'action *quæ in fraudem*, l'annulation d'un contrat passé entre son débiteur et un tiers, n'est point tenu de discuter préalablement les biens de ce débiteur, si l'insolvabilité de ce dernier est notoire.

18 avril 1856, 53-57, n° 98, p. 275.

53. — Pour être admis à exercer l'action révocatoire, autorisée par l'article 1167 du Code Napoléon, les créanciers doivent, même à l'égard des actes à titre gratuit,

établir qu'il y a fraude de la part de leur débiteur. La fraude se caractérise par ces deux éléments : intention de nuire, préjudice causé.

Ces deux éléments se trouvent réunis lorsque, l'acte étant à titre gratuit, il est établi que cet acte a mis le débiteur dans l'impossibilité d'acquitter ses dettes.

La nullité de la donation est, dans ce cas, opposable même au donataire mineur.

10 juillet 1861, 60-61, n° 58.

54. — Les créanciers ne peuvent former tierce opposition aux jugements rendus contre leurs débiteurs, mais ils peuvent les attaquer en leur nom personnel lorsqu'ils sont le résultat de la fraude et de la collusion.

25 juin 1828, 27-28, n° 97.

55. — Lorsqu'un débiteur consent à un de ses créanciers, sous la forme d'un contrat quelconque et spécialement d'une ouverture de crédit, une obligation hypothécaire qui n'a d'autre but que de garantir le paiement d'une dette antérieurement contractée, les autres créanciers peuvent, lorsqu'une semblable simulation leur a porté préjudice, faire prononcer la nullité, non-seulement de cette obligation, mais encore de la subrogation à l'hypothèque légale de la femme du débiteur que celle-ci aurait consentie accessoirement à l'obligation hypothécaire de son mari.

9 février 1858, 58-59, n° 1.

56. — Est réputée acte fait en fraude des droits des créanciers la quittance d'une somme d'argent délivrée par un insolvable à un débiteur son parent, n'ayant au moment du prétendu paiement aucune ressource connue, surtout si cette quittance a pour but de solder une dette qui n'est ni exigible ni productive d'intérêts.

7 juillet 1866, 66-67, n° 49.

57. — L'acte par lequel un débiteur cède à des tiers tous les biens lui appartenant, alors même que c'est dans le but avoué d'en faire distribuer le prix aux créanciers, doit être annulé comme fait en fraude des droits de ces derniers, s'il résulte des circonstances que cet acte, qui d'ailleurs préjudicie à certains égards aux créanciers, n'a pas eu pour but réel la translation de la propriété aux acquéreurs, mais simplement de donner à ceux-ci une procuration pour distribuer le prix stipulé.

18 août 1869, 68-69, n° 88, p. 355.

CHAPITRE III.

DES DIFFÉRENTES MANIÈRES DONT LES OBLIGATIONS S'ÉTEIGNENT.

V. PAIEMENT, NOVATION, COMPENSATION, etc., etc.

Occupation, V. PROPRIÉTÉ.

Œufs et couvées, V. CHASSE.

Office.

§ 1er. — *Cession. — Prix. — Traité secret.* (N° 1.)

§ 2. — *Suppression. — Indemnité. — Compétence.* (N° 2.)

§ 1er.

Cession. — Prix. — Traité secret.

1. — Toute stipulation d'un prix supérieur à celui porté au traité officiel de cession d'un office doit être déclarée nulle comme contraire à l'ordre public, et les sommes payées en exécution de cette stipulation sont sujettes à répétition.

La stipulation d'un supplément de prix constitue un fait de fraude qui peut être prouvé par témoins ou établi à l'aide de présomptions graves, précises et concordantes.

Le supplément de prix, payé en vertu d'un traité secret, doit être restitué avec intérêts à partir du paiement et non à partir de la demande en justice : toutefois, ces

sommes et leurs intérêts ne se capitaliseront pour produire d'autres intérêts que depuis la demande en justice.

28 janvier 1870, 70-71, n° 8.

§ 2.
Suppression. — Indemnité. — Compétence.

2. — En cas de suppression de l'étude d'un officier ministériel, c'est au pouvoir exécutif qu'appartient le droit de déterminer les conditions de l'indemnité qui peut être due par les titulaires conservés dont les offices sont maintenus.

Mais les tribunaux civils sont compétents pour contraindre les débiteurs de cette indemnité à la payer.

10 décembre 1850, 49-52, n° 87.

Opposition, V. ARBITRAGE, DEGRÉS DE JURIDICTION, JUGEMENT PAR DÉFAUT, MARIAGE.

Ordonnance d'exequatur, V. ARBITRAGE.

Ordre.

CHAPITRE Iᵉʳ.

DE L'ORDRE AMIABLE.

§ 1ᵉʳ.

*Formalités communes à l'ordre amiable
et à l'ordre judiciaire. — De la réquisition d'ouverture de procès-verbal
d'ordre.*

1. — Un créancier hypothécaire peut provoquer l'ouverture
d'un procès-verbal d'ordre pour la
distribution des deniers provenant
de la vente des biens qui appartiennent à son débiteur, quoique
ces biens ne lui soient pas hypothéqués.

16 juillet 1808, t. I, n° 217.

§ 2.

Du règlement amiable et de ses effets.

2. — Le créancier hypothécaire qui a consenti un ordre
amiable n'est pas recevable à refuser l'exécution de cet ordre, sous
prétexte que la somme à distribuer
a diminué, par suite de la revente,
depuis le règlement, de l'immeuble
hypothéqué.

8 mars 1859, 58-59, n° 35.

CHAPITRE II.

DE L'ORDRE JUDICIAIRE.

§ 1ᵉʳ.

De la production.

3. — Les modifications apportées par la loi du 21 mai 1858
à l'art. 754 du Code de pr. civ.,
n'ont porté que sur le délai dans
lequel la production à l'ordre doit
être faite, mais cette loi nouvelle
n'a rien innové quant à la production des titres avec l'acte de produit.

En conséquence, ne saurait être
déclaré forclos pour production tardive le créancier qui, bien qu'ayant
dans les délais de l'art. 754 déposé
au greffe son acte de produit, n'a
cependant qu'après l'expiration de
ces délais fourni le titre à l'appui,
titre égaré d'abord et retrouvé
ensuite.

17 juin 1865, 62-65, n° 85, p. 363.

4. — Un créancier cédulaire
peut se faire payer sur le prix des
biens de son débiteur, après le
remboursement des créances privilégiées et hypothécaires.

25 mai 1808, t. I, n° 206.

§ 2.

Des contredits.

1° Du délai pour contredire.

5. — La forclusion que prononce l'art. 756 du Code de pr.
contre le créancier qui a produit
ses titres, faute d'avoir contredit
dans le mois, à dater de la sommation qui lui a été faite, l'état
de collocation, prive ce créancier
du droit de critiquer le règlement
de l'ordre, lors même qu'il ne serait pas définitivement clos.

15 décembre 1824, t. IV, n° 741,
p. 196.

6. — Le créancier qui n'a pas
contredit dans le procès-verbal
d'ordre n'est pas recevable à contester la première collocation qu'a-
vait obtenue un autre créancier,
qui a demandé ensuite un supplément de collocation devant le tribunal et qui a engagé une nouvelle
contestation.

22 décembre 1827, 27-28, n° 61.

7. — La déchéance résultant
du défaut de contredit en temps
utile est absolue, en ce sens que le
créancier non colloqué parce que
les deniers ont manqué, ne peut
pas forcer un créancier colloqué

à rapporter ce qu'il a reçu, même en prouvant qu'il ne lui était rien dû.

Inédit. 30 avril 1845, 2ᵉ Ch. Veuve Bride c. François Bride.

8. — Tant que l'ordre définitif n'est pas clos et alors même que le mois accordé pour le contredit est expiré, les créanciers sommés de faire valoir leurs droits et qui ne se sont pas présentés sont recevables à produire.

En pareil cas, le créancier écarté par le juge-commissaire, comme ayant produit tardivement, peut se pourvoir devant le tribunal, quelque nom qu'il donne à son action, et notamment par voie d'opposition à la délivrance des bordereaux.

22 juillet 1848, 47-48, nᵒ 88.

9. — Un créancier hypothécaire peut en tout état de cause, même incidemment à l'instance d'ordre, demander à prouver que l'acheteur des fonds hypothéqués s'est entendu avec le vendeur pour dissimuler une partie du prix.

20 août 1846, 46, nᵒ 57.

10. — Si les créanciers colloqués à l'ordre provisoire ne sont pas contestés dans le délai de la loi, leur collocation devient inattaquable ; l'expiration des délais rend toute contestation non recevable, sauf l'exercice ultérieur de tous droits, actions, exceptions, que le créancier dont la contestation a été tardive croirait lui compéter.

21 juillet 1868, 68-69, nᵒ 24, p. 87.

2ᵒ De la forclusion.

11. — La forclusion prononcée par les art. 755 et 756 du Code de procédure, contre les parties intéressées qui n'ont pas contredit l'état de collocation dans le mois qui suit sa dénonciation, s'applique à tous les moyens, soit de forme, soit de fond.

On peut dresser le procès-verbal de collocation provisoire des créan-

ciers pendant les vacations, et le délai pour le contester court pendant ce temps.

15 juillet 1814, t. II, nᵒ 409.

12. — Le créancier qui, par erreur ou par oubli, a, lors du règlement provisoire, restreint sa demande à quelques-uns seulement des immeubles dont le prix est distribué par voie d'ordre, peut encore, lorsqu'il reconnaît son erreur, faire une nouvelle production : l'art. 759 du C. de pr. civ. est inapplicable en pareil cas, le créancier ne pouvant élever de contredit à une collocation qui lui accordait tout ce qu'il avait demandé.

6 juillet 1853, 53-57, nᵒ 4, p. 6.

§ 3.

Du renvoi des contestations à l'audience.

13. — Lorsqu'il intervient des erreurs dans la distribution du prix d'une vente sur aliénation volontaire, ce n'est point le cas d'annuler l'ordre et de renvoyer les parties devant commissaire pour procéder à une pareille distribution, mais le tribunal saisi de la contestation doit lui-même rectifier ces erreurs, s'il en existe.

29 mars 1816, t. III, nᵒ 477.

14. — La loi du 21 mai 1858, portant que les contredits à l'ordre doivent être motivés, n'exclut pas du débat oral les moyens nouveaux, ne prescrit pas même cette obligation à peine de déchéance.

Elle n'a d'autre sanction que le refus de taxe et les peines ordinaires des art. 1030 et 1031 du Code de procédure civile.

7 février 1863, 62-65, nᵒ 3, p. 110.

15. — En matière d'ordre, les créanciers ont le droit de produire à l'audience des pièces nouvelles ; mais cette production ne peut être utile qu'à l'appui et dans la sphère des demandes régulièrement formées dans les délais de la loi ; la forclusion ne saurait atteindre et frapper de stérilité que les demandes qui ne se trouvaient pas au moins en germe dans la requête originaire.

Spécialement, lorsqu'une demande en collocation est générale, qu'elle comprend notamment le moyen tiré de la subrogation à l'hypothèque légale de la femme, et que pour la justifier, il est produit des titres insuffisants, la production peut être complétée en tout état de cause.

11 avril 1870, 70-71, n° 18.

§ 4.
De l'appel.

1° Contre quelles décisions la voie de l'appel est ouverte.

16. — Un jugement en matière d'ordre rendu par défaut, mais d'après le rapport du juge-commissaire qui avait prononcé sur les débats des parties, ne peut être attaqué par la voie de l'opposition, mais seulement par celle d'appel dans les dix jours de sa signification à avoué.

10 mai 1809, t. II, n° 261.

2° De la signification du jugement pour faire courir les délais d'appel.

17. — Quoique l'article 763 du Code de proc. civ. énonce que la signification d'un jugement en matière d'ordre puisse être faite à avoué, elle n'en doit pas moins contenir, afin d'être régulière, les formalités voulues pour les ajournements.

29 août 1811, t. II, n° 350.

3° Du délai d'appel.

18. — L'appel d'un jugement qui a prononcé sur un état de collocation réglé par le commissaire du tribunal doit, suivant l'art. 763 du Code de procédure, être formé dans les dix jours, à dater de la signification du jugement à avoué.

10 mai 1809, t. II, n° 261.

19. — L'appel du jugement qui statue sur l'opposition formée au règlement définitif d'un ordre doit être rejeté dans le délai ordinaire de trois mois et non dans celui de dix jours, fixé par l'art. 763 du C. de pr. (762 texte nouveau), lequel ne s'applique qu'au jugement rendu sur les contredits au règlement provisoire d'ordre.

1er février 1856, 53-57, n° 86, p. 247.

4° Des personnes qui peuvent appeler.

20. — Le créancier qui a consenti formellement à une collocation soit dans les contredits, soit dans les conclusions d'instance, est non recevable à en demander la réformation par voie d'appel.

5 février 1853, 53-57, n° 17, p. 38.

5° De la signification de l'acte d'appel.

21. — En matière d'ordre, l'acte d'appel doit, à peine de nullité, énoncer les griefs contre le jugement attaqué. L'appelant est non recevable à formuler devant la Cour des conclusions en dehors des griefs par lui articulés.

20 novembre 1861, 60-61, n° 63.

§ 5.
Des bordereaux de collocation.

22. — L'adjudicataire d'immeubles saisis ne peut se libérer valablement de son prix d'acquisition qu'entre les mains des créanciers et à vue des bordereaux délivrés sur lui; le paiement qu'il aurait fait à l'avoué du créancier saisissant, en considérant cet avoué comme mandataire à cet effet de son client, ne constitue en réalité qu'un dépôt, et, s'il arrive que, par suite d'une revendication exercée par un tiers, il y ait lieu à restitution du prix payé, c'est à tort que l'adjudicataire introduit sa demande contre le créancier saisissant.

8 février 1868, 68-69, n° 3, p. 9.

§ 6.
De l'ordre devant le tribunal.

23. — L'ordre peut être réglé

sans contrevenir à l'art. 775 du Code de procédure, lorsqu'il résulte de l'état des inscriptions délivré par le conservateur, qu'il y a plus de trois créanciers inscrits, et en ce cas le procès-verbal d'ordre est régulier, quoique l'un de ces créanciers ait été payé auparavant, si son inscription n'a pas été radiée.

16 juillet 1808, t. I, n° 217.

24. — D'après l'article 775 du Code de procédure civile, on peut ouvrir un procès-verbal d'ordre sur aliénation volontaire, pourvu qu'il y ait plus de trois créanciers inscrits ; et on doit considérer comme tels tous ceux qui ont droit de se faire colloquer dans ce procès-verbal.

29 mars 1816, t. III, n° 477.

25. — L'article 773 du Code de procédure civile organise d'une manière complète la procédure à suivre, tant en instance qu'en appel, pour la distribution du prix d'un immeuble, quand il y a moins de quatre créanciers inscrits, et applique en général à cette hypothèse les règles de la procédure sommaire.

En conséquence, il y a violation des articles 456 et 773 du Code de procédure civile et fausse application de l'article 762 du même Code, dans l'arrêt qui déclare non recevable en cette hypothèse l'appel interjeté, sur ce motif que cet appel, au lieu d'être signifié à avoué, conformément à l'article 762, a été signifié au domicile réel du demandeur.

27 novembre 1867, 66-67, n° 138.

V. Degrés de juridiction.

Outrage, V. Presse — Outrage — Publication.

Outrages à fonctionnaires, V. Presse — Outrage — Publication.

Ouvrages intermédiaires, V. Propriété.

P

Paiement.

Papier non timbré, 8.

Pouvoir spécial, 26.

Procès-verbal d'offres, 27, 29, 30, 31.

---

§ 1er.

Du paiement proprement dit.

1° Des conditions de la validité du paiement. — Des personnes qui peuvent faire le paiement.

1. — Le bordereau de collocation délivré au créancier dans un ordre n'est qu'une indication de paiement qui n'éteint point l'obligation ; en conséquence, le créancier utilement colloqué sur les biens d'une personne peut être valablement payé par une autre.

31 janvier 1844, 43-44, n° 28.

2. — Celui qui paie la dette d'un tiers doit, pour être admis à répéter les sommes par lui payées, faire preuve que le paiement a été fait de ses propres deniers.

La présence, entre les mains de celui qui prétend avoir payé pour un tiers, des billets souscrits et acquittés après protêt ou des jugements de condamnation prononcés contre ce tiers, ne rend pas vraisemblable le fait allégué et ne constitue pas un commencement de preuve par écrit, autorisant la preuve testimoniale.

24 février 1868, 68-69, n° 30, p. 128.

2° Des personnes auxquelles le paiement peut être fait.

3. — La qualité de commis d'un négociant avouée par celui-ci autorise suffisamment le débiteur à lui payer ce qu'il lui doit pour affaire de commerce, car autrement il serait trop difficile de se libérer envers un commerçant qui serait absent.

18 juillet 1812, t. III, n° 429.

4. — L'indication de l'étude d'un avoué pour lieu de paiement du prix d'une vente n'emporte ni élection de domicile dans cette étude ni mandat pour l'avoué de toucher la somme et d'en donner quittance.

28 janvier 1846, 46, n° 6.

5. — Celui qui se fait représenter par un mandataire pour recevoir ce qui lui est dû est obligé de payer les frais du mandat et de remettre au débiteur qui paie une expédition du mandat.

Inédit. 19 novembre 1866, 1re Ch. Compagnie du chemin de fer de Paris à Lyon contre héritiers Martin.

3° De l'objet du paiement.

6. — La réduction en numéraire de la valeur nominale d'une obligation doit être faite d'après l'échelle de dépréciation où le débiteur était domicilié et non suivant celle où le contrat a eu lieu.

29 thermidor an II, t. I, n° 82.

7. — Un simple billet qui n'est point souscrit à ordre, remis par un débiteur négociant à son créancier aussi négociant en paiement de ce qu'il lui doit, n'est point censé pour son recouvrement être aux risques et périls de ce dernier, quoiqu'il porte l'acquit de la personne au profit de laquelle il avait été souscrit, et que celui qui l'a reçu ait remis son titre de créance.

En conséquence, si le signataire de cet effet vient à faire faillite, et que le porteur n'ait fait aucunes diligences et aucunes poursuites, celui qui l'a donné en paiement n'est pas même obligé d'en rembourser le montant à son créancier.

27 mars 1811, t. II, n° 335.

4° De la manière dont le paiement doit être fait.

8. — Jugé que celui au profit de qui a été souscrit un billet sur papier non timbré ne peut pas forcer son débiteur à lui rembourser la totalité de l'amende qu'il a payée pour contravention à la loi sur le timbre ; il n'en peut répéter que moitié, parce que, voulant se procurer un titre, il devait se mettre en règle, et qu'il n'est pas moins en faute que le débiteur pour n'avoir pas employé du papier timbré.

16 prairial an XII, t. I, n° 104.

9. — Jugé que l'amende payée à l'enregistrement pour contravention à la loi du timbre et l'enregistrement du billet sont des suites du refus de paiement du débiteur, et qu'on peut qualifier ces frais de frais de paiement mis à la charge du débiteur par l'article 1248 du Code Napoléon, ou de dommages-intérêts résultant du défaut d'exécution des conventions.

19 décembre 1814, t. I, n° 104.

10. — Celui au profit de qui a été employée une somme dont il était créancier ne peut la réclamer une seconde fois, sous prétexte que le paiement ne lui a pas été fait suivant des formes spéciales imposées par le titre constitutif de la créance, surtout quand il ne paraît pas que l'emploi de ces formes ait été prescrit à peine de nullité.

31 janvier 1845, 45, n° 18, p. 44

11. — Le paiement doit se faire au domicile du créancier, quoiqu'il n'ait rien été stipulé à cet égard, lorsque l'usage, l'exiguïté des prestations et le nombre des débiteurs indiquent que telle a dû être l'intention des parties.

26 mars 1846, 46, n° 77, p. 196.

12. — La stipulation insérée dans un acte de vente que ce prix sera payé en l'étude du notaire est insuffisante pour conférer à ce dernier le pouvoir de recevoir le prix et d'en donner quittance; toutefois, ce mandat pourra s'induire des circonstances graves, précises et concordantes qui auront accompagné ou suivi ce contrat, telles que les signatures apposées par le notaire aux quittances comme ayant charge des vendeurs, la réserve faite par lui de son droit à des honoraires lors des règlements intervenus entre eux,

et enfin la possession en ses mains des grosses d'actes de vente.

En conséquence, le paiement intégral fait entre les mains du notaire en pareille hypothèse est libératoire vis-à-vis des vendeurs.

7 mars 1857, 53-57, n° 119, p. 369.

13. — Quand le créancier se fait représenter par un mandataire pour recevoir, cela ne peut aggraver la position du débiteur, qui n'est pas tenu de payer les frais de la procuration.

Le débiteur est en droit d'exiger la remise de la procuration si elle est sous seing privé, ou une expédition si elle est authentique.

Inédit. 1re Ch., 19 novembre 1866. Compagnie de Paris à Lyon c. Menetrier.

5° Des effets du paiement. — Imputation.

14. — Les à-compte payés par le débiteur s'imputent de plein droit sur les intérêts alors échus, tellement que, quand même à l'époque de la demande du capital les intérêts échus lors des à-compte donnés seraient prescrits, le débiteur ne pourrait réclamer lesdits à-compte, ou les imputer sur les cinq années non prescrites.

2 février 1828, 27-28, n° 70.

15. — Le paiement fait sans imputation déterminée dans la quittance doit, entre plusieurs dettes, s'imputer sur celle qui est échue, plutôt que sur la dette non échue, bien que garantie par un privilége.

11 décembre 1843, 43-44, n° 11.

16. — Le paiement doit être imputé sur les intérêts de la créance avant de pouvoir l'être sur le capital, encore bien qu'il s'agisse d'intérêts moratoires adjugés par jugement.

La jurisprudence contraire des pays de droit coutumier, qui n'appliquait cette règle qu'aux intérêts conventionnels et non aux intérêts moratoires, n'a point prévalu dans la législation actuelle, et l'article précité ne fait aucune distinction.

18 mai 1855, 53-57, n° 71, p. 197.

17. — Les règles relatives aux imputations ne s'appliquent pas aux comptes courants.

Inédit. 2ᵉ Ch., 25 juillet 1844. Coque.

18. — Lorsqu'une ouverture de crédit a été consentie et réalisée au moyen d'un compte courant ouvert par le débiteur au crédité, les sommes que pendant la durée des opérations ce dernier verse au créditeur ne sont point imputables selon les règles de l'art. 1256 du C. N.; la nature spéciale du contrat de compte courant y fait obstacle.

C'est ainsi que, lorsqu'une caution s'est engagée envers le créditeur en même temps que le crédité pour un temps déterminé, et que, malgré l'expiration de ce délai, le créditeur continue à faire au crédité des avances d'argent constatées par un compte courant et commencées sous le bénéfice du cautionnement, les versements faits par le crédité depuis l'expiration du cautionnement ne peuvent être considérés comme des paiements éteignant la dette à la décharge de la caution : cette dernière est tenue de tout ce qui était dû au créditeur à l'époque où a pris fin le cautionnement, sans que les versements ultérieurs effectués par le crédité puissent diminuer le chiffre de la dette.

26 août 1865, 62-65, n° 92, p. 391.

§ 2.
Du paiement avec subrogation.

1° Des conditions et des caractères de la subrogation conventionnelle consentie par le créancier.

19. — La preuve que la subrogation consentie par un créancier au profit d'un tiers qui l'a payé a été stipulée d'une manière expresse et en même temps que ce paiement, peut, lorsque la subrogation a lieu entre négociants et pour faits de commerce, résulter, soit de la correspondance et des livres des parties, soit d'un acte sous signatures privées, quoique n'ayant pas date certaine.

9 février 1858, 58-59, n° 5.

20. — La subrogation doit être réputée faite en même temps que le paiement, dans le sens de l'article 1250, quand même l'inscription de la somme due sur les livres du créancier, au débit du tiers qui paie, a été effectuée antérieurement à l'aide de subrogation : il est constant en fait que le tiers n'avait entendu acquitter la dette que moyennant subrogation et n'a accepté l'inscription dont il s'agit que le jour même de la quittance.

9 février 1858, 58-99, n° 5.

21. — La subrogation a lieu, quoique non constatée par l'acte de paiement, si le tiers l'a expressément réservée, en payant sous la condition qu'elle lui serait ultérieurement consentie.

Inédit. 1ʳᵉ Ch., 9 février 1852. Détrey-Mairot c. Pernot.

2° Des cas dans lesquels la subrogation a lieu de plein droit.

22. — Jugé que, sous l'empire de la loi romaine, une femme n'est pas subrogée de plein droit aux droits, actions et hypothèques des créanciers de son mari, si, dans les quittances qu'ils ont données, cette subrogation n'est pas énoncée et s'il n'y est pas fait mention qu'ils ont payé avec des deniers dotaux.

14 fructidor an VIII, t. I, n° 4.

§ 3.
Des offres réelles et de la consignation.

23. — Un conseng est nul si le créancier n'a pas été cité pour y être présent; l'usage constant et la jurisprudence suivie dans le ressort du tribunal d'appel de Besançon a été de suivre de la sorte la forme solennelle exigée pour les consignations par la loi 2, c. *De solutionibus.*

22 frimaire an XII, t. I, n° 89.

24. — Un conseing fait le 14 vendémiaire an IV, en exécution d'un jugement, pour être valable, eût dû être précédé d'une sommation faite au créancier d'y assister, conformément aux dispositions des lois romaines qui régissaient la Franche-Comté avant le Code Napoléon. Lors donc que cette sommation n'a point eu lieu ou n'est point représentée, qu'elle n'est également point avouée, c'est le cas d'en prescinder.

10 mars 1827, 27-28, n° 18.

25. — Suivant les dispositions du Code de procédure et la jurisprudence de la Cour de cassation, il doit être donné copie des actes en offres à chaque partie ayant un intérêt distinct et séparé, et ce à peine de nullité; mais, comme les nullités de procédure peuvent se couvrir par la conduite postérieure des parties, si les personnes à qui ces offres étaient faites les ont acceptées en se réservant seulement de les critiquer comme insuffisantes, la nullité dont il s'agit se trouve couverte.

23 décembre 1825, t. IV, n° 874, p. 361.

26. — La loi n'exige pas, pour la validité des offres réelles, que l'huissier qui les fait soit porteur d'un pouvoir spécial; il n'y aurait tout au plus que la partie au nom de laquelle elles ont eu lieu qui aurait droit de s'en plaindre.

25 mai 1819, t. IV, n° 610, p. 16.

27. — Des offres réelles ne peuvent être faites au parquet du procureur de la république dans le cas où le créancier n'a pas de domicile connu en France.

Elles sont encore irrégulièrement faites au domicile élu par le créancier, soit dans un commandement à fin de saisie immobilière, soit dans les sommations à lui faites par des tiers détenteurs.

Il en est ainsi alors même que le créancier a fait un commandement à toutes fins, si les offres sont faites à requête d'un tiers détenteur, non susceptible en cette qualité d'être poursuivi par voie de saisie-exécution.

28 mai 1851, 49-52, n° 89.

28. — L'offre d'une somme moindre de 150 fr. n'a pas besoin d'être faite par huissier; elle peut être prouvée par témoins.

Inédit. 2° Ch., 14 décembre 1849. Jeanney c. Cornillon.

29. — La nullité d'un acte en offre ne peut pas être couverte par les défenses au fond, parce que ce n'est pas une simple nullité de procédure, mais un moyen du fond; et notamment l'irrégularité de la signification de cet acte le faisant considérer comme n'existant plus, il en résulte qu'il n'y a plus d'offres valables.

Un acte en offre est également nul s'il n'énumère pas les espèces offertes : l'ancienne jurisprudence exigeait que ces espèces fussent nombrées en présence des témoins, ce qui ne pouvait s'entendre que de leur désignation et de leur détail; cette numération était aussi nécessaire pour connaître si la somme était offerte en entier et afin de pouvoir vérifier si les sommes consignées étaient les mêmes que celles offertes.

Suivant la jurisprudence constante en Franche-Comté, un conseing n'était valable qu'autant qu'il avait été autorisé par un jugement, ce qui s'entendait d'un jugement régulier et non d'un jugement nul.

5 mai 1812, t. II, n° 362.

30. — Quand des offres réelles et la consignation qui les a suivies se trouvent entachées du même vice, comme n'ayant pas été notifiées au domicile voulu par la loi, le créancier peut critiquer la consignation, bien qu'il ait renoncé à se prévaloir de la nullité quant aux offres.

28 janvier 1846, 46, n° 6.

31. — Pour arrêter par des offres réelles des poursuites en saisie immobilière, il faut qu'elles portent sur le capital, les intérêts dus, ainsi que sur tous les frais de cette saisie.

11 août 1814, t. II, n° 414.

32. — C'est la consignation seule, et non point l'acte en offre des sommes dues, qui peut arrêter le cours des intérêts.

1er décembre 1827, 27-28, n° 50.

V. Effets de commerce.

Paiement de l'indu, V. Quasi-Contrats.

Parcours, V. Vaine Pature.

Partage, V. Successions.

Partage d'ascendants, V. Dispositions entre-vifs et testamentaires.

Passage en forêts, V. Forêts.

Passage pr cause d'enclave, V. Servitudes.

Paternité et filiation.

CHAPITRE Ier.

CHAPITRE Ier.

. DES ENFANTS LÉGITIMES ET DES ENFANTS LÉGITIMÉS.

§ 1er.

De la preuve de la filiation des enfants légitimes.

1. — Celui qui réclame du vivant de l'un de ses père et mère l'état d'enfant légitime doit nécessairement rapporter l'acte de célébration du mariage de ses auteurs, ou prouver que les registres ont été perdus ou qu'il n'en a pas existé.

25 août 1827, 27-28, n° 51.

2. — Quels sont les caractères de la possession d'état ?

25 août 1827, 27-28, n° 51.

3. — La preuve testimoniale en matière d'état est rarement admissible; du moins, pour faire recevoir cette preuve, il faudrait des commencements de preuve par écrit.

31 juillet 1812, t. II, n° 373.

§ 2.

De la position de l'enfant conçu avant le mariage. — De l'action en désaveu.

4. — Dans le cas de désaveu fait par le père d'un enfant né 180 jours après le mariage, la mère peut, selon les circonstances, être déclarée non recevable à prouver contre son mari que ce dernier avait connaissance de la grossesse avant le mariage.

19 prairial an XIII, t. I, n° 124.

5. — Le décès d'un enfant né viable avant le 180e jour depuis le mariage n'arrête pas l'action ouverte pour faire prononcer sur sa légitimité, puisque les successions que cet enfant peut laisser à son décès ou recueillir de son vivant rendent nécessaire l'obligation de faire statuer sur son état de légitimité ou d'illégitimité.

19 prairial an XIII, t. I, n° 124.

§ 3.
De la légitimation des enfants naturels.

6. — Avant la loi du 12 brumaire an II, l'enfant qui avait la possession d'état de fils naturel était légitimé par le seul fait du mariage de ses père et mère, la loi n'exigeant pas de reconnaissance préalable.

8 juillet 1826, t. V, n° 946.

7. — Celui qui prétend qu'un enfant naturel a été, sous l'ancien droit, légitimé par mariage subséquent, doit prouver, soit par titre, soit par une possession d'état constante, que cet enfant était l'enfant naturel des deux époux.

15 juillet 1857, 53-57, n° 131, p. 410.

§ 4.
De la puissance sur les enfants légitimes ou légitimés.

8. — Antérieurement à la loi du 28 août 1792, et sous l'empire des lois romaines, le fils de famille en puissance ne pouvait pas tester de son pécule adventice ni le donner à cause de mort sans le consentement de son père.

30 août 1814, t. II, n° 416.

§ 5.
De l'usufruit légal des père et mère sur les biens de leurs enfants mineurs.

9. — La loi du 28 août 1792, en fixant la majorité des enfants pour terme de la puissance paternelle, a fait cesser à la majorité de ces enfants l'usufruit qui dérivait de cette puissance, même relativement aux biens qui, au moment de sa publication, se trouvaient déjà grevés de ce droit ; et le père qui jouissait à cette époque des biens de son enfant prédécédé a perdu sa qualité d'usufruitier au moment où cet enfant, s'il eût vécu, aurait atteint sa majorité.

22 novembre 1808, t. I, n° 234.

10. — L'usufruit paternel qui a commencé sous l'ancien droit ne s'est pas éteint par le décès de l'enfant, et n'a pris fin, même après la publication du Code civil, qu'à l'époque où le propriétaire, s'il eût vécu, aurait atteint sa majorité.

24 février 1829, 29, n° 16, p. 62.

11. — L'usufruit légal de la mère ne s'éteint ni par sa destitution des fonctions de tutrice, ni par l'insuffisance de ses déboursés pour l'entretien et l'éducation de ses enfants, ni par son inconduite notoire.

1er août 1844, 43-44, n° 74.

12. — L'usufruit légal des père et mère sur les biens de leurs enfants mineurs constitue, déduction faite des dettes et charges auxquelles cet usufruit est spécialement affecté, un bien propre à l'usufruitier, dont aucune loi n'interdit l'aliénation ou la saisie, et qui, n'étant pas exclusivement attaché à la personne, forme aussi bien que les autres ressources du débiteur le gage commun de ses créanciers.

C'est ainsi qu'en cas de faillite de la mère usufruitière légale, les syndics ont droit de mainmise sur les valeurs provenant de cet usufruit, à la charge par eux d'acquitter les dettes et charges auxquelles il est affecté par la loi.

14 août 1869, 68-69, n° 87, p. 353.

CHAPITRE II.
DES ENFANTS NATURELS SIMPLES.

§ 1er.
De la reconnaissance des enfants naturels.

1° De la reconnaissance volontaire.
Conditions intrinsèques.

13. — La reconnaissance d'un

enfant naturel doit être authentique et spontanée de la part du père ; l'article 340 du Code Napoléon s'oppose à ce que l'on ordonne la vérification de la signature de celui que l'on indique comme père, signature qui aurait été apposée à un acte qui n'aurait aucun caractère public.

Une transaction faite, même avant toutes poursuites judiciaires que pourrait exercer une fille enceinte, et qui n'a eu pour but que de prévenir des contestations relatives à une prétendue paternité, ne doit point être envisagée comme renfermant une reconnaissance volontaire, quand cet acte surtout ne contient aucune reconnaissance formelle.

16 juillet 1807, t. III, n° 474 *bis*.

2° De la reconnaissance forcée.

a. De la recherche de la paternité.

14. — La recherche de la paternité ne peut avoir lieu, même contre l'enfant qu'on voudrait faire considérer comme adultérin, dans le but d'obtenir l'annulation d'actes qui lui seraient favorables.

20 février 1844, 43-44, n° 35.

15. — La mère et l'officier de l'état civil qui ont signé un acte qui contient une déclaration de paternité énoncée sans l'aveu de celui à qui on l'a attribuée, peuvent être condamnés à des dommages-intérêts.

Il y a lieu à rectification d'un pareil acte de naissance.

3 juin 1809, t. III, n° 267.

16. — Si la loi prohibe la recherche de la paternité, elle n'interdit pas la faculté d'établir l'identité de la personne qui aurait fait une reconnaissance formelle et positive, constatant qu'elle était le père d'un enfant naturel, surtout dans le cas où il existerait un commencement de preuve par écrit en faveur et à l'appui de cette reconnaissance.

18 décembre 1812. t. II. n° 381 *bis*.

b. De la recherche de la maternité.

17. — Les héritiers naturels de l'enfant naturel non reconnu ne sont pas admis à rechercher quelle est la mère de cet enfant, pour, leur propre filiation étant prouvée, établir la parenté existante entre eux et l'enfant et se faire attribuer les droits appartenant dans sa succession aux héritiers naturels.

12 juillet 1855, 53-57, n° 74, p. 206.

18. — La recherche de la maternité n'est permise qu'à l'enfant, et non contre lui ; c'est uniquement à son profit que la reconnaissance volontaire comme la réclamation d'état ont été autorisées.

3 juin 1862. 62-65, n° 17. p. 58.

CHAPITRE III.

DES ENFANTS INCESTUEUX ET ADULTÉRINS.

19. — L'enfant né d'une femme mariée ne pouvait déjà, avant le Code Napoléon, être inscrit sur les registres de l'état civil comme enfant de cette femme et d'une autre personne que son mari.

4 août 1808, t. 1. n° 220.

20. — De simples présomptions sont insuffisantes pour établir la preuve qu'un enfant est adultérin, et notamment la filiation adultérine ne peut être constatée par ce fait que la personne à qui on attribue la paternité aurait placé une certaine somme au profit de cet enfant.

Cette paternité ne peut non plus résulter d'un procès-verbal ayant pour but de conférer la tutelle à la mère et dans lequel elle aurait indiqué le père adultérin de cet enfant.

25 mars 1816, t. III, n° 474.

21. — Des enfants adultérins ne peuvent porter les aliments qu'ils réclament à une valeur qui égale ce qui leur reviendrait à titre d'héritiers et qui excéderait le quart de la succession de celui qui doit les aliments.

22 novembre 1808, t. I, n° 233.

Pâturage, V. Usage forestier, Forêts.

Péage, V. Poste aux lettres.

Pêche.

§ 1er. — *Conservation et police de la pêche.* (N°s 1 à 15.)
  1° Pêche à la ligne flottante. (N° 1.)
  2° Engins prohibés. (N°s 2 à 6.)
  3° Dimension des filets. (N° 7.)
  4° Barrage. (N°s 8, 9.)
  5° Pêche en temps prohibé. (N°s 10 à 14.)
  6 Opposition à la visite des bateaux. (N° 15.)
§ 2 — *Des poursuites en réparation de délits.* (N°s 16 à 22.)

§ 1er.

Conservation et police de la pêche.

1° Pêche à la ligne flottante.

1. — Les arrêtés préfectoraux pris en exécution de la loi du 15 avril 1829 doivent être considérés comme des exceptions au droit commun et, partant, ne sont susceptibles que d'une interprétation restrictive. L'arrêté qui défend certaines amorces vives n'est pas applicable à celui qui s'est servi de vairons pour amorces, si ce poisson ne figure pas dans l'énumération des amorces prohibées. — N'est pas applicable non plus aux cours d'eau qui ne sont ni navigables ni flottables l'arrêté préfectoral qui établit spécialement des prohibitions sur les cours d'eau dont la pêche est amodiée au profit de l'État.

19 décembre 1866, 66-67, n° 72.

2° Engins prohibés.

2. — La loi du 15 avril 1829 sur la pêche fluviale n'autorise les gardes à saisir les engins prohibés que sur ceux qui en ont fait usage, ou qui en sont trouvés nantis ou porteurs hors de leur domicile, et non quand ces engins sont exposés sur le mur du clos attenant à l'habitation du saisi.

9 décembre 1844, 43-44, n° 122.

3. — La loi du 15 avril 1829 sur la pêche fluviale n'autorise les gardes à saisir les engins prohibés que sur ceux qui en sont trouvés nantis ou porteurs hors de leur domicile, et non quand ces engins sont exposés sur le mur du clos attenant à l'habitation du saisi.

3 janvier 1846, 46, n° 1.

4. — Il n'y a délit à pêcher avec un filet non plombé par l'administration, qu'autant que le fait s'exerce sur une rivière navigable ou flottable et dont la pêche est amodiée.

4 mai 1846, 46, n° 20.

5. — L'article 10 du décret du 25 janvier 1868 sur la pêche fluviale n'interdit point l'usage du *tramail*, filet qui, bien que composé de trois nappes distinctes, ne forme cependant qu'un seul et même engin.

Les filets traînants prohibés par l'article 12 du même décret sont ceux que l'on traîne dans la rivière pour s'emparer du poisson, tels que la seine, le grand épervier, etc., et non pas ceux qui descendent et reposent au fond de l'eau d'une manière fixe, comme le tramail, le sablon, le verveux, etc.

24 juillet 1868, 68-69, n° 32, p. 133.

6. — Jugé en sens contraire qu'on doit entendre par filets traînants tous ceux dont l'extrémité inférieure, lors de leur emploi comme engins de pêche, est ordinairement maintenue dans l'eau en contact avec le sol, de manière à empêcher le passage du poisson, que le tramail est de ce nombre, et que son usage en conséquence est interdit par le décret du 25 janvier 1868.

31 déc. 1868, 68-69, n° 32, p. 133.

3° Dimension des filets.

7. — En permettant, par exception à la règle générale suivant laquelle les filets doivent avoir des mailles de 30 millimètres d'ouverture au *minimum*, l'emploi, pour la pêche des petits poissons, de filets de 15 millimètres de maille, l'article 2 de l'ordonnance du 15 novembre 1830 a entendu fixer, non plus une largeur minimum, mais une largeur fixe et invariable. Par suite, sont implicitement prohibés les filets dont l'ouverture de maille varie entre les dimensions de 15 et de 30 millimètres.

8 avril 1868, 68-69. n° 12, p. 46.

4° Barrage.

8. — Il n'y a délit de pêche à l'aide de barrage, qu'autant que ce barrage a pour objet d'empêcher entièrement le passage du poisson.

22 décembre 1865, 62-65, n° 97, p. 410.

9. — Le fait d'avoir placé une nasse en bas d'une vanne, dans des conditions telles que le poisson soit infailliblement entraîné dans l'engin par le courant et le mouvement de l'eau, constitue le délit prévu et puni par l'art. 24 de la loi du 15 avril 1829, quand d'ailleurs il n'existe pas d'autres vannes ou issues par où le poisson puisse passer.

26 juillet 1866, 66-67, n° 39.

5° Pêche en temps prohibé.

10. — La pêche n'étant pas, par l'article 2 de l'arrêté de M. le préfet du Doubs en date du 30 juillet 1831, interdite du 1er mars au 1er juin d'une manière absolue, mais seulement pour certaines espèces de poissons désignées dans cet article, il en résulte que c'est à l'administration à prouver que celui qui a fait acte de pêche dans cet intervalle pêchait du poisson des espèces prohibées.

20 juin 1836, 36, p. 109.

11. — Pour qu'un pêcheur soit passible d'amende, il ne suffit pas à l'administration de prouver qu'il pêchait en temps de frai, il faut de plus qu'elle prouve qu'il pêchait des espèces prohibées.

Et pour cela il ne suffirait pas d'établir qu'il se servait d'engins propres à prendre ces espèces, il faudrait de plus que ces engins ne pussent pas servir à prendre d'autres espèces.

5 juillet 1836, 36, p. 150.

12. — La pêche des écrevisses et autres animaux qui vivent dans les eaux courantes est régie par les dispositions de la loi du 15 avril 1829, punissant la pêche en temps prohibé.

En conséquence, celui qui pêche aux écrevisses dans le temps où la pêche est prohibée par un arrêté préfectoral, encourt les peines édictées par l'article 26 de ladite loi.

Mais si l'arrêté se borne à interdire, pendant un laps déterminé, la pêche *des poissons qui fraient*, il n'est pas applicable à l'écrevisse, *qui ne fraie pas*; et la pêche de ce crustacé demeure en tout temps permise dans le département.

17 janvier 1863, 62-65, n° 34, p. 116.

13. — La loi du 15 avril 1829 ayant pour objet de pourvoir à la conservation de tous les animaux aquatiques servant à l'alimentation publique, les arrêtés préfectoraux pris en exécution de cette loi sont applicables aux écrevisses comme aux poissons ordinaires.

21 décembre 1866, 66-67, n° 77.

14. — Le fait d'avoir posé dans une rivière pendant le jour et retiré le lendemain matin des engins destinés à la capture des écrevisses ne constitue pas, en l'absence, pendant la nuit, de tout fait personnel au pêcheur, le délit de pêche de nuit, et ce délit ne saurait résulter de ce que les engins dont il a été fait usage ne sont pas formellement autorisés.

8 août 1867, 66-67, n° 123.

6° Opposition à la visite des bateaux.

15. — Le refus du pêcheur d'amener sa barque malgré l'invitation des gardes, qui du reste ne demandent qu'à visiter des nasses, n'est puni par aucune des dispositions de la loi du 15 avril 1829.

2 mars 1846, 46, n° 10.

§ 2.

Des poursuites en réparation de délit.

16. — En matière de délit ou de contravention, l'exception préjudicielle de propriété ne peut être admise qu'autant qu'elle est fondée sur un titre apparent ou sur des faits de possession équivalents, et lorsque ce titre ou ces faits sont de nature, dans le cas où ils seraient reconnus par l'autorité compétente, à ôter au fait qui sert de base aux poursuites tout caractère de délit ou de contravention. (Argument de l'article 59 de la loi du 15 avril 1827, sur la pêche fluviale.)

22 juin 1836, 36, p. 137.

17. — Le prévenu d'un délit de pêche ne peut, devant le juge correctionnel, soulever une question préjudicielle et demander son renvoi à fins civiles en soutenant qu'il est fermier de la pêche. L'article 59 de la loi du 15 avril 1829 ne prévoit pas ce cas, mais seulement les exceptions fondées sur un droit de propriété, ou sur tout autre droit réel.

17 janvier 1863, 62-63, n° 34, p. 116.

18. — Toute capture de poissons dans des rivières ou cours d'eau constitue un acte de pêche ; peu importe que le cours d'eau où la capture a eu lieu ait été mis à sec pour en opérer le curage, et que le poisson ait été exposé à périr.

22 déc. 1865, 62-65, n° 97, p. 410.

19. — Lorsque le ministère public interjette appel uniquement sur un fait de *pêche en temps prohibé* et que l'appel est repoussé, le prévenu ne peut être condamné à aucune peine pour délit de pêche sans *permission du propriétaire.* Mais il peut être condamné à des dommages-intérêts envers le propriétaire.

17 janvier 1863, 62-65, n° 34, p. 116.

20. — C'est dans le cas seulement où les prévenus du délit de pêche fluviale sont désignés dans les procès-verbaux que les actions en réparation de ces délits sont prescrites par un mois à dater du jour où ils ont été constatés : hors de ce cas, le délai de la prescription est prorogé à trois mois, sans qu'il y ait lieu d'examiner si, postérieurement au procès-verbal et dans le délai d'un mois, le délinquant a été connu, ou si, au moment de la rédaction du procès-verbal, le garde a pu facilement le connaître et le désigner.

22 déc. 1865, 62-65, n° 97, p. 410.

21. — L'art. 62 de la loi du 15 avril 1829 sur la pêche fluviale, aux termes duquel : *Les actions en réparation de délits en matière de pêche se prescrivent par un mois à compter du jour où les délits ont été constatés*, ne s'étend point au cas où il y a une interruption pendant plus d'un mois de poursuites commencées dans le délai légal.

26 juillet 1866, 66-67, n° 59.

22. — Il ne peut être alloué de dommages-intérêts pour fait de pêche avec engins prohibés, lorsque le procès-verbal ne constate pas qu'aucun poisson ait été pris.

27 mai 1844, 43-44, n° 60.

Péremption d'instance.

§ 1er.

Historique.

1. — Avant le Code de procédure, une instance se périmait par trente ans, et la péremption de l'instance anéantissait l'action.

Les mineurs ne pouvaient se faire restituer contre cette prescription, lorsqu'elle avait été accomplie depuis leur majorité.

3 juin 1808, t. I, n° 207.

2. — En Franche-Comté, sous l'empire de la coutume qui régissait cette province, après trente ans la péremption d'instance était encourue et acquise de plein droit.

10 juillet 1828, 27-28, n° 103.

3. — Est-ce d'après le Code de procédure ou d'après l'ancienne loi que l'on doit juger, au fond, du mérite et de la validité de la demande en péremption d'une instance commencée et interrompue sous la coutume de Franche-Comté ?

V. à la suite d'un arrêt du 17 juillet 1827, 27-28, n° 41.

4. — En Franche-Comté, sous l'empire de la coutume qui régis-sait cette province, après trente ans, la péremption d'instance était encourue et acquise de plein droit.

Dans la même province, l'introduction d'instance ne prorogeait pas l'action principale à quarante ans, elle restait soumise à la prescription ordinaire.

17 juillet 1827, 27-28, n° 41.

5. — Une demande en péremption formée sous l'empire du Code de procédure étant une demande principale, soumise en conséquence aux lois qui régissent la procédure existante à l'époque où elle a été intentée, il en résulte qu'un appel, quoique émis avant le Code, et dans un temps où, d'après la coutume de Franche-Comté, il n'aurait pu être déclaré périmé que par trente ans, se trouve aujourd'hui sujet à la péremption de trois ans fixée par l'article 397 du Code.

17 février 1813, t. II, n° 391.

§ 2.

De la forme de la demande en péremption.

6. — Un exploit d'ajournement en péremption est nul lorsque l'huissier n'a pas déclaré sa demeure dans la copie de l'assignation, et que rien dans cette copie ne remplace la déclaration de l'accomplissement de cette formalité : la demande en péremption devant être formée contre toutes les parties entre lesquelles le procès principal existe, la nullité de l'assignation contre une partie entraîne celle de la demande, qui est indivisible : il n'en est pas de même d'une reprise d'instance, qui est divisible et peut être formée et jugée séparément.

16 janvier 1821, t. IV, n° 651, p. 84.

7. — La demande en péremption doit être signifiée à l'avoué et non à la partie, conformément aux dispositions de l'article 400 du Code de procédure civile.

12 août 1817, t. III, n° 473.

§ 3.

Contre qui doit être introduite l'action
en péremption.

8. — La demande en dommages-intérêts formée concurremment avec celle en revendication
d'un droit d'usage contre le propriétaire d'une forêt n'est pas,
comme celle-ci, inhérente à la
chose; elle est toute personnelle et
ne peut être exercée contre ceux
qui ont acquis depuis le bois grevé
d'usage; ainsi, à cause de l'indivisibilité de l'instance, la demande
en péremption doit être formée
et contre les usagers et contre le
propriétaire actionné primitivement en dommages-intérêts.

5 août 1828, 27-28, n° 113.

9. — Lorsqu'il y a eu renvoi d'une affaire prononcé par la
Cour de cassation, on n'est pas
obligé de demander la péremption
en cause d'appel contre la partie
qui n'a pas appelé du jugement
d'instance, bien qu'après avoir été
admise à plaider par la section des
requêtes, elle eût été désignée dans
l'arrêt de renvoi devant la Cour
où la péremption a été prononcée.

29 décembre 1827, 27-28, n° 62.

10. — L'instance en péremption est indivisible et doit être exercée contre toutes les parties qui
ont figuré dans la cause.

Ainsi, l'appelant qui a satisfait
à la condamnation prononcée contre lui, mais sans signifier de désistement, et sans se faire licen-
cier de cause, doit être appelé
dans l'instance en péremption
d'appel et supporter sa part des
dépens.

27 novembre 1846, 46, n° 73.

§ 4.

Dans quels cas il y a lieu à péremption.
— Délais. — Obstacles à la péremp-
tion.

11. — Les arrêts de cassation
qui annulent les arrêts dénoncés
laissent subsister l'instance d'appel,
et l'arrêt de renvoi devant de nouveaux juges suffit seul, et sans
qu'il soit nécessaire de le signifier,
pour saisir la nouvelle Cour et faire
courir devant elle les délais de la
péremption d'instance.

15 mars 1828, 27-28, n° 77.

12. — Le délai supplémentaire de six mois ne doit être
ajouté aux trois années nécessaires
à la péremption d'instance qu'autant que l'événement qui donne
lieu à cette prorogation de délai,
tel que la constitution d'un nouvel
avoué, s'est produit pendant les
trois années requises et non après
ce laps de temps.

6 août 1860, 60-61, n° 30.

13. — La mise d'une cause au
rôle par l'avoué d'une partie n'est
point un acte suffisant pour couvrir la péremption, puisque l'article 397 du Code de procédure
s'applique à toutes les instances,
et qu'il ne fait aucune distinction
entre celles mises au rôle et celles
qui n'y ont pas été inscrites ; il en
doit être décidé de même et à plus
forte raison, lorsque cette mise au
rôle n'a été ni dénoncée ni signifiée par aucune des parties, en
sorte qu'il s'est écoulé au delà de
trois ans depuis qu'elle a eu lieu.

2 avril 1813, t. II, n° 391.

14. — Suivant la jurisprudence, les opérations des experts
interrompent la péremption, qui
ne commence à courir qu'à partir
du dernier acte de la dernière vacation.

12 janvier 1816, t. III, n° 561.

15. — Des propositions vagues d'arrangement, quoique justifiées par écrit, ne peuvent interrompre la péremption.

29 décembre 1827, 27-28, n° 62.

16. — Un acte valable en la
forme, mais inutile en ce qu'il ne
peut pas atteindre le but qu'on se
proposait en le faisant signifier, a
cependant la force d'interrompre
la péremption.

Inédit. 6 décembre 1836. Massin
c. commune de Raucourt.

17. — Une assignation en homologation d'un rapport d'experts fait en exécution d'un jugement par défaut périmé, ainsi qu'un jugement par défaut qui prononce cette homologation, quoique ce jugement soit nul, sont des actes valables pour couvrir la péremption d'instance.

6 décembre 1836, 36, p. 184.

18. — La comparution des avoués de toutes les parties qui déclarent consentir, quant à présent, à la radiation de la cause, n'est pas un acte interruptif de péremption.

12 juillet 1848, 47-48, n° 96.

19. — La radiation d'une cause du rôle ne couvre pas la péremption d'instance, encore bien qu'elle ait été ordonnée, suivant l'usage du tribunal, après audition des avoués des parties. Le plumitif seul tenu par le greffier est la constatation légale des faits d'audience.

26 février 1866, 66-67, n° 13.

20. — Une instance est périmée par le délai de trois années écoulées depuis le dernier acte valable, soit que la cause ait été rayée du rôle du tribunal, d'accord entre les parties, si cette radiation n'est pas constatée par la feuille d'audience ; soit que le demandeur en péremption, alors qu'il était défendeur à l'action originaire, ait opposé à cette action une demande reconventionnelle ; soit enfin que le demandeur en péremption ait fait droit aux prétentions élevées primitivement contre lui et en ait ainsi reconnu le bien fondé.

8 mars 1867, 66-67, n° 93.

21. — Une demande d'assistance judiciaire n'est point un acte direct de procédure se rattachant essentiellement au débat et ne peut, en conséquence, avoir pour effet d'interrompre la péremption d'instance.

29 août 1870, 70-71, n° 38.

22. — Un jugement contenant à la fois des dispositions définitives et des dispositions interlocutoires ne met l'instance dans laquelle il a été rendu à l'abri de la péremption qu'autant que les dispositions définitives déterminent un droit à l'égard de toutes les parties.

29 août 1870, 70-71, n° 38.

§ 5.

Des effets de la péremption d'instance.

23. — La partie qui a ouvert une instance en péremption et n'y a pas donné suite ne peut en motiver une seconde sur ce que le demandeur originaire aurait depuis lors cessé toute poursuite, aucun acte de procédure ne pouvant être fait utilement après une demande en péremption non vidée par jugement ou désistement, alors même qu'elle ne serait pas fondée.

10 février 1847, 47-48, n° 54.

24. — La péremption de l'instance introduite par une commune ne porte pas sur l'autorisation qui lui avait été accordée pour plaider.

10 février 1844, 43-44, n° 32.

25. — La péremption n'éteint pas l'action, mais seulement la procédure ; dès lors, si cette prescription introduite par les art. 397 et 401 éteint les jugements préparatoires et interlocutoires que le juge peut réformer, même lorsqu'ils ont été exécutés, elle n'opère point l'extinction des jugements qui, dans le cours d'une instance, ont prononcé définitivement sur un point en litige, et les procédures ultérieures, en exécution de cette disposition définitive, sont seules passibles de la péremption, s'il y a eu discontinuation de poursuites pendant trois ans.

20 août 1825, t. IV, n° 868, p. 351.

26. — L'arrêt qui, sur la tierce opposition d'une partie, rétracte un précédent arrêt déclarant une instance périmée, ne profite pas aux parties contre qui la péremption a été prononcée; l'indivisibilité de la demande en péremption d'instance n'est pas telle qu'elle puisse anéantir l'autorité de la chose jugée.

12 juillet 1828, 27-28, n° 105.

27. — Un jugement qui contient en même temps des chefs interlocutoires et définitifs n'a l'effet de proroger l'instance pendant trente ans que si la partie définitive touche le fond du procès; car il en serait autrement si elle n'avait statué que sur une fin de non-recevoir tirée d'un vice dans la procédure.

Inédit. 21 décembre 1853, 1re Ch. Malerot c. de Parret.

28. — Au cas de péremption d'une instance d'appel, l'appelant doit être condamné à l'amende de fol appel, comme celui dont l'appel est déclaré non recevable ou mal fondé; il n'en est pas de la péremption encourue comme du désistement.

10 mars 1864, 62-65, n° 49, p. 253.

Permis de chasse, V. CHASSE.

Pétition d'hérédité, V. SUCCESSIONS.

Points de fait et de droit, V. JUGEMENT.

Pourvoi, V. CONSEIL D'ETAT.

Pourvoi en cassation, V. MINISTÈRE PUBLIC.

Poste aux lettres.

§ 1er.

Immixtion dans le transport des lettres.

1. — Les entrepreneurs ainsi que les conducteurs de voitures publiques ne peuvent se charger du transport de lettres même non cachetées, alors même que ces lettres indiqueraient des effets de voyageurs oubliés chez la personne chargée du service de leurs messageries.

15 novembre 1836, 36, p. 180.

2. — Il y a contravention à l'arrêté sur les postes du 27 prairial an IX dans le fait du domestique qui, conduisant une voiture pour son maître, transporte une lettre cachetée, par laquelle un tiers commande des marchandises que le destinataire de la lettre est prié de confier au porteur.

13 mai 1845, 45, n° 39, p. 115.

3. — Un entrepreneur de transports peut licitement se charger d'une note non cachetée, relative à des marchandises que le destinataire du billet doit lui confier pour qu'il les emporte à son retour.

24 juin 1845, 45, n° 59, p. 171.

§ 2.

Echantillons. — Mentions manuscrites.

4. — En ce qui concerne l'affranchissement, les échantillons sont assimilés aux imprimés, circulaires, prospectus et prix courants. Sont seules permises sur les échantillons les inscriptions suivantes : 1° la marque du négociant; 2° le numéro d'ordre du registre d'expédition; 3° le prix. Toutes autres inscriptions sont prohibées et constituent une contravention.

Spécialement, celui qui envoie comme échantillons et qui affranchit comme tels des boîtes sur lesquelles sont inscrits un numéro d'ordre et une mention de capacité, tombe sous l'application de la loi. En vain dirait-on que cette mention fait partie inhérente de l'échantillon et qu'elle le caractérise.

13 avril 1870, 70-71, n° 20.

§ 3.
Violation du secret des lettres.

5. — La lettre remise à un facteur rural pour être portée au bureau et affranchie est censée avoir été confiée à la poste, et si ce facteur la supprime, il doit être considéré comme n'ayant pas agi à titre de simple particulier, mais bien en sa qualité d'employé de l'administration des postes, ce qui constitue de sa part, non l'abus de confiance défini par l'art. 408 du Code pénal, mais le délit spécial prévu par l'art. 187 du même Code.

8 mars 1847, 47-48, n° 11.

§ 4.
Droits de péage. — Exemption.

6. — Ne sont exemptés des droits de péage, par les termes courriers et malles-postes de l'ordonnance de concession, que les entrepreneurs qui se livrent exclusivement au transport des dépêches ; ils cessent de jouir du bénéfice de l'exemption si au service des dépêches ils joignent une entreprise de messageries.

11 janvier 1861, 60-61, n° 41.

Prescription civile.

CHAPITRE 1ᵉʳ.

RÈGLES COMMUNES A L'USUCAPION ET A LA PRESCRIPTION LIBÉRATOIRE.

§ 1ᵉʳ.

Des personnes qui peuvent prescrire et de celles contre lesquelles on peut prescrire.

1. — Les communes jouissaient sous le droit ancien, comme elles jouissent sous le Code Napoléon, de la faculté de prescrire et d'op-poser la prescription à une demande en revendication formée contre elles.

19 juin 1827, 27-28, n° 38.

2. — On ne peut acquérir par prescription les arbres plantés sur le sol d'une rue et d'un chemin public.

En admettant la possibilité légale de détruire par une abstraction juridique l'incorporation qui unit ces arbres au terrain dont ils dépendent, de les déclarer prescriptibles malgré leur adhérence à un sol qui ne l'est pas, et de trouver dans la prescription toute la force et l'équivalent absolu d'un titre, il n'en reste pas moins en faveur de la commune une présomption de propriété sur ces arbres.

Sont inapplicables, en ce cas, les lois du 24 août 1792 et du 9 ventôse an XIII, l'une transitoire et spéciale aux arbres existant à cette époque, l'autre destinée à réglementer les plantations au bord des chemins vicinaux ou dans les propriétés limitrophes.

28 mars 1865, 62-65, n° 81, p. 353.

3. — Il est de principe et de jurisprudence constante que les biens des communes non productifs de revenus destinés à l'usage des personnes de la communauté, tels que les rues, les places, les marchés, ne sont pas dans le commerce, et que dès lors ils ne peuvent être prescrits par le temps ordinaire.

7 février 1827, 27-28, n° 9.

§ 2.

De la suspension de la prescription.

4. — D'après le droit romain et l'ancienne jurisprudence, le cours de toute prescription était interrompu contre les biens adventices du fils de famille en puissance.

19 novembre 1812, t. II, n° 377 *bis*.

5. — La prescription de trente ans ne courait pas contre les mineurs sous l'ancienne jurispru-. .

dence, elle était suspendue pendant leur minorité.

17 décembre 1823, t. IV, n° 716, p. 170.

6. — Il est également de principe que la prescription ne peut avoir lieu entre communiers tant que dure cette communion.

17 décembre 1823, t. IV, n° 716, p. 170.

7. — La prescription ne peut courir contre des enfants pupilles réputés héritiers de leur mère morte civilement.

28 prairial an IX, t. I, n° 29

8. — La prescription ne peut pas courir en faveur du mari contre sa femme pendant la communauté dont le mari est le chef.

28 prairial an IX. t. I, n° 29.

9. — La prescription n'a pas couru au profit de l'émigré durant son émigration contre le créancier qui, n'étant porteur que de titres sous seings privés et sans date certaine avant l'émigration, n'a pu en réclamer le paiement contre l'Etat, représentant l'émigré.

8 décembre 1828, 27-28, n° 128.

10. — L'article 18 de la loi du 27 avril 1825 n'a pas enlevé aux débiteurs émigrés le bénéfice des prescriptions par eux acquises, notamment en matière de légitime, contre leurs créanciers porteurs d'actes ayant date certaine avant l'émigration.

27 juillet 1829, 29, n° 54, p. 182.

11. — D'après la loi du 6 juillet 1791, qui a suspendu la prescription contre la nation pendant un certain temps, pour raison de droits corporels ou incorporels dépendant de biens nationaux, on n'a pu prescrire contre un hospice qui a obtenu le transfert régulier de ces biens, si la rente qui en dépendait a été servie depuis cette loi et s'il ne s'est pas écoulé trente ans jusqu'à la demande.

28 août 1826, t. V, n° 911.

§ 3.

De l'interruption de la prescription.

1° Interruption par suite d'une prise de possession.

12. — Une procédure instruite et un jugement rendu sans qu'une commune ait été autorisée à plaider n'a pu interrompre la prescription de cinq ans, déterminée par la loi, pour réclamer devant les tribunaux la possession d'un triage ; mais lorsque la commune a pris possession en exploitant, en 1794, une grande partie des biens qui la composaient, cette possession de la commune, sans demande ni procédure préalable, a remplacé celle que la loi lui ordonnait de former devant les tribunaux.

16 février 1818, t. IV, n° 649. p. 81.

13. — Une commune qui s'est pourvue dans l'année, à dater de la loi du 28 août 1792, en réintégration d'un triage, a par là interrompu la prescription de cinq ans, lors même que le jugement arbitral qui l'avait rétablie dans la propriété et jouissance des bois en litige aurait été annulé pour irrégularité, quand elle s'est mise en possession de la forêt en vertu de ce titre coloré, qui l'a rendue possesseur de bonne foi.

5 janvier 1821, t. IV, n° 649, p. 81.

2° Des causes d'interruption civile.

a. Signification d'un acte juridique.

14. — Pour qu'une citation en justice opère l'interruption civile de la prescription, il faut qu'elle ait pour objet direct de contester le droit dont la prescription s'accomplissait.

26 janvier 1867, 66-67, n° 82.

15. — Lorsque l'administration est juge du fond, la demande portée devant elle a pour effet d'interrompre la prescription.

10 juillet 1844, 43-44, n° 82.

16. — La prescription est interrompue par une instance correctionnelle, quand même il a été sursis au jugement, jusqu'à ce que les tribunaux civils aient prononcé sur la portée d'un titre invoqué par le prévenu.

10 juillet 1844, 43-44, n° 82.

17. — La prescription d'une créance n'est interrompue ni par la réserve de tous droits, ni même par une réserve spéciale faite incidemment par le créancier dans le cours d'un procès pendant entre lui et son débiteur ou dans un contrat passé entre eux.

Il faut qu'il y ait eu reconnaissance de la part du débiteur ou voies d'exécution pratiquées contre lui par saisie ou commandement.

27 juillet 1829, 29, n° 54, p. 189.

18. — Ne peut être considérée comme un acte interruptif de prescription la pétition adressée à un préfet par une commune pour réclamer des droits d'usage sur une forêt appartenant à l'Etat, surtout lorsque le droit de l'Etat n'a pas été reconnu dans la réponse.

La clause que des bois sont vendus avec toutes servitudes actives et passives, ainsi qu'avec les droits d'usage dont ils peuvent être grevés, ne constitue pas une reconnaissance interruptive de prescription au profit de l'usager, si l'acte n'indique d'ailleurs ni son nom ni la nature de ses droits et ne dit même pas d'une manière positive que le droit d'usage existe réellement.

18 août 1846, 46, n° 108, p. 270.

19. — En matière d'interruption de prescription, tout est de rigueur : notamment, il n'y a pas interruption au profit d'une commune qui, voulant agir contre l'Etat, a adressé à la préfecture la délibération prise à cet égard par son conseil municipal, mais ne produit pas le récépissé constatant l'enregistrement du mémoire qu'elle devait déposer conformément à l'art. 15, titre III, de la loi des 28 octobre et 5 novembre 1790. Cette formalité ne peut pas

être remplacée par des équipollents.

6 janvier 1849, 49-52, n° 35.

b. Reconnaissance du droit de celui contre lequel la prescription courrait.

20. — On doit considérer comme une cédule et une reconnaissance de la dette, qui interrompt la prescription établie par l'article 2273 du Code civil pour salaires d'avoué, une lettre écrite à cet avoué, par laquelle son client reconnaît qu'il doit les frais qui lui sont répétés.

27 septembre 1819, t. IV, n° 619, p. 27.

21. — La reconnaissance du droit d'usage d'une commune par le conservateur des forêts et par le préfet sur une demande de la commune ne sont que des avis, des actes d'administration intérieure. Cela ne peut pas être considéré comme une reconnaissance du débiteur et interrompre la prescription. De même.... par le directeur des domaines.

Inédits. 7 janvier 1837, Ch. réunies. Préfet du Haut-Rhin c. Linthol. — 4 mars 1852, 1re Ch. Commune de Port-sur-Saône c. Galaire.

22. — Pour obtenir un titre nouvel, il n'est pas nécessaire de représenter la grosse du titre primitif lorsque le débiteur d'une rente n'allègue ni remboursement ni prescription du capital : il suffit d'avoir la minute, afin que le notaire puisse la transcrire en forme de titre nouvel.

3 juin 1818, t. III, n° 537.

23. — Le tiers détenteur qui a acheté un immeuble grevé d'une redevance établie sous l'ancienne législation par un contrat de bail à cens, est tenu de fournir aux ayants cause de l'ancien bailleur un titre nouveau par application de l'art. 2263 du Code Napoléon. Cette obligation pèse sur lui alors même qu'il ne s'est pas écoulé vingt-huit ans depuis son acquisition, si ce délai s'est accompli depuis l'épo que du dernier acte où a figuré le créancier de la redevance.

13 février 1861, 60-61, n° 48.

3° De l'étendue de l'interruption et de ses effets.

24. — Il y a interruption de la prescription relativement à l'universalité d'une succession par la demande faite en qualité d'héritier d'une somme qui en faisait partie.

19 décembre 1826, t. V, n° 919.

25. — Si une prescription abrégée est interrompue, même par un jugement, il ne s'opère de changement que dans son point de départ, mais non dans le délai requis pour son accomplissement.

27 juillet 1829, 29, n° 54, p. 182.

26. — Un commandement signifié à un débiteur de rente ne peut avoir d'effet que celui d'interrompre la prescription pour les cinq dernières années échues avant ledit acte.

31 janvier 1810, t. II, n° 297.

§ 4.

Dispositions transitoires.

27. — Il n'est point nécessaire, pour prescrire la propriété d'un terrain communal, d'une possession immémoriale ; il suffit qu'on en ait joui pendant plus de quarante ans, non point à titre de tolérance, mais en le cultivant et le récoltant comme l'aurait fait le propriétaire lui-même.

26 novembre 1823, t. IV, n° 714, p. 167.

28. — Les prescriptions commencées avant la publication du Code civil n'ont été acquises sous son empire que par l'expiration du temps fixé par les lois anciennes pour leur accomplissement.

Ainsi, l'action en nullité pour inobservation des formalités prescrites dans les ventes de biens de mineurs ne se prescrivant autrefois que par trente ans n'a pu s'éteindre par dix ans sous l'empire de l'article 1304 du Code civil, si elle avait une origine antérieure.

Pour qu'une prescription doive être considérée comme ayant une origine antérieure au Code civil, il n'est pas nécessaire qu'elle ait pu courir utilement avant la publication de ce Code. Ainsi, bien qu'elle ait été à son principe suspendue par une minorité, elle doit être régie par les lois anciennes, si l'acte à l'occasion duquel elle est invoquée s'est accompli sous leur empire.

12 août 1829, 29, n° 60, p. 201.

29. — L'ordre de Malte, devant être assimilé aux corporations ecclésiastiques, est sujet comme elles à la prescription de quarante ans. Cet ordre ne peut donc réclamer un privilége plus étendu, à défaut de dispositions spéciales en sa faveur.

La prescription de trente ans sans titre n'est admise envers les corporations ecclésiastiques qu'avec une augmentation de dix années et lorsque la possession que l'on a eue pendant le temps requis a été publique, continuée sans interruption et exercée par des actes de jouissance habituelle.

22 avril 1826, t. V, n° 894.

30. — L'article 2265 du Code Napoléon, relatif à la prescription par dix et vingt ans, est inapplicable lorsque le contrat qui est la base de cette prescription a été passé sous l'empire d'une coutume qui ne la reconnaissait pas.

10 novembre 1847, 47-48, n° 46.

31. — Il est de principe que nul ne peut acquérir un droit de servitude, soit sur les propriétés communales, soit sur les voies publiques, par prescription.

24 frimaire an IX, t. I, n° 10.

32. — Le domaine de l'État, inaliénable et imprescriptible avant 1789, est demeuré tel, du moins quant aux forêts de plus de 150 hectares, jusqu'à la loi de 1817, qui a eu pour conséquence de faire rentrer les bois domaniaux sous l'empire de l'article 2227 du Code Napoléon.

Ainsi, les actes de possession exercés par un particulier sur une forêt depuis le moment où elle est tombée dans le domaine de l'Etat jusqu'en 1817, ne peuvent servir à son profit de base à la prescription.

18 août 1847, 47-48, n° 27.

CHAPITRE II.

RÈGLES SPÉCIALES A L'USUCAPION DE LA PROPRIÉTÉ.

§ 1er.

De la possession requise pour l'usucapion.

33. — La possession qui a lieu en vertu d'un partage provisoire n'est qu'une possession précaire qui ne peut servir de base à la prescription.

Inédit. 25 mars 1841. Commune de Pont-d'Héry c. commune de Fonteny.

34. — La possession qui a lieu en vertu d'un partage provisoire ne peut pas servir de base à la prescription; ce n'est qu'une possession précaire. Quand le titre opérant le partage provisoire est représenté, l'un des copartageants peut toujours demander un partage définitif.

Inédit. 25 mars 1841. 2e Ch. Commune de Pont-d'Héry c. commune de Fonteny.

35. — Celui qui a reçu en usufruit plus que la quotité dont le donateur pouvait disposer ne possède l'excédant comme le disponible qu'à titre d'usufruitier; il ne peut prétendre, même pour la portion réductible, au bénéfice de la prescription.

24 février 1829, 29, n° 16, p. 62.

36. — Celui qui a commencé à posséder à titre précaire, comme l'usufruitier, ne prescrit jamais, même après l'époque où sa qualité d'usufruitier a cessé : *Nemo potest sibi causam possessionis mutare*.

Inédit. 18 mai 1842, 2e Ch. Pescheur c. Colas et Pafols.

37. — La possession du père qui a eu en même temps la tutelle de ses enfants et l'usufruit légal de leurs biens doit être considérée comme dérivant plutôt du titre d'usufruitier que de celui de tuteur; en conséquence, elle ne peut amener à la prescription, quelle que soit d'ailleurs sa durée après la cessation de l'usufruit.

18 mai 1844, 43-44, n° 52.

38. — L'existence dans un mur d'une saillie portant sur la voie publique ne peut constituer qu'une possession précaire. Celui à qui cette saillie porte préjudice peut en demander l'enlèvement, alors même que cet état de choses subsisterait depuis plus de trente ans.

2 juin 1847, 47-48, n° 51.

39. — Les actes de jouissance défendus par la loi constituent une possession utile quand ils n'ont pas été constatés par procès-verbaux et poursuivis dans les délais fixés par la loi.

Inédit. 28 novembre 1832, 2e Ch. Commune de Montaguey c. Dumagny et Robinet.

40. — L'extraction de la tourbe par quelques habitants dans un terrain litigieux ne peut être considérée comme un acte de possession de la commune, surtout lorsque ce fait ne remonte pas à un temps suffisant pour prescrire; il en doit être de même du parcours ainsi que de l'enlèvement de bois et de l'extirpation des racines, s'ils n'ont pas eu lieu en corps de communauté.

16 janvier 1815, t. III, n° 554.

41. — Le passage par le public ne suffit pas pour établir le droit de propriété de la commune. Il faut une possession *ut universitas*, des faits communaux.

Inédits. 15 janvier 1840. 2e Ch. Commune d'Evans c. Bouvet. — 31 juillet 1841, 2ᵉ Ch. Commune de l'Étoile c. Beile. — 10 décembre 1860, 1ʳᵉ Ch. Motans c. commune de Vouhenans.

42. — Pour établir l'existence d'un droit qu'elle prétend avoir acquis par prescription, une commune ne peut se fonder sur les actes de jouissance individuelle exercés par quelques-uns des particuliers qui l'habitent.

19 mars 1846, 46, nᵒ 18.

43. — De même que les faits des habitants *ut singuli* ne peuvent pas être invoqués par la commune comme actes de possession, de même ces faits ne peuvent pas lui être opposés. Ainsi, le propriétaire d'une forêt grevée d'usage n'est pas libéré envers la commune par cela seul que les habitants se sont servis de leurs propres mains, et la preuve testimoniale de ce fait n'est pas admissible.

Inédit. 1ᵉʳ décembre 1840, 1ʳᵉ Ch. Commune de Champagnole c. le préfet du Jura.

44. — Il n'y a de possession légale pour une commune qu'autant qu'elle est exercée par les représentants légaux de la commune et non lorsqu'il s'agit des faits des habitants agissant isolément, quelque nombreux que soient ces faits. Par exemple, l'exercice du droit d'usage et de pâturage n'est utile qu'autant qu'il a lieu en corps de communauté sous la garde d'un pâtre commissionné par la commune.

Inédits. 4 mars 1852, 1ʳᵉ Ch. Commune de Port-sur-Saône c. Galaire. — 3 août 1843, 1ʳᵉ Ch. Peroz c. commune de Champagney. — 5 mai 1841, 2ᵉ Ch. Commune de Sainte-Agnès c. Vincelles. — 7 janvier 1837, Chambres réunies. Préfet du Haut-Rhin c. commune de Luithol. — 12 décembre 1845, 2ᵉ Ch. Commune de Moutonnay c. Sérézia.

45. — Les actes de jouissance doivent être plus caractérisés pour donner naissance à un droit de propriété que pour établir une simple possession. La prescription ne s'acquiert pas au profit d'une commune par des faits de parcours isolé.

12 décembre 1845, 45, nᵒ 81, p. 218.

46. — Lorsqu'un propriétaire ayant titre possède la chose, il ne peut pas la perdre par la prescription. Les faits de possession concomitants doivent être attribués à la tolérance et ne peuvent pas servir de base à la prescription.

Inédits. 18 mai 1861, 2ᵉ Ch. Les habitants de Paisia c. Glanois. — 4 décembre 1863, 2ᵉ Ch. De Lurion c. commune de Bracon.

47. — Ne suffit pas pour constituer une possession civile à titre de maître le fait, de la part d'une commune, d'avoir mené paître son bétail sur un terrain vague en même temps que l'adversaire y conduisait le sien, d'en avoir plusieurs fois extrait du sable et enlevé des pierres gisantes.

10 décembre 1844, 43-44, nᵒ 119.

48. — Tant que la communion dure, un communier ne prescrit pas contre l'autre : pour qu'un des communiers prescrive, il faut des actes de propriété exclusive qui ne puissent être attribués ni à la familiarité ni à la tolérance qui, entre eux, se présument plus facilement qu'entre étrangers. Le dépôt d'une hutte en planches ou d'un fumier sur un terrain commun, dans un emplacement où il ne peut nuire à l'autre communier, ne sort pas des bornes de la familiarité et de la tolérance ; ainsi, quelque temps qu'ait duré ce dépôt, on ne peut le regarder comme un acte de possession exclusive capable d'opérer la prescription.

2 prairial an IX, t. 1, nᵒ 27.

49. — Des actes de passage, quelles qu'aient été leur durée et leur fréquence, ne constituent point une possession suffisante pour la prescription de la propriété d'un sentier à talons.

19 mai 1866, 66-67, nᵒ 30.

50. — Les dépôts de pierres, notamment dans les parties montagneuses de la Franche-Comté, sont insuffisants pour caractériser une possession civile à titre de maître.

22 novembre 1844, 43-44, n° 90.

51. — On ne peut admettre la preuve de dépôts faits sur un terrain commun depuis trente et quarante ans pour justifier la propriété que l'on prétend avoir de ce même terrain, parce que ces dépôts n'étant jamais que provisoires, jusqu'à la mise en œuvre des choses entreposées, n'ont lieu que par tolérance et bon voisinage, et qu'il est de principe que le communier ne prescrit contre son communier qu'autant qu'il a possédé pendant trente ans la totalité de la chose commune.

18 mai 1818, t. III, n° 536.

52. — Il est de jurisprudence constante que dans les communes les dépôts de bois de chauffage et de construction faits sur des chemins publics ou sur leurs dépendances ne sont que des actes de pure faculté et de simple tolérance qui ne peuvent fonder une prescription, et l'enlèvement en doit être ordonné à la demande des communes et même à celle des particuliers riverains, qui ont le droit de circuler librement sur ces chemins.

18 août 1824, t. IV, n° 736, p. 190.

53. — Un dépôt de fumier sur un terrain vague situé dans l'intérieur d'un village ne constitue qu'une possession précaire qui ne peut, en l'absence d'actes contradictoires, servir de base à la prescription.

14 novembre 1844, 43-44, n° 110.

54. — Le dépôt d'un fumier sur la voie publique n'est qu'une pure faculté qui ne peut acquérir de droit par prescription : *Hæc quæ sunt in publico non possunt præscribi.*

6 fructidor an x, t. I, n° 10.

55. — Les habitants d'une commune ayant droit à l'usage des places, des marchés, etc., précairement et à titre de familiarité et en tant qu'ils ne nuisent pas à la commune, il en résulte que les dépôts de pierres faits par un habitant de cette commune sur un de ces terrains sont insuffisants pour constituer des actes de possession civile.

7 février 1827, 27-28, n° 9.

56. — Des dépôts de fumier sur les terrains vains et vagues situés dans les villages ne constituent qu'une possession précaire qui ne peut, à elle seule, servir de base à la prescription.

18 janvier 1845, 45, n° 4, p. 8.

57. — Un dépôt de fumier sur un terrain faisant partie de la rue d'un village ne constitue qu'une possession précaire qui ne peut servir de base à la prescription. La mention d'une place à fumier de cette nature dans une longue suite d'actes n'a pas pour effet de transmettre la propriété du sol. En conséquence, elle ne donne point à l'acheteur le droit d'agir en garantie contre son vendeur dans le cas où la commune défendrait de se servir de la place autrement que pour des dépôts de fumier.

21 décembre 1846. 46, n° 117, p. 303.

§ 2.

Des conditions spécialement requises pour l'usucapion par dix et vingt ans, et des effets qui sont attachés à son accomplissement.

1° Conditions spécialement requises pour l'usucapion par dix et vingt ans.

a. Juste titre.

58. — L'inscription au rôle des contributions ne peut remplacer le juste titre et faire preuve d'une vente ou d'un échange.

21 août 1828, 27-28, n° 120.

59. — Il n'est pas nécessaire que le titre soit transcrit pour servir de point de départ à la prescription, même quand il s'agit d'une donation.

Inédit. 16 novembre 1857. 1re Ch. Millet c. Prost.

60. — Une donation non transcrite ne peut être invoquée comme étant le juste titre exigé par la loi pour la prescription de dix ou vingt ans : une pareille donation n'est parfaite qu'entre le donataire et le donateur, et n'est point opposable aux tiers.

24 mars 1865, 62-65, n° 78, p. 340.

b. Bonne foi.

61. — Le tiers acquéreur chargé par son contrat de payer au vendeur originaire le prix de la première vente à lui dû, est non recevable à se prévaloir contre l'action en résolution intentée par ce dernier de la prescription de dix ou vingt ans : l'acquisition de la possession n'a pas le caractère de bonne foi.

Inédit. 15 juin 1842. Girod c. préfet du Doubs.

61 *bis.* — La mauvaise foi de celui qui prétend avoir prescrit par dix ans la propriété d'un immeuble ne saurait résulter de ce qu'au moment où l'immeuble lui était attribué par donation, il n'a point exigé de ses père et mère donateurs la représentation du titre en vertu duquel ils possédaient eux-mêmes, titre nul et qui eût révélé l'absence de tout droit des donateurs sur l'objet donné.

24 mars 1865, 62-65, n° 78, p. 340.

c. Domicile.

62. — Pour qu'il y ait lieu à la prescription de dix ans établie par l'article 2265 en faveur d'un tiers acquéreur contre le véritable propriétaire de l'immeuble, acquis de bonne foi et ensuite d'un juste titre, il faut que celui-ci ait eu un domicile *réel et de fait* dans le ressort de la Cour où est situé cet immeuble, pendant l'espace de ces dix années.

29 novembre 1824, t. IV, n° 739.

63. — L'art. 2265, en parlant du domicile pour fixer le temps de la prescription, n'entend parler que du domicile réel et de fait résul-tant de l'habitation et non du domicile fictif et de droit seulement.

Inédit. 24 juin 1839, 1re Ch. Béguyot c. Germain.

2° Effets de l'usucapion accomplie.

64. — Le tiers acquéreur d'un immeuble prescrit par dix et vingt ans contre l'action en résolution d'un précédent vendeur.

8 février 1848, 47-48, n° 80.

65. — On ne peut déposséder celui qui depuis plus de quarante ans jouit d'une propriété séparée de celle de ses voisins par des bornes qui, suivant la déposition de plusieurs témoins, existent dans le même endroit depuis un temps immémorial. Ces bornes, qui ont déterminé la possession de chaque individu, ont également fixé leurs droits.

17 pluviôse an XII, t. I, n° 98 *bis*.

66. — Celui qui, n'étant pas propriétaire, a concédé à un tiers un titre qui a été pour celui-ci *causa usucapionis*, doit répondre de son usurpation ; le droit du propriétaire, après la prescription acquise par le tiers, se trouve résolu en dommages-intérêts qui ne se prescrivent que par trente ans.

Inédit. 24 juin 1839, 1re Ch. Béguyot c. Germain.

CHAPITRE III.

RÈGLES SPÉCIALES A LA PRESCRIPTION LIBÉRATOIRE.

§ 1er.

Historique.

67. — Si en Franche-Comté, ainsi que l'atteste Dunod (*Des prescr.*, p. 2, ch. XII, p. 225), lorsque l'action personnelle était jointe à l'hypothécaire, elle devait durer quarante ans, conformément à la loi 7 du Code *Cùm notissimi*, ce n'était qu'avec cette distinction entre l'hypothèque légale ou judiciaire et l'hypothèque conventionnelle ; l'hypothèque légale ou

23

judiciaire, qui n'était que tacite, était accessoire à l'action personnelle, lui était soumise, en suivait les règles, et ses actions se prescrivaient par trente ans ; à l'égard de l'hypothèque convenue et expresse, elle était principale, et quand elle était jointe à la personne, elle lui communiquait sa durée, mais il fallait pour cela qu'elles concourussent dans le même sujet. L'héritier, par exemple, qui n'avait plus de fonds de la succession sur lesquels il pût être convenu hypothécairement pour les dettes, en prescrivait l'exemption par trente ans.

16 juin 1825, t. IV, n° 864, p. 348.

§ 2.

Des actions qui sont ou non susceptibles d'être prescrites.

68 — La vente faite à quelqu'un du droit d'extraire tout le plâtre qui peut exister dans un terrain désigné ne constitue pas une servitude perpétuelle, mais la concession d'une faculté temporaire ; et si le temps pendant lequel cette faculté peut être exercée n'est pas désigné, elle ne doit pas durer pendant plus de trente années.

10 mars 1807, t. I, n° 166.

69. — Il est de principe que si les facultés fondées sur une loi ou la nature des choses sont imprescriptibles, il n'en est pas de même de celles qui ont leur source dans une convention, telle que celle stipulée par une commune d'exercer quand elle le jugeait à propos des droits d'usage auxquels elle renonçait. De semblables facultés se prescrivent par trente ans, et la commune, dans l'espèce, ne peut plus exercer ses droits d'usage au bout de ce délai, si elle n'a pas agi pendant sa durée.

3 messidor an x, t. I, n° 58.

70. — En Franche-Comté, le droit romain était suivi dans tous les cas qui n'avaient point été réglés par la coutume. Or, la loi 5,

§ 6, ff. liv. 24, décide d'une manière générale et absolue que toute personne poursuivie en vertu d'un contrat dont elle aurait été fondée à demander la nullité ou la rescision par action directe, *pendant un temps déterminé*, peut toujours, à toute époque, proposer ses moyens par voie d'exception lorsque l'on agit contre elle. Le Code ne renferme aucune disposition contraire et s'en réfère donc à la loi précitée. C'est ainsi qu'un mineur peut repousser, à toute époque, par voie d'exception, les poursuites dirigées contre lui à raison d'un acte qu'il a souscrit en minorité.

30 janvier 1824, t. IV, n° 844, p. 322.

71. — Les chemins publics ne peuvent être prescrits par le non-usage aux termes des lois 1 et 2 au Dig. *De via publica et itinere reficiendis*. Tout habitant de la commune a droit d'agir pour la conservation des chemins ; celui qui a droit de chemin avec chariots et voitures le conserve en passant seul, parce que le droit de passer seul fait partie de celui de passer avec chariots et chevaux.

8 janvier 1818, t. III, n° 522.

§ 3.

Du temps requis pour prescrire. —
De la prescription ordinaire.

72. — Le droit du légitimaire est une créance qui se prescrit, comme la pétition d'hérédité, par un délai de trente ans.

27 juillet 1829, 29. n° 54, p. 182.

73. — La prescription d'instance, distincte de la péremption, s'acquiert par trente ans et peut être opposée en tout état de cause.

7 juin 1845, 45, n° 50, p. 151.

74. — Celui à qui un partage ayant permis d'élever un mur de manière à le faire porter moitié sur le terrain voisin et moitié sur le sien propre, passe trente ans sans exercer ce droit, s'en trouve déchu par le non-usage et ne peut bâtir désormais que dans les limites de sa propriété.

3 juin 1846, 46, n° 39.

§ 4.
Des prescriptions extraordinaires.

75. — Avant le Code civil, les arrérages d'une rente viagère se prescrivaient déjà par cinq ans.

24 novembre 1808, t. I, n° 236.

76. — Avant le Code civil, les arrérages d'une rente constituée se prescrivaient déjà par cinq années.

31 janvier 1810, t. II, n° 297.

77. — Le statut local de Besançon, qui portait à trente ans la prescription des arrérages de rente, ne peut être invoqué contre un débiteur qui avait quitté cette ville pour aller habiter un pays où le quinquennium était admis. C'est la loi du domicile actuel du débiteur qu'il faut considérer.

27 mars 1810, t. II, n° 300 *ter.*

78. — En Franche-Comté, sous l'ancien droit qui régissait cette province, les arrérages de rente ne se prescrivaient que par trente ans, mais on ne pouvait en réclamer que cinq années.

L'article 2277 du Code Napoléon, qui déclare les arrérages prescriptibles par cinq ans, est sans application à ceux échus avant sa promulgation.

8 août 1828, 27-28, n° 117.

79. — Les arrérages des baux à ferme n'étaient pas prescriptibles par cinq années dans la Franche-Comté avant la promulgation du Code Napoléon; l'action personnelle en résultant suivait le cours ordinaire de la prescription, qui était de trente ans.

30 décembre 1815, t. III, n° 560.

80. — La prescription des arrérages de rentes constituées sous l'ancienne jurisprudence ne doit pas être réglée par la loi du lieu de la passation du contrat, mais par celle du domicile du débiteur, ainsi que cela a été jugé par la Cour de Besançon le 27 mars 1810.

28 mars 1816, t. III, n° 476.

81. — Les prescriptions courtes étant fondées uniquement sur la présomption de paiement doivent être écartées toutes les fois qu'il est certain que le débiteur n'a pas payé, sans qu'il soit besoin de recourir au serment : par exemple, quand le débiteur a soutenu qu'il ne devait pas et que le tribunal décide qu'il devait. En ce cas, le débiteur ne pourrait pas affirmer qu'il a payé ce qu'il vient de soutenir n'avoir jamais dû. Il doit être condamné, nonobstant la prescription opposée par lui, et sans qu'il y ait besoin de lui faire prêter serment pour écarter la prescription.

Inédit. 23 août 1856, 2ᵉ Ch. Marland c. Marland.

82. — Les intérêts du prix d'une vente sont prescriptibles par cinq ans.

Inédit. 6 mars 1835. Beauduret c. Prost.

83. — Les intérêts dus en vertu d'un contrat de vente sont soumis à la prescription de cinq ans.

Cette prescription court au profit de l'acheteur, bien qu'il ait consigné le prix, du moins si la consignation est plus tard déclarée nulle ; en ce cas les intérêts du prix déposé n'appartiennent au vendeur que pour les cinq dernières années antérieures à la demande, sauf à l'acquéreur à combler pour ces cinq années la différence du trois au cinq pour cent.

28 janvier 1846, 46, n° 6.

84. — Les fruits ou intérêts d'une portion héréditaire ne sont point soumis à la prescription de cinq ans, tant que dure l'indivision.

19 juin 1844, 43-44, n° 66.

85. — Le cohéritier qui a payé à la décharge commune un capital productif d'intérêts ne peut les réclamer, lors du partage, que pour les cinq dernières années échues avant sa demande.

8 janvier 1845, 45, n° 2, p. 3.

86. — Jusqu'à l'apurement du compte, la prescription quinquennale ne s'applique pas aux intérêts des sommes dont un mandataire a disposé à son profit.

27 août 1844. 43-44, n° 117.

87. — La prescription biennale de l'indemnité due pour terrains ayant servi à l'établissement ou au redressement de chemins vicinaux, court seulement du jour de la dépossession matérielle du propriétaire.

27 février 1866, 66-67, n° 14.

88. — Les soins donnés par un médecin dans le cours d'une maladie ne constituent pas autant de créances que de visites, mais une seule créance, dont l'exigibilité est déterminée par la convention des parties ou l'usage local.

La prescription de l'action du médecin en paiement d'honoraires ne commence en général à courir que du jour où le médecin cesse de donner des soins à son malade, quel que soit le caractère, aigu ou chronique, de la maladie.

9 juillet 1867, 66-67, n° 116.

89. — L'action en paiement de frais de nourriture et d'entretien ne se prescrit par six mois qu'autant que les fournitures ont été faites par un hôtelier ou traiteur. L'art. 2271 ne s'applique pas au cas où la demande est formée par le directeur d'une usine qui a nourri et entretenu un employé à ses frais.

21 février 1844, 43-44, n° 36.

90. — La prescription de six mois, établie par l'art. 2271 du Code Napoléon, est applicable au paiement des salaires d'un commis de librairie. — Ces salaires, fussent-ils payables par année, ne rentrent pas dans le cas prévu par l'art. 2277, qui n'a statué que relativement à des intérêts ou revenus.

18 février 1846, 46, n° 9.

§ 5.

Des effets juridiques de la prescription.

91. — Un capital étant prescrit, tous les intérêts ou arrérages qu'il eût pu produire sont également prescrits sans distinction.

27 juillet 1829, 29, n° 54, p. 182.

§ 6.

Renonciation à la prescription.

92. — Si une instance ayant été discontinuée pendant trente ans, une action nouvelle relative au même objet est formée contre la commune originairement défenderesse, et que celle-ci l'ait fait repousser pour cause de litispendance, elle peut néanmoins invoquer en appel la prescription de l'instance primitive, quand elle a déclaré, lors du jugement, ne paraître que sous toutes réserves et sans préjudice de tous ses droits.

7 juin 1845, 45, n° 50, p. 151.

93. — Le débiteur qui, menacé de poursuites, reconnaît sa dette dans des lettres adressées au créancier et demande un délai pour payer, est censé avoir renoncé à la prescription acquise.

9 mars 1846, 46, n° 76, p. 193.

V. FORÊTS, EFFETS DE COMMERCE, SERVITUDES, EAUX, ACTIONS EN NULLITÉ ET EN RESCISION.

Prescription criminelle.

Prescription de la peine.

1. — Si le condamné par contumace, pour des faits qualifiés crimes, reparaît lorsqu'une loi postérieure à sa condamnation ne considère plus ces faits que comme de simples délits, il doit jouir du bénéfice de la loi la plus douce, et ne peut être condamné qu'à une peine correctionnelle : la prescription, en ce cas, est celle des délits.

La prescription court du jour de la condamnation par contumace, et non de celui de la promulgation de la loi portant une peine moins forte.

29 juillet 1868, 68-69, n° 20, p. 78.

§ 2.

Prescription de l'action publique et de l'action civile en matière de crimes et de délits.

1° Règles générales.

2. — L'action publique et l'action civile résultant d'un délit se prescrivent par trois ans à compter du jour où le délit a été commis.

La prescription des actions résultant des délits successifs ne peut courir qu'à partir du dernier acte qui précède les poursuites de ces délits.

1ᵉʳ juin 1853, 53-57, n° 41, p. 90.

2° Prescription de l'action publique.

3. — La prescription en matière criminelle peut résulter de simples présomptions.

Il suffit que le crime puisse, d'après les circonstances, avoir été commis plus de dix ans avant les poursuites pour que l'action qui en dérivait soit prescrite.

7 août 1846, 46, n° 90, p. 228.

4. — La signification régulière d'un jugement correctionnel par défaut, dont le prévenu n'a point été touché, fait néanmoins courir la prescription de la peine.

On ne peut donc considérer ce jugement frappé d'opposition, comme un simple acte d'instruction servant de point de départ à la prescription de l'action publique.

5 mars 1869, 68-69, n° 49, p. 202.

5. — Les délits commis par les officiers de police judiciaire dans l'exercice de leurs fonctions ne se prescrivent que par trois ans.

22 août 1827, 27-28, n° 50.

6. — Les délits de contrebande se prescrivent par trois ans.

10 juillet 1828, 27-28, n° 107.

7. — Lorsqu'un notaire a commis le délit de détournement de deniers et a disparu, la prescription n'a pu courir à son profit pendant le temps où, restant à la tête de ses affaires, il pouvait se libérer ; elle ne commence que du jour de sa disparition.

30 mai 1844, 43-44, n° 56.

8. — Le notaire dont la destitution, conformément à l'art. 53 de la loi du 25 ventôse an XI, est demandée devant les tribunaux civils, n'est pas recevable à invoquer la prescription établie par l'art. 638 du Code d'instruction criminelle.

20 décembre 1843, 43-44, n° 57.

3° Prescription de l'action civile.

9. — Bien que le fait de n'avoir pas constaté un délit commis dans son triage ne puisse donner lieu contre un garde forestier à des poursuites correctionnelles, mais seulement à une action civile, cette action ayant pour cause un délit est sujette à la prescription de trois ans.

26 janvier 1847, 47-48, n° 8.

4° Interruption de la prescription de l'action publique et de l'action civile.

10. — Les règles sur les interruptions de prescription, posées par les articles 637, n° 2, 638 du Code d'instruction criminelle, et

2246 du Code Napoléon, sont applicables aux délits de chasse comme aux délits forestiers, et notamment la citation donnée même devant des juges incompétents est, en cette matière, interruptive de prescription, lorsqu'elle est émanée de personnes ayant qualité pour poursuivre.

Spécialement, la prescription d'un délit de chasse dans un bois soumis au régime forestier est interrompue par une citation en police correctionnelle, à la requête de l'administration des forêts, bien que l'inculpé, en sa qualité d'officier de police judiciaire, dût jouir du privilège personnel de n'être jugé que par la première chambre de la Cour impériale, et de n'y être traduit qu'à la requête du procureur général.

3 avril 1862, 62-65, n° 11, p. 36.

11. — Un jugement rendu par défaut en matière correctionnelle, qui n'a point été régulièrement signifié, doit être considéré comme un simple acte d'instruction, interruptif de la prescription.

En conséquence, s'il s'est écoulé trois années depuis sa date ou depuis celle du dernier acte de poursuite, la prescription de l'action publique et du délit est acquise.

Cette exception, étant d'ordre public, peut être proposée en tout état de cause, et doit être même suppléée par le juge.

22 janvier 1862. 62-65, n° 2, p. 3.

Présomption d'absence,
V. Absence.

Présomptions graves,
V. Preuve.

Présomptions légales,
V. Preuve.

Presse — Outrage — Publication.

§ 1er. — *Presse périodique. — Cautionnement. — Dépôt.* (N°s 1 à 3.)

§ 2. — *Colportage et distribution.* (N° 4.)

§ 3. — *Outrages envers les personnes revêtues d'un caractère public.* (N°s 5 à 13.)

§ 4. — *De la diffamation et de l'injure.* (N°s 14 à 30.)
  1° Diffamation. (N°s 14 à 21.)
  2° Injures. (N°s 22 à 25.)
  3° Immunités accordées par la loi. (N°s 26 à 30.)

§ 5. — *Publication de fausses nouvelles.* (N°s 31, 32.)

§ 6. — *Pénalités.* (N°s 33, 34.)

§ 1er.

Presse périodique. — Cautionnement. — Dépôt.

1. — Le journal qui, après avoir suspendu ses publications pendant moins de trois mois, en reprend le cours, avec un gérant de plus, n'est pas soumis au dépôt d'un nouveau cautionnement ni aux autres formalités exigées d'une entreprise nouvelle.

Le gérant d'un journal, propriétaire de la totalité du cautionnement, peut, en s'adjoignant un cogérant, lui transporter le quart de son cautionnement, qui reste néanmoins soumis pendant les trois mois à la garantie des amendes encourues.

20 août 1833. *Journal du Palais,* année 1833, p. 759.

2. — L'obligation de la déclaration et du dépôt préalables prescrits en matière de presse pour toute publication ne s'applique point aux imprimés appelés bilboquets.

Sous ce dernier terme on doit entendre seulement les écrits qui n'ont trait qu'à des intérêts privés et qui ne sont pas de nature à être mis dans le commerce.

24 mai 1850, 49-52, n° 74.

3. — Le rédacteur en chef d'un journal n'est pas responsable des articles qui s'y trouvent insérés, s'il n'a pas personnellement pris part à leur rédaction. Le gérant signataire peut seul être poursuivi.

23 novembre 1846, 46, n° 86, p. 218.

§ 2.
Colportage et distribution.

4. — La remise ou transmission sans autorisation d'un ou plusieurs imprimés, même à une seule personne, ne constitue le délit de distribution et de colportage qu'autant qu'il est prouvé que le prévenu a eu l'intention de coopérer à la mise en circulation de ces imprimés.

27 février 1856, 53-57, n° 96, p. 271.

§ 3.
Outrages envers les personnes revêtues d'un caractère public.

5. — Un brigadier forestier ne peut être considéré comme commandant de la force publique ; l'outrage qui lui serait fait par paroles, gestes ou menaces, à l'occasion de ses fonctions, est punissable, non d'emprisonnement en vertu de l'article 225 du Code pénal, mais seulement de l'amende établie par l'article 224.

9 décembre 1845, 45, n° 76, p. 208.

6. — Celui qui frappe un cantonnier chef dans l'exercice de ses fonctions est passible des peines portées par l'article 230 du Code pénal.

22 mars 1848, 47-48, n° 124.

7. — Les articles 222 et suivants du Code pénal sont applicables :

A l'outrage adressé à un factionnaire ;

14 novembre 1850.

A l'outrage commis envers un caporal commandant le poste occupé à maintenir l'ordre dans un bal public ;

14 novembre 1850.

Au fait du garde particulier qui, rencontrant sur une propriété privée le garde champêtre vaquant à ses fonctions, l'injurie et le traite de voleur ;

20 août 1850.

A l'outrage adressé à un brigadier de gendarmerie et à un gendarme occupés à maintenir l'ordre dans un incendie ;

12 juillet 1850.

A l'outrage adressé dans un cabaret à un brigadier de gendarmerie, à des gendarmes et au maire de la commune ;

28 septembre 1850.

A l'outrage commis dans la rue contre un gendarme faisant une ronde de surveillance.

5 novembre 1850, 49-52, n° 104.

8. — L'outrage commis contre un gendarme dans les mêmes circonstances doit être puni des peines portées par l'article 6 de la loi du 25 mars 1822.

11 mai 1850.

Le voiturier qui outrage un gendarme exerçant sur une route la police du roulage est passible des peines portées par les articles 16 et 19 de la loi du 17 mai 1819.

28 juin 1850.

L'outrage commis publiquement contre un conducteur des ponts et chaussées dans l'exercice ou à l'occasion de l'exercice de ses fonctions est prévu et puni par l'article 6 de la loi du 25 mars 1822.

13 décembre 1850, 49-52, n° 104.

9. — L'outrage commis envers un maréchal des logis de gendarmerie accompagné d'un seul gendarme et exerçant un simple service de surveillance pour la répression des délits de chasse, n'est point un outrage fait à un commandant de la force publique dans le sens de l'art. 225 du Code pénal.

23 janvier 1856, 53-57, n° 95, p. 270.

10. — Les gardes champêtres doivent être considérés comme des citoyens chargés d'un ministère de service public et placés à ce titre sous la protection de lois spéciales, si, même en dehors des fonctions qui leur sont propres, ils exécutent un mandat ou une délégation qu'ils ont reçus de l'autorité compétente.

Spécialement, tombent sous l'application des articles 224 et 230 du Code pénal les outrages et violences commis envers les gardes champêtres, tandis qu'ils agissent en vertu d'un arrêté préfectoral ordonnant la fermeture des cabarets durant les offices divins et désignant ces agents de l'autorité pour veiller à l'exécution de ce règlement. (Art. 16 du Code d'instruction criminelle.)

3 février 1866, 66-67, n° 33.

11. — L'outrage public à un maire à raison de ses fonctions ou de sa qualité ne peut être poursuivi par le ministère public que sur la plainte de la partie lésée, qui seule est juge de l'opportunité de la poursuite. L'article 27 du décret organique sur la presse du 27 février 1852 n'a rien innové sur ce point.

Spécialement, le rapport fait par le maire offensé au préfet, dans le seul but de provoquer son intervention tout administrative quant à des plans d'alignement, et transmis par le préfet au procureur impérial, ne peut, comme la plainte directe et personnelle du fonctionnaire, motiver l'action publique.

27 janvier 1860, 60-61, n° 3.

12. — Les séances des conseils municipaux n'étant pas publiques, les paroles outrageantes prononcées par un membre de ce conseil contre un autre membre peuvent bien constituer le délit d'outrage par paroles prévu par l'article 222 du Code pénal, mais non celui d'outrage public puni par l'article 6 de la loi du 25 mars 1822.

Il en est ainsi alors même que des employés de la mairie se seraient trouvés dans la salle des délibérations.

L'article 222, Code pénal, en punissant l'outrage fait à un fonctionnaire à raison de l'exercice des fonctions, ne distingue pas entre la fonction actuelle et la fonction ancienne; il protège l'usage du pouvoir public et non le fonctionnaire, et celui-ci reste pour les faits anciens, notamment en matière de diffamation, soumis aux mêmes charges que celles qui pesaient sur lui dans l'exercice de ses fonctions.

16 février 1870, 70-71, n° 36.

13. — La déclaration mensongère faite à un commissaire de police d'un vol dont on prétend être la victime ne constitue pas le délit d'outrage par paroles que prévoit l'article 222 du Code pénal, alors d'ailleurs qu'elle n'a été accompaguée d'aucune expression offensante.

31 mai 1871, 70-71, n° 58, p. 248.

§ 3.

De la diffamation et de l'injure.

1° Diffamation.

14. — Celui qui a fait distribuer un écrit diffamatoire ne peut se soustraire aux poursuites résultant de cette publication, en offrant de prouver qu'elle aurait été précédée d'une autre distribution à laquelle il serait demeuré étranger.

22 novembre 1844, 43-44, n° 94.

15. — L'action en diffamation est ouverte à l'électeur accusé, dans un écrit imprimé et distribué, d'avoir promis sa coopération en échange d'une place qu'il sollicitait.

L'électeur dans l'exercice de ses droits ou le magistrat sollicitant de l'avancement ne peuvent être considérés comme ayant agi dans un caractère public, et leur plainte doit être portée devant les tribunaux correctionnels.

Pour qu'une pareille action soit recevable, il n'est pas nécessaire que le nom de la partie plaignante figure dans l'écrit incriminé, il suffit qu'elle y soit désignée de manière à ce que son identité ait dû être notoire pour tous.

22 novembre 1844, 43-44, n° 94.

16. — Le droit de critique littéraire n'autorise pas à dire d'un auteur qu'il est privé de raison et échappé d'une maison d'aliénés; des allégations de cette nature sont une véritable diffamation.

23 novembre 1846, 46, n° 86, p. 118.

17. — La communication à un tiers d'une lettre d'outrages adressée par la poste et la lecture de cette lettre à différentes personnes, dans l'intention de lui donner de la publicité, équivalent à une distribution d'écrits injurieux ou diffamatoires et constituent le délit de diffamation et d'injure publique prévu et réprimé par les articles 1, 14, 18, de la loi du 17 mars 1819.

11 août 1855, 53-57, n° 76, p. 213.

18. — Le prévenu du délit de diffamation qui, interrogé par le juge d'instruction, lui révèle des faits de nature à porter atteinte à l'honneur de la personne qui se prétend diffamée, ne saurait, pour ces révélations légitimées par le besoin de la défense, être poursuivi et condamné.

25 juillet 1868, 68-69, n° 33, p. 139.

19. — Le délit de diffamation verbale envers un fonctionnaire public est de la compétence des tribunaux correctionnels, même depuis le décret du 22 mars 1848, qui n'a pas abrogé l'article 14 de la loi du 26 mai 1819.

Le prévenu est recevable devant cette juridiction aussi bien que devant le jury à établir la vérité des faits à raison desquels il est poursuivi, s'ils sont relatifs aux fonctions de celui qui se prétend diffamé.

18 août 1848, 47-48, n° 121.

20. — Le plaignant qui se porte partie civile en matière de diffamation doit, à peine de nullité, indiquer avec précision les circonstances de temps et de lieu dans lesquelles auraient été tenus les propos qui motivent sa plainte; sa citation doit également contenir la qualification du délit qu'il impute à sa partie adverse.

La nullité résultant de cette omission est d'ordre public, et peut être opposée en tout état de cause.

10 novembre 1845, 45, n° 73, p. 201.

21. — Le simple particulier qui agit en diffamation doit supporter les frais par lui faits pour établir la fausseté des allégations de son adversaire.

4 juin 1846, 46, n° 41.

2° Injures.

22. — Si l'article 5 de la loi du

27 mai 1819 exige pour qu'une poursuite ait lieu, en cas de diffamation ou d'injures, la plainte préalable de la partie lésée, il ne subordonne pas l'efficacité de cette plainte à la capacité civile du plaignant. La plénitude de cette capacité serait nécessaire au seul cas où la partie qui se prétend lésée se constituerait partie civile.

Toutefois, la loi laisse au ministère public le soin d'apprécier le caractère de la plainte et de juger s'il doit accorder ou refuser les poursuites demandées.

Spécialement, la plainte d'une fille mineure et de sa mère, que n'assistent et n'autorisent pas leur père et mari, suffit pour mettre l'action publique en mouvement.

5 février 1857, 53-57, n° 113, p. 344.

23. — La plainte de la partie offensée, nécessaire, aux termes de l'article 4 de la loi du 8 octobre 1830, pour autoriser l'action publique en matière de délits de presse, est également la condition de toutes poursuites du ministère public relatives aux délits prévus par les lois des 26 mai 1819 et 25 mai 1822, notamment aux outrages envers les jurés et les témoins.

L'article 27 du décret du 17 février 1852 n'a point abrogé cette disposition des lois précédentes.

La plainte ne peut résulter ni d'une lettre écrite à un simple particulier, puis transmise au procureur impérial, ni d'un écrit adressé au brigadier de gendarmerie sur la réquisition de cet agent, si elle ne contient point explicitement ni implicitement une demande de poursuite.

5 novembre 1856, 53-57, n° 105, p. 303.

24. — Dans une plainte, les injures doivent, à peine de nullité de la citation, être qualifiées et articulées en précisant les circonstances de temps et de lieux dans lesquelles ces injures auront été proférées.

Cette nullité est d'ordre public et peut être proposée pour la première fois en appel.

22 juin 1836, 36, p. 136.

25. — Le ministère public est non recevable à poursuivre la répression d'injures verbales, sans la plainte préalable de la partie lésée. L'article 27 du décret organique sur la presse, du 17 février 1852, n'a rien innové sur ce point.

5 janvier 1862, 62-65, n° 19, p. 65.

3° Immunités accordées par la loi.

26. — Le maire qui, agissant au nom de sa commune, a été personnellement outragé par des écrits produits dans le procès, est un tiers dans le sens de l'article 23 de la loi du 17 mai 1819. L'action publique est ouverte, en pareil cas, sans que le tribunal l'ait expressément réservée.

L'article 6 de la loi du 25 mars 1822 a dérogé à la loi du 17 mai 1819 : il s'applique indistinctement à tous les fonctionnaires outragés à raison de leurs fonctions, et l'appréciation tant du délit que des faits constitutifs de publicité est laissée à la sagesse du juge.

20 février 1829, n° 27, p. 99.

27. — Une lettre diffamatoire publiée par la voie des journaux, lors même qu'elle se rattacherait à un procès alors pendant entre les parties, ne peut être assimilée aux écrits et mémoires produits devant les tribunaux. A ce cas doit être appliqué l'article 18 de la loi du 17 mai 1817.

13 août 1844, 43-44, n° 79.

28. — L'immunité accordée par l'article 23 de la loi du 17 mai 1819 aux écrits produits devant les tribunaux, au cours d'une instance, ne s'étend pas aux paroles injurieuses ou diffamatoires prononcées en dehors des débats à l'occasion des faits qui ont donné lieu à l'action, alors même que les propos injurieux ou diffamatoires ne seraient que la répétition de ceux rapportés dans les actes de procédure.

28 janvier 1852, 49-52, n° 122.

29. — Les imputations, quelque grossières et injustes qu'elles soient, portées par une partie contre son avoué, soit dans un acte de désaveu, soit dans les actes subséquents, ne peuvent constituer la diffamation, si elles se réfèrent aux actes mêmes du procès; la suppression des passages injurieux peut seule être ordonnée.

7 janvier 1862, 62-65, n° 1, p. 1.

30. — Ne donnent pas lieu à une action en dommages-intérêts pour diffamation les articulations présentées par une partie comme éléments de défense, par exemple comme moyens de nullité contre un testament.

19 mai 1862, 62-65, n° 16, p. 55.

§ 5.

Publication de fausses nouvelles.

31. — La publication de fausses nouvelles de nature à troubler l'ordre public tombe sous l'application de l'article 17 du décret du 17 février 1852, quoiqu'elle ait été faite sans mauvaise foi. Cette disposition est générale et n'excepte aucun moyen de publication; elle réprime notamment la propagation orale de fausses nouvelles.

1er février 1855, 53-57, n° 69, p. 191.

32. — Le décret du 17 février 1852, réglementaire de la presse, réprime le délit de publication de fausses nouvelles commis non-seulement par la voie des journaux en matière politique, mais par tous autres moyens.

Le bénéfice des circonstances atténuantes est applicable en matière de délit de presse.

9 juin 1860, 60-61, n° 21.

§ 6.

Pénalités.

33. — Le bénéfice des circonstances atténuantes est applicable

en matière de délit de presse, bien que le décret de 1852 soit muet sur ce point.

1er février 1855, 53-57, n° 69, p. 191.

34. — L'article 463 du Code pénal est applicable aux délits de presse aux termes de l'article 8 du décret du 11 août 1848. Le mot délit n'a pas, dans ce cas, un sens restreint, il s'applique à toutes les infractions de presse qui tombent sous le coup de la loi pénale.

25 juillet 1867, 66-67, n° 129.

Prêt à intérêt.

---

§ 1er.

Du prêt à intérêt en général.

1. — L'emprunteur qui a payé des intérêts non stipulés ne peut en exercer la répétition. Les intérêts dont on fixe le point de départ, sans marquer le temps où ils finiront, ne sont pas arrêtés par l'échéance du capital; ils courent jusqu'au paiement effectué.

10 février 1829, 29, n° 13, p. 50.

2. — Jugé que la simple détention d'un billet n'en attribue pas la propriété à celui qui en est saisi, lorsque la personne qui est censée en avoir fourni la valeur ne reconnaît pas le prêt et qu'il n'est pas souscrit au profit de celui qui le détient.

20 floréal an XI, t. I, n° 73.

§ 2.

Du taux de l'intérêt en particulier.

1° Historique.

2 bis. — Sous l'empire de la

loi du 2 octobre 1789, qui a autorisé le prêt à intérêt, il n'est pas possible d'annuler un acte sous le prétexte que, déguisé sous le nom de vente, il est destiné à la perception d'intérêts illicites. Dès lors, une vente faite avec faculté de rachat pendant deux ans, avec relocation faite au vendeur des objets compris dans la vente, ne peut être dénaturée et doit avoir son effet comme une véritable vente à réméré et en même temps comme un bail à loyer des héritages ainsi vendus.

15 germinal an XIII, t. I, n° 120.

3. — On pouvait, avant la promulgation de la loi du 1er septembre 1807 sur le taux de l'intérêt, exercer une retenue du cinquième sur les intérêts d'un capital, quand même ce capital avait été réduit à la valeur réelle du papier-monnaie.

9 novembre 1808, t. I, n° 228.

2° Dans quels cas il y a intérêt usuraire.

4. — Pour que l'intérêt puisse être stipulé et exigé au taux du commerce, il ne suffit pas que la matière soit commerciale, il faut que le prêteur et l'emprunteur soient commerçants.

Inédit. 27 décembre 1841, 1re Ch. J. Doucier c. Girardot.

5. — Pour qu'une créance soit commerciale et produise un intérêt de six pour cent, il ne suffit pas que le créancier soit négociant ou que la promesse ait été constatée dans la forme commerciale et sous des énonciations supposées, mais il faut que le débiteur se soit engagé à l'occasion d'opérations de commerce.

15 mars 1845, 45, n° 30, p. 85.

6. — Même entre négociants, l'intérêt à 6 0/0 n'est licite, surtout à l'égard des tiers, qu'autant qu'il est stipulé à raison d'opérations dont la nature est nécessairement commerciale.

15 mars 1845, 45, n° 31, p. 90.

7. — Le prêt fait à un commerçant par un non-commerçant a un caractère purement civil vis-à-vis de celui-ci. En conséquence, il est usuraire si l'intérêt y est stipulé au taux du commerce.

15 décembre 1855, 53-57, n° 79, p. 225.

8. — On doit considérer comme prêt fait en matière de commerce et susceptible du taux de l'intérêt de 6 0/0, le prêt fait à un commerçant par un non-commerçant.

4 juillet 1857, 53-57, n° 131, p. 466.

9. — Il n'y a rien d'illicite dans la convention par laquelle un banquier, outre l'intérêt au taux légal, stipule de celui à qui il ouvre un crédit un droit de commission pour les remises de valeurs, versements en espèces, ou paiements faits à des tiers à la décharge de celui au profit de qui le compte est ouvert.

Il peut être convenu que les intérêts résultant d'avances passées en compte courant seront capitalisés par règlements trimestriels. Le banquier peut encore exiger une commission supplémentaire pour les valeurs qu'il fait encaisser ailleurs qu'au lieu où il réside pour le compte de son commettant.

30 mars 1849, 49-52, n° 43.

10. — Le droit de commission n'est point dû pour de simples renouvellements d'effets qui ne sont pas des opérations de change.

24 février 1855, 53-57, n° 63, p. 164.

11. — Sont d'ordre public les dispositions de la loi du 3 septembre 1807 sur le taux de l'intérêt; en conséquence, on n'y peut déroger par des conventions particulières : spécialement, un débiteur en compte courant peut, malgré l'acceptation qu'il aurait faite d'un compte de son banquier où le taux légal de l'intérêt est dépassé, demander le retranchement des intérêts excessifs portés sur ce compte.

Doit être considérée comme convention contraire à la loi de 1807 et à l'ordre public, la stipulation, par un banquier avançant des fonds à un négociant pour une entreprise déterminée, d'un intérêt dit industriel de 4 0/0, de l'intérêt de cet intérêt, et enfin de l'intérêt légal, si d'ailleurs il n'est pas prouvé qu'il y a eu association entre les parties pour l'entreprise en question.

Le droit de commission excédant le taux légal accordé par la jurisprudence et l'usage au banquier qui ouvre un compte courant ne peut l'être que pour des versements réellement effectués, comme rémunération ou indemnité d'un service spécial ou d'un mandat rempli; il n'est point dû pour de simples écritures qui balancent un compte et en reportent le reliquat à un compte nouveau.

4 février 1860, 60-61, n° 5.

3° Répétition des intérêts usuraires.

12. — Bien que des intérêts usuraires aient été compris dans un compte ratifié entre les parties, ils sont sujets à répétition tant que la prescription n'est pas accomplie. L'article 541 du Code de procédure civile, sur les règlemets de compte, n'est pas applicable en pareil cas.

11 juin 1846, 46, n° 42.

13. — Les intérêts des perceptions usuraires dont la restitution est ordonnée sont dus à partir de chaque perception et non pas seulement du jour de la demande en justice.

4 juillet 1857, 53-57, n° 131. p. 406.

4° Du contrat pignoratif.

14. — Quels sont les caractères du contrat pignoratif?

Il faut lésion d'outre moitié pour établir la vileté du prix dans ce contrat.

8 germinal an XI, t. I, n° 72.

15. — Il n'y a contrat pignoratif véritable que quand le vendeur cherche à contracter une sorte d'emprunt et non point quand, par la vente, il éteint une créance préexistante. — Dans tous les cas, le contrat doit contenir à la fois vileté de prix, faculté de réméré et relocation tacite.

30 janvier 1829, 29, n° 8, p. 33.

16. — Pour justifier qu'une vente à réméré constitue un contrat pignoratif, il faut établir, outre la vileté du prix de cette vente, l'habitude d'usure de la part de l'acquéreur et la relocation de l'immeuble vendu faite à celui qui l'a aliéné.

3 avril 1822, t. IV, n° 670, p. 113.

16 bis. — La simulation du contrat pignoratif ne peut être opposée aux tiers qui ont acquis de bonne foi l'immeuble vendu à réméré.

3 avril 1822, t. IV, n° 670, p. 113.

17. — L'acte qui réunit en apparence toutes les conditions d'une véritable vente, et qui a été suivi même des formalités de la transcription et d'un ordre, peut être annulé comme contenant un contrat pignoratif, si la simulation paraît constante d'après les circonstances, et spécialement en cas de pacte de réméré, de vileté de prix et de relocation des immeubles au vendeur.

12 juin 1857, 53-57, n° 136, p. 419.

18. — Le contrat de vente annulé pour impignoration n'en produit pas moins les effets licites attachés à la convention que les parties ont en réalité voulu conclure.

Ainsi demeurent valables le règlement d'une dette et l'obligation contractée par le débiteur de vendre certains immeubles pour en déléguer le prix au créancier, bien que ces deux stipulations soient écrites dans un acte de rétrocession annulé comme faisant suite à un contrat pignoratif.

12 juin 1857, 53-57, n° 136, p. 419.

Preuve.

CHAPITRE Ier.

DES CAS DANS LESQUELS IL N'Y A PAS LIEU A PREUVE ET DU SERMENT LITIS-DÉCISOIRE.

§ 1er.

Des présomptions légales.

1 — Jugé que, suivant la maxime *In antiquis enuntiativa probant*, si un traité est rappelé dans un arrêt intervenu entre les parties sur l'exécution que ce traité devait avoir, cette énonciation fournit une présomption légale que ce titre était revêtu des formalités prescrites par les lois.

Du 15 ventôse an XII, t. I, n° 97.

§ 2.

De l'aveu.

1° De la capacité en matière d'aveu.

2. — Un avocat ne peut faire un aveu qui puisse préjudicier à sa partie absente.

11 décembre 1815, t. III, n° 465.

2° De la rétractation et de la force probante de l'aveu.

3. — L'aveu consigné par l'ancien propriétaire d'un triage, dans un acte introductif d'instance, qu'une commune s'est mise en possession de ce triage depuis la loi de 1792, et avant que la prescription ne fût acquise, ne peut être révoqué sous prétexte d'erreur, lorsque la commune justifie sa possession, parce qu'il ne suffit pas de rétracter un aveu judiciaire pour le faire anéantir, il faut prouver qu'on a erré dans le fait.

5 janvier 1821, t. IV, n° 649, p. 81.

4. — L'aveu fait avant le Code civil par une partie dans un interrogatoire sur faits et articles ne peut être divisé contre elle.

3 fructidor an XII, t. I, n° 108.

5. — Les aveux faits dans un interrogatoire sur faits et articles sont indivisibles.

13 nivôse an XIII, t. I, n° 112.

6. — L'aveu est tout aussi indivisible en matière commerciale qu'en toute autre matière.

9 février 1826, t. V, n° 924.

7. — L'aveu est indivisible, il faut l'admettre en entier lorsqu'on veut s'en prévaloir pour suppléer au titre.

21 août 1828, 27-28, n° 120.

8. — L'aveu fait dans un interrogatoire sur faits et articles est indivisible.

28 février 1822, t. IV, n° 665, p. 102.

9. — L'indivisibilité de l'aveu n'est soumise à aucune des restrictions que le droit ancien avait consacrées. Spécialement, l'aveu ne cesse pas d'être indivisible, quand il porte sur des faits qui ne se réfèrent pas à une seule et même époque.

29 mai 1869, 68-69, n° 69, p. 288.

10. — L'existence d'une convention n'est pas suffisamment prouvée par l'aveu mentionné dans les motifs d'un jugement sans qu'il en ait été demandé ni donné acte.

20 juillet 1848, 47-48, n° 133.

11. — L'aveu extrajudiciaire écrit peut être invoqué comme preuve par une personne non partie à l'acte qui le contient.

Inédit. 2º Ch., 23 août 1856. Marlaud c. Marlaud.

§ 3.

Du serment litisdécisoire.

1° Du serment en général.

12. — Quelle que soit la religion de celui à qui le serment est déféré, il ne peut être tenu de le prêter autrement qu'en la forme ordinaire.

15 janvier 1847, 47-48, n° 28.

2° Du serment litisdécisoire.

13. — Quelque généraux que soient les pouvoirs donnés par une partie à son avoué, ils ne renferment que la faculté de faire les actes qui dépendent de son ministère, mais il ne peut, sans une procuration spéciale et précise, déférer le serment décisoire à la partie adverse.

23 février 1827, 27-28, n° 14.

14. — Le serment ne peut être déféré que par la partie ou son fondé de pouvoir spécial, et la faculté de transiger et de traiter ne comporte point le droit de la part du mandataire de s'en rapporter à l'affirmation de la partie adverse.

3 juin 1824, t. IV, n° 847, p. 327.

15. — Une action en liquidation et partage étant indivisible, un seul des copartageants ne peut, sans le consentement des autres, déférer le serment à l'un d'eux, à l'effet de terminer la contestation.

14 janvier 1836, 36, p. 3.

16. — Le serment litisdécisoire peut être déféré aux veuve et héritier d'une personne décédée, sur le point de savoir s'ils ont ou non connaissance d'un fait personnel à leur auteur.

22 juin 1854, 53-57, n° 51, p. 49.

17. — Le serment décisoire n'est pas admissible quand il n'est déféré que subsidiairement.

Inédit. 23 août 1838, 2º Ch. Lanquetin. — 26 juillet 1842, 2º Ch. Dejour c. sa femme.

18. — Le serment déféré doit l'être sur un fait personnel à la partie à la déclaration de laquelle on s'est référé ; il faut, de plus, qu'il termine le litige.

12 juin 1828, 27-28, n° 94.

19. — Le serment est une affirmation judiciaire : celui à qui il est déféré doit affirmer, sans quoi il ne prête pas serment, et le fait doit être tenu comme prouvé contre lui.

Inédit. 14 janvier 1845, 1º Ch. Pigalet c. Pigalet.

20. — Lorsque la partie à laquelle le serment décisoire a été déféré sur des faits qui lui sont personnels se borne à déclarer qu'elle ne se rappelle pas ces faits, une telle réponse équivaut à une dénégation formelle, et par suite la partie qui a déféré le serment ne peut plus être admise à prouver ces mêmes faits par témoins.

Du moins, il en est ainsi dans le cas où un créancier à qui le serment décisoire a été déféré par son débiteur sur l'existence de divers paiements, a répondu affirmativement sur quelques articles, négativement sur d'autres, et sur le surplus qu'il ne se rappelait pas.

1er février 1856, 53-57, n° 86, p. 245.

21. — Lorsqu'une partie à laquelle le serment décisoire est déféré sur l'existence d'un engagement déclare, sous la foi du serment, n'avoir gardé aucun souvenir de cet engagement, sans pouvoir affirmer qu'elle ne l'a pas contracté, cette déclaration peut, d'après les circonstances, être considérée comme un refus de serment, et dès lors l'engagement allégué doit être considéré comme suffisamment établi.

1er avril 1862, 62-65, n° 9, p. 27.

CHAPITRE II.

A. DE LA PREUVE LITTÉRALE.

22. — La reconnaissance de la dette consignée dans une lettre adressée à un tiers et non destinée à être communiquée au créancier qui l'invoque est une preuve suffisante de l'obligation.

30 mai 1829, 29, n° 47, p. 158.

23. — Les lettres écrites à un tiers sont de droit commun réputées confidentielles et ne peuvent être employées en justice que si leur auteur y consent ou s'il a évidemment entendu qu'elles fussent communiquées à celui qui prétend en faire usage.

8 février 1844, 43-44, n° 35.

§ 1er.

Des actes authentiques.

1° Actes notariés. — Forme.

24. — Sous l'empire de l'article 8 de la loi du 25 ventôse an XI, un notaire ne pouvait déjà, sous peine de condamnations disciplinaires, passer les actes dans lesquels il avait un intérêt même indirect.

En conséquence, le notaire qui, dans le but de se couvrir d'une créance, s'est associé avec un acquéreur d'immeubles pour en opérer la revente et a passé les actes au moyen desquels cette revente s'est effectuée, ne peut être acquitté par ce motif que les actes incriminés sont antérieurs à l'ordonnance du 4 janvier 1843.

Le prévenu ne peut s'excuser sur ce qu'il y aurait eu de sa part

absence de fraude et défaut de préjudice pour les tiers.

20 décembre 1843, 43-44, n° 57.

25. — L'article 8 de la loi du 25 ventôse an XI, qui défend aux notaires de recevoir des actes pour leurs parents ou alliés en ligne directe à tous les degrés, et en ligne collatérale jusqu'au degré d'oncle et de neveu, est inapplicable au cas où le mariage qui formait l'affinité est dissous sans qu'il existe d'enfants issus de ce mariage.

29 avril 1818, t. III, n° 588.

26. — Le notaire rédacteur d'un acte de prêt portant stipulation d'hypothèque doit être regardé comme partie au contrat lorsque, soit comme mandataire, soit comme *negotiorum gestor*, il a compté les espèces à l'emprunteur et stipulé pour le prêteur absent.

17 juillet 1844, 43-44, n° 78.

27. — Les anciennes ordonnances enjoignaient aux notaires de faire mention dans leurs actes du *lieu particulier du lieu général* où ils seraient passés; mais l'omission de cette désignation ne pouvait opérer la nullité de l'acte.

28 janvier 1807, t. I, n° 164.

28. — Si, d'après l'article 16 de la loi du 25 ventôse an XI, les mots surchargés sont nuls, on ne doit cependant considérer comme surchargés que ceux qui paraissent avoir été substitués à d'autres et non ceux auxquels on ne peut reprocher qu'un simple défaut de netteté dans l'écriture.

8 mai 1815, t. III, n° 460.

29. — Suivant l'article 68 de la loi du 25 ventôse an XI, un contrat n'est valable et définitif que par la signature des parties dont la comparution est énoncée dans l'acte; jusqu'à ce moment il n'est qu'un projet dont il leur est libre de discéder et qui ne produit aucun effet si l'un des contractants ou plusieurs d'entre eux refusent de signer; cependant cette nullité n'est point absolue : le consentement réciproque de ceux qui ont signé, l'exécution pleine et entière qu'ils donnent en parfaite connaissance de cause au contrat, couvrent cette nullité et suppléent, dans leur intérêt, en ce qui les concerne, la signature des parties qui se sont retirées, en restreignant aux comparants seuls l'effet des stipulations qui ont eu lieu.

3 mai 1826, t. V, n° 897.

30. — L'ordonnance de 1539 donnée à Villers-Cotteret, dont l'article 178 défendait aux notaires de délivrer deux grosses du même acte, sous peine de dommages et intérêts, n'était point applicable en Franche-Comté, ni avant ni après la conquête : d'ailleurs il faudrait, pour prononcer la peine qu'elle porte, qu'il y eût évidente et fausse calomnie, c'est-à-dire dol à imputer au notaire qui aurait délivré deux grosses du même acte.

25 juillet 1810, t. II, n° 313.

31. — Le notaire rédacteur d'un acte authentique doit délivrer une grosse de cet acte à chacune des parties intéressées et ne saurait se prévaloir, pour se refuser à cette délivrance, des dispositions du Code Napoléon relatives aux actes sous seings privés et en vertu desquelles un original suffit pour toutes les parties ayant le même intérêt.

13 août 1864, 62-65, n° 67, p. 312.

2° Force probante des actes authentiques.

32. — Un exploit ne doit être cru jusqu'à inscription de faux que lorsqu'il est exempt de vices manifestes.

18 mars 1806, t. I. n° 214.

33. — Les exploits des huissiers ne font foi que de ce qui est substantiel et non point de « la vérité et de la sincérité intrinsèque » des déclarations des parties.

16 novembre 1808, t. I, n° 231.

34. — Les arbitres qui déclarent dans leur sentence qu'ils ont des mémoires et notes produits par les parties doivent être crus jusqu'à inscription de faux.

18 décembre 1811, t. II, n° 355.

35. — Jugé que la santé d'esprit d'une des parties n'est pas un fait matériel qu'on doit attaquer par l'inscription de faux, mais un fait juridique qui peut être combattu par la preuve contraire.

2 fructidor an VIII, t. I, n° 1.

36. — Quoique les actes publics portent avec eux un caractère de solennité et de vérité, lorsqu'on a donné à un acte illicite la forme d'un acte licite, par exemple, que l'on a transformé une donation que la loi prohibait en un contrat à titre onéreux, une telle simulation peut être prouvée non-seulement par titres et par témoins, mais encore au moyen d'indices et de conjectures.

9 août 1821, t. IV, n° 656, p. 90.

37. — La simulation de prix dans un acte à titre gratuit, qualifié de vente, peut être établie sans recourir à l'inscription de faux, quoique cet acte constate une numération d'espèces en présence du notaire et des témoins, puisque le donateur qui s'est présenté chez ce fonctionnaire comme vendeur peut avoir remis au donataire la somme qui avait été comptée; le fait de la remise d'une somme d'argent, quoique fait patent, peut être établi par des présomptions réunissant les caractères exigés par l'article 1353 du Code civil, comme il pourrait l'être aussi par la preuve testimoniale, la loi abandonnant à la conscience du magistrat le genre et l'appréciation des preuves

14 janvier 1824, t. IV, n° 719, p. 174.

38. — Les certificats des receveurs de l'enregistrement et la mention de l'enregistrement des actes ne peuvent servir qu'en ce qui concerne la date de ces mêmes actes ; ceux qui sont authentiques doivent porter avec eux la date de ce qu'ils énoncent.

7 juillet 1808, t. I, n° 214.

39. — Celui qui se prévaut d'une contre-lettre doit la représenter.

3 fructidor an XII, t. I, n° 108.

40. — Une contre-lettre souscrite par un failli n'est pas nulle de plein droit à l'égard de ses créanciers, et elle peut être admise quand il y a des présomptions suffisantes qu'elle est sincère, et qu'elle a été signée en même temps que l'acte authentique auquel elle déroge.

23 juillet 1812, t. II, n° 372.

3° Des actes nuls comme actes authentiques.

41. — Un acte notarié qui ne contient pas la mention que le notaire l'a signé ne vaut que comme acte sous seing privé, quoiqu'il soit revêtu de la signature du notaire.

5 décembre 1809, t. II, n° 286.

42. — L'acte reçu par un notaire qui y est intéressé, en ce que par exemple il renferme une obligation souscrite à son profit au moyen d'un prête-nom, est nul, non-seulement comme acte authentique, mais encore comme acte sous seing privé.

28 juillet 1859, 58-59, n° 41.

§ 2.

Des actes sous seings privés.

1° De la forme des actes sous seings privés.

1. Signature.

43. — Les actes sous seings privés ne sont valables qu'autant qu'ils sont signés de toutes les parties contractantes.

Celui qui ne signe son nom que par trois lettres ne peut contracter par acte sous seings privés si ce nom se compose d'un plus grand nombre.

24 décembre 1813, t. II, n° 405 *bis*.

44. — On ne peut admettre que la signature exigée dans les actes sous seing privé par les articles 1322 et 1326 du Code civil soit remplacée par simples lettres initiales de noms et prénoms : ainsi un acte sous seing privé dans lequel le mari a paru pour autoriser sa femme est nul, s'il n'y a apposé que les lettres initiales de sa signature.

10 mai 1824, t. IV, n° 727, p. 181.

45. — L'extrait du registre d'un receveur des domaines, spécialement chargé par l'administration de recevoir le prix d'adjudications de forêts dépendant du domaine de l'Etat, ne peut en aucun cas prévaloir contre les lettres écrites par ce receveur et constatant des paiements non portés au registre.

27 août 1814, t. II, n° 415.

46. — Si, en règle générale, les écritures non signées n'obligent pas leurs auteurs, ce principe ne reçoit son application que vis-à-vis de celui au profit de qui l'écriture paraît renfermer une obligation.

3 mars 1814, t. II, n° 407.

47. — Un acte sous seing privé est nul lorsqu'il ne contient pas la signature de toutes les parties intéressées.

Spécialement, l'acte sous seing privé par lequel le mari et la femme vendent solidairement un immeuble de communauté est nul, s'il n'est revêtu que de la signature de l'acheteur et de celle du mari.

La nullité peut en être opposée même par les parties signataires.

20 mars 1829, 29, n° 28, p. 105.

48. — Un écrit non fait double et qui n'est pas signé par l'un des contractants peut être considéré comme un simple projet dont ne ressort ni la preuve ni même un commencement de preuve de la convention qui en est l'objet.

28 août 1871, 70-71, n° 56.

2. De la formalité du double écrit.

49. — Suivant la jurisprudence du parlement de Paris et de celui de Franche Comté, une convention synallagmatique qui ne portait pas l'énonciation qu'elle avait été faite double était nulle; les motifs qui avaient fait adopter cette jurisprudence sont conformes à la justice, qui ne permet pas qu'une partie ait le droit de faire exécuter une convention qu'on ne pourrait la forcer à exécuter elle-même.

26 brumaire an x, t. I, n° 43.

50. — Un acte par lequel une personne s'engage à prêter à une autre personne une somme déterminée, à la condition que cette autre personne souscrira au profit de la première des billets de commerce endossés par un tiers, n'a pas besoin d'être fait triple. Les endosseurs des lettres de change étant par l'effet de l'endossement débiteurs solidaires, il n'y a eu que deux parties qui aient eu un intérêt distinct.

14 mars 1806, t. I, n° 143.

51. — Un même acte peut contenir plusieurs stipulations différentes, sans que l'on puisse en induire qu'il y ait autant d'actes différents qu'il y a de stipulations. Il suffit que l'acte soit signé à la fin par toutes les parties, et ces signatures peuvent valider toutes les stipulations que cet acte renferme dans les différents intérêts de tous les contractants; par conséquent, lorsque ces actes se font sous seing privé, il suffit d'en rédiger autant d'originaux qu'il se trouve d'intérêts distincts et séparés, réglés par ces actes, sans égard au nombre des contractants.

17 décembre 1813, t. III, n° 438.

52. — En exigeant que les actes synallagmatiques sous seing privé soient faits en autant d'ori-ginaux qu'il existe de parties ayant un intérêt distinct, le but de la loi a été de mettre chacun des obligés à même de poursuivre l'exécution de l'acte contre la partie adverse, et ce but est rempli lorsque chacun des obligés est porteur de la signature de l'autre, parce qu'il est d'usage et de jurisprudence que les parties se contentent de l'échange de leurs signatures, sans qu'il soit besoin que chacun des originaux soit signé par toutes les parties.

26 janvier 1815, t. III, n° 448.

53. — D'après l'article 1325 du Code civil, tous actes contenant des obligations réciproques doivent être faits doubles, et il en doit être fait mention à peine de nullité; mais cette même nullité cesse lorsque l'acte a été exécuté par la partie qui était fondée à s'en prévaloir.

13 janvier 1820, t. IV, n° 624, p. 39.

54. — Le dépôt d'un acte sous seing privé, relatant un échange, non valable d'après l'article 1325, fait entre les mains d'un notaire ou d'un tiers chargé de le conserver ou d'en faire usage dans l'intérêt commun des parties, couvre la nullité, parce que cette formalité produit le même effet que la rédaction en double de ce contrat et permet à chaque partie de contraindre l'autre à son exécution.

20 mai 1822, t. IV, n° 673, p. 116.

Un arrêt de la seconde Chambre, du 14 avril 1824, décide, au contraire, que le dépôt de l'acte en un seul original chez un tiers qui doit en dresser un double ne valide pas l'acte irrégulier, car chaque partie n'ayant pas son double, il est libre à l'une d'elles de discéder de la vente, laquelle est restée dans les termes d'un simple projet.

Mêmes volume, numéro et page.

55. — Lorsqu'un acte sous seing privé contenant adhésion à une société commerciale se réfère aux statuts de cette société rédigés par-devant notaire, il n'est pas nécessaire qu'il soit fait en autant d'originaux qu'il y a de parties ayant eu un intérêt distinct.

10 juin 1844, 43-44, n° 62.

56. — L'acte sous seing privé contenant une convention synallagmatique ne peut être annulé pour défaut de mention que les originaux ont été faits doubles, ni même pour avoir été rédigé en un seul original, s'il a reçu de la partie qui l'attaque une exécution même partielle.

14 mars 1844, 43-44, n° 59.

57. — Lors même que l'acte sous seing privé par lequel un tiers déclare vouloir faire partie d'une société commerciale n'a pas été fait double, il engage celui qui l'a souscrit, s'il se réfère à l'acte de constitution primitive, acte déposé chez un notaire, surtout s'il est évident que le souscripteur n'a pu se tromper sur la nature de son engagement.

6 mai 1845, 45, n° 96, p. 254.

3. Du bon pour ou approuvé.

58. — Sous l'ancien droit, un billet souscrit conjointement par un mari et par une femme n'était pas nul, en ce qui concerne la femme, quoiqu'il ne contînt pas un *bon pour* ou *approuvé*, écrit par la femme, de la somme qui y était exprimée.

27 janvier 1807, t. I, n° 162.

59. — L'acte sous seing privé produit comme preuve d'une obligation unilatérale doit être écrit en entier de la main de celui qui s'oblige ou du moins porter, outre sa signature, ces mots : *Bon pour* ou *approuvé*.

Au cas où, la signature existant seule, la preuve de l'obligation se trouve infirmée et où l'acte ne vaut que comme commencement de preuve par écrit, les juges ne sont point autorisés à tirer des présomptions graves, précises et concordantes de l'état matériel de l'acte contre lequel s'élève une présomption absolue d'invalidité; il faut que ces présomptions graves et précises soient puisées dans des faits prouvant l'obligation étrangers au billet.

21 décembre 1866, 66-67, n° 76.

60. — La disposition de l'article 1326 du Code civil ne reçoit pas d'exception dans le cas où la femme, s'obligeant conjointement avec son mari, aurait signé un billet sans approbation en toutes lettres de la somme qui y est portée ; mais cette nullité peut être couverte par l'approbation expresse ou tacite de celui qui pouvait la proposer.

8 août 1820, t. IV, n° 644, p. 64.

61. — L'article 1326 du Code civil ne mentionnant point les reçus ou quittances, on ne peut les astreindre aux formalités qu'il prescrit. D'après cet article, encore même que le titre ne fût pas conforme aux prescriptions de la loi, il pourrait emporter condamnation si les circonstances étaient telles qu'on dût présumer que cette signature n'avait point été surprise : tel était l'état de la jurisprudence lors de la rédaction de cet article, qui a modifié la rigueur de la déclaration de 1733.

30 avril 1822, t. IV, n° 671, p. 114.

62. — Ce n'est que d'une manière démonstrative et non pas limitative et restrictive, que la déclaration de 1733 a prononcé la nullité des billets causés valeur en argent, non revêtus du *bon pour* ou *approuvé* : il en est de même des billets qui sont *causés valeur reçue*, puisque l'article 1er de cette déclaration déclare tous billets et autres promesses ou quittances de nul effet, s'ils ne sont écrits ou reconnus par une approbation en toutes lettres par le souscripteur.

17 août 1824, t. IV, n° 735, p. 189.

63. — Un arrêté de compte sous seing privé constituant l'une des parties débitrice doit être écrit en entier de la main de cette dernière ou revêtu d'un approuvé portant en toutes lettres le montant du reliquat. En l'absence de cette formalité, un tel acte ne peut servir que de commencement de preuve par écrit.

11 décembre 1849, 49-52, n° 8.

64. — Un arrêté de compte est un contrat synallagmatique ou un acte purement unilatéral, suivant les stipulations qu'il renferme.

Spécialement, le compte qui contient, outre l'engagement du débiteur qui l'approuve et la mention de sommes versées, la déclaration du créancier, que tel acte d'emprunt hypothécaire consenti à son profit n'est qu'une ouverture de crédit dissimulée, constitue la convention bilatérale soumise, il est vrai, à la formalité du double, mais dispensée de celle du *bon pour* ou *approuvé*.

16 décembre 1863, 62-65, n° 58, p. 203.

65. — Un acte sous seing privé, renfermant un cautionnement, n'est pas nul parce qu'il n'aurait pas été écrit de la main de celui qui le souscrivait ou qu'il ne contiendrait pas une approbation de la somme pour laquelle la caution s'engageait. (Acte souscrit le 12 brumaire an XII, et application des déclarations des 30 juillet 1730 et 22 septembre 1733.)

12 février 1810, t. II, n° 298 *bis*.

66. — La disposition de l'article 1326 du Code civil relative au *bon pour* ou *approuvé* pour les billets et promesses non écrits de la main du débiteur est applicable au cautionnement.

Le titre dépourvu de cette formalité peut servir de commencement de preuve par écrit, mais ne suffit pas pour autoriser une condamnation contre celui qui a signé, lorsqu'il n'existe pas d'ailleurs de présomptions graves ou de faits articulés de nature à établir l'ab-

sence de surprise ou d'abus de blancs seings.

28 janvier 1847, 47-48, n° 33.

67. — Le cautionnement sous seing privé d'une obligation dont l'étendue et le montant ne sont pas déterminés au moment du contrat n'est pas soumis à la formalité du *bon pour* ou *approuvé*.

21 mars 1849, 49-52, n° 7.

68. — L'article 1326 du Code Napoléon, qui prescrit l'approbation en toutes lettres au bas des actes sous seing privé souscrits par une seule personne et non écrits par elle, s'applique même au cas de cautionnement.

4 juin 1858, 58-59, n° 25.

69. — Pour faire par lui-même preuve complète, l'acte de cautionnement doit, ou être écrit tout entier de la main de la caution, ou du moins porter de sa main le *bon pour* ou *approuvé*, avec indication de la somme cautionnée; mais dans le cas où, au bas d'un acte écrit par une main étrangère, la caution a simplement ajouté : « J'approuve l'écriture ci-dessus » et signé, ces mots constituent un commencement de preuve par écrit autorisant à compléter la preuve du cautionnement, soit à l'aide de témoins, soit par des présomptions graves, précises et concordantes.

Ce commencement de preuve par écrit ne saurait être invoqué pour autoriser la preuve par témoins d'une prolongation consentie, postérieurement au cautionnement, du temps pendant lequel la caution se serait primitivement engagée ; cette prolongation de la durée du cautionnement constitue un second engagement distinct du premier.

26 août 1865, 62-65, n° 92, p. 391.

70. — L'expression de *laboureur* de l'article 1326 du Code Napoléon est indicative et générique et non spéciale et restrictive.

24 janvier 1866, 66-67, n° 3.

71. — Celui qui n'a quitté la profession de laboureur, qu'il a toujours exercée, qu'à raison de ses infirmités et de son âge, n'en doit pas moins être toujours placé dans l'exception de l'art. 1326, § 2, du Code Napoléon, et être dispensé, dès lors, dans les billets ou promesses sous seing privé qu'il souscrit, du *bon pour* ou *approuvé* exigé par le § 1er de cet article.

3 février 1853, 53-57, n° 31, p. 69.

72. — La femme devenue veuve peut reconnaître une dette et couvrir la nullité qui résulterait de ce que des billets à ordre souscrits par elle et son mari ne porteraient pas, suivant l'article 1326 du Code civil, l'approuvé de sa main des sommes portées dans ces effets, parce qu'il y a exécution volontaire de l'obligation qui emporte renonciation aux moyens de nullité tirés de l'article 1326.

28 mai 1813, t. III, n° 436.

2° De la force probante des actes sous seings privés.

73. — Il n'y a lieu à nomination d'un expert pour vérifier et dresser le compte de deux parties, quand l'une d'elles oppose aux prétentions de l'autre un billet souscrit par cette dernière, se reconnaissant débitrice.

L'expertise en pareil cas a pour effet de porter atteinte aux droits que le créancier tient de son billet, et l'appel du jugement ordonnant cette expertise est recevable.

23 juin 1866, 66-67, n° 39.

74. — La vérification de la signature apposée à un acte sous seing privé peut être ordonnée tant par titres que par experts et par témoins : l'édit de 1684 paraissait avoir abrogé la preuve par témoins, mais, d'après la loi nouvelle, cette preuve peut être admise : ce sentiment des experts n'étant qu'une conjecture, la preuve par témoins serait préférable, suivant les circonstances, surtout si les témoins étaient bien affirmatifs et irréprochables, de manière que les juges ne pussent pas soupçonner qu'on a fabriqué un acte faux pour faire recevoir la preuve par témoins dans les cas où elle n'est pas admissible.

5 août 1819, t. IV, n° 615, p. 22.

75. — Les juges peuvent s'abstenir d'ordonner la vérification d'une signature méconnue quand il leur est démontré, par les pièces du procès, que cette signature est sincère.

30 avril 1822, t. IV, n° 671, p. 113.

76. — Lorsque les écrits et signature d'un acte sous seing privé sont déniés, c'est à celui qui s'en prévaut à en établir la véracité. Dans ce cas, il n'est pas nécessaire que la preuve testimoniale porte sur le matériel de l'écriture, il suffit qu'elle puisse établir la vérité ou la fausseté de l'acte.

25 janvier 1826, t. V, n° 880.

77. — Un billet sous seing privé peut être déclaré nul et frauduleux, soit d'après l'état matériel de la pièce, soit d'après les circonstances de la cause, sans qu'il soit nécessaire de recourir à l'inscription de faux.

2 juin 1836, 36, p. 95.

78. — Tout bénéficiaire d'un acte sous seing privé a intérêt et qualité pour en faire vérifier la sincérité et en obtenir la reconnaissance, et le juge ne peut repousser cette action sur ce motif que certaines circonstances confèrent à l'acte un caractère d'authenticité suffisant pour écarter toute dénégation ultérieure.

Spécialement, celui qui a cédé une charge d'avoué par acte sous signature privée, et qui est détenteur d'un double du traité, est recevable dans sa demande en reconnaissance d'écrit, bien que le cessionnaire l'ait visé dans sa supplique au chef de l'État, qu'il ait effectué le dépôt de son double au parquet du siège, que mention en

soit faite dans divers documents judiciaires et administratifs, et qu'enfin, la minute en ait été transmise
à la chancellerie, qui peut en délivrer expédition, toutes formalités
capables d'en garantir l'identité.

8 déc. 1863, 62-65, n° 55, p. 190.

79. — L'article 1327 du Code
civil, qui dispose que lorsqu'il existe
deux sommes différentes exprimées
dans un même acte, l'obligation
est présumée n'être que de la
somme moindre, est applicable aux
actes synallagmatiques.

18 novembre 1811, t. II, n° 352.

80. — L'abus d'un blanc seing
ne doit être considéré comme un
faux que dans le cas où celui qui
l'a rempli se l'est procuré par ha-
sard ou par subtilité, et non point
lorsqu'il lui a été librement confié.

L'inscription de faux incident
civil ne peut avoir lieu que dans
les cas où il pourrait être question
de faux principal.

17 décembre 1812, t. II, n° 381.

81. — Pour qu'un acte ait date
certaine à l'égard des tiers, il ne
suffit pas de simples présomptions,
mais il faut qu'il y ait eu accomplissement de l'une des conditions
exigées par l'art. 1328 du Code civil.

6 août 1829, 29, n° 59, p. 198.

82. — Le principe de l'article
1328 du Code civil, qui veut que
les actes sous seing privé n'aient
de date entre les tiers que du jour
de leur enregistrement, ne doit
pas s'appliquer aux quittances
ayant pour objet des fruits, intérêts, revenus, arrérages et intérêts
annuels échus; on ne pourrait,
sans les plus graves inconvénients,
écarter de pareilles quittances,
portant sur des actes consommés,
sous le prétexte de défaut d'enregistrement; lors donc que de semblables quittances ne paraissent
entachées d'aucune fraude, elles
peuvent être opposées aux créanciers.

21 avril 1826, t. IV, n° 671 *bis*,
p. 365.

83. — Les syndics et les créanciers d'une faillite, devant être
considérés comme les ayants cause
et les représentants du failli, ne
peuvent critiquer l'acte, même
sous seing privé, qui constate de
sa part une vente de meubles dont
l'acquéreur était en possesion longtemps avant la faillite, quand même
cet acte n'aurait été enregistré que
postérieurement : il peut servir de
commencement de preuve par
écrit, nécessaire pour être recevable à prouver par témoins l'é-
poque de la vente.

19 décembre 1810, t. II, n° 322.

84. — Quoique les créanciers
d'un failli puissent être considérés
à son égard comme des tiers, lorsqu'ils attaquent comme frauduleux
un acte sous seing privé souscrit
par lui et qui leur est opposé, cependant, en règle générale, ils sont
ses ayants cause.

23 juillet 1812, t. II, n° 372.

85. — On ne peut prouver par
témoins la date d'un acte sous
seing privé.

Entre deux actes enregistrés le
même jour, l'un à la case 5, l'autre
à la case 9, on ne doit établir aucune priorité.

3 mai 1827, 27-28, n° 28.

86. — Les articles 1322 et suivants du Code Napoléon ne concernent ni les matières de commerce, ni les quittances relatives
au paiement des fermages; la
date de ces quittances peut toujours être établie par un ensemble
de faits et d'indices qui justifient
que celle énoncée est sincère et
véritable, et qu'elles ont été données sans anticipation sur les
termes et acceptées de bonne foi
par le fermier.

15 février 1827, 27-28, n° 12.

87. — La vente sous seing
privé et non enregistrée faite par
un failli à une époque antérieure
à la faillite a une date certaine
contre les syndics; ils sont en
règle générale, et lorsqu'il n'ap-

paraît aucun indice de fraude, les ayants cause du failli.

19 juin 1828, 27-28, n° 96.

88. — On ne peut opposer au tiers saisissant un bail à cheptel qui n'a acquis date certaine qu'après la saisie.

13 août 1828, 27-28, n° 118.

89. — De deux cessionnaires par acte sous seing privé de la même créance, on doit préférer celui qui a fait le premier enregistrer son titre, fût-il certain en fait que ce titre est le second en date.

Le cessionnaire dont le titre a date certaine est, par rapport à l'autre, un véritable tiers dans le sens de l'article 1328 du Code Napoléon.

21 novembre 1843, 43-44, n° 2.

90. — La simple signature apposée à une promesse sous seing privé forme un commencement de preuve par écrit, qui peut être complété par la preuve par témoins ou par les présomptions.

21 mars 1849, 49-52, n° 7.

§ 3.

Des livres de commerce.

91. — Aucune disposition de loi ne frappe de nullité les conventions consenties au profit des négociants lorsqu'elles ne sont pas consignées sur leurs livres.

17 juillet 1828, 27-28, n° 106.

92. — Quoique le Code de commerce accorde des avantages aux commerçants pour la tenue régulière de leurs livres et établisse des peines, en certains cas, contre ceux qui ne peuvent pas les représenter à la justice, on doit simplement en conclure que les commerçants qui n'ont pas de livres sont privés des avantages et assujettis aux peines établies par le Code de commerce, mais nullement qu'une obligation au profit d'un négociant, revêtue de toutes les formalités nécessaires, sera nulle, parce qu'elle ne sera pas portée sur un livre tenu conformément au Code de commerce, qui ne statue rien pour ce cas.

18 mai 1826, t. V, n° 928.

93. — Si les livres de commerce d'un négociant, quoique de son fait, pouvaient, d'après l'article 12, t. II du Code de commerce, être admis par le juge à faire preuve en sa faveur, ce privilége, purement facultatif de la part du juge et dépendant des circonstances, ne peut s'appliquer au cas où il était facile au créancier de conserver un titre régulier de sa créance.

19 novembre 1814, t. III, n° 442.

94. — On ne peut forcer les syndics d'une faillite à représenter les livres de commerce qui la concernent, si la contestation est étrangère à cette faillite et qu'il ne s'agisse pas de partage, de succession, de communauté, de société ou de faillite ; les articles 14 et 15 du Code de commerce sont limitatifs et non démonstratifs, et la disposition de ce dernier article, combinée avec l'article 17, ne peut s'appliquer qu'aux parties qui figurent dans l'instance et non aux tiers qui n'y sont point intéressés et contre lesquels on ne forme aucune demande.

10 juin 1826, t. V, n° 932.

§ 4.

Des copies d'actes.

95. — La copie d'un titre collationné sur une autre copie, hors la présence de toutes les parties qui n'ont pas été appelées et dans des circonstances étrangères au procès pour lequel on emploie cette copie, ne fait aucune foi et ne dispense pas de représenter le titre primitif ou du moins une copie en forme de ce titre.

3 fructidor an IX, t. I, n° 40.

96. — Un extrait d'enregistrement faisant mention d'une sentence arbitrale ne peut en prouver l'existence ; il en est de même de la déclaration que font des arbitres au bureau de paix, qu'ils ont rédigé cette sentence et qu'ils l'ont déposée au greffe ; il est indispensable, pour pouvoir la mettre à exécution, d'en représenter la minute ou une expédition en due forme.

1er août 1809, t. II, n° 278.

97. — Un extrait d'acte de vente, délivré par l'enregistrement, ne suffit point à établir la preuve de ce contrat si des circonstances il résulte que la vente déniée n'a jamais été sérieuse : ainsi quand les doubles originaux ont été conservés par le vendeur et que l'acheteur n'a jamais été mis en possession. Cette nullité de l'acte est opposable aux tiers, dans une action en revendication sur saisie immobilière.

25 juillet 1857, 53-57, n° 137, p. 424.

§ 5.

Des actes récognitifs.

98. — Le titre récognitif passé avant le Code civil, qui renferme une obligation précise sur la chose due, sur la personne du créancier, sur celle du débiteur, sur la cause de la dette, sur les obligations du débiteur, tient lieu de titre primordial, alors même qu'il n'en relate pas textuellement la teneur.

16 janvier 1836, 36, p. 18.

99. — On ne peut considérer comme un titre récognitif celui qui ne relate aucun titre antérieur, qui n'est point transcrit d'un autre, mais qui est dispositif par lui-même et n'est point rédigé comme une simple reconnaissance.

28 août 1826, t. V, n° 911.

B. DE LA PREUVE TESTIMONIALE.

§ 1er.

Des principes qui régissent l'admission de la preuve testimoniale.

1° Nécessité de passer acte de tout fait juridique dont l'objet est d'une valeur supérieure à 150 francs.

100. — Jugé que, suivant l'article 2, titre XX, ordonnance de 1667, la preuve testimoniale ne devait pas être admise pour établir qu'on avait payé un créancier, au moyen de la cession que son débiteur lui aurait faite d'un billet qu'il avait sur un tiers, dont le montant était de plus de 100 fr.

4 frimaire an IX, t. I, n° 6.

101. — Jugé qu'on ne peut, suivant l'article 2, titre XX, de l'ordonnance de 1667, autoriser la preuve testimoniale pour établir qu'un individu a dérogé à l'option qui lui était accordée par son contrat de mariage de prendre la moitié des biens qui lui étaient assurés par cet acte ou une somme déterminée à son choix.

2 messidor an IX, t. I, n° 31.

102. — Jugé que la preuve testimoniale était inadmissible pour prouver que les formalités nécessaires à la vente des biens de mineurs avaient été remplies.

26 germinal an XII, t. I, n° 99.

103. — On ne peut être admis à prouver par témoins contre un tiers acquéreur qu'il a eu connaissance d'un acte sous seing privé passé entre son vendeur et le fermier de l'objet vendu, acte qui contiendrait la libération du fermier et qui n'aurait été enregistré que postérieurement à la vente.

24 mai 1813, t. II, n° 394.

104. — L'acquiescement à une sentence supposant un consentement ou une convention, la preuve par témoins n'en est pas admissible lorsque l'objet de la contestation est indéterminé ou excède une valeur de plus de 150 fr.

11 décembre 1815, t. III, n° 465.

105. — La propriété d'un objet mobilier d'une valeur indéterminée ne peut être prouvée par témoins ; le revendiquant ne peut échapper à cette prohibition en fixant par de secondes conclusions la valeur de sa demande à 150 fr.

13 août 1828, 27-28, n° 118.

106. — On ne peut prouver par témoins les marchés faits en foire entre non négociants, lorsqu'ils excèdent la somme de 150 francs.

26 juillet 1827, 27-28, n° 43.

2° Défense de prouver contre et outre le contenu aux actes.

107. — La défense de prouver par témoins contre et outre le contenu d'un acte authentique et privé n'a lieu que lorsque la demande que l'on formerait tendrait à détruire ou à modifier la convention écrite; il en est autrement quand il s'agit d'actes d'exécution, qui, sans toucher au principe de l'obligation qui a été contractée, prouvent qu'elle a été éteinte depuis; si l'on peut prouver par témoins l'existence d'une créance au-dessous de 150 francs, on peut, par identité de raison, être admis à faire preuve du paiement d'une somme égale ou inférieure, même lorsqu'il existerait un acte obligatoire. Telle était la jurisprudence sous l'empire de l'ordonnance de 1667.

4 février 1823, t. IV, n° 696, p. 146.

§ 2.
Des exceptions aux principes ci-dessus.

1° Matières de commerce.

108. — Un négociant qui demande à être admis au passif d'une faillite, pour une obligation souscrite à son profit par le failli, ne peut se dispenser de représenter ses livres, où cette opération doit être inscrite, lorsque ce failli soutient surtout qu'il a été passé une contre-lettre par laquelle il était déclaré que cette obligation n'était qu'un acte de garantie pour des sommes fournies ou à fournir; la preuve testimoniale de cette contre-lettre est d'autant plus admissible, lorsqu'il s'agit de matière de commerce, qu'elle se trouve expressément introduite pour les faillites par l'article 509 du Code, et que les articles 41 du Code de commerce et 1341 du Code civil n'empêchent pas d'admettre une preuve d'existence d'actes et de faits qui pourraient détruire ou modifier la valeur d'un autre acte notarié non attaquable et qu'on n'attaque pas en effet.

31 août 1809, t. II, n° 282 *bis*.

109. — L'exception de l'article 1341, sans préjudice des lois relatives au commerce, n'est pas applicable dans le cas où un propriétaire a vendu les denrées provenant de son cru ou de sa ferme; il n'a point fait alors un acte de commerce, et n'est point justiciable des tribunaux d'exception, d'après l'article 638 du Code de commerce.

23 janvier 1811, t. II, n° 329.

110. — On doit admettre à la preuve testimoniale celui qui prétend avoir fait des fournitures à des associés en participation, quoique l'un d'eux ait souscrit en son nom seul les promesses ou effets de commerce pour paiement de ces fournitures, lorsque le tiers offre en même temps de prouver qu'il a traité directement avec la société, et qu'elle a profité des objets qu'il a fournis, parce que la défense de prouver les conventions par témoins cesse lorsqu'il s'agit d'opérations commerciales entre négociants suivant les dispositions des articles 1341 et 1347 du Code civil.

16 mars 1821, t. IV, n° 798, p. 269.

111. — Si la preuve testimoniale est admissible dans tous les cas en matière de commerce, ce n'est qu'autant que les faits sont vraisemblables et pertinents.

21 novembre 1843, 43-44, n° 2.

2° Commencement de preuve par écrit.

112. — Jugé que l'extrait du bureau de l'enregistrement contenant la relation d'un acte de société ne fait pas preuve complète, mais forme un commencement de preuve par écrit d'après lequel on peut admettre la preuve testimoniale.

7 janvier 1808, t. I, n° 189.

113. — Le commencement de preuve par écrit, pour les actes antérieurs au Code, était, à la vérité, d'après les anciennes lois et la jurisprudence, laissé davantage à la prudence du juge, et n'avait pas été spécifié d'une manière aussi précise que par le Code civil; cependant les principes suivis à cette époque étaient les mêmes que ceux que ce Code a consacrés; ainsi, il fallait déjà, pour qu'il y eût commencement de preuve par écrit, que l'acte émanât de celui contre lequel la demande était formée et qu'il rendît le fait vraisemblable.

19 février 1819, t. IV, n° 770, p. 225.

114. — L'acte non fait double et qui n'est signé que de l'une des parties peut servir de commencement de preuve par écrit.

12 juin 1828, 27-28, n° 93.

115. — Il n'y a commencement de preuve par écrit dans le titre passé entre le demandeur et un tiers que si ce titre a eu pour unique but de réaliser la convention qu'il s'agit d'établir.

13 juin 1829, 29, n° 52, p. 172.

116. — L'aveu est toujours indivisible, qu'il s'agisse d'y trouver la preuve d'une obligation ou seulement un commencement de preuve par écrit. — Spécialement, lorsqu'en conciliation, un créancier du mari a fait interroger la femme qu'il prétend avoir renoncé à son hypothèque légale sur un immeuble de ce dernier, la reconnaissance par l'épouse des faits allégués ne doit pas être isolée des restrictions qu'elle y a apportées. — C'est à vue de ses réponses, prises dans leur ensemble, que le tribunal doit décider si elles constituent ou non un commencement de preuve par écrit.

19 déc. 1853, 53-57, n° 5, p. 11.

117. — On ne peut pas prendre dans un acte un commencement de preuve par écrit pour prouver par témoins contre et outre le contenu de ce même acte. S'il y a lieu d'interpréter le sens de cet acte, il faut le faire d'après les principes ordinaires en matière d'interprétation.

Inédits. 20 février 1858, 2ᵉ Ch. Veuve Jouvenot et autres c. Jouvenot. — 4 février 1860, 2ᵉ Ch. Guy c. Jeanneret.

3° Impossibilité de se procurer un acte écrit ou perte de cet acte.

1. Impossibilité de se procurer un acte écrit.

118. — L'usure peut être prouvée par témoins, contre et outre le contenu aux actes, s'il existe un commencement de preuve par écrit.

14 thermidor an IX, t. I, n° 36.

119. — La preuve testimoniale est admissible pour prouver que le mari et son père ont avoué que les acquisitions faites par ce mari l'avaient été dans le but de faire tourner les deniers de la communauté au profit exclusif du mari et d'en priver la femme ou ses héritiers.

22 floréal an X, t. I, n° 55.

120. — Il résulte des principes consacrés par les art. 1341, 1347 et 1348, que pour être admis à la preuve testimoniale ou faire valoir des présomptions humaines contre un acte, sous prétexte de dol et de fraude, il faut articuler et préciser les faits qui caractérisent le dol et les manœuvres employées, et desquels le juge puisse tirer la conséquence que les manœuvres résultant de ces faits ont seules déterminé l'autre partie à contracter; ces allégations vagues de dol et de fraude ne peuvent pas servir à l'admission de la preuve testimoniale et des présomptions humaines.

21 novembre 1814, t. II, n° 418.

121. — Si en principe général il est défendu à une partie d'alléguer sa propre turpitude et de se prévaloir de la simulation qu'elle a pratiquée elle-même, cependant il est des cas où la simulation n'ayant rien de contraire ni aux lois ni aux mœurs, celui qui y a participé peut être admis à en faire légalement la preuve par témoins, surtout lorsqu'il a en sa faveur des commencements de preuve par écrit.

2 décembre 1812, t. II, n° 378.

122. — Jugé qu'on ne peut recourir à la preuve testimoniale pour prouver qu'on s'est libéré d'une obligation par suite des intérêts usuraires qu'on a payés : c'était vrai sous l'empire d'une législation qui faisait de l'usure un délit : à plus forte raison est-ce vrai sous l'empire d'une législation qui ne reconnaît plus dans l'usure un fait délictueux.

13 juin 1806, t. I, n° 149.

123. — La preuve testimoniale ne peut être admise pour établir que des billets souscrits par des cultivateurs ont eu pour cause des marchandises de contrebande qui devaient leur être livrées, parce que les souscripteurs invoqueraient leur propre turpitude, et que personne, suivant les principes reçus en cette matière, ne peut être cru lorsqu'il allègue sa fraude personnelle.

1er mai 1815, t. III, n° 459 bis.

124. — La défense d'admettre une preuve testimoniale contre un acte écrit et notamment contre une quittance n'est relative qu'aux parties contractantes et non pas aux tiers dont on a cherché à léser les droits ; si cette preuve est rejetée pour les conventions, elle ne l'est point pour établir des faits qui tendent à prouver une simulation ou une autre espèce de fraude commise au préjudice d'un étranger.

11 février 1817, t. III, n° 502.

125. — On peut prouver par témoins les soustractions commises par un héritier au préjudice de la succession qui ne lui est dé-

volue qu'en partie, mais les juges ne doivent admettre qu'avec une grande réserve les demandes de ce genre, et seulement lorsque les faits qui tendent à établir ces soustractions sont clairs et précis.

10 janvier 1818, t. III, n° 580.

126. — La preuve testimoniale des recélés et des spoliations commises au préjudice d'un ou de plusieurs cohéritiers, soit par l'un d'eux, soit par des étrangers, est toujours admissible : toutefois, il ne suffit pas de se plaindre vaguement qu'il y aurait eu des soustractions, il faudrait indiquer les effets qui auraient été enlevés, les personnes qui en seraient coupables, et surtout il faut prouver qu'il n'y a eu aucun emploi ou destination du mobilier, fait par ceux qui avaient qualité pour le détenir.

20 juin 1818, t. III, n° 595.

127. — La fraude, lorsque celui qui en souffre n'a pu se procurer la preuve écrite, peut s'établir par témoins et par présomptions.

27 mai 1861, 60-61, n° 53.

128. — Un dépôt volontaire d'une somme excédant 150 fr. constitué au profit d'une personne absente au contrat ne peut, sur ce motif qu'il y aurait eu impossibilité pour cette dernière d'obtenir une preuve littérale de l'obligation contractée, être établi par la preuve testimoniale.

12 février 1866, 66-67, n° 6.

2. Perte de l'acte écrit.

129. — Jugé que l'art. 2, tit. XX, de l'ordonnance de 1667 défend en général la preuve par témoins de toutes choses excédant 100 fr., mais qu'il est de l'équité de faire cesser la prohibition de l'ordonnance dans les cas où l'on allègue la perte d'un titre par suite d'incendie ou d'autres accidents imprévus, et alors il est indispensable que les témoins déposent de deux faits : le premier, que le titre a existé et qu'il a été vu par eux ; le second, qu'il a été ou dû être perdu par l'incendie ou d'autres accidents.

9 fructidor an XII, t. I, n° 109.

130. — On ne peut prouver par témoins la soustraction d'un acte de vente sous seings privés et des quittances qui constatent le paiement des objets acquis, lorsqu'on n'établit et qu'on n'articule même pas d'une manière précise les faits et circonstances de cette prétendue soustraction ; car, pour arguer de vol et pour se trouver dans le cas de l'exception portée par l'art. 1348, il ne suffit pas d'alléguer vaguement la fraude, il faut en préciser les circonstances, autrement il serait toujours facile d'anéantir la foi due aux actes et d'éluder la prohibition de la loi.

10 août 1813, t. II, n° 399 *bis*.

131. — La personne qui prétend qu'un testament a été soustrait est admise à en prouver l'enlèvement fait à son préjudice, mais elle est tenue de justifier tout à la fois du délit, de l'existence du testament, et de la teneur de l'acte disparu, qui aura été vu et lu même après le décès du testateur. Cette preuve ne doit être autorisée qu'avec la plus grande circonspection.

24 mars 1820, t. IV, n° 636, p. 57.

132. — Lorsque les registres de la conservation des hypothèques d'un arrondissement ont été détruits par suite d'un cas fortuit résultant d'une force majeure, les créanciers hypothécaires peuvent établir, par la preuve testimoniale et les présomptions, que leurs créances ont été inscrites sur ces registres.

1er décemb. 1821, t. IV, n° 810, p. 282.

CHAPITRE III.

DE LA PREUVE INDIRECTE.

Des présomptions.

133. — Les présomptions sont admissibles en matière commerciale.

Inédit. 22 juin 1858, 1re Ch. Compagnie du chemin de fer de Paris à Lyon contre Varenzo et autres.

CHAPITRE IV.

DU COMPLÉMENT DE PREUVE.

Du serment supplétoire.

134. — Suivant les lois 31, au Dig. *De jurejurando*, et 12 au Code *De reb. credit.*, lorsque le serment a été déféré par le juge, la partie peut appeler de la sentence qui l'a ordonné ; mais s'il s'agit de celui qu'elle a déféré elle-même, elle n'en a pas la faculté et ne peut être admise à prouver la fausseté de l'affirmation que la partie adverse aurait faite.

15 mai 1818, t. III, n° 590.

V. INSTRUCTION CRIMINELLE.

Preuve testimoniale, V. PREUVE.

Prise à partie.

Des cas dans lesquels il y a lieu à prise à partie.

La prise à partie ne peut s'exercer qu'en cas de dol ou de fraude du juge : une faute de sa part, quelle qu'en soit la gravité, n'y saurait donner lieu.

Spécialement, est mal fondée la prise à partie dirigée contre un juge de paix qui, dans les motifs de sa sentence, s'écarte de la réserve et de la dignité de langage que le magistrat doit s'imposer, si d'ailleurs l'intention malicieuse de diffamer ou d'injurier n'y apparaît pas.

3 mars 1860, 60-61, n° 7.

Privilége, V. COMMISSIONNAIRE DE TRANSPORTS.

CHAPITRE Ier.

DES DIFFÉRENTS PRIVILÉGES ÉTABLIS PAR LE CODE NAPOLÉON.

§ 1er.

Des priviléges sur les meubles.

1° Des priviléges généraux sur les meubles.

a. Frais de justice.

1. — Les dépens d'une instance d'opposition à saisie mobilière doivent être prélevés sur le prix provenant de la vente des objets saisis, parce que ces frais sont privilégiés de leur nature ; que ce n'est

qu'au moyen des frais faits que les créanciers parviennent à obtenir leur paiement, et que, lorsqu'il y a une opposition, la vente ne peut avoir lieu sans que le juge l'ait ordonnée.

19 nivôse an x, t. I, n° 47.

2. — Lorsqu'un débiteur consent, par acte notarié, à ses créanciers la cession de tous ses biens, les frais de cet acte ne rentrent pas dans la classe des frais de justice ; on ne peut pas dire non plus qu'ils aient été faits pour la conservation du gage commun des créanciers ; ils ne sauraient donc, à aucun de ces titres, être privilégiés et payés par préférence, en cas de faillite postérieure du débiteur cédant.

24 nov. 1865, 62-65, n° 93, p. 397.

3. — Le privilége des syndics s'étend à tous leurs frais de gestion, notamment au paiement d'honoraires d'avocat ou de démarches dans l'intérêt de la faillite.

21 juillet 1868, 68-69, n° 24, p. 87.

b. Salaire des gens de service.

4. — Les domestiques qui se louent au mois ont privilége comme ceux qui se louent à l'année, mais on peut leur opposer la prescription établie par l'art. 2271 du Code Napoléon ; dès lors ils n'ont plus droit à être colloqués que pour six mois.

17 août 1827, 27-28, n° 47.

5. — Un commis ou régisseur de forges ne doit pas être rangé au nombre des *gens de service*, qui ne doivent s'entendre que des serviteurs ou domestiques.

Inédit. 24 mars 1841, 1re Ch. Baille c. Conrad.

2° Des priviléges sur certains meubles.

a. Créances résultant de baux de maisons ou de biens ruraux.

6. — Pour le bailleur, la faillite du locataire est censée ne pas exister. Il conserve tous les droits qu'il avait avant la faillite. Il peut exercer directement des poursuites pour se faire payer avant tous autres, même avant les frais relatifs à la faillite.

Inédit. 1er juillet 1858, 1re Ch. De Magnoncourt c. Dumont.

7. — L'article 2102 établit au profit du propriétaire sur la récolte de l'année un privilége spécial qui porte aussi bien sur les fruits non récoltés que sur ceux qui sont séparés du sol.

Ce privilége, distinct de celui qui s'exerce sur les meubles garnissant la ferme, est indépendant de la circonstance que le fermier occuperait ou non la maison louée, et peut s'exercer même sans saisie-revendication, bien que les récoltes aient été conduites dans une maison autre que celle du bailleur.

11 décembre 1845, 45, n° 80, p. 214.

b. Frais faits pour la conservation d'une chose mobilière.

8. — Les frais faits pour la conservation de la chose ne sont privilégiés que sur certains meubles, et l'art. 2102, § 3, C. N., ne peut s'appliquer s'il s'agit de la distribution du prix d'un immeuble.

21 juillet 1868, 68-69, n° 24, p. 87.

c. Prix de vente d'effets mobiliers non payés.

9. — Le vendeur d'un office a pour le recouvrement du prix un privilége sur la chose vendue.

Il ne perd pas son privilége pour avoir reçu son paiement d'un tiers s'il a dû se porter garant envers lui du remboursement de ses avances.

13 août 1844, 43-44, n° 120.

10. — Le vendeur non payé d'un office ministériel a privilége sur l'indemnité exigée par le gouvernement, du successeur nommé sans présentation.

31 août 1848, 47-48, n° 89.

11. — En cas de destitution, le vendeur a privilége sur l'indemnité que le gouvernement a fixée pour représenter la valeur de l'office et à laquelle il a soumis le nouvel institué.

26 janvier 1852, 49-52, n° 121 *bis.*

12. — Le vendeur d'un office de notaire a privilége sur le prix de la revente. Le prix dû représente la chose revendue, et cette chose est ainsi toujours censée dans les mains du premier acheteur. Il en doit être de même en cas de destitution et en ce qui concerne l'indemnité que l'ordonnance de nomination impose au nouveau titulaire l'obligation de payer.

Inédit. 30 août 1848, 2e Ch. Beuque c. Patel.

13. — La disposition de l'art. 2102 du C. N., qui n'accorde privilége au vendeur d'effets mobiliers qu'autant que ces effets se trouvent encore en la possession des débiteurs, s'applique aussi bien lorsqu'il s'agit de meubles incorporels que lorsqu'il s'agit de meubles corporels.

En conséquence, le privilége du vendeur d'office est éteint par des cessions de prix régulièrement faites et signifiées conformément à l'art. 1690 du C. N.

9 février 1853, 53-57, n° 15, p. 34.

14. — En cas de destitution du titulaire, le vendeur conserve son privilége sur l'indemnité que le gouvernement a fixée pour représenter la valeur de l'office et à laquelle il a soumis le nouvel institué.

4 janvier 1853, 53-57, n° 1, p. 1.

15. — Le privilége pour le paiement du prix d'un office ne peut plus être exercé lorsque le prix de la cession d'office a été cédé avant la saisie-arrêt faite entre les mains de l'acquéreur de l'office.

Inédit. 4 février 1852, 1re Ch Bretegnier c. Martelet, Lanoir, Lebeau et Garcin.

16. — La possession à laquelle il faut toujours faire attention pour savoir si le privilége du vendeur d'un office existe encore n'est pas celle de l'office, mais la possession du prix de la revente qui représente l'office et en tient lieu.

Inédit. 4 février 1852. Bretegnier c. Martelet et autres.

§ 2.
Des priviléges sur les immeubles.

Des priviléges sur certains immeubles.

a. Privilége du vendeur.

17. — Le privilége du vendeur s'étend à la totalité des intérêts échus.

16 décembre 1852, 49-52, n° 135.

b. Privilége des copartageants.

18. — Le privilége des copartageants s'applique aux créances partagées, comme aux immeubles, aux prix de licitation, aux soultes et retours de lots ; il n'a pas pour objet d'attribuer des garanties nouvelles aux créances de la succession comprises dans le partage, et auxquelles leur titre ne conférerait dans l'origine aucune cause spéciale de préférence, mais uniquement de réserver un droit de suite sur les lots des copartageants pour la créance naissant d'une éviction ou d'un préjudice en raison des faits antérieurs au partage.

2 août 1864, 62-65, n° 65, p. 306.

c. Privilége des architectes, entrepreneurs et ouvriers.

19. — On ne peut prétendre à aucun privilége sur le prix d'une maison expropriée pour constructions et réparations qu'on y aurait faites, si l'on ne s'est pas conformé aux articles 12 et 13 de la loi de brumaire an VII.

16 messidor an XIII. t. I, n° 126.

CHAPITRE II.
DES PRIVILÉGES ÉTABLIS PAR DES LOIS SPÉCIALES.

§ 1er.
Privilége de la régie de l'enregistrement pour droits de mutation par décès.

20. — L'État n'a ni droit de prélèvement ni privilége à exercer pour le paiement des droits de mutation par décès sur les valeurs mobilières d'une succession ; par suite, l'impôt de mutation par décès constitue à la charge du redevable une créance purement chirographaire, à raison de laquelle l'État doit subir le concours des autres créanciers chirographaires de la succession.

30 juillet 1856, 53-57, n° 99, p. 278.

§ 2.
Privilége des ouvriers et fournisseurs pour travaux de l'État.

21. — Le décret du 26 pluviôse an II, qui accorde aux ouvriers employés par des entrepreneurs de travaux publics un privilége sur le montant des sommes dues à ceux-ci par l'État, n'a pas cessé d'être en vigueur.

L'entrepreneur ne peut, par une cession faite à un tiers, anéantir indirectement le privilége de l'ouvrier.

26 décembre 1846, 46, n° 83, p. 213.

22. — Le privilége créé par la loi du 26 pluviôse an II, au profit des ouvriers employés par les entrepreneurs de constructions exécutées pour le compte de l'État, s'applique seulement aux sommes que ceux-ci auraient à toucher des receveurs des deniers publics. Spécialement, il ne s'étend pas à l'émolument consistant pour l'entrepreneur dans la jouissance de ces constructions durant un certain nombre d'années. Il cesse d'ailleurs à la réception des travaux.

14 décembre 1850, 49-52, n° 98.

CHAPITRE III.
DES DIFFÉRENTES ESPÈCES D'HYPOTHÈQUES.

§ 1er.
Des hypothèques légales.

1° Généralités.

23. — La loi précise les hypothèses dans lesquelles elle accorde aux créanciers l'hypothèque légale :

on ne peut étendre d'un cas à un autre les dispositions de l'art. 21 de la loi de brumaire an VII. C'est à tort qu'on considérerait comme absents les individus qui ne seraient pas sur les lieux à l'époque de l'ouverture d'une succession et qu'on créerait au profit des cohéritiers une hypothèque légale et tacite sur les biens personnels du cohéritier détenteur, quand même il y aurait parmi eux des mineurs ou des femmes mariées.

10 mai 1819, t. IV, n° 608.

2° De l'hypothèque légale des mineurs et des interdits.

24. — Les mineurs ont privilège et hypothèque sur les biens de leur tuteur pour la conservation de leurs droits, non-seulement pour les faits résultant de sa gestion, mais encore pour toutes les créances antérieures et personnelles dues par le tuteur : aucune forme conservatrice ne peut être exigée à cet égard de ces mineurs ; ils conservent leurs droits en entier jusqu'à la reddition du compte de tutelle ; ainsi, ils peuvent saisir immobilièrement l'immeuble que leur père a aliéné depuis le code et pendant leur minorité, avant même que le compte de tutelle ait été rendu, sauf à suspendre l'adjudication jusqu'à la liquidation de leurs créances sur leur père.

10 janvier 1824, t. IV, n° 840, p. 318.

25. — L'hypothèque légale du mineur garantit toutes les créances du pupille contre le tuteur, qui, devenues exigibles, auraient pu être remboursées durant la tutelle.

Ainsi elle a son effet quand, sur le prix d'adjudication de ses immeubles propres, licités même avec la participation de ses enfants, le tuteur n'a rien encore touché pour le pupille du montant des reprises de sa mère,..... alors même que ces reprises consistent dans des sommes d'argent dont le père a, par contrat de mariage,

l'usufruit avec dispense de cautionnement.

16 décembre 1867, 66-67, n° 136.

3° De l'hypothèque légale des femmes mariées.

a. Historique.

26. — En Franche-Comté, la femme avait une hypothèque légale, à la date de son contrat de mariage, pour toutes ses reprises ; l'article 2135 du Code Napoléon, qui ne donne hypothèque à la femme que du jour de l'obligation ou de la vente, est introductif d'un droit nouveau.

On ne pourrait, sans donner un effet rétroactif à cet article, l'appliquer aux obligations passées et aux ventes souscrites depuis le Code par une femme mariée dans cette province avant sa promulgation ; elle a eu dès lors un droit acquis que la loi nouvelle n'a pu lui enlever.

21 décembre 1827, 27-28, n° 60.

27. — Sous l'empire de la coutume de Franche-Comté, la femme mariée avait une hypothèque légale à la date de son contrat de mariage pour le remboursement de sa dot et de tout ce qui lui provenait de ses père et mère depuis son mariage, pour l'indemnité des dettes contractées avec son mari et pour le remploi de ses propres aliénés. — Cette hypothèque légale profite à la femme mariée sous la coutume de Franche-Comté, pour l'indemnité des dettes qu'elle a contractées même postérieurement à la séparation de biens prononcée depuis la promulgation du Code Napoléon.

30 juillet 1846, 46, n° 104, p. 256.

b. Époque à laquelle remonte l'effet de l'hypothèque.

28. — L'hypothèque légale provenant à la femme des obligations contractées par elle avec son mari, ne prend rang que du jour où les titres qui constatent ces engagements ont acquis date certaine de l'une des manières indiquées par l'article 1328 du Code Napoléon.

29 août 1850, 49-52, n° 83.

29. — L'hypothèque légale de la femme pour ses apports ne date que du jour du mariage, et non du jour du contrat de mariage.

Inédit. 27 juin 1851. Lamberget c. Poble.

4° De l'hypothèque légale établie au profit de certaines personnes morales.

30. — Il existait, d'après la loi du 11 brumaire an vii, une hypothèque légale en faveur des villes, sur les biens de l'administrateur ou receveur de leurs revenus.

31 janvier 1806, t. I, n° 139.

31. — Les acquéreurs de coupes de bois appartenant à l'Etat doivent être assimilés à des comptables, et d'après l'article 21 de la loi de brumaire an vii, l'Etat n'est point assujetti à observer, dans les inscriptions qu'il prend sur ces acquéreurs, les formalités exigées par l'article 11 de cette loi.

19 février 1811, t. II, n° 331.

§ 2.
De l'hypothèque judiciaire.

Sur quels immeubles frappe l'hypothèque judiciaire.

32. — L'hypothèque judiciaire est générale comme l'hypothèque légale et affecte les immeubles à venir du débiteur aussi bien que ses immeubles présents, sans qu'il soit besoin de réitérer l'inscription une fois prise, au fur et à mesure des nouvelles acquisitions que fait le débiteur, dans l'arrondissement du bureau des hypothèques où l'inscription a été prise.

19 janvier 1821, t. IV, n° 794, p. 261.

33. — L'hypothèque judiciaire frappe tous les biens présents et à venir du débiteur, mais elle ne

s'étend pas sur les biens personnels des héritiers de ce dernier.

7 janvier 1828, 27-28, n° 67.

§ 3.
De l'hypothèque conventionnelle.

1° Des conditions requises dans la personne de celui qui constitue hypothèque.

34. — L'article 2130 du Code civil renferme une exception à l'article 2129, qui défend d'hypothéquer les biens à venir, mais elle ne doit pas être restreinte au cas où le débiteur possède et hypothèque au moment de l'obligation des biens présents qui sont insuffisants ; elle doit avoir lieu également dans le cas où le débiteur n'a à cette époque aucun immeuble à offrir pour sûreté à son débiteur.

29 août 1811, t. II, n° 350.

2° Des actes contenant constitution d'hypothèque.

35. — Un acte notarié nul comme ayant été reçu par un notaire *partie intéressée* ne peut plus conférer hypothèque, lors même qu'il y aurait eu ratification ultérieure du créancier.

17 juillet 1844, 43-44, n° 78.

36. — Le vœu de la loi qui exige la déclaration de la nature et de la situation de chacun des immeubles hypothéqués est suffisamment rempli, lorsque, dans une constitution d'hypothèque frappant sur tout ce qu'un débiteur possède sur la même commune, on a désigné les diverses natures de biens qui composaient ce domaine et le nom de la commune où les immeubles qui en dépendent sont situés.

22 juin 1810, t. II, n° 310.

37. — Il y a insuffisance de désignation des immeubles hypothéqués et cause de nullité : 1° dans la constitution d'hypothèque portant qu'un créancier donne en hypothèque un *domaine* situé sur tel territoire, cultivé par tel fermier, et consistant en 7 hectares de terres labourables et 2 hectares de prés, le tout divisé en plusieurs pièces, avec indication de l'origine de la propriété ; 2° et dans l'inscription portant qu'elle a été requise sur 7 hectares de terres labourables et 2 hectares de prés, divisés en plusieurs pièces et situés sur tel territoire.

31 janvier 1820, t. IV, n° 627, p. 44.

38. — La désignation d'un corps de biens par le nom sous lequel le domaine est connu est suffisante pour satisfaire au prescrit de l'article 2129 du Code Napoléon, encore bien que ce domaine fût situé dans deux communes différentes.

6 juillet 1853, 53-57, n° 7.

3° Des obligations pour sûreté desquelles l'hypothèque peut être consentie.

39. — Il n'y a rien d'illicite dans la convention qui réserve au prêteur le droit de ne compter la somme prêtée que dix jours après s'être inscrit en premier rang d'hypothèque.

6 juillet 1829, 29, n° 53, p. 177.

40. — Est valable l'hypothèque conférée pour sûreté d'un crédit ouvert et accepté, encore que l'emprunt soit éventuel et qu'il n'y ait pas obligation d'user du crédit ouvert.

L'hypothèque prend rang à la date de l'inscription et non pas seulement du jour où les fonds ont été versés.

30 novembre 1848, 47-48, n° 92.

41. — La femme qui s'oblige solidairement avec son mari envers un banquier, et qui hypothèque ses immeubles pour sûreté d'une ouverture de crédit, est censée n'avoir voulu s'engager que pour les sommes ou valeurs à fournir et non pour celles déjà avancées.

5 février 1851, 49-52, n° 111.

42. — L'hypothèque consentie pour sûreté d'un crédit de banque jusqu'à concurrence d'une certaine somme peut, d'après l'intention des parties résultant des circonstances, s'appliquer non-seulement à des valeurs nouvelles, mais encore à des sommes dues antérieurement au créditeur, et le renouvellement de billets échus avant l'ouverture du crédit peut être admis en réalisation du crédit ouvert.

Une somme fournie en vertu d'un acte de crédit, depuis l'époque de l'inscription de l'hypothèque, mais avant la date fixée pour le commencement même du crédit, ne peut être rejetée du compte des sommes garanties, cette date n'étant évidemment établie que dans l'intérêt du banquier.

27 novembre 1867, 66-67, n° 138.

CHAPITRE IV.

DE L'INSCRIPTION DES PRIVILÉGES ET DES HYPOTHÈQUES. — RÈGLES SPÉCIALES CONCERNANT LA CONSERVATION DES PRIVILÉGES SOUMIS A LA CONDITION DE PUBLICITÉ. — RENOUVELLEMENT DÉCENNAL DES INSCRIPTIONS. — PÉREMPTION, RADIATION, RÉDUCTION.

§ 1er.

Inscription des priviléges et hypothèques.

1° Généralités.

43. — Le créancier hypothécaire inscrit tire de lui-même et de l'effet de son inscription le droit de contester soit la validité, soit la régularité de l'inscription prise par tout autre créancier ; mais le débiteur obligé dans tous ses biens meubles et immeubles, tant qu'il n'a pas payé, est sans intérêt à critiquer la régularité des inscriptions prises sur ses biens ; dès lors le créancier, sous ce rapport, est un tiers et ne peut être considéré comme l'ayant cause de son débiteur, et comme tirant de lui son droit.

6 août 1825, t. IV, n° 866, p. 350.

44. — Le but de l'inscription étant de déterminer le rang que les créanciers doivent avoir entre eux, le débiteur est sans qualité et sans intérêt pour en contester la régularité.

22 juin 1809, t. II, n° 270.

2° Des fonctionnaires chargés de procéder à l'inscription. — Attributions.

45. — Le conservateur des hypothèques à qui l'on demande, soit l'état des inscriptions hypothécaires prises sur les biens du saisi, soit de transcrire avec état l'adjudication de ces mêmes biens, n'est pas tenu d'indiquer les inscriptions qui grèveraient les immeubles de ce débiteur du chef d'un précédent propriétaire.

11 juillet 1849, 49-52, n° 14.

3° Des exceptions et modifications apportées au principe de la nécessité de l'inscription.

a. De l'hypothèque légale des mineurs et des interdits et de celle des femmes mariées.

46. — L'article 2135 du Code civil ne dispense de l'inscription que les femmes mariées et les mineurs pour l'hypothèque légale qu'ils ont à exercer sur les biens de leurs maris ou tuteurs. La loi a voulu par ce moyen pourvoir à la conservation des droits de ceux qui, étant sous la dépendance d'autrui, se trouveraient souvent dans l'impossibilité de faire inscrire ; mais l'on ne pourrait, sans donner à cet article un effet rétroactif, l'appliquer aux héritiers d'une femme décédée longtemps avant le Code civil, si ses héritiers n'avaient pas pris inscription sur les biens de son mari en vertu de la loi du 11 brumaire an VII.

24 juin 1812, t. II, n° 368.

47. — L'inscription prise par un mineur sur son tuteur, en vertu de la loi du 11 brumaire an VII, est régulière, si elle contient l'énonciation de la nature du droit et l'époque à laquelle il a pris naissance : elle était dispensée du renouvellement.

5 juillet 1816, t. III, n° 567.

48. — Il était de principe dans l'ancienne jurisprudence que le mineur, devenu majeur, conservait contre son tuteur tous les droits et avantages résultant de la tutelle et de la pupillarité, jusqu'à ce que le tuteur eût rendu son compte. Ainsi le mineur pouvait prendre inscription sur les biens de son tuteur, même plusieurs années après avoir atteint sa majorité.

4 août 1812, t. II, n° 374.

49. — Le mineur a une hypothèque légale sur les biens de son père qui aurait été nommé tuteur à l'adoption en l'an VII, lors du décès de sa mère adoptante, quoique sa mère naturelle vécût encore et qu'aucune inscription n'eût été prise pour la conserver.

10 décembre 1825, t. IV, n° 873, p. 360.

50. — Sous l'empire de la loi du 11 brumaire an VII, l'hypothèque même légale ne peut avoir d'effet qu'autant qu'elle a été inscrite : les héritiers d'une femme mariée ne peuvent point s'en prévaloir lorsque leur mère est décédée avant la promulgation du Code Napoléon.

9 janvier 1826, t. V, n° 877.

51. — Les héritiers d'une femme mariée ne peuvent se prévaloir de l'hypothèque légale lorsque leur mère est décédée sous la loi du 11 brumaire an VII et qu'ils n'ont pris inscription que depuis la promulgation du Code civil. En conséquence, ils n'ont pas le droit de contraindre l'acquéreur d'une propriété de leur père à délaisser cet immeuble, vendu sous l'empire de ce Code, ou à leur en payer la valeur, comme ayant privilège sur cet objet, pour les reprises de leur mère.

10 janvier 1824, t. IV, n° 840, p. 318.

52. — L'article 21 de la loi du 11 brumaire an VII n'était applicable qu'aux hypothèques légales des femmes qui étaient encore mariées lors de la publication de cette loi, et non à celles qui étaient déjà veuves, dont l'hypothèque sur les biens de leurs maris ne pouvait être conservée que par une inscription prise conformément à l'article 17 de la même loi.

11 février 1813, t. II, n° 387.

53. — Il résulte du rapprochement des dispositions de la loi du 11 brumaire an VII et du Code civil, qu'une femme mariée sous l'empire de la première loi peut exercer son hypothèque légale pour le recouvrement de sa dot, quoiqu'elle n'ait pas pris inscription sur les biens de son mari, et se faire payer de ses apports en poursuivant la vente des immeubles que son mari aurait aliénés à des tiers qui n'auraient pas fait transcrire leur contrat passé en l'an VIII.

23 janvier 1823, t. IV, n° 694, p. 145.

54. — Le bénéfice de l'article 2135 du Code civil ne peut profiter qu'aux femmes qui étaient encore mariées lors de la publication de ce Code, et non à celles dont les maris étaient déjà décédés.

11 février 1813, t. II, n° 387.

55. — Lorsqu'un mari a employé à l'acquittement de ses dettes personnelles, ou à l'amélioration de ses propres, soit les deniers de sa femme, soit ceux de la communauté, il en doit récompense à celle-ci : récompense qui se trouve nécessairement comprise dans les expressions de l'article 2121 du Code civil, qui présentent le sens le plus étendu. On doit penser que toutes les fois que la loi accorde à la femme une hypothèque légale, elle la dispense de la formalité d'inscription ; autrement le bienfait de la loi deviendrait illusoire.

1er mai 1823, t. IV, n° 827. p. 302.

56. — L'hypothèque légale de la femme mariée conserve, quoique inscrite après les délais de l'article 8 de la loi de 1855, son caractère d'hypothèque légale et frappe les biens que le débiteur a acquis depuis l'inscription. La tardiveté de l'inscription a seulement pour effet de lui faire perdre son rang privilégié pour ne lui laisser, vis-à-vis des tiers, que celui de la date de l'inscription.

13 juillet 1867, 66-67, n° 119.

57. — Suivant les articles 2059 et 2136 du Code Napoléon, le mari qui aliène des immeubles affectés d'hypothèque légale pour sûreté des droits de sa femme, et qui ne les déclare pas à l'acquéreur, se rend stellionataire ; l'acquéreur évincé peut donc réclamer le prix qu'il a payé, les frais et loyaux coûts du contrat d'acquisition et les dommages et intérêts suite de l'éviction.

10 juin 1823, t. IV, n° 707, p. 158.

b. Privilége du vendeur.

58. — D'après l'article 2108 du Code Napoléon, le privilége du vendeur prend le rang que la loi lui assigne comme tel, sans égard à l'époque des inscriptions, et si ce privilége est exercé sous le Code, c'est cette loi qui doit servir seule de règle lors même que le contrat en vertu duquel il est accordé serait antérieur à la loi de brumaire et l'inscription prise depuis le Code.

30 janvier 1818, t. III, n° 525.

4° Personnes au nom desquelles l'inscription peut être prise.

59. — L'endosseur d'un billet à ordre peut prendre et renouveler une inscription hypothécaire au nom du cédant qu'il a payé, et aux droits duquel il a été subrogé.

22 décembre 1827, 27-28, n° 61.

5° Titres en vertu desquels l'inscription peut être requise.

60. — L'inscription prise en

vertu d'un jugement par défaut qui n'aurait pas été signifié n'est pas nulle.

12 août 1811, t. II, n° 346.

6° Jusqu'à quelle époque l'inscription peut être prise.

61. — D'après l'article 37, t. III, de la loi du 11 brumaire an VII, les droits d'hypothèque qui n'avaient pas encore été inscrits en exécution de la loi du 9 messidor an III devaient l'être dans les trois mois de la promulgation de la première loi, dont l'article 49 ne pouvait s'entendre que du mode des paiements, article auquel il n'a point été dérogé, et si l'immeuble hypothéqué avait été vendu, le créancier devait renouveler son inscription sur l'acquéreur.

7 fructidor an II, t. I, n° 33.

62. — Des inscriptions prises sous l'empire du Code civil, conformément aux articles 37 et suivants de la loi du 11 brumaire an VII, ont conservé à la date de ces inscriptions une hypothèque ancienne sur des biens dépendants d'une succession vacante, ouverte avant que cette loi ne fût rendue : l'article 2146 du Code civil n'est applicable qu'aux hypothèques nouvelles qu'il s'agit d'acquérir depuis sa publication.

11 mars 1811, t. II, n° 332.

63. — D'après l'article 2146 du Code civil, on ne peut prendre une première inscription sur une succession bénéficiaire, mais on a le droit de renouveler une inscription antérieure, prise en vertu d'un titre ancien.

22 mai 1820, t. IV, n° 717, p. 171.

7° De la spécialité de l'inscription, en ce qui concerne les immeubles grevés.

64. — Les dispositions des articles 17 et 5 de la loi du 11 brumaire an VII et 2148 du Code civil, qui exigent que l'on énonce, dans une inscription, l'espèce et la situation des objets hypothéqués,

ne peuvent s'appliquer aux anciennes hypothèques conventionnelles.

11 mars 1811, t. II, n° 331.

65. — L'inscription prise sur toutes les terres labourables, vignes, maisons, prés et dépendances qui appartiennent aux constituants de l'hypothèque, dans le clos de Beaujeu, n'est point nulle pour défaut de spécialité et d'indication suffisante des immeubles soumis à l'hypothèque : la loi n'a consacré aucune formule sacramentelle pour déclarer la situation des biens hypothéqués, les articles 2129 et 2148 du Code civil exigent simplement une déclaration spéciale de la nature et de la situation de ces biens.

22 novembre 1821, t. IV, n° 809. p. 281.

66. — Une inscription est valable lorsque la désignation des immeubles est telle que les tiers peuvent facilement la reconnaître et ne sont pas exposés à être induits en erreur.

10 décembre 1825, t. IV, n° 873, p. 360.

67. — Est valable l'hypothèque conçue en ces termes : « Pour sûreté de ladite somme a hypothéqué spécialement ses maison, jardin et verger, outre l'hypothèque générale de tous ses autres immeubles, champs, chènevières et prés situés sur le territoire de... ; » dans ce cas l'hypothèque ne peut être restreinte aux maison, jardin et verger, mais elle doit porter sur tous les autres immeubles.

26 janvier 1826, t. V, n° 923.

8° Spécialité de l'inscription en ce qui concerne la créance pour laquelle elle est prise.

68. — Une inscription hypothécaire n'est pas nulle par ce seul motif qu'elle ne mentionne pas la faculté expressément réservée au créancier d'exiger le capital à défaut de paiement des intérêts dans un délai déterminé, si d'ailleurs elle indique l'époque fixe d'exigibilité de la créance.

20 août 1846, 46, n° 57.

9° Des éléments constitutifs de l'inscription. — Des conséquences de l'omission ou de l'irrégularité des mentions et énonciations requises.

69. — Une inscription prise sous la loi du 11 brumaire an VII peut être annulée par cela seul qu'on n'y a pas fait mention de la profession du créancier, s'il en avait une.

21 juin 1808, t. I, n° 210.

70. — Une inscription hypothécaire est nulle, si on n'a pas désigné le véritable nom du débiteur; il en est de même si les noms et prénoms des créanciers n'ont pas été indiqués, si par extraordinaire l'inscription ayant été prise au nom de mineurs, on a désigné leur mère sous le nom de Perraud, tandis qu'elle se nommait Lambert.

30 décembre 1823, t. IV, n° 717, p. 171.

71. — L'erreur dans la désignation des prénoms du créancier n'entraîne point la nullité de l'inscription hypothécaire, lorsqu'on y trouve des indications qui ne laissent aucune incertitude sur l'identité de sa personne.

Sous l'empire de la loi du 11 brumaire an VII, la désignation de la profession du créancier n'était pas requise à peine de nullité, cette formalité n'étant pas intrinsèque et substantielle de l'inscription; il en était autrement quant à l'indication de l'époque de l'exigibilité à l'égard des hypothèques conventionnelles et judiciaires; mais cette indication n'était pas exigée pour les hypothèques légales.

4 août 1812, t. II, n° 374.

72. — D'après l'article 2148 n° 4 du Code Napoléon, tout bordereau d'inscription doit contenir, à peine de nullité de cette inscription, la mention de la date de l'exigibilité de la créance en termes exprès ou équipollents.

8 février 1826, t. V, n° 883.

73. — L'inscription hypothécaire doit contenir, à peine de nullité, l'époque d'exigibilité de la créance.

Cette formalité peut être regardée comme remplie dans le cas où il est énoncé, dans le bordereau, que l'inscription est prise en vertu d'un jugement portant condamnation au paiement d'une lettre de change.

4 décembre 1829, 29, n° 81, p. 251.

74. — Le seul défaut d'énonciation de la nature du titre dans une inscription n'en entraîne pas la nullité, lorsque cette inscription donne connaissance de ce titre et qu'elle se réfère d'ailleurs à une inscription antérieure qui l'énonce suffisamment.

30 janvier 1818, t. III, n° 525.

§ 2.

Règles spéciales concernant la conservation des priviléges soumis à la condition de publicité.

75. — Le vendeur d'un immeuble peut conserver son privilége de trois manières : par la transcription ou à sa requête ou à la requête du vendeur, ou enfin par l'inscription : dans ce dernier cas, le vendeur doit remplir toutes les formalités voulues par la loi sur la régularité des inscriptions.

11 juin 1812, t. II, n° 365 *bis.*

76. — L'inscription du privilége du vendeur doit primer celle prise en vertu d'une hypothèque ordinaire, bien que le vendeur n'ait fait inscrire son privilége que postérieurement à celle-ci.

15 juillet 1812, t. II, n° 370.

77. — En cas de surenchère sur aliénation forcée, le privilége du vendeur non payé peut être inscrit tant que la nouvelle adjudication n'est pas tranchée.

13 juin 1848, 47-48, n° 97.

78. — La disposition de l'art. 2146, qui déclare sans effets les inscriptions prises sur une succession bénéficiaire, est inapplicable au privilége du vendeur.

14 décembre 1860, 60-61, n° 67.

§ 3.

Renouvellement décennal des inscriptions et de leur péremption.

79. — D'après l'art. 2146, un créancier n'est pas obligé de renouveler dans les dix années son inscription lorsque la succession de son débiteur a été ouverte avant le laps de temps et acceptée par bénéfice d'inventaire.

25 juillet 1814, t. III, n° 440.

80. — La saisie immobilière de l'immeuble hypothéqué ne dispense pas le créancier qui la poursuit de renouveler son inscription avant le laps de dix années, et s'il ne l'a point fait avant l'ouverture de l'ordre, son inscription est périmée.

La signification de la saisie aux créanciers inscrits ne fait point cesser l'obligation à l'égard du saisissant, de procurer le renouvellement de son inscription.

19 février 1820, t. IV, n° 784, p. 247.

81. — L'inscription hypothécaire ne produit son effet et n'est dispensée du renouvellement, que du moment où le procès-verbal d'ordre a été ouvert et où la contestation des créanciers a eu lieu entre eux sur le rang de leurs hypothèques, et non point à dater du jour de l'adjudication de l'immeuble saisi immobilièrement. Ainsi l'adjudicataire des immeubles expropriés qui, étant lui-même créancier hypothécaire, n'a pas fait ouvrir le procès-verbal d'ordre ni fait régler entre les créanciers la distribution du prix pour lequel ils lui ont été adjugés, avant que son inscription ait été périmée par l'espace de dix ans sans renouvellement, doit être déclaré déchu de son rang de collocation et ne peut être réputé possesseur incommutable à l'égard des tiers.

12 mai 1824, t. V, n° 940 *bis.*

82. — On ne peut fixer à une autre époque qu'à l'ouverture du procès-verbal d'ordre et à l'annexe de l'état des inscriptions la dispense de renouveler l'inscription de l'hypothèque ; ainsi, l'ordonnance rendue par le juge-commissaire d'après la disposition de l'art. 752 du C. de Pr. civ. ne précédant point le procès-verbal d'ordre, on ne peut la considérer comme ayant mis les créanciers inscrits à même d'exercer leurs droits et comme rendant superflu le renouvellement de leurs inscriptions. Dès lors, si les dix années à dater de l'hypothèque se sont écoulées avant l'ouverture du procès-verbal d'ordre, quoique après l'obtention de l'ordonnance du juge-commissaire, l'inscription est périmée.

21 décembre 1826, t. V, n° 940.

83. — L'inscription hypothécaire cesse d'être assujettie au renouvellement décennal en ce qui concerne la fixation du rang des créanciers, lorsque le fonds qui en est grevé a été saisi et adjugé judiciairement.

25 janvier 1850, 49-52, n° 75.

84. — Le vendeur qui, après avoir inscrit son privilége, laisse passer dix années sans renouveler son inscription, peut, même après ce délai, prendre pour la conservation de son privilége une inscription utile, si d'ailleurs l'immeuble vendu n'a pas été de la part de l'acheteur l'objet d'une vente dûment transcrite.

14 décembre 1861, 60-61, n° 67.

§ 4.

Radiation des inscriptions.

85. — La radiation d'une hypothèque n'éteint pas la créance, et on peut encore en réclamer le montant quand on représente le titre qui l'établit.

5 décembre 1809, t. II, n° 286.

§ 5.
Réduction des hypothèques.

86. — On ne peut appliquer la réduction autorisée par l'article 2161 du Code civil à une hypothèque qui a pris naissance avant cette loi.

22 juin 1809, t. II, n° 270.

CHAPITRE V.
DES EFFETS DES PRIVILÉGES ET HYPOTHÈQUES, ABSTRACTION FAITE DU RANG DES CRÉANCIERS ENTRE EUX.

§ 1er.
Des effets de l'hypothèque quant à l'immeuble qui en est grevé.

87. — Un créancier qui a hypothèque sur plusieurs immeubles, même au moyen de subrogations, peut se faire colloquer successivement sur le prix de chacun de ces immeubles. Il peut renoncer à la première collocation pour s'en tenir à la dernière tant qu'il n'est pas payé. La collocation n'opère ni novation ni paiement.

Inédits. 4 juillet 1860, 1re Ch. Macheras c. Dufournel. — 28 février 1855, 1re Ch. Faillite Thiébaud c. Henriot et Vivier.

Le contraire aurait lieu s'il résultait de cette renonciation la privation du droit d'un tiers sur lequel il a dû compter et le renversement du rang des hypothèques.

Inédits. Février 1856, 1re Ch. Bournier c. Devillers et Mathey. — 19 août 1857, 1re Ch. Corne c. Veraza.

§ 2.
Des effets de l'hypothèque en ce qui concerne la créance à laquelle elle est attachée.

88. — Le vendeur a, suivant l'art. 2151 du Code civil, le même privilége pour les intérêts du prix de la vente que pour le prix principal lui-même ; ce privilége ne s'étend pas seulement à deux années d'intérêts avec l'année courante, mais à tous les intérêts échus après l'inscription prise par le vendeur ou après celle faite d'office, sans qu'il soit besoin de nouvelles inscriptions à mesure des échéances.

10 décembre 1825, t. IV, n° 873, p. 360.

89. — L'inscription prise pour sûreté d'une rente viagère ne conserve pas au même rang que le capital tous les arrérages échus, mais seulement deux années et l'année courante. L'art. 2151 du C. N. est applicable à ce cas.

26 mai 1827, 27-28, n° 33.

90. — Les créanciers ont droit à collocation pour les intérêts échus depuis la transcription de la saisie.

16 décembre 1852, 49-52, n° 135.

§ 3.
Des rapports que l'hypothèque établit entre le créancier et le débiteur, considéré comme propriétaire de l'immeuble grevé.

91. — Il résulte de la combinaison des art. 1583, 2166, 2167 du Code civil, 692 et 731 du Code de proc., que le débiteur peut, jusqu'à la dénonciation de la saisie immobilière à lui faite, aliéner ses immeubles, quoique grevés d'hypothèques, et que l'adjudication définitive ne transmet à l'adjudicataire d'autres droits à la propriété que ceux qu'avait le saisi : ainsi, lorsque le commandement n'a été signifié à ce débiteur que postérieurement à la vente qu'il a faite de ces biens, l'adjudication n'a pu en transmettre la propriété à l'adjudicataire parce qu'on ne pourrait plus exproprier le débiteur, lors même qu'il aurait conservé la jouissance desdits biens : l'expression tiers détenteurs, employée dans les articles 2166 et 2167, ne comprend que la détention ou la possession définie par l'art. 2228 du même Code.

13 juillet 1822, t. IV, n° 821, p. 294.

92. — Un débiteur pourvu qu'il agisse de bonne foi, peut jusqu'à la dénonciation de la saisie de ses biens, affecter par anticipation au paiement de l'une de ses dettes, des loyers et fermages à échoir même postérieurement à l'adjudication.

15 mars 1845, 45, n° 31, p. 90.

93. — Le créancier hypothécaire qui fait à l'héritier du débiteur commandement de payer, doit, avant de procéder à la saisie des fonds qui lui sont hypothéqués, donner connaissance du commandement au légataire à titre universel de l'usufruit de ces fonds, pour le mettre à même de profiter de la faculté que lui accorde l'art. 612 du C. N.

29 décembre 1846, 46, n° 114, p. 289.

94. — La vente consentie depuis la saisie pratiquée à la requête d'un créancier hypothécaire laisse subsister cette saisie, même non encore transcrite, si la transcription de la vente n'a eu lieu qu'après celle de la saisie.

29 novembre 1858, 58-59, n° 20.

§ 4.

De la poursuite de l'hypothèque contre le tiers détenteur et des rapports que l'hypothèque établit entre lui et les créanciers hypothécaires.

1° Du droit de poursuite du créancier.

95. — Le créancier qui se pourvoit par expropriation forcée sur un bien possédé par un tiers acquéreur n'est pas obligé de discuter le débiteur principal et les derniers acquéreurs, suivant les art. 14, 16, 56 de la loi du 11 brumaire an VII.

L'art. 49 de cette loi n'a point pour but de remettre en vigueur les usages et formalités que les lois anciennes exigeaient pour les décrets ; il n'est qu'une suite de l'art. 15 et n'a été compris dans la loi que pour empêcher que ce dernier eût un effet rétroactif dans les différents arrondissements où l'exigibilité des créances avait lieu en cas de purgation d'hypothèques.

21 prairial an X, t. I, n° 56.

96. — D'après l'art. 2169 du C. N., on ne peut saisir un immeuble qu'après avoir notifié au tiers détenteur la sommation de payer ou de délaisser ; si cette sommation n'a pas eu lieu, il en résulte que les poursuites sont frappées d'une nullité radicale.

14 juin 1808, t. I, n° 209.

97. — Le créancier hypothécaire qui fait sommation à l'acquéreur d'avoir à lui notifier son titre et de payer ou délaisser, n'est tenu, ni de lui signifier l'acte constitutif de l'hypothèque avec le bordereau d'inscription, ni d'indiquer avec précision ce qui lui reste dû sur sa créance.

6 juillet 1829, 29, n° 53, p. 177.

98. — La sommation de payer ou délaisser signifiée aux tiers détenteurs ne doit pas être assimilée à un exploit d'ajournement ni soumise aux prescriptions de l'art. 64 du C. de Pr. civ.

On ne peut donc déclarer nulle cette sommation, qui ne contiendrait pas une désignation suffisante de l'immeuble à délaisser, alors surtout qu'il aurait été donné signification aux tiers détenteurs du titre constitutif de la créance et de l'hypothèque.

Aucun délai moral n'est obligatoire entre le commandement signifié sur débiteur et la sommation donnée aux tiers détenteurs des immeubles hypothéqués.

29 juin 1861, 60-61, n° 70.

99. — L'acquéreur d'une maison grevée d'une rente viagère ne peut être forcé à payer que les intérêts de la somme inscrite pour sûreté des arrérages éventuels.

16 messidor an XIII, t. I, n° 126.

100. — L'hypothèque consentie par l'un des héritiers sur les biens indivis de la succession donne au créancier, en cas de vente amiable de ces immeubles reconnus impartageables, le droit de surenchère sur la totalité du prix de vente.

5 mai 1855, 53-57, n° 65, p. 170.

2° Des exceptions que le tiers détenteur peut opposer à la poursuite.

101. — Un tiers détenteur évincé par suite d'une expropriation a le droit de demander, sur le prix de l'adjudication, la distraction de la valeur des améliorations ou constructions qu'il a faites aux immeubles, et il doit être colloqué en premier ordre sur ce prix, quoiqu'il n'existe point d'inscription en sa faveur pour cet objet.

1er mai 1807, t. I, n° 169.

102. — Pour pouvoir poursuivre hypothécairement un tiers détenteur, il faut que ce détenteur ait acquis du débiteur hypothécaire, ou qu'il soit prouvé par titre ayant date certaine contre le détenteur que l'immeuble appartenait au débiteur à l'époque où l'inscription hypothécaire a été prise en vertu du jugement.

Inédit. 30 avril 1845, 2e Ch. Veuve Bride c. François Bride.

3° Du délaissement.

103. — Par le délaissement, lors même qu'il est suivi de la nomination d'un curateur, le tiers détenteur n'est dessaisi ni de la propriété ni de la possession de l'immeuble hypothéqué ; en conséquence, il ne peut réclamer de son vendeur des dommages-intérêts pour défaut de jouissance.

9 décembre 1844, 43-44, n° 121.

104. — Les poursuites en saisie immobilière sont régulièrement exercées contre le tiers détenteur qui a délaissé, tant qu'il n'a pas notifié son acte de délaissement au poursuivant ou que, contradictoirement avec ce dernier, il n'en a pas demandé acte en justice.

29 juillet 1850, 49-52, n° 90.

105. — Le tiers détenteur qui a délaissé sur les poursuites des créanciers hypothécaires n'en reste pas moins propriétaire, et par suite, en cas de désistement de la part des poursuivants, il ne peut se soustraire aux obligations résultant du contrat qu'il a souscrit. Mais il ne peut être tenu de payer les intérêts qui ont couru pendant le temps où sa jouissance a cessé, par suite du délaissement. En pareil cas, il n'est pas tenu des frais de délaissement ni de ceux des poursuites qui ont eu lieu depuis la sommation jusqu'au désistement du créancier.

19 mai 1849, 49-52, n° 39.

CHAPITRE VI.

DE LA TRANSMISSION DES PRIVILÉGES ET HYPOTHÈQUES.

§ 1er.

De la transmission des priviléges et des hypothèques en général.

106. — Lorsqu'une hypothèque est affectée à une ouverture de crédit, s'il résulte de l'acte qui la constitue la preuve que cette hypothèque est attachée seulement à la créance qui résultera, en faveur du créditeur, de l'ensemble de son opération, et non pas à tous les billets destinés à être transmis à des tiers par voie d'endossement, le créditeur qui a ainsi stipulé cette garantie dans son intérêt personnel doit s'en réserver le bénéfice exclusif, tant qu'il conserve entre ses mains des valeurs se rattachant à son ouverture de crédit.

C'est en vain que les tiers qui ont reçu ces billets par voie d'endossement se prévaudraient des dispositions de l'art. 1692 du Code civil, et prétendraient que les droits d'hypothèque résultant de l'acte d'ouverture de crédit leur ont été transmis comme un accessoire de la créance à eux cédée par l'endossement de ces billets. Par cette transmission, le créditeur n'a transmis que l'action personnelle contre lui-même et contre ses débiteurs, à moins que le contraire ne résulte des documents de la cause.

8 avril 1871, 70-71, n° 22.

§ 2.

*Des renonciations et subrogations à l'hy-
pothèque légale des femmes mariées.*

107. — La femme peut, avec
la seule autorisation de son mari,
et sans l'assistance d'un conseil de
famille, renoncer à son hypothèque
légale en faveur d'un tiers. Le
seul cas où l'autorisation du mari
ne soit pas suffisante à cet effet est
celui où c'est le mari lui-même
qui demande la réduction de l'hypothèque.

4 décembre 1817, t. III, n° 521.

108. — Si la femme mariée
ne peut pas consentir valablement
à la radiation de son hypothèque
au profit de son mari seul, lorsqu'elle est autorisée par lui, elle a
autant de capacité qu'un autre
créancier pour renoncer à son hypothèque et en consentir la radiation, lorsqu'un tiers y est intéressé.

1er février 1821, t. IV, n° 795,
p. 264.

109. — La femme qui a déclaré dans un acte authentique
qu'elle renonçait à exercer ses
droits pour le recouvrement de sa
dot et de ses apports, sur certains
immeubles déterminés, ne peut
révoquer cette déclaration lorsqu'elle a été faite en faveur du
gouvernement pour obtenir une
mainlevée de séquestre et que les
parties ne peuvent plus être remises au même état qu'auparavant.

19 février 1811, t. II, n° 331.

110. — Lorsqu'une femme
s'est obligée solidairement avec
son mari envers ses créanciers, qui
ont accepté la délégation qui leur
a été faite par leurs débiteurs dans
un acte de vente qu'ils ont conjointement passé des biens du
mari, elle ne peut s'opposer à la
collocation par préférence de ces
mêmes créanciers, lorsque c'est
en sa présence et de son consentement que son mari leur a donné
hypothèque ; il en serait autrement à l'égard des créanciers envers lesquels cette femme ne se serait point obligée.

19 février 1818, t. III, n° 582.

111. — La femme peut, en
vertu de son hypothèque légale,
poursuivre l'expropriation des
biens de son mari en quelques
mains qu'ils se trouvent, et dans
l'ordre qu'elle juge convenable,
sans que son action puisse être ré-
prouvée à raison du consentement
qu'elle aurait donné à l'aliénation
de partie des fonds sur lesquels
elle a hypothèque, et qu'on puisse
invoquer contre elle les dispositions des articles 1215, 1251 et
2035 du Code civil.

8 août 1820, t. IV, n° 644, p. 64.

112. — La femme, en s'obligeant solidairement envers son
mari, subroge implicitement le
créancier dans le bénéfice de l'hypothèque légale qui naît à son
profit de l'obligation même qu'elle
vient de contracter.

30 mai 1850, 49-52, n° 102.

113. — Ce n'est qu'au cas où
l'obligation solidaire contractée
par le mari et la femme contient
une constitution d'hypothèque en
faveur du créancier, que ce dernier peut se prétendre subrogé à
l'hypothèque légale de la femme ;
une obligation purement chirographaire, alors même que le
créancier aurait obtenu jugement
contre le mari et la femme sur le
fondement de leur obligation, ne
confère à ce créancier aucun droit
à l'hypothèque légale de la femme.

28 avril 1860, 60-61, n° 16.

114. — La subrogation tacite
résultant d'un engagement contracté par la femme conjointement avec le mari au profit d'un
créancier de ce dernier est seulement relative aux biens spécialement hypothéqués par l'acte que la
femme souscrit. Le créancier que
la femme subroge plus tard, d'une
manière expresse, au bénéfice de
son hypothèque légale, prend rang
sur les biens non compris au pre-

mier contrat avant le créancier antérieur en date dont la subrogation n'est que tacite.

Toutefois, la subrogation expresse accordée au second créancier ne lui permet pas d'absorber, au détriment du premier, le montant de la collocation due à la femme par suite de l'obligation qu'elle a contractée envers celui-ci.

30 mai 1850, 49-52, n° 102.

115. — La date des subrogations expressément consenties par la femme fixe le rang des subrogés.

30 mai 1850, 49-52, n° 102.

116. — La femme autorisée par son mari, qui s'est reconnue solidairement débiteur avec lui d'une certaine somme pour sûreté de laquelle tous deux ont hypothéqué en faveur de leur créancier une maison achetée pendant la société conjugale, ne peut plus céder à un créancier postérieur de son mari les droits de son hypothèque légale, par la raison que son engagement en faveur du premier vaut renonciation à cette hypothèque légale.

21 juillet 1818, t. III, n° 542.

CHAPITRE VII.
DU RANG DES HYPOTHÈQUES.

117. — Le créancier qui a une hypothèque générale première en date peut la faire porter sur l'immeuble ou le domaine qu'il lui plaît de choisir, et anéantir ainsi le gage d'un créancier qui a une hypothèque spéciale postérieure.

22 décembre 1827, 27-28, n° 61.

CHAPITRE VIII.
DE L'EXTINCTION DES PRIVILÉGES ET HYPOTHÈQUES.

§ 1er.

Mode d'extinction commun aux hypothèques et aux privilèges, soit sur les meubles, soit sur les immeubles.

Extinction de l'obligation principale.

118. — Le créancier, en produisant aux ordres ouverts par les acquéreurs successifs des biens hypothéqués pour assurer le paiement de la dette, ne fait point novation à sa créance, s'il n'a pas déclaré expressément qu'il entendait décharger son débiteur.

Lorsque le tiers acquéreur a transcrit son contrat, ouvert un procès-verbal d'ordre et provoqué la délivrance de bordereaux de collocation aux créanciers, il devient personnellement obligé à la dette, en ce sens que le commandement de payer peut lui être fait directement, et que le créancier non payé peut ensuite pratiquer sur ses ayants cause la saisie de l'immeuble hypothéqué.

29 décembre 1846, 46, n° 114, p. 289.

119. — Il n'y a pas novation dans la créance lorsque le créancier hypothécaire a omis de faire au débiteur originaire le commandement dont parle l'article 2169 du Code Napoléon, et n'a pas fait aux créanciers inscrits la sommation dont parle l'article 692 de la loi du 2 juin 1841 sur la saisie immobilière. — La signification prescrite par cet article n'est exigée qu'à l'égard des créanciers inscrits, et l'omission de cette formalité est couverte, lorsque ceux d'entre eux qui ont été sommés de prendre communication du cahier des charges ont gardé le silence.

29 décembre 1846, 46, n° 114, p. 289.

§ 2.

Des modes d'extinction particuliers aux privilèges sur les immeubles et aux hypothèques.

120. — Pour prescrire contre le droit hypothécaire, il faut que le tiers détenteur réunisse les conditions exigées par l'article 2265, qu'il ait juste titre et bonne foi. Il n'est pas de bonne foi quand, au moment de l'acquisition, il a connaissance de l'hypothèque..., surtout quand le titre d'acquisition charge le tiers d'acquitter les dettes hypothécaires.

Inédit. 15 juin 1842, 1re Ch. Girod c. le préfet du Doubs.

121. — La prescription de l'hypothèque ne court au profit du tiers détenteur d'un immeuble affecté au paiement d'une créance à terme qu'à partir de l'échéance du terme ; elle est suspendue jusque-là.

L'action en interruption d'hypothèque, autrefois usitée dans certaines parties de la France, n'a pas été maintenue par le Code Napoléon.

19 décembre 1855, 53-57, n° 80, p. 226.

122. — L'erreur intervenue quant à la date d'une inscription relatée dans le certificat du conservateur, délivré après la transcription, ne peut être assimilée à l'omission de l'inscription prévue par l'article 2198 du Code civil, et cette erreur ne peut avoir l'effet de dégrever d'hypothèque l'immeuble dans les mains du tiers détenteur.

27 avril 1819, t. IV, n° 607.

§ 3.
De la purge des priviléges et des hypothèques.

1° Historique. — Acquisitions auxquelles elle s'applique.

a. Historique.

122 *bis*. — D'après l'ordonnance de 1771, on pouvait se dispenser de prendre des lettres de ratification pour chaque mutation ; mais il fallait que le contrat déposé ou l'extrait placé dans l'auditoire fît expressément mention des noms, prénoms, profession et demeure de tous les précédents propriétaires contre lesquels on voulait purger les hypothèques et priviléges, et si cela n'avait pas eu lieu, l'hypothèque était conservée.

4 août 1812, t. II, n° 374.

123. — Dans l'ancienne jurisprudence, les ventes par décret purgeaient le fonds vendu de tous droits réels, même des droits de propriété qui auraient appartenu à des tiers, lorsque ceux-ci ne formaient pas opposition afin de distraire, encore qu'il n'y eût pas eu dépossession du détenteur par bail judiciaire, la formalité du bail n'étant pas prescrite à peine de nullité par les anciennes ordonnances qui régissaient la Franche-Comté.

9 mai 1853, 53-57, n° 10, p. 20.

124. — Les hypothèques anciennes dont était grevé un immeuble vendu avant la promulgation du Code Napoléon ont été purgées sans qu'il ait été besoin de transcrire le contrat de vente d'après cette promulgation, qui a valu transcription pour le vendeur : en conséquence, les inscriptions prises pour conserver ces hypothèques depuis la publication du Code Napoléon ne peuvent produire aucun effet ni être opposées à des tiers.

27 juin 1817, t. III, n° 511.

b. Acquisitions auxquelles elle s'applique.

125. — L'adjudication qui a eu lieu à la suite d'une conversion sur saisie n'opère pas la purge des hypothèques, alors même que le jugement de conversion a été prononcé après que les obligations prescrites par l'article 692 du Code de procédure civile ont été faites aux créanciers inscrits.

En conséquence, est valable la surenchère du dixième faite par un créancier inscrit après l'adjudication sur conversion.

6 juillet 1866, 66-67, n° 48.

2° De la purge des priviléges et des hypothèques rendus publics par l'inscription.

a. Formalités et conditions à remplir par le tiers détenteur.

126. — Le prix que le débiteur doit payer pour éviter les poursuites hypothécaires est celui de la vente qui lui a été consentie et non le prix moins considérable d'une vente précédente faite à une époque où ces hypothèques existaient déjà.

Inédit. 11 février 1841, 2ᵉ Ch. Veuve Vermot c. Oudart.

127. — La consignation dont il est question, article 2186, n'est pas assujettie à une signification préalable ni même à une signification postérieure. Les articles 1257 et suivants et 687 du Code de procédure civile ne lui sont pas applicables.

Inédit. 23 décembre 1856, 1ʳᵉ Ch. Dumont c. Burkart et consorts.

b. Droit des créanciers hypothécaires de requérir la mise aux enchères.

128. — Suivant la loi du 27 mai 1791, un directeur de la régie de l'enregistrement peut faire, au nom de son administration, une réquisition de mise aux enchères sur les biens de son débiteur.

Dans ce cas, la régie n'est point obligée, suivant la disposition de l'article 2185, de fournir caution.

13 avril 1812, t. II, nº 360.

129. — Le délai de quarante jours, accordé par l'article 2185 du Code civil au créancier inscrit pour surenchère, doit être augmenté, non-seulement de deux jours pour une distance de cinq myriamètres entre le domicile réel et le domicile du créancier, mais encore pour une fraction de cette distance, par exemple trois myriamètres et demi.

25 février 1836, 36, p. 34.

130. — Lorsque l'adjudicataire, en vertu d'une clause du cahier des charges, est tenu, outre le prix principal qu'il doit aux créanciers, de servir au profit d'un tiers une rente viagère dont l'immeuble par lui acquis était antérieurement affecté, il suffit, pour que la surenchère soit recevable, qu'elle ait été calculée seulement sur le montant du prix, abstraction faite de la rente viagère dont les créanciers ne peuvent profiter en aucun cas.

31 décembre 1850, 49-52, nº 47.

131. — La nullité de la réquisition de mise aux enchères faite par un huissier non commis ne peut être proposée que par celui-là seul à qui cet acte a été signifié.

25 février 1836, 36, p. 34.

132. — Aucun texte de loi n'annulant le cautionnement offert quand la caution est décédée avant qu'elle ait été acceptée, les tribunaux ont le droit d'accorder un nouveau délai pour en offrir une nouvelle.

26 février 1829, 29, p. 32.

133. — Aucune disposition législative n'annulant l'offre de cautionnement, parce que la caution serait décédée avant d'avoir été acceptée, les tribunaux ont le droit d'accorder au débiteur un délai pour en offrir une nouvelle.

26 février 1829, 29, nº 18, p. 69.

134. — Après la déclaration de nullité d'une première surenchère, le créancier peut en faire une seconde, s'il est encore dans les délais, parce que la loi ne prononce, en ce cas, aucune déchéance contre lui, et qu'il est de principe qu'un acte nul peut être renouvelé, quand on est encore dans le délai pour le faire. Dans ce cas, il n'y a pas lieu à l'exception de chose jugée, d'après l'article 1351 du Code Napoléon.

26 février 1829, 29, p. 32.

135. — L'acquéreur qui notifie son contrat d'acquisition aux créanciers inscrits ou à ceux qui ont une hypothèque légale sur l'immeuble dont il est devenu propriétaire, ne renonce point à leur opposer les exceptions qui peuvent faire déclarer nulles les surenchères qu'ils auraient faites, et par suite desquelles il pourrait être privé de la chose qu'il a achetée, ou ne la conserver qu'en payant un prix supérieur à celui convenu entre lui et le vendeur; ainsi, il peut opposer aux créanciers tous les moyens qui seraient de nature à rendre sans effet la surenchère.

30 juin 1823, t. IV, n° 707, p. 158.

3° Conséquences du défaut de surenchère valable.

136. — Les créanciers hypothécaires qui n'ont pas usé du droit de surenchérir sont cependant admis à attaquer, pour cause de fraude, l'acte d'acquisition du tiers détenteur et exercer l'action révocatoire, en vertu de l'article 1167; ainsi dans le cas où le prix n'a pas été exprimé en entier dans l'acte d'aliénation, ou du moins n'a pas été déclaré par le nouveau propriétaire dans l'acte de notification faite aux créanciers.

22 février 1822, t. IV, n° 815, p. 286.

4° Suites d'une réquisition valable de mise aux enchères.

137. — Suivant l'art. 2187 du C. N., le nouveau propriétaire au préjudice duquel doit se faire la revente n'est pas tenu de poursuivre lui-même et n'est pas soumis aux charges que l'art. 2185 impose à celui-là seul qui requiert la mise aux enchères.

11 juin 1808, t. I, n° 208.

138. — L'éviction de l'acquéreur résulte du fait de la surenchère formée par un créancier hypothécaire du vendeur, lorsque surtout cette surenchère a été déclarée valable par jugement; ainsi, le vendeur doit garantir l'acquéreur de l'éviction qui est le résultat de cette surenchère.

4 mars 1822, t. IV, n° 665 bis, p. 103.

139. — Par l'effet de l'enchère faite par un créancier hypothécaire dont les droits ont été dissimulés, l'acquéreur se trouve réellement évincé, et par conséquent il est autorisé à exercer contre le vendeur tous ses droits pour le recouvrement du prix qu'il a payé, et obtenir les dommages et intérêts qu'il peut être fondé à prétendre.

10 juin 1823, t. IV, n° 707, p. 158.

140. — Les droits réels concédés sur un immeuble par un adjudicataire poursuivi plus tard par voie de folle enchère sont sans effet à l'égard de l'acquéreur définitif. Il en est ainsi alors même que les clauses du cahier des charges énoncent que l'adjudicataire prendra les choses vendues dans l'état où elles se trouveront.

6 janvier 1848, 47-48, n° 77.

5° De la purge des hypothèques légales.

a. Des formalités à remplir par le tiers acquéreur.

141. — Le cas où il n'y a pas eu de subrogé tuteur de nommé ne peut pas être assimilé à celui où le subrogé tuteur n'est pas connu. L'acquéreur, en vertu des art. 406 et 421, doit faire nommer un subrogé tuteur pour lui faire la notification.

Inédit. 13 juillet 1837, 1re Ch. Grenier, Vaudet et autres c. héritiers Girod.

b. Des effets attachés à l'accomplissement des formalités de purge des hypothèques légales.

142. — La femme séparée de biens qui n'a point profité du bénéfice de l'art. 2194 est privée de son hypothèque légale, en ce sens qu'elle ne peut plus surenchérir ni discuter l'immeuble vendu par son mari, mais elle conserve ses droits pour les faire valoir à l'ordre sur le prix de cet immeuble, sans avoir besoin d'inscription.

22 juin 1816, t. III, n° 481.

143. — Quoiqu'il résulte de l'art. 2195 du C. N., que lorsque l'hypothèque légale de la femme n'a pas été inscrite dans le délai qu'il prescrit, les immeubles qui en étaient frappés et qui ont été aliénés passent à l'acquéreur sans aucune charge à raison de dot, reprises et conventions matrimoniales, il n'en résulte pas que la femme, en omettant de prendre inscription, ait perdu le rang que l'art. 2135 assurait à son hypothèque; elle conserve, au contraire, le droit de se présenter à l'ordre pour y être colloquée en vertu de son contrat de mariage.

17 mars 1827, 27-28, n° 20.

144. — Les femmes mariées jouissent, comme tous les autres créanciers hypothécaires, du droit de requérir la mise aux enchères des immeubles dont la purge est poursuivie : il suffit qu'elles soient autorisées à surenchérir : il résulte de là une dérogation à la prohibition de toute vente entre époux suivant l'article 1595.

10 juin 1823, t. IV, n° 707, p. 158.

V. FAILLITE ET BANQUEROUTE.

Procès-verbal, V. SAISIE-EXÉCUTION, SAISIE IMMOBILIÈRE, CHASSE, PÊCHE, FORÊTS, DOUANES.

Procureur de la république, V. INSTRUCTION CRIMINELLE, MINISTÈRE PUBLIC.

Production, V. ORDRE.

Promesse d'égalité, V. DISPOSITIONS ENTRE-VIFS ET TESTAMENTAIRES.

Promulgation, V. LOI.

Propriété.

CHAPITRE 1er.

TABLE ALPHABÉTIQUE.

CHAPITRE Ier.

DES FACULTÉS INHÉRENTES A LA PROPRIÉTÉ ET DE SON ÉTENDUE QUANT AUX OBJETS SUR LESQUELS ELLE PORTE.

§ 1er.

Des facultés inhérentes à la propriété.

1. — Le fait par un propriétaire d'abaisser, pour y construire, le sol de son terrain au niveau de la voie publique et de l'entrée de la maison de son voisin, constitue l'exercice d'un droit et ne saurait servir de base à une demande en dommages-intérêts. Il en est ainsi, surtout alors qu'il est constaté en fait que le préjudice résulte principalement du mauvais état des murs de la maison du voisin.

8 juillet 1853, 53-57, n° 36, p. 77.

2. — Toute partie peut clore son terrain, et aucune disposition spéciale ne limite la hauteur des clôtures, à moins de conventions particulières entre les voisins.

31 janvier 1826, t. V, n° 881.

3. — Suivant la règle générale, chacun peut se clore ainsi qu'il le juge convenable, et on ne peut pas, à moins d'une renonciation expresse et formelle, supposer qu'une partie ait renoncé à ce droit.

La loi 13, au Dig., *Finium regundorum*, n'est point admise dans le droit français pour la distance à observer en bâtissant les murs de clôture ; l'usage constant et les lois municipales de Besançon, ainsi que l'édit de clôture de 1768, permettent de se clore à l'extrémité de son terrain sans laisser la distance d'un pied et demi.

14 ventôse an XIII, t. I, n° 117.

V., sur les effets de la clôture, V^{is} VAINE PATURE et PARCOURS.

4. — Les digues ne sont pas prohibées quand elles sont faites pour garantir la rive ; mais il ne faut pas qu'elles soient faites sans utilité pour celui qui les établit et pour nuire à la rive opposée.

Inédit. 7 février 1843, 1re Ch. Gauthier c. Saint.

§ 2.

De l'étendue de la propriété quant aux objets sur lesquels elle porte.

5. — Celui qui est propriétaire exclusif du sol sur lequel est bâti un escalier commun entre lui et un propriétaire voisin est propriétaire aussi, malgré l'existence de l'escalier commun, de l'espace aérien situé au-dessus de cet escalier. Il peut en conséquence disposer, dans la cage de l'escalier, de l'espace situé au delà du niveau supérieur des chambres dépendant de la propriété voisine auxquelles l'escalier commun sert d'accès.

27 janvier 1867, 66-67, n° 83.

6. — Doit être considéré comme faisant partie de la vente d'un moulin, soit en qualité d'accessoire indispensable, soit en celle d'immeuble par destination, le bac que le propriétaire du moulin a établi pour faciliter la communication avec sa propriété et accroître ainsi son utilité et son agrément.

24 novembre 1856, 53-57, n° 101, p. 287.

7. — En cas d'absence de titres relatifs à la propriété d'un corridor desservant les chambres appartenant dans la même maison à deux propriétaires différents, les juges peuvent se décider d'après les présomptions et notamment déclarer le corridor commun aux deux parties, s'il est utile à toutes les deux.

3 décembre 1869, 68-69, n° 90, p. 365.

8. — En cas de vente d'un étang, l'acheteur, à moins d'autres stipulations, n'a droit qu'à la contenance telle qu'elle est déterminée par les eaux, lorsqu'elles s'élèvent à la hauteur de la décharge, et ce, quand même une contenance approximative plus considérable aurait été indiquée dans l'acte de vente : en conséquence, fût-il évincé d'un excédant, cet acheteur est mal fondé dans son recours en garantie contre le vendeur.

21 juillet 1856, 53-57, n° 94, p. 268.

9. — Les limites d'un étang doivent être déterminées par la hauteur du déversoir ; elles ne s'étendent point jusqu'aux terrains couverts par l'eau dans les crues ordinaires.

11 février 1846, 46, n° 43.

10. — Bien que les chemins d'exploitation soient présumés appartenir par indivis aux propriétaires des fonds qui s'exploitent par ces chemins, les demandeurs qui prétendent à la copropriété d'un chemin de cette nature doivent établir leur droit par des présomptions graves et précises :

les dénominations de *charrière*, *ruelle*, *chemin de desserte*, données par d'anciens titres à ces chemins ou des traces de passage signalées par une expertise ne suffiraient pas à faire cette preuve.

23 mars 1866, 66-67, n° 19.

11. — Bien que celui qui se prétend copropriétaire d'un chemin d'exploitation ne soit pas soumis à la représentation de son titre, il doit, même comme défendeur, faire la preuve des signes extérieurs d'existence et d'indivision des chemins. Cette preuve peut résulter d'actes d'appropriation et d'entretien et de la disposition même des lieux. Les simples faits de passage, utiles pour acquérir en cas d'enclave la prescription d'un mode d'exercice de la servitude, ne peuvent, à défaut d'enclave, pas plus servir à constituer un droit de servitude qu'à justifier d'un droit de copropriété.

16 juillet 1866, 66-67, n° 45.

12. — Il est de principe que le propriétaire d'une usine est censé l'être du bief ou canal qui y conduit l'eau lorsque ce canal est artificiel et que sa construction n'a pas eu d'autre but que le roulement de l'usine ; en ce cas il n'est permis à personne d'y faire des entreprises sans titre ou possession suffisante ; dans le cas contraire et lorsque le canal est le lit naturel de la rivière ou d'un ruisseau, le propriétaire de l'usine n'en a que l'usage ordinaire et ne peut empêcher celui des possesseurs des héritages adjacents.

30 messidor an XII, t. I, n° 63.

13. — Les eaux d'un canal artificiel ou d'un bras de rivière appartiennent au moulin qu'elles alimentent, lorsqu'elles ont été affectées à son service au moyen de travaux d'art exécutés par qui de droit.

5 janvier 1846, 46, n° 15.

14. — Le lit des rivières ou ruisseaux non navigables ni flot-tables appartient exclusivement aux propriétaires des fonds riverains ; c'est par ce motif que l'article 561 du Code civil leur accorde la propriété des atterrissements ou îles qui pourraient s'y former sans le fait de l'homme, et que l'article 644 leur permet de se servir des eaux pour l'irrigation de leurs terres. En cas seulement de curage ordonné par l'autorité administrative, le propriétaire riverain devra subir sur son terrain le dépôt des terres qui en proviendront, si toutefois l'encombrement qui a nécessité le curage n'est point le fait de l'homme. Cette même loi est applicable aux propriétaires d'usines, qui doivent creuser les ruisseaux dont ils ont encombré le lit, mais ne sont nullement autorisés à déposer sur le terrain des riverains les terres ou boues qui proviennent du curage.

10 juillet 1823, t. IV, n° 708, p. 161.

15. — En ce qui concerne les francs-bords plus ou moins larges en dehors du cours d'eau, il n'existe pas de présomption légale de propriété, mais une simple présomption qui peut être détruite par une preuve ou même par une présomption contraire.

Inédits. 17 novembre 1854, 2° Ch. Carmentrans c. la commune de Lavigny. — 14 janvier 1865, 2° Ch. Cantenot c. la commune de Nevy.

16. — La propriété d'un canal d'usine creusé de main d'homme a pour annexe celle des chaussées qui en forment les francs-bords, surtout lorsque le propriétaire y a de tout temps déposé les déblais provenant du curage et a pourvu à leur entretien.

La commune à qui appartient le fonds contigu ne peut prétendre avoir acquis par prescription la propriété des francs-bords, en se fondant sur ce que ses troupeaux conduits au parcours sur son terrain auraient à différentes reprises pâturé le sol de la chaussée.

11 février 1847, 47-48, n° 138.

17. — Le franc-bord n'est pas présumé appartenir au propriétaire du canal lorsque la disposition du sol rendait inutile l'établissement d'une digue ; du moins si rien dans l'état des lieux ne démontre qu'on aurait, à l'époque du curage, laissé en dehors et du côté où il n'existe pas de chaussée un espace de terrain destiné au service de l'usine.

11 février 1847, 47-48, n° 138.

18. — Le propriétaire d'un canal ne peut invoquer, pour prétendre droit à la propriété des francs-bords, qu'une présomption simple, qui de sa nature cède à la preuve contraire. Cette preuve peut être faite même par des présomptions que les tribunaux tirent, suivant les cas, de l'inspection des lieux, de l'état des héritages adjacents ou de toute autre circonstance qu'ils apprécient souverainement.

8 juin 1852, 49-52, n° 126.

19. — Le propriétaire d'un moulin est présumé propriétaire des francs-bords du canal qui y amène l'eau ; mais cette présomption, qui n'est édictée par aucun texte de loi, peut être détruite par la preuve contraire et même à l'aide de simples présomptions, dont la pertinence est abandonnée à l'appréciation des tribunaux. — La possession des francs-bords par les riverains peut donc suffire pour repousser l'action en revendication intentée par le propriétaire de l'usine et du canal.

18 novembre 1867, 66-67, n° 135.

20. — Les dividendes d'actions de chemin de fer sont des fruits civils qui s'acquièrent jour par jour et non des fruits industriels. L'article 584 n'est pas limitatif.

5 août 1857, 1re Ch. Jarre c. Petitjean.

CHAPITRE II.

DES RESTRICTIONS ET DES LIMITES AUXQUELLES EST SOUMIS L'EXERCICE DU DROIT DE PROPRIÉTÉ. — DES OBLIGATIONS LÉGALES IMPOSÉES AU PROPRIÉTAIRE COMME TEL.

§ 1er.

Des restrictions apportées dans l'intérêt public à l'exercice du droit de propriété.

1° Alignement.

21. — Lorsque dans une commune il existe un plan général d'alignement, homologué ou non par le préfet, mais approuvé par le conseil municipal, le maire peut, sans délibération de ce conseil, délivrer un arrêté d'alignement aux particuliers qui le demandent, et, cet arrêté fût-il plus tard annulé par le préfet, les constructions élevées avant l'annulation ne peuvent être démolies sans préalable indemnité.

2 mars 1867, 66-67, n° 91.

2° Curage des ruisseaux.

22. — En Franche-Comté, le curage des ruisseaux est à la charge des propriétaires riverains, et faute par eux de l'effectuer, il y est pourvu à leurs frais, et ils ne peuvent se refuser aux dépôts sur leurs héritages des terres et vases en provenant.

8 mai 1828, 27-28, n° 81.

3° Expropriation pour cause d'utilité publique.

23. — D'après la loi du 8 mars 1810, les tribunaux ne peuvent prononcer l'expropriation d'un particulier pour cause d'utilité publique, qu'autant que le prince a porté une ordonnance, qui seule peut prescrire des travaux ou achats de terrain ayant pour cause l'utilité publique ; dès lors le décret du 16 décembre 1811, qui a classé les routes alors existantes et a réglé le mode de leur entretien, n'a point prévu les rectifications à faire sur lesdites routes : ainsi, on ne peut, en vertu de ce décret, ordonner qu'une route sera rectifiée et établie sur les terrains de différents particuliers, avant que le prince ait statué sur l'utilité de faire l'acquisition de ces propriétés pour y faire passer la nouvelle route.

4 juin 1824, t. IV, n° 849, p. 328.

24. — Une des formalités de l'expropriation pour cause d'utilité publique est la rédaction et le dépôt à la mairie du plan terrier ou figuré des terrains dont la cession est reconnue nécessaire, avec indication des noms des propriétaires. Ce plan doit déterminer d'une manière très précise chaque portion de terrain à exproprier. Ainsi, un plan déposé à la mairie, qui aurait été rédigé seulement pour le projet de rectification d'une route, serait insuffisant dans ce cas, puisque ce ne serait qu'au moyen de rapprochements très difficiles que les propriétaires jugeraient de la conformité de ce plan avec celui joint à l'ordonnance royale, très peu précis et dont le dépôt n'est pas justifié.

21 mars 1826, t. IV, n° 849, p. 328.

25. — L'article 55 de la loi du 16 septembre 1807, qui, sauf le cas où il s'agirait d'une carrière en exploitation, dispense de payer la valeur des matériaux extraits d'une propriété particulière dans un but d'utilité publique, n'est pas applicable aux pierres tirées pour la construction d'une église.

23 novembre 1829, 29, n° 68, p. 219.

26. — Le jury d'expropriation est juge de la sincérité des titres et de l'effet des actes qui seraient de nature à modifier l'évaluation de l'indemnité à accorder à l'exproprié. En conséquence, lorsque le propriétaire de l'immeuble exproprié a signalé au jury une erreur de contenance commise à son préjudice par le jugement d'expropriation, la décision du jury est souveraine, et les tribunaux ordinaires ne sont pas compétents pour accorder à l'exproprié une indemnité supplémentaire par application des dispositions de l'article 1619 du Code Napoléon. — Au surplus, les dispositions de l'article 1619 du Code Napoléon sont inapplicables en matière d'expropriation pour cause d'utilité publique, et il en est ainsi à plus forte raison si le jury a prononcé en connaissance de cause et après avoir été avisé de la contenance prétendue par le propriétaire exproprié.

26 janvier 1867, 66-67, n° 82.

27. — L'article 21 de la loi du 3 mars 1841 sur l'expropriation pour cause d'utilité publique n'oblige ni le propriétaire ni le locataire principal à faire connaître à l'administration, dans le délai qu'il fixe, le nom des sous-locataires, et ces derniers sont compris parmi les intéressés qu'un avertissement collectif constitue en demeure de faire valoir leurs droits à l'indemnité.

Le locataire principal doit, aux termes du droit commun, avertir les sous-locataires de l'expropriation, mais n'est pas tenu de la notifier dans une forme spéciale; il lui suffit, pour repousser l'action des sous-locataires, d'établir qu'ils ont connu l'expropriation par une voie quelconque.

Le sous-locataire pourrait toutefois recourir contre le locataire principal, si l'indemnité allouée à ce dernier comprenait l'indemnité due à raison des sous-locataires.

1er mai 1869, 68-69, n° 63, p. 272.

§ 2.

Des limites dans lesquelles se trouve circonscrit l'exercice du droit de propriété dans l'intérêt réciproque des fonds voisins (1).

1° Généralités.

28. — Celui qui a établi dans

(1) A l'exemple de Zachariæ, dans son *Cours de droit civil français*, nous rangeons sous cette rubrique les arrêts relatifs à des matières que la loi a traitées à propos des *servitudes* ou *ser-*

sa maison une machine à battre est tenu de pourvoir à ce que la poussière provenant du battage n'incommode pas le voisin, à défaut de quoi celui-ci peut demander la suppression de la mécanique.

28 mai 1847, 47-48, n° 18.

29. — Quoiqu'un individu, dans la construction d'un four, se soit conformé aux lois et règlements de police, et puisse être ainsi à l'abri de l'action de la police administrative, cela ne suffit point pour le soustraire à l'action des particuliers qui pourraient ressentir quelque dommage de cette construction.

6 fructidor an VIII, t. I, n° 2.

30. — Lorsqu'il existe dans une ville un abattoir commun légalement établi, et qu'un arrêté réglementaire de la police des boucheries pris par le maire interdit les tueries particulières, la tolérance dont l'autorité municipale fait preuve à l'égard des infractions à cet arrêté ne peut soustraire le contrevenant à l'action en dommages-intérêts intentée par des tiers pour réparation du préjudice qu'ils en éprouvent.

14 juin 1860, 60-61, n° 22.

31. — Les permissions de police données aux maisons de tolérance ne sont accordées que sous la réserve des droits des tiers, qui peuvent dès lors intenter devant l'autorité judiciaire une action en

dommages-intérêts, à raison du préjudice résultant pour leurs propriétés du voisinage de tels établissements.

L'action peut être dirigée tant contre le propriétaire du local dans lequel existe un semblable établissement que contre le locataire qui l'exploite.

Le propriétaire et le locataire ne peuvent être condamnés aux dommages-intérêts dont s'agit que chacun pour sa part, la dette n'étant ni solidaire ni indivisible.

Le locataire ne peut, à raison de la condamnation prononcée contre lui, exercer aucun recours en garantie contre son bailleur.

5 août 1859, 58-59, n° 31.

32. — Si, en principe, les rapports de voisinage imposent aux propriétaires voisins une certaine tolérance dans le mode de jouissance de leurs propriétés, ils ne peuvent excuser un état de choses dangereux pour la salubrité et les mœurs.

C'est ainsi que les tribunaux peuvent ordonner la suppression d'un pissoir dont les infiltrations, pénétrant le plancher d'un corridor commun, dégouttent dans la cave du voisin, qui exhale une odeur plus ou moins intense, et n'est pas couvert de façon à empêcher les regards.

1er décembre 1865, 62-65, n° 94, p. 403.

2° Défense de déverser les eaux pluviales sur les fonds d'autrui.

33. — Dans l'ancien droit, nul ne pouvait rejeter les eaux de l'autre côté de son mur, sans avoir laissé un espace de terrain suffisant pour les recevoir.

5 mars 1829, 29, n° 20, p. 76.

34. — Nul n'a droit de faire tomber ses eaux pluviales de telle façon qu'elles puissent s'infiltrer ou occasionner de l'humidité dans les bâtiments ou caves du voisin.

25 juin 1847, 47-48, n° 25.

vices fonciers. Ainsi que le fait excellemment remarquer Zachariæ, § 194 : « Quoique placées au titre des servitudes ou services fonciers, les dispositions législatives des art. 671, 672 et 674 à 678 ne sont point constitutives de véritables servitudes légales et peuvent d'autant moins être considérées comme créant des charges sur un fonds au profit d'un autre fonds, que les restrictions qu'elles établissent sont réciproquement imposées aux propriétaires voisins pour leur intérêt respectif, et qu'elles n'emportent aucune idée d'héritage dominant ni d'héritage servant. »

3° Des jours et des vues sur le fonds voisin.

a. Des jours.

35. — On peut bâtir jusqu'à l'extrémité de son terrain et contre le mur du propriétaire de la maison voisine qui a ouvert un jour sur ce même terrain, à moins qu'on n'en soit empêché par un droit de servitude qui aurait été légalement acquis; dans le cas contraire, la durée de l'existence de cette ouverture est indifférente pour en établir la prescription.

22 thermidor an x, t. III, n° 65 *bis.*

36. — L'ouverture pratiquée dans le mur d'une maison en dehors des conditions exigées par les art. 676 et 677 du C. N., si elle ne cause aucun trouble au propriétaire voisin, soit parce qu'elle donne sur le toit de sa maison, soit parce qu'elle est placée à une très grande distance du plancher et n'a pas la vue pour objet, ne saurait constituer, au profit de celui qui l'a établie, une possession utile pour la prescription d'une servitude de vue.

26 mai 1863, 62-65, n° 44, p. 146.

b. Des vues.

37. — L'art. 678 du C. N. est applicable aux portes comme aux fenêtres qui seraient ouvertes à une distance moindre que celle fixée par ledit article, parce que la loi ne distingue pas; elle condamne toute espèce d'ouvertures par ces termes: «Vues droites ou fenêtres.»

29 nov. 1816, t. III, n° 494.

38. — Les lois romaines ne déterminent point d'une manière formelle la distance qu'il doit y avoir entre deux maisons, lorsqu'il existe une servitude de jour ou de vue en faveur de celle qui a été bâtie la première : dans ce cas, on doit appliquer l'art. 678 du Code civil, comme étant venu interpréter les lois anciennes, quoique la constitution de servitude soit antérieure à sa publication, et ordonner que le nouveau mur ne pourra être établi qu'à la distance prescrite par cet article.

31 déc. 1823, t. IV, n° 718, p. 172.

39. — L'article 678 du Code Napoléon ne parlant que des vues droites, fenêtres et balcons, n'est pas applicable aux portes, qui peuvent, en conséquence, être établies à moins de 19 décimètres de l'héritage voisin.

3 juin 1846, 46, n° 39.

40. — Celui qui a ouvert une fenêtre à une distance prohibée par l'article 678 peut être autorisé à la maintenir, à charge d'en masquer la vue par un mur élevé à hauteur suffisante sur la limite de son terrain.

3 juin 1846, 46, n° 39.

41. — Lorsque le propriétaire d'une maison située dans une ville a obtenu du conseil municipal la cession d'un sentier avoisinant sa maison, à charge par lui d'en ouvrir un autre, le nouveau sentier fait partie du domaine public municipal, surtout lorsqu'il a reçu de l'administration le titre de rue, qu'il a été pavé par la ville et soumis à l'alignement et aux arrêtés municipaux sur la voirie.

Quand même cette rue n'aurait qu'un mètre trente centimètres de largeur, les propriétaires des maisons qui l'avoisinent peuvent y ouvrir des vues droites et des balcons. — L'article 678 du Code Napoléon n'est point applicable à ce cas.

26 novembre 1846, 46, n° 113, p. 282.

42. — Le propriétaire de maison qui veut avancer sa façade par suite du plan d'alignement donné à la commune peut fermer, par ses constructions, les ouvertures et jours pris par le voisin sur un terrain qui jusqu'alors avait été public.

L'indemnité due au propriétaire dont les fenêtres se trouvent bouchées est à la charge de la commune au profit de qui a été arrêté le plan général d'alignement. —

Mais une descente de cave pratiquée sur un terrain public n'étant que le résultat de la tolérance ne donne pas lieu à indemnité.

22 juin 1850, 49-52, n° 82.

4° De la distance à laquelle les arbres doivent être tenus du fonds voisin.

43. — La distance prescrite par la loi pour la plantation d'arbres près de la limite d'une propriété voisine forme le droit commun de la France; c'est à celui qui invoque un ancien usage contraire à le prouver : cette distance doit être observée : en Franche-Comté, l'ancien usage n'y était pas contraire.

Inédit. 1er août 1833, jugement du tribunal de Besançon. Benoist c. Bergeret.

44. — Un usage constant et reconnu dans la province de Franche-Comté affranchit de la distance légale les plantations faites le long des rues et des murs de clôture bordant les voies publiques dans les villages.

7 juillet 1869, 68-69, n° 76, p. 317.

45. — Aucune disposition législative ne fixe la hauteur à laquelle doivent être tenus les haies ou arbres à basse tige, et n'oblige le propriétaire à en opérer la tonte. — L'action en élagage d'une haie, si elle est fondée sur un usage ou une servitude contestés, ne peut donc être de la compétence des juges de paix.

29 mai 1867, 66-67. n° 112.

46. — Peut s'acquérir par la prescription trentenaire le droit de maintenir des arbres à une distance du fonds voisin moindre que celle exigée par la loi dans l'intérêt réciproque des fonds contigus.

7 juillet 1869, 68-69, n° 76, p. 317.

5° De la distance à observer et des ouvrages intermédiaires à établir pour empêcher que certains travaux ou dépôts faits dans un fonds deviennent dommageables aux fonds voisins.

47. — Il existe un arrêt de règlement du parlement de Besançon, à la date du 9 juillet 1754, dont l'article 4 règle les précautions à prendre pour l'établissement des fours. Mais quand il s'agit d'établir un four contre un mur mitoyen ou au voisinage du mur du voisin, il faut, en outre, laisser un demi-pied de vide, conformément à l'art. 190 de la coutume de Paris, qui était observée en Franche-Comté sous ce rapport.

Inédit. 29 décembre 1838, 2° Ch. Girardet c. Chambard.

48. — Si le cloaque est fait à une époque où il n'existe pas sur la propriété voisine de construction à laquelle il puisse nuire, il n'y a pas d'espace intermédiaire à laisser ou d'ouvrage à faire. Mais si le propriétaire voisin vient plus tard à faire une cave, un puits, qui souffrent du voisinage du cloaque, le propriétaire de celui-ci sera tenu d'y remédier, quelque ancien que soit l'établissement de ce cloaque.

Inédit 19 avril 1839, 2° Ch. Bouveret c. Mlle Demongenet.

§ 3.

Des obligations légales imposées aux propriétaires de fonds contigus, dans leur intérêt réciproque.

1° Du bornage.

49. — Celui qui agit aux fins de faire déclarer qu'une portion d'héritage déterminée par confins et contenance fait partie de sa propriété, exerce une action en revendication, encore qu'il la qualifie de demande en délimitation.

8 juillet 1847, 47-48, n° 61.

50. — L'action qui a pour but de faire décider si la ligne comprise entre deux bornes reconnues entre toutes parties doit être droite ou brisée, n'est pas une demande en délimitation, mais bien une revendication, lorsque le demandeur, en agissant au pétitoire, a reconnu par cela même, au profit de son adversaire, la possession du terrain litigieux.

25 juillet 1849, 49-52, n° 15.

51. — Entre deux propriétaires de terrains contigus, celui qui demande à prouver que son adversaire n'a pris que depuis un temps limité possession d'une parcelle dont les confins et la contenance sont nettement déterminés, forme par là même une véritable demande en revendication, qui ne peut être confondue avec une action en délimitation ou en bornage.

22 novembre 1844, 43-44, n° 90.

52. — Celui qui, dans un exploit introductif d'instance, demande la délimitation de deux propriétés contiguës, forme une véritable action en revendication, s'il conclut devant le tribunal à être maintenu dans la propriété et la possession de parcelles déterminées par une expertise. — Dans ce cas, la demande en bornage ne peut être considérée que comme une mesure d'exécution.

11 février 1846, 46, n° 43.

53. — L'action tendante à fixer la ligne séparative de deux héritages est une action en délimitation, qui doit être décidée par les titres et non par la possession des parties.

14 janvier 1829, 29, n° 4, p. 11.

54. — L'action en bornage n'est pas recevable lorsque, depuis plus d'un an, les deux héritages dont on demande l'abornement sont séparés par un mur ou par une haie; le propriétaire qui prétend ne pas avoir sa contenance doit agir en revendication et prouver ou offrir de prouver, par les moyens ordinaires, son droit à la chose revendiquée.

10 mars 1828, 27-28, n° 76.

55. — Quand il y a un fossé existant depuis plus d'un an, l'action en bornage n'est pas recevable; il ne peut y avoir lieu qu'à revendication. Il en est de même d'un mur.

Inédit. 5 mai 1831, 2e Ch. Obry c. Bachelier.

56. — Il doit être procédé en matière de bornage conformément aux titres respectifs des parties, à moins qu'il n'ait été dérogé à ces titres par une possession légale et suffisante pour acquérir la prescription de trente ans, qui sert elle-même de titre.

19 novembre 1812, t. II, n° 377 *bis*.

57. — En matière de délimitation et de bornage, la possession dispense de toute preuve. C'est à la partie qui demande une délimitation autre que celle déterminée par la possession, qu'incombe la charge de prouver sa prétention.

13 mai 1853, 53-57, n° 28, p. 62.

58. — La délimitation, lorsque les parties ne sont pas d'accord sur les limites de leurs propriétés, se fait à vue des titres : les arpentements faits d'autorité publique sont ceux qu'on doit principalement suivre.

Les états de section n'ont été faits que pour servir à la répartition de l'impôt, et ils ne peuvent servir de base à l'action en délimitation.

Si l'une des parties, dans l'action en délimitation, se prévaut de la possession, il faut qu'elle ait porté sur un espace considérable, qui ne laisse pas d'incertitude sur la jouissance constante et prolongée au vu et au su du propriétaire; il en est autrement lorsqu'elle se réfère à un espace modique occupé par suite d'anticipations imperceptibles.

20 décembre 1828, 27-28, n° 132.

59. — Lorsqu'il s'agit de la délimitation des propriétés respectives de plusieurs parties, l'opération ne peut être faite que d'après les titres ou la possession prolongée pendant une durée suffisante pour opérer la prescription, lorsqu'elle est susceptible d'être acquise par cette voie seule. Mais il est indispensable de prescinder de la possession lorsqu'il ne s'agit que d'un espace de terrain peu étendu, qui aurait pu être occupé par erreur sur l'étendue des confins, ou par suite de la mauvaise foi de celui qui s'en serait emparé successivement, et, d'après l'opinion des auteurs, la revendication est toujours admissible dans ce cas, quelque prolongée qu'ait été la jouissance.

25 mai 1826, t. V, n° 900.

60. — Dans l'action en délimitation, l'excédant de contenance, qu'il n'y a aucune raison d'attribuer à l'une plutôt qu'à l'autre partie, doit être réparti proportionnellement entre elles.

20 décembre 1828, 27-28, n° 132.

61. — En règle générale, les frais d'abornement doivent être supportés par chaque partie, dans la proportion des propriétés qu'elles possèdent. Ce principe est applicable, lors même qu'il serait reconnu qu'un des copartageants de l'héritage qu'il s'agit de délimiter aurait eu une superficie plus étendue que celle qui devait lui revenir.

28 décembre 1818, t. III, n° 550.

62. — Le bornage se fait à frais communs lorsque les parties sont d'accord pour le mesurage et pour l'application des titres au terrain ; mais il en est autrement, quand l'une d'elles conteste devant les tribunaux ordinaires et se prétend mal à propos propriétaire d'une portion de terrain qui appartient à son voisin.

31 juillet 1828, 27-28, n° 111.

63. — Les frais de bornage doivent être supportés par chaque partie dans la proportion de son intérêt.

30 décembre 1845, 45, n° 94, p. 249.

64. — L'action en délimitation n'est de la juridiction des tribunaux civils de première instance que dans le cas où les limites des propriétés contiguës sont incertaines et où l'appréciation des titres est contestée.

En conséquence, le juge de paix est compétent pour connaître de l'action en délimitation et en bornage d'un terrain exproprié pour cause d'utilité publique et dont un plan a été levé et déposé aux termes des articles 4 et 5 de la loi du 7 juillet 1833, lorsque ce plan fixe avec précision, par des lignes tracées et par des repères dont quelques-uns sont immuables, la ligne séparative des terrains litigieux.

31 août 1844, 43-44, n° 103.

65. — L'action en délimitation, qui n'est qu'une revendication déguisée, est de la compétence des tribunaux ordinaires et doit être jugée d'après les règles de la revendication.

Telle serait par exemple l'action intentée sous cette forme contre une commune pour réclamer, en vertu de titres, la propriété d'un terrain aboutissant à la voie publique, et situé au devant d'une propriété complétement close, soit par des murs, soit par une haie.

23 janvier 1857, 53-57, n° 116, p. 359.

2° De la clôture forcée.

66. — On ne peut exiger qu'il soit construit, en vertu de l'article 663 du Code Napoléon, un mur à frais égaux et sur un terrain commun, qu'autant qu'il n'en existerait pas un premier élevé sur le sol, et aux frais exclusifs d'un des propriétaires des maisons voisines : cette nouvelle construction ne répondrait plus au but de la loi, qui est d'isoler chaque habitation, et causerait à l'une des parties des dépenses qui seraient sans utilité pour elle.

6 février 1823, t. IV, n° 687, p. 148.

67. — Le voisin requis de contribuer à la construction d'un mur de clôture dans les villes et faubourgs, ne peut s'affranchir de cette obligation en cédant la moitié du terrain sur lequel ce mur doit être assis et en renonçant à la mitoyenneté.

2 juillet 1860, 60-61, n° 27.

68. — Quand un propriétaire dans une ville ou faubourg entend se clore, le propriétaire voisin ne peut, en abandonnant la moitié du terrain sur lequel doit être construit le mur et son droit à la mitoyenneté, se soustraire à l'obligation de contribuer par moitié aux frais de construction de ce mur.

17 janvier 1861, 60-61, n° 43 *bis*.

CHAPITRE III.
DES MANIÈRES D'ACQUÉRIR LA PROPRIÉTÉ.

§ 1er.
De l'occupation.

69. — Une chose cachée et découverte par cas fortuit ne peut être considérée comme un trésor, qu'autant que l'on ignore quel est le véritable propriétaire.

28 février 1822, t. IV, n° 665, p. 102.

§ 2.
De l'accession.

1° De l'accession d'une chose immobilière à un immeuble.

70. — Pour qu'il y ait alluvion, il faut qu'il y ait adhérence, contiguïté; et lors même qu'elle serait submergée par les grandes eaux, l'alluvion n'en existerait pas moins : pour apprécier les choses, il ne faut s'attacher ni aux grandes eaux ni aux eaux basses, mais aux eaux ordinaires.

Inédit. 5 mai 1836, 2e Ch. Commune de Choisey c. Pruneau.

2° Constructions faites par un tiers sur le sol d'autrui.

71. — Lorsqu'une personne a été condamnée à rembourser le prix d'impenses faites pour la construction d'une maison sur un terrain qui ne lui appartenait pas, les intérêts du montant de ces impenses doivent être payés depuis le jour où elle est entrée en possession de cet immeuble, puisque l'édifice cédant au sol est devenu l'objet d'une vente forcée

de valeurs immobilières, et que la rente d'une chose productive de revenus porte intérêts de plein droit; l'article 1652 du Code civil n'étant que déclaratif du droit préexistant.

2 août 1824, t. IV, n° 734, p. 188.

§ 3.
De l'acquisition des fruits perçus par un possesseur de bonne foi.

72. — L'ancienne jurisprudence, moins rigoureuse que le Code civil, n'obligeait à la restitution des fruits et levées que le possesseur d'une mauvaise foi reconnue.

12 août 1829, 29, n° 60, p. 201.

73. — Lorsque des communes ont joui de bonne foi, depuis la loi du 28 août 1792, en vertu d'une sentence arbitrale dont elles pouvaient ignorer les vices, d'un terrain qu'elles avaient revendiqué, elles ne doivent rapporter les fruits et levées que depuis la demande en justice.

26 août 1822, t. IV, n° 688, p. 136.

74. — Lorsqu'une sentence arbitrale, qui avait prononcé la réintégration d'une commune dans les bois qu'elle prétendait qu'on avait usurpés sur elle, est déclarée nulle parce que cette commune n'a pas rempli les conditions prescrites par la loi de 1792, elle n'a pu percevoir les fruits de bonne foi, depuis que le gouvernement aux droits de l'émigré a émis appel de la sentence, qui n'était fondée que sur une erreur avouée de la part de ladite commune.

31 juillet 1826, t. IV, n° 688 *bis*, p. 366.

75. — Celui qui a acquis une créance productive d'intérêts qu'il ignorait être usuraires doit souffrir l'imputation de ces intérêts sur le capital, à partir de l'époque à laquelle il a cessé d'être de bonne foi.

Il n'est pas en droit d'exiger les termes échus pendant sa bonne foi, mais il peut les conserver s'il les a perçus.

15 mars 1845, 45, n° 30, p. 85.

76. — Lorsque le curateur a vendu un bien de mineur sans décret préalable rendu par le juge, sans que la nécessité de vendre ait été constatée, que cela est prouvé par la vente même, de sorte que l'acquéreur a connu la condition de celui qui traitait avec le mineur et que la vente était passible d'une action en nullité, cet acquéreur ne peut exciper de sa bonne foi pour ne restituer les fruits de l'objet aliéné qu'à compter de la demande en justice : il doit au contraire les rapporter du jour de la vente.

21 décembre 1826, t. V, n° 920.

77. — Celui qui a encouru la déchéance d'une succession dont il jouissait à titre d'usufruitier testamentaire est tenu, comme conséquence nécessaire, à la restitution des fruits, bien qu'il n'ait pas été déclaré possesseur de mauvaise foi ; mais il ne doit qu'à compter de la demande en justice les intérêts, soit de ces fruits, soit de la valeur du mobilier par lui perçu dans la succession.

10 juillet 1849, 49-52, n° 44.

§ 4.
De l'acquisition de la propriété par l'effet des conventions.

1° Aperçu historique.

78. — En droit romain et coutumier, de deux acquéreurs celui-là devait être préféré qui réunissait à l'avantage du titre, même postérieur, celui de la possession. Ce principe résulte de la loi 15, au Code, *De rei vindicatione.*

15 germinal an XIII, t. I, n° 120.

79. — Celui qui a acquis sous l'empire de la loi du 11 brumaire an VII, et qui n'avait point fait transcrire son contrat, ne peut être dépossédé par des créanciers envers lesquels son vendeur ne serait obligé et n'aurait constitué une hypothèque sur l'immeuble antérieurement vendu qu'après la publication du Code civil. Sous cette législation, la transcription est devenue inutile pour consolider la propriété, et les créanciers qui ont traité sous l'empire du Code civil sont régis par la loi nouvelle.

10 janvier 1822, t. IV, n° 812, p. 283.

2° Législation actuelle.

V. V^is CONTRAT, VENTE, etc., etc.

§ 5.
De l'usucapion ou prescription acquisitive.

V. V° PRESCRIPTION.

———

CHAPITRE IV.
DES ACTIONS QUI NAISSENT DU DROIT DE PROPRIÉTÉ.

§ 1er.
De l'action en revendication.

1° Meubles.

80. — Il n'y a lieu à revendication que dans le cas où celui qui prétend avoir la propriété d'un objet mobilier le trouve saisi dans les mains d'un tiers, et non point dans celui où le réclamant est lui-même possesseur ; dans ce dernier cas, il doit former opposition à la saisie et non pas exercer une revendication : ainsi, il n'est pas obligé alors de signifier l'opposition au saisi, par conséquent il n'est pas astreint aux formalités exigées par l'article 608 du Code de procédure.

27 mai 1819, t. IV, n° 804, p. 275.

81. — La femme séparée de biens, à laquelle son mari a cédé le mobilier en paiement de ses reprises, peut, en cas de saisie, revendiquer indistinctement tous les objets mobiliers qui se trouvent au domicile commun.

Celui qui revendique à titre de propriétaire des meubles saisis est admis à justifier de son droit de propriété par tous les moyens de preuve.— Spécialement, la femme séparée de biens est recevable à prouver par témoins que les objets mobiliers saisis au domicile de son mari lui sont propres, pour les avoir achetés ou recueillis dans la succession de ses parents.

22 décembre 1854, 53-57, n° 60, p. 152.

2° Immeubles.

82. — D'après les lois romaines autrefois en vigueur en Franche-Comté, les plans levés par des officiers publics peuvent être pris pour base ou du moins consultés comme renseignements pour fixer les limites des propriétés riveraines.

S'il y a difficulté sur les limites de deux propriétés voisines, l'un des contestants peut, par voie d'incident, exiger communication d'un plan de délimitation dressé autrefois par des officiers publics à la requête de l'État, son adversaire, bien que cette pièce n'ait point été produite dans le cours des débats.

30 avril 1846, 46, n° 101, p. 252.

83. — Suivant la loi 10, au Dig., *De probationibus*, un livre d'arpentement peut, comme monument public, établir des preuves de propriété et de possession, lorsqu'il est régulier et ancien.

13 mars 1809, t. I, n° 252.

84. — Les livres d'arpentement ne peuvent valoir comme titres de propriété qu'autant qu'ils ont été faits conformément aux dispositions de l'arrêt du parlement de Franche-Comté du 26 août 1692.

30 juillet 1827, 27-28, n° 64.

Les plans du cadastre ne peuvent suppléer à l'absence de titres et dispenser de toute autre preuve le demandeur en revendication.

22 novembre 1844, 43-44, n° 90.

85. — Le cadastre, qui n'a eu d'autre but que l'assiette de l'impôt, ne peut être invoqué ni pour établir une possession ni pour établir un droit de propriété.

Inédit. 1re Ch., 23 mai 1839. Commune de Quintigny.

86. — L'énonciation du cadastre et le paiement de l'impôt peuvent être admis comme preuve de propriété, au profit du demandeur au pétitoire, en l'absence de titres du défendeur, et quand la possession du défendeur a été usurpée.

13 juillet 1843, 2° Ch. Mourt c. commune de Mouchard.

87. — En l'absence de titres, la propriété doit être attribuée à la partie qui possède actuellement, bien que sa possession ne remonte pas à trente ans.

22 novembre 1844, 43-44, n° 90.

88. — Quand il s'agit de revendication, les arpentements faits d'autorité du parlement pour fixer l'étendue de propriétés particulières peuvent servir pour justifier la demande.

Inédit. 1re Ch., 8 janvier 1839. *** c. commune de Nods.

89. — L'énonciation du cadastre et le paiement de l'impôt peuvent être admis comme preuve de propriété, au profit du demandeur au pétitoire, en l'absence de titres du défendeur, et quand la possession du défendeur a été usurpée.

Inédit. 2° Ch., 9 juin 1853. Bourgueneux c. commune de Bourguignon.

90. — En matière de revendication, les tribunaux peuvent appliquer, comme titres de propriété, des jugements où le défendeur n'a pas figuré, quand ils sont conformes à la possession et à des présomptions tirées de la nature des lieux.

11 février 1846, 46, n° 43.

91. — En matière de revendication, les tribunaux peuvent fonder leurs décisions sur des titres qui n'émanent ni de la partie à laquelle ils sont opposés ni de ses auteurs, surtout quand ils sont conformes à la possession.

19 mars 1846, 46, n° 18.

92. — Les plans et opérations du cadastre ne peuvent être opposés comme titres de propriété, même à celui qui les a déclarés conformes à ses droits, quand rien n'indique qu'il ait voulu par là reconnaître les prétentions qu'il conteste.

3 juin 1846, 46, n° 39.

93. — Ne fait point preuve suffisante de son droit de propriété, et doit être déboutée de sa demande en revendication d'un terrain qu'elle prétend lui appartenir, la commune qui invoque la possession trentenaire résultant de la jouissance du terrain par le pâturage et caractérisée par le paiement de l'impôt et les indications du cadastre, surtout si ces preuves sont affaiblies par les présomptions de propriété que fait valoir, de son côté, le défendeur à la revendication.

17 novembre 1869, 68-69, n° 94, p. 375.

94. — En se pourvoyant au pétitoire, on reconnaît que la partie adverse est en possession; dès lors, on est obligé de prouver son droit de propriété, encore bien qu'en intentant l'action on se soit dit en possession des fonds litigieux.

2 août 1827, 27-28, n° 44.

95. — Celui qui, sur une poursuite correctionnelle, excipe du droit de propriété et qui, après avoir été renvoyé à fins civiles, se pourvoit au pétitoire, doit être considéré comme demandeur et prouver son droit de propriété.

14 août 1827, 27-28, n° 44.

96. — La question de propriété soulevée comme défense à une action correctionnelle et portée devant les tribunaux civils ne constitue pas, de la part du demandeur troublé dans l'exploitation de sa propriété, la reconnaissance d'un état de possession en faveur de son adversaire, et ne donne pas lieu d'invoquer les présomptions légales tirées en pareille matière de la qualité de demandeur et de défendeur, surtout si ces présomptions sont combattues par les circonstances du procès.

27 février 1866, 66-67, n° 14.

97. — Entre deux acquéreurs dont les titres ont été enregistrés le même jour et confèrent à l'un la propriété d'un immeuble, à l'autre une servitude sur ce même immeuble, celui-là doit triompher dans son action en revendication qui est entré en possession le premier.

3 mai 1827, 27-28, n° 28.

98. — Entre deux acheteurs successifs d'un même immeuble on doit préférer le second dont le titre a date certaine. En vain l'acquéreur primitif, porteur d'un acte sous seing privé dont l'enregistrement est postérieur à la deuxième vente, demanderait-il à prouver que son titre était connu du second acheteur, si les faits qu'il prétend établir ne constituent pas un concert frauduleux entre ce dernier et le vendeur.

27 février 1846, 46, n° 45.

99. — Lorsqu'une expertise et un plan sont nécessaires pour procéder à une délimitation, les frais qu'ils occasionnent doivent, comme ceux de bornage, être répartis par moitié entre les parties.

11 février 1846, 46, n° 43.

100. — Pour que le demandeur en revendication qui succombe doive être condamné aux frais envers tous les garants, il suffit que ces recours en garantie aient pu être d'une utilité éventuelle.

19 mars 1846, 46, n° 18.

101. — Les tribunaux ordinaires peuvent ordonner la suppression d'un fossé de délimitation, établi par une commune sur le terrain d'un particulier par ordre de l'administration forestière.

11 février 1846, 46, n° 43.

§ 2.
Action négatoire.

102. — La partie qui a été assignée depuis moins de trente ans en déclaration de franchise d'héritage, et qui plus tard veut faire reconnaître qu'elle a des droits d'usage, peut reprendre l'instance ouverte dans l'origine, par l'action négatoire, contre le détenteur des fonds qu'elle prétend grevés, et cela quand même ce tiers détenteur ne serait que le successeur à titre particulier de celui qui a ouvert l'action dans l'origine.

3 juillet 1849, 49-52, n° 42.

CHAPITRE V.
DES FORMES PARTICULIÈRES QUE PEUT AFFECTER LE DROIT DE PROPRIÉTÉ.

§ 1er.
De la copropriété ordinaire.

103. — Tout copropriétaire qui a géré la chose commune doit compte de sa gestion aux autres copropriétaires.

Tout copropriétaire a pouvoir d'administrer la chose commune; il peut y exercer tous actes de conservation et de jouissance, sauf à répondre de son dol et de sa faute.

4 mars 1868, 68-69, n° 7, p. 28.

104. — Celui des copropriétaires qui a joui de la chose commune doit compte de tous les fruits et levées qu'il a perçus. Cette règle est applicable à une commune à l'égard d'une section de commune.

Inédits. 17 mars 1832, 1re Ch. Sections de Vausey et Fournet c. Cernay.— 19 mai 1841, 1re Ch. Hameau du Bas-des-Essarts c. Morbier.

105. — Tout copropriétaire par indivis peut revendiquer contre un tiers détenteur sa part dans la chose commune sans être tenu de demander préalablement le partage.

3 janvier 1844, 43-44, n° 14.

106. — Le créancier qui a une hypothèque sur portion d'un immeuble indivis vendu par son débiteur et par les autres copropriétaires peut demander à être subrogé aux poursuites en saisie immobilière commencées, sur l'acquéreur, par un créancier porteur d'une hypothèque sur la totalité de l'immeuble vendu : dans ce cas, l'art. 2205 du C. N. n'est pas applicable.

26 janvier 1828, 27-28, n° 69.

107. — Aucune disposition légale n'autorise un des copropriétaires à forcer celui qui l'est légalement, quoique d'une quotité inférieure, à la céder à celui qui possède le surplus, en payant la valeur telle qu'elle serait fixée par experts; il doit donc y avoir lieu en ce cas à une licitation.

9 janvier 1823, t. IV, n° 706, p. 157.

108. — Le principe que personne ne peut être forcé de rester dans l'indivision, reçoit son application pour la seule jouissance comme pour la propriété d'objets communs; et notamment la jouissance d'une forge et d'un moulin possédés par plusieurs copropriétaires ne pouvant être divisée sans entraîner de graves inconvénients, on peut ordonner la licitation de cette jouissance.

28 août 1818, t. III, n° 599.

109. — En cas d'incendie d'une maison, objet d'un précédent partage attribuant des parts divises aux copropriétaires et frappant d'une servitude conventionnelle d'indivision diverses parties du bâtiment, il n'y a pas lieu au partage et à la licitation du sol et des ruines, et l'un des propriétaires peut procéder à la reconstruction des parties déclarées communes, sauf à n'admettre à la jouissance de ces dernières que ceux qui participeraient aux frais d'entretien et de réparation.

14 février 1866, 66-67, n° 7.

§ 2.

De la copropriété avec indivision forcée.

110. — Lorsqu'il a été stipulé qu'un immeuble quelconque servirait d'aisances communes à différentes propriétés distinctes qui avoisinent ces aisances, cette stipulation est très licite et obligatoire. Aucun des propriétaires ne peut exiger le partage ou la licitation. C'est comme s'il y avait eu stipulation de servitude sur un immeuble divisé.

Inédit. 17 juin 1841, 1re Ch. Tournuxi c. Nélaton.

111. — La servitude perpétuelle d'indivision n'est valablement constituée que sur les choses qui, de leur nature, sont impartageables. Spécialement, le partage du canal et des conduits d'une usine peut être demandé, nonobstant toute convention contraire, après cinq années d'indivision.

23 décembre 1843, 43-44, n° 13.

112. — Lors d'un partage, on ne peut valablement stipuler l'indivision indéfinie d'un objet laissé en commun pour l'usage des portions partagées qu'autant que la division de cet objet est impossible. Autrement la stipulation n'est obligatoire que pendant cinq ans.

Inédit. 24 décembre 1842, 2e Ch. Lançon c. Ardin.

113. — Ce n'est point à titre de servitude, mais à titre de propriété, que les communistes ont le droit de se servir de la cour commune. Cette chose est réputée la propriété de chacun, toutes les fois que l'usage particulier qu'on veut en faire peut se faire sans préjudice à la propriété de tous. Spécialement, l'un des communistes peut faire à sa maison un balcon en saillie sur la cour commune, si cela ne porte pas préjudice aux communistes.

Inédit. 19 août 1864, 2e Ch. Joly c. Maindrot.

114. — L'un des communistes peut placer dans le sol du passage et de la cour commune des tuyaux pour amener l'eau publique de la rue à sa maison et y faire un établissement de bains.

Inédit. 18 novembre 1864, 2e Ch. Mme Aragon c. Lemuhot et les époux Lebrun.

115. — Lorsqu'une maison a été partagée de manière que l'un des copropriétaires a eu pour lot l'appartement du dessus et l'autre celui du bas, chacun d'eux a la propriété exclusive de sa portion, mais ne peut point établir de servitude sur la portion de son voisin.

20 août 1812, t. II, n° 376.

§ 3.

De la mitoyenneté.

Du mur mitoyen.

116. — La non-mitoyenneté du mur séparatif de deux héritages était de droit commun dans l'ancienne jurisprudence.

Le mur construit entre deux terrains, de hauteur inégale est présumé appartenir au propriétaire du sol qu'il soutient.

5 mars 1829, 29, n° 20, p. 76.

117. — Dans l'ancienne province de Franche-Comté, la mitoyenneté légale n'existait pas, si ce n'est dans la ville de Besançon, en vertu de ses statuts municipaux.

Inédit. 11 mars 1835, Léon c. veuve Cressiat.

118. — D'après la coutume en vigueur à Besançon, les copropriétaires d'un mur mitoyen avaient le droit d'y pratiquer des enfoncements, en se conformant aux mesures indispensables pour ne pas en altérer la solidité.

Lorsque ces mesures n'ont pas

été prises, les enfoncements doivent être bouchés à frais communs, sous réserve, pour celui qui en jouissait, de tous les droits qu'il pourrait avoir à les rouvrir en cas de reconstruction du mur.

2 avril 1846, 46, n° 99, p. 249.

119. — La circonstance qu'une fenêtre existe dans le mur dont on veut acquérir la mitoyenneté n'est pas un empêchement à ce que ce droit puisse être exercé, parce que la loi est générale et ne prononce aucune prohibition à cet égard.

4 décembre 1823, t. IV, n° 697, p. 148.

120. — La faculté de rendre mitoyen tout ou partie d'un mur servant de séparation ou de clôture ne peut être exercée qu'autant qu'il est construit sur la ligne séparative de la propriété ; elle cesse lorsque le mur ne joint pas immédiatement, et qu'il existe un espace de terrain suffisant pour que l'on puisse penser qu'il n'a point été laissé afin de se soustraire à l'obligation de céder le droit de mitoyenneté ; sur ce point de fait l'arbitrage du juge est souverain.

6 février 1823, t. IV, n° 687, p. 148.

121. — Dans les conditions posées par l'art. 661 du C. N., le propriétaire d'un mur ne peut se refuser à en céder la mitoyenneté sous prétexte que cet abandon est demandé, non par un simple particulier, mais dans l'intérêt du domaine public, spécialement pour la construction d'une église. — Du reste, il conserve sur ce mur, bien qu'incorporé à un édifice public, tous les droits attachés à la mitoyenneté.

17 décembre 1846, 46, n° 74, p. 189.

122. — Quand même une ouverture aurait existé pendant plus de trente et quarante ans dans un mur non mitoyen, qui depuis est tombé en ruines et a été reconstruit avec stipulation de mitoyenneté, l'ouverture pratiquée dans le nouveau mur par l'un des voisins, sans le consentement de l'autre,

doit être bouchée en vertu de l'art. 675 du C. N.

20 mars 1846, 46, n° 69.

123. — Le voisin qui a laissé établir sans opposition, lors de la construction du mur mitoyen, des pierres faisant saillie sur son terrain, ne peut les faire réduire qu'à frais communs.

20 mars 1846, 46, n° 69.

124. — Celui qui, sans se conformer à l'art. 662 du C. N., a pratiqué des ouvrages dans un mur mitoyen, peut ne pas être condamné à leur démolition, mais seulement à des dommages-intérêts envers le voisin.

2 février 1848, 47-48, n° 104.

125. — La faculté accordée par l'art. 657 du C. N., au copropriétaire d'un mur mitoyen, d'y placer des poutrelles destinées à soutenir un plancher, ne comporte pas le droit d'établir sur ce plancher une mécanique à battre.

Du moins celui qui établit une pareille machine doit prendre préalablement les précautions nécessaires pour la sûreté du mur.

28 mai 1847, 47-48, n° 18.

126. — Les copropriétaires d'un mur mitoyen sont astreints à supporter chacun moitié des eaux qui en découlent naturellement.

2 avril 1846, 46, n° 99, p. 249.

127. — Le droit de mitoyenneté est essentiellement divisible, et le copropriétaire d'un mur mitoyen peut faire abandon *d'une portion* de ce mur, pour se dispenser de contribuer aux réparations ou reconstructions.

9 avril 1862, 62-65, n° 10, p. 32.

§ 4.

De la propriété restreinte à certaines parties matériellement déterminées d'un immeuble corporel.

Du droit de superficie.

128. — La réserve stipulée, au profit d'un vendeur ou d'un cédant, de tout bois de haute futaie crû et à croître, ne constitue pas seulement un droit d'usage soumis aux règles du cantonnement, mais bien un droit de superficie et de copropriété indivise autorisant l'introduction d'une demande en partage.

L'expertise ayant pour objet d'opérer ce partage doit, indépendamment des produits existants, faire respectivement état, au réservataire et au tréfoncier, des chances favorables ou défavorables qui peuvent leur compéter à l'avenir, sans qu'en aucune hypothèse les droits du premier puissent être anéantis par la destruction complète et absolue du bois existant. Ces droits subsisteraient aussi longtemps que le sol lui-même.

19 décembre 1870, 70-71, n° 40.

§ 5.

De la propriété pleine ou moins pleine.

1° Des rentes foncières sous l'ancienne législation. — Acensement. — Suppression des cens ayant un caractère féodal.

129. — Les lois des 28 août 1792, 17 juillet 1793 et autres rendues dans le cours de l'an II, ont prononcé d'une manière générale, absolue, et sans exception ou réserve, la suppression de toutes redevances féodales ou mélangées de droits caractéristiques de la féodalité, qu'elles soient constituées au profit de seigneurs ou possesseurs de fiefs ou même au profit de simples particuliers.

9 mars 1820, t. IV, n° 633, p. 53.

130. — On doit considérer comme supprimés le cens et les prestations foncières promises par un censitaire dans un acte où il déclare qu'il tient le fonds acensé de la *directe seigneurie* et *censive* du propriétaire et promet, en outre du tiers des fruits, un *cens annuel, perpétuel et indivisible, d'une engrogne portant tous droits censaux et seigneuriaux*, puisqu'ils doivent être considérés comme féodaux ou du moins comme mélangés de rede-

vances récognitives de féodalité : dans ce cas, on ne doit pas rechercher si le concédant était seigneur véritable ou s'il avait pris mal à propos cette qualité, il suffit que le titre ne présente pas d'ambiguïté sur la nature des redevances.

28 août 1826, t. V, n° 911.

131. — Un acensement au profit d'un ci-devant seigneur établissant un cens pour concession des héritages mouvant de sa *justice* et *seigneurie*, constitue une redevance supprimée, suivant la loi du 17 juillet 1793 et le décret du 2 octobre suivant.

24 novembre 1807, t. I, n° 184 *bis.*

132. — La commise, les lods, l'amende et la retenue stipulés dans des actes d'acensement ou d'emphytéoses perpétuelles ne sont pas essentiellement récognitifs de la seigneurie, et ne doivent pas faire prononcer la suppression de la redevance à laquelle ils sont réunis, lorsque les bailleurs n'étaient pas seigneurs et n'en ont pas pris la qualité.

Une redevance n'est abolie, dans le cas où il n'y aurait pas réserve de la seigneurie, que lorsqu'il existe stipulation de lods et de ventes : mais les lods réservés dans l'emphytéose ne peuvent faire prononcer la suspension de la redevance qui y est établie.

28 novembre 1810, t. II, n° 320.

133. — Une prestation annuelle de 50 mesures de froment et de 45 d'avoine est supprimée, si elle est établie par un bail à cens où le bailleur a pris la qualité de seigneur, et a dit que les terres données en acensement dépendaient de son ancien fief.

29 avril 1809, t. I, n° 258.

134. — Dans un pays d'allodialité, on doit considérer comme supprimées par les lois relatives à la féodalité les prestations non féodales, stipulées dans le contrat de bail à rente, par lequel un seigneur *baille à rente* une place dans une forêt pour établir une verrerie et fait d'autres concessions, sous la condition, pour le preneur, de *payer*, après un certain délai, *les cens et redevances d'après les usages du pays*, et sous la réserve par le seigneur de reprendre, après la cessation de l'exploitation de la verrerie, l'*exercice de tous ses droits féodaux*.

La jouissance et la réserve de ces droits seigneuriaux, dont la nature est essentiellement féodale, ne peut plus subsister, et le seul fait du paiement de ces redevances depuis les lois abolitives n'enlève pas aux redevables le droit d'invoquer le bénéfice desdites lois.

2 juillet 1819, t. IV, n° 612, p. 19.

135. — Une famille qui justifie avoir joui depuis plus d'un siècle d'une chapelle latérale attenante à une église a le droit d'en revendiquer la propriété : on ne peut invoquer contre elle ni les lois suppressives des droits féodaux et distinctions honorifiques, lorsque les propriétaires n'en ont jamais possédé de ce genre, ni les lois qui ont supprimé les bénéfices, chapelles et chapellenies, lorsqu'il n'y a jamais eu ni bénéfices, ni prestations, ni services religieux quelconques attachés au corps matériel de cette chapelle.

2 décembre 1820, t. IV, n° 647, p. 73.

136. — Les clauses et stipulations de cens annuel et perpétuel payable... à peine de trois sols d'amende, icelle portant tous droits censaux, lods, amende et droits de retenue, insérées par un roturier dans un bail à rente, constituaient un bail emphytéotique et un droit foncier qui ne participaient en rien ni de la puissance féodale ni de la justice seigneuriale. En Franche-Comté il existait ainsi nombre de cens roturiers dus à des particuliers suivant la loi 2 *De jure emphyteutico* : le bailleur pouvait stipuler une peine à défaut de paiement, si la peine ou amende était

absolument roturière : même dans ce cas le propriétaire était maître de déjeter le preneur qui ne payait pas pendant trois années la redevance, sans qu'il fût besoin d'avertissement préalable.

1er juin 1820, t. IV, n° 618, p. 24.

137. — L'acensement perpétuel fait par un roturier, même sous réserve de retenue au profit *de la seigneurie* en cas d'aliénation des biens acensés, et sous condition de cens annuel, perpétuel et indivisible, ne contient pas de clause féodale ou mélanges de féodalité, et n'est point détruit par les lois de 1790, 92 et 93, qui anéantirent les institutions féodales. Le mot seigneurie s'applique aussi bien au propriétaire de la rente roturière qu'à celui du fief.

Dans les pays allodiaux l'acensement était, comme l'emphytéose, un contrat du droit civil, et les dîmes n'étaient réputées féodales que quand on prouvait qu'elles étaient inféodées.

19 juillet 1821, t. IV, n° 655, p. 88.

138. — Une redevance résultant d'un acensement par lequel les laissants se sont réservé les droits de *désengrain, ceux de lods, amende, justice, seigneurie, retenue, commise et banalité*, est supprimée comme féodale.

25 août 1826, t. V, n° 910.

139. — La redevance stipulée au profit d'un ci-devant seigneur, pour concession d'un droit de cours d'eau dans l'étendue de sa seigneurie, est essentiellement féodale; elle est aussi sans cause depuis qu'ont été rendues les lois abolitives des droits seigneuriaux; dès lors elle doit être supprimée.

9 août 1827, 27-28, n° 45.

140. — En Franche-Comté où la maxime *nul seigneur sans titre* était admise, les mots *directe, directe seigneurie, lods, retenue, commise et amende*, n'étaient pas essentiellement récognitifs de la seigneurie proprement dite ; mais quand il résulte des stipulations renfermées dans le titre que le bailleur était seigneur, la rente est alors féodale et supprimée par les lois de la révolution.

Le petit cens joint à la prestation principale est essentiellement caractéristique de la féodalité.

16 juin 1828, 27-28, n° 95.

141. — On doit considérer comme féodaux le cens et les prestations foncières promises par un censitaire dans un acte où il déclare que le fonds acensé est *mouvant du fief de Leur Altesse sérénissime et est de sa directe seigneurie, portant lods à son profit.* Dans ce cas on ne doit pas rechercher si le concédant était seigneur véritable, ou s'il avait pris mal à propos cette qualité ; il suffit que le titre ne présente pas d'ambiguïté sur la nature des créances.

17 décembre 1828, 27-28, n° 132.

142. — La clause qui, dans un acensement constitutif de redevances fait par une ville, établit un cens portant lods, lois, amende, retenue et seigneurie, n'est pas féodale si la ville n'a jamais possédé les fonds acensés en fief.

10 mars 1806, t. I, n° 141.

143. — Un cens perpétuel mais précaire, en ce qu'il dépendait d'une concession qui était elle-même précaire, portant lods et retenue en cas d'aliénation et résultant d'un acensement de fossés et glacis d'une ville, n'est pas supprimé quoique le bailleur, dans une quittance donnée pour le paiement de *lods*, se soit déclaré seigneur censier, ce qu'il n'était pas.

13 avril 1809, t. I, n° 255.

144. — On ne peut prononcer l'abolition d'un cens parce que les bailleurs auraient déclaré que les fonds qu'ils donnaient en acensement étaient *dans leur mouvance.*

16 décembre 1814, t. II, n° 420 *bis.*

145. — Un cens stipulé par un acte d'acensement perpétuel n'est

point censé féodal, quoique celui qui l'a constitué y ait pris la qualité de seigneur, s'il ne renferme en sa faveur aucune réserve de la directe seigneuriale.

23 janvier 1815, t. III, n° 447.

146. — L'acensement d'un fonds situé dans pays *d'allodialité* fait par un hospice non seigneur, n'est point féodal lorsqu'il ne contient aucune réserve de directe ni de seigneurie ; mais le cens ou la redevance qui y est stipulée est abolie s'il y a mélange de droits féodaux et que ce cens soit déclaré *perpétuel, indivisible et imprescriptible, portant lods au douzième, commise et retenue en cas de vente ou échange.*

16 mai 1815, t. III, n° 557.

147. — L'imprescriptibilité et la stipulation de lods et retenue étaient de l'essence des contrats emphytéotiques et réglés par le titre au Code, *De jure emphyteutico,* et ne constituait rien de féodal ni d'honorifique. — Si la résolution de plein droit a été prévue pour le cas où l'emphytéote laisserait passer trois ans sans payer les arrérages, cette clause fait loi entre les parties, et le débiteur ne peut obtenir de délais pour les acquitter, mais il y a lieu à prononcer le déguerpissement.

13 février 1818, t. III, n° 528.

148. — Les redevances stipulées en Franche-Comté en faveur d'un seigneur n'étaient pas récognitives ni présumées récognitives des droits seigneuriaux qui ont été supprimés par les lois de 1792 et 1793, et n'ont par conséquent point été abolies par ces lois. Ainsi, les prestations foncières doivent être considérées comme conservées en pays allodiaux, quelle qu'ait pu être la qualité du créancier qui se les est réservées.

Les redevances de cette nature se divisent de plein droit entre les héritiers de ceux qui les constituèrent originairement, et celui qui en est créancier ne peut solliciter contre eux une condamnation solidaire pour leur paiement.

15 mai 1826, t. V, n° 898.

149. — La loi du 17 juillet 1793, n'a pas aboli les rentes qui, originairement mélangées de féodalité, ont été cédées ultérieurement, avec réserve des droits féodaux, à des particuliers non seigneurs.

30 août 1827, 27-28, n° 53.

150. — On ne doit point considérer comme aboli la redevance stipulée par un acte d'acensement ou bail emphytéotique perpétuel, moyennant *le cens foncier annuel de 108 fr. irrédimable, indivisible et imprescriptible, portant lods et retenue,* lorsque le constituant n'avait ni fief ni directe sur le territoire d'où dépendaient les fonds acensés.

13 février 1818, t. III, n° 528.

151. — La coutume de Franche-Comté ne contient aucune disposition relative aux mines et minières, aux droits d'en extraire les produits et à leur nature; par un de ses articles elle se réfère au droit romain pour les cas non prévus. Toutes les lois romaines, en cette matière, considèrent comme essentiellement mobiliers les produits des mines et carrières; il n'en existe aucune dont on puisse induire le contraire. Le droit d'exploiter une houillère pendant un temps limité n'est donc qu'un meuble et ne peut devenir la base d'un contrat *de bail à rente,* puisque ce contrat ne pouvait, d'après l'opinion unanime des auteurs et la disposition des coutumes qui l'ont admis, porter que sur un immeuble réel ou fictif.

14 mars 1806, t. V, n° 886.

152. — Les rentes ont été soumises par la loi des 15-28 mars 1790 aux mêmes prescriptions que les immeubles. S'il s'agissait de rentes appartenant à l'Etat ou à des corporations privilégiées, les rentes n'étaient prescriptibles que par 40 ans. La loi de l'an VII, qui a mobilisé les rentes, n'a rien changé aux règles relatives à leur prescription.

Inédit. 30 avril 1839, Ch. réunies. Kuéni syndic Teutsch, Illec Koffmann, etc.

153. — Lorsque l'acte constitutif de la rente établie sous l'ancienne jurisprudence ne portait point de clause prohibitive de la retenue du dixième sur les arrérages, le débiteur avait la faculté d'exercer cette retenue, parce qu'une déclaration du 14 octobre 1710 l'autorisait, et que l'article 7 de la loi du 1er décembre 1790 permettait également sur lesdites rentes une retenue proportionnée au montant de la contribution foncière, même pour les rentes constituées avant la publication de ladite loi : à moins, est-il dit, que le contrat ne porte la condition expresse de non-retenue.

28 mars 1816, t. III, n° 476.

154. — Cette clause, *que les biens sont vendus tels qu'ils se trouveront au moment de l'adjudication, avec les mêmes droits, priviléges et charges,* insérée dans un acte d'adjudication sur expropriation forcée, n'est point assez précise pour indiquer qu'on a voulu parler d'une redevance ou d'un cens, et ne peut justifier l'exercice d'une action personnelle contre le tiers détenteur qui a fait transcrire son titre et a purgé les hypothèques de l'immeuble qu'il possède, si le créancier n'a point fait inscrire la redevance mobilière par les lois nouvelles.

13 décembre 1823, t. IV, n° 715, p. 168.

2° Du bail emphytéotique.

155. — Un bail emphytéotique, fait postérieurement au décret du 29 décembre 1790, qui défend pour l'avenir les rentes ou redevances perpétuelles, n'est pas nul par cela seul que, contre la prohibition de ce décret, il a été consenti à perpétuité, parce qu'il ne prononce pas la nullité des baux faits contrairement à cette disposition; néanmoins, les bailleurs peuvent, quoique le bail ait été fait d'une manière perpétuelle, user de la faculté de rachat.

26 août 1825, t. IV, n° 763, p. 217.

3° Des rentes foncières d'après la législation actuelle.

156. — Lorsque des cens ou rentes foncières ont été mobilisés par les lois des 29 décembre 1790 et 11 brumaire an VII, la qualité de propriétaire du domaine direct sur les fonds acensés a été convertie pour lui en celle de simple créancier hypothécaire, tandis que le preneur à cens a acquis le plein domaine des fonds acensés : cela a été jugé par la Cour de cassation les 13 nivôse et 9 fructidor an XII et 20 frimaire an XIV, 5 octobre 1808 et 25 novembre 1811.

6 juin 1812, t. II, n° 365.

157. — Les rentes foncières créées avant le Code civil, ayant été déclarées rachetables, n'ont pas pour cela perdu leur caractère de charge réelle de l'immeuble qui en est grevé; en conséquence, le créancier d'une rente pareille a une action mixte directe contre le tiers détenteur de l'immeuble, et non une action hypothécaire simple, et dès lors l'assignation qui lui est donnée, à l'effet de le faire condamner à payer les arrérages échus et ceux à échoir par la suite, est valable.

16 janvier 1836, 36, p. 18.

158. — La loi du 29 décembre 1790, qui a prohibé à l'avenir tout contrat de bail à rente perpétuelle, n'a pas été abrogée par l'article 530 du Code Napoléon.

3 janvier 1828, 27-28, n° 65.

159. — La rente foncière était appelée cens en Franche-Comté. Le créancier avait contre le tiers détenteur du fonds acensé plusieurs actions; il avait spécialement une action personnelle *in rem scripta* différente de l'action hypothécaire; les lois nouvelles n'ont pas abrogé cette action.

Inédit. 16 janvier 1836, 2° Ch. Tabey et Caïphas c. hospice d'Arbois.

160. — La loi du 20 août 1793, sur l'extinction de la solidarité et le rachat des rentes et autres redevances solidaires, ne doit recevoir son application que dans le cas où les parties ont suivi rigoureusement les formes qui y sont tracées. Spécialement, la clause de solidarité continue à produire ses effets dans le cas où le créancier n'a pas été appelé à fixer contradictoirement avec les débiteurs solidaires, soit la part dont chacun d'eux resterait tenu personnellement, soit les héritages qui seraient spécialement affectés au paiement de la dette, encore bien qu'il ait reçu divisément la part de plusieurs codébiteurs.

25 janvier 1830, 49-52, n° 75.

161. — Les censitaires dégagés de la solidarité par la loi du 20 août 1792 doivent faire procéder à l'également du cens entre eux et en donner connaissance aux créanciers : jusque-là, ces derniers peuvent diriger les poursuites contre un seul, pour obtenir le paiement intégral, et ils ne sont point obligés, dans la saisie qu'ils ont fait établir, d'indiquer les confins des portions de fonds possédées divisément par ces censitaires.

9 mars 1827, 27-28, n° 18.

162. — Sous l'ancienne législation, le bail à cens perpétuel laissait subsister sur la tête du bailleur l'obligation de payer les impôts et autres charges de l'Etat, et lorsque le preneur avait fait l'avance de ces impôts, il était fondé à se retenir pour se rembourser le cinquième du montant de la redevance. Cette règle doit être appliquée même au cas où le titre primitif n'étant pas reproduit, des actes postérieurs ont rappelé l'obligation des ayants cause de l'ancien preneur de payer la redevance.

Elle doit être appliquée également sous l'empire du Code Napoléon et des lois fiscales qui ont réglementé la perception des impôts.

Sous cette dernière législation, le paiement sans retenue du montant intégral de la redevance par l'acquéreur des fonds acensés, ne s'oppose pas à ce que, nonobstant cette exécution, il puisse réclamer la restitution du cinquième des impôts, comme application du principe en matière de restitution du paiement de l'indu.

13 février 1861, 60-61, n° 48.

163. — Les lois des 23 novembre 1790, articles 7 et suivants, 3 frimaire an VII, article 98, ont autorisé les débiteurs à faire la retenue du cinquième sur les prestations en grains ou en argent; en conséquence, le débiteur d'une redevance en grains créée en vertu d'un cens foncier, jadis constitué pour fondation et appartenant à l'Eglise, est autorisé à exercer sur les arrérages la retenue du cinquième, lors même que cette redevance aurait été déclarée exempte de la retenue du vingtième envers le bénéficier.

13 août 1817, t. III, n° 517.

164 — On ne peut faire la retenue sur les arrérages de cens des cinq dernières années, lorsqu'elles sont échues postérieurement à la loi du 3 septembre 1807, qui ne permet pas de faire la retenue sur les intérêts si elle n'a été stipulée. Il est indifférent que les contrats de rente soient antérieurs à cette loi, parce qu'il n'y a pas rétroactivité lorsqu'on n'applique la loi qu'aux arrérages qui courent depuis sa promulgation, ainsi que l'a décidé la Cour de cassation.

3 juin 1818, t. III, n° 557.

165. — Les arrérages de rente soumis à la retenue avant la loi du 3 septembre 1807 sont encore, depuis cette loi, passibles de la même retenue.

1er juin 1827, 27-28, n° 34.

166. — Lorsqu'un cens a été mobilisé en vertu des lois des 29 décembre 1790 et 11 brumaire an VII, il ne donne plus lieu qu'à une simple action personnelle; en conséquence, les censitaires ne peuvent en réclamer l'abolition contre le propriétaire devant un autre tribunal que celui du domicile de ce dernier.

27 juin 1816, t. III, n° 482.

167. — L'article 1184 du Code Napoléon, règle générale pour les contrats synallagmatiques, est inapplicable aux contrats de rente régis par la disposition de l'article 1912; ainsi, la seule échéance de deux années d'arrérages, et sans nécessité de constitution en demeure, acquiert irrévocablement au créancier le droit de contraindre au rachat de la rente son débiteur, qui ne peut plus par des offres ultérieures anéantir ce droit, et ce, soit à l'égard des rentes anciennes, soit à l'égard de celles postérieures au Code civil, toutes les fois qu'il s'agit d'arrérages échus depuis sa publication.

Quant aux rentes quérables, si le créancier est obligé d'aller recevoir au domicile de son débiteur les arrérages qui lui sont dus, le débiteur doit tenir son argent prêt et se trouver en demeure à l'égard de son créancier, s'il lui refuse à la première demande le paiement des arrérages.

10 février 1825, t. IV, n° 857, p. 341.

168. — Il n'y a pas lieu d'ordonner le déguerpissement des fonds acensés pour non-paiement du cens pendant le temps prescrit, si celui qui est propriétaire des fonds n'a pas indiqué la personne à qui ce cens devait être payé, lorsque le titre d'acensement avait fixé un lieu pour le paiement.

16 décembre 1814, t. II, n° 420 *bis*.

169. — Le débiteur d'une rente perpétuelle établie pour le prix de la vente d'un immeuble ne peut être contraint au rachat pour avoir manqué, pendant deux ans, de servir les arrérages, l'article 1912 du Code Napoléon étant inapplicable aux rentes foncières.

18 mars 1847, 47-48, n° 48.

170. — L'inexécution des obligations des preneurs à titre d'acensement donne ouverture à la commise; ainsi, indépendamment des lois spéciales en cette matière, et en ne faisant application que de l'article 1184 du Code civil, il y a lieu à prononcer le déguerpissement d'une maison acensée, pour défaut d'entretien, lorsque le censitaire s'était obligé par l'acte constitutif à la maintenir en bon état, et à y faire les réparations nécessaires.

13 mai 1824, t. IV, n° 728, p. 182.

Propriété industrielle.

§ 1er. — *Nom.* — *Enseigne.* (N° 1.)
§ 2. — *Brevet d'invention.* — *Marque de fabrique.* — *Contrefaçon.* (Nos 2 à 6.)

§ 1er.

Nom. — *Enseigne.*

1. — Le nom sous lequel un établissement de commerce est connu ou une industrie exercée peut constituer une véritable propriété qui s'acquiert par une possession paisible, publique et suffisamment prolongée.

Deux commerçants de la même ville, s'ils justifient l'un et l'autre d'une possession paisible et non interrompue du même nom par eux donné à leur établissement commercial, doivent être tous deux maintenus dans leur possession, et ce, quand même l'un des deux prouverait avoir adopté le nom litigieux quelque temps avant son concurrent.

20 juillet 1865, 62-65, n° 90, p. 384.

§ 2.

Brevet d'invention. — *Marque de fabrique.* — *Contrefaçon.*

2. — L'identité de formes dans les produits industriels ne suffit point pour constituer la contrefaçon ; les dimensions, marques et étiquettes étant différentes, aucune méprise n'est possible de la part du public.

28 janvier 1852, 49-52, n° 122.

3. — Le libraire qui, achetant un ouvrage en feuilles, fait imprimer son nom sur la couverture, ne commet pas le délit de contrefaçon, alors qu'il conserve l'œuvre de l'auteur dans son intégralité primitive.

Le droit de propriété demeure complétement étranger à une semblable opération, à laquelle on doit appliquer les règles ordinaires en matière d'aliénation d'objets mobiliers.

27 décembre 1852, 49-52, n° 129.

4. — L'étranger qui n'a fait en France aucun dépôt de marque de fabrique, mais qui a autorisé un négociant français, qui lui livre ses produits, à y apposer comme marque de fabrique son nom commercial, peut intervenir dans l'action intentée par ce négociant contre celui qui a apposé frauduleusement cette marque sur les produits de sa fabrication. — Ces faits constituent en effet deux délits distincts : 1° celui de contrefaçon et d'usage frauduleux d'une marque de fabrique, prévu et réprimé par l'article 7 de la loi du 23 juin 1857; 2° celui d'apposition, sur des objets fabriqués, du nom d'un fabricant autre que celui qui en est l'auteur — aux termes de l'article 1er de la loi du 28 juillet 1824.

Le tribunal correctionnel est juge, d'après l'article 16 de la loi de 1857, de l'exception de propriété soulevée par le prévenu dans cette hypothèse.

La cession faite par l'homonyme d'un commerçant au concurrent de ce dernier, du droit d'inscrire son nom sur des objets de fabrication, est une cession frauduleuse qui ne peut transmettre aucun droit de propriété si le cessionnaire est formellement exclu de toute immixtion dans le commerce.

30 novembre 1861, 60-61, n° 65.

5. — Est nul pour insuffisance de motifs l'arrêt qui, après avoir reconnu et déterminé dans un appareil ce qui constitue la nouveauté de l'invention, décide qu'un appareil n'est pas la contrefaçon du premier, sans s'expliquer sur chacun des caractères communs aux deux appareils et signalés comme éléments de contrefaçon.

15 juillet 1854, 53-57, n° 56, p. 138.

6. — Les tribunaux correctionnels sont incompétents pour prononcer la nullité d'un brevet d'invention ; lorsqu'ils sont saisis d'une poursuite en contrefaçon, ils doivent se borner à consigner dans leurs considérants les griefs de nullité ou de déchéance qu'ils croient devoir admettre pour prononcer le renvoi du prévenu.

11 juin 1870, 70-71, n° 30.

Protêt, V. Effets de commerce.

Publication, V. Presse — Outrage — Publication.

Puissance paternelle, V. Paternité et Filiation.

Purge, V. Priviléges et Hypothèques.

Q

Quasi-contrats.

§ 1er.
De la gestion d'affaires.

1. — Les lois au Dig., De in rem verso, ont été anéanties par le Code ; l'action qui en résultait n'avait été instituée par le droit romain qu'à l'égard du père de famille et du maître de l'esclave, pour les obligations contractées par les personnes qui, étant sous leur puissance, ne pouvaient être personnellement engagées ni condamnées ; elle n'avait jamais été adoptée dans nos mœurs, surtout depuis l'abrogation de la puissance paternelle.

2 août 1814, t. II, n° 412.

2. — On ne peut être engagé par le fait d'un tiers qu'autant qu'il a agi en vertu de procuration, et que le contrat souscrit par le mandataire a été passé au nom du commettant. Les lois romaines sous le titre au Digeste De institoriâ actione ont été abolies par la publication du Code Napoléon : suivant ces lois, les promesses du facteur ne pouvaient engager le commettant que lorsqu'elles avaient eu pour objet les affaires de celui-ci et que le contrat en renfermait la déclaration expresse.

2 août 1814, t. II, n° 412.

3. — Le gérant d'affaires a-t-il droit, comme le mandataire, à l'intérêt de ses avances, du jour de ces avances constatées? Négativement résolu par le tribunal de Gray.

13 janvier 1829, 29, n° 5, p. 13.

4. — En principe, la loi ne refuse pas au gérant d'affaires, pour ses avances, les intérêts qu'elle accorde expressément au mandataire ; alors même que sa gestion a été inutile et n'a point profité au maître.

24 juillet 1869, 68-69, n° 86, p. 349.

§ 2.

Du paiement de l'indu.

5. — Quand un débiteur poursuivi et incarcéré par son créancier s'est trouvé réduit à payer plus qu'il ne devait, il a droit aux intérêts de l'excédant du jour de la numération.

10 février 1829, 29, n° 12, p. 50.

6. — Dans le cas où une lettre de change est souscrite avec la clause de retour sans frais, le tireur qui, sur le refus de paiement du tiré, a remboursé l'un des endosseurs sans faire de réserves, ne peut, en se prévalant du défaut de protêt, répéter comme indûment payées les sommes qu'il a déboursées.

13 mars 1829, 29, n° 23, p. 89.

7. — La somme qui a été payée à titre de *provision* accordée par justice est restituable en définitive *avec intérêts*, s'il est établi en fin de compte que celui qui a reçu la provision n'était réellement pas créancier.

Inédits. 30 décembre 1851. Préfet du Jura c. Andelot. — 6 janvier 1852, 2e Ch. Préfet du Jura c. Censeau. — 12 février 1853. Préfet du Jura c. communes d'Ardon et de Montrond.

Quasi-délits.

§ 1er. — *Quasi-délits proprement dits.* (Nos 1 à 13.)

§ 2. — *Des cas dans lesquels une personne est responsable du dommage causé par d'autres personnes.* (Nos 14 à 17.)

§ 3. — *Responsabilité du dommage causé par des animaux.* (Nos 18, 19.)

§ 1er.

Quasi-délits proprement dits.

1. — Pour qu'il y ait lieu à responsabilité par suite d'un préjudice causé, il faut que le fait d'où l'on prétend que provient le dommage constitue une faute de la part de son auteur et qu'il ait été la cause directe du préjudice ressenti.

Spécialement, ne fait qu'user d'un droit légitime et ne commet pas une faute entraînant de responsabilité pécuniaire celui qui dénonce à la gendarmerie un vol dont il a été victime.

Spécialement encore, n'est pas cause directe du préjudice et tenu de dommages-intérêts celui qui, pour restituer l'objet d'un vol prétendu, en effectue la remise à un tiers chez lequel il se présente la nuit sous un faux nom et une fausse qualité, et expose ainsi ce tiers à des soupçons et à une poursuite correctionnelle.

11 avril 1867, 66-67, n° 101.

2. — Suivant l'art. 1383 du C. N., chacun est responsable du dommage qu'il a causé par son imprudence ; ainsi celui qui a occasionné l'incendie de plusieurs maisons en portant dans l'écurie de l'une d'elles de la paille à moitié consumée, doit indemniser les propriétaires de ces maisons des pertes qu'ils ont éprouvées.

15 juillet 1817, t. III, n° 514.

3. — Les officiers ministériels répondent nécessairement des erreurs qu'ils commettent relativement aux formalités extrinsèques, ces fautes ne pouvant être imputées qu'à leur impéritie ou à leur négligence ; mais il n'en est pas de même des erreurs de droit partagées par des autorités imposantes.

Spécialement, l'avoué ne peut être condamné à des dommages-intérêts comme ayant fait, au nom de son client, une surenchère qui eût été suffisante s'il ne l'eût restreinte par une demande en prélèvement de frais.

12 décembre 1845, 45, n° 75, p. 206.

4. — Les médecins sont responsables du dommage qu'ils occasionnent par leur négligence, par leur inhumanité ou par suite de l'ignorance des choses qu'ils doivent nécessairement savoir : mais ils ne sont pas responsables de leur erreur sur la maladie, du choix du traitement, de l'opération chirurgicale, ni du plus ou moins d'habileté à la pratiquer.

Inédit. 20 décembre 1844, 2ᵉ Ch. Ministère public c. Viney et Schreiber.

5. — Un maître demeure responsable de l'accident arrivé à son ouvrier, quand même il justifie avoir pris toutes les précautions et fait à l'ouvrier toutes les recommandations usitées, si d'ailleurs il est jugé, en fait, que ces précautions et ces recommandations n'étaient pas suffisantes pour prévenir l'accident.

23 novembre 1866, 66-67, n° 57.

6. — L'absence du maître durant une manœuvre que des ouvriers peu expérimentés exécutent d'après ses ordres, le rend responsable de l'accident survenu dans l'exécution de ce travail.

Spécialement, est passible de dommages-intérêts le maître de l'ouvrier blessé par le bris de la chaîne d'une grue dont il faisait usage, tandis qu'il était employé avec d'autres ouvriers et sans surveillance à un chargement de bois dans l'intérieur d'une gare de chemin de fer, surtout si l'emploi de la grue était interdit sans la présence d'un employé de la Compagnie.

La Compagnie elle-même est responsable, si le chef de gare a toléré la violation de cette prescription réglementaire, et doit être condamnée solidairement avec le maître, la faute cause de l'accident étant commune.

12 décembre 1866, 66-67, n° 69.

7. — Lorsqu'un incendie survenu au puits d'aérage d'une mine a sa cause dans le mode de construction de la cheminée et le défaut de surveillance du foyer, la mort d'un individu qui, lors de l'incendie, est descendu dans le puits pour porter secours aux ouvriers restés dans la galerie inférieure doit être considérée comme une suite immédiate du vice de construction de la cheminée et du

défaut de surveillance du foyer; en conséquence, le concessionnaire de la mine est responsable de l'accident

En pareil cas, le contre-maître qui, inhabile à diriger les mesures de sauvetage, a incité l'individu qui y a trouvé la mort à descendre dans le puits, doit partager la responsabilité du propriétaire de la mine.

24 mai 1867, 66-67, n° 108.

8. — Une compagnie de chemin de fer demeure responsable des accidents survenus pendant la construction d'un ouvrage, alors même qu'elle a cédé l'entreprise de cet ouvrage, si elle s'est réservé la surveillance et la direction des travaux et si l'accident est la suite d'un manque de surveillance ou d'une faute de direction.

5 janvier 1866, 66-67, n° 1.

9. — L'entrepreneur de travaux est responsable de l'accident arrivé à l'un de ses ouvriers, alors même qu'il établit avoir donné à ce dernier, soit par lui-même, soit par ses préposés, des avertissements réitérés, dont l'observation eût pu prévenir cet accident, s'il a quelque faute ou imprudence à se reprocher, spécialement s'il a eu le tort de se servir d'échafaudages défectueux.

Toutefois, s'il y a faute commune de l'ouvrier et de l'entrepreneur, les juges doivent, pour la fixation des dommages-intérêts, tenir compte des torts réciproques.

20 juin 1868, 68-69, n° 51, p. 212.

10. — L'accident dû à un engin industriel, tel qu'une machine à vapeur qui fait explosion, est présumé être le résultat de la faute du propriétaire de cette machine. Il est, en conséquence, responsable des dommages que l'accident a pu causer à ses ouvriers, à moins qu'il ne prouve que cet accident est le résultat d'une force majeure ou d'un cas fortuit. C'est à lui à faire cette preuve et non aux victimes de l'accident à prouver l'absence de cas fortuit ou de force majeure.

11 juin 1870, 70-71, n° 34.

11. — L'entrepreneur n'est pas responsable de l'accident arrivé à un de ses ouvriers, si cet accident a eu pour cause unique l'imprudence de l'ouvrier.

Spécialement, l'ouvrier qui, ayant soif et voulant parler à un enfant, s'est volontairement avancé sur une voûte non étayée et qui s'est écroulée sous ses pieds, n'est pas fondé dans sa demande en dommages-intérêts dirigée contre l'entrepreneur.

Il en est ainsi surtout si l'ouvrier a été plusieurs fois averti du danger qu'il courait et s'il a persisté à le braver.

15 décembre 1870, 70-71, n° 41.

12. — L'avoué qui a reçu et accepté le mandat de représenter un mineur dans l'ordre ouvert pour la distribution des prix des immeubles de son père tuteur, est responsable vis-à-vis de ce mineur, s'il n'a point fait valoir son hypothèque légale et s'il a adhéré à un règlement définitif qui ne sauvegarde pas ses intérêts. — En conséquence, il est tenu de réparer le préjudice éprouvé par son client pour défaut de collocation à un rang utile. — Cette action directe en responsabilité est indépendante du droit de critiquer l'ordre vicié par la minorité du produisant:

16 décembre 1867, 66-67, n° 136.

13. — La solidarité existe-t-elle en matière de quasi-délit? En tous cas, une responsabilité collective ne saurait dériver que d'une participation commune à un même quasi-délit, et non pas de faits isolés et individuels.

30 juin 1862, 62-65, n° 21, p. 71.

§ 2.

Des cas dans lesquels une personne est responsable du dommage causé par d'autres personnes.

14. — Le père est civilement responsable du délit de douane commis par son enfant mineur.

4 août 1829, 29, n° 57, p. 192.

15. — Le maître est-il civilement responsable du délit que commettent ses domestiques, en introduisant chez lui du vin, sans être munis d'expédition, lorsqu'il ne paraît pas qu'il ait favorisé cette introduction ou qu'il y ait consenti? Résolu négativement par la Cour royale et affirmativement par la Cour de cassation.

23 août 1836, 36, p. 170.

16. — Les compagnies de chemins de fer doivent veiller au bon état des machines, telles que les grues, dépendant de leur exploitation et dont elles louent l'usage au public, suivant les conditions fixées par ses tarifs; elles doivent également interdire rigoureusement toutes les manœuvres contraires à la destination de la machine; en conséquence, elles sont responsables des accidents survenus par suite d'un manquement à ces obligations.

Le patron qui emploie des ouvriers dans l'intérieur d'une gare est responsable, de son côté, des accidents survenus à ces ouvriers par suite de manœuvres contraires à la destination des machines dont ils se servent, et que le patron aurait dû interdire.

30 juin 1862, 62-65, n° 21, p. 71.

17. — Un père doit être déclaré responsable de l'incendie causé par son enfant mineur, pour le seul fait qu'il n'a pas placé constamment hors de la portée de l'enfant les allumettes chimiques dont celui-ci s'est servi pour mettre le feu dans un amas de paille.

4 mars 1864, 62-65, n° 53, p. 262.

§ 3.

Responsabilité du dommage causé par des animaux.

18. — Le propriétaire d'un cheval qui n'informe pas celui qui aide à ferrer cet animal de son état de vivacité et d'excitation même passager, et ne recommande pas d'agir avec précaution, est responsable des suites de l'accident qui survient durant l'opération, bien que la victime ait quelque imprudence à se reprocher.

28 janvier 1867, 66-67, n° 84.

19. — Le propriétaire n'est responsable du dommage causé par son cheval qu'autant que ce-lui-ci est sous sa garde, ou sous la garde de son domestique, et sa responsabilité, dans d'autres cas, ne peut être engagée que lors-qu'une faute personnelle lui est imputable.

26 août 1869, 68-69, n° 93, p. 373.

Quotité disponible, V. Dis-POSITIONS ENTRE-VIFS ET TESTA-MENTAIRES.

R

Rapport, V. SUCCESSIONS, FAILLITES ET BANQUEROUTES.

Rébellion.

Dans quels cas existe le délit de rébellion.

La résistance et la violence em-ployées contre les officiers de po-lice judiciaire et les agents de la force publique ne constituent point le délit de rébellion, si elles ont pour but de s'opposer à l'exécu-tion d'un acte irrégulier ou arbi-traire. — Du moins n'est pas cou-pable de ce délit celui qui repousse, même par la force, le garde cham-pêtre qui tente de s'introduire dans son domicile, hors les cas prévus par la loi et sans les for-malités qu'elle a prescrites.

19 mai 1860, 60-61, n° 19.

Reconnaissance, V. PA-TERNITÉ ET FILIATION.

Rectification, V. ACTES DE L'ÉTAT CIVIL.

Récusation.

§ 1er. — *Des cas de récusation.* (N°s 1 à 3.)
§ 2. — *De la procédure en cas de ré-cusation.* (N° 4.)

———

§ 1er.
Des cas de récusation.

1. — Suivant l'article 378, n° 8, du Code de procédure, le juge qui a précédemment pris connais-sance d'une contestation portée de nouveau devant le tribunal dont il fait partie peut être récusé; mais tant qu'il ne l'a pas été, ou que sa récusation n'a pas été reconnue fondée, sa coopération au juge-ment qui statue sur le litige n'est point illégale.

11 juin 1824, t. IV, n° 850, p. 534.

2. — Un juge ne peut pas être considéré comme ayant un intérêt personnel dans une instance quand, antérieurement à l'exploit intro-ductif, il a déclaré authentique-ment renoncer à tous les droits dans ladite instance.

L'intérêt du juge résultant de sa qualité de mandataire de l'un des intéressés dans l'instance, n'est pas une cause de nullité du jugement, mais simplement une cause de ré-cusation, que les parties ont la faculté d'exercer avant le com-mencement des plaidoiries.

4 mai 1859, 58-59, n° 38.

3. — Le syndic d'une faillite estant en jugement pour tous et chacun des créanciers de la faillite, si l'un des juges qui siègent est créancier de la faillite, ce juge se trouve à la fois juge et partie; de cette double qualité résulte pour lui une incapacité absolue de prendre part au jugement, et non pas seulement une cause de récusation qu'on ne peut opposer qu'avant les plaidoiries.

1er juillet 1857, 53-57, n° 128, p. 398.

§ 2.

De la procédure du cas de récusation.

4. — Aucune disposition du Code de procédure civile ne prescrit que la partie qui a proposé la récusation d'un juge soit appelée au rapport, que ce rapport soit public et que le jour auquel il aura lieu lui soit notifié. Ce n'est, aux termes de l'article 394 du Code de procédure civile, que lors de l'appel que le rapport doit être fait et l'arrêt rendu à l'audience, sans même qu'il soit nécessaire d'appeler les parties.

L'article 378 du Code de procédure civile ayant déterminé d'une manière positive les causes pour lesquelles un juge peut être récusé, aucun tribunal n'en peut créer d'autres ni admettre des équivalents.

11 février 1809, t. I, n° 249.

V. INSTRUCTION CRIMINELLE.

Reddition de compte,
V. COMPTE.

Référé.

§ 1er. — *Mode de procéder en référé.*
(N° 1.)

§ 2. — *Qui peut être assigné en référé.*
(N° 2.)

§ 3. — *De la compétence du juge des référés.* (Nos 3 à 5.)

---

§ 1er.

Mode de procéder en référé.

1. — L'article 808 du Code de procédure civile n'est applicable qu'aux référés et ne forme pas exception à la règle générale de l'article 72 du Code de procédure civile, qui autorise le président à abréger les délais des ajournements et ne lui prescrit pas de commettre un huissier.

25 mai 1812, t. II, n° 427.

§ 2.

Qui peut être assigné en référé.

2. — Une commune peut être appelée en référé comme un simple particulier. — Cette demande est dispensée du dépôt préalable d'un mémoire à la préfecture.

8 mai 1849, 49-52, n° 11.

§ 3.

De la compétence du juge des référés.

3. — Le président appelé à statuer en référé sur les poursuites faites en vertu d'un titre exécutoire ne peut, en l'absence de preuves établissant la non-existence de la dette, prononcer en sursis sur les simples allégations de l'opposant.

Dans le cas même où il est en droit de prononcer ce sursis, il excède ses pouvoirs en décidant que préalablement les parties entreront en compte.

19 janvier 1848, 47-48, n° 72.

4. — En cas d'urgence, l'exécution sur la minute peut être ordonnée pour un arrêt comme pour une ordonnance de référé.

Inédit. 31 mai 1858, 1re Ch. De Magnoncourt c. faillite Dumont.

5. — Si d'urgence, et pour la conservation des droits des parties, le juge des référés peut nommer des experts, chargés de décrire l'état matériel des lieux à la suite d'un incendie, il n'a pas le pouvoir de donner mission aux experts de rechercher les causes du sinistre et de vérifier le principe de responsabilité.

8 août 1868, 68-69, n° 38, p. 157.

Régime dotal, V. CONTRAT DE MARIAGE.

Règlement de juges.

Dans quels cas il y a lieu à règlement de juges.

1. — Il n'y a pas lieu à règlement de juges ni à renvoi devant un autre tribunal, si une expropriation a été commencée devant un tribunal qui, par une loi transitoire, a cessé d'être le tribunal de la situation des biens expropriés. Dans le cas même où l'adjudication serait déclarée nulle, si les poursuites qui l'ont précédée ont été maintenues, c'est devant le même tribunal que l'affaire suivra son cours.

5 août 1822, t. IV, n° 686, p. 133.

2. — Il résulte des articles 364 et suivants du Code de procédure que lorsqu'il est légalement constaté que tous les membres d'un tribunal sont suspects ou légitimement empêchés pour connaître d'une surenchère, c'est à la Cour dans le ressort de laquelle existe ce tribunal qu'appartient le droit d'en désigner un autre en remplacement. Alors, suivant l'art. 716 ancien, 714 nouveau, la Cour peut ordonner que les frais d'instance en règlement de juges seront prélevés sur les prix d'adjudication.

13 juillet 1818, t. III, n° 541.

Réméré, V. Vente..

Remise de dette.

Comment peut se prouver la remise d'une dette.

1. — L'existence de la grosse d'un contrat de rente viagère entre les mains du débiteur ne prouve pas suffisamment sa libération, s'il est justifié qu'un vol d'effets et de papiers a été commis au domicile du créancier.

8 juillet 1806, t. I, n° 151.

2. — La possession où se trouve un débiteur de la grosse d'un contrat de rente n'est pas une preuve de paiement, mais une simple présomption, qui, pour devenir d'un certain poids, doit être appuyée de quelques autres circonstances dont la preuve est à la charge du débiteur.

8 décembre 1808, t. I, n° 238.

3. — La possession où se trouve un débiteur de la grosse d'un contrat de rente n'est pas une preuve de paiement, mais une simple présomption qui, pour devenir d'un certain poids, doit être appuyée de quelques autres circonstances dont la preuve est à la charge du débiteur.

23 avril 1818, t. III, n° 585.

4. — L'article 1283 du Code Napoléon n'attache à la remise volontaire du titre que la présomption du paiement proprement dit ou de la remise de la dette; mais on ne peut appliquer cette disposition au cas où le débiteur se trouve porteur de la grosse de son obligation, lorsqu'elle a passé entre les mains d'un tiers chargé de le poursuivre et qui la lui a remise : il en est de même lorsque le débiteur ne fait résulter sa libération que d'une vente d'immeubles dont il ne produit aucune preuve.

19 juillet 1816, t. III, n° 568.

5. — La remise de la grosse d'une obligation authentique faite à celui qui s'est chargé d'acquitter la dette du débiteur fait présumer le paiement de cette dette lorsque le créancier n'articule pas que le titre soit parvenu entre les mains du débiteur par fraude, surprise ou violence, lors même que celui qui devait payer à la décharge du débiteur aurait écrit au créancier qu'il prenait à son compte l'acquittement de la dette, parce que cette déclaration n'était que récognitive et non pas constitutive de la créance; elle ne pouvait être considérée que comme un accessoire de cautionnement, et la dette étant présumée acquittée par la présomption de la loi, le cautionnement, qui n'en est que l'accessoire, ne peut plus subsister et remplacer le titre.

13 août 1825, t. IV, n° 867, p. 350.

Remise proportionnelle, V. Frais et Dépens.

Remplacement militaire, V. LOUAGE.

Rente, V. DEGRÉS DE JURIDICTION.

Rentes foncières, V. PROPRIÉTÉ.

Rentes perpétuelles.

§ 1er. — *Du paiement des rentes perpétuelles.* (N° 1.)

§ 2. — *Dans quels cas il peut y avoir lieu au remboursement du capital de la rente.* (N°s 2 à 5.)

---

§ 1er.
Du paiement des rentes perpétuelles.

1. — Lorsque les débiteurs d'une rente ont stipulé dans le contrat, *tant pour eux que pour les leurs, pour lesquels ils renoncent au bénéfice de division d'hoirie, et de n'être tenus chacun que pour leur quote-part héréditaire,* et qu'en outre la *solidarité* y est stipulée en termes formels, le créancier de cette rente a le droit d'exiger même d'un seul de ses débiteurs cohéritiers, *in infinitum,* le paiement intégral des intérêts qui lui sont dus, sauf son recours contre les autres codébiteurs. Aucune loi ne défend cette sorte de contrat.

Il ne peut être acquis de prescription, d'après les principes ci-dessus, en faveur des débiteurs, qu'autant qu'il n'aurait été exercé d'action de la part des créanciers contre aucun des débiteurs.

21 juin 1823, t. IV, n° 831, p. 308.

§ 2.
Dans quels cas il peut y avoir lieu au remboursement du capital de la rente.

2. — Le débiteur d'une rente constituée peut être forcé au remboursement s'il cesse de remplir ses obligations pendant l'espace de deux années, quand même le contrat qui établit cette rente serait antérieur au Code civil.

Les débiteurs d'une rente constituée ne sont admissibles à purger la demeure que *celeri satisfactione.*

13 mars 1810, t. II, n° 300.

3. — Le débiteur d'une rente perpétuelle qui a cessé d'en payer les intérêts pendant plus de deux ans, a, par le fait de ce retard seul, encouru l'action en remboursement du capital, sans qu'il soit besoin de sommation préalable pour le constituer en demeure.

17 novembre 1814, t. II, n° 417.

4. — Pour qu'il y ait lieu au remboursement du capital d'une rente, faute d'en payer les intérêts, il faut que le débiteur ait eu la possibilité de se libérer et que le retard ne puisse être imputé qu'à sa mauvaise volonté et à sa négligence ; mais si ces intérêts devaient être payés dans un endroit désigné d'après une clause expresse du contrat constitutif, et que le créancier n'ait eu ni domicile réel ni domicile élu dans le lieu indiqué, le défaut de paiement doit lui être imputé, et il ne peut contraindre au remboursement son débiteur.

24 janvier 1818, t. III, n° 524.

5. — Le débiteur d'une rente perpétuelle qui a cessé d'en payer les arrérages pendant plus de deux ans, a, par le fait de ce retard seul, encouru l'action en remboursement du capital, sans qu'il soit besoin de sommation préalable pour constituer sa mise en demeure, quand même le cens créé en 1689, pour acensement perpétuel d'un fonds, avait été constitué sous cette stipulation que, dans le cas où les preneurs demeureraient plus de trois ans sans servir de prestations, le bailleur rentrerait de plein droit dans sa propriété, et que sans cette condition l'acensement n'aurait pas lieu.

Les peines prononcées par le Code, pour cessation de paiement des arrérages échus depuis cette loi, sont encourues par le seul fait du retard, sans qu'il soit permis au débiteur de purger la demeure.

1er juin 1819, t. IV, n° 611, p. 18.

Rentes viagères.

§ 1er. — *De la constitution des rentes viagères.* (N° 1.)

§ 2. — *Des droits et des obligations qui résultent du contrat de rente viagère.* (N°s 2, 3.)

§ 3. — *Des différentes manières dont s'éteint le contrat de rente viagère.* (N°s 4 à 6.)

---

§ 1er.

De la constitution des rentes viagères.

1. — Lorsqu'une rente viagère est constituée par une disposition à titre gratuit, cette disposition est soumise à tous égards aux règles prescrites pour les donations entre-vifs; en conséquence est nulle la disposition sous seing privé par laquelle une personne a constitué une rente viagère sur la tête d'une personne *en reconnaissance des bons services qu'elle en a reçus*, le prix d'un contrat devant être déterminé de manière à pouvoir être exprimé.

24 novembre 1818, t. III, n° 547.

§ 2.

Des droits et des obligations qui résultent du contrat de rente viagère.

2. — Jugé que, lorsque la dette dont la cause est exprimée par une quittance est une dette qui consiste en arrérages, cette quittance fait foi du paiement de tout ce qui a couru jusqu'au dernier terme.

1er prairial an XIII, t. 1, n° 123.

3. — Le commandement afin de paiement de rente viagère n'est pas nul pour n'avoir pas été précédé d'un certificat de vie attestant l'existence du créancier de la rente.

16 juillet 1868, 68-69, n° 28, p. 114.

§ 3.

Des différentes manières dont s'éteint le contrat de rente viagère.

4. — Le défaut de paiement des arrérages d'une rente viagère constituée à titre onéreux, la perte du privilège légal appartenant au propriétaire de cette rente, et l'impossibilité d'exécuter le contrat à raison de l'opposition des tiers détenteurs ou des créanciers auxquels ont été postérieurement hypothéqués les biens vendus, autorisent le créancier à demander la résolution du contrat, soit que l'on consulte les lois romaines ou l'ancienne jurisprudence sous laquelle ce contrat a eu lieu, soit que l'action résolutoire doive être régie par le Code civil.

11 décembre 1819, t. IV, n° 620, p. 28.

5. — Si le seul défaut de paiement des arrérages d'une rente viagère, constituée à titre onéreux, n'autorise pas le créancier à demander la résolution du contrat, il le peut, suivant l'article 1977 du Code civil, si le débiteur néglige de fournir les sûretés promises, ou diminue par son fait celles qu'il a données, ou enfin *lorsque ses biens sont insuffisants pour servir la rente.*

20 avril 1820, t. IV, n° 637, p. 38.

6. — On peut valablement stipuler que le défaut de paiement des arrérages entraînera la résolution d'une rente viagère, mais cette stipulation, en raison même du contrat de rente viagère, doit être appréciée à la rigueur et plutôt restreinte qu'étendue.

La condition résolutoire ainsi stipulée dans un contrat de rente viagère, pour le cas où les arrérages ne seraient pas payés aux échéances, peut ne pas toujours former obstacle à l'obtention d'un délai. Il en est ainsi notamment quand la clause insérée dans l'acte porte que les vendeurs « pourront rentrer dans la propriété des biens vendus, un mois après un commandement resté infructueux. »

5 janvier 1870, 70-71, n° 1.

Renvoi, V. Exceptions et Fins de non-recevoir.

Représentation, V. Successions.

Reprise d'instance.

§ 1er. — *Dans quels cas il y a lieu à reprise d'instance.* (N°s 1, 2.)

§ 2. — *Des formes de la reprise d'instance.* (N°s 3 à 6.)

§ 1er.

Dans quels cas il y a lieu à reprise d'instance.

1. — La cause est en état, lorsque le cahier des charges a été publié et le jugement d'adjudication préparatoire rendu ; en conséquence, le décès de l'une ou de l'autre des parties arrivé depuis, *puta* du créancier poursuivant, n'arrête pas le cours de la procédure, et le jugement d'adjudication définitive n'en est pas moins valable.

4 février 1836, 36, p. 30.

2. — La mort de l'un des époux, et spécialement celle de l'époux demandeur, n'éteint pas l'action en séparation de corps, si au moment du décès l'affaire est en état.

En conséquence, la Cour d'appel saisie d'un procès de cette nature devra statuer au fond sans s'arrêter aux conclusions tendant à reprise d'instance de la part des héritiers du défunt, la reprise d'instance ne pouvant avoir lieu lorsque la cause est en état.

28 juin 1869, 68-69, n° 72, p. 302.

§ 2.

Des formes de la reprise d'instance.

3. — C'est au mineur devenu majeur pendant le cours d'une instance à faire connaître son changement d'état.

9 mars 1827, 27-28, n° 17.

4. — L'instance valablement introduite contre le tuteur ou par le tuteur est valablement poursuivie contre lui, nonobstant la majorité survenue, tant que ce changement d'état n'a pas été notifié. Il en est autrement quand il s'agit d'une autre instance, lors même qu'elle ne serait que la suite de l'instance régulièrement liée avec le tuteur, par exemple, un appel, un pourvoi en cassation, une exécution. Le jugement intervenu dans cette nouvelle instance, contradictoirement avec le tuteur, n'a pas l'autorité de la chose jugée avec l'ancien mineur qui était déjà devenu majeur au moment où la nouvelle instance a pris naissance.

Inédit. 4 février 1853, 1re Ch. Jacques c. Prémas.

5. — La reprise d'instance, pour être valable, doit être formée contre tous les héritiers des parties qui y ont figuré dans le principe.

29 mai 1828, 27-28, n° 91.

6. — Sur une assignation en reprise d'instance, si l'une des parties n'a pas constitué avoué, il y a lieu de joindre le profit du défaut, et de réassigner, par huissier commis, la partie défaillante.

23 juillet 1869. 68-69, n° 83, p. 339.

Reproche de témoins, V. Enquête.

Requête civile.

§ 1er. — *Des causes qui donnent ouverture à requête civile.* (N°s 1 à 8.)
    1° Dol personnel. (N°s 1, 2.)
    2° Omission de statuer sur tous les chefs de demande. (N° 3.)
    3° Altération de pièces. (N°s 4, 5.)
    4° État, communes, établissements publics. (N°s 6 à 8.)

§ 2. — *Des formes de la requête civile.* (N°s 9 à 13.)

§ 3. — *Des effets de la requête civile.* (N°s 14, 15.)

§ 1er.

Des causes qui donnent ouverture à requête civile.

1° Dol personnel.

1. — De simples allégations ou dénégations de faits n'offrent pas le caractère d'un dol personnel capable de produire une ouverture de requête civile ; il faut qu'il soit caractérisé et qu'il y ait eu emploi de manœuvres capables d'empêcher la partie et le juge d'établir et de connaître la vérité.

10 décembre 1810, t. II, n° 321.

2. — Le dol du mandataire est personnel au mandant, et l'on doit considérer comme provenant de la partie le dol commis par son avocat, son avoué ou son mandataire, toutes les fois qu'il n'y a pas eu désaveu formel.

La dissimulation mensongère et la dénégation persistante d'un fait ou d'un acte décisif au procès, sont des faits dolosifs pouvant donner ouverture à requête civile, si ces manœuvres ont réellement influé sur la décision dont on demande le rapport.

3 décembre 1862, 62-65, n° 25, p. 87.

2° Omission de statuer sur tous les chefs de demande.

3. — Si des conclusions ont été prises devant une Cour pour faire déclarer nuls et irréguliers un acte d'appel et une assignation, et que les parties n'ayant point plaidé sur cette nullité, la Cour ait débouté les parties du surplus de leurs conclusions, sans prononcer sur la nullité, l'arrêt intervenu est nul.

30 mai 1810, t. I, n° 93.

3° Altération de pièces.

4. — La requête civile pour cause d'altération de pièces n'est recevable qu'autant que preuve préalable de l'altération est rapportée, et cette preuve ne peut résulter que d'une déclaration ou d'une reconnaissance postérieures au jugement et antérieures à l'introduction de la requête.

24 février 1868, 68-69, n° 5, p. 19.

5. — La preuve de l'altération de pièces, exigée par la loi pour donner ouverture à requête civile, résulte suffisamment d'une ordonnance de non-lieu, dans laquelle le juge d'instruction constate le fait matériel de l'altération, tout en écartant la criminalité.

La preuve de l'altération est également suffisante lorsqu'elle résulte de la reconnaissance qu'en a faite, dans sa déposition devant le juge d'instruction, l'une des parties du procès n'y ayant d'intérêt qu'en sa qualité de mari de l'une des intéressées, et alors d'ailleurs que des circonstances de la cause il ressort que cette reconnaissance ne pouvait émaner que de celui qui l'a faite.

24 février 1868, 68-69, n° 5, p. 19.

4° État, communes, établissements publics.

6. — L'opposition formée par une commune à un arrêt par défaut rendu à tour de rôle ne peut être admise ; elle doit se pourvoir par requête civile, et elle est passible, dans ce cas, des dépens de l'arrêt par défaut et des frais de la demande en requête civile.

12 mars 1808, t. I, n° 195.

7. — L'art. 35, tit. XXXIV, de l'ord. de 1667, qui accorde le bénéfice de la requête civile pour non-défense ou non valable défense aux communes et aux mineurs, est une disposition qui, par sa nature, est de droit étroit, qui ne doit pas être étendue sous prétexte de parité de motifs aux interdits dont la loi ne parle pas, surtout à un interdit pour cause de prodigalité.

9 thermidor an XI, t. I, n° 80.

8. — La commune usagère qui, après avoir, dans l'origine, conclu d'une manière générale au rejet de la demande, a consenti ultérieurement à un cantonnement partiel, sous des réserves non acceptées, n'est point déchue devant la Cour de la faculté de se prévaloir de l'indivisibilité de son droit d'usage; l'omission en première instance de cette fin de non-recevoir constitue, de la part de son représentant légal, une défense incomplète ne pouvant préjudicier à ses droits.

11 juillet 1859, 58–59, n° 40.

§ 2.
Des formes de la requête civile.

9. — Pour se pourvoir par requête civile et obtenir la rétractation de jugement en dernier ressort, il ne suffit pas d'assigner la partie adverse, mais il faut, à peine de nullité, présenter une requête.

31 mai 1813, t. II, n° 396.

10. — La requête civile est non recevable, si l'on n'a pas consigné les sommes fixées par l'article 494 avant d'assigner le défendeur.

31 mai 1813, t. II, n° 396.

11. — La consultation et la quittance du conseing prescrites par l'art. 295 doivent être signifiées, à peine de nullité, en même temps que l'assignation est donnée à la partie contre laquelle on dirige la requête civile.

31 mai 1813, t. II, n° 396.

12. — Le demandeur en requête civile est non recevable, si la consultation qui forme la base de la requête ne présente pas même l'énonciation de la dénégation au moyen de laquelle la partie adverse a cherché à rejeter la qualité d'associé et qui constituait l'ouverture de requête civile.

10 décembre 1810, t. II, n° 321.

13. — Les arbitres prononçant en premier et dernier ressort doivent être assimilés aux tribunaux de première instance : ainsi, pour être admis à attaquer par voie de requête civile une sentence arbitrale, il suffit de consigner le quart de la somme fixée par l'article 494 du Code de procédure.

4 juillet 1818, t. III, n° 540.

§ 3.
Des effets de la requête civile.

14. — L'opposition formée par une partie à un arrêt qui l'a déboutée d'une demande en requête civile et d'un incident formé avant ledit arrêt pour obtenir une communication de pièces, ne peut renouveler cet incident et faire prononcer une seconde fois sur l'objet dudit incident.

17 janvier 1811, t. II, n° 328.

15. — Même arrêt que celui qui précède.

13 décembre 1821, t. IV, n° 811.

Rescision, V. ACTIONS EN NULLITÉ ET EN RESCISION.

Réserve, V. DISPOSITIONS ENTRE-VIFS ET TESTAMENTAIRES.

Responsabilité, V. COMMISSIONNAIRE DE TRANSPORT, COMMUNE, CURATELLE, HUISSIER, NOTAIRE, SOCIÉTÉ COMMERCIALE, QUASI-DÉLITS, TUTELLE, VENTE.

Retour successoral, V. SUCCESSIONS.

Rétroactivité, V. LOI.

Revendication, V. FAILLITE ET BANQUEROUTE, PROPRIÉTÉ, SAISIE-EXÉCUTION.

S

Saisie-arrêt.

---

§ 1er.
En vertu de quels titres la saisie-arrêt peut être formée.

1. — Est nulle la saisie-arrêt pratiquée en vertu d'un acte nul comme acte authentique.

28 juillet 1859, 58-59, n° 41.

§ 2.
Sur quelles sommes la saisie-arrêt peut être formée.

2. — Une saisie-arrêt ne peut porter sur des sommes que le tiers saisi ne doit pas encore, même conditionnellement, au débiteur du saisissant ; spécialement, sur le prix d'une cession qui n'est pas définitivement conclue entre le débiteur et le tiers saisi.

14 juin 1845, 45, n° 54, p. 163.

3. — Est nulle la saisie-arrêt faite par un assuré sinistré entre les mains du liquidateur d'une compagnie d'assurances mutuelles contre l'incendie, avant que le marc le franc affecté au paiement des indemnités ait été déterminé.

En pareil cas, la saisie-arrêt doit être précédée de la mise en demeure du conseil d'administration.

16 décembre 1851, 49-52, n° 119.

§ 3.
Formes de la saisie-arrêt.

4. — Le décret du 18 août 1807, relatif aux formalités à suivre pour les saisies-arrêts entre les mains des receveurs et des administrateurs des deniers publics, ne s'applique pas aux saisies-arrêts faites entre les mains des receveurs communaux. Ces dernières saisies ne sont soumises qu'aux formes ordinaires tracées par le Code de procédure.

20 mars 1837. Recueil de SIREY, année 1839, IIe partie, p. 382.

5. — Les exploits portant saisie-arrêt entre les mains de fonctionnaires publics ne doivent pas, à peine de nullité, indiquer l'heure où ils ont été faits. L'article 8 de la loi du 19 février 1792 a été abrogé par le décret du 18 août 1807.

17 novembre 1846, 46, n° 110, p. 274.

§ 4.
De la déclaration à faire par le tiers saisi.

6. — La révélation d'un tiers saisi, lorsqu'il a signé le procès-verbal de l'huissier où elle est consignée, ne peut plus être contredite par lui et fait foi jusqu'à preuve contraire.

16 novembre 1808, t. I, n° 231.

7. — Les articles 573 et 577 du Code de procédure ne sont applicables qu'aux cas où le tiers saisi refuse de faire sa révélation, ou à celui où, se trouvant débiteur en vertu de titres d'une somme claire et liquide, il fait une fausse déclaration, ou ne justifie pas des causes de sa libération ; mais on ne peut en invoquer les dispositions contre un mineur dont le tuteur a déclaré dans sa révélation qu'il ignorait si son pupille était débiteur, et qu'il attendrait qu'on produisît les titres qui établissaient des créances à sa charge.

28 février 1815, t. III, n° 451.

8. — Le tiers saisi qui n'a pas fait sa déclaration, et qui a été condamné comme débiteur pur et simple, par un jugement d'instance, peut en interjeter appel, faire ensuite sa révélation et prouver sa libération devant la Cour.

15 juin 1827, 27-28, n° 37.

9. — Quoique l'exploit de saisie-arrêt fait entre les mains d'un receveur de deniers publics ne lui défende de se dessaisir que du capital, il peut néanmoins être condamné aux intérêts et aux frais, dans le cas où il est déclaré débiteur pur et simple des causes de la saisie.

17 novembre 1846, 46, n° 110, p. 274.

10. — Le tribunal qui doit connaître de la validité d'une saisie-arrêt est compétent pour juger l'action intentée contre les administrateurs de deniers publics, entre les mains desquels une saisie a été pratiquée et qui ont refusé de délivrer le certificat exigé par les articles 569 du Code de proc. civile et 6 du décret du 18 août 1807.

En pareil cas, l'autorisation préalable du conseil d'Etat n'est pas nécessaire.

17 novembre 1846, 46, n° 110, p. 274.

§ 5.

Du jour à partir duquel se produisent les effets de la saisie-arrêt.

11. — La saisie-arrêt produit ses effets légaux à dater du jour où elle a été pratiquée et non pas seulement du jour du jugement de validité, bien qu'elle porte sur le salaire dû à un ouvrier, c'est-à-dire sur les sommes qui peuvent être déclarées alimentaires et par conséquent insaisissables, dans leur intégralité ou dans une quotité quelconque.

17 déc. 1863, 62-65, n° 59, p. 207.

V. Degrés de juridiction.

Saisie-brandon.

§ 1er. — *Quelles récoltes peuvent faire l'objet de la saisie-brandon.* (N° 1.)

§ 2. — *Procédure.* (N° 2.)

---

§ 1er.

Quelles récoltes peuvent faire l'objet de la saisie-brandon.

1. — La prohibition de vendre des grains en vert, prononcée par les ordonnances de 1462, 1539, 1579, 1679 et renouvelée par la loi du 6 messidor an III, n'a point été abrogée par le Code civil; par suite, la vente de fruits pendants par branches et racines faite avant les six semaines qui précèdent la récolte ne peut être opposée aux créanciers qui ont pratiqué sur ces fruits une saisie-brandon dans les délais de la loi.

L'article 626 du Code de procédure, en indiquant pour déterminer ce délai l'époque ordinaire de la maturité des fruits, rend non recevable toute preuve tendant à établir que la récolte a été avancée ou retardée par suite de la température.

16 août 1847, 47-48, n° 44.

§ 2.

Procédure.

2. — L'opposition formée à une saisie-brandon par un tiers qui, avant toute poursuite, avait acheté les fruits, est valablement notifiée au domicile élu par le créancier, conformément à l'article 584 du Code de procédure civile.

16 août 1847, 47-48, n° 44.

Saisie-exécution.

§ 1er.

*Formes du procès-verbal de saisie-
exécution.*

1. — Un commandement suivi
de saisie, quand il est fondé sur le
défaut de paiement d'un terme de
pension annuelle, n'a d'effet, nonobstant la réserve de tous dus,
droits et actions, que pour le terme
originairement demandé et pour
ceux qui l'ont suivi, mais non
pour les annuités antérieures réclamées dans le cours de l'instance.

7 février 1816, 45, n° 19, p. 47.

2. — Jugé qu'un exploit de
saisie ne doit pas faire mention
de la formule exécutoire des titres
en vertu desquels elle est faite.

7 germinal an IX, t. I, p. 21.

3. — Le procès-verbal de carence ne peut pas être déclaré nul
sous le prétexte que le voisin n'a
pas été interpellé d'en recevoir la
copie avant de la remettre au
maire, et que ce fonctionnaire public n'a point visé l'original de la
signification qui lui a été faite de
ce procès-verbal, mais a seulement
signé ce dernier acte : cette nullité ne peut d'ailleurs être présentée en appel, lorsqu'on ne l'a pas
fait valoir en première instance.

27 janvier 1819, t. IV, n° 603.

4. — Un procès-verbal de saisie est nul s'il ne renferme pas
l'indication du jour où seront vendus les meubles saisis, conformément à l'art. 595 du Code de procédure civile, et s'il n'a point été
suppléé à cette omission par un
acte précédent.

26 juin 1824, t. IV, n° 851, p. 335.

5. — Les art. 598, 599, 601,
602, du Code de procédure ne prononçant point la peine de nullité en
cas d'inobservation des formalités
qu'ils prescrivent, on ne peut déclarer nulle une saisie sous le prétexte que les témoins n'auraient
pas signé la copie qui en a été notifiée au saisi le lendemain, parce

qu'elle n'avait eu lieu ni en son
domicile ni en sa présence, lorsque cette copie fait mention que
ces signatures ont été apposées sur
l'original : dans ce cas, l'art. 1030
s'oppose à ce que cette nullité soit
suppléée.

L'art. 588 du même Code ne
prescrit point à peine de nullité la
pesée des marchandises.

15 mars 1822, t. IV, n° 818, p. 290.

6. — Le défaut de signature
du gardien sur le procès-verbal de
saisie n'emporte pas nullité.

17 décembre 1824, t. IV, n° 856,
p. 340.

§ 2.

Du gardien à la saisie.

7. — Le procès-verbal constatant la non-reproduction par le
gardien des effets saisis n'étant
pas un exploit, mais un simple
acte constatant le refus de ce dépositaire, n'a pas dû lui être signifié d'après l'art. 68 du Code de
proc., puisqu'aucune loi n'impose
l'obligation, à peine de nullité, de
signifier ce procès-verbal.

22 mars 1809, t. I, n° 254.

8. — Lorsque, sur la sommation faite à un gardien infidèle,
déjà condamné par corps de procéder au récolement, il répond
qu'il ne doit rien et qu'il a pu disposer des meubles saisis à son
gré, cette réponse constatée par
l'huissier dans son procès-verbal
dispense d'un nouveau récolement
avant l'emprisonnement.

30 mars 1827, 27-28, n° 25.

9. — Un jugement qui permet d'exécuter la contrainte par
corps contre un gardien qui n'a
pas reproduit, ne prononçant rien
qui doive être fait par un tiers, on
n'est pas obligé, d'après les art.
164, 548 et 550 du Code de proc.,
de signifier à ce gardien le certificat de non-opposition à ce jugement avant de le faire emprison-
ner.

22 mars 1809, t. I, n° 254.

§ 3.

Des droits des tiers.

1° De la revendication des meubles
saisis.

10. — L'art. 608 du Code de
proc. prescrivant seulement *l'é-
nonciation* des preuves de propriété et non la preuve même de
cette propriété, qu'il n'est souvent
pas au pouvoir du demandeur
d'administrer au moment où il
forme sa demande, il suffit, pour
remplir le vœu de la loi, que dans
son assignation en revendication il
énonce textuellement les faits dont
il se réserve de faire la preuve en
cas de dénégation.

27 juillet 1814, t. II, n° 411.

11. — Si l'art. 608 du C. de pr.
civ. ne fixe pas le délai dans lequel celui qui se prétend propriétaire des objets saisis doit signifier
au saisi son opposition par exploit
contenant assignation, il est certain qu'il en faut un dans lequel
on doit avoir égard au domicile
du saisi et que l'on doit accorder
à celui-ci les délais de la loi pour
paraître sur cette assignation. Ces
délais ne doivent donc pas être réglés seulement par les dispositions
générales de l'art. 1033 du C. de
pr., mais aussi par celles de l'art.
72 du même Code.

30 avril 1816, t. III, n° 478.

2° Des créanciers du saisi ou du
saisissant.

12. — La disposition de l'art. 609
du C. de pr. civ., bien qu'elle ne
s'applique formellement qu'aux
créanciers du saisi, doit s'étendre
aux créanciers du saisissant, qui,
comme ceux du saisi, ne peuvent
former opposition que sur le prix
de la vente.

14 juin 1814, t. III, n° 439.

Saisie-gagerie.

Des formes de la saisie-gagerie.

1. — Aucune loi n'exige, pour
la validité du commandement à
fin de saisie-gagerie, que la créance
du poursuivant ait été préalablement liquidée.

La saisie-gagerie, faite elle-
même en vertu d'une créance non
liquide, est valable, pourvu que le
chiffre en soit ultérieurement fixé
par le juge avant la vente du mobilier saisi.

24 août 1868, 68-69, n° 41, p. 166.

2. — Lorsqu'une saisie-gagerie a été faite par un propriétaire
pour le paiement de ses fermages,
le juge peut, en appréciant les
circonstances de la cause, ne point
ordonner l'exécution rigoureuse
de la saisie et adopter telle mesure
qui laisse à l'avenir au fermier la
possibilité de remplir ses obligations. Spécialement, lorsque le
bailleur a saisi-gagé les blés et les
avoines de son fermier, le tribunal peut ordonner qu'il sera procédé au battage de ces grains en
la présence du gardien; que le
fermier prélèvera ce qui sera nécessaire pour les semailles, et que
le surplus sera vendu à la participation du propriétaire jusqu'à
concurrence du terme échu du
bail.

9 février 1846, 46, n° 34.

Saisie immobilière.

CHAPITRE Iᵉʳ.

QUELS BIENS SONT SAISISSABLES.
(Nᵒˢ 1 à 7.)

§ 1ᵉʳ. — *Quels biens sont immeubles dans
le sens des lois sur l'expropriation forcée.* (N° 1.)

§ 2. — *Des immeubles indivis entre le
débiteur et des personnes non
obligées à la dette.* (Nᵒˢ 2 à 6.)

§ 3. — *Immeubles appartenant à des
incapables.* (N° 7.)

CHAPITRE II.

EN VERTU DE QUELS TITRES ON PEUT
SAISIR. (Nᵒˢ 8 à 11.)

CHAPITRE III.

A L'ÉGARD DE QUELLES PARTIES ET JUS-
QU'A QUELLE ÉPOQUE LES FORMALITÉS
DE LA LOI EN MATIÈRE DE SAISIE DOI-
VENT ÊTRE REMPLIES. (Nᵒˢ 12, 13.)

CHAPITRE Ier.

QUELS IMMEUBLES SONT SAISISSABLES.

§ 1er.

Quels biens sont immeubles dans le sens des lois sur l'expropriation forcée.

1. — Les constructions faites par le locataire s'incorporant au sol ne peuvent être de la part de ses créanciers l'objet d'une saisie immobilière, surtout quand il existe une convention portant qu'elles appartiendront au bailleur moyennant indemnité.

Il en est ainsi lors même que les risques ont été laissés à la charge du preneur, en ce sens que l'indemnité ne doit être calculée que d'après l'état des constructions à fin de bail.

22 mars 1845, 45, n° 84, p. 223.

§ 2.

Des immeubles indivis entre le débiteur et des personnes non obligées à la dette.

2. — Suivant l'article 2205 du Code civil, les immeubles d'une succession ne peuvent être saisis avant le partage, si l'un ou plusieurs des cohéritiers ne sont pas débiteurs.

D'après le même article, la nullité de l'expropriation de ces biens ainsi saisis peut être invoquée tant par le cohéritier débiteur que par celui qui ne l'était pas.

Le créancier poursuivant dont l'expropriation est annulée dans cette circonstance peut être condamné à des dommages-intérêts envers les adjudicataires, mais non point envers les débiteurs saisis.

21 juin 1810, t. II, n° 309.

3. — D'après l'art. 2205 du Code civil, la part indivise d'un cohéritier dans les immeubles d'une succession ne peut être mise en vente par ses créanciers personnels avant le partage ou la licitation, qu'ils peuvent provoquer s'ils le jugent convenable ; cette disposition paraît devoir être appliquée à la part indivise d'une femme ou de ses héritiers dans les immeubles de la communauté ; les motifs de la loi sont les mêmes dans l'un et l'autre cas ; d'ailleurs, l'art. 1476 du même Code déclare que ce qui concerne la communauté conjugale est soumis à toutes les règles établies pour le partage entre cohéritiers.

25 février 1820, t. IV, n° 785, p. 253.

4. — Suivant l'art. 2205, le créancier d'un cohéritier ne peut faire saisir la part indivise de son débiteur dans les immeubles de la succession avant le partage ou la licitation.

16 août 1827, 27-28, n° 46.

5. — On ne peut saisir immobilièrement la part indivise d'un cohéritier avant le partage ou la licitation ; il n'en doit pas être de même dans le cas où le saisi serait propriétaire en vertu de partage et où seulement une action en rescision, pour cause de lésion, aurait été intentée contre lui.

8 mars 1822, t. IV, n° 817, p. 289.

6. — Après la vente d'immeubles indivis entre plusieurs cohéritiers, cette vente faisant cesser l'indivision, la prohibition pour le créancier personnel d'un

héritier de faire vendre la part indivise de ce dernier dans les immeubles avant partage ou licitation n'est point applicable à cette
hypothèse.

5 mai 1855, 53-57, n° 65, p. 171.

§ 3.

*Immeubles appartenant à des inca-
pables.*

7. — La règle de l'article
2206 du Code Napoléon, qui prohibe l'expropriation des immeubles d'un débiteur avant la discussion de son mobilier, cesse d'avoir
son application lorsque ce mobilier consiste en créances d'une
discussion difficile et coûteuse.

28 août 1848, 47-48, n° 136.

CHAPITRE II.

EN VERTU DE QUELS TITRES ON PEUT
SAISIR.

8. — Suivant l'article 1er de
la loi du 11 brumaire an VII, qui
ne voulait pas qu'on pût poursuivre la vente forcée d'un immeuble sans titre exécutoire,
l'expropriation faite en vertu d'un
jugement qui ne pouvait être considéré comme exécutoire et définitif, puisqu'il était suspendu dans
son effet par l'appel qui en avait
été interjeté, était nulle.

23 brumaire an XII, t. I, n° 88.

9. — On ne peut procéder à
une saisie immobilière en vertu
seulement d'un exécutoire de dépens décerné d'après un arrêt; cet
arrêt étant le titre de la créance et
de l'exécutoire; il faut, pour que
le commandement soit valable,
donner copie de cet arrêt, ensuite
duquel l'exécutoire a été levé.

14 juillet 1820, t. IV, n° 641, p. 62.

10. — Même arrêt, le 25 novembre 1820.

11. — Une saisie immobilière
poursuivie en vertu d'un titre non
exigible est nulle.

15 décembre 1812, t. II, n° 380.

CHAPITRE III.

A L'ÉGARD DE QUELLES PARTIES ET JUS-
QU'A QUELLE ÉPOQUE LES FORMALITÉS
DE LA LOI EN MATIÈRE DE SAISIE
DOIVENT ÊTRE REMPLIES.

12. — On doit signifier à la
femme séparée de biens une copie
du commandement qui précède
la saisie immobilière, lorsqu'elle
est codébitrice et copropriétaire
des objets saisis, puisqu'elle n'est
plus commune en biens avec son
mari et qu'elle a des intérêts opposés.

1er thermidor an IX, t. I, n° 33.

13. — Toutes les formalités
prescrites en matière d'expropriation forcée doivent être remplies
à l'égard de chaque partie saisie,
jusqu'à la revente des immeubles
sur folle enchère, qui seule en attribue irrévocablement la propriété.

19 juin 1844, 43-44, n° 65.

CHAPITRE IV.

DES FORMALITÉS DE LA SAISIE
IMMOBILIÈRE.

§ 1er.

Du commandement.

14. — Le commandement ne
fait pas partie de la saisie immobilière, c'est seulement un acte
préparatoire à cette procédure.

15 décembre 1812, t. II, n° 380.

15. — L'expropriation est nulle,
si l'on n'a pas donné copie entière
du titre en vertu duquel on poursuit, et si l'on a omis par exemple
les qualités et les motifs du jugement qui sert de titre.

1er thermidor an IX, t. 1, n° 33.

16. — Le commandement qui
précède une saisie immobilière
doit contenir la copie entière de
la formule exécutoire du titre en
vertu duquel il est fait, et s'il n'y
est inséré que par abréviation, le
commandement est nul.

18 mars 1808, t. I, n° 196.

17. — Lorsque les droits de la femme d'un failli ont été liquidés par un jugement, il suffit, lorsqu'on fait saisir immobilièrement les biens du mari entre les mains d'un tiers détenteur, de lui donner copie de ce jugement; il n'est pas nécessaire de donner aussi copie des titres sur lesquels il est intervenu : il en est de même à l'égard de la sommation faite en conformité de l'article 2169.

8 août 1820, t. IV, n° 644, p. 64.

18. — Un commandement en saisie immobilière est nul si l'huissier, dans son exploit, s'est contenté d'énoncer que, sur le refus de deux personnes qu'il désigne, il a remis la copie au maire, sans faire mention que ces deux individus fussent voisins de la partie à qui était donné ce commandement.

20 avril 1820, t. IV, n° 787, p. 255.

19. — On ne peut déclarer nul un commandement en expropriation forcée, par le motif que l'huissier n'aurait pas fait mention, dans l'exploit, des noms et prénoms des voisins qui n'auraient pas pu ou pas voulu signer l'original en l'absence du saisi, parce que les articles 61 et 68 du Code de procédure n'exigent pas cette formalité ni que l'huissier mentionne qu'il a requis ces voisins de signer.

8 mars 1822, t. IV, n° 817, p. 289.

20. — La nullité d'une saisie ne résulte pas de ce que dans les sommations, procès-verbaux et notifications qui l'ont accompagnée, le requérant s'est dit demeurant à Paris, sans indiquer dans quelle rue ni à quel numéro, surtout lorsqu'en fait il est certain que le domicile du poursuivant était connu du saisi.

27 août 1829, 29, n° 64, p. 215.

21. — Un commandement à fin de saisie immobilière ne peut être annulé, comme tout acte de procédure, que pour une nullité formellement prononcée par la loi. — En conséquence, on ne peut annuler un commandement pour cause de plus-pétition des sommes réellement dues. Il en serait de même du cas où un tel acte contenant une offre ne mentionnerait pas la réponse du créancier, parce que cette réponse n'est point une formalité substantielle de ce procès-verbal.

29 juin 1861, 60-61, n° 70.

22. — Celui qui se prétend propriétaire d'immeubles menacés d'expropriation ne peut former opposition au commandement; il doit attendre que la saisie ait lieu pour former sa demande en distraction.

19 février 1811, t. II, n° 331.

23. — On peut former opposition à un commandement à fin de saisie immobilière, pour faire décider que la créance en vertu de laquelle on poursuit n'existe pas ou se trouve compensée et éteinte.

30 avril 1813, t. II, n° 393.

24. — Le débiteur peut former opposition au commandement ayant pour but de parvenir à une saisie immobilière de ses biens.

23 août 1817, t. III, n° 574.

25. — L'opposition formée contre un commandement à fin d'expropriation ne constitue pas un incident sur saisie immobilière. Dès lors, l'appel émis contre le jugement qui a statué sur cette opposition n'est point assujetti aux formes et délais prescrits par les articles 731 et 732 du Code de procédure civile.

25 juillet 1850, 49-52, n° 55.

§ 2.

Du procès-verbal de saisie.

1° Du délai entre le commandement et la saisie.

26. — En admettant que la péremption du commandement à fin de saisie immobilière, fait en vertu de jugement, soit suspendue par l'appel jusqu'à la signification de l'arrêt, peut-on regarder comme jours utiles et pendant lesquels les délais ont couru, le jour où le commandement a été fait, celui où l'appel a été notifié, celui où l'arrêt a été signifié, et celui enfin où la saisie a été établie?

13 mai 1828, 27-28, n° 83.

2° Formalités du procès-verbal.

a. Mention du mandat spécial de l'huissier.

27. — Le défaut de mention, dans l'exploit d'une saisie immobilière, que l'huissier est porteur d'un pouvoir spécial, n'entraîne pas la nullité de cet exploit.

18 mars 1808, t. I, n° 196.

28. — L'article 675 du Code de procédure n'exige pas que le procès-verbal de saisie immobilière énonce l'indication de la première publication du cahier des charges ; il suffit que cette énonciation soit faite dans la notification de ce procès-verbal.

8 mai 1810, t. II, n° 305.

b. Date de la première publication.

29. — L'article 675 du Code de procédure, qui renferme toutes les formalités prescrites pour la validité des exploits de saisie, n'impose pas l'obligation d'insérer dans le procès-verbal la date de la première publication ; il n'est fait mention de cette formalité que dans l'article 681, dont la disposition est relative à la notification qui doit être faite du procès-verbal au saisi ; d'où il suit que le vœu de la loi est rempli lorsque la date de la première publication est inscrite dans l'exploit de notification.

14 novembre 1811, t. II, n° 423 *bis*.

c. Mention du transport de l'huissier sur les biens saisis.

30. — Il n'est pas indispensable que l'huissier qui procède à une saisie immobilière fasse mention, dans son procès-verbal, qu'il s'est transporté sur les fonds désignés dans la saisie ; il suffit que ce procès-verbal contienne la description de tous les immeubles qu'il a mis sous la main de la justice et qu'il soit revêtu du visa des maires des communes où sont situés les immeubles saisis ; l'article 675 du Code de procédure ne prescrit à cet égard aucune formule sacramentelle.

20 novembre 1816, t. III, n° 570.

d. Indication des immeubles saisis.

31. — Le procès-verbal de saisie d'une maison qui n'indique pas le véritable nom de la rue où elle est située, ses quatre tenants et aboutissants et la désignation exacte de son extérieur, est nul.

17 décembre 1808, t. I, n° 241.

32. — Les formalités prescrites par l'article 675 du Code de procédure civile sont ordonnées pour ne laisser aucun doute sur l'identité de l'objet saisi ; ainsi, le procès-verbal de saisie contient suffisamment l'énonciation de l'arrondissement où une maison est située, s'il mentionne que la maison expropriée est située *audit Besançon, rue Battant n°* 95.

1er mai 1816, t. III, n° 479.

33. — Quand il y a eu saisie immobilière d'une maison faisant partie d'un bien rural, il n'est pas nécessaire que le procès-verbal contienne la désignation de l'extérieur de cette maison, il suffit d'indiquer les différentes pièces qui la composent.

La fausse désignation de la nature d'un héritage n'entraîne pas la nullité de la saisie ; il y a lieu seulement à en retrancher cet héritage.

8 mai 1810, t. II, n° 305.

34. — La fausse désignation des confins exigés par l'article 675 entraîne la nullité de la saisie immobilière ; mais si cette désignation est conforme aux matrices des rôles, on ne peut la détruire par des certificats.

26 novembre 1810, t. II, n° 319.

35. — Le certificat du maire de la commune où sont situés les immeubles expropriés n'est point suffisant pour justifier que les confins indiqués dans le procès-verbal de saisie sont erronés; il faut, à cet égard, établir leur fausseté soit par les titres de saisie, soit par les états de section.

16 décembre 1824, t. IV, n° 742, p. 196.

36. — La mention dans le procès-verbal de l'arrondissement de la situation des biens peut être suppléée au moyen des énonciations que l'acte contient.

24 mai 1820, t. IV, n° 788.

37. — La saisie immobilière d'une maison désignée notamment par le numéro sous lequel elle figure au plan cadastral, en comprend les dépendances nécessaires qui ne portent pas au cadastre de numéro particulier.

Spécialement, si la maison renfermant une écurie n'a qu'une seule place à fumier, cette place n'ayant pas d'ailleurs de numéro propre, fût-elle située de l'autre côté de la rue, n'en est pas moins comprise dans la saisie.

17 janvier 1848, 47-48, n° 118.

e. Extrait de la matrice du rôle des contributions.

38. — Il n'est pas nécessaire de transcrire en entier dans le procès-verbal de saisie l'extrait de la matrice du rôle; il suffit de faire mention, à la suite de chaque article des héritages compris dans la saisie, de la somme à laquelle ils sont évalués dans cette matrice du rôle.

18 mars 1808, t. I, n° 196.

39. — Quoiqu'il ne soit pas possible de distinguer les immeubles appartenant au saisi, parce qu'ils seraient restés en commun entre plusieurs héritiers depuis le partage, on ne satisfait pas à la loi, qui veut que l'on donne un extrait de la matrice du rôle des contributions foncières, en

rapportant seulement un certificat du maire de la commune où sont situés ces biens, constatant cette impossibilité; il faut joindre un extrait détaillé de cette matrice au procès-verbal de saisie.

22 mars 1819, t. IV, n° 606.

40. — Un créancier n'est pas responsable de la régularité des originaux sur lesquels l'extrait des matrices et états de section est copié; il suffit que cet extrait inséré au procès-verbal de saisie immobilière soit la copie de celui délivré par le maire.

9 décembre 1822, t. IV, n° 824, p. 297.

41. — Il ne doit y avoir aucune formalité supplétive en cas de non-existence ou d'insuffisance des matières de rôles de contributions; il suffit que le maire délivre des certificats ou extraits de ces matrices, qui leur seront conformes; et en conséquence, les procès-verbaux de saisie ne seraient pas nuls dans le cas où les biens du saisi ne seraient pas imposés sous son nom dans ces rôles.

26 février 1825, t. IV, n° 858, p. 342.

f. Visa du procès-verbal, et, anciennement, remise d'une copie au greffier du juge de paix et au maire.

42. — Lorsqu'une copie du procès-verbal de saisie immobilière a été remise à un adjoint et visée par lui, il n'est pas nécessaire, pour la régularité de la procédure en saisie, que cet adjoint ait constaté l'absence, l'empêchement ou la suspicion du maire.

Si le greffier du juge de paix est le beau-fils du saisissant, il ne peut, à peine de nullité, recevoir la signification de la copie du procès-verbal de saisie et apposer son visa sur l'original.

Le Code de procédure n'exige pas que le procès-verbal de saisie contienne l'indication du jour de la première publication.

18 juillet 1811, t. II, n° 342.

43. — Une saisie immobilière

est nulle si, au mépris de l'art. 676 du C. de pr., l'huissier exécuteur s'est borné à énoncer, dans le procès-verbal de saisie, que *copies en seraient remises* au maire et au greffier, quand même le maire, en visant le procès-verbal, aurait certifié que l'huissier lui en avait remis copie entière.

3 mai 1817, t. III, n° 573.

44. — Il y a suffisante mention de la remise de copies aux maire et greffier dans un procès-verbal de saisie ainsi conçu : Copie entière du procès verbal ci-dessus *sera remise* par moi, huissier soussigné, avant l'enregistrement, au maire de la commune et au greffier de la justice de paix, qui viseront l'original.

24 mai 1820, t. IV, n° 788, p. 255.

§ 3.
Dénonciation du procès-verbal au saisi.

45. — L'omission du mot *cent* dans la copie de l'exploit de notification d'une saisie immobilière n'entraîne pas la nullité de cet acte, si sa date est d'ailleurs prouvée par la relation d'autres actes de procédure qui l'ont précédé.

14 août 1811, t. II, n° 423.

46. — Suivant l'art. 681 ancien (677 nouv.) du Code de pr., la saisie immobilière doit être dénoncée au saisi dans la quinzaine du jour du dernier enregistrement : mais si le dernier jour de ce délai tombe un jour de fête légale, l'art. 1037 du même Code fournit au saisissant un moyen de rendre ce jour utile, puisqu'il autorise le juge à permettre la signification, lorsqu'il y a péril en la demeure ; dans le cas où la dénonciation n'a pas eu lieu, la saisie immobilière est nulle.

30 juillet 1819, t. IV, n° 779, p. 239.

§ 4.
De la rédaction du cahier des charges.

47. — Le cahier des charges est nul, ainsi que la saisie elle-même, s'il ne fait pas mention de la dénonciation de la saisie au débiteur, de l'insertion du placard dans les journaux, du procès-verbal d'apposition d'affiches et de la notification qui en a été faite au saisi et aux créanciers, actes prescrits par le Code à peine de nullité et qui doivent être rappelés dans le cahier des charges.

18 mars 1808, t. I, n° 196.

§ 5.
Sommation au saisi d'assister à la fixation du jour de l'adjudication.

48. — Lorsque, par suite d'arrangements entre les parties, il intervient au jour fixé pour l'adjudication sur saisie immobilière un jugement ordonnant que la cause sera rayée du rôle, il est nécessaire, si les poursuites sont reprises, de renouveler au saisi la sommation prescrite par l'art. 691 du C. de pr. civ., d'assister à la fixation du jour de l'adjudication, et ce sous peine de nullité de l'adjudication.

24 janvier 1854, 53-57, n° 42, p. 93.

§ 6.
Insertions et affiches.

1° Rédaction des affiches.

49. — Sous l'empire de l'art. 4, n° 5, de la loi du 11 brumaire an VII, il n'y avait pas nullité dans une expropriation parce que le créancier poursuivant n'aurait pas fait insérer dans les affiches le nom des créanciers inscrits qui auraient été omis dans le certificat délivré par le conservateur : il n'y a pas non plus de nullité, d'après l'art. 6 de la même loi, pour n'avoir pas fait notifier le procès-verbal d'affiches à tous les créanciers.

21 nivôse an XIII, t. I, n° 113.

50. — L'administration des biens du failli passe seule entre les mains des syndics, et la propriété continue à rester sur la tête du failli jusqu'à l'époque de la vente. C'est donc contre lui que l'expropriation doit être poursuivie : ainsi on se conforme à l'art. 682 du Code de procédure (696), en insérant dans l'extrait et dans les placards affichés le nom du débiteur failli.

8 août 1820, t. IV, n° 644, p. 64.

51. — Est nulle l'adjudication sur saisie immobilière prononcée à la suite d'affiches ne contenant pas la désignation des objets saisis telle qu'elle a été insérée dans le procès-verbal de saisie et le cahier des charges.

17 janvier 1855, 53-57, n° 66, p. 173.

2° Apposition.

52. — On n'est obligé de faire afficher les placards dont parle l'art. 684 aux deux marchés des deux communes les plus voisines de celles désignées dans le § 3 de cet article, que dans le cas où il n'existe de marché ni dans l'une ni dans l'autre de ces dernières communes.

10 juillet 1809, t. II, n° 274.

53. — L'apposition de placards, prescrite par l'art. 732 du même Code, est ordonnée à peine de nullité ; ainsi on ne pourrait procéder à une adjudication définitive sans que cette formalité eût été remplie.

27 février 1815, t. III, n° 555.

54. — L'huissier qui ne trouve dans une commune ni maire ni adjoint, l'un étant absent et l'autre décédé, peut faire viser son procès-verbal d'apposition de placards par un des membres du conseil municipal, qui constate l'absence et le décès des maire et adjoint ; il suffirait même, pour remplir le vœu de l'art. 699, que cet huissier constatât, par un procès-verbal, l'absence ou le défaut des fonctionnaires publics désignés par la loi pour donner leur visa.

26 novembre 1810, t. II, n° 319.

3° Notification.

55. — La notification des placards et des procès-verbaux d'apposition d'affiches n'est point soumise aux formalités des exploits d'ajournement : ces actes ne sont pas nuls lorsque la copie de l'exploit de cette notification ne mentionne pas le domicile des poursuivants, quand d'ailleurs ce domicile se trouve exprimé dans les placards signifiés avec cet exploit.

8 mai 1810, t. II, n° 305.

56. — En matière de saisie immobilière, la nullité résultant du défaut de notification des placards à l'un des tiers détenteurs est couverte s'il ne l'oppose qu'après avoir pris des conclusions au fond.

17 novembre 1829, 29, n° 66, p. 215.

57. — La saisie des immeubles appartenant à une femme mariée se poursuit contre elle et contre son mari ; en conséquence, chacun d'eux doit recevoir, à peine de nullité, une copie du placard dont la notification est exigée par les art. 687, 717 et 740 du C. de pr. civ. (anc.).

19 juin 1844, 43-44, n° 65.

58. — Quoique l'article 735 du Code de proc. exige que les secondes appositions de placards soient justifiées dans la même forme que les premières, il ne s'ensuit pas que ces secondes affiches doivent être notifiées au saisi.

21 mars 1810, t. II, n° 300 *bis*.

§ 7.
De l'adjudication préparatoire.
(Historique.)

59. — L'adjudication préparatoire peut être faite le même jour qu'a lieu la troisième publication, quoique l'art. 703 du Code de procédure indique qu'il doit s'écouler un délai de huit jours depuis cette dernière publication, pour l'insertion dans le journal des nouvelles annonces et l'application des placards : cet article ne porte point que ce délai ne devra courir que du jour de la troisième publication ; on ajouterait donc à la loi en le décidant ainsi et on créerait une nullité qui n'a pas été prévue ; rien ne s'oppose donc à ce que les formalités prescrites par les art. 702 et 703 soient remplies simultanément.

15 mai 1823, t. IV, n° 828, p. 303.

60. — L'art. 703 du Code de procédure ne prescrit l'observation d'aucun délai entre la troisième publication du cahier des charges et l'adjudication préparatoire, pourvu que les insertions et appositions de placards aient été faites huit jours auparavant ; la loi n'établit aucun délai après cette dernière publication.

26 février 1825, t. IV, n° 858, p. 342.

61. — Un jugement d'adjudication préparatoire est radicalement nul si le jour de cette adjudication a été indiqué différemment dans les placards affichés et dans les notices insérées au journal du département.

31 janvier 1817, t. III, n° 572.

62. — D'après les dispositions du C. de pr. combinées avec celles du décret du 2 février 1811, la partie saisie peut provoquer, dans les 40 jours qui suivent l'adjudication préparatoire, les moyens à l'aide desquels elle veut en faire prononcer la nullité. Le délai ne court que du jour où elle a eu connaissance de cette adjudication par l'apposition des placards, suivant les art. 704, 705, 706 et suiv. du Code de pr., ou de toute autre manière.

D'après l'art. 147 du même Code, tout jugement doit être notifié à partie. Aucune disposition spéciale ne dispense de cette formalité ceux qui prononcent une adjudication préparatoire ; l'art. 733 prescrit même cette notification.

28 décembre 1826, t. V, n° 942.

CHAPITRE V.

DES INCIDENTS QUI PEUVENT S'ÉLEVER JUSQU'A L'ADJUDICATION.

§ 1er.

Concours de saisissants.

63. — L'art. 717 ancien et 715 nouv. n'attache pas la peine de nullité à l'inobservation des dispositions des art. 679 et 680 du Code de proc. ; d'où il suit qu'une seconde saisie ne serait pas nulle lors même qu'un autre créancier, qui aurait fait une première saisie, ne s'en serait pas désisté, parce que le débiteur ne peut être exposé à payer les frais d'une double saisie quand la première était nulle.

9 décembre 1822, t. IV, n° 824, p. 297.

§ 2.

Subrogation dans la poursuite.

64. — Il résulte des dispositions combinées des art. 695, 696 et 719 (aujourd'hui 692, 693 et 721) du Code de proc. que tout créancier inscrit, quoique non saisissant, et à qui la saisie immobilière a été notifiée, a le droit d'être subrogé aux poursuites du poursuivant.

4 février 1823, t. IV, n° 696, p. 146.

65. — Il suffit que des poursuites en saisie immobilière aient été discontinuées depuis longtemps, pour que tout créancier, sans être ni inscrit ni saisissant, puisse demander à y être subrogé ; mais le saisissant et le saisi doivent y être préalablement mis en demeure.

Cette demande en subrogation peut être formée, dans tous les cas, par voie d'ajournement à personne.

30 janvier 1845, 45, n° 14, p. 35.

66. — Tout créancier, bien que son titre soit postérieur à une saisie pratiquée sur les biens de son débiteur, peut demander, en cas de fraude, collusion ou négligence de la part du premier saisissant, à lui être subrogé.

Qu'il soit ou ne soit pas inscrit, la première saisie n'est anéantie à son égard qu'autant qu'elle a été rayée.

12 mai 1845, 45, n° 44, p. 131.

67. — On n'est point obligé d'appeler le saisi pour assister au jugement qui ordonne la subrogation à une saisie faite antérieurement sur lui et restée sans poursuites, ni de lui signifier ce jugement; il ne peut non plus se prévaloir du défaut de notification de ce jugement au premier saisissant.

La signification prescrite par l'article 721 du Code de procédure ne l'est point à peine de nullité. Le jugement de subrogation n'enlève point au saisi le droit de proposer les nullités qu'il peut faire valoir contre la procédure antérieure au jugement qui prononce la subrogation.

17 février 1827, 27-28, n° 13.

68. — Le créancier qui, suivant l'article 779 du Code de procédure, obtient la subrogation aux poursuites commencées par un premier saisissant, n'est pas obligé de lui notifier le jugement qui l'a autorisé à les continuer; il suffit qu'il le fasse signifier à son avoué : en ce cas, le saisi n'est point admissible à se prévaloir du défaut de notification; il n'y aurait que le premier saisissant qui y serait recevable.

11 janvier 1827, 27-28, n° 2.

69. — La partie saisie doit être appelée sur la demande en subrogation, à peine de nullité de la demande et des actes postérieurs.

28 avril 1851, 49-52, n° 118.

§ 3.

Demande en distraction.

70. — La loi ne prononçant point de fins de non-recevoir contre le créancier hypothécaire, propriétaire de tout ou partie des immeubles expropriés, s'il n'a point formé de demande en distraction pendant le cours des poursuites en expropriation forcée, on ne peut le déclarer non recevable dans le cas où il n'a formé sa revendication qu'après l'adjudication définitive.

13 juillet 1822, t. IV, n° 821, p. 294.

71. — En matière de saisie immobilière, la demande en distraction n'est pas nulle, par cela seul qu'elle n'a pas été formée contre le premier créancier inscrit.

Elle peut être faite même après l'adjudication, alors qu'il y a eu surenchère.

24 décembre 1850, 49-52, n° 95.

§ 4.

Demande en résolution.

72. — Lorsqu'il s'agit d'une action en résolution qui a pour but d'évincer le saisi de la propriété d'un immeuble compris dans la saisie, la demande doit être dirigée non-seulement contre le saisi, mais aussi contre le saisissant et contre le créancier premier inscrit, de même que lorsqu'il s'agit d'une revendication proprement dite, à moins que la demande en résolution ne soit déjà intentée lorsque la saisie est faite.

Inédit. 10 février 1842, 2° Ch. Vernerey-Duret c. de Boucheporne.

§ 5.

Des moyens de nullité.

73 — Il n'est pas nécessaire que la femme soit autorisée, pour figurer comme créancière inscrite dans une expropriation dirigée contre son mari, lorsqu'elle n'est pas propriétaire de l'immeuble exproprié. Le défaut d'autorisation de la femme ne présente, en pareil cas, pour l'adjudication, qu'une nullité relative et personnelle à cette femme, nullité que le mari ne pourrait présenter que dans l'intérêt de son épouse.

29 germinal an XII, t. I, n° 100.

74. — Le législateur a établi plusieurs formalités dans le titre des saisies-exécutions, mais sans attacher la peine de nullité à l'omission d'aucune d'elles, si ce n'est pour les revendications et oppositions; tandis que, dans les saisies immobilières, il a prononcé cette peine par l'article 717 (715) de ce titre, pour l'inobservation de celles prescrites dans 27 de ses articles; d'où l'on doit inférer qu'on ne doit pas créer des nullités que le Code n'a pas prononcées, ainsi que le porte l'article 1030; ce dernier article est d'autant plus applicable en ce cas, qu'il paraît être uniquement dans l'intérêt du saisissant: son inobservation ne peut nuire au saisi, si, d'ailleurs, l'appelé en cause ne l'oppose pas.

17 décembre 1824, t. IV, n° 856.

75. — Le saisi qui a réclamé le bénéfice de l'article 2212 du Code civil a renoncé par là même à présenter de nouvelles nullités contre la saisie immobilière, et a couvert celles qu'il n'avait pas proposées en même temps que ce moyen de libération.

13 avril 1810, t. II, n° 303.

76. — L'article 733 du Code de procédure civile ne défend de proposer les moyens de nullité après le jugement d'adjudication préparatoire, que lorsque ces moyens de nullité ont pour objet la procédure antérieure à cette adjudication, et le saisi ou ses créanciers ont le droit de soutenir, même après cette adjudication, que le saisissant était sans titre valable et exécutoire pour faire la saisie.

2 décembre 1814, t. II, n° 420.

77. — Le moyen de nullité résultant du défaut de titre exécutoire pour négligence de signification prescrite par l'article 877 du Code Napoléon doit être pro-posé par l'appelant, suivant l'article 733 du Code de procédure, avant l'adjudication préparatoire; plus tard, il y est non recevable.

1er mai 1816, t. III, n° 479.

78. — Le défaut d'apposition d'affiches dont la dernière ne précède que de peu de jours l'adjudication définitive, ne peut être compris au nombre des nullités insérées dans l'article 735 du Code de procédure, qui doivent être proposées au moins vingt jours avant cette adjudication.

27 février 1815, t. III, n° 555.

79. — Le jugement qui statue sur les moyens de nullité invoqués contre les poursuites en saisie immobilière prononce suffisamment leur rejet, lorsqu'il est énoncé dans le dispositif, *que sans prendre égard aux moyens de nullité*, la procédure faite pour parvenir à l'adjudication préparatoire est bien et régulièrement instruite; il n'est pas nécessaire que le dispositif porte spécialement sur chaque nullité quand les motifs y ont statué.

Aucune disposition n'impose l'obligation au poursuivant d'appeler la partie saisie pour voir statuer sur les nullités; elle est avertie par les placards qui lui sont signifiés et les publications faites.

10 janvier 1824, t. IV, n° 841, p. 319.

80. — Tous moyens de nullité contre une poursuite sur saisie immobilière doivent être proposés, au plus tard, dans les trois jours qui précèdent l'adjudication.

16 juin 1860, 60-61, n° 23.

81. — Un arrêt de cassation qui renvoie devant une autre Cour n'a pas pour effet de relever la partie qui avait à proposer des moyens de nullité sur la poursuite en saisie immobilière, de la déchéance qu'elle a encourue pour ne les avoir pas présentés dans les délais fixés par la loi du 2 juin 1841.

15 janvier 1847, 47, n° 28.

§ 6.
Du sursis.

82. — L'assignation donnée au saisi pour être présent au jugement qui doit prononcer le renvoi de l'adjudication définitive à un autre jour que celui indiqué, est soumise aux formalités prescrites par les articles 72 et 1033 du Code de procédure civile.

31 janvier 1817, t. III, n° 572.

83. — On ne peut surseoir aux poursuites en expropriation forcée, par le motif qu'une partie des objets saisis appartiennent à un militaire en activité de service, lorsqu'il est débiteur du poursuivant; la loi du 6 brumaire an v n'est point applicable dans cette hypothèse.

29 avril 1818, t. III, n° 587.

84. — La femme séparée de corps et de biens, qui intervient dans la saisie pratiquée contre son mari et soutient que, par suite de la liquidation à faire de la communauté, elle sera propriétaire pour ses reprises et par l'effet du partage de tout ou partie des acquêts saisis, est fondée à demander qu'il soit sursis à l'adjudication jusqu'après la liquidation : elle est partie saisie, et la raison qu'elle allègue est une cause grave qui entraîne l'application de l'article 703 du Code de procédure civile.

6 janvier 1853, 53-57, n° 26, p. 58.

§ 7.
Voies de recours contre les jugements rendus sur les incidents.

De l'appel.

a. De l'acte d'appel.

85. — En matière de saisie immobilière, doit être déclaré nul l'acte d'appel qui, sans autre énonciation de griefs, s'en réfère aux conclusions prises par l'appelant en première instance.

6 janvier 1845, 45, n° 8, p. 19.

86. — L'appel d'un jugement rendu sur un incident à saisie immobilière n'est pas recevable, si l'acte par lequel il est formé, au lieu d'énoncer expressément les griefs, s'en réfère à ceux qui ont été proposés en première instance et qui ne sont retracés dans aucune pièce jointe à l'appel.

24 avril 1850, 49-52, n° 60.

b. Des moyens d'appel.

87. — Sous l'empire de la loi du 11 brumaire an VII, le saisi ni ses créanciers ne pouvaient opposer en appel des nullités ou irrégularités qui n'avaient pas été proposées avant l'adjudication, et notamment, le premier ne pouvait être admis à poursuivre dans ce cas une inscription de faux et à se prévaloir de la nullité résultant de ce faux.

16 janvier 1807, t. I, n° 160.

88. — Le débiteur pouvait, sur l'appel d'un jugement d'adjudication, proposer le moyen de nullité résultant de ce que la situation d'une partie des immeubles vendus avait été *faussement indiquée*, lorsqu'en première instance il avait déjà opposé contre cette expropriation que la situation des fonds compris sous certains numéros de la saisie *n'avait pas été indiquée*, et lorsque deux de ces numéros étaient relatifs aux mêmes immeubles. Dans ce cas, l'art. 23 de la loi du 11 brumaire an VII ne peut point motiver une fin de non-recevoir contre le moyen employé en appel, qui n'a été que développé plus amplement.

15 mai 1807, t. I, n° 171.

89. — Suivant les art. 733, 735 et 736 du C. de pr., on ne peut proposer en appel d'autres moyens de nullité que ceux articulés en première instance ; par ces mots *moyens de nullité contre la procédure*, il faut nécessairement entendre tous les moyens qui tendent à établir que la procédure est nulle ; ces expressions s'étendent non-seulement aux nullités inhérentes aux actes des officiers ministériels, mais encore à toutes autres nullités, quelles qu'elles soient, même à celles qui vicieraient les titres en vertu desquels ces actes ont été faits.

29 avril 1826, t. V, n° 927.

c. Du délai d'appel.

90. — Jugé que le délai de quinzaine fixé par l'art. 730 du C. de pr. civ. (aujourd'hui le délai de dix jours fixé par l'art. 731) pour l'appel d'un jugement rendu sur une demande en distraction formée dans une saisie immobilière, n'est pas susceptible de l'application de la règle générale portée dans l'art. 1033 du même Code, qui veut que le jour de la signification et celui de l'échéance ne soient pas comptés dans les ajournements, citations, sous-mentions et autres actes faits à personne ou domicile; ainsi, l'appel d'un jugement signifié le 19 novembre est tardivement interjeté le 5 décembre suivant.

17 décembre 1807, t. I, n° 186.

91. — L'appel dont parle l'art. 734 du Code de procédure doit être émis dans le délai de quinzaine à peine de nullité; mais le défaut de la notification de cet appel au greffier et de son visa n'entraîne pas nullité.

10 juillet 1809, t. II, n° 274.

92. — Lorsque l'adjudication préparatoire n'a pas été prononcée par le jugement même qui a rejeté les moyens de nullité proposés contre la saisie, le délai de l'appel court, suivant les art. 733, 734 (avant la loi de 1841) du Code de procédure, seulement du jour de l'adjudication postérieurement faite et non point de celui où a été rendu le premier jugement.

16 décembre 1812, t. II, n° 380.

93. — D'après les art. 733 et 734 du C. de pr. civ., on peut former opposition à un arrêt par dé-

faut qui n'a prononcé que sur l'appel d'un jugement portant adjudication provisoire en matière de surenchère sur aliénation volontaire; il est également permis, d'après ces articles, d'appeler des jugements intervenus sur des incidents antérieurs à l'adjudication préparatoire et sur cette adjudication préparatoire elle-même, pendant quinzaine à dater de la signification de ces jugements, et sans que les Cours doivent prononcer sur ces appels dans un délai déterminé; on ne doit point appliquer en ce cas les dispositions des art. 735 et 736.

2 décembre 1814, t. II, n° 420.

94. — L'art. 736 du C. de pr. n'est pas applicable à l'appel du jugement d'adjudication définitive; on doit consulter à cet égard la règle indiquée pour les appels ordinaires fixée par l'art. 443 du même Code; en cas d'appel de cette adjudication, les frais doivent être prélevés.

10 décembre 1818, t. III, n° 600.

95. — D'après les art. 733 et suivants du Code de proc., les appels des jugements en matière d'expropriation forcée doivent être émis dans la quinzaine du jugement, qu'il s'agisse de vices dans la procédure ou de vices dans le titre en vertu duquel on a saisi.

24 juin 1820, t. IV, n° 790, p. 258.

96. — La signification à avoué du jugement qui statue sur les difficultés élevées sur le cahier des charges suffit pour faire courir les délais d'appel, mais il en est autrement lorsqu'il s'agit des condamnations prononcées par ce jugement: à cet égard, la signification doit être faite à personne ou domicile.

La sommation faite en exécution de ce jugement à un colicitant, d'assister à l'adjudication à un jour déterminé par le jugement et autre que celui fixé par le cahier des charges, doit également être signifiée à personne ou domicile.

22 juin 1856, 53-57, n° 109, p. 318.

97. — Doit être considéré comme incident sur saisie immobilière l'appel en cause par le saisi d'un tiers qu'il prétend avoir chargé de désintéresser le poursuivant.

Le jugement qui, par suite de cette mise en cause, statue sur un compte intervenu entre le saisi et son prétendu garant, ne peut être frappé d'appel que dans les délais prescrits par l'art 731 du C. de pr. civ.

18 janvier 1849, 49-52, n° 35.

98. — En matière de saisie immobilière, l'appel doit être signifié dans les dix jours de la signification à avoué.

13 août 1861, 60-61, n° 62.

CHAPITRE VI.

§ 1er.

Formes de l'adjudication.

1° Jugement d'adjudication.

99. — Jugé que sous l'empire de l'art. 4, titre XIV, de l'ordonnance de 1667, et de l'article 15, t. XV, de la loi du 24 août 1790, est nulle une adjudication où l'on a omis d'énoncer les noms et qualités des parties, la comparution ou l'absence de la partie saisie : l'adjudication étant un vrai jugement.

11 messidor an IX, t. I, n° 32.

100. — Le jugement d'adjudication définitive est également nul s'il ne s'est pas écoulé un délai de soixante jours entre le jugement rendu par défaut contre le saisi qui a ordonné ce renvoi et celui qui a prononcé l'adjudication définitive.

31 janvier 1817, t. III, n° 572.

101. — Les jugements en matière de saisie immobilière étant régis par une procédure spéciale, ne sont ni rédigés ni relevés dans la forme prescrite pour les jugements ordinaires ; dès lors l'art. 142 du Code de proc. n'est pas applicable en cette matière, et il n'est pas nécessaire que le jugement qui prononce sur les moyens de nullité opposés contre la saisie immobilière contienne des points de droit relatifs à ces moyens ; d'ailleurs la position des points de droit n'est pas le fait du juge, mais celui de la partie.

29 décembre 1825, t. IV, n° 875, p. 362.

2° Formalités postérieures au jugement d'adjudication.

Faculté d'élire command.

102. — L'avoué qui veut réserver à celui pour qui il enchérit la faculté d'élire command doit le faire dans le jugement d'adjudication. Cette réserve faite par l'adjudicataire dans l'acte par lequel il accepte la déclaration de son avoué est tardive et ne peut, au cas où il élit command, dispenser l'acquéreur définitif du paiement d'un nouveau droit de mutation.

L'acquéreur définitif n'a aucun recours en garantie à exercer pour ce paiement s'il a déclaré prendre la place de l'adjudicataire et accepter toutes les charges, conditions et clauses attachées à l'adjudication.

20 décembre 1848, 47-48, n° 90.

§ 2.

Voies de recours contre le jugement d'adjudication.

103. — La voie d'opposition à un jugement d'adjudication définitive ne peut être admise ; car tous les actes exigés pour l'expropriation ne sont que des actes d'exécution, depuis le commandement jusqu'au jugement d'adjudication définitive, et la poursuite en expropriation ne présente rien de litigieux. D'ailleurs, la crainte du législateur, que le défendeur n'ait ignoré l'appel en justice, cesse en matière d'expropriation forcée, puisque, d'après la publicité de la procédure, il est impossible que le saisi ait ignoré la poursuite. La voie d'opposition serait, de plus, inconciliable avec les obligations et les intérêts du tiers adjudicataire, qui ne peut être affranchi de ses engagements par le seul consentement du saisi, ni voir annuler son adjudication par des moyens qui, lui étant étrangers, ne peuvent être à sa connaissance.

20 mai 1822, t. IV, n° 819.

§ 3.
Des effets de l'adjudication.

104. — L'adjudication sur saisie immobilière a lieu sous la condition suspensive du paiement du prix, et l'immeuble reste la propriété du saisi tant que l'adjudicataire n'a pas payé son prix.

30 juillet 1859, 58-59, n° 42.

§ 4.
V. V^is SURENCHÈRE ET FOLLE ENCHÈRE.

§ 5.
Liquidation des frais et dépens.

105. — Le prélèvement des frais sur le prix des biens vendus par expropriation peut être demandé et ordonné en tout état de cause : aucun des articles du Code de proc. n'oblige la partie poursuivante à prendre des conclusions à ce sujet devant les premiers juges ; on peut donc demander et la Cour ordonner sur appel qu'ils seront prélevés.

10 janvier 1824, t. IV, n° 841, p. 319.

106. — D'après l'article 716 (714) du Code de proc., le prélèvement des frais sur le prix des biens vendus par saisie immobilière ne peut être ordonné que par le juge ; il ne peut avoir lieu par suite du consentement seul du débiteur qui, par ce moyen, en cas d'insuffisance de deniers, préjudicierait aux droits du dernier

créancier inscrit ; ainsi, le désistement qui renferme un consentement de cette nature doit être refusé.

6 février 1824, t. IV, n° 846, p. 326.

107. — Le décret du 16 février 1807 n'est point applicable à la saisie immobilière, puisque l'article 715 (713) du Code de proc. oblige l'adjudicataire à payer les frais dans les vingt jours, non pas depuis la signification, mais depuis l'adjudication ; ainsi la disposition de ce décret qui ne fait courir le délai pour former opposition à une taxe de dépens que du jour de sa signification, ne peut être appliquée en cas de saisie immobilière.

29 décembre 1825, t. IV, n° 875.

108. — Doivent être considérés comme frais extraordinaires de poursuite et payés par privilége sur le prix de l'immeuble saisi, ceux qui ont été faits par un créancier dans l'intérêt commun. Celui qui, ayant droit à ce prélèvement, ne l'a pas obtenu en première instance et ne s'est pas rendu appelant, ne peut conclure devant la Cour à prélever d'autres frais que ceux d'appel

24 juin 1846, 46, n° 30.

109. — Les dépens des procès occasionnés par suite d'erreur excusable et de bonne foi dans la désignation d'immeubles saisis ne doivent pas être mis à la charge du créancier poursuivant ou subrogé à la saisie, mais bien considérés comme faits dans l'intérêt des créanciers et prélevés sur le prix à distribuer à titre de frais extraordinaires.

8 février 1868, 68-69, n° 3, p. 9.

V. DEGRÉS DE JURIDICTION.

Scellés.

Apposition.

L'individu qui a aliéné la coupe d'une forêt peut, en vertu de l'art. 909 du C. de pr., en demander l'interdiction et faire prononcer la défense d'enlever les bois coupés, quoique le terme du paiement ne soit pas encore arrivé : il en a surtout le droit lorsque les héritiers du débiteur usent des délais qui leur sont accordés pour faire inventaire et délibérer, sans prendre aucunes mesures pour prévenir la perte ou la détérioration des biens de la succession.

9 février 1827, 27-28, n° 10.

V. Faillite et Banqueroute.

Secret des lettres, V. Poste aux lettres.

Séparation de biens, V. Contrat de mariage.

Séparation de corps, V. Mariage.

Séparation de patrimoine, V. Successions.

Séminaires.

Autorisation de plaider.

Les séminaires ne peuvent plaider soit en demandant, soit en défendant, sans autorisation préalable.

23 août 1828, 27-28, n° 121.

Séquestre.

Du séquestre judiciaire.

1. — Il y a lieu à prononcer le séquestre d'un terrain litigieux possédé par une commune, sur lequel une autre commune réclame une copropriété ou du moins une servitude de parcours, jusqu'à ce que le procès qui existe entre ces deux communes soit terminé.

29 août 1808, t. I, n° 226.

2. — Quoique l'article 1961 du Code civil autorise les tribunaux à ordonner le séquestre d'un immeuble dont la propriété ou la possession est litigieuse, il est de leur sagesse de n'adopter cette

mesure que : 1° lorsque l'immeuble en litige est déterminé par sa situation, sa dimension et ses confins ; 2° lorsqu'il s'agit d'attribuer la propriété à l'une plutôt qu'à l'autre des parties dans le concours de titres contradictoires qui la rendraient incertaine ; 3° lorsqu'il serait à craindre que la partie qui succomberait dans le procès fût hors d'état d'indemniser celle qui obtiendrait gain de cause, des dommages qu'une jouissance usurpée et prolongée aurait pu lui causer.

19 novembre 1821, t. IV, n° 658, p. 97.

3. — L'article 1961 du Code civil est limitatif ; ainsi, le vendeur d'effets mobiliers non payés ne peut demander que ces effets soient mis en séquestre, en dehors des cas prévus par cet article.

16 décembre 1829, 29, n° 82, p. 254.

Serment litisdécisoire, V. Preuve.

Serment supplétoire, V. Preuve.

Serviteurs et domestiques, V. Enquête.

Servitudes ou services fonciers.

CHAPITRE Ier.

DES SERVITUDES ÉTABLIES PAR LA LOI. (N°s 1 à 16.)

§ 1er. — *De la servitude relative à l'écoulement naturel des eaux établie par l'art. 640 du Code civil.* (N°s 1 à 4.)

§ 2. — *Des servitudes concernant l'écoulement artificiel à procurer aux eaux nuisibles.* (N°s 5, 6.)

§ 3. — *De la servitude de passage pour cause d'enclave.* (N°s 7 à 16.)

CHAPITRE II.

DES SERVITUDES ÉTABLIES PAR LE FAIT DE L'HOMME. (N°s 17 à 47.)

§ 1er. — *Généralités.* (N°s 17, 18.)

CHAPITRE III.

DES DROITS DU PROPRIÉTAIRE DE L'HÉRITAGE DOMINANT ET DES ACTIONS QUI LUI COMPÈTENT. (N°ˢ 48 à 58.)

CHAPITRE IV.

DES OBLIGATIONS ET DES DROITS DU PROPRIÉTAIRE DE L'HÉRITAGE SERVANT. (N°ˢ 59 à 65.)

CHAPITRE V.

DES DIFFÉRENTES MANIÈRES DONT LES SERVITUDES S'ÉTEIGNENT. (N°ˢ 66 à 77.)

TABLE ALPHABÉTIQUE.

CHAPITRE Iᵉʳ.

DES SERVITUDES ÉTABLIES PAR LA LOI.

§ 1ᵉʳ.

De la servitude relative à l'écoulement naturel des eaux, établie par l'article 640.

1. — Aux termes de l'article 640 du Code Napoléon, le propriétaire du fonds supérieur ne peut, par aucun travail, aggraver la charge imposée au terrain situé au-dessous du sien, de recevoir les eaux pluviales ou autres, qui découlent naturellement. Cependant cet article ni aucun autre ne défendent de leur donner une direction qui, sans devenir nuisible à celui qui les reçoit, serait plus avantageuse au possesseur du sol d'où elles découlent. Mais le propriétaire de ce fonds supérieur ne peut se dispenser de faire exécuter tous les travaux et ouvrages nécessaires pour empêcher que celui qui possède le fonds inférieur ne ressente un préjudice de la nouvelle direction donnée aux eaux, ou pour que sa position ne soit aggravée.

5 juillet 1826, t. V, n° 906.

2. — Le propriétaire d'un fonds qui reçoit les eaux pluviales et l'égout du voisin par une barbacane pratiquée dans son mur, ne peut les transmettre sur un fonds inférieur au moyen d'un canal apparent creusé sur son terrain et sur les fonds intermédiaires, quand même ce travail aurait été exécuté depuis plus de trente ans.

23 janvier 1846, 46, n° 23.

3. — Pour que le propriétaire inférieur soit tenu de recevoir les eaux venant du fonds supérieur, il faut que ces eaux y découlent selon leur pente naturelle. La servitude cesse d'exister si ces eaux sont recueillies et amenées à travers des canaux et aqueducs établis par la main de l'homme et qui ont modifié la disposition naturelle des lieux.

6 mars 1868, 68-69, n° 9, p. 34.

4. — Le propriétaire du fonds supérieur qui prétend avoir acquis par prescription le droit de faire écouler les eaux de son fonds par un fossé-canal creusé dans le fonds inférieur, ce qui constitue une aggravation à la servitude légale imposée à ce fonds par l'article 640 du Code Napoléon, doit justifier que depuis trente ans il a exécuté les travaux d'où résulte l'aggravation de servitude et veillé à leur entretien.

6 mars 1868, 68-69, n° 9, p. 34.

§ 2.
Des servitudes concernant l'écoulement artificiel à procurer aux eaux nuisibles.

5. — La servitude d'aqueduc, consacrée par l'article 1er de la loi du 10 juin 1854 sur le drainage, s'applique seulement aux eaux qui envahissent naturellement le sol et non à celles qui y sont artificiellement amenées, soit pour les besoins de l'irrigation, soit pour toute autre cause.

Cette servitude d'aqueduc a été établie par la loi uniquement dans l'intérêt des propriétés rurales et non pour l'assainissement des maisons d'habitation, lors même qu'elles dépendraient d'une exploitation agricole.

25 mars 1869, 68-69, n° 59, p. 252.

6. — En matière de drainage, l'article 5 de la loi du 10 juin 1854 confère aux juges de paix une compétence qui forme une attribution spéciale de juridiction tenant à l'ordre public et à laquelle le consentement exprès ou tacite des parties ne peut déroger.

6 mars 1868, 68-69, n° 9, p. 34.

§ 3.
De la servitude de passage pour cause d'enclave.

7. — En Franche-Comté, où l'on suivait le droit romain quand la coutume était muette sur une matière, les servitudes ne se prescrivaient que par titres, et les actes précaires et de pure familiarité n'acquéraient ni droit ni prescription : le passage exercé par le propriétaire du fonds enclavé sur le fonds voisin, pour cultiver et récolter, était de cette nature ; on ne pouvait, dans cette province, l'acquérir que par titres ou par une possession immémoriale ; ainsi l'article 691 du Code Napoléon ne peut être invoqué pour déterminer le caractère de faits de passage antérieurs à ce Code, que les propriétaires qui les toléraient étaient autorisés, suivant la jurisprudence de Franche-Comté, à ne regarder que comme insuffisants pour caractériser une possession acquérant un droit.

27 décembre 1826, t. V, n° 921.

7 *bis.* — D'après les lois romaines et la jurisprudence du parlement de Franche-Comté, le passage nécessaire pour arriver à un fonds enclavé était considéré comme précaire et de pure tolérance, tant qu'on ne prouvait pas que ce droit avait été acquis ou qu'il y avait eu contradiction suffisante pour faire courir la prescription. Cette preuve n'étant pas rapportée, le passage ne pouvait être accordé sans indemnité.

29 décembre 1814, t. II, n° 420 *ter.*

8. — En Franche-Comté, la servitude de passage pour cause d'enclave ne se prescrivait que par une possession immémoriale, comme toutes les autres servitudes discontinues.

10 décembre 1827, 27-28, n° 58.

9. — Lorsqu'il s'agit de l'établissement d'une servitude nécessaire à une exploitation rurale, la disposition de l'article 682 du Code

Napoléon doit s'appliquer non-seulement au cas où le terrain serait absolument enclavé, mais encore à celui où on ne pourrait y parvenir sans des ouvrages extraordinaires, qui en absorberaient ou diminueraient notablement la valeur.

9 août 1814, t. II, n° 413.

10. — Pour qu'il y ait enclave dans le sens de l'article 682 du Code Napoléon, il faut que l'impossibilité de passer par tout autre endroit public soit complète, absolue : la difficulté du chemin n'est pas un motif suffisant pour obtenir un passage sur la propriété d'autrui.

Lorsqu'il y a lieu d'accorder un passage, on doit, dans le concours de plusieurs terrains qui pourraient être astreints à cette servitude, éviter de grever ceux qui seraient clos et occupés par des bâtiments y attenant.

23 mai 1828, 27-28, n° 89.

11. — La servitude de passage, en cas d'enclave, doit régulièrement s'exercer du côté où le trajet est le plus court du fonds enclavé à la voie publique ; néanmoins il doit être fixé à l'endroit le moins dommageable à celui sur le fonds duquel il est accordé : c'est ainsi que le passage le plus long doit être adopté lorsque le plus court traverserait les aisances d'une maison d'habitation.

16 décembre 1865, 62-65, n° 96, p. 406.

12. — Le propriétaire d'un fonds qui se trouve enclavé par suite d'un partage ne peut réclamer de passage que sur les lots de ses copartageants.

S'il a souffert sciemment et sans opposition que des constructions fussent établies dans la partie du fonds asservi où son droit pouvait s'exercer le plus commodément, il ne peut demander la suppression de ces travaux et doit faire à ses frais les ouvrages nécessaires pour se procurer un autre passage sur les héritages astreints à le lui fournir.

24 janvier 1849, 49-52, n° 30.

13. — Le partage d'un terrain se desservant jusque-là par une voie publique ne peut avoir pour effet de modifier les conditions dans lesquelles le terrain se dessert et de créer au préjudice des tiers un état légal d'enclave.

Une haie n'est point, en fait, un obstacle suffisant au passage pour constituer l'état d'enclave.

5 juillet 1869, 68-69, n° 75, p. 313.

14. — En cas d'enclave, le droit de passage résulte de la loi, et il n'y a pas besoin de le prescrire. C'est le droit d'indemnité qui doit être conservé, et s'il est prouvé que le passage s'exerce depuis trente ans, et qu'il ne soit pas prouvé que le propriétaire du fonds servant recevait une indemnité, le passage doit être continué sans payer d'indemnité, lors même que le passage aurait été exercé sur des localités différentes.

Inédit. 21 juin 1838, après partage, 1re Ch. Bernard c. Mougnard.

15. — Le propriétaire d'un terrain enclavé peut invoquer la prescription résultant de ce qu'il aurait passé pendant plus de trente ans sur un des fonds voisins, alors même qu'il la ferait partir d'une époque où ce fonds dépendait d'une succession dans laquelle il aurait figuré comme copartageant. Il est en droit de continuer ce passage sans indemnité, encore qu'il ne l'ait pas toujours pratiqué par le même point et qu'il ait même parfois passé sur d'autres fonds, s'il est établi qu'il n'a agi ainsi qu'en bon voisin et pour ne pas aggraver la servitude.

23 août 1848, 47-48, n° 135.

16. — Celui qui au possessoire est maintenu dans un droit de passage à titre d'enclave, n'en est pas moins tenu au pétitoire, nonobstant sa qualité de défendeur,

de prouver que la servitude lui est
due sans indemnité.

11 juillet 1849, 49-52, n° 36.

_____

CHAPITRE II.

DES SERVITUDES ÉTABLIES PAR LE FAIT
DE L'HOMME.

§ 1er.

Généralités.

17. — Les propriétaires des
maisons aboutissant sur des rues
ou sur des chemins ont le droit
d'y faire tomber les eaux de leurs
toits, et d'y ouvrir des portes et
des fenêtres : tout habitant d'une
commune peut se pourvoir afin
d'obtenir le libre usage d'un chemin qu'elle aurait en partie supprimé.

21 août 1821, t. IV, n° 657, p. 91.

18. — Les terrains vains et
vagues situés dans les villages
sont spécialement asservis aux usages des propriétaires dont ils avoisinent les habitations. Ceux-ci
peuvent, en vertu du droit qui leur
est propre, disposer les ouvertures
de leurs bâtiments de manière à
user de ces terrains comme de
lieux de passage, nonobstant tous
dépôts de fumier que d'autres habitants y auraient depuis longtemps établis.

18 janvier 1845, 45, n° 4, p. 8.

§ 2.

*De l'établissement des servitudes par
titre.*

19. — D'après les principes du
droit romain adoptés par la jurisprudence des pays de droit écrit,
la servitude *luminum* était bien
moins restreinte que celle *ne lumi-
nibus officiatur* : ces deux servitudes se distinguent par cet axiome
de droit : *Plùs negat negatio quàm
affirmat affirmatio*, de manière
qu'à l'égard de la première, le
propriétaire de l'héritage servant
peut faire toute espèce de constructions sur son fonds, *dummodò*

lumen, id est cœlum, videri possit,
d'après les dispositions des lois
luminum et lumen, de servitutibus,
et la jurisprudence a fixé à trois
pieds de distance les constructions
qui pourraient être faites et au
moyen desquelles le droit de jour
pourrait s'exercer.

16 novembre 1809, t. II, n° 282 *ter*.

20. — Il était admis dans l'ancienne législation qu'un droit de
servitude pouvait se prouver au
moyen d'un titre ancien, bien que
le propriétaire du fonds servant
n'y eût été partie ni par lui ni par
ses auteurs, pourvu d'ailleurs que
ce titre fût appuyé d'une possession conforme au droit énoncé.

C'est ainsi, spécialement, qu'un
ancien titre par lequel trois frères,
stipulant à l'occasion du partage
des biens de leur père, réglaient
le mode dont ils useraient des
eaux d'une source appartenant à
un propriétaire voisin, peut servir
à établir la servitude prétendue
sur la source, bien que le propriétaire de cette source n'ait été partie au partage ni par lui ni par
ses auteurs, la possession d'ailleurs étant conforme au titre.

29 avril 1869, 68-69, n° 80, p. 327.

21. — Un tiers ne peut se prévaloir d'une convention à laquelle
il n'a pas été partie pour fonder
son droit à une aggravation, au
profit de son fonds, de la servitude
légale établie par l'article 640 du
Code Napoléon et relative à l'écoulement naturel des eaux.

6 mars 1868, 68-69, n° 9, p. 34.

§ 3.

*De l'acquisition des servitudes par la
prescription.*

22. — Une servitude de passage, depuis le Code civil, ne peut
s'établir que par titre ou par possession immémoriale, qui serait
justifiée avoir été acquise avant la
publication de ce Code.

10 mai 1811, t. II, n° 338 *bis*.

23. — Avant le Code Napoléon, pour prescrire un droit de passage, il fallait prouver que l'on avait joui à titre de servitude et malgré la contradiction du propriétaire, surtout s'il s'agissait d'un terrain de peu de valeur : autrement, cette jouissance ne pourrait être attribuée qu'à la tolérance et au bon voisinage, quand même elle aurait été exercée de temps immémorial.

11 novembre 1813, t. III, n° 402.

24. — D'après les dispositions du droit romain, sous l'empire duquel, indépendamment des dispositions coutumières, était régie la ci-devant province de Franche-Comté, le droit de prescrire en sa faveur une servitude discontinue sans titre ne pouvait s'acquérir que par une possession constante et immémoriale : suivant la définition donnée par la loi et les commentateurs de ce genre de possession, la preuve testimoniale qui en était fournie devait remonter à un laps de cent ans, c'est-à-dire que les témoins qui étaient appelés à en déposer devaient rendre compte de ce qui s'était passé à cet égard dans la révolution de trois générations.

22 décembre 1813, t. III, n° 438 bis.

25. — La possession immémoriale d'une servitude de passage doit être prouvée de manière que les vieillards qui en ont connaissance l'aient toujours vue eux-mêmes; qu'ils aient ouï dire communément qu'elle existait; qu'ils l'aient appris à *majoribus*, et que personne ne leur ait dit qu'on avait vu le commencement de cette possession.

19 juin 1813, t. III, n° 397 bis.

26. — Il résulte des dispositions de la deuxième partie de l'art 691 du C N. que les servitudes discontinues acquises à l'époque de la publication du Code par la possession immémoriale devaient l'être de cette manière ; mais il en résulte aussi que celles non encore acquises à cette date ne devaient pas avoir le même privilége; d'où l'on doit conclure que les prescriptions commencées pour l'établissement d'une servitude , sans titre et non encore achevées à la date de la publication de la loi du 10 pluviôse an XII, n'ont pas pu se continuer au préjudice de cette loi.

22 décembre 1813, t. III, n° 438 bis.

27. — A la vérité, l'acquisition par la prescription d'une servitude discontinue ne peut être prouvée, suivant l'art 691 du C. N., qu'autant que cette prescription aurait été acquise avant la publication de ce Code, et le long temps qui s'est écoulé depuis que cette loi a été rendue doit déterminer le juge à être très circonspect à admettre la preuve testimoniale en cette matière ; néanmoins, ce n'est pas un motif pour la rejeter entièrement, lors surtout qu'elle est adminiculée par de graves présomptions.

2 mars 1815, t. III, n° 452.

28. — La possession immémoriale invoquée par celui qui réclame un passage à titre de servitude doit être établie par une prescription d'au moins quarante ans, antérieurement au Code civil; les témoins qui en déposeraient devraient avoir atteint, au moment où les faits à prouver se sont passés, au moins l'âge de puberté, et avoir entendu dire par des personnes qu'ils sont tenus d'indiquer, que tel était l'état des choses avant le Code. D'où l impossibilité presque complète des preuves de cette possession.

29 juin 1825, t. IV, n° 756, p. 211.

29. — Le droit de passage étant une servitude discontinue ne pouvait s'établir déjà avant le Code que par une possession immémoriale.

20 juillet 1825, t. IV, n° 759, p. 213.

30. — En Franche-Comté, les servitudes discontinues, telles qu'un droit de passage, ne se prescrivaient avant la publication du Code civil que par une possession immémoriale, même en cas d'enclave.

21 juin 1836, 36, p. 111.

31. — D'après les lois anciennes, la possession immémoriale qu'a une ville quant aux seconds fruits de prés situés sur son territoire, donne à cette ville un droit réel à la perception de ces fruits La loi du 6 octobre 1791 et l'arrêté du comité de salut public du 25 thermidor an III n'ont pas anéanti ce droit acquis.

17 floréal an IX, t. I, n° 25.

32. — La possession immémoriale était un mode d'acquérir le droit de parcours dans le ressort du parlement de Franche-Comté.

Les règlements prescrits par l'ordonnance de 1669 pour l'exercice des droits d'usage n'étaient obligatoires que pour les forêts de l'Etat ou des communes, et non pour les bois appartenant à des particuliers.

9 février 1829, 29, n° 11, p. 46.

33. — Le droit de parcours est une servitude discontinue qui, à défaut de titre, peut être prouvée, en Franche-Comté, par une possession immémoriale.

10 décembre 1844, 43-44, n° 119.

34. — Une servitude discontinue ne peut, aux termes de l'art. 691 du Code Napoléon, s'acquérir que par titre et non par prescription.

En conséquence, celui qui prétend un pareil droit ne saurait, même lorsqu'il existe un commencement de preuve par écrit, être autorisé à prouver par témoins des faits se référant non pas à une convention ou à un titre quelconque, mais à une possession d'où le droit ne peut résulter.

7 décembre 1866, 66-67, n° 67.

35. — Le dépôt d'un fumier sur un terrain ouvert et non clos et servant d'aisances à une maison voisine n'établit pas, au profit de celui qui a fait ce dépôt, une possession réelle qui puisse lui faire acquérir une servitude; il faudrait qu'il existât un acte de contradiction qui eût mis l'une et l'autre partie en mesure d'acquérir et de souffrir la servitude.

6 frimaire an XIII. t. I, n° 111.

36. — La prescription en matière de servitude d'aqueduc ne peut s'acquérir que par une jouissance non interrompue pendant trente ans, à compter du moment où le propriétaire du fonds inférieur a terminé sur le fonds supérieur des ouvrages destinés à faciliter la chute et le cours des eaux dans sa propriété.

On ne peut assimiler aux ouvrages apparents dont parle l'art. 642 du Code Napoléon le fait d'avoir curé de temps à autre une rigole creusée naturellement sur le fonds supérieur par le passage des eaux.

27 avril 1844, 43-44. n° 96.

§ 4.

De la constitution des servitudes par la destination du père de famille.

37. — Suivant le droit romain, les servitudes apparentes tenant à l'état des lieux se conservaient après la séparation des deux fonds entre lesquels elles existaient, sans le secours d'aucune stipulation et par la seule volonté présumée du propriétaire à qui avaient appartenu ces deux fonds.

Ainsi, lorsqu'une ferme avait été vendue à un individu, et que la vente portait que les biens seraient pris dans *l'état où ils se trouveraient*, et que les bois dépendant de la même ferme avaient été aliénés au profit d'une autre personne, avec cette stipulation que ces bois resteraient affectés des chemins de droit, celui qui les traverse doit être conservé.

27 avril 1827, 27-28, n° 23, p. 105.

38. — La destination du père de famille n'était pas reconnue en

Franche-Comté, avant le Code civil, comme un moyen d'acquérir la servitude.

20 juillet 1825, t. IV, n° 759, p. 213.

39. — La destination du père de famille n'était pas admise dans le ressort du parlement de Franche-Comté.

9 février 1844, 43-44, n° 31.

40. — Avant le Code Napoléon, la destination du père de famille résultant de ce qu'il aurait établi sur un de ses fonds un fossé pour en irriguer un autre ne suffisait pas pour faire déclarer qu'il existait une servitude sur le premier en faveur du second, lorsqu'ils ont été vendus à deux personnes et qu'il n'y a pas eu à cet égard réserve expresse et nominative dans l'acte de vente de l'une de ces propriétés, non plus qu'un signe apparent et non équivoque ou un ouvrage de telle nature qu'il emportât l'idée de l'existence d'une servitude.

29 mars 1827, 27-28, n° 23.

41. — Sous l'ancienne jurisprudence, il n'était point nécessaire que la conservation d'une servitude continue et apparente fût stipulée dans un acte de partage d'un objet qui avait appartenu au même propriétaire ; en ce cas, il y avait destination du père de famille, pourvu que l'existence de cette servitude fût constatée par un signe permanent.

10 janvier 1822, 27-28. n° 23, p. 102.

42. — L'art. 694 du Code Napoléon statue sur les servitudes apparentes sans distinguer si elles sont continues ou discontinues ; il ne doit pas être considéré comme le simple développement de l'article 692.

17 janvier 1826, t. V, n° 879.

43. — La servitude par destination du père de famille a lieu lorsqu'il s'agit d'une servitude apparente, lors même qu'elle est discontinue, notamment pour une servitude de passage qui s'annonce par des ouvrages extérieurs.

Inédit. 27 décembre 1858, 1ʳᵉ Ch. Croissant c. comᵐᵉ de Frédéric-Fontaine.

44. — La destination du père de famille ne peut résulter d'un état de choses ancien détruit avant la vente qui a opéré le démembrement, mais seulement de l'état de choses existant à l'époque de la vente.

Inédit. 25 mai 1860, 2ᵉ Ch. De Scey c. Garnier.

45. — Une allée existant sur deux portions de jardin et aboutissant à une porte qui ne se trouve que sur l'une des deux parties du jardin pour entrer depuis la voie publique n'est pas un signe apparent de servitude capable d'établir la servitude de passage par la destination du père de famille, lorsque le jardin est divisé en deux parties distinctes et qu'il n'y a pas de stipulation de servitude. Le copartageant qui a la portion privée de porte sur la voie publique doit en ouvrir une à ses frais sur sa portion.

Inédit. 6 février 1845, 2ᵉ Ch. Jacoutot c. Stègre.

46. — Un canal souterrain d'assainissement n'est point une servitude apparente qui puisse être établie par destination du père de famille, bien qu'à proximité de la maison asservie l'orifice extérieur de ce canal semble en révéler l'existence et la direction.

17 juillet 1866, 66-67, n° 46.

47. — Dans l'intérêt de l'agriculture et par nécessité, au cas où une prairie appartenant à l'État avait été divisée en lots vendus à des propriétaires différents, si les portions les plus éloignées de la voie publique ne tenaient pas expressément de leur acte de vente le passage sur les parcelles voisines, ce passage devait leur être accordé non pas tant à titre de servitude d'enclave que parce que la destination du père de famille était censée le leur avoir réservé.

28 janvier 1817, t. III, n° 500.

CHAPITRE III.

DES DROITS DU PROPRIÉTAIRE DE L'HÉRITAGE DOMINANT ET DES ACTIONS QUI LUI COMPÈTENT.

48. — La servitude de jour établie par destination du père de famille donne au propriétaire du fonds dominant le droit d'empêcher le propriétaire du fonds servant d'élever une construction à une distance plus rapprochée des jours que la distance légale ; elle ne lui donne pas celui d'empêcher toute construction à quelque distance que ce soit

8 mai 1861, 60-61, n° 54.

49 — Le propriétaire d'une allée sur laquelle un voisin jouit d'une ouverture avec servitude de passage ne peut en restreindre l'entrée de manière à la rendre moins large que la porte de la maison au profit de laquelle existe la servitude.

Le maître du fonds dominant a le droit de passer à toute heure par la porte de cette allée, dont une clef doit lui être fournie par le propriétaire du fonds servant.

14 novembre 1844, 43-44, n° 118.

50. — La construction d'une maison dans un héritage pour lequel celui du voisin devait un chemin de desserte ou de défruitement tend à aggraver cette servitude, qui ne peut être étendue sans le consentement du propriétaire ou sans du moins qu'il obtienne à cet égard une juste indemnité.

2 janvier 1815, t. III, n° 552.

51. — L'usage d'un droit de passage ne peut être étendu aux bâtiments acquis par le maître du fonds dominant postérieurement à la constitution de la servitude.

27 janvier 1844, 43-44, n° 25.

52. — Si une maison située à la ville a été grevée d'un droit de passage, les tribunaux peuvent décider, en cas de silence du titre, que le passage restera libre depuis l'ouverture des portes de la ville jusqu'à l'heure fixée pour la clôture des lieux publics, et qu'à partir de ce moment il demeurera fermé au moyen de clefs à la disposition du propriétaire du fonds dominant.

9 avril 1829, 29, n° 36, p. 126.

53. — Le droit d'héberger ses fourrages et de conduire à travers une grange ses vendanges et autres récoltes permet au créancier de la servitude d'introduire dans la grange ses fourrages, soit à l'état vert, soit à l'état sec, et ses autres récoltes même en très petite quantité, à moins que le fait du transport ne représente moins la satisfaction d'un intérêt réel que l'usage vexatoire des droits résultant de l'acte constitutif de la servitude.

En ce cas, les juges qui interprètent l'acte constitutif de la servitude doivent rechercher plutôt l'intention commune des parties que se rattacher au sens littéral des termes.

Dans l'usage général, le mot de *récoltes* ne s'applique pas au bois provenant soit de l'affouage communal, soit d'acquisition.

23 juin 1870, 70-71, n° 33.

54. — *Leniùs facere poterimus, acriùs non* : l. V au Dig. *De servit. præd. urb.* — Il est vrai que le propriétaire du fonds dominant ne peut user de la servitude que suivant son titre, mais tout ce qui n'aggrave pas la condition du fonds servant est permis, quand même on emploierait d'autres moyens pour user de la servitude ou qu'on en utiliserait les résultats d'une manière nouvelle.

Inédit. 2 juin 1841, 1re Ch. Regard c. Vaucher.

55 — Le droit de passage avec voiture à exercer sur une largeur de huit pieds en décrivant une équerre comporte la faculté de passer en arrondissant le contour de manière à pouvoir exercer utilement le passage avec voiture sur toute la longueur du chemin à parcourir. Ainsi, le passage ne doit toujours avoir que huit pieds de large, mais huit pieds utiles. Il faut donc, au lieu d'un angle à vive arête, faire un pan coupé.

8 mai 1854, 1re Ch. Héritiers Boudin c. Maire.

56. — Le droit d'usage au parcours, servitude réelle, ne donne en général que l'action confessoire contre le propriétaire du fonds grevé de ce droit; mais il en est autrement lorsque c'est par le fait de celui qui a constitué la servitude que son usage devient plus onéreux ou impossible; ainsi, lorsqu'une commune a, par suite du libre partage de ses communaux, diminué et même anéanti le droit de parcours qu'elle avait concédé à une autre commune, celle-ci a une action contre elle de même que contre les détenteurs.

18 août 1828, 27-28, n° 119.

57. — Une reconnaissance de l'état des lieux par experts peut être demandée par un propriétaire à titre de mesure conservatoire, afin de servir de base à l'appréciation des dommages-intérêts qui pourront lui être dus dans le cas où, par des travaux entrepris sur son fonds, le propriétaire voisin porterait atteinte à un droit de servitude dont cet héritage est grevé.

31 août 1844, 43-44, n° 103.

58. — Les terrains vains et vagues situés dans les villages sont spécialement asservis aux usages des propriétaires dont ils avoisinent les habitations. En conséquence, ceux-ci peuvent sans autorisation du conseil de préfecture, en l'absence de délibération préalable du conseil municipal, se prévaloir du droit de propriété de la commune pour s'opposer à l'usurpation ou à la revendication de ces places par d'autres habitants.

14 novembre 1844, 43-44, n° 110.

CHAPITRE IV.

DES OBLIGATIONS ET DES DROITS DU PROPRIÉTAIRE DE L'HÉRITAGE SERVANT.

59. — Sur la question de savoir si le propriétaire d'une allée grevée d'un droit de passage peut exiger que les portes en soient continuellement fermées à clef, sauf à donner au maître du fonds dominant le moyen de les ouvrir, on doit, en cas d'insuffisance du titre, s'en référer à l'exécution qu'il a reçue, à l'usage des lieux et aux circonstances. Notamment, on peut, si le cas y échet, décider que les portes seront fermées à clef pendant la nuit, et seulement avec un loquet pendant le jour.

27 janvier 1844, 43-44, n° 25.

60. — Celui dont la propriété est grevée d'un droit de passage a le droit de clore sa propriété et d'y établir une porte à clef, à la charge de donner une clef au propriétaire dominant.

Inédit. 6 juin 1860, 1re Ch. Vaubourg c. Chaourt.

61. — Le créancier d'une servitude d'égout souterrain est tenu de faire tous les ouvrages nécessaires pour que les eaux soient absorbées et ne refluent pas sur la surface du fonds servant.

Le propriétaire du terrain soumis à la servitude a le droit de l'exhausser, sauf à enlever à ses frais, chaque fois que le curage de l'égout sera nécessaire, les terres dont la présence rendrait ce travail plus onéreux.

18 mars 1848, 47-48, n° 119.

62. — Les propriétaires des bois assujettis au droit de pâturage ne peuvent être forcés à suivre un règlement fixe et déterminé pour l'exploitation de leurs forêts; mais ils n'ont pas la faculté de priver les usagers par une coupe simultanée de la totalité de leur parcours; ils doivent toujours laisser une partie de bois suffisante pour l'exercice de ce droit.

19 décembre 1827, 27-28, n° 59.

63. — Les propriétaires d'une forêt assujettie au vain pâturage ne peuvent être tenus de couper cette forêt de suite en suite.

9 avril 1821, 27-28, n° 59, p. 238.

64. — Le propriétaire qui n'a concédé une servitude qu'en raison de la destination de son héritage au moment du contrat n'est pas présumé avoir renoncé au droit de varier son mode de jouissance. Il peut, suivant les circonstances, suspendre par son propre fait l'exercice de la servitude en changeant la destination de son fonds.

26 avril 1844, 43-44, n° 49.

65. — En règle générale, le propriétaire du fonds débiteur d'une servitude ne peut ni changer l'état des lieux ni transporter l'exercice de la servitude dans un endroit différent de celui où elle a été primitivement assignée ; mais, dans le silence du titre constitutif d'une servitude de passage sur le lieu où elle doit s'exercer, ce silence doit s'interpréter en faveur du fonds servant.

28 mai 1861, 60-61, n° 54.

CHAPITRE V.

DES DIFFÉRENTES MANIÈRES DONT LES SERVITUDES S'ÉTEIGNENT.

66. — Si en général et d'après les lois antérieures au Code civil, les droits incorporels réels et attachés aux choses, comme les servitudes, se prescrivaient comme elles et dans le même temps que les choses auxquelles ils étaient attachés ou dont ils dépendaient, cet état de choses a été abrogé expressément par l'art. 2264 du Code civil, d'après lequel les règles de la prescription, sur d'autres objets que ceux mentionnés dans le titre XX, sont expliquées aux titres qui leur sont propres ; les articles 690 et 706 du même Code, sur le mode d'acquérir et d'éteindre les servitudes par prescription, sont absolus et n'admettent point d'exception au laps de trente ans qu'ils établissent, ainsi, le tiers acquéreur qui a en sa faveur titre et bonne foi ne peut cependant pas prescrire l'exemption d'une servitude qui pesait sur la propriété qu'il a acquise par le laps de dix années à dater de son contrat.

20 juillet 1824, t. IV, n° 733, p. 187.

67. — La libération d'une servitude ne peut s'opérer que par le non-usage pendant trente ans ; en conséquence, le tiers acquéreur avec titre et bonne foi ne peut invoquer, pour s'en libérer, la prescription de dix ou vingt ans.

10 décembre 1836, 36, p. 189.

68 — Celui qui a acheté du véritable propriétaire un immeuble qu'il a possédé sans trouble pendant plus de dix ans n'a pas néanmoins acquis la libération des servitudes antérieurement constituées.

3 juillet 1849, 49-52, n° 12.

69. — On use de son droit et on le conserve en faisant plus qu'on n'avait le droit de faire : mais il ne faut pas confondre le plus avec ce qui est différent. En faisant une chose différente, on n'acquiert aucun droit s'il s'agit d'une servitude discontinue et on ne conserve pas son droit.

Inédit. 5 juillet 1845, 2ᵉ Ch. Gallier c. Perruche.

70. — L'exercice d'une partie du droit ne conserve le surplus que lorsqu'il s'agit de droits indivisibles. Les servitudes ne sont pas absolument indivisibles. L'exercice d'un droit d'usage d'une espèce ne conserve pas un droit d'une autre espèce.

Inédit. 1ᵉʳ mars 1852. Comm. de Port-sur-Saône c. Galaire.

71. — Il n'y a point de jouissance capable d'interrompre le droit d'usage sans la participation ou approbation au moins tacite du propriétaire de la forêt.

Inédit. 9 décembre 1851, 1ʳᵉ Ch. Comm. de Dampierre c. hérit. Caron.

72. — L'usager ne peut pas, pour le présent ou pour l'avenir, s'affranchir contre le gré du propriétaire des formalités de la possession telles qu'elles sont réglées par les lois spéciales en matière d'usage ; mais lorsque la possession irrégulière n'a pas été réprimée, qu'elle a au contraire été soufferte par le propriétaire, elle est interruptive de la prescription, elle suffit pour conserver le droit.

Inédit. 27 février 1849, 1re Ch. Hérit. Caron c. comm. de Dampierre.

73. — Le droit d'usage aux futaies est conservé par l'exercice des habitants en faveur de l'un d'eux qui ne l'exercerait pas, et ce dernier peut, à toute époque, réclamer l'exercice du droit dont il a la jouissance, sans qu'on puisse lui opposer aucune prescription.

27 mars 1852, 49-52, n° 131.

74. — Le droit d'usage constitué sur plusieurs forêts par un titre unique s'éteint à l'égard de celles sur lesquelles il cesse d'être exercé pendant plus de trente ans, alors même que cet exercice n'aurait pas été interrompu à l'égard des autres.

3 juillet 1849, 49-52, n° 42.

75. — On ne peut opposer la prescription *per non usum* à celui qui revendique un droit de parcours, lorsqu'il en a joui, bien que ce soit à titre de propriétaire du fonds, tandis qu'il n'avait droit à ce parcours qu'à titre de servitude ; la prescription, en ce cas, n'a pu courir contre lui pendant la jouissance.

28 juin 1827, 27-28, n° 40.

76. — Il n'est pas nécessaire que les actes extérieurs de possession soient aussi irréprochables pour conserver un droit acquis que pour faire acquérir un droit qu'on n'a pas. En conséquence, la commune propriétaire d'un droit de parcours dans une forêt particulière, à qui on oppose l'extinction de son droit par le non-usage pendant trente ans, peut valablement opposer, comme interruptifs de prescription, les actes de possession exercés par ses habitants *ut universi*, au vu et su du propriétaire, quand même ces actes auraient eu lieu dans des cantons non défensables.

21 mars 1844, 43-44, n° 45.

77. — Le droit d'appuyage ne peut se perdre par le non-usage pendant trente ans tant qu'il n'y a pas eu, de la part du propriétaire de la maison sur lequel l'appuyage est exercé, quelque acte de contradiction qui puisse faire penser qu'il a eu dessein de le faire cesser, parce qu'il est de principe, suivant la loi 6 au Dig., *De servit. urb. præd*, que les servitudes urbaines ainsi que les servitudes rustiques ne se perdent pas précisément faute d'en user, à moins qu'on n'ait fait, pour acquérir la liberté, quelque acte d'opposition ou de contradiction, et que le voisin à qui la servitude était due n'ait souffert ces actes sans réclamation pendant le temps requis pour prescrire.

7 juillet 1806, t. I, n° 150.

V. COMPÉTENCE ADMINISTRATIVE.

Société anonyme, V. SOCIÉTÉS COMMERCIALES.

Société en commandite, V. SOCIÉTÉS COMMERCIALES.

Société en nom collectif, V. SOCIÉTÉS COMMERCIALES.

Sociétés civiles.

---

§ 1er.

De la forme et de l'objet du contrat de société.

1. — La société ne se présume pas, c'est à celui qui l'allègue à la prouver : pour établir une société tacite, il faut communion de travail et de revenus, gestion d'affaires au nom commun, et rapport mutuel de gains et de pertes sans se rendre aucun compte.

19 août 1811, t. II, n° 349.

2. — La rédaction par écrit des contrats de société n'est exigée que pour en assurer la preuve.

Elle cesse d'être nécessaire lorsqu'il s'agit de moins de cent francs ou qu'il existe un commencement de preuve par écrit.

13 juin 1829, 29, n° 52, p. 172.

3. — La communion dans laquelle vivent tous les membres d'une famille constitue une société taisible, société qui est proscrite par l'art 1834 du C. N. On serait donc mal fondé à offrir la preuve d'une société de cette nature autrement que par écrit, alors que son objet porte sur une somme supérieure à 150 fr.

27 mai 1861, 60-61, n° 53.

4. — La nullité des sociétés taisibles ne fait point obstacle à leur liquidation pour le passé, d'après les règles du droit commun.

En conséquence, sont à la charge de la société les dettes contractées pour l'accroissement du capital social.

Spécialement, l'enfant d'un associé, lors de la liquidation et du partage des successions et communauté de ses parents, a non-seulement action contre la succession de son père, mais encore contre la société elle-même pour le remboursement des valeurs propres à sa mère que son père aurait confondues dans l'actif de la société.

9 mai 1866, 66-67, n° 28.

5. — Un cercle ou casino ne constitue pas une véritable société.

La minorité des abonnés n'est pas fondée à demander la licitation du mobilier, alors surtout que les réclamants ne comptent pas parmi les fondateurs du cercle.

1er avril 1851, 49-52, n° 112.

§ 2.

Des différentes espèces de sociétés.

6. — Lorsque deux frères confondent leur bétail pour la fabrication des fromages, qu'ils n'ont qu'une habitation, un ménage, la société qui existe entre eux est une société universelle de gains. Les valeurs mobilières qu'ils avaient lorsqu'ils se sont mis en société sont tombées en société. Les bénéfices sont communs, et l'un des sociétaires ne peut avoir des avantages qui n'appartiennent à l'autre.

Inédit. 15 mai 1858, 2ᵉ Ch. Pierre-Joseph Genre-Touquet c. Félicien Genre-Touquet.

§ 3.

Des droits des associés et de ceux de leurs créanciers personnels sur le fonds commun.

7. — Les sommes payées par une société pour le compte particulier de l'un des associés deviennent productives d'intérêts à partir de chaque paiement. Il en est même ainsi des intérêts d'une dette sociale payée après la dissolution de la société, par un ou plusieurs des anciens associés à la décharge des autres.

18 juillet 1844, 43-44, n° 111.

8 — Les créanciers d'un individu qui a contracté avec une autre personne une société à terme peuvent en demander la dissolution et le partage des biens qui la composent et dont partie est censée appartenir à leur débiteur, bien que ce terme ne soit pas encore arrivé.

11 janvier 1810, t. II, n° 293.

§ 4.

De l'administration des affaires sociales.

9. — L'administrateur d'une société peut être établi ou par convention ou tacitement, et celui qui est institué par simple exercice a encore plus de pouvoir que celui qui l'est par acte exprès, parce que celui-ci ne doit pas excéder les termes de son mandat et que le pouvoir de l'autre est indéfini.

Suivant la loi 1, au Dig. *De institoriá actione*, l'agent agit au profit de la société et elle souffre de ses obligations. Suivant la loi 2, au même titre, il oblige ceux avec qui il traite envers la société et la société envers eux ; ce qui est encore confirmé par les termes de la loi 14 au Dig. *De pactis* : *item magistri societatum pactum et prodesse et obesse constat.*

23 décembre 1806, t. I, n° 158.

10. — L'assemblée des actionnaires peut voter la révocation, pour causes légitimes, du gérant nommé par l'acte de société. Si celui-ci résiste, il y a nécessité de l'assigner pour faire procurer la révocation, qui ne datera que du jour de la demande.

Inédit. 23 juillet 1857. 1re Ch. Société de Grozon c. Michalet.

§ 5.

Des obligations des associés à l'égard des tiers.

11. — L'associé qui signe un marché de son nom personnel et non de la raison sociale n'engage pas la société. Le créancier qui veut en pareil cas poursuivre la société doit prouver que c'est pour elle que l'associé a traité et qu'elle a profité du prêt d'une manière directe et immédiate.

18 août 1829, 29, n° 61, p. 206.

12. — Lorsqu'un sociétaire contracte en son nom privé envers un tiers, le contrat ne peut avoir aucun effet à l'égard de la société, et il n'y a pas à rechercher si la société a profité. Pour qu'elle soit obligée, il faut que l'associé ait fait usage de la signature sociale.

Inédit. 3 juillet 1865, 1re Ch. Barbézieux c. Pinel.

§ 6.

Des différentes manières dont finit la société.

13. — Suivant le droit romain, la clause par laquelle des associés étaient convenus qu'en cas de mort de l'un d'eux, il serait représenté par une personne déléguée, ne pouvait avoir aucun effet.

11 janvier 1810, t. II, n° 293.

§ 7.

Du partage du fonds social après la dissolution de la société.

14. — Après la dissolution d'une société, toute action particulière entre associés doit être précédée d'une demande générale tendante à faire établir la situation respective des parties, tant active que passive.

3 janvier 1845, 45, n° 1, p. 1.

15. — Dans la société universelle de gains, si les sociétaires se sont réservé propres les valeurs mobilières qu'ils possédaient à l'époque du contrat, ne mettant en société que leur usage, les dettes personnelles aux sociétaires ne seront pas à la charge de la société. Si elle les paie, elle aura droit à une indemnité lors de la dissolution.

Inédit. 20 février 1858. Veuve Jouvenot et Perrin c. la mère Jouvenot.

16. — Quand l'apport à prélever à la dissolution de la société a été estimé, on ne peut pas prouver par témoins que cet apport était plus considérable, même en puisant dans le traité de société un commencement de preuve par écrit pour prouver contre ou outre le contenu à l'acte.

Inédit. 20 février 1858, 2ᵉ Ch. Veuve Jouvenot et Perrin c. la mère Jouvenot.

Sociétés commerciales.

CHAPITRE Iᵉʳ.

GÉNÉRALITÉS. (Nᵒˢ 1 à 7.)

CHAPITRE II.

DES SOCIÉTÉS EN NOM COLLECTIF. (Nᵒˢ 8 à 11.)

CHAPITRE III.

DES SOCIÉTÉS EN COMMANDITE. (Nᵒˢ 12 à 23.)

§ 1ᵉʳ. — *Forme et publicité.* (Nᵒˢ 12, 13.)
§ 2. — *Emission des actions.* (Nᵒ 14.)
§ 3. — *Conseil de surveillance. — Responsabilité.* (Nᵒˢ 15 à 18.)
§ 4. — *Obligations et droits des commandilaires.* (Nᵒˢ 19 à 21.)
§ 5. — *Liquidation.* (Nᵒˢ 22, 23.)

CHAPITRE IV.

DES SOCIÉTÉS ANONYMES. (Nᵒˢ 24, 25.)

CHAPITRE V.

DES ASSOCIATIONS EN PARTICIPATION. (Nᵒˢ 26 à 32.)

CHAPITRE Iᵉʳ.

GÉNÉRALITÉS.

1. — La société qui se constitue dans le but d'émettre des billets de banque payables au porteur contrevient aux lois qui ont créé le privilège de la Banque de France. Ses statuts sont nuls et n'obligent pas les souscripteurs.

29 janvier 1848, 47-48, nᵒ 70.

2. — Jugé que la personne à qui un associé a remis la moitié de l'intérêt qu'il avait dans une société de commerce ne devient pas pour cela, suivant la loi 19, au Dig. *Pro socio,* un véritable associé ; qu'ainsi elle n'a pas le droit de demander que les associés soient renvoyés devant des experts arbitres à l'effet de liquider cette société, dont elle ne fait pas partie ; que le cessionnaire d'une portion d'intérêt dans cette société ne peut avoir d'action que contre son cédant et ne peut demander compte au régisseur de ladite société.

21 frimaire an IX, t. 1, nᵒ 9.

3. — Un commis d'une maison de commerce qui, outre ses appointements, a droit à une part dans les bénéfices, ne peut être assimilé à un associé.

En conséquence, la règle d'après laquelle la part de chaque associé doit être calculée sur l'ensemble des bénéfices réalisés dans toute la durée de la société, et non point sur le total des bénéfices portés à l'inventaire de chaque année, n'est point applicable au règlement de compte du commis intéressé.... surtout si le traité porte textuellement qu'il est accordé au commis un dixième sur les bénéfices nets et annuels.

Il en est ainsi, bien qu'aucun compte ne soit intervenu à ce sujet durant le traité, que les livres tenus par le commis soient muets sur l'évaluation des bénéfices annuels, et quand même les pertes de certaines années auraient diminué la mise sociale.

18 avril 1856, 53-57, n° 102, p. 289.

4. — Le commis intéressé ne peut dans aucun cas être assimilé à un associé, ni par conséquent participer en rien aux pertes de la maison de commerce.

Chaque année, après la clôture de l'inventaire, s'il se solde en bénéfice, le commis intéressé doit recevoir sa part ou en être crédité; mais la perte constatée par un inventaire ne peut être retranchée des bénéfices des années précédentes ou futures pour le calcul de la part totale qui doit lui être attribuée.

Ainsi, le commis employé au service d'une maison pour six années, à qui l'on accorde à la fin de la seconde année un droit de 5 °/₀ sur les bénéfices, doit prendre sa part dans les bénéfices de chaque année, sans déduction des pertes des années précédentes ou suivantes;.. surtout si le chef de la maison l'a crédité ainsi dans l'un des inventaires.

En cas de contestation sur les éléments de l'inventaire clos et dressé par le commerçant, une expertise peut être ordonnée pour rectifier s'il y a lieu les erreurs commises.

25 juillet 1856, 53-57, n° 103, p. 294.

5. — Lorsqu'un comptoir a été établi dans un lieu éloigné du siége de la société centrale, qu'il a son gérant propre et sa raison sociale différente, il forme une société distincte, quand même le gérant de l'association principale aurait stipulé, dans l'acte de constitution de l'autre, une part de bénéfices pour la société qu'il représente et aurait promis en échange sa garantie.

En conséquence, l'extrait sous seing privé de l'un des actes de société ne doit pas nécessairement contenir la signature de tous les associés solidaires de l'autre.

6 mai 1845, 45, n° 96, p. 254.

6. — Les associés étant tenus de mettre leur travail en commun, nul d'entre eux ne peut, en dehors de sa part dans les bénéfices, obtenir des allocations spéciales pour soins donnés à la tenue des livres ou à une autre nature particulière d'opérations commerciales.

9 décembre 1846, 46, n° 80, p. 202.

7. — L'associé qui acquitte intégralement une dette sociale ne peut exercer un recours contre ses coobligés, lorsque la liquidation n'est point encore terminée et qu'il y a litispendance devant des arbitres sur les contestations qu'elle a pu faire naître.

21 juin 1847, 47-48, n° 47.

CHAPITRE II.

DES SOCIÉTÉS EN NOM COLLECTIF.

8. — Doit être publiée, conformément à l'art. 42 du C. de com., la délibération par laquelle des associés en nom collectif reconnaissent que l'un d'eux n'a figuré dans l'acte social que représenté par un prête-nom. En l'absence de cette publication, l'acte social lui-même est frappé de nullité pour défaut de publication du nom de l'un des associés.

8 novembre 1847, 47-48, n° 49.

9. — L'acte de société en nom collectif qui n'a pas été soumis aux formalités de l'art. 42 du C. de com. est nul, même entre associés.

S'il résulte de preuves certaines que la société a réellement existé, la nullité de l'art. 42 du C. de com. ne pourra pas être invoquée par les associés quant aux faits accomplis; mais elle devra être prononcée pour l'avenir.

30 mars 1856, 53-57, n° 48, p. 110.

10. — La nullité d'une société commerciale pour défaut de publication de l'acte de société peut être demandée par les créanciers personnels d'un associé, et on ne peut leur opposer la connaissance qu'ils ont eue de l'existence de cette société.

Les tiers, créanciers sociaux ou personnels des associés, sont fondés à se prévaloir à l'encontre les uns des autres, ou au regard des associés, des irrégularités de l'acte social, mais ils peuvent aussi, comme les associés eux-mêmes, se prévaloir pour le passé des faits résultant de l'exécution qu'a reçue la société. De là naît un droit d'option, mais non pas la faculté de reconnaître et de dénier à la fois ou successivement l'existence de la société de fait.

8 février 1864, 62-65, n° 61, p. 214.

11. — Si, aux termes des dispositions de l'art. 22, C. comm., des associés en nom collectif engagent la société en signant la raison sociale, cette solidarité doit être entendue relativement aux engagements pris par l'associé pour les affaires et dans l'intérêt de la société; et dès lors l'associé qui emploie la signature sociale à l'acquittement de ses dettes personnelles excède les limites de son mandat et abuse de la signature qui lui avait été confiée par l'acte social.

Le tiers qui contracte dans de telles circonstances avec l'associé, sachant que la cause de l'obligation qu'on lui souscrit est personnelle, et que l'associé avec lequel il traite n'a pas le droit d'engager la société, se rend complice de sa fraude.

13 juin 1870, 70-71, n° 31.

CHAPITRE III.
DES SOCIÉTÉS EN COMMANDITE.

§ 1er.
Forme et publicité.

12. — La société en commandite qui se forme dans une ville, comme comptoir d'une société principale ayant son siège dans une ville différente, n'est pas tenue de publier son acte social dans les deux localités, si elle a des intérêts et une constitution distincts, bien que la société principale soit intervenue lors de la création du comptoir, comme actionnaire ou comme garantissant une part déterminée dans les pertes.

6 janvier 1847, 47-48, n° 53.

13. — La séparation d'une société en commandite et d'une autre société de même genre, à laquelle elle était associée dès son origine et avant la loi de 1856, ne constitue pas une substitution d'une société nouvelle à l'ancienne, et ne nécessite pas l'accomplissement, sous peine de nullité, des conditions exigées pour la formation du capital et la vérification de l'apport des gérants.

6 mars 1869, 68-69, n° 56, p. 231.

§ 2.
Émission des actions.

14. — La clause insérée dans un acte de société en commandite, que les émissions ultérieures d'obligations, jointes aux émissions créées par l'acte même, ne pourraient jamais excéder un cinquième du fonds social évalué à telle somme déterminée, ne fait point obstacle à l'accroissement du capital par la société réunie en assemblée générale.

D'ailleurs, cette clause ne saurait être étendue à d'autres modes de contracter et spécialement aux émissions d'actions.... alors surtout que cette interprétation est confirmée par l'exécution que le contrat a reçue du signataire même de cette clause.

22 mars 1864, 62-65, n° 63, p. 220.

§ 3.
Conseil de surveillance. Responsabilité.

15.—Les liquidateurs d'une société, dont le mandat est de recouvrer l'actif et de payer les dettes, ont toute qualité pour exercer contre le gérant une action en responsabilité.

18 juillet 1868, 68-69, n° 29, p. 116.

16. — La vérification et l'approbation définitive des comptes d'un gérant par les actionnaires réunis en assemblée générale, qui valent, aux termes des statuts, ratification de toutes opérations faites jusqu'alors, ne dégagent pourtant pas la responsabilité du gérant, si cette ratification a été surprise et si notamment des dissimulations dans les écritures, et l'assurance faussement donnée de l'intégrité du capital et de l'existence même de bénéfices, ont entraîné le vote de l'assemblée.

En conséquence, le gérant demeure responsable des fautes lourdes qui lui sont reprochées, soit pour avances faites à des personnes notoirement insolvables, soit pour défaut de protêt de mandats et effets de commerce en portefeuille.

18 juillet 1868, 68-69, n° 29, p. 116.

17. — Les membres d'un conseil de surveillance d'une société en commandite sont responsables, à raison soit d'insuffisance de signatures de billets contrairement aux statuts, soit d'inexactitude d'inventaires servant de base à des distributions de dividendes fictifs, soit de l'accumulation au portefeuille de valeurs pour avances à des insolvables, sans renouvellement ni circulation, si par défaut de contrôle, de vérification de portefeuille et de réunions prescrites, en un mot *par simple négligence*, ils n'ont pas signalé cette gestion ruineuse.

28 mai 1868, 68-69, n° 62, p. 267.

18. — La loi nouvelle sur les sociétés, qui impose aux conseils de surveillance des obligations spéciales, sous des sanctions sévères, ne les exonère pas de la responsabilité de droit commun en matière de mandat et de quasi-délit.

Spécialement, ils sont responsables s'ils n'ont pas exercé de contrôle sérieux et s'ils ont accepté sans vérification, quoique de bonne foi, des inventaires et des dividendes mensongers.

La responsabilité des membres d'un conseil de surveillance peut être atténuée, eu égard à la gratuité de leur mandat et à la loyauté et sincérité de chacun d'eux.

Il n'y a pas de solidarité nécessaire entre les membres d'un conseil de surveillance, reconnus responsables en dehors des hypothèses prévues par les articles 7 et 9 de la loi de 1856.

6 mars 1869, 68-69, n° 56, p. 231.

§ 4.
Obligations et droits des commanditaires

19 — Il est de principe que l'associé commanditaire est tenu de la même manière que l'associé gérant, mais seulement jusqu'à concurrence des sommes apportées en commandite : ainsi, le jugement qui a été rendu contre la société dont il faisait partie et qui l'a condamné au paiement d'une certaine somme, a été contradictoire et peut lui être opposé ; le créancier en vertu de ce jugement peut donc l'exécuter contre l'associé commanditaire.

26 novembre 1825, t. IV, n° 871, p. 359.

20. — L'associé commanditaire ne peut être contraint par corps au versement de sa mise.

6 janvier 1847, 47-48, n° 53.

21. — Le commanditaire qui, après avoir accepté d'un premier gérant et pour l'avenir seulement la gestion d'une société, intervient dans un procès dont l'origine est antérieure à sa gestion, ne peut par cela seul être tenu solidairement des condamnations prononcées contre la société, surtout lorsque l'ancien gérant assigné a fait défaut.

13 janvier 1845, 45, n° 87, p. 233.

§ 5.

Liquidation.

22. — L'unanimité des suffrages des actionnaires n'est pas exigée pour la nomination des liquidateurs d'une société, ou du moins l'usage commercial de certaines places peut en autoriser le choix à la simple majorité.

18 juillet 1868, 68-69, n° 29, p. 116.

23. — Si, pour liquidation d'une société, des paiements sont faits à un associé commanditaire, qui avait d'ailleurs avec la société un compte courant libre, ces paiements, en l'absence d'indications contraires, doivent s'imputer sur le compte courant libre du commanditaire plutôt que sur la commandite.

2 décembre 1843, 43-44, n° 8.

CHAPITRE IV.

DES SOCIÉTÉS ANONYMES.

24. — La transformation en société anonyme d'une société en commandite antérieure à la loi de 1867 n'est pas assujettie aux règles tracées par cette loi pour la création d'une société anonyme.

En conséquence, pour opérer cette conversion, il n'est pas nécessaire de procéder préalablement à la liquidation de la société, et c'est à l'époque où la société en commandite s'est formée qu'on doit se reporter pour apprécier la régularité de la formation du capital et de l'émission des actions, sans qu'il y ait à tenir compte des variations ultérieures que ces valeurs ont pu subir.

26 juin 1869, 68-69, n° 70, p. 290.

25. — Lorsqu'une société en commandite est convertie en so-

ciété anonyme, la substitution des administrateurs aux gérants doit être assimilée à la révocation de ces derniers, et régie notamment par le statut qui, dans cette hypothèse et après apurement de compte, donne aux gérants sortants droit non pas à une libération immédiate, mais seulement à des garanties assurant cette libération.

26 juin 1869, 68-69, n° 90, p. 290.

CHAPITRE V.

DES ASSOCIATIONS EN PARTICIPATION.

26. — La société en participation n'est pas seulement celle qui a pour objet une entreprise momentanée, mais on peut réputer telle celle qui exige une longue suite d'opérations.

4 juillet 1818, t. III, n° 596.

27. — L'association qui résulte d'un bail pour l'exploitation d'usines doit être comprise dans la classe des sociétés désignées par l'art. 47 du Code de commerce sous le nom de sociétés en participation, lorsqu'on ne rencontre point dans cette association les caractères déterminés pour les autres sociétés par les art. 20 et suiv. du même Code.

4 juillet 1818, t. III, n° 596.

28. — Le législateur n'ayant pas fixé le mode d'administration des sociétés en participation ni les pouvoirs et obligations des associés, on doit, pour les régler, recourir aux principes généraux établis par l'art. 1859 du Code Napoléon.

4 juillet 1818, t. III, n° 596.

29. — Dans la société en participation anonyme, chacun des associés traite pour le compte de la société et rend compte de sa gestion, à moins d'une convention expresse qui détermine les fonctions de chaque associé.

8 juillet 1822, t. IV, n° 680, p. 123.

30. — La qualité d'administrateur gérant d'une société en participation, et les obligations étroites qu'elle impose, ne peuvent être que la suite d'un acte rédigé entre les parties ou d'opérations d'administration tellement précises et exclusives, qu'elles prouvent que l'associé à qui on veut imposer cette qualité a eu réellement et de fait l'administration de la société et des objets qui la composaient.

5 août 1826, t. V, n° 936.

31. — Les associations en participation n'étant relatives qu'à une ou plusieurs opérations de commerce spéciales et déterminées, le décès de l'un des associés n'en entraîne la dissolution que s'il porte préjudice à l'entreprise.

10 mars 1847, 47-48, n° 34.

32. — Les actions d'une société à responsabilité limitée restent nominatives jusqu'à leur entière libération, ce qui implique la responsabilité personnelle de l'actionnaire en ce qui concerne le mode de libération.

En conséquence, les syndics de la faillite d'une telle société ont le droit de contester la libération d'un souscripteur d'actions et de requérir le versement de sa mise dans son intégrité, s'il n'en a pas fait un apport effectif. — Lorsqu'après la faillite d'une société en commandite simple, une nouvelle société à responsabilité limitée, acceptant l'actif et le passif de la première société, dont la déclaration de faillite est à cette occasion rapportée, s'est constituée sous cette clause spéciale que les commanditaires et créanciers de l'ancienne société seront couverts de leurs droits par des actions jusqu'à concurrence de leurs créances ou commandites versées, cette catégorie d'actionnaires n'est point définitivement libérée par l'abandon de sa part d'intérêt dans l'ancienne société, sans autres formalités que de simples écritures passées sur les registres de la nouvelle.

En cas de faillite de cette société, les syndics pourront poursuivre ces actionnaires en paiement du complément de leur mise et faire déterminer à cet effet, par expertise, l'importance de l'ancien actif social lors de la formation de la seconde société et, par conséquent, la valeur de l'apport réellement effectué.

Ces actionnaires pourront échapper à cette responsabilité, en excipant soit de leur bonne foi, soit de ce prétexte que la société nouvelle n'est qu'une prorogation de l'ancienne, soit même de leur libération totale prononcée par une assemblée générale formée seulement entre eux à l'origine de la société, mais sous la publicité et le contrôle exigés dans l'intérêt des tiers présents et à venir.

29 mai 1867, 66-67, n° 127.

V. Ajournement, Compétence commerciale.

Société de fromagerie.

TABLE ALPHABÉTIQUE.

§ 1er.
Règles générales.

1. — Bien que les associations fromagères soient fondées sur la nécessité, et que dans les règles particulières qui les régissent, les considérations d'équité et d'usage aient une grande importance, elles n'en demeurent pas moins soumises aux dispositions du Code Napoléon sur les contrats de société.

28 mars 1862, 62-65, n° 6, p. 16.

2. — Il doit être dressé acte de la constitution des sociétés fondées pour la fabrication du fromage, lorsque leur objet est d'une valeur de plus de 150 francs.

Jamais, en Franche-Comté, aucune disposition législative, aucun arrêt de règlement, aucune série d'arrêts, n'ont dérogé à ces principes. Tous usages contraires, à supposer qu'il en ait jamais existé, ont été abrogés tant par le Code civil que par le Code de commerce.

22 mai 1851, 49-52, n° 117.

3. — Bien qu'aux termes de l'article 1834 du Code Napoléon, les sociétés civiles dont l'objet est d'une valeur de plus de 150 fr. doivent être rédigées par écrit, il est de droit commun que l'existence de ces sociétés, comme celle de tout autre contrat, peut être établie par la preuve testimoniale et les présomptions, s'il y a commencement de preuve par écrit.
— Spécialement, celui qui cesse avant le terme et à contre-temps de faire partie d'une association de fromagerie doit être condamné à des dommages-intérêts, s'il est justifié de l'existence de cette association par des actes émanés de lui et des présomptions graves, précises et concordantes, démontrant que son engagement, comme associé, avait la durée de la société elle-même.

21 février 1857, 53-57, n° 118, p. 366.

§ 2.
Admission d'un sociétaire nouveau.

4. — L'adjonction d'un membre à une société ne peut s'opérer que du consentement de tous et non pas seulement avec l'assentiment de la majorité.

En conséquence, celui qui a quitté volontairement une société de fromagerie pour une autre, dont pendant plus de trente ans il a été membre, ne peut, contre le gré d'une partie de ses anciens coassociés, porter de nouveau son laitage à leur fruitière.

L'article 1384, qui déclare que tout contrat de société doit être rédigé par écrit lorsque son objet est d'une valeur de plus de 150 francs, est applicable aux sociétés de fromagerie.

Jamais, en Franche-Comté, aucune disposition législative, aucun arrêt de règlement, aucune série d'arrêts, n'ont dérogé à ces principes. Tous usages contraires, à supposer qu'il en ait jamais existé, ont été abrogés tant par le Code civil que par le Code de commerce.

Les lois ne peuvent être modifiées que par d'autres lois opposées, et si jamais l'usage peut avoir pour effet d'abroger une loi, c'est seulement dans le cas où il serait fondé sur une longue suite d'arrêts qui l'auraient établi ou reconnu.

23 avril 1845, 45, n° 43, p. 123.

5. — Aux termes du droit et suivant les usages qui n'ont rien de contraire à ses prescriptions, les membres d'une société de fromagerie ne peuvent être contraints de recevoir parmi eux ceux-là qui, au moment de sa formation, n'y ont point été admis.

Celui qui prétend faire partie de la société se prévaudrait en vain, en pareil cas, de sa qualité de propriétaire du chalet où se fabriquent les fromages.

23 mars 1857, 53-57, n° 124, p. 386.

6. — Le contrat de société, notamment en matière d'association fromagère, exige entre les associés une confiance intime, et les gérants ont, en vertu des dispositions de l'article 1871 du Code Napoléon, le droit de ne pas admettre au nombre des associés un individu qui veut en faire partie, alors d'ailleurs qu'il existe contre lui de justes raisons de suspecter sa probité.

19 mai 1869, 68-69, n° 67, p. 284.

§ 3.
Administration.

7. — Les reconnaissances, déclarations et décisions des administrateurs de fromagerie ne peuvent faire loi et preuve contre le sociétaire accusé de fraude. Il faut que la fraude soit prouvée par les moyens ordinaires et reconnue par la justice.

Inédit. 9 juin 1843, 2ᵉ Ch. Vermillet c. Champoix.

8. — Dans le doute sur le point de savoir s'il y a fraude de la part d'un membre de société de fromagerie, cette fraude ne peut pas se présumer et donner lieu à l'application des peines prévues par le règlement : la condamnation prononcée par les commissaires de la société ne peut être que provisoire, devant être subordonnée à la preuve de la fraude ; les tribunaux doivent apprécier les faits et circonstances avant de décider s'il y a eu réellement fraude.

Inédit. 9 janvier 1840. Gindre c. fromagerie de Frontenay.

9. — Le sociétaire d'une société civile qui vend les fromages de la société ne peut être condamné seul pour le tout, soit à l'exécution de la vente, soit aux dommages-intérêts résultant du défaut d'exécu-

tion. Il ne peut être condamné que pour sa part, puisqu'il n'y a pas solidarité, et il ne doit pas être condamné s'il a exécuté pour sa part. Il y a nécessité d'assigner tous les membres de la société, si l'on veut obtenir une condamnation pour le tout, à la différence du cas où il s'agit d'une société de commerce.

Inédit, 19 mars 1853, 2ᵉ Ch. Michaud c. Maillard.

§ 4.
Exclusion d'un sociétaire.

10. — Est valable dans l'acte constitutif d'une société de fromagerie la clause portant que les administrateurs seront juges de toutes les difficultés relatives à l'exécution du contrat et pourront prononcer contre l'associé qui se rendrait coupable de fraude l'exclusion et une peine pécuniaire.

La décision prise dans ce sens par les administrateurs doit être considérée plutôt comme une mesure administrative que comme une sentence arbitrale, et n'est pas soumise aux règles tracées pour ces sentences par le Code de procédure.

Celui qui n'a pas signé un pareil acte de société adhère implicitement aux clauses qu'il renferme en apportant son contingent.

11 août 1848, 47-48, n° 116.

11. — Il peut y avoir, dans une société de fromagerie, expulsion provisoire par les administrateurs pour vérifier s'il y a fraude ; mais il ne peut y avoir expulsion définitive ni dommages-intérêts si la fraude n'est pas clairement prouvée et par les moyens de vérification contradictoires et convenus dans le traité de société.

Inédit. 14 février 1852, 2ᵉ Ch. Quatre c. Vuillermet, Pidoux-Blondet, Grevet, etc.

12. — Les dispositions des statuts de société de fromagerie, qui interdisent aux sociétaires de vendre ou de soustraire du lait à peine d'exclusion, ne sont point commi-natoires, et l'exclusion prononcée par les sociétaires doit être confirmée par les tribunaux.

17 mars 1853, 53-57, n° 20, p. 46.

13. — L'exclusion prononcée contre un particulier par les gérants d'une société de fromagerie, en vertu des statuts sociaux, est une mesure administrative qui n'a ni l'autorité ni le caractère d'une sentence arbitrale, et n'est point soumise aux règles de la procédure en matière de compromis.

Le texte et l'esprit des statuts de ces associations, comme l'usage dont on doit tenir compte dans les difficultés de cette nature, refusent également aux administrateurs investis du droit d'exclusion un pouvoir arbitraire et absolu, sans contrôle des tribunaux.

5 juin 1866, 66-67, n° 37.

14. — La nullité des sociétés taisibles ne s'étend point aux associations établies dans les montagnes du Jura pour la fabrication des fromages de Gruyère ; ces sociétés sont soumises à des règles spéciales, en dehors du droit commun, et notamment à d'anciens usages, qui sont leur base essentielle. — D'après ces usages, il est loisible aux sociétaires, au lieu d'acheter ou de louer un chalet et les ustensiles nécessaires, de convenir que la fabrication se fera chez chacun d'eux à tour de rôle.

Ces associations se prorogent tacitement d'une année à l'autre.

Celui qui est admis comme associé dans une association de cette nature ne peut en être exclu contre sa volonté sans cause légitime, et si cet associé, poursuivi pour avoir mélangé d'eau le lait apporté par lui à la fromagerie, a été acquitté, la chose jugée s'oppose à ce qu'il soit exclu en vertu du même fait, sans même que le refus de payer une indemnité promise par lui avant la poursuite pour la fraude reprochée puisse le priver du bénéfice du jugement

rendu en sa faveur ni motiver son expulsion.

12 mars 1867, 66-67, n° 96.

15. — Dans les sociétés fromagères, la nomination des gérants par la voie du sort, bien qu'insolite, n'a cependant rien d'illégal.

En conséquence, un sociétaire admis sous condition de donner son adhésion par écrit à l'état de choses existant ne peut s'y refuser, sous peine d'exclusion ; mais son exclusion ne peut être prononcée qu'autant qu'il a été mis en demeure d'accomplir l'engagement pris par lui lors de son entrée dans la société.

22 juillet 1852, 49-52, n° 127.

16. — L'addition d'une certaine quantité d'eau au lait apporté par le sociétaire d'une fromagerie constitue une fraude donnant lieu à une réparation civile, alors même que le jour où le mélange a été constaté, le fromage fabriqué devait être attribué au sociétaire poursuivi pour cette altération.

Les tribunaux ne peuvent modifier les clauses pénales d'un acte de société de fromagerie, suivant lesquelles les coassociés convaincus de fraude dans la qualité du lait apporté par eux sont frappés d'exclusion et soumis à une indemnité pécuniaire déterminée.

27 août 1869, 68-69, n° 89, p. 358.

§ 5.

Renonciation d'un sociétaire à faire partie de la société. — Dissolution, liquidation de la société.

17. — Bien qu'en principe général les sociétés de fromagerie soient soumises aux principes du droit commun édictés par le Code Napoléon, néanmoins la notification par voie d'huissier de la renonciation de l'un des associés, prescrite par l'art. 1869 du Code Napoléon, ne peut être suppléée par d'autres actes manifestant d'une façon non équivoque l'intention du sociétaire.

Spécialement, le sociétaire qui a refusé de participer à l'engagement d'un fromager plusieurs mois avant l'ouverture d'une campagne peut être réputé avoir suffisamment fait connaître à ses coassociés sa volonté de se retirer de la société.

28 janvier 1859, 58-59, n° 33.

18. — La *minorité* des membres d'une société de fromagerie peut bien se retirer de la société en abandonnant sa part de mobilier, mais elle ne peut pas exiger la dissolution et le partage.

Inédit. 7 janvier 1861, Paillard c. Paillard.

19. — Le chalet construit à frais communs par des propriétaires d'immeubles pour la fabrication des fromages doit être considéré, à moins de stipulations contraires, comme une dépendance des terres auxquelles il est affecté.

Il est, d'après sa destination, en état d'indivision forcée, et la licitation n'en peut être demandée par un ou plusieurs copropriétaires qui se retirent de la société.

8 janvier 1851, 49-52, n° 105.

20. — La société de fromagerie est une association *sui generis*, qui n'est pas régie par les règles des sociétés ordinaires; spécialement, d'après un usage immémorial dans les montagnes du Doubs, la liquidation et le partage ont toujours été refusés, à moins de stipulations contraires, à l'associé qui veut se retirer.

8 janvier 1861, 60-61, n° 40.

21. — Les sociétés de fromagerie, quoique formées d'ordinaire pour une année, peuvent, en l'absence de stipulation expresse sur la durée de la société dans l'acte écrit de sa constitution, être censées avoir été contractées pour toute la vie des associés.

En conséquence, la dissolution en peut être opérée à la volonté d'un ou plusieurs des associés, pourvu que, notifiée à tous les autres associés, la renonciation soit de bonne foi.

Par application de cette règle, on doit considérer le refus d'admission au chalet, opposé par les gérants, au renouvellement d'une année de fabrication, à un ancien associé, comme une notification utile pour les années suivantes, mais non pour l'année qui commence.

28 mars 1862, 62-65, n° 6, p. 16.

22. — Les associations fromagères, quels qu'en soient le caractère et l'importance, ne sont point exceptées du droit commun. Notamment, ces sociétés, contractées pour un temps illimité, peuvent être dissoutes de plein droit par la volonté de l'une des parties dûment exprimée, et la licitation du chalet et des ustensiles possédés en commun doit être ordonnée.

On objecterait vainement que le chalet et ses accessoires appartiennent à cette classe de choses qui, par leur nature ou leur destination, restent nécessairement indivises, et qu'on doit appliquer à cette hypothèse les règles des servitudes, les traités de ce genre *n'étant pas faits par des propriétaires de fonds et pour l'usage de leurs fonds*, mais bien entre propriétaires de bétail, et eu égard seulement à l'importance du bétail dont ils disposent.

12 juin 1863, 62-65, n° 47, p. 161.

Solidarité, V. Obligations.

Source, V. Eaux.

Subrogation, V. Saisie immobilière, Paiement.

Subrogée tutelle, V. Tutelle.

Substitutions, V. Dispositions entre-vifs et testamentaires.

Succession vacante, V. Successions.

CHAPITRE Iᵉʳ

DE L'ORDRE DES SUCCESSIONS.

§ 1ᵉʳ.

De l'ordre dans lequel les héritiers sont appelés à succéder, ou de la succession régulière.

1° De la représentation.

1. — D'après les principes du droit romain suivis en Franche-Comté, et d'après la jurisprudence constante, la représentation n'était admise entre les neveux et les nièces, enfants de différents frères ou sœurs, appelés à la succession d'un oncle ou d'une tante, que lorsqu'elle leur était nécessaire pour pouvoir concourir avec des oncles ou des tantes survivants, frères ou sœurs du défunt; mais lorsque ces neveux ou nièces succédaient seuls, sans qu'il y eût ni frères ni sœurs du défunt, alors ils venaient de leur chef, comme les plus proches parents, sans secours de la représentation, et partageaient la succession par tête et non par souche.

8 juin 1809, t. II, nᵒ 267 *ter*.

2° De la division de l'hérédité entre les deux lignes.

2. — La mère a droit, dans les cas prévus par les articles 753 et 754 du Code civil, à l'usufruit du tiers des biens auxquels elle ne succède pas, alors même qu'elle a reçu par testament plus que la loi ne lui assurait.

19 février 1847, 47-48, nᵒ 1.

3° Des héritiers qui succèdent à défaut :
1° des descendants ; 2° des frères
et sœurs ou descendants d'eux ;
3° des ascendants.

3. — En ligne collatérale, les
héritiers de la ligne qui se présentent sont autorisés à prendre la totalité de la succession s'il ne paraît
aucun des héritiers de l'autre ligne,
après l'expiration des délais pour
faire inventaire et délibérer, que
cette dernière ligne soit défaillante ou non.

26 juin 1807, t. I, n° 175.

§ 2.
*De l'ordre dans lequel les successeurs
irréguliers sont appelés à succéder, ou
de la succession irrégulière.*

Du droit de succession de l'enfant
naturel reconnu en concours avec
des héritiers du défunt. (Historique.)

4. — Jugé que le droit de succéder n'a été accordé aux enfants
naturels par la loi du 4 juin 1793
que dans la forme qui serait déterminée ; qu'il résulte de l'art. 1er de
la loi du 12 brumaire an II, combiné avec les articles 8, 10 et suiv.
et avec l'art. 1er de la loi du 4 germinal an VIII, que cette forme
ainsi que l'état et les enfants n'ont
été réglés qu'à l'égard de ceux dont
le père ou la mère était décédé
avant la promulgation de cette première loi, ainsi qu'il a été jugé par
le tribunal de cass. le 4 pluviôse
an VIII.

27 pluviôse an x, t. I, n° 52.

§ 3.
Du retour successoral.

Des biens qui peuvent former l'objet de
ce droit.

5. — L'ascendant donateur ne
peut reprendre les objets par lui
donnés quand le donataire en a
disposé par testament ; ils ne sont
plus alors en nature dans sa succession.

30 juillet 1828, 27-28, n° 110.

CHAPITRE II.
DE LA TRANSMISSION DE L'HÉRÉDITÉ AUX
HÉRITIERS.

§ 1er.
*De l'acceptation de l'hérédité en général
et particulièrement de l'acceptation
pure et simple.*

1° L'acceptation est expresse ou tacite.

6. — Tous actes d'administration faits par un cohéritier dans
des biens indivis sont toujours censés faits dans l'intérêt commun,
il en est de même de ceux qui ont
pour objet leur conservation : ce
principe ne reçoit exception que
dans le cas où le cohéritier a expressément déclaré qu'il n'agissait
que pour lui seul, ou que les stipulations ou l'acte intervenu se référeraient uniquement à la part ou
portion indivise qui lui serait
échue.

16 novembre 1826, t. V, n° 938.

7. — Lorsqu'on a fait au greffe
la déclaration d'acceptation sous
bénéfice d'inventaire et qu'on a
fait inventaire, on ne devient pas
héritier pur et simple en prenant
le titre d'héritier ou en se le laissant donner. Cette qualification
générique se réfère à la déclaration
d'acceptation bénéficiaire et se
trouve à l'avance expliquée.

Inédit. 13 avril 1842, 1re Ch. Treilhard
c. héritiers Sirodot.

8. — La femme qui a valablement renoncé à une succession ne
peut être réputée acceptante, parce
que son mari aurait sans mandat
payé depuis un droit de mutation.

13 décembre 1844, 43-44, n° 108.

9. — La détention et la jouissance d'immeubles dépendant
d'une hérédité ne peuvent être
considérées comme entraînant l'acceptation tacite de cette hérédité
et annulation de la renonciation
qui y a été faite, lorsque cette
possession des immeubles avait
commencé antérieurement à l'ouverture de la succession.

29 avril 1856, 53-57, n° 91, p. 260.

10. — Celui qui, investi du double titre de légataire et d'héritier, intente une action en envoi en possession des choses léguées et en licitation et partage du surplus de la succession, ne fait point acte d'adition d'hérédité.

20 juin 1866, 66-67, n° 42.

10 bis. — La renonciation intervenue même après le jugement faisant droit à sa demande n'est point tardive.

20 juin 1866, 66-67, n° 42.

2° Effets de l'acceptation.

11. — La règle que l'acceptation remonte au jour de l'ouverture de la succession n'a d'effet qu'à l'égard des cohéritiers et non pas des tiers.

C'est ainsi que si des cohéritiers ont vendu des biens dont d'autres cohéritiers étaient saisis de par la loi, mais dont ils n'avaient pas pris possession, la vente est parfaitement valable à l'égard des tiers; mais les cohéritiers vendeurs doivent compte à ceux dont ils avaient usurpé la portion héréditaire.

26 juin 1807, t. I, n° 175.

3° Nullité ou rescision de l'acceptation.

12. — Les héritiers naturels d'un émigré ne peuvent être chargés d'acquitter les dettes qu'il a contractées, quoiqu'ils aient fait d'abord acte d'héritier en paraissant au partage de ses biens, s'ils ont renoncé ensuite à sa succession, dès qu'ils ont connu qu'il avait été porté sur la liste des émigrés.

15 thermidor an x, t. I, n° 64.

§ 2.
De l'acceptation sous bénéfice d'inventaire en particulier.

Dans quels cas il y a déchéance de la faculté d'accepter sous bénéfice d'inventaire.

13. — Jugé avant le C. N. et sous l'empire de l'ordonnance de 1667, que la faculté d'accepter bénéficiairement une succession ne durait pour l'héritier que trois mois et quarante jours après le décès; que ce délai de trois mois et quarante jours écoulé, il ne restait plus à l'héritier que l'acceptation pure et simple ou la répudiation.

17 germinal an x, t. I, n° 54.

14. — L'héritier qui, après avoir fait la déclaration qu'il n'entend accepter l'hérédité que sous bénéfice d'inventaire, et qui ne procède pas à cet inventaire et renonce à la succession, ne peut être tenu de rendre aucun compte, et aux termes de l'art. 704 du C. N., la déclaration qu'il a faite est sans effet.

4 janvier 1817, t. III, n° 498.

15. — L'héritier bénéficiaire qui s'approprie une portion quelconque des biens de la succession devient héritier pur et simple.

2 décembre 1828, 27-28, n° 127.

16. — L'omission par l'héritier des titres et papiers du défunt vicie l'inventaire; et lorsqu'il résulte des circonstances que cette omission provient de la négligence de l'habile à succéder qui s'est porté héritier bénéficiaire, il doit être déclaré déchu du bénéfice d'inventaire.

23 juillet 1853, 53-57, n° 33, p. 72.

§ 3.
De la renonciation à l'hérédité.

1° La renonciation ne se présume pas.

17. — Jugé que pour qu'une fille soit censée avoir renoncé à la succession de ses père et mère, il faut qu'il y ait une déclaration expresse de sa part.

13 messidor an XII, t. I, n° 105.

2° Exceptions au principe de l'irrévocabilité de la renonciation.

18. — Dans l'ancienne jurisprudence, la renonciation d'un mineur procédant de l'autorité de son curateur à la succession immobilière de son père n'était pas seulement sujette à restitution, elle était frappée d'une nullité radicale lorsqu'elle avait eu lieu sans l'autorité de la justice et sans que les autres formalités voulues pour l'aliénation des biens de mineurs eussent été remplies. Dans ce cas, le mineur n'avait, suivant l'édit de 1707, que dix ans pour revenir contre cette renonciation.

29 novembre 1813, t. II, n° 403 *bis.*

18 *bis.* — Le pouvoir de faire toute déclaration au greffe comprend celui de renoncer valablement aux successions qui pourraient échoir au mandant.

On ne peut y voir une stipulalation sur la succession de personnes vivantes.

6 janvier 1844, 43-44, n° 16.

19. — Suivant Dunod, p. 549 de ses *Observations*, les renonciations des filles aux successions de leurs père et mère, moyennant une dot, n'ont d'effet qu'autant qu'il existe des enfants mâles lors de l'ouverture de ces successions ; et si l'un de ces enfants mâles est absent à cette époque, c'est à ceux qui réclament la succession en son nom à prouver son existence, parce que s'il n'a pas donné de ses nouvelles, il est censé mort au moment de sa disparition.

8 fructidor an XIII, t. I. n° 133.

20. — Le mineur qui, de l'autorité de son curateur, mais sans décret du juge, a renoncé à une succession dans la supposition qu'il n'aurait droit qu'à une légitime, n'est point obligé par cette renonciation, qui n'est que le résultat d'une erreur substantielle. D'après la loi 9, au Dig. *De juris et facti ign.*, les mineurs sont relevés des conventions qui leur sont préjudiciables, soit qu'ils errent dans le fait, soit qu'ils errent dans le droit, parce que le mineur est présumé lésé de droit en cas de renonciation à succession.

8 fructidor an XIII, t. I, n° 133.

21. — Un héritier peut, malgré

sa renonciation, reprendre la succession tant qu'elle n'a pas été acceptée par un autre.

29 novembre 1813, t. II, n° 403.

22. — Un désistement fait par un successible au bureau de paix ne le prive pas de ses droits à la succession dans le cas où ce désistement ne peut profiter aux héritiers qui l'ont accepté.

12 janvier 1808, t. I, n° 189 *bis.*

23. — La renonciation à une succession est en général irrévocable. Spécialement, un fils ne peut pas revenir sur la renonciation qu'il a faite à la succession de son père pour s'en tenir à une donation antérieurement reçue, quand même il serait établi que par cette donation le père s'était réservé un domaine, lequel comprenait des acquêts de communauté sur lesquels le fils avait des droits en qualité d'héritier de sa mère.

1er frimaire an II, t. I, n° 67.

24. — Le droit donné à l'héritier d'un émigré de prendre part à l'indemnité accordée par la loi du 27 avril 1825, art. 7, malgré sa renonciation antérieure à la succession de ce dernier, ne peut être invoqué qu'au cas de renonciation à la succession même de l'émigré. Celui qui a renoncé non à la succession de l'émigré, mais à celle de son héritier, ne peut exciper du bénéfice de cet article.

20 juillet 1850, 49-52, n° 57.

25. — D'après l'article 792 du Code civil, la fille mineure doit, de même que le majeur, être privée de la part qui devrait lui revenir dans les objets mobiliers qu'elle a soustraits, et qui provenaient de la succession, lorsqu'il est établi qu'elle a agi avec discernement et mauvaise foi.

26 mai 1824, t. IV, n° 729, p. 183.

CHAPITRE III.

DES DROITS ET DES OBLIGATIONS DE
L'HÉRITIER.

§ 1er.

Des droits de l'héritier.

De la pétition d'hérédité.

a. De l'objet de l'action en pétition d'hérédité.

26. — Le légataire à titre universel, qui s'est emparé des biens réservés par la loi aux héritiers légitimes et les a vendus, est obligé d'en restituer le prix, calculé sur la valeur au moment de la réclamation.

Celui, au contraire, qui ayant reçu ces biens de l'héritier institué et ignorant les vices de son titre, les a revendus, n'est pas obligé de restituer un prix supérieur à celui qu'il en a retiré.

21 juillet 1846, 46, n° 124, p. 325.

27. — Les intérêts résultant des droits héréditaires courent de plein droit et sans demande en justice, parce qu'ils représentent la jouissance du bien d'autrui dont personne ne peut s'enrichir; ils ne sont point assujettis à la prescription de cinq ans. Les légitimes et suppléments de légitimes représentent et tiennent lieu de droits héréditaires; il y a donc même raison de décider pour les intérêts de ces sortes de droits.

2 fructidor an XIII, t. I, n° 132.

b. Prescription de l'action.

28. — Après l'espace de trente années qui se sont écoulées depuis l'ouverture d'une succession, la saisie légale s'efface d'elle-même; ainsi, ceux qui réclament une part dans une succession ouverte depuis plus de trente ans, du chef d'un héritier de cette succession, doivent justifier qu'il a exercé son action en pétition d'hérédité ou qu'eux-mêmes l'ont intentée en son nom, dans les trente ans à dater de l'ouverture de ladite succession.

21 mars 1826, t. V, n° 889.

c. Sort des actes passés par l'héritier apparent.

29. — Les ventes d'immeubles faisant partie d'une succession sont valablement consenties à des tiers de bonne foi par l'héritier apparent. Mais le tiers acquéreur ne peut être réputé de bonne foi qu'autant qu'il est démontré avoir agi sous l'influence de l'erreur commune.

10 novembre 1847, 47-48, n° 46.

30. — La vente faite par l'héritier apparent d'immeubles dépendant de la succession est valable si elle a eu lieu de bonne foi.

Il en est ainsi surtout lorsque l'héritier véritable a lui-même, par suite d'une erreur sur sa qualité, admis l'héritier apparent au partage de la succession et qu'il l'a investi publiquement de la qualité d'héritier.

Si l'erreur de droit, de même que l'erreur de fait, vicie le consentement et est une cause de nullité des conventions, au moins faut-il que cette erreur de droit repose sur des motifs plausibles et soit difficile à éviter; sans cela, cette erreur constitue une faute lourde, dont le contractant est personnellement responsable, et qui exclut toute restitution à son profit de la part des tiers acquéreurs de bonne foi des immeubles aliénés par l'héritier apparent.

L'action en restitution du prix touché par l'héritier apparent est la seule qui compète à l'héritier véritable.

1er mars 1864, 62-65, n° 46, p. 236.

31. — Un donataire universel dont le titre est entaché d'une nullité de forme ne peut être considéré comme un héritier apparent, et, par suite, les aliénations par lui faites d'immeubles de la succession sont nulles, même à l'égard des tiers qui ont traité de bonne foi avec ce donataire.

20 juin 1864, 62-65, n° 61, p. 288.

§ 2.

Des obligations de l'héritier.

32. — Le défaut de notification préalable du titre, conformément à l'article 877 du Code Napoléon, n'invalide pas le commandement, qui n'est pas par lui-même un acte d'exécution.

13 février 1858, 58-59, n° 21.

§ 3.

Exceptions aux règles des § précédents. — De la séparation des patrimoines.

1° Dans quel délai et par qui l'action peut être exercée.

33. — La loi I, § 13, ff. *De separat.*, qui fixait à cinq ans le délai pendant lequel la demande en séparation de patrimoines pouvait être formée, n'était point observée dans le ressort du parlement de Franche-Comté; l'article 1er, titre III, des anciennes coutumes prorogeait à trente ans ce même délai.

11 février 1813, t. II, n° 387.

34. — On ne peut plus demander la séparation de patrimoines, lorsque les biens du défunt ont été vendus par expropriation, et les créanciers de l'héritier et du défunt colloqués sur les deniers à distribuer.

11 février 1813, t. II, n° 387.

35. — La séparation des patrimoines ne peut être demandée par les créanciers et légataires du défunt pour choses mobilières, que dans le cas où elles se trouvent dans la main de l'héritier. En conséquence, elle ne peut être obtenue pour une créance dont l'héritier aurait fait cession à un tiers, du moment que la signification du transport a été faite au débiteur.

19 novembre 1846, 46, n° 111.

36. — Le créancier d'une succession qui accepte l'un des héritiers pour débiteur personnel ne fait pas novation à l'égard des autres héritiers, et conserve le droit de demander contre eux la séparation des patrimoines.

11 décembre 1854, 53-57, n° 53, p. 126.

37. — Il y a novation dans une créance contre une succession et déchéance du droit de séparation des patrimoines pour le créancier, si, notamment à la mort de l'un des associés d'une maison de banque, ce créancier laisse ses capitaux dans la caisse sociale, reçoit avec approbation expresse ou sans protestation les comptes courants arrêtés par l'héritier liquidateur en sa qualité de gérant d'une société nouvelle, et subit la réduction d'intérêts que lui a imposée ce dernier en cette même qualité.

11 décembre 1854, 53-57, n° 53, p. 126.

38. — La fin de non-recevoir à une action en séparation des patrimoines, tirée de l'art. 879 du Code Napoléon, n'est opposable au créancier d'une succession qui a accepté un des héritiers pour débiteur, qu'autant qu'il a en outre expressément déchargé celui ou ceux contre lesquels il demande la séparation. Cette novation ne se présume pas.

28 mars 1859, 58-59, n° 36.

2° Effets de la séparation des patrimoines.

39. — L'action résultant du privilége de la séparation des patrimoines se divise contre les héritiers comme les dettes elles-mêmes, en proportion de leur part héréditaire, de telle sorte que chaque héritier n'est tenu sur les biens recueillis par lui dans la succession que de sa part contributive dans les dettes et non jusqu'à concurrence de la valeur des mêmes biens.

11 décembre 1854, 53-57, n° 53, p. 126.

40. — La séparation des patrimoines, ni l'acceptation de succession sous bénéfice d'inventaire d'où elle résulte, ne peuvent avoir pour effet de changer la nature des dettes de la succession et de les rendre indivisibles, en faisant fléchir la règle, que les dettes d'une succession se divisent entre les héritiers.

En conséquence, les créanciers d'une succession acceptée sous bénéfice d'inventaire n'ont pas le droit de se faire payer intégralement sur les immeubles détenus par un des héritiers, de même qu'un cohéritier ne peut se faire colloquer éventuellement sur le prix d'immeubles de son cohéritier, par ce motif qu'il est exposé à des poursuites pour le paiement intégral d'une dette héréditaire, qui n'est ni indivise ni solidaire.

28 novembre 1857, 53-57, n° 140, p. 433.

3° De la séparation des patrimoines résultant de l'acceptation bénéficiaire de la succession.

41. — L'acceptation bénéficiaire d'une succession, conséquence forcée de l'état de minorité de l'un des héritiers, entraîne de plein droit la séparation des patrimoines, au profit des créanciers de cette succession, à l'égard même des héritiers qui l'ont acceptée purement et simplement et sans qu'il soit besoin que ces créanciers prennent inscription, en conformité de l'art. 2111 du Code Napoléon.

28 novembre 1857, 53-57, n° 140, p. 433.

42. — L'acceptation bénéficiaire d'une succession, même lorsqu'elle est la conséquence forcée de l'état de minorité des héritiers, entraîne de plein droit, au profit des créanciers de cette succession, le bénéfice de la séparation des patrimoines, et dispense ces derniers de l'inscription requise par l'art. 2111 du Code Napoléon.

Les créanciers d'une succession ouverte au profit d'un mineur émancipé déclaré en faillite ont le droit de se prévaloir de la séparation des patrimoines et de saisir, en vertu de titres parés, les immeubles de la succession, sans qu'on puisse leur opposer l'inscription prise par le syndic sur ces mêmes biens, en vertu de l'article 490 du Code de commerce, ni l'interdiction des poursuites en expropriation inscrite dans l'article 571 du même Code.

30 décembre 1859, 58-59, n° 44.

43. — L'acceptation d'une succession sous bénéfice d'inventaire entraîne de plein droit séparation des patrimoines.

9 mars 1866, 66-67, n° 16.

CHAPITRE IV.

DES DROITS ET DES OBLIGATIONS DES HÉRITIERS LORSQU'IL EN EXISTE PLUSIEURS.

§ 1er.

Du partage de l'actif héréditaire.

1° Du temps pendant lequel l'action en partage peut être exercée, et des formalités dont elle doit être précédée.

44. — Une action en partage ou licitation formée par un créancier, en vertu de l'art. 2205 du Code Napoléon, doit, même lorsqu'elle est dirigée contre des tiers détenteurs, être précédée des commandement et sommation prescrits par l'art. 2169 de ce Code.

21 juin 1808, t. I, n° 210.

45. — La disposition du Code de procédure qui détermine les personnes à qui appartient le choix des notaires et experts qui doivent procéder à un inventaire, ne peut s'étendre aux associés du défunt qui n'y sont pas compris.

7 juin 1809, t. II, n° 267.

46 — Les actions *familiæ erciscundæ* et *communi dividundo* sont soumises à la prescription trentenaire.

Elles ne sont pas indivisibles; ainsi, la minorité d'un des héritiers, en' suspendant pour lui le cours de la prescription, ne relève pas les autres de la déchéance résultant contre eux de l'expiration des trente ans.

5 décembre 1846, 46, n° 87, p. 221.

2° Des différentes manières dont le partage peut être opéré.

A. Du partage amiable ou conventionnel.

47. — Jugé qu'un procès-verbal d'experts qui ont reconnu une maison partageable ne suffit point pour prouver qu'il y a eu partage si les parties n'ont point signé ce procès-verbal, quand même elles auraient apposé leurs signatures sur celui qui a nommé ces experts; que, suivant l'article 2, t. XX, de l'ordonnance de 1667, un des propriétaires de cette maison ne peut être admis à prouver par témoins que son copropriétaire a consenti à ce partage des experts et l'a ratifié.

8 germinal an IX, t. I, n° 22.

48. — On ne peut ordonner un nouveau partage entre cohéritiers lorsqu'il en a été fait un entre eux après la mort de leurs père et mère, quoiqu'il n'ait pas été rédigé par écrit, s'ils ont joui divisément pendant dix années des objets tombés dans leurs lots; cette jouissance fait supposer le partage et valide tout ce qui a été fait verbalement, suivant la jurisprudence et les arrêts cités par Dunod.

16 août 1821, t. V, n° 943.

49. — On ne peut justifier qu'il est intervenu un acte de partage entre cohéritiers au moyen d'une preuve testimoniale et de simples présomptions.

17 décembre 1823, t. IV, n° 716, p. 170.

50. — L'art. 816 du C. N. ne déroge pas pour les partages aux règles ordinaires de la preuve; s'il exige un acte, c'est sans préjudice des témoignages ou des présomptions, lorsqu'il existe un commencement de preuve par écrit.

5 décembre 1846, 46, n° 87, p. 221.

51. — Un partage fait antérieurement au C. N. par une mère tutrice qui s'est portée forte et garante pour ses enfants mineurs doit être regardé comme définitif. Les majeurs qui ont paru à ce partage ne peuvent en demander la nullité; il n'y aurait que les mineurs qui pourraient s'en prévaloir.

7 mars 1827, 27-28, n° 16.

B. Du partage judiciaire.

a. Vente des biens héréditaires.

52. — Le partage est le moyen le plus naturel de faire cesser l'indivision : on ne doit donc avoir recours à la licitation que subsidiairement, et lorsque le partage est impossible ou qu'il doit entraîner de graves inconvénients. La loi n'indique aucune base pour calculer ces inconvénients : cependant, si l'on voulait raisonner par analogie, il faudrait dire qu'il n'y aurait lieu à licitation qu'autant que le partage occasionnerait une lésion de plus du quart, puisque la loi ne permet au copartageant de demander un autre partage que lorsqu'il a éprouvé une lésion de plus du quart dans un précédent partage.

24 juin 1812, t. II, n° 368 *bis*.

53. — Quand les parties sont toutes d'accord pour demander que la vente se fasse devant un notaire, le tribunal ne peut pas ordonner qu'elle se fasse devant le tribunal.

Inédit. 24 février 1840, 1ʳᵉ Ch. Richard c. Richard.

54. — Le jour de la signification et celui de l'échéance n'étant jamais comptés pour le délai général fixé pour les ajournements, citations, sommations et autres actes faits à personne ou domicile, il en résulte qu'un délai de vingt-quatre heures doit toujours exister entre le jour où l'acte est signifié et celui où doit s'accomplir le fait pour lequel la partie est interpellée.

En conséquence, est nulle la sommation faite à un colicitant d'être présent à l'adjudication, si elle ne lui a été signifiée que la veille du jour de l'adjudication.

22 juin 1859, 53-57, n° 109, p. 318.

b. Formation de la masse partageable.

55. — Le renvoi devant un notaire pour être procédé aux opérations d'un partage est obligatoire et non facultatif.

6 août 1858, 58-59, n° 26.

56. — Dans un partage de succession intéressant des mineurs, le renvoi devant notaire est obligatoire, mais le procès-verbal dressé par ce notaire des difficultés qui lui ont été soumises par les parties ne fixe pas irrévocablement le litige : les parties conservent, même après la clôture de ce travail, la faculté d'élever devant le tribunal, et sans qu'aucune forclusion puisse leur être opposée, toutes les prétentions qu'elles jugent convenables.

1er avril 1863, 62-65, n° 43, p. 144.

57. — Quelque généraux que soient les termes de l'art. 828 du C. N., ils ne se réfèrent naturellement et ne peuvent raisonnablement s'entendre que des comptes relatifs à la succession qui est à liquider ; ils ne peuvent être appliqués aux autres créances que les héritiers pourraient avoir les uns à l'égard des autres. Les dispositions qui précèdent cet article et qui sont relatives aux droits des héritiers et à leur exercice fortifient cette interprétation ; elles établissent en effet un mode spécial de paiement du reliquat arrêté et accordent des priviléges incompatibles avec les droits que les autres créanciers pourraient avoir à exercer.

24 avril 1826, t. V, n° 895.

58. — Quelque généraux que soient les termes de l'art. 828, il ne se réfère qu'aux comptes relatifs à la succession qui est à liquider : il ne peut être appliqué aux autres créances que les héritiers pourraient avoir les uns à l'égard des autres.

Inédit. 29 janvier 1852, 1re Ch. Jacquin c. Voisin.

59. — Le cohéritier qui jouit seul d'un immeuble indivis ne doit pas à ses cohéritiers l'intérêt des fruits et levées ; il ne doit que la restitution des fruits par lui perçus.

Inédit. 12 décembre 1855, 1re Ch. Choulet c. Choulet.

60. — Dans une action en partage, les frais d'une enquête nulle pour vice de forme, mais faisant connaître les circonstances des immeubles à partager, peuvent être mis à la charge de la succession.

21 juillet 1846, 46, n° 124, p. 325.

c. Composition des lots.

61. — Suivant les art. 823, 824 du C. N. et 969 du C. de pr. civ., les experts nommés ensuite d'une demande en partage ne peuvent recevoir d'autre mission que celle d'estimer les biens à partager, de présenter les bases d'estimation, d'indiquer si les immeubles peuvent ou non être commodément partagés et de quelle manière ; mais les formations des lots et leur tirage au sort, les comptes et liquidation qui doivent précéder, sont hors de leurs attributions.

27 mai 1826, t. V. n° 930.

62. — Les experts désignés pour estimer les biens à partager ne doivent s'occuper de la formation des lots qu'autant que les droits que les parties peuvent y avoir sont certains, déterminés quant à leur quotité, et qu'il n'existe qu'un ou plusieurs immeubles à partager.

20 juin 1818, t. III, n° 595.

63. — Le préciputaire n'ayant

pas le choix des biens qui formeront son prélèvement, la succession doit être préalablement divisée en plusieurs fractions égales au préciput qui est attribué par le sort. — Le surplus, joint aux biens soumis à l'usufruit, constitue dès lors une seule masse à partager en autant de lots qu'il y a d'héritiers, de manière que chacun de ces lots comprenne une égale part des biens dont jouit l'usufruitier.

19 décembre 1846, 46, n° 81, p. 203.

64. — La première partie de l'art. 832 du C. N., qui porte que, dans la formation des lots, on doit éviter autant que possible de morceler les héritages et de diviser les exploitations, ne renferme pas une règle absolue de laquelle il ne soit jamais permis aux experts de s'écarter ; on doit même la concilier avec la fin du même article, qui veut que l'on fasse entrer dans chaque lot, s'il se peut, la même quantité de meubles et d'immeubles de la même nature et valeur.

14 décembre 1813, t. II, n° 404.

65. — Les art. 827 et 832 du C. N. se complètent par l'art. 974 du C. de pr. En conséquence, lorsqu'un immeuble peut être compris dans un lot quand même il en formerait à lui seul la presque totalité, le tribunal n'en doit pas ordonner la licitation.

2 juillet 1844, 43-44, n° 77.

d. Tirage au sort des lots.

66. — Les tribunaux ne peuvent rien changer aux formes établies par la loi pour les partages de succession ; ainsi, l'attribution des lots autrement que par le sort ne peut avoir lieu que du consentement général des héritiers, tous majeurs et ayant la libre disposition de leurs droits.

19 décembre 1846, 46, n° 81, p. 203.

c. Difficultés.

67. — Est une mesure extralégale et une procédure frustratoire le jugement préparatoire qui ren-

voie devant un notaire les parties en instance sur une liquidation terminée et arguée de fraude, dans le but de faire consigner dans un procès-verbal leurs dires respectifs.

15 mars 1864, 62-65, n° 50, p. 255.

3° Des effets juridiques du partage.

68. — La vente amiable d'un immeuble dépendant d'une succession consentie par tous les cohéritiers au profit de l'un d'eux produit, quant à cet immeuble, les mêmes effets qu'une licitation ou un partage. C'est ainsi que l'acheteur est censé avoir eu dès le jour de l'ouverture de la succession la propriété de l'immeuble, et que les hypothèques consenties par les cohéritiers vendeurs sont réputées n'avoir jamais existé.

28 avril 1866, 66-67, n° 23.

69. — La licitation d'un immeuble entre des cohéritiers n'a pas les effets d'une vente en ce qui touche la résolution du contrat à défaut de paiement de prix. Spécialement, on ne peut poursuivre la résolution de l'adjudication sur licitation pour inexécution des conditions qui y sont apposées.

25 juin 1828, 27-28, n° 97.

70. — L'acquisition faite pendant la communauté conjointement par les époux des parts appartenant aux cohéritiers de la femme dans les immeubles provenant de la succession du père de celle-ci a pour effet de faire cesser l'indivision et doit être assimilée à une licitation ou à un partage.

6 février 1850, 49-52, n° 50.

71. — La circonstance que les étrangers sont appelés à une licitation n'empêche pas l'application de l'art. 883 du C. N. ; en conséquence, les hypothèques inscrites sur les immeubles à liciter du chef d'un autre cohéritier sont anéanties. En vain, les créanciers hypothécaires de ce cohéritier invoqueraient-ils des clauses du cahier des charges qui autorisent la vente sur

folle enchère en cas de non-paiement aux échéances par l'adjudicataire, ou qui ne permettent aux
acquéreurs d'exiger mainlevée et
certificat de radiation qu'après
l'entier paiement du prix. Ces
moyens ne peuvent être invoqués
par lesdits créanciers ni de leur
propre chef, puisqu'ils n'ont pas
été portés au cahier des charges,
ni du chef des cohéritiers qui ne
sont pas leurs débiteurs, ni même
du chef de leur débiteur, si celui-
ci est complétement payé de sa
part dans le montant de l'adjudication.

12 mai 1853, 53-57, n° 25, p. 50.

4° Des actions par lesquelles un
partage peut être attaqué.

z. Action en rescision pour cause de lésion.

72. — Suivant l'ancienne jurisprudence, tout premier acte
entre copartageants était considéré comme un partage contre lequel on pouvait se pourvoir par
rescision pour cause de lésion, à
moins qu'il n'y ait eu transaction
entre les parties sur cet acte.

5 décembre 1808, t. I, n° 237.

73. — Jugé que, sous l'ancien
droit, la lésion nécessaire pour
faire rescinder un acte de partage
est celle du tiers au quart, qui
consiste, suivant les anciens usages
attestés par Dunod, *Observations*,
p. 557, et Lebrun, *Successions*,
liv. IV, chap. 1, n° 54, dans un
quart et un vingt-quatrième.

2 frimaire an IX, t. I, n° 5.

74. — Il y a lieu à l'action en
rescision pour cause de lésion
quant à une vente de droits successifs faite par une sœur à ses
frères, quoiqu'il ait été énoncé
dans l'acte que *les acquéreurs portaient garante leur sœur de toutes
dettes et charges pouvant affecter
la succession et qu'elle toucherait
franche et quitte la somme fixée
dans la vente.*

Lorsqu'un supplément de prix
a été accordé par les acquéreurs
relativement à une pareille vente,

et que la sœur venderesse a déclaré qu'au moyen de cette nouvelle somme, elle se trouvait suffisamment apportionnée dans les
biens de ses père et mère, au surplus desquels elle renonçait express-
sément; que, d'ailleurs, le prix de
la cession avait été fixé ainsi par
suite d'une estimation par experts
faite entre les parties, cette déclaration ne met pas obstacle à la
demande en rescision.

30 janvier 1813, t. II, n° 386 *bis*.

75. — La vente de droits successifs faite par un cohéritier à
son cohéritier, avec *générale garantie de fait et de droit*, mais à
charge par l'acquéreur de payer
toutes les dettes de la succession,
est sujette à l'action en rescision
pour cause de lésion de plus du
quart. On ne peut la considérer
comme faite aux risques et périls
de l'acheteur.

22 mai 1827, 27-28, n° 31.

76. — Suivant l'art. 889 du
C. N., pour que l'on puisse prétendre qu'il y a eu vente à forfait de
droits successifs, il faut que cela
ait été formellement exprimé.

5 décembre 1808, t. I, n° 237.

77 — Un copartageant ne
peut être obligé à justifier d'une
lésion de plus du quart pour attaquer un partage, que lorsqu'il a
matériellement obtenu tout ce
qu'on devait lui attribuer d'après
l'acte de partage. Il n'est tenu à
aucune justification de cette nature
dans le cas où c'est par suite d'un
mesurage erroné que chaque lot
n'a pas eu la contenance que les
parties avaient en vue.

Dans ce dernier cas, la prescription de trente ans peut seule être
opposée.

13 janvier 1829, 29, n° 3, p. 7.

78. — Les articles 1109 et 1110
ne sont pas applicables à l'erreur
de calcul intervenue dans un partage. Cette erreur est spécialement
régie par l'article 887, qui ne la
prend en considération que lors-

qu'elle opère une lésion de plus du quart.

Inédit. 1er août 1836, 1re Ch. Comte de Gisois c. commune de Montboillon.

79. — Pour demander la rescision du partage judiciaire, il n'est pas nécessaire de se pourvoir par appel du jugement d'homologation : peu importe d'ailleurs que ce jugement ne soit plus susceptible d'appel. C'est par action susceptible de deux degrés de juridiction qu'il faut agir.

Inédit. 16 mars 1842, 1re Ch. Bulle c. Bulle.

b. Qui peut attaquer un partage.

80. — Les créanciers d'un copartageant qui n'ont pas formé opposition à ce qu'il soit procédé au partage hors de leur présence, ou qui n'y sont pas intervenus, ne sont plus recevables à critiquer le partage consommé, même dans le cas d'un concert frauduleux entre les cohéritiers, l'art. 882 étant absolu et faisant obstacle, en cas de succession, à l'art 1167 du Code civ.

1er décembre 1820, t. IV, n° 647 bis, p. 75.

81. — Le partage consommé peut, comme tout autre acte, être attaqué pour fraude par les créanciers de l'un des copartageants, alors même que ce créancier a négligé de former opposition à ce qu'il y fût procédé hors de sa présence.

Le droit d'intervention au partage, suivant l'article 882 du Code Napoléon, est personnel au créancier des copartageants : la déchéance de ce droit n'atteint en rien la faculté que lui donne l'article 1167 du même Code, d'attaquer ce partage au nom de son débiteur.

8 février 1855, 53-57, n° 62, p. 160.

82. — L'action en licitation ou partage intentée par le créancier d'un cohéritier ne prive pas celui-ci du droit d'aliéner les droits indivis qu'il a dans les immeubles qui sont l'objet de l'action.

L'opposition à partage que peut faire un créancier, conformément à l'article 882 du Code Napoléon, peut être remplacée par un acte équivalent ; spécialement, l'action en licitation ouverte à requête de ce créancier produirait les mêmes effets.

9 novembre 1853, 53-57, n° 32, p. 70.

83. — L'opposition à partage, ou la demande en partage, intentée par le créancier, au nom de son débiteur, ne frappe pas d'inaliénabilité les biens indivis, et la vente consentie depuis cette instance par le débiteur, et faite surtout aux enchères publiques, est valable *vis-à-vis de l'acquéreur*, quel que soit le préjudice qui puisse en résulter pour le créancier, même en cas de fraude du colicitant.

En conséquence, la voie de la tierce opposition est ouverte à l'acquéreur, pour faire maintenir l'adjudication annulée par une décision passée en force de chose jugée, dans l'instance entre le créancier et son débiteur.

23 mars 1869, 68-69, n° 54, p. 224.

84. — Le légataire d'une quotepart de l'hérédité qui n'a point été appelé au partage peut successivement demander en justice à l'héritier naturel la délivrance de son legs, et en cas d'insolvabilité de ce dernier, provoquer un partage dans des conditions nouvelles, sans que les autres légataires puissent exciper que la délivrance de leur part leur a été faite par les héritiers et qu'aucune solidarité ne lie les colégataires les uns envers les autres.

Spécialement, un bureau de bienfaisance légataire au nom des pauvres d'un quart d'une succession, et écarté du partage fait entre les légataires des trois autres quarts et les héritiers, est recevable, après avoir poursuivi les héritiers en délivrance de legs, à intenter, en cas d'insolvabilité de l'un des héritiers nantis de sa part, une action en partage contre tous les intéressés.

11 mai 1869, 68-69, n° 64, p. 275.

85. — La demande formée au nom de leur débiteur, par des créanciers ayant hypothèque judiciaire, en partage de biens indivis échus par succession, enlève aux cohéritiers le droit de vendre ces biens à l'amiable, surtout si cette vente consentie à l'un d'eux peut anéantir l'hypothèque des poursuivants.

En conséquence, la vente faite au mépris de cette demande est nulle, et une nouvelle licitation doit être ordonnée.

27 juin 1868, 68-69, n° 26, p. 109.

§ 2.

Du rapport.

1° Des avantages sujets à rapport.

a. A quelles successions est dû le rapport.

86. — Le rapport est dû à une succession ouverte sous le Code pour une donation faite en 1749, quoiqu'alors il n'eût pas lieu en ligne collatérale ; ce n'est pas la loi en vigueur lors de la donation qu'il faut consulter, mais celle de l'ouverture de la succession, parce que toute succession est régie par la loi existante au jour du décès de son auteur, et que le législateur est libre d'admettre à cette succession ou d'en repousser qui bon lui semble.

12 juillet 1813, t. II, n° 307.

b. Quels avantages sont sujets à rapport.

87. — Les sommes fournies par un père, soit pour procurer un établissement à un de ses fils, soit pour acquitter les dettes qu'avait contractées l'autre, forment de la part du père un avancement d'hoirie, quand surtout il les a astreints par son testament à en faire rapport à sa succession ; mais les fils en sont dispensés s'ils y ont renoncé.

5 juin 1810, t. II, n° 307.

88. — D'après l'article 852 du Code Napoléon, les dépenses faites par un père pour procurer à son fils l'état d'avocat sont sujettes à rapport ; au nombre de ces dépenses on doit compter non-seulement les frais de grade, mais encore ce que le logement, la nourriture et les voyages ont coûté de plus, dans le lieu où ce fils a été obligé de se rendre, que dans le domicile de ses père et mère.

18 juin 1816, t. III, n° 480 *ter*.

89. — Est sujet à rapport le prix du remplacement militaire payé par un père pour son fils.

10 juin 1829, 29, n° 51, p. 170.

90. — La somme payée par un père pour le remplacement de son fils au service militaire est sujette à rapport. Il en est ainsi, même lorsque dans le contrat de mariage d'un autre de ses enfants, le père a déclaré en termes exprès qu'il dispensait le fils remplacé du rapport, si celui-ci n'a ni paru au contrat ni accepté cette disposition.

19 décembre 1846, 46, n° 105, p. 263.

91. — Le rapport à la succession d'un oncle n'est pas dû par le neveu, pour prix d'un remplacement dans la conscription militaire, si l'oncle n'a point figuré dans le traité, et que le paiement qu'il en a fait ne soit constaté que par l'aveu de celui à qui l'on demande le rapport, quand il soutient que la somme comptée par son oncle est le résultat d'un don manuel qu'il lui a fait.

5 février 1824, t. IV, n° 723, p. 177.

92. — Ce n'est que par exception au principe qu'il y a dispense de rapport quand le remplacement a été fait dans l'intérêt de la famille et non dans celui du remplacé. Il ne suffit pas pour cette dispense que le remplacé soit utile à sa famille, il faut qu'il lui soit en quelque sorte nécessaire.

Inédit, 26 août 1837, 2e Ch. Hugon c. Hugon.

93. — La clause de solidarité stipulée entre deux donateurs permettant au donataire de se faire payer en totalité par l'un d'eux, il ne doit pas être considéré comme donataire à l'égard de celui dont il n'a pas exigé le paiement.

En conséquence, il n'est pas tenu du rapport envers la succession de ce dernier, quoique cette succession, par l'effet du recours de celui qui a fait l'avance, contribue pour moitié dans la donation

29 janvier 1851, 49-52, n° 110.

94. — Le donataire venant à la succession du donateur est tenu de rapporter toutes les sommes qu'il a reçues, quand même il serait prouvé que les dons qui lui ont été faits ont été prélevés sur les revenus du donateur.

16 juin 1853, 53-57, n° 19, p. 43.

95. — On ne saurait voir des donations déguisées et sujettes à rapport dans des acquisitions d'immeubles que des enfants vivant en communion avec leur mère ont faites séparément ou conjointement avec elle, si du moins les ressources personnelles des enfants, leur travail, leur âge, permettaient à ceux-ci des économies suffisantes.

Ces actes sont étrangers à l'association dont parle l'article 854 du Code Napoléon et aux règles qu'il prescrit.

D'ailleurs, ces avantages indirects consentis par la mère ne seraient point soumis au rapport, si elle y a consacré seulement ses revenus.

25 juin 1866, 66-67, n° 44.

96. — Le contrat d'assurances sur la vie par lequel l'assuré stipule, moyennant une prime annuelle, le paiement à faire à lui-même à une époque convenue d'un capital déterminé, et, pour le cas où il mourrait avant cette époque, le paiement au moment du décès du même capital à un tiers, a-t-il pour effet, lorsque c'est cette dernière hypothèse qui se réalise et par suite de l'effet rétroactif attaché à la condition suspensive, de faire considérer le tiers comme ayant été propriétaire du capital dès le jour du contrat et sans que ce capital soit entré dans le patrimoine de l'assuré?

Dans tous les cas, une pareille stipulation constitue au profit du tiers qui en bénéficie une véritable libéralité, et le bénéfice doit en être fictivement rapporté à la succession de l'assuré pour le calcul de la quotité disponible.

15 décembre 1869, 68-69, n° 101, p. 401.

97. — Un don manuel fait à un successible est présumé l'avoir été avec dispense de rapport, s'il a eu lieu avec des précautions impliquant que telle a été la volonté du donateur.

11 juillet 1871, 70-71, n° 53.

2° De la dispense de rapport accordée par le défunt.

98. — D'après le chapitre VI de la novelle 18, la mention de préciput, quant aux successions testamentaires, n'était exigée que pour les dons à l'égard desquels le testateur avait été dessaisi pendant sa vie; elle ne l'était point pour les legs portés dans le testament en faveur de l'un des héritiers qui y étaient institués; les legs de cette espèce étaient toujours des prélegs.

2 juillet 1812, t. II, n° 369 bis.

99. — La dispense de rapport n'est assujettie à aucune forme sacramentelle : il suffit qu'elle résulte clairement de l'intention du testateur.

Spécialement, lorsqu'un père, dans le but déclaré de rétablir l'égalité entre ses deux enfants, dont l'un a été avantagé par des avances qui sont relatées au testament, lègue par préciput à l'autre une somme déterminée, les avances en question sont réputées non rapportables jusqu'à concurrence de la somme léguée.

25 février 1867, 66-67, n° 89.

100. — Est suffisamment exprimée la dispense de rapport qui découle nécessairement du contexte de la disposition.

29 janvier 1851, 49-52, n° 110.

101. — Une donation déguisée sous la forme d'un contrat onéreux est censée faite par préciput et hors part.

10 mai 1828, 27-28, n° 82.

102. — Toute donation par personne interposée est considérée comme faite par préciput et hors part.

26 février 1829, 29, n° 17, p. 67.

103. — La dispense de rapport, quoique soumise aux circonstances, ne résulte pas suffisamment de ce fait, que le disposant a déguisé sa donation sous la forme d'un contrat onéreux.

15 novembre 1843, 43-44, n° 1.

104. — La vente à charge de rente viagère faite à un successible en ligne directe doit être considérée comme une donation non assujettie à rapport, mais bien à réduction.

13 février 1845, 45, n° 21, p. 58.

105. — Une libéralité faite à un enfant par le père de famille n'est imputable sur la quotité disponible qu'autant que l'acte par lequel elle a été consentie contient expressément ou implicitement une dispense de rapport.

8 août 1860, 60-61. n° 31.

106. — Bien que la dispense de rapport n'ait pas besoin d'être littérale et n'exige pas de paroles sacramentelles, la donation faite d'une somme *à prélever* après le décès du donateur, sur la généralité de ses biens, n'est point censée faite par préciput.

8 décembre 1820, t. IV, n° 648, p. 79.

107. — La dispense de rapport peut être recherchée dans l'intention du testateur en l'absence de termes exprès. — Elle résulte suffisamment du legs de la quotité disponible.

24 mars 1829, 29, n° 29, p. 107.

108. — Le legs n'est par préciput qu'autant que la volonté du testateur a été formellement exprimée dans le testament même ou dans des actes postérieurs. On ne peut pas chercher l'expression de cette volonté dans des actes antérieurs ou la déclarer par suite d'arguments pris en dehors du testament.

Inédit. 27 janvier 1838. 2° Ch. De Montrichard c. d'Oussières.

109. — Un legs est censé fait par préciput et hors part, bien que le testateur ne l'ait pas littéralement exprimé, quand son intention n'est pas douteuse, notamment en cas d'institution universelle.

19 février 1847, 47-48, p. 1.

3° Comment s'effectue le rapport.

110. — Le rapport des immeubles doit se faire en nature, sans que le donataire qui a aliéné depuis l'ouverture de la succession puisse se prévaloir de ce que ses cohéritiers auraient négligé pendant longtemps de donner suite à la demande en partage qu'ils avaient primitivement intentée.

18 juillet 1844, 43-44, n° 111.

§ 3.

De la division des créances héréditaires.

111. — Si un héritier traite d'une dette passive de la succession avec le créancier et achète de lui la créance qu'il a sur cette succession avant que le partage ait lieu, il est obligé de faire participer ses cohéritiers à l'arrangement qu'il a fait, suivant la loi 19 au Dig., *Fam. ercisc.*

29 brumaire an XIII, n° 110.

112. — Dans le cas où, par suite de la division d'une créance entre des cohéritiers mineurs, la part de chacun d'eux est inférieure au taux de la compétence du juge de paix, en vain le tuteur, agissant au nom de tous les mineurs, demanderait devant le tribunal civil la totalité de la créance dépassant la compétence du juge de paix ; c'est ce magistrat qui doit connaître de l'action.

10 novembre 1866, 66-67, n° 55.

§ 4.

Des dettes et charges de l'hérédité.

1° Du paiement des dettes.

113. — Aux termes de l'art. 872 du C. N, lorsqu'une rente fait partie des dettes d'une succession et qu'une hypothèque existe pour la sûreté du service de cette rente, l'immeuble qui est frappé de l'hypothèque est estimé comme les autres immeubles, et il est fait déduction sur ce prix du capital de la rente, de telle sorte que le cohéritier à qui cet immeuble échoit doit le service de la rente et *la garantie* de ce service à ses cohéritiers. Cette règle est applicable au cas où l'hypothèque qui assure le service de la rente s'étend à tous les immeubles de la succession et non pas à un seul.

10 février 1815, t. III, n° 449.

114. — Le créancier qui exerce une action contre les ayants cause de son débiteur décédé est tenu d'appeler dans l'instance, avec les héritiers naturels, le légataire universel ou à titre universel de l'usufruit, ce légataire étant obligé, d'après l'art. 612 du C. N., à contribuer au paiement des dettes de la succession.

8 décembre 1869, 68-69, n° 96, p. 382.

2° De la contribution aux dettes.

115. — L'héritier qui paie une dette de la succession pendant qu'elle est encore indivise a le droit de réclamer l'intérêt de ses avances à dater du jour du paiement.

18 juillet 1844, 42-44, n° 111.

116. — L'héritier poursuivi pour la totalité d'une dette de la succession et qui refuse de la payer, même pour sa part, doit supporter seul, et sans recours contre ses cohéritiers, les frais des poursuites dirigées contre lui.

8 janvier 1845, 45, n° 2, p. 3.

117. — Le cohéritier qui a payé à la décharge commune un capital productif d'intérêts ne peut les réclamer, lors du partage, que pour les cinq dernières années échues avant sa demande.

Il n'en doit pas moins rapporter à dater de l'ouverture de la succession les fruits et levées des biens dont il a joui, lors même que la jouissance lui en aurait été spécialement attribuée par un partage provisoire.

8 janvier 1845, 45, n° 2, p. 3.

CHAPITRE V.

DES DROITS ET DES OBLIGATIONS DES
SUCCESSEURS UNIVERSELS.

§ 1er.

Des droits et des obligations des enfants naturels reconnus en concours avec des héritiers du défunt.

118. — L'enfant dont on conteste la légitimité et non pas la filiation a droit à une provision sur les biens de son père décédé ; dans ce cas, il ne peut être astreint à donner une caution fidéjussoire lorsque ses droits successifs suffisent pour répondre de la valeur de cette provision.

13 mars 1806, t. I, n° 142.

119. — D'après les art. 724, 756, 1004, 1005 et 1010 du C. N., l'enfant naturel reconnu qui a des droits à réclamer sur la succession de son père, n'étant point héritier, est tenu de former une demande en délivrance de la quotité des biens qui lui est attribuée par la loi, et de s'adresser à cet effet aux héritiers légitimes saisis de plein droit des biens, droits et actions du défunt : si cette demande n'a pas été intentée dans l'année à compter du décès, il n'a droit aux fruits que du jour où il l'a exercée, et comme l'enfant naturel n'est point héritier et n'a point la saisine légale, on peut lui opposer la prescription établie par l'art. 2277 jusqu'à l'époque où il exerce une action en délivrance.

2 juillet 1824, t. IV, n° 730, p. 183.

§ 2.
Des successions vacantes.

120. — Un curateur à une succession vacante ne peut émettre un appel lorsque la masse des créanciers qu'il représente n'a aucun intérêt à cet appel, et lorsqu'il l'a formé dans cette circonstance, il est personnellement passible des dépens qu'il a occasionnés.

Les dépens auxquels les créanciers auraient été condamnés par le jugement ne constitueraient pas une cause suffisante qui autorisât le curateur à appeler.

19 août 1808, t. I, n° 222.

121. — Le curateur d'une succession vacante représentant tous les créanciers connus et inconnus de cette succession, fait un acte d'administration lorsqu'il répond à une demande formée par un cohéritier de celui qu'il représente ; et lorsqu'il acquiesce à un jugement ou à un arrêt rendu entre lui et ce cohéritier, les créanciers sont censés y avoir acquiescé par son fait et ne peuvent plus y former opposition.

26 mai 1809, t. II, n° 264.

122. — Les successions vacantes sont dévolues à l'Etat, mais elles ne lui appartiennent pas de plein droit; il est maître de les accepter ou de les répudier, et dans ce dernier cas, la créance pour droits de mutation n'est point éteinte par confusion.

30 juillet 1856, 53-57, n° 99, p. 278.

Superficie, V. PROPRIÉTÉ.

Suppression d'écrits injurieux.

Dans quels cas la suppression d'écrits injurieux peut être ordonnée.

1. — L'avoué attaqué en sa qualité d'officier ministériel par des publications injurieuses ou diffamatoires produites dans une cause où il occupe, peut demander, par voie d'intervention, la suppression des écrits dont il croit avoir à se plaindre.

2 février 1848, 47-48, n° 104.

2. — Les tribunaux peuvent ordonner la suppression d'un mémoire injurieux répandu dans le public, quoiqu'il n'ait pas été signifié dans l'instance et qu'il ne fasse pas partie de la procédure, et condamner la partie dont il émane à des dommages-intérêts.

13 juin 1807, t. I, n° 172.

Suppression d'office, V. OFFICE.

Suppression de part.

Caractères du délit.

La sage-femme qui, ayant assisté à un accouchement, n'a pas fait la déclaration prescrite par l'article 56 du Code Napoléon, est passible des peines portées par l'article 346 du Code de procédure, bien que l'enfant fût mortné, s'il était suffisamment formé pour qu'on pût reconnaître à quel sexe il eût appartenu.

31 décembre 1844, 43-44, n° 114.

Surenchère.

CHAPITRE Ier.

CHAPITRE II.

DE LA SURENCHÈRE DU SIXIÈME OU SUR
EXPROPRIATION FORCÉE. (Nᵒˢ 6 à 10.)

§ 1ᵉʳ. — *Personnes qui peuvent suren-*
chérir du sixième. (Nᵒˢ 6, 7.)

§ 2. — *Formes de la surenchère. —*
Dénonciation. (Nᵒˢ 8, 9.)

§ 3. — *De l'adjudication après suren-*
chère. (Nᵒ 10.)

CHAPITRE Iᵉʳ.

DE LA SURENCHÈRE DU DIXIÈME OU SUR
ALIÉNATION VOLONTAIRE.

§ 1ᵉʳ.

Caution du surenchérisseur.

1. — Si, dans le cas de surenchère, l'art. 832 du C. de pr.
civ. fixe le délai dans lequel la
caution doit être offerte, il ne
détermine pas celui qui doit être
observé pour que la procédure relative à la réception de cette caution soit terminée : ainsi, lorsque
sa solvabilité est contestée, il est
juste d'admettre le surenchérisseur à fournir les preuves de sa
fortune.

19 mars 1817, t. III, nᵒ 505.

2. — L'acte de réquisition de
mise aux enchères contenant assignation pour réquisition de caution à un délai plus long que celui de trois jours indiqué dans
l'art. 832, n'est pas nul, et ce,
nonobstant la disposition du § 3
de l'art. 838.

4 mars 1853, 53-57, nᵒ 7, p. 16.

3. — L'acte constituant assignation pour réception de caution
à un délai plus long que celui de
trois jours indiqué dans l'art. 832
n'est pas nul, et ce, nonobstant la
disposition de l'art. 838, § 3.

La loi n'oblige pas le surenchérisseur à préciser dans sa déclaration de surenchère la partie qui
s'applique aux charges; il suffit
pour sa validité que, prise en son
ensemble, la déclaration soit réellement du dixième.

La nullité de la surenchère résultant de ce que le surenchérisseur n'a pas déposé au greffe,
dans les quarante jours, les pièces
justifiant, conformément à l'art.
2019 du C. N., la solvabilité de la
caution jusqu'à concurrence du
montant de la surenchère, ni signifié dans le même délai l'acte
de dépôt, doit être prononcée, bien
que le surenchérisseur ait complété, mais après ce délai de quarante jours, son acte de dépôt.

17 juillet 1853, 53-57, nᵒ 34, p. 74.

§ 2.

Contestations sur la surenchère.

4. — L'art. 838 du C. de pr.
qui, en matière de surenchère,
autorise exceptionnellement l'appel des jugements statuant sur les
nullités antérieures à la réception
de la caution, ne limite pas ce recours au cas où il porterait exclusivement sur les nullités de forme.

Est susceptible d'appel le jugement qui prononce sur une nullité
de fond, et notamment sur la nullité de la surenchère, en tant
qu'elle frappe sur une partie du
prix qui ne devait pas y être soumise.

5 mai 1855, 53-57, nᵒ 65, p. 170.

§ 3.

De l'adjudication après la surenchère.

5. — Sous l'empire du Code
de procédure modifié par la loi
du 2 juin 1841, une surenchère
intervenant en matière d'aliénation volontaire, et notamment de
vente des biens d'un failli, la nouvelle adjudication ne peut, comme
la première, être renvoyée par-
devant un notaire commis à cet
effet. C'est devant l'un des juges
du tribunal qu'elle doit désormais
être poursuivie, dans les formes
établies pour les expropriations
forcées.

28 août 1844, 43-44, nᵒ 80.

CHAPITRE II.

SURENCHÈRE DU SIXIÈME OU SUR EXPRO-
PRIATION FORCÉE.

§ 1er.

*Personnes qui peuvent surenchérir du
sixième.*

6. — Aucun texte de loi ne
défend au fils de surenchérir les
biens vendus par expropriation
sur son père, surtout s'il est marié
et a des biens personnels. L'art.
911, qui déclare personnes interposées les enfants, n'est applicable
qu'aux donations, et les exclusions
et incapacités étant de droit étroit
ne peuvent avoir lieu que lorsque
la loi les a prononcées ; dès lors
on ne doit pas ajouter à l'art. 713
du C. de pr.

10 janvier 1818, t. III. n° 579.

7. — Une surenchère n'est pas
nulle parce que le surenchérisseur,
solvable du reste, aurait agi comme
personne interposée dans l'intérêt
du saisi.

19 août 1847, 47-48, n° 26.

§ 2.

*Formes de la surenchère. — Dénon-
ciation.*

8. — Quand même la réquisition de surenchère indiquerait
l'heure à laquelle elle a été faite,
il n'est pas nécessaire qu'elle soit
dénoncée dans les vingt-quatre
heures à partir de ce moment. Il
suffit que la dénonciation ait lieu
dans le jour qui a suivi la surenchère.

26 février 1844, 43-44, n° 38.

9. — La nullité dont la loi du
2 juin 1841, art. 715, § 1er, frappe
la surenchère qui n'a pas été notifiée conformément à l'art. 709 de
la même loi, n'est pas d'ordre public et ne peut être invoquée que
par la partie dont l'intérêt direct
et immédiat exigerait cette notification.

Ainsi, l'adjudicataire à qui la
surenchère a été notifiée ne peut
se prévaloir de ce que cette formalité n'a pas été remplie à l'é-
gard de la partie saisie.

3 février 1847, 47-48, n° 30.

§ 3.

De l'adjudication après surenchère.

10. — N'est pas notoirement
insolvable dans le sens de l'art. 713
du C. de pr. civ. celui qui fournit
une caution dont la solvabilité
n'est pas contestée. Cette caution
doit être acceptée, encore bien
qu'elle n'ait pas été offerte dans
l'acte même de surenchère.

26 février 1844. 43-44, n° 38.

V. PRIVILÈGES ET HYPOTHÈQUES

Suspicion légitime.

*Du mode de procédure en cas de sus-
picion légitime.*

Sous l'empire du Code de procédure, lorsqu'un tribunal de
commerce ne peut se composer
pour cause légitime de suspicion,
c'est à la Cour royale à laquelle il
ressortit d'indiquer le tribunal qui
connaîtra de la contestation.

11 mai 1829. 29, n° 11, p. 140.

Stellionat.

Dans quels cas il y a stellionat.

1. — Celui qui vend ou hypothèque comme lui appartenant des
immeubles dont il n'est que copropriétaire par indivis se rend
coupable de stellionat.

La connaissance qu'aurait eue
le créancier des inscriptions prises
sur ces copropriétaires possédant
par indivis ne suffit pas pour
soustraire le débiteur à la peine
du stellionat.

19 août 1812, t. II, n° 375.

2. — N'est pas stellionataire
l'individu qui hypothèque l'immeuble qui lui a été donné en
avancement d'hoirie par contrat
de mariage, bien que cet immeuble soit sujet à rapport.

27 août 1807, t. I, n° 181.

3. — Il y a stellionat lorsqu'on

vend deux fois le même immeuble, alors même que la seconde vente ne constituerait qu'un contrat pignoratif. En pareil cas, le mari qui a paru à l'acte de vente d'un bien propre à sa femme est solidairement responsable avec elle des condamnations prononcées à raison de la nullité de la deuxième vente. Il est de plus susceptible de la contrainte par corps, bien que sa femme, à raison de circonstances à elles propres, ne puisse pas y être soumise.

19 août 1846, 46, n° 112, p. 281.

4. — L'art. 2059 du C. N., qui déclare stellionataires ceux qui présentent comme libres des biens hypothéqués, ne doit pas être étendu par analogie au mari qui offre à un créancier, comme susceptibles d'être hypothéqués, les immeubles dotaux de sa femme.

1er juin 1852, 49-52, n° 125.

5. — L'hypothèque consentie qui ne porte ni sur un immeuble désigné dans son intégralité ni sur une quantité déterminée d'immeubles, ne saurait constituer le stellionat par cela seul que les immeubles hypothéqués n'auraient point été déclarés indivis.

Et spécialement le silence gardé dans un acte de cautionnement par une veuve sur l'indivision de biens acquêts de communauté qu'elle hypothèque, n'est pas exclusive de la bonne foi.

7 février 1866, 66-67, n° 10.

Syndic, V. FAILLITE ET BANQUEROUTE.

T

Taux de l'intérêt, V. PRÊT A INTÉRÊT.

Terres vaines et vagues, V. COMMUNE.

Testaments, V. DISPOSITIONS ENTRE-VIFS ET TESTAMENTAIRES.

Tierce opposition.

§ 1er. — *Qui peut former tierce opposition.* (N°s 1 à 8.)

§ 2. — *Contre qui doit être formée la tierce opposition.* (N° 9.)

§ 3. — *A quels jugements on peut former tierce opposition.* (N°s 10, 11.)

§ 4. — *Délais de la tierce opposition.* (N° 12.)

---

§ 1er.

Qui peut former tierce opposition.

1. — Celui qui n'était pas partie nécessaire dans une instance de récusation ne peut être admis à former tierce opposition à un jugement qui a prononcé sur cette récusation.

27 août 1808, t. 1, n° 225 *bis.*

2. — On ne peut former tierce opposition à un jugement d'adjudication préparatoire, quand on a été partie dans la procédure en saisie immobilière.

21 mars 1810, t. II, n° 300 *bis.*

3. — Pour former tierce opposition à un arrêt, il ne suffit pas de n'avoir pas été partie au procès, il faut avoir dû y être appelé.

30 janvier 1818, t. III, n° 526.

4. — Le créancier est non recevable, s'il n'y a eu fraude, à former tierce opposition à un jugement rendu contre son débiteur.

15 mars 1828, 27-28, n° 77.

5. — Toute partie intéressée qui n'a pas paru à un arrêt peut y former opposition. — En conséquence, le commissaire-priseur est recevable à former tierce opposition à l'arrêt qui commet un notaire pour procéder à l'amiable ou aux enchères, à la suite de la dissolution d'une société commerciale, à une vente d'effets mobiliers se trouvant dans le lieu de sa résidence.

23 décembre 1845, 45, n° 93, p. 446.

6. — Le créancier hypothécaire qui n'a point été appelé à un ordre définitivement clos peut l'attaquer par la voie de la tierce opposition, alors même que les bordereaux ont été acquittés.

Si la tierce opposition est admise, les créanciers sont tenus de rapporter les sommes qu'ils ont reçues, et l'ordre doit être refait en entier.

11 juillet 1849, 49-52, n° 14.

7. — La tierce opposition est facultative; il est libre au tiers qui se prétend lésé d'attaquer les jugements par cette voie ou d'invoquer, pour les écarter, le principe que l'autorité de la chose jugée n'a lieu qu'à l'égard de ceux qui ont été parties au jugement.

Le tiers, qu'une sentence arbitrale déclare membre d'une société et qui est assigné par les associés primitifs pour voir déclarer communs avec lui des jugements précédemment rendus, est recevable à former tierce opposition à ces jugements, alors même que le tribunal saisi de cette demande s'est déclaré incompétent.

Et la tierce opposition est fondée dès qu'un préjudice éventuel est possible, même indirectement et par suite de recours ultérieurs.

12 mars 1852, 49-52, n° 130.

8. — La femme dont la séparation de biens a été prononcée est recevable à former tierce opposition à l'arrêt qui réforme le jugement de séparation et auquel elle n'a point été appelée.

13 janvier 1858, 58-59, n° 3.

§ 2.
Contre qui doit être formée la tierce opposition.

9. — Dans le cas où la tierce opposition est formée par action principale, comme dans celui où elle l'est incidemment à une contestation existante, le tiers opposant doit en même temps appeler ou faire citer toutes les parties dénommées au jugement auquel il forme tierce opposition.

16 juin 1809, t. II, n° 268.

§ 3.
A quels jugements on peut former tierce opposition.

10. — Ne porte pas préjudice à la commune et ne peut être l'objet d'une tierce opposition, l'arrêt qui statue au sujet d'une servitude d'entrepôt et de passage sur le pré d'un individu, prétendue par quelques particuliers, pour la desserte de vignes leur appartenant, qui avoisinent ledit pré, une pareille servitude étant étrangère à la commune.

Lors même qu'une commune aurait été propriétaire d'un chemin vicinal traversant le pré d'un particulier, et sur lequel celui-ci aurait anticipé, la commune serait non recevable à former tierce opposition à un arrêt qui n'aurait statué que sur une question de propriété particulière.

6 août 1813, t. IV, n° 854, p. 338.

11. — Un tiers ne peut former tierce opposition à un jugement qu'autant qu'il préjudicierait à ses droits.

Spécialement, quelqu'un qui est propriétaire pour moitié d'un fonds ne peut se rendre tiers opposant au jugement qui a décidé, avec le propriétaire de l'autre moitié, que sa propriété était grevée d'un cens annuel.

22 mai 1828, 27-28, n° 87.

§ 4.
Délais de la tierce opposition.

12. — La tierce opposition formée trente-deux ans après l'arrêt qui préjudicie aux droits de tiers intéressés n'est point tardive. Il en est surtout ainsi quand cet arrêt n'a point été notifié aux tiers et que les parties n'habitent pas sur les lieux.

9 février 1870, 70-71, n° 10.

Tiers détenteurs, V. PRIVI-LÉGES ET HYPOTHÈQUES.

Tiers saisi, V. SAISIE-ARRÊT.

Titres de noblesse.

Vérification. — Compétence.

Le conseil du sceau des titres est seul compétent pour statuer sur toutes questions relatives à la vérification et à la reconnaissance des titres de noblesse.

La juridiction ordinaire est compétente pour statuer sur les questions relatives à la transmission et à la propriété des noms patronymiques.

6 février 1866, 66-67, n° 5.

Transaction.

§ 1er. — *Des conditions requises pour la validité de ce contrat.* (Nos 1 à 7.)

§ 2. — *Des effets de la transaction.* (Nos 8 à 11.)

§ 3 — *Des causes de nullité de la transaction.* (N° 12.)

———

§ 1er.

Des conditions requises pour la validité de ce contrat.

1. — Il n'a jamais été défendu par aucune loi à des majeurs de traiter sur un compte à rendre *per aversionem*; et les traités de cette espèce doivent être exécutés comme tous les autres, à moins qu'ils ne soient affectés de vices tendant à faire anéantir les conventions en général.

26 janvier 1815, t. III, n° 448.

2. — Une femme autorisée par les tribunaux à intenter une action en divorce contre son mari peut transiger avec lui, parce que la fiction de droit qui fait considérer le mari et la femme comme une seule et même personne ne peut plus recevoir son application; les époux deviennent deux personnes distinctes et séparées, entre lesquelles peut intervenir une transaction.

17 prairial an XI, t. I, n° 75.

3. — Jugé qu'une transaction passée par un mineur, de l'autorité de son curateur, hors le cas d'aliénation de ses immeubles et droits immobiliers, transaction qu'il aurait exécutée librement en majorité, ne pouvait être annulée.

8 frimaire an IX, t. I, n° 7.

4. — L'autorisation donnée à la femme mariée, par justice, pour poursuivre une expropriation forcée, est suffisante pour lui permettre de transiger sur cette expropriation et de l'abandonner.

20 brumaire an XI, t. I, n° 66.

5. — Les transactions des communes ne sont point assujetties à la formalité préalable de l'autorisation administrative pour lier la partie qui transige avec ces communes, elle est engagée sous la condition que le gouvernement donnera cette autorisation, et c'est alors le cas d'accorder à ces mêmes communes un délai pour faire régulariser l'acte par l'autorité compétente.

17 mars 1815, t. III, n° 456.

6. — La transaction entre un avocat et son client, pour couvrir les nullités d'un traité fait entre les deux pour l'acquisition en commun d'un immeuble dont l'expropriation forcée était poursuivie par le client, est nulle si l'avocat n'a jamais cessé d'être le conseil du client avec lequel est intervenue la transaction.

15 thermidor an XIII, t. I, n° 131.

7. — Lorsqu'il a été passé entre le propriétaire d'une redevance mélangée de droits féodaux, créée par un acensement, et le débiteur, une transaction sur procès au sujet de cette redevance, elle doit recevoir son exécution, quand même on n'aurait pas traité formellement sur la question de féodalité.

5 août 1813, t. II, n° 399.

§ 2.

Des effets de la transaction.

8. — Sont nulles les poursuites de saisie immobilière continuées après une transaction survenue avec le saisi et la femme poursuivante, quand même celle-ci n'aurait été autorisée qu'à poursuivre l'expropriation.

20 brumaire an XI. t. I, n° 66.

9. — Les transactions doivent être strictement renfermées dans leur objet.

En conséquence, si plusieurs griefs étant articulés contre un testament, les parties déclarent transiger sur toutes leurs prétentions réciproques, soit quant au fond, soit quant à la forme, « de manière à ne pouvoir jamais faire valoir aucun droit, lors même qu'il serait reconnu que le traité a été préjudiciable à l'une ou à l'autre d'entre elles, » la transaction n'en est pas moins restreinte aux griefs originairement produits, et l'annulation du testament peut toujours être provoquée, pourvu qu'elle soit fondée sur des moyens nouveaux.

29 mai 1847, 47-48, n° 19.

10. — Une transaction ne peut être résolue pour cause d'inexécution. Le principal caractère de la transaction est d'être irrévocable : elle ne peut être rescindée que par les moyens qui pourraient servir à faire réformer un jugement passé en force de chose jugée.

Inédit. 16 juillet 1835. Beauchet et Deschamps c. Chapuis et Fady.

11. — Tout en limitant une transaction à l'objet que les parties ont eue en vue, il faut l'entendre largement, de manière à terminer le litige aussi complètement que possible. Ainsi, quand les parties ont terminé le différend par une transaction sans rien dire des dépens, on ne doit pas revenir à l'audience pour faire statuer sur les dépens selon les torts respectifs. On doit supposer que les parties ont eu l'intention de ne rien se réclamer pour les dépens, chacune devant supporter ceux qu'elle a faits.

Inédit. 28 août 1849, 1re Ch. Maillard c. le *Palladium*.

§ 3.

Des causes de nullité de la transaction.

12. — L'article 2053 du C. N. détermine le cas où une transaction peut être rescindée ou annulée, et cette fixation est limitative ; autrement elle serait inutile, puisque les cas qu'elle présente sont décidés pour les contrats en règle générale. L'inexécution de toutes ou d'une partie des conventions stipulées dans les transactions n'est point comprise dans cette fixation.

3 décembre 1816, t. III. n° 495.

Transport des lettres,

V. Poste aux lettres.

Tribunaux.

§ 1er.

Tribunaux civils.

Distribution des causes.

1. — D'après l'art. 24 du décret du 30 mars 1808, il doit être extrait pour chaque Chambre sur le rôle général un rôle particulier des affaires qui lui seront distribuées ou renvoyées, et selon l'art. 25, s'il s'élève des difficultés pour la distribution, les avoués sont tenus de se retirer devant le premier président, qui statue sans forme de procès et sans frais ; ces dispositions sont confirmées par les art. 11 et 18 du décret du 11 juillet 1810.

4 décembre 1812, t. III, n° 432.

§ 2.
Tribunaux de commerce.

Remplacement à l'audience des juges titulaires en cas d'empêchement.

2. — Aux tribunaux de commerce ne s'appliquent ni les dispositions de la loi du 30 germinal an v, ni la règle qui, dans les tribunaux civils, en cas d'absence ou d'empêchement des juges, ne permet pas de les remplacer par des hommes de loi en plus grand nombre qu'il ne reste de juges titulaires.

En conséquence, lorsque tous les juges moins un d'un tribunal de commerce sont suspects, le tribunal peut être complété régulièrement par l'adjonction de deux commerçants notables.

4 août 1857, 53-57, n° 133, p. 414.

3. — Le principe qui, en matière ordinaire, veut que l'adjonction d'hommes de loi appelés pour compléter le tribunal soit faite de manière à ce qu'ils se trouvent en nombre inférieur aux juges, n'est pas applicable en matière commerciale. — Ainsi, n'est pas nul le jugement rendu par un tribunal de commerce composé d'un juge suppléant faisant fonctions de président et de deux notables.

23 août 1867, 66-67, n° 132.

Tutelle.

CHAPITRE Ier.

CHAPITRE Iᵉʳ.

DE LA TUTELLE DES MINEURS ET ACCES-
SOIREMENT DE L'ADMINISTRATION LÉ-
GALE.

§ 1ᵉʳ.
*De la tutelle déférée par le conseil
de famille.*

1° Des personnes capables de faire
partie d'un conseil de famille.

1. — On ne doit admettre
d'autres causes d'incapacité de
faire partie d'un conseil de famille
que celles qui sont établies par le
texte de la loi ou qui du moins
résultent d'une manière virtuelle
et nécessaire de son esprit.

28 août 1808, t. I, n° 225.

2° Du siége de la tutelle en ce qui
concerne la formation du conseil de
famille et la compétence du juge de
paix chargé de le présider.

2. — Le conseil de famille doit
toujours, quel que soit l'objet pour
lequel sa réunion devient nécessaire, être formé dans le canton
où le mineur avait son domicile
au moment où la tutelle s'est ouverte. Il en est ainsi, bien que le
domicile du tuteur en exercice se
trouve être différent du domicile
originaire du mineur.

21 mai 1858, 58-59, n° 23.

3° De la composition du conseil de famille.

3. — Il n'est qu'un seul moyen
légal d'établir la parenté de divers
individus lorsqu'on prétend que
les personnes appelées pour former un conseil de famille ne l'ont
pas été dans l'ordre de proximité
qu'exige l'art. 407 du C. N., c'est
de produire des actes de naissance
ou des contrats de mariage justifiant la filiation de ceux dont on a
à prouver la parenté; mais cette
justification ne peut résulter d'é-
nonciations qui se rencontrent

dans plusieurs actes de procédure.

5 août 1814, t. II, n° 413.

4. — Lorsqu'il ne se trouve pas de parents en nombre suffisant qui soient domiciliés dans la distance voulue par la loi, c'est au juge de paix et non pas à celui qui provoque la nomination d'un conseil judiciaire à appeler des amis pour compléter le conseil de famille.

9 avril 1808, t. I, n° 202.

5. — Le juge de paix ne peut admettre des amis dans un conseil de famille par préférence à des parents qui demandent à en faire partie, mais qui sont domiciliés hors de la distance de deux myriamètres.

28 août 1808, t. I, n° 225.

4° Des demandes en annulation ou réformation dirigées contre des actes du conseil de famille.

6. — L'individu qui a été nommé pour remplacer le tuteur que le conseil de famille a excusé peut attaquer la délibération de ce conseil, qui lui a conféré la tutelle, et être admis à prouver que c'est mal à propos que cette excuse a été admise.

16 mai 1818, t. III, n° 591.

7. — Bien que la loi n'ait point prononcé la nullité des opérations faites par un conseil de famille composé de parents plus éloignés, à l'exclusion de ceux qui auraient dû être convoqués, cette nullité résulte des principes en cette matière et de l'inobservation seule de la loi : elle résulte encore de ce que les parents indiqués par le législateur d'une manière limitative dans les art. 442 et 443, ont été privés du droit qui leur était conféré pour en investir d'autres, qui n'étaient destinés qu'à les remplacer dans les cas expressément fixés.

17 février 1821, t. IV, n° 797, p. 267.

8. — Est entachée d'excès de pouvoir et doit être annulée la délibération par laquelle le conseil de famille enlève au tuteur, en se fondant uniquement sur l'état de dénûment de ce dernier, le droit de toucher les capitaux du mineur.

21 mai 1858, 58-59, n° 23.

5° De la responsabilité des membres du conseil de famille.

9. — Les parents qui ont pris part à des délibérations de famille pour nommer des administrateurs, protuteurs et procurateurs à des pupilles et à des mineurs, ne peuvent être poursuivis par action directe à raison de la mauvaise administration des biens de ces derniers.

Les pupilles et les mineurs ne peuvent exercer contre les parents nominateurs une action subsidiaire qu'après la discussion des biens des tuteurs et des protuteurs.

13 messidor an x, t. I, n° 62.

10. — L'action des pupilles contre les membres du conseil de famille, parents de ces pupilles, qui leur ont nommé un tuteur honoraire, dure trente ans à dater du moment où les biens de ce tuteur ont été discutés.

Quoique ces parents n'aient pas paru à la sentence et à l'arrêt confirmatif qui a fixé le reliquat de ce compte du tuteur, les pupilles n'en peuvent pas moins agir contre les nominateurs, si ceux-ci avaient nommé les commissaires qui ont vérifié les comptes de ce tuteur.

Les parents nominateurs ne peuvent répondre de l'insolvabilité du tuteur survenue depuis sa nomination, lorsqu'au moment où il a été nommé il jouissait de la confiance de la famille des pupilles et avait une réputation de probité à l'abri de tout reproche, et lorsque surtout la mère de ces derniers avait été nommée tutrice honoraire : cette tutrice doit surveiller la gestion du tuteur et est responsable des dilapidations qu'il commet.

18 juin 1810, t. II. n° 308.

§ 2.

De la tutelle légale des père et mère.

11. — Lorsqu'un père était mort sous l'ancienne jurisprudence, sans décerner un tuteur à son enfant pupille, la novelle 118, chap. v, que l'on suivait en Franche-Comté, appelait la mère à la tutelle, et elle devait être censée avoir pris la qualité de tutrice si elle comparaissait, stipulait et s'obligeait pour ses enfants pupilles. Il est certain aussi que le mineur affranchi des liens de la tutelle, soit par la loi romaine, soit par celle du 20 septembre 1790, a été replacé de nouveau par l'art. 390 du Code civ. sous la tutelle de sa mère, puisque l'état des personnes, leurs qualités civiles et leur capacité sont dans le domaine exclusif de la loi : ainsi, celle qui attache à un âge déterminé la capacité de contracter ne confère pas ce droit pour toujours, et dès lors personne n'a acquis irrévocablement celui de conserver l'autorisation qu'elle donne; la mère tutrice a donc eu dans ce cas le droit de toucher les capitaux mobiliers et d'en donner quittance : en cette qualité, elle en devient donc responsable.

11 décembre 1824, t. IV, n° 855.

12. — La mère n'est pas tutrice légale de son enfant naturel reconnu, mais l'administration des biens de cet enfant mineur lui est dévolue de plein droit, comme charge dérivant de la puissance paternelle, sans que les règles de la tutelle dative soient applicables en pareil cas.

1er juillet 1846, 46, n° 53.

§ 3.

Spécialités concernant la tutelle légale de la mère survivante.

13. — La veuve qui, nonobstant son convol, obtient de rester tutrice de ses enfants mineurs, peut ne pas conserver tous les avantages de la tutelle primitive. Le conseil de famille peut, en ce cas, régler la somme qui devra être prise sur les revenus pour ses dépenses annuelles, ou astreindre la mère tutrice et son mari à présenter au subrogé tuteur des états de situation de leur gestion.

Inédit. 24 août 1839. 2e Ch. Olivier c. veuve Olivier.

14. — Les attributions du conseil spécial nommé par le père à la mère tutrice en vertu de l'art. 391 du C. N., n'ont trait qu'aux actes dont la mère veut prendre l'initiative et non pas à ceux qui seraient obligatoires pour elle.

Spécialement, la mère tutrice peut, sans prendre l'avis du conseil spécial, défendre à une action en compte, liquidation et partage, et former elle-même incidemment une demande en intervention et en nullité d'obligation, ces demandes incidentes ayant pour objet d'établir la consistance des biens à partager.

La mère tutrice n'a pas non plus à prendre l'avis du conseil spécial, lorsqu'elle agit contre le conseil spécial lui-même.

29 juin 1868, 68-69, n° 18, p. 71.

§ 4.

Des incapacités et des causes d'exclusion et de destitution en matière de tutelle et de subrogée tutelle.

1° En matière de tutelle.

15. — Le tuteur destitué pour inconduite par le conseil de famille ne peut appeler du jugement qui a homologué la délibération de ce conseil, sur le motif que les faits qui ont motivé sa destitution n'existent plus. Il doit s'adresser au conseil de famille, qui décidera, après avoir vérifié les nouveaux faits, s'il doit être réintégré dans ses fonctions de tuteur.

18 décembre 1806, t. I, n° 157.

16. — Un père qui a été destitué des fonctions de tuteur de son enfant peut néanmoins être réintégré dans ces mêmes fonctions; mais les tribunaux doivent principalement en cette matière se conformer à l'avis du conseil de famille.

17 décembre 1807, t. I, n° 187.

17. — Le tuteur ne peut être ni destitué ni restreint dans son administration pour cause unique d'insolvabilité.

Inédit. 21 mai 1858, 2ᵉ Ch. Morel c. Cuenard.

18. — Les faits de gestion dénotant une incapacité susceptible de motiver la destitution d'un tuteur ne sont pas seulement ceux qui se rapportent à l'administration des biens du pupille, mais aussi ceux qui, ayant trait à d'autres opérations, impliquent un défaut d'aptitude.

31 août 1870, 70-71, n° 39.

2° En matière de subrogée tutelle.

19. — La disposition de l'art. 423 du C. N. n'implique point que le subrogé tuteur doive nécessairement être pris dans les parents de la ligne d'où n'est pas le tuteur : un étranger aux deux lignes peut être nommé.

26 août 1808, t. I, n° 225.

§ 5.

Des obligations et des pouvoirs du tuteur.

1° Généralités.

20. — Le conseil de famille ni les tribunaux ne peuvent restreindre ou scinder l'administration du tuteur, même sous le prétexte qu'il pourrait y avoir lieu à sa destitution. Par exemple, on ne peut lui laisser la tutelle en ce qui concerne l'éducation et l'entretien du mineur, et lui enlever l'administration pour la donner à un administrateur responsable.

Inédit. 24 août 1839, 2ᵉ Ch. Olivier c. Mᵐᵉ veuve Olivier.

21. — Lorsque le conseil de famille a réglé la dépense annuelle du mineur ou de l'interdit, il résulte de la combinaison des art. 454, 457, 510 C. N., 883 C. pr. civ., que c'est un maximum que le tuteur ne doit pas dépasser, sous peine de supporter l'excédant de la dépense.

Inédit. 20 novembre 1852, 2ᵉ Ch. Taillard c. Guigon.

22. — Les tuteurs et autres administrateurs peuvent être condamnés personnellement aux dépens si les actes qui les ont occasionnés sont le résultat de la vexation et de la mauvaise foi et non pas seulement d'une erreur de droit.

3 avril 1867, 66-67, n° 99.

2° Des pouvoirs du tuteur, quant à la gestion du patrimoine du mineur, en matière extrajudiciaire.

a. Des actes pour lesquels la loi requiert une autorisation du conseil de famille homologuée par justice.

23. — La concession faite par une mère tutrice, au profit d'une commune, de droits d'usage dans une forêt appartenant à ses enfants est d'une nullité absolue si elle a lieu sans nécessité et sans formalités préalables.

3 messidor an x, t. I, n° 59.

24. — L'autorisation du conseil de famille n'est nécessaire au tuteur que lorsqu'il s'agit de l'aliénation d'immeubles ; mais lorsqu'il est question de la vente d'arbres coupés, elle n'est plus requise, puisque ces objets cessent alors d'être considérés comme accessoires du sol et n'appartiennent au mineur que comme objets mobiliers.

11 mars 1809, t. I, n° 251.

25. — Lorsque les formalités requises pour la vente des biens des mineurs n'ont pas été observées ou ont été en partie omises, l'aliénation est nulle.

D'après la coutume de Franche-Comté, la prescription ne peut s'acquérir en ce cas que par trente ans, qui ne commencent à courir à leur égard que depuis leur majorité.

1er mai 1826, t. V, n° 896.

26. — La vente des biens appartenant à un mineur, consentie par son tuteur, est nulle par cela seul que les formalités prescrites par l'art. 457 du C. N. n'ont pas été remplies.

Les créanciers du mineur peuvent se prévaloir du chef de leur débiteur de cette cause de nullité.

La ratification d'une semblable vente par le mineur devenu majeur ne peut être opposée au créancier qui, antérieurement à cette ratification, a fait saisir les immeubles et opérer la transcription de la saisie.

8 janvier 1850, 49-52, n° 45.

27. — Quand il s'agit de régler les conditions d'une vente d'immeubles appartenant aux mineurs, même une licitation, le conseil de famille, appelé à donner son avis sur les conditions de la vente, peut demander que le tuteur ne touche que l'intérêt du prix et que le capital reste entre les mains de l'acquéreur jusqu'à la majorité du mineur. Mais quand la licitation a été faite sans ces conditions, le conseil de famille ne peut plus s'opposer à ce que le tuteur touche le capital.

Inédit. 21 mai 1858, 2e Ch. Morel c. Cuenard.

b. Des actes que le tuteur peut faire sans autorisation et sans formalités spéciales.

28. — Jugé que les ouvriers qui ont travaillé à la reconstruction de la maison d'un pupille, ceux qui ont fourni l'argent pour payer ces ouvriers, n'ont point d'action personnelle à exercer contre ce pupille, si cette reconstruction n'a pas été précédée des formalités nécessaires pour l'aliénation ou l'hypothèque des biens des pupilles; qu'en conséquence, les ouvriers et les prêteurs n'ont pu acquérir qu'un privilége ou une

hypothèque sur la valeur de ces constructions.

9 germinal an IX, t. I, n° 23.

29. — Jugé que la mère tutrice qui administre les biens de ses enfants ne peut, sans un pouvoir spécial, recevoir le remboursement d'une somme qui leur est due, car, suivant la loi romaine qui régissait autrefois la Franche-Comté, la mère tutrice n'était pas autorisée à recevoir des capitaux appartenant à ses mineurs.

Si la mère tutrice a accepté, pendant le cours du papier-monnaie, le remboursement d'une rente sans garantir la validité de ce remboursement, elle n'est tenue que de rendre les sommes qu'elle a touchées, suivant l'échelle de dépréciation.

23 novembre 1808, t. I, n° 235.

30. — A supposer qu'un tuteur puisse, sans aucune autorisation, acheter pour son pupille un immeuble à titre de remploi, le mineur ne devient propriétaire qu'au moyen de la ratification donnée à l'acte par le conseil de famille ou par justice. Jusqu'à cette ratification, le tuteur demeurant propriétaire, la revente par lui faite est valable.

18 juillet 1846, 46, n° 47.

31. — Est nulle la délibération du conseil de famille décidant que le prix de la vente des biens d'un mineur, au lieu d'être touché par le père investi de la tutelle, sera versé entre les mains du subrogé tuteur.

17 février 1847, 47-48, n° 50.

32. — Le placement de capitaux, même considérables, fait par le tuteur sur simples billets, n'engage pas sa responsabilité en cas de perte éprouvée dans le recouvrement de la créance, si l'emprunteur paraissait notoirement, au moment du prêt, offrir toute garantie de solvabilité.

3 avril 1867, 66-67, n° 99.

3° Des pouvoirs des tuteurs en matière judiciaire.

33. — Sous l'ancienne législation, le mineur pouvait comparaître en jugement ; seulement,
pour assurer sa défense, la loi voulait qu'il fût pourvu d'un curateur.
Comme il avait été dans les *qualités* de la cause, lors même qu'il
n'avait point de curateur, on ne
pouvait lui accorder et on ne lui
accordait point en effet la faculté
de revenir contre le jugement par
les voies ordinaires ; on lui donnait le moyen de la requête civile
pour non valable défense.

Sous la nouvelle législation, au
contraire, le mineur n'a pas *legi-
timam personam standi in judicio*,
il est à cet égard dans la même
position qu'avait autrefois le pupille. Le procès devant être poursuivi contre le tuteur ou curateur,
il en résulte que le mineur ou
l'interdit n'a point été dans les
qualités de la cause, si celui qui a
pris ou qui a donné la qualité de
tuteur ou de curateur administ-
trant n'a pas été valablement
nommé.

1er juillet 1814, t. II, n° 407 *bis.*

34. — Le principe consacré par
les lois romaines, qui interdit aux
mineurs toute espèce de contrat
judiciaire ou extrajudiciaire tendant directement ou indirectement
à aliéner ou à compromettre leurs
propriétés immobilières sans délibération de parents homologuée
par la justice, reçoit une exception
dans le cas où le rôle du mineur
est forcé ; ainsi, quoiqu'il n'aurait
pas pu intenter une action en délimitation sans avoir préalablement demandé l'avis du conseil de
famille, il ne peut cependant pas
demander la nullité d'un jugement qui a prononcé sur une reprise d'instance, qu'il a exercée de
l'autorité de son curateur et sans
délibération de ce conseil, lorsque
cette reprise d'instance était relative à un procès en délimitation
qui avait été commencé par le

père de ce mineur, parce que la
partie adverse avait le droit de l'y
contraindre.

22 décembre 1809, t. II, n° 290.

35. — La mère tutrice n'a pas
besoin d'être autorisée du conseil
de famille pour donner en justice
son consentement à la rectification
de l'acte de naissance de son fils,
indûment indiqué dans cet acte
comme ayant été reconnu par un
père désigné, si d'ailleurs le demandeur en rectification ne s'appuie pas sur ce consentement pour
faire triompher sa demande.

3 juin 1809, t. III, n° 267.

36. — Comme une tutrice ne
peut poursuivre l'exercice de
droits immobiliers appartenant à
ses enfants mineurs sans y être
autorisée par un conseil de famille,
de même elle ne peut, sans une
pareille autorisation, se désister
d'un jugement rendu en leur faveur et obtenu en sa qualité de
tutrice.

19 août 1811, t. II, n° 349.

37. — Le tuteur ne peut renoncer à exercer les actions immobilières appartenant au mineur
et se désister d'une demande portée devant les tribunaux qu'après
y avoir été autorisé par le conseil
de famille.

20 mars 1820, t. IV, n° 634, p. 55.

38. — Le désistement de l'appel formé au nom d'un mineur en
matière de saisie immobilière est
assujetti aux formes prescrites par
l'art. 457 du C. N. — Si ces formes
n'ont pas été suivies, le mineur
est censé persister dans son appel
et doit dès lors être condamné à
tous les frais qu'un désistement
valable lui eût épargnés.

24 juin 1846, 46, n° 30.

§ 6.

*Des rapports du mineur et du tuteur
avec des tiers par suite de l'administration de la tutelle.*

39. — Pour qu'un mineur se

trouve obligé par le fait de son tuteur, il faut que le tuteur ait agi dans les limites de ses pouvoirs, ou, s'il les a dépassés, que le mineur en soit devenu plus riche.

10 février 1829, 29, n° 13, p. 50.

40. — Les actes passés par des tiers avec un curateur (Code pénal de 1791) à un condamné sont valables, quand même la nomination du curateur est nulle, si ce ne sont pas les tiers dont il s'agit qui ont provoqué cette nomination

14 août 1816, t. III, n° 489.

§ 7.
Des fonctions et obligations du subrogé tuteur.

41. — La présence du subrogé tuteur est nécessaire dans une instance en nullité d'un testament par lequel les mineurs sont institués légataires universels, lorsque les intérêts de ces mineurs sont en opposition avec ceux de leur mère tutrice.

11 novembre 1808, t. I, n° 229.

§ 8.
De l'obligation de rendre compte qui pèse sur le tuteur.

42. — Une fille qui a été confiée aux soins de son tuteur, cultivateur, depuis l'âge de douze ans à vingt et un ans, a gagné sa nourriture et son entretien pour les soins qu'elle a donnés au ménage, lors même que, pendant une partie de ce temps, elle a été placée en pension. Son tuteur ne peut donc rien porter en dépense pour nourriture, entretien et pension.

Inédit. 24 décembre 1856, 1re Ch. Femme Fondet c. Champin.

43. — L'article 472 du Code civil, qui annule tous traités passés entre le tuteur et le mineur devenu majeur sur le compte de tutelle, n'est relatif qu'au mineur qui a le droit de le demander, et ne peut être invoqué par le tuteur.

Ainsi, on ne peut prononcer la nullité d'une reconnaissance faite par le tuteur, dans laquelle il s'est reconnu débiteur et reliquataire de son mineur, quoique cette reconnaissance n'ait pas été précédée d'un compte détaillé.

26 novembre 1811, t. II, n° 353.

44. — L'article 472 du Code civil n'est point applicable à d'autres traités qu'à ceux intervenus pour terminer une contestation sur le compte de tutelle à rendre, et notamment la vente d'un immeuble faite par un mineur devenu majeur à son ci-devant tuteur, avant que le compte de tutelle ait été rendu, n'est pas nulle.

10 mai 1819, t. IV, n° 609.

45. — La nullité prononcée par l'article 472 du Code Napoléon, relativement au traité intervenu entre le tuteur et le mineur devenu majeur avant la reddition du compte de tutelle, est applicable à une décharge qui aurait été donnée par ce dernier aux héritiers de la caution solidaire du tuteur, sans que le compte de tutelle ait été rendu et apuré.

24 janvier 1827, 27-28, n° 4.

46. — Les ordonnances de 1510 et 1539, qui fixaient déjà à dix années la durée de l'action compétant au mineur devenu majeur, pour obtenir la reddition de son compte de tutelle, ne sont point applicables au pays de Bresse, qui était régi, à l'époque où ces ordonnances ont été promulguées, par la jurisprudence du sénat de Chambéry, qui étendait à trente ans la durée de l'action des pupilles contre leurs tuteurs.

18 avril 1807, t. III, n° 380.

47. — Un tuteur est responsable de la gestion et des comptes de celui qu'il a remplacé, quand il n'en a point provoqué la reddition ; mais lorsqu'il présente le compte du premier tuteur et en paie le reliquat, il a dix ans depuis que le mineur a atteint sa majorité pour réclamer de ce tuteur ou de ses héritiers ce qu'il a payé pour cet objet.

28 février 1818, t. III, n° 584.

48. — Des enfants peuvent agir pendant trente ans contre leur père pour le recouvrement des apports de leur mère ; leur action est indépendante de la tutelle qu'il aurait eue dans la suite, si leurs droits étaient antérieurs à la gestion de cette tutelle ; ainsi, cette action n'est pas soumise à la prescription de dix ans de l'article 475 du Code Napoléon, lors même que l'enfant n'aurait pas demandé un compte de tutelle dans le délai de dix années.

5 juillet 1816, t. III, n° 567.

APPENDICE A LA TUTELLE DES MINEURS.

DE L'ADMINISTRATION LÉGALE DU PÈRE PENDANT LE MARIAGE.

49. — La clause insérée dans un testament, qui prohibe au père l'administration des biens légués à son fils, doit être considérée comme non avenue et réputée non écrite.

13 juin 1807, t. I, n° 172.

50. — L'administration légale du père durant le mariage diffère essentiellement de la tutelle par sa nature et ses effets : elle donne au père qualité pour représenter seul en justice ses enfants mineurs relativement à leurs biens personnels, et il suffit de lui signifier les paiements intervenus pour faire courir les délais d'appel, sans qu'il y ait lieu aux formalités de l'article 444 du Code de procédure civile.

29 novembre 1864, 62-65, n° 68, p. 314.

51. — L'administration de la personne des enfants par le père de famille durant le mariage ne peut être l'objet d'aucune disposition ni d'aucun pacte de nature à en modifier ou à en restreindre l'exercice, mais il en est autrement de l'administration des biens et de la jouissance légale, qui, ne

touchant qu'à des intérêts pécuniaires, peuvent être soumises aux restrictions que le testateur croit devoir prescrire comme condition de ses libéralités aux enfants, dans la limite des biens dont il a le pouvoir de disposer.

En conséquence, est licite et valable la convention par laquelle le légataire en usufruit d'une forêt laissée en nue propriété aux petits-enfants du testateur renonce à cet usufruit et l'abandonne au père des mineurs légataires en nue propriété, en imposant à son administration et à sa jouissance les mêmes restrictions qu'avait exigées le testateur lui-même de l'usufruitier dans l'intérêt des nus propriétaires.

En cas d'inexécution par le père des conditions du traité et de refus par lui de s'y conformer, c'est aux tribunaux qu'il appartient de déterminer les mesures conservatoires à prendre dans l'intérêt des mineurs nus propriétaires.

4 juillet 1864, 62-65, n° 64, p. 298.

CHAPITRE II.

DE LA TUTELLE DES INTERDITS.

§ 1er.

De l'interdiction judiciaire.

52. — On ne peut prononcer l'interdiction d'un individu pour cause de démence, que lorsqu'il est établi d'une manière certaine qu'il a perdu l'exercice de ses facultés intellectuelles et qu'il est dans l'impossibilité de se livrer aux actes de la vie civile, mais non point quand il est resté à la tête de ses affaires et a continué, soit à contracter, soit à paraître en jugement.

13 mars 1812, 27-28, n° 5.

53. — C'est pour cause d'imbécillité, de démence ou de fureur habituelles, que l'interdiction judiciaire peut être prononcée, et non pour cause de surdité, de difficulté ou d'impossibilité de parler.

16 août 1816, t. III, n° 490.

54. — L'imbécillité est l'état de l'individu atteint de cette faiblesse. d'esprit qui, sans aller jusqu'à perdre entièrement la raison, le rend incapable de gouverner sa personne et ses biens.

Inédit. 27 décembre 1864, 1re Ch. Epoux Humbert c. veuve Rousse.

55. — D'après l'article 489 du Code Napoléon, un citoyen ne peut être privé par l'interdiction de l'exercice des droits civils, qu'autant qu'il est clairement démontré qu'il a entièrement perdu l'usage de ses facultés intellectuelles et qu'il est dans un état habituel d'imbécillité ou de démence.

30 mai 1817, t. III, n° 509.

56. — Il n'y a lieu à prononcer l'interdiction de quelqu'un pour cause d'imbécillité ou de démence que lorsqu'il a perdu l'usage de ses facultés intellectuelles; mais les bizarreries d'humeur et de caractère, la singularité des habitudes, ne peuvent être des causes suffisantes pour la faire admettre.

30 janvier 1827, 27-28, n° 5.

57. — L'interdiction est une mesure grave qui ne doit être prononcée que dans le cas d'absolue nécessité. On ne doit avoir en vue que l'intérêt de l'interdit et nullement celui de sa famille.

21 juin 1850, 1re Ch. Mme V. c. Augustin V.

58. — L'interdiction pour cause d'imbécillité ou de démence étant un secours personnel accordé à celui que l'on veut faire interdire, c'est une raison pour les juges de refuser de faire droit sur cette demande, si l'époux et les plus proches parents, surtout le père de la personne à interdire, s'opposent à l'interdiction.

4 pluviôse an XIII, t. I, n° 114.

§ 2.

Des personnes admises à provoquer l'interdiction. — De la procédure en interdiction.

59. — La loi n'accorde à aucun allié, si ce n'est à l'époux, le droit de demander l'interdiction. La fin de non-recevoir peut être opposée en tout état de cause, même en appel pour la première fois.

23 juin 1859, 1re Ch. David c. Juliard.

60. — Lorsque le ministère public a provoqué l'interdiction d'un individu pour cause de fureur et que cette demande a été rejetée, le tribunal ne peut d'office nommer un conseil judiciaire à ce même individu, surtout lorsqu'il a des parents connus.

25 août 1810, t. II, n° 316.

61. — L'interdiction étant établie dans l'intérêt seul de celui contre qui on la provoque, il n'y a que lui qui puisse appeler du jugement qui l'a prononcée; le parent qui l'a sollicitée est sans qualité et par conséquent non recevable à demander la réformation du jugement qui a statué sur l'interdiction.

29 décembre 1826, t. V, n° 922.

62. — Les jugements rendus sur requête pour parvenir à l'interdiction sont susceptibles d'opposition.

1er mars 1828, 27-28, n° 75.

63. — Le commissaire du gouvernement ne peut être intimé sur l'appel d'un jugement qui a rejeté une demande en interdiction pour cause de démence formée par le frère de celui qu'il s'agit d'interdire. Il n'y a que les parents, lorsqu'il en existe, qui aient le droit de provoquer l'interdiction pour démence, et dans ce cas la présence du ministère public devient inutile comme partie, puisqu'il ne peut alors que donner des conclusions.

26 ventôse an XII, t. I, n° 98.

64. — La signification qui doit être faite au défendeur en interdiction, suivant le prescrit de l'art. 893 du Code de procédure, n'est. pas prescrite à peine de nullité.

Il n'y aurait pas nullité de l'interdiction d'après l'article 496 du

Code civil, quand l'interrogatoire, au lieu d'avoir été subi à la chambre du conseil, l'aurait été à la salle d'audience.

26 février 1810, t. II, n° 299.

§ 3.

De la tutelle des interdits.

65. — Le tuteur de l'interdit peut, à raison de la guérison possible de ce dernier, ne pas procéder à la vente du mobilier.

3 avril 1867, 66-67, n° 99.

66. — La tutelle et l'administration provisoire de l'interdit, bien que gratuites de leur nature, donnent droit à une indemnité pour frais de gestion.

3 avril 1867, 66-67, n° 99.

§ 4.

Des effets de l'interdiction quant aux actes passés par l'interdit.

67. — Le tuteur d'un interdit est recevable à appeler du jugement dont la décision préjudicierait aux droits de celui qu'il représente, en le faisant envisager comme obligé, en vertu d'un acte qu'il aurait souscrit antérieurement à l'interdiction prononcée.

26 février 1810, t. II, n° 299.

68. — On ne peut annuler une vente faite par un interdit avant son interdiction, lorsqu'il résulte de son interrogatoire qu'il se rappelle avoir passé cet acte, qu'il ne manifeste pas de regrets d'y avoir donné son assentiment et qu'il indique le motif qui l'a décidé à le souscrire, quoique quelques-unes de ses réponses soient incohérentes et annoncent une absence momentanée de raisonnement.

30 janvier 1827, 27-28, n° 5.

69. — Avant le Code Napoléon, pour demander la nullité des actes faits par un individu en état de démence, on n'exigeait pas que son interdiction eût été provoquée avant sa mort.

Quand on demande à prouver qu'une personne qui est décédée depuis longtemps était en état de démence, et que cette preuve doit faire annuler des actes authentiques, les faits articulés doivent être graves, précis et capables d'opérer une conviction complète.

27 juin 1827, 27-28, n° 39.

Tuteurs, V. DISPOSITIONS ENTRE-VIFS ET TESTAMENTAIRES. — TUTELLES.

U

Usage forestier.

CHAPITRE Ier.

OU DE RACHAT DES DROITS D'USAGE AUTRES QUE L'USAGE EN BOIS. (Nᵒˢ 52 à 58.)

CHAPITRE ADDITIONNEL.

RÉVISION ET RÉFORMATION EN VERTU DES LOIS DE SEPTEMBRE 1790 ET AOUT 1792 DES CANTONNEMENTS DES COMMUNES. (Nᵒˢ 59 à 64.)

TABLE ALPHABÉTIQUE.

CHAPITRE Iᵉʳ.

HISTORIQUE. — ORDONNANCE DE 1669.

1. — L'ordonnance de 1669, quoique enregistrée au parlement de Besançon, n'était pas obliga-

toire en Franche-Comté en ce qui concernait la suppression des droits d'usage.

Inédits. 16 mai 1831, 1ʳᵉ Ch. L'Etat c. comm. de Champagnole. — *Contrà.* 12 février 1839, 1ʳᵉ Ch. Mêmes parties. — Janvier 1829, 1ʳᵉ Ch. Ville de Dole c. l'Etat.

2. — Sous l'ancien droit, une servitude réelle discontinue, telle que celle de droit d'usage dans une forêt, pouvait se prescrire par le renouvellement pendant un temps immémorial des actes d'usage.

3 messidor an x, t. I, nᵒ 59.

CHAPITRE II.

NATURE DU DROIT D'USAGE FORESTIER.

§ 1ᵉʳ.

Droits respectifs des propriétaires et des usagers.

3. — Le propriétaire d'une forêt grevée d'un droit d'usage (droit de paisselis) ne peut amoindrir, par des défrichements, les garanties réelles qui forment le gage de l'usager.

Il en est ainsi surtout lorsque les défrichements sont considérables, qu'ils comprennent le cinquième du sol asservi, et qu'ils sont effectués sans l'accord préalable, soit de l'usager, soit des autres propriétaires de la forêt.

15 juillet 1864, 62-65, nᵒ 60, p. 285.

4. — Le propriétaire d'une forêt ne peut en changer l'aménagement lorsque ce changement cause un préjudice à l'usager.

Spécialement, s'il a concédé à un tiers, pour son chauffage, le droit de prendre les bois morts et gisants dans une forêt qui ne s'exploitait que tous les trente ans, il ne peut accélérer les coupes et nuire par là aux droits de l'usager.

6 juillet 1836, 36, p. 152.

5. — La concession d'un droit d'usage ou de jouissance, quelque étendue qu'elle puisse être, n'emporte jamais translation du domaine qu'autant que le droit du concédant serait incompatible avec celui du concessionnaire.

24 mai 1826, t. V, n° 899.

6. — Les usagers doivent jouir en bons pères de famille de leurs propres ressources. S'ils les diminuent par des défrichements ou des dégradations, ils doivent tenir compte du produit comme si le bois était en bon état d'aménagement et de produit.

Inédits. 8 août 1829, 9 mars 1831, 31 août 1832, 2ᵉ Ch. Comm. de Burgille.

7. — Aux termes du règlement Macloz, fait en 1727, les communes maintenues dans leurs droits d'usage de bois à bâtir peuvent les exercer pour les maisons détruites par vétusté. — Ces mots s'entendent non-seulement des maisons écroulées en tout ou en partie, mais encore de celles qui, bien qu'encore debout, sont dans un danger imminent de tomber de vétusté et sont par suite inhabitables, à moins qu'une réparation partielle ne puisse prévenir leur ruine totale.

25 mars 1846, 46, n° 82, p. 207.

8. — Un maire a qualité pour faire fixer par les tribunaux, en cas de contestation, l'étendue des droits d'usage en bois réclamés par sa commune; mais il ne peut demander la délivrance des portions revenant séparément à un certain nombre d'habitants désignés par les conclusions, s'ils n'ont pas constitué avoué.

25 mars 1846, 46, n° 82, p. 207.

9. — Les dispositions réglementaires prescrites par l'ordonnance des eaux et forêts de 1669 et par le Code forestier, sur le mode d'exercice des droits d'usage, ne sont que des mesures de police introduites en faveur des particuliers et au bénéfice desquelles ils peuvent renoncer par leur silence.

21 mars 1844, 43-44, n° 45.

10. — En Franche-Comté, les forêts de sapins ont toujours été, comme les autres, susceptibles de parcours et d'être déclarées défensables.

23 janvier 1847, 47-48, n° 7.

11. — Le bois délivré à une commune usagère ne peut être vendu par elle-même par voie de licitation s'il existe une possibilité quelconque de partage en nature. — En vain demanderait-elle à établir que ses habitants seuls, à l'exclusion des étrangers, ont été admis à enchérir, et que l'objet de la licitation était d'une valeur si modique qu'un véritable partage était pour ainsi dire impossible.

4 mai 1846, 46, n° 19.

12. — L'art. 83 du Code forestier, qui interdit sous peine d'amende aux usagers de vendre ou d'échanger les bois qui leur sont délivrés et de les employer à aucune autre destination que celle pour laquelle le droit d'usage a été accordé, est une disposition générale applicable à toute livraison de bois tant qu'elle est faite à titre d'usage.

14 juin 1865, 62-65, n° 98, p. 413.

§ 2.

Obligation de délivrer. — Application de la règle : « Usage n'arrérage pas. »

13. — Les usagers de la montagne ont droit d'obtenir délivrance de bois pour la fabrication des fromages.

Inédits. 19 novembre et 24 décembre 1834, 1ʳᵉ Ch. Comm. de Champagnole c. l'État. — *Contrà.* 16 juin 1840, 1ʳᵉ Ch. L'État c. comm. du Val-de-Mouthe.

14. — Les droits d'usage n'étant établis que pour subvenir aux besoins du moment ne s'arréragent pas, parce qu'il est présumable que ces besoins n'ont pas existé lorsqu'on n'a pas usé de son droit.

28 novembre 1822, t. IV, n° 676.

15. — Les usagers auxquels le

propriétaire a volontairement délivré plus que ce qui était nécessaire à la satisfaction de leurs besoins ne sont pas obligés de restituer l'excédant. Ce sont des fruits perçus et consommés de bonne foi.

Inédit. 12 avril 1843. L'État c. comm. de Reculot.

16. — L'usager à qui il a été volontairement délivré plus que ses besoins ne comportaient n'est assujetti à aucune restitution, ni même à aucune imputation sur les sommes qu'il réclame pour les années où il ne lui a été fait que des délivrances insuffisantes.

Les dommages-intérêts dus à l'usager par le propriétaire qui n'a consenti que des délivrances insuffisantes ou nulles produisent eux-mêmes des intérêts à dater de la demande en justice. — Ces intérêts partent chaque année du jour où devait se faire la délivrance. Mais ils ne peuvent eux-mêmes en produire d'autres par le seul effet de la demande primitive.

8 janvier 1846, 46, n° 3.

17. — Les émoluments d'un droit d'usage ne s'arréragent pas, du moins quand le propriétaire ne s'est pas refusé à la délivrance.

23 janvier 1847, 47-48, n° 7.

18. — Les émoluments d'un droit d'usage dans les forêts ne s'arréragent pas; l'usager qui a négligé d'exercer son droit ne peut réclamer de dommages-intérêts qu'à partir de sa demande en justice.

Les dommages-intérêts dus à l'usager par le propriétaire qui n'a consenti que des délivrances insuffisantes produisent eux-mêmes des intérêts à dater de la demande.

Bien que le cantonnement obtenu par l'usager soit inférieur de beaucoup à la portion de forêt conservée par le propriétaire, les frais du jugement qui a ordonné l'expertise des opérations des experts, de délimitation, de plantation de bornes, et tous autres nécessaires à la consommation du partage, n'en doivent pas moins être partagés par moitié.

13 mars 1847, 47-48, n° 16.

19. — La responsabilité civile des communes, établie par l'art. 82 du Code for., s'étend non-seulement aux restitutions, dommages-intérêts et frais, mais encore à l'amende lorsqu'il en est prononcé une.

22 août 1836, 36, p. 165.

§ 3.
Du droit de pâturage.

20. — Le défaut de procès-verbaux de délivrance et de défensabilité ne peut faire perdre à une commune un droit de parcours par elle réclamé dans des bois de particuliers, alors que la commune établit qu'elle a constamment joui, conformément aux titres anciens et contradictoires avec les auteurs du propriétaire de la forêt.

22 avril 1853, 53-57, n° 8, p. 18.

21. — L'art. 76 du C. forestier n'est applicable qu'au cas où les pâtres, ayant conduit leurs bestiaux dans les cantons défensables d'une forêt soumise à un droit d'usage, les ont laissés divaguer dans les cantons qui ne le sont pas. Si aucune partie de la forêt n'a été déclarée défensable, il y a lieu d'appliquer l'amende portée par l'art. 199 du Code forestier et de condamner non le pâtre, mais le propriétaire des bestiaux.

26 janvier 1847, 47-48, n° 9.

CHAPITRE III.
DU CANTONNEMENT DES USAGES EN BOIS.

§ 1er.
*Cantonnement amiable ou judiciaire. —
Recevabilité de l'action. — Effets.*

22. — Par l'opération du cantonnement, celui qui n'avait que l'usage devient propriétaire, mais d'une étendue moindre que celle sur laquelle il avait ses droits d'usage : les usagers qui ont formé des demandes en cantonnement n'ont presque jamais obtenu qu'un quart ou un tiers du terrain sur lequel s'étendaient leurs droits de servitude, ce qui dépend du plus ou moins d'étendue de ces droits et des circonstances.

22 frimaire an xi, t. I, n° 68.

23. — Les usagers comme les propriétaires de fonds soumis à l'usage pouvaient, avant le Code forestier, demander le cantonnement ; l'article 63 du nouveau Code a privé de ce droit les usagers; mais cette prohibition ne doit avoir d'effet que pour l'avenir et ne peut atteindre les demandes en cantonnement formées avant la promulgation de cette nouvelle loi.

21 mai 1828, 27-28, n° 86.

24. — La commune qui refuse le cantonnement de gré à gré qui lui est proposé par l'État n'a pas le droit d'exiger, par la voie judiciaire, les bonifications prévues et autorisées par le décret du 19 mai 1857 ; à défaut d'acceptation des offres amiables, le droit commun reprend pour chaque partie son empire, et le débat doit se régler dès lors par l'application des principes généraux, sans égard aux propositions transactionnelles qui avaient pour but de l'éviter.

9 mars 1864, 62-65, n° 48, p. 241.

25. — L'action en affranchissement d'usage par voie de cantonnement ne doit être accueillie qu'autant que la part de bois offerte à l'usager est libre de toute servitude.

L'exception résultant pour l'usager des charges dont serait grevé son cantonnement peut être produite en tout état de cause.

29 août 1846, 46, n° 54.

26. — Un droit d'usage dans une forêt constitue une véritable servitude qui, par sa nature, affecte d'une manière indivisible les bois qui composent cette forêt et peut être exercée sur toutes ses parties.

L'usager ne peut par conséquent être forcé de recevoir un cantonnement par parties.

Ainsi, la demande en cantonnement formée par l'un des détenteurs de partie d'une forêt ayant appartenu, au moment de la concession du droit d'usage, à un seul propriétaire, doit être, sur le refus fait par le détenteur de l'autre partie d'y adhérer, déclarée non valable.

9 juillet 1831. *Journal du Palais*, année 1831, 2ᵉ partie, p. 21.

26 bis. — La loi, en donnant au propriétaire d'une forêt le droit de demander le cantonnement des droits d'usage qui pèsent sur elle, ne l'a point assujetti à la nécessité de libérer le canton livré aux usagers des servitudes dont il peut être grevé.

Mais comme l'usager doit, par le cantonnement, recevoir en sol et superficie la représentation du droit d'usage qui lui appartient, il y a lieu, si la partie à lui attribuée par le cantonnement est grevée de servitudes, de tenir compte de cette cause de dépréciation ; en ce cas, après avoir constaté la diminution de valeur provenant de l'existence des servitudes, on devra allouer à l'usager non une indemnité en argent, mais un apportionnement plus étendu.

7 juin 1870, 70-71, n° 29.

27. — L'indivisibilité d'un droit de pâturage s'oppose à ce que l'usager puisse être forcé à recevoir un cantonnement partiel, et dans le cas où le fonds servant se trouverait divisé entre plusieurs particuliers, la demande en cantonnement intentée par un ou plusieurs des copropriétaires doit être déclarée non recevable.

11 juillet 1859, 58-59, n° 40.

28. — Le droit appartenant à une commune de recueillir les seconds fruits d'une ferme, constitue au profit de cette commune une servitude réelle indivisible de sa nature : en conséquence, le propriétaire d'une portion de la ferme ne peut affranchir cette portion seule au moyen d'un cantonnement partiel.

9 mai 1860, 60-61, n° 18.

29. — Lorsqu'il y a cantonnement des droits d'usage établis sur une forêt en faveur d'une ferme appartenant à plusieurs copropriétaires, chaque copropriétaire a droit au partage des produits de la portion de forêt attribuée au cantonnement, et ce, dans le cas même où ce copropriétaire n'aurait pas habité la ferme au moment du cantonnement et où l'une des bases de ce cantonnement aurait été le nombre des feux.

3 mai 1869, 68-69, n° 77, p. 320.

§ 2.

Mode suivant lequel le cantonnement doit être opéré.

30. — L'usage accordé à une commune sur une forêt ne peut point être cédé, il ne s'étend pas au delà des besoins de l'usager; dès lors il n'y a lieu en sa faveur, dans les bois soumis à son droit d'usage, qu'au complément de ce qui est nécessaire à ses besoins, et on doit, pour fixer le cantonnement à accorder à ces communes, apprécier les ressources qu'elles peuvent trouver dans leurs propriétés particulières.

9 avril 1827, 27-28, n° 27.

31. — Le droit d'usage n'existe que jusqu'à concurrence des besoins des usagers; c'est pourquoi ils sont obligés d'imputer leurs propres ressources.

Inédits. 24 décembre 1834, 16 mars 1836, 1re Ch. Commune d'Andelot. — 25 août 1836, 24 août 1837, 12 avril 1843, 2e Ch. Commune de Boujailles. — 16 juin 1840, 12 avril 1843, 1re Ch. Commune de Mouthe.

32. — Le règlement Macloz, fait en 1727 pour la réformation des bois royaux et communaux situés dans l'étendue de la maîtrise de Salins, n'était qu'une mesure préparatoire. — Les droits des parties intéressées n'ont été réellement fixés que par l'arrêt du conseil du 4 août 1730.

Les communes auxquelles ont été concédés des droits d'usage en bois doivent précompter les ressources particulières dont elles jouissaient à l'époque de la concession, et ne peuvent réclamer que le complément de ce qui leur est nécessaire pour leurs besoins.

Dans l'imputation de ces ressources doivent figurer les quarts en réserve appartenant aux communes usagères; en les séparant du surplus de leurs forêts, elles n'ont pu aggraver la charge qui pesait sur les bois assujettis à leurs droits d'usage.

Mais cette imputation, s'il s'agit d'un droit de chauffage, ne comprend pas les futaies qui servent à l'entretien des maisons.

Les communes usagères ne peuvent demander que, dans le calcul de leurs ressources, il soit fait déduction des frais de garde, d'impôts et autres charges communales, qui, s'il en était ainsi, retomberaient indirectement au compte du propriétaire de la forêt soumise à l'usage.

8 janvier 1846, 46, n° 3.

33. — Lorsqu'un droit d'usage en bois a été acquis à titre onéreux, le propriétaire qui demande le cantonnement ne peut exiger le précompte des ressources de l'usager. — Dans aucun cas il ne peut, par des défrichements, diminuer les produits du droit d'usage.

Pour opérer le cantonnement, les tribunaux peuvent, en s'attachant toutefois aux circonstances, capitaliser au 5 p. 100 le produit annuel de l'usage et attribuer à l'usager, en sol et superficie, une valeur égale au capital ainsi formé.

13 mars 1847, 47-48, n° 16.

34. — Le propriétaire de bois

soumis à des droits d'usage qui, pendant plus de trente ans, a délivré à des communes usagères les bois qui leur étaient nécessaires, sans exiger le précompte de leurs ressources particulières, n'a fait qu'accomplir des actes de pure faculté, ne pouvant fonder au profit des communes usagères ni possession utile ni prescription.

1er juillet 1857, 53-57, n° 129, p. 400.

35. — Lorsque le titre constitutif de droits d'usage forestier au profit des communes ne contient pas de dérogation au droit commun sur le *quantum* des droits des communes usagères, ces communes ne peuvent réclamer que le complément de ce qui leur est nécessaire pour leurs besoins, et, par suite, doivent précompter les ressources particulières dont elles jouissaient au moment de la concession. — Au nombre des ressources à précompter doivent être compris les quarts en réserve des bois appartenant en propre aux communes. Les frais de garde, impôts et autres charges communales, étant les accessoires de la jouissance des communes, ne doivent pas être défalqués du montant des ressources particulières à précompter.

1er juillet 1857, 53-57, n° 129, p. 400.

36. — Pour déterminer la valeur d'un droit de marronnage limité au bois nécessaire à la reconstruction des maisons en cas de destruction, soit par cas fortuits, soit par vétusté, on doit prendre pour base de l'estimation, non la durée particulière de tous les bois employés dans la construction d'une maison, mais la durée la plus longue de cette maison elle-même, d'après la durée moyenne de ses éléments essentiels et constitutifs, tels que gros murs, toitures et bois de gros œuvre, en supposant un entretien convenable par l'usager; les bois pour cloisons de séparation, portes et fenêtres, etc., n'entrent pas dans cette évaluation.

Dans le cantonnement judiciaire d'un droit de marronnage ainsi limité, la destruction par vétusté doit s'entendre d'une maison non pas écroulée en tout ou en partie, mais offrant, bien qu'elle soit encore debout, un danger très prochain de chute totale, et dont la durée, au point de vue de la possibilité d'habitation, ne saurait plus être prolongée par des réparations partielles.

Au point de vue de la destruction par vétusté ou par cas fortuit, la durée des maisons doit être calculée d'après leur état réel au moment de la demande en cantonnement, et non d'après leur état fictif, c'est-à-dire qu'on doit tenir compte des toitures en tuiles existantes et ne pas compter des couvertures en bardeaux qui existaient lors du titre constitutif de la servitude.

Pour tenir compte des chances de destruction par incendie, il faut ajouter à l'émolument annuel la somme à laquelle les bâtiments usagers auront été ou pourraient être annuellement taxés, à titre de prime d'assurance, mais seulement pour les parties en bois.

Mais il ne faut pas compter cumulativement pour les mêmes maisons la destruction par vétusté, celle par incendie et les autres cas fortuits, mais répartir ces différentes causes de destruction sur les maisons, en se conformant, pour la proportion, aux événements de cette nature qui ont pu se produire dans la commune usagère pendant une période assez longue pour déterminer les besoins éventuels des usagers.

9 mars 1864, 62-65, n° 48, p. 241.

37. — Le droit de bouchoyage est, comme tout autre usage, susceptible d'être estimé et converti en cantonnement, et les besoins respectifs des concédants et des concessionnaires, l'étendue du sol sur lequel cet usage a été accordé, sont les seules bases à suivre pour fixer le cantonnement s'il n'y a eu convention contraire.

Les besoins de l'usager, quelque étendus qu'ils puissent être, ne peuvent être pris uniquement en considération, lorsqu'ils absorberaient les produits de la chose concédée. S'il n'y a point eu de stipulations particulières, il faut en ce cas concéder les droits de propriété et d'usage. La position des usagers et des propriétaires, les ressources mutuelles qu'ils ont pour subvenir à leurs besoins, leur séparation en corps de commune distinct et séparé, ne doivent point modifier les principes ci-dessus.

10 avril 1826, t. V, n° 890.

38. — Lorsqu'une commune usagère est propriétaire d'un canton de bois affecté spécialement et avant tout à l'entretien des bâtiments et aux constructions nouvelles, s'il ressort des énonciations du titre que la commune doit aussi appliquer le produit de ce bois au rétablissement des maisons, sans distinguer entre les causes de destruction, il y aura lieu à précomptage ; mais l'imputation ne pourra se faire qu'après déduction des bois nécessaires à l'entretien des bâtiments et aux constructions nouvelles et s'il y a excédant.

9 mars 1864, 62-65, n° 48, p. 241.

39. — Une demande en cantonnement est-elle recevable si le demandeur n'a point mis en cause tous les usagers ?

L'Etat n'est point obligé de délivrer une propriété exempte de toutes servitudes, telles que droit de pacage et de pâturage : toutefois, il sera tenu compte de la dépréciation résultant pour l'usager des droits de servitude qui grèvent, tant du chef de l'usager que du chef d'autrui, la portion de forêt à délaisser.

Le nombre des feux est déterminé par le nombre des ayants droit au jour de la demande en cantonnement, quelle que soit la liste préfectorale, les tribunaux ordinaires ayant qualité pour statuer en cas de désaccord entre les parties.

La prohibition de vendre les bois délivrés aux usagers ne diminue point la valeur du stère usager, au point de vue des cantonnements à effectuer.

26 juin 1867, 66-67, n° 118.

40. — Le propriétaire demandeur en cantonnement n'est pas obligé de faire dégrever préalablement la portion de forêt affectée à ce cantonnement des charges et servitudes qui pèsent sur elle, sauf à en tenir compte dans l'estimation de la valeur du cantonnement.

Il n'y a pas lieu d'ordonner la mise en cause des autres communes usagères pour établir contradictoirement avec elles l'état et la possibilité de la forêt ; l'indivisibilité du droit d'usage ne permettant pas d'en restreindre ni d'en modifier l'exercice, et la réduction des droits d'usage n'étant pas dans le domaine des tribunaux ordinaires.

Il en est ainsi, surtout lorsque ces communes sont l'objet d'une tentative de cantonnement amiable.

La capitalisation au denier vingt du produit annuel de l'usage n'est pas légalement obligatoire pour le juge, auquel la loi laisse toute latitude d'appréciation ; mais il y a lieu de l'adopter comme la base la plus sûre et la plus conforme aux droits des parties.

13 juin 1864, 62-65, n° 59, p. 279.

41. — Dans le calcul des besoins de la commune usagère, le succursaliste de la paroisse et l'instituteur doivent être assimilés à ceux qui ont dans la localité un domicile réel et fixe. — Il n'en est pas de même du fromager.

8 janvier 1846, 46, n° 3.

42. — La loi n'ayant point

fixé la quotité qui doit être adjugée aux communes à titre de cantonnement dans les bois où elles ont des droits d'usage, on doit la déterminer suivant les besoins et les ressources des usagers et relativement à l'étendue de la forêt soumise à l'usage.

7 mars 1808, t. I, n° 193.

43. — La commune de Besançon a accordé un cantonnement du tiers d'une forêt à la commune de Vernois, qui avait sur ce bois un droit d'usage indéfini, sans pouvoir toucher cependant aux arbres fruitiers.

4 thermidor an XIII, t. I, n° 128.

44. — Le cantonnement est une opération dont le résultat est de convertir un usage indéfini en propriété déterminée, de rendre l'usager propriétaire d'une partie du fonds asservi à son droit, de lui donner moins en étendue et plus en solidité : il n'y a donc pas lieu d'accorder en propriété aux communes usagères l'étendue du sol nécessaire pour fournir à leurs besoins annuels. Après avoir estimé en argent la valeur de leurs droits, toute compensation faite de leur redevance, il doit être procédé à l'estimation de la valeur de la superficie, et les experts doivent déterminer une étendue de propriété égale à la valeur desdits droits.

9 avril 1827, 27-28, n° 27.

45. — Quand il s'agit de cantonner les usagers, il faut apprécier la forêt dans l'état où elle est et défalquer les places vides, à moins qu'il n'y ait eu des abus de la part du propriétaire, par exemple qu'il ait défriché.

Inédits. 17 mai 1832, 1re Ch. Comm. du Pasquier c. comm. de Valempoulières. — 9 mars 1831, 2e Ch. Comm. de Burgille-lez-Marnay c. Chavelet.

46. — En cas de cantonnement, la portion de forêt abandonnée à l'usager peut notamment être fixée, en sol et superficie, à un capital représentant vingt fois le produit annuel des droits d'usage. — Il est tenu compte dans cette estimation des servitudes pesant sur le cantonnement.

7 mai 1846, 46, n° 97, p. 245.

47. — Pour faire la part des usagers dans le cantonnement, il faut estimer le bois auquel ils ont droit, pris en forêt, déduction faite des frais d'abatage et de façon, et multiplier par vingt; il faut ensuite attribuer une portion de forêt ayant cette valeur vénale en comprenant sol et superficie et toutes autres causes de valeur.

Inédits. 11 juin 1855, 1re Ch. Laurencin c. comm. de Beaufort. — 14 février 1833, 2e Ch. Comm. de Burgille c. Chavelet.

48. — La fixation au denier vingt du capital auquel doit s'élever la valeur du droit d'usage objet du cantonnement n'a rien d'obligatoire pour les tribunaux. Mais ce mode de capitalisation, adopté constamment par la Cour de Besançon, est conforme à l'esprit général de nos lois exprimé dans le taux du rachat de la rente constituée et de la rente foncière en argent.

Les impôts et frais de garde dont les communes usagères étaient exemptes et qui tombent à leur charge sont un élément d'appréciation pour déterminer le revenu net et la valeur vénale de la portion cantonnée. Cette défalcation ne peut porter toutefois sur l'impôt extraordinaire de mainmorte.

26 juin 1867, 66-67, n° 118.

49. — Il appartient aux tribunaux de fixer, d'après les circonstances, le taux du revenu qui doit servir de base pour déterminer la valeur du cantonnement.

19 décembre 1851. 49-52, n° 120.

50. — Il ne peut jamais arriver que le propriétaire de la forêt grevée d'usage n'obtienne pas de part dans le cantonnement. Son droit est au moins égal à celui des usagers. Spécialement, si une forêt de 1,205 hectares est grevée de droits d'usage pour 22,512 stères, et ne produit que 8,029 stères, les usagers ne peuvent avoir que la moitié de la forêt, pouvant produire 4,014 stères.

Inédit. 28 février 1840, 2ᵉ Ch. Com. de Nozeroy c. prince d'Aremberg.

CHAPITRE IV.
EXTINCTION DU DROIT D'USAGE PAR VOIE DE RENONCIATION.

51. — Une commune en faveur de laquelle a été concédé un droit d'usage, sous la condition qu'elle ferait garder la forêt entière, peut renoncer à cette concession pour se libérer de l'obligation qui lui a été imposée en échange du droit qu'on lui accorde, parce qu'une servitude active peut s'éteindre par l'abandon que l'on fait de l'objet concédé pour être libéré de la charge.

23 mai 1822, t. IV, n° 674, p. 117.

CHAPITRE V.
EXTINCTION PAR VOIE DE CANTONNEMENT OU DE RACHAT DES DROITS D'USAGE AUTRES QUE L'USAGE EN BOIS.

52. — Lors du cantonnement ou du rachat du droit de pâturage, on doit déduire de la valeur du parcours les frais que comporte l'exercice du droit de parcours, pour satisfaire aux exigences du Code forestier.

Inédit. 3 juin 1834, 1ʳᵉ Ch. Le Mire c. comm. de Clairvaux.

53. — Les communes ayant le droit de parcours doivent imputer leurs propres ressources, ce qui comprend les ressources fournies par les propriétés particulières et communales, celles qui seraient produites par les propriétés communales défrichées ou partagées.

Inédit. 3 juin 1834, 1ʳᵉ Ch. Le Mire c. comm. de Clairvaux.

54. — Les communes usagères qui sont situées trop loin de la forêt grevée du droit de pâturage pour pouvoir l'exercer utilement, ne peuvent rien obtenir dans le cantonnement pour le rachat de ce droit de pâturage improductif pour elles.

Inédit. 16 juin 1840, 1ʳᵉ Ch. Préfet du Doubs c. comm. de Boujeon, Pontets, le Crouzet, etc.

55. — Un cantonnement de 8 hectares est accordé dans une forêt de 91 hectares à une commune ayant droit de pâture, de glandée et d'affouage en mort bois seulement, sur ce motif que les droits des communes doivent être restreints suivant leurs besoins.

5 juin 1822, t. IV, n° 676, p. 119.

56. — L'art. 8 de la loi des 20-27 septembre 1790, aux termes duquel le cantonnement peut être demandé pour les usages des prés, marais et terres vaines et vagues, n'est qu'énonciatif ; spécialement, on peut demander le cantonnement d'un droit d'usage établi sur un étang.

13 janvier 1847, 47-48, n° 32.

57. — Le rachat du droit de pâturage ne peut être exercé divisément par un des propriétaires de partie de la forêt grevée de pâturage : il faut que les propriétaires des différentes parties de la forêt se réunissent pour exercer simultanément l'action en rachat.

Inédit. 26 juin 1854, 1ʳᵉ Ch. Descourvières c. comm. de Malpas.

58. — Les tribunaux civils connaissent seuls des questions de propriété entre une commune et un particulier, relatives au cantonnement que le propriétaire d'un pré veut imposer à la commune pour son droit de pacage sur les secondes herbes du pré : quoique celui-ci l'ait établi en état de clôture, en vertu de la loi du 28 septembre 1791, la commune a droit d'y faire pâturer son bétail après la récolte des seconds fruits, dans la proportion de son droit de copropriété et jusqu'à la fixation du cantonnement.

25 mars 1822, t. IV, n° 668, p. 106.

CHAPITRE ADDITIONNEL.

RÉVISION ET RÉFORMATION, EN VERTU DES LOIS DE SEPTEMBRE 1790 ET AOUT 1792, DES CANTONNEMENTS DES COMMUNES.

59. — Les lois des 19 septembre 1790 et 28 août 1792, en ordonnant la révision des cantonnements et l'abrogation des arrêts du conseil qui les avaient prononcés, n'ont eu d'autre but que celui d'anéantir les abus de la puissance féodale. Ainsi, un arrêt du conseil qui n'a point été rendu en faveur des ci-devant seigneurs, mais entre deux communautés qui n'avaient aucun pouvoir l'une sur l'autre, ne peut être annulé.

30 décembre 1806, t. I, n° 159.

60. — Les communes, pour réussir dans leur demande en révision et réformation de cantonnements obtenus par elles, doivent justifier de leur entière propriété, d'après les lois des 27 septembre 1790 et 28 août 1792.

17 ventôse an IX, t. I, n° 19.

61. — Une commune qui avait droit de prendre bois morts et morts bois pour son chauffage et celui des fours, pour chars et charrues, même pour bâtir quand ses habitants le jugeraient à propos, et pour toutes autres nécessités, a été suffisamment apportionnée par un cantonnement de 75 arpents sur un bois de 400 journaux où elle avait ces droits d'usage.

4 thermidor an IX, t. I, n° 34.

62. — Une commune qui a des droits d'usage sur une forêt de 207 arpents, et qui, en 1741, a obtenu un cantonnement de 80 arpents, n'est pas fondée à agir en révision de ce cantonnement, puisque l'usager ne peut jamais avoir des droits aussi étendus que le propriétaire, et que la jurispru-

dence constante n'accorde que le quart et rarement le tiers à l'usager, si ce n'est lorsqu'il y a des circonstances particulières.

19 floréal an IX, t. I, n° 26.

63. — Les tribunaux sont compétents pour prononcer sur la propriété d'un triage consenti entre une commune et son ci-devant seigneur, quoique, d'après un arrêté du conseil de préfecture, cette commune ait été déclarée déchue du bénéfice de la réintégration dans ce triage, faute d'avoir déposé la sentence arbitrale qui l'avait prononcée dans les délais prescrits par l'art 1er de la loi du 11 frimaire an IX, et que la forêt ait été déclarée nationale.

11 janvier 1816, t. III, n° 408.

64. — D'après les art. 5 de la loi du 27 septembre 1790 et 6 de la loi du 28 août 1792, les actions en cantonnement doivent être portées devant les tribunaux, qui sont seuls compétents pour reviser, casser ou réformer tous les cantonnements prononcés par édits, arrêts du conseil, jugements, ou convenus par transaction.

6 ventôse an IX, t. I, n° 17.

Usines, V. FORÊTS.

Usucapion, V. PRESCRIPTION.

Usufruit.

§ 1er.

Des droits de l'usufruitier.

1. — Les arbres résineux sont, par leur nature, en Franche-Comté, des hautes futaies, qu'on est dans l'usage d'exploiter en jardinant et qui sont, par conséquent mises en coupes réglées. L'usufruitier a le droit de profiter du produit annuel.

Inédit. 24 août 1839, 2e Ch. Olivier c. veuve Olivier.

2. — L'usufruitier peut réclamer une servitude de passage au profit de la maison qu'il a en usufruit. *Non obstat* l'article 614 du Code Napoléon, aux termes duquel l'usufruitier est tenu de prévenir le propriétaire toutes les fois qu'il s'agit de la propriété du fonds.

11 novembre 1813, t. II, n° 409.

3. — Le légataire de l'usufruit a qualité pour agir en son nom personnel, à l'effet de faire rembourser à la succession du testateur les sommes dont elle est créancière.

17 novembre 1829, 29, n° 66, p. 215.

4. — L'acceptation que fait une femme du testament de son mari, par lequel il lui lègue l'usufruit de tous ses biens, impose à l'usufruitière l'obligation de jouir en bon père de famille et de rendre compte, à l'expiration de cet usufruit, des objets qui y sont soumis.

Cette obligation emporte, au profit du propriétaire de ces objets, une hypothèque générale, qui date du commencement de l'usufruit, et qui l'autorise à prendre une inscription indéterminée sur les biens de l'usufruitière, quoique par le titre constitutif elle ait été dispensée de faire inventaire et de donner caution.

22 juin 1809, t. II, n° 270.

5. — A la mort de l'usufruitier, ses héritiers ont droit dans les fruits civils de l'année courante à autant de 1/365es qu'il s'est écoulé de jours depuis le moment où elle a commencé.

L'année courante a pour point de départ l'anniversaire du jour où l'usufruit s'est ouvert.

24 janvier 1844, 43-44, n° 23.

§ 2.
Des obligations de l'usufruitier pendant la durée de sa jouissance.

6. — L'usufruitier ne peut, durant l'usufruit, apporter aucun changement à la chose soumise à l'usufruit sans le consentement du nu propriétaire ; si de grosses réparations sont à exécuter, il en doit faire constater la nécessité.

15 messidor an XII, t. I, n° 106.

7. — Les réquisitions levées en 1814, quoiqu'elles aient été des charges extraordinaires, doivent porter plutôt sur les fruits que sur la propriété : d'après le droit romain, elles étaient au compte de l'usufruitier comme charge des fruits; il doit en être de même sous l'empire du Code Napoléon, suivant la disposition de l'article 608, d'autant plus que le fermier avait dû supporter une partie de ces réquisitions.

9 janvier 1826, t. V, n° 877.

8. — Jamais on n'est censé contracter pour autrui lorsque l'on a soi-même un intérêt personnel à la chose sur laquelle on traite.

Les sommes payées par l'assureur doivent être considérées plutôt comme un gain fait par l'assuré à une espèce de loterie, que comme la valeur représentative de l'objet assuré.

Par suite de ces deux principes, le contrat d'assurance passé par une personne en qualité d'usufruitière d'une maison ne doit point profiter au nu propriétaire.

11 mars 1829, 29, n° 21, p. 79.

§ 3.
Fin de l'usufruit.

9. — Le droit d'habitation accordé par un mari à sa femme, à *titre de douaire préfixe*, ne cesse point lorsque la maison sur laquelle il était établi a été détruite et qu'elle a été reconstruite par le mari.

7 janvier 1813, t. II, n° 385.

34

10. — L'usufruit établi sur un bâtiment prend fin lorsque, par suite d'un incendie, ce bâtiment est détruit de façon à n'être plus habitable.

En pareil cas, et lorsque le propriétaire a, en son propre nom, fait assurer la maison sujette à un usufruit, l'usufruitier n'a aucun droit sur l'indemnité due au nu propriétaire par la compagnie d'assurance.

26 février 1856, 53-57, n° 84, p. 239.

11. — L'usufruitier qui a fait des avances au nu propriétaire en améliorant la chose soumise à l'usufruit est autorisé, à la cessation de l'usufruit, à les répéter contre le nu propriétaire.

15 messidor an XII, t. I, n° 106.

§ 4.

Usufruit d'un fonds de commerce.

12. — Un fonds de boutique ne peut être aliéné par une femme à qui son mari en a légué l'usufruit qu'avec les formalités voulues par la loi pour la vente des biens de mineurs. La propriété de ce fonds de commerce n'a donc point passé dans le domaine de l'usufruitière, bien que le testateur en ait ordonné l'estimation, et elle n'a pu l'aliéner à charge d'en rendre la valeur aux propriétaires.

23 thermidor an IX, t. I, n° 37.

Usufruit légal, V. PATER-NITÉ ET FILIATION.

Usure, V. PRÊT A INTÉRÊT.

V

Vaine pâture et parcours.

§ 1er.

Caractère du parcours et de la vaine pâture.

1. — La vive ou grasse pâture est un démembrement de la pleine propriété constituant une servitude proprement dite, tandis que *la vaine pâture* n'est qu'un acte de pure tolérance dont la précarité fait obstacle à toute prescription.

22 mars 1869, 68-69, n° 58, p. 245.

2. — Le vain parcours fondé sur la réciprocité ne constituerait pas une servitude, mais une simple faculté dépourvue de caractère juridique et impuissante à créer le droit.

2 décembre 1868, 68-69, n° 60, p. 259.

3. — Les caractères distinctifs de la faculté coutumière de parcours réciproque de paroisse à paroisse, abolie par l'édit de 1767 et la loi du 6 octobre 1791, sont la généralité et la réciprocité de cet usage, c'est-à-dire l'exercice de ce droit de parcours, par tous les habitants de diverses communes les uns sur les autres, s'appliquant à la fois et par assimilation aux finages et aux communaux.

22 mars 1869, 68-69, n° 58, p. 245.

4. — Les mots de *parcours* et *pâturage* ne doivent pas être entendus dans un sens précis et absolu, et peuvent signifier la vive pâture ou la vaine pâture, suivant les circonstances.

Spécialement, les actes de maître exclusifs de tous droits d'usage et de servitude, tels que vente, échange, amodiation, exercés par une commune sur ses propres communaux, sans protestation des communes voisines, sont inconciliables avec la prétention de celle-ci à exercer contre elle la vive pâture.

22 mars 1869, 68-69, n° 58, p. 245.

5. — Le droit de parcours qui s'exerce en Franche-Comté, dans beaucoup de villages, après les premiers fruits levés, est un droit de vaine pâture résultant de la coutume, et il ne constitue pas une servitude discontinue formant un droit particulier conservé par la loi du 6 octobre 1791. Les propriétaires de prés peuvent s'affranchir de ce pâturage au moyen de la clôture ou en établissant des prairies artificielles. Il n'y aurait d'exception qu'autant que ce droit aurait été constitué par titre émané des propriétaires des prés eux-mêmes ; mais s'il n'y a qu'un titre concédé par la commune sur le territoire de laquelle se trouvent les prés à une commune voisine, il n'en résulte qu'une association en vain pâturage et non la constitution d'une servitude de grasse pâture.

Inédit. 21 mai 1836. Commune de Melay c. commune du Vernois.

6. — S'il est justifié que de temps immémorial, et nonobstant l'art. 1451 de nos anciennes ordonnances, le bétail d'une commune a parcouru pendant trois mois de l'année certaines propriétés, le droit prétendu par cette commune ne doit plus être considéré comme un simple exercice de vaine pâture dont on puisse s'affranchir par la clôture de l'héritage asservi, mais bien comme servitude de vive pâture qui peut être acquise par prescription, sauf le droit par le propriétaire de se clore dans le temps où le droit de parcours ne peut s'exercer et de contraindre la commune à un cantonnement.

31 décembre 1819, t. IV, n° 622, p. 37.

§ 2.

Etendue du droit de parcours et de vaine pâture.

7. — Le droit de vaine pâture après les premiers fruits levés, fondé sur un titre, ne peut empêcher le propriétaire du fonds grevé de cette servitude de le convertir en prairie artificielle et de retarder par là l'époque ordinaire de la récolte, surtout si ce droit n'en est pas diminué et si le pâturage est plus abondant.

25 novembre 1828, 27-28, n° 125.

8. — La vaine pâture est un droit qui appartient à une commune en corps, sur le fonds du territoire, mais il ne lui confère pas le droit de disposer à son profit des seconds fruits, soit pour les vendre, soit pour y établir un droit exclusif, parce que ces actes seraient des empiétements sur la propriété, qui ne pourraient être acquis que par servitude, ensuite de titres ou de prescription. L'exercice de ce droit, établi pour l'intérêt général des communes, est réglé par l'autorité administrative ; mais ni la commune ni les particuliers qui l'exercent ne peuvent prescrire au delà de son étendue.

25 avril 1825, t. IV, n° 750, p. 204.

9. — La vaine pâture qui n'est point établie par titre ne peut être que le résultat d'une tolérance mutuelle et ne peut être exercée qu'autant qu'elle ne porte pas préjudice à la reproduction des fruits du sol.

En conséquence, elle ne peut avoir lieu sur un terrain que le propriétaire a déclaré vouloir remettre en forêt.

23 mai 1829, 29, n° 45, p. 153.

§ 3.

Extinction du droit de parcours et de vaine pâture. — Clôture des terrains qui y sont soumis.

10. — Les art. 4 et 5, t. I, sect. 4, de la loi du 6 octobre

1791 n'ont point introduit dans la province de Franche-Comté un droit nouveau, mais ont confirmé celui reconnu par l'édit de 1768. L'arrêté du comité de salut public du 25 thermidor an III n'est point une loi dont l'empire soit perpétuel de sa nature, mais un acte du pouvoir administratif essentiellement temporaire et dont les dispositions étaient bornées à l'année pour laquelle il a été pris; l'exercice du vain parcours ne peut être empêché que par la clôture réelle dont parle la loi de 1791.

24 nivôse an IX, t. I, n° 14.

11. — En Franche-Comté, le parcours qu'une commune avait en vertu d'un titre sur une partie du territoire d'une autre commune n'a pas été aboli par l'édit de 1768 ni par la loi du 27 septembre.

28 juin 1827, 27-28, n° 40.

12. — En Franche-Comté, le vain parcours réciproque de paroisse à paroisse a été aboli définitivement et sans aucune restriction par l'édit de 1768, avant d'avoir été plus généralement supprimé par l'art. 2 de la loi des 28 septembre-6 octobre 1791.

2 décembre 1868, 68-69, n° 60, p. 259.

13. — L'exercice réciproque d'un parcours exercé par deux communes, d'après un ancien usage, sur leurs propriétés communales, cesse lorsqu'une des deux a réduit en culture la totalité de son pâturage, en obtenant le partage de ses communaux ; l'art. 17, sect. 4, de la loi des 28 septembre et 6 octobre 1791, permettant de renoncer à la réciprocité du parcours lorsque des clôtures en auraient diminué l'usage, autorise à plus forte raison dans l'espèce la commune qui a conservé son parcours à faire cesser cet usage réciproque, qui, n'étant fondé que sur un consentement tacite dont il résultait une obligation synallagmatique, ne peut plus subsister dès

que l'autre de ces communes manque à ses engagements.

13 juin 1821, t. IV, n° 654, p. 87.

14. — Celui qui a droit à la tonte perpétuelle d'un pré-bois ne peut, en faisant coupe blanche des bois qui y ont crû, priver du droit de parcours un autre particulier à qui il appartient et qui doit l'exercer sur ce même pré-bois, que la coupe soit défensable ou non.

29 juin 1826, t. V, n° 905.

15. — L'art. 5 de la loi de 1791, qui permet de se soustraire à la vaine pâture en établissant une clôture, confère un droit sans créer une obligation, et l'on peut s'opposer à ce qu'elle soit exercée, même alors qu'on n'a pas usé du droit de se clore.

2 décembre 1868, 68-69, n° 60, p. 259.

16. — L'établissement de prairies artificielles doit être assimilé de tous points à la clôture et produire les mêmes résultats.

Inédit. 17 mars 1837, 1re Ch. Nachin c. comm. de Guillon et Cusance. — 18 janvier 1838, 1re Ch. Bief-des-Maisons c. Chalesmes.

17. — Bien que l'art. 17 de la loi des 28 septembre-6 octobre 1791 ne mentionne que les clôtures comme pouvant donner lieu à la demande en renonciation, cependant les prairies artificielles demeurant fermées en tout temps au parcours, d'après l'art. 9 de cette loi, peuvent, suivant les circonstances, offrir une restriction équivalente à la clôture au point de vue du droit de se prévaloir de la renonciation.

17 juin 1858, 58-59, n° 13.

18. — Quelque minime que soit le terrain soustrait au parcours par l'une des communes entre lesquelles il existe un droit de parcours réciproque, on doit prononcer la suppression totale du droit, conformément à l'art. 17 de la loi du 6 octobre 1791 : c'est en vain que la commune défenderesse opposerait que l'espace clos n'équivaut pas au vingtième de la totalité des terres soumises au pâturage. Les règles tracées pour le contrat de vente ne sont pas applicables, non plus que la compensation des terrains réciproquement soustraits au parcours.

25 novembre 1828, 27-28, n° 125.

19. — La renonciation au droit de pâture réciproque ne peut s'exercer qu'autant que la restriction apportée au parcours est le fait des propriétaires qui s'y trouvaient soumis et non quand elle provient d'anticipations commises par des tiers.

28 janvier 1848, 47-48, n° 93.

20. — Une commune ne peut, pour combattre la demande en renonciation, opposer que les clôtures sont le fait de ses habitants agissant comme particuliers et hors de sa participation.

17 juin 1858, 58-59, n° 13.

21. — Le droit de renoncer au parcours réciproque se prescrit par trente ans à partir de l'établissement des clôtures qui pouvaient donner lieu à l'application de l'art. 17, t. 1, sect. 4, de la loi de 1792. Ce droit n'est pas une faculté imprescriptible dans le sens de l'art. 2262 du C. N.

28 janvier 1848, 47-48, n° 93.

22. — Une commune ne peut point opposer à la demande en résolution d'un titre de parcours formée par une autre commune pour restriction apportée à ce droit de parcours, la continuation de l'état de choses d'où résulte la restriction, pendant le temps fixé pour la prescription, lorsque les faits sur lesquels la prescription est établie ne présentent pas les caractères exigés par l'art. 2229 du C. N.

17 juin 1858, 58-59, n° 13.

Vente.

TABLE ALPHABÉTIQUE.

CHAPITRE Ier.

NOTION DU CONTRAT DE VENTE. — DES CONDITIONS ESSENTIELLES A SON EXISTENCE.

§ 1er.

Du consentement des parties.

1. — Il n'y a pas accord de volontés sur la chose et sur le prix, et par conséquent pas de contrat de vente, lorsque des circonstances de la cause il résulte que le vendeur a commis une erreur matérielle en offrant par lettre sa marchandise à un prix,

accepté par l'acheteur, fort au-
dessous du prix courant.

En pareil cas, toutefois, l'erreur
du vendeur ayant été la cause du
procès, il doit supporter une partie des dépens.

17 mai 1867, 66-67, n° 107.

2. — En cas de vente volontaire d'immeubles faite par un notaire aux enchères publiques, l'adjudication n'est définitive que par
le consentement personnel du vendeur, attesté par sa signature au bas
du procès-verbal d'adjudication.

Il en est ainsi à plus forte raison si cette stipulation figure
parmi les clauses du cahier des
charges, lu publiquement par le
notaire avant la mise aux enchères.

L'acheteur qui prétend que les
clauses du cahier des charges ont
été modifiées verbalement avant
l'adjudication ne peut être admis
à prouver contre et outre le contenu de l'acte authentique, et la
preuve testimoniale offerte doit
être rejetée.

1er février 1860, 60-61, n° 4.

3. — La vente de marchandises
(de vin) sur échantillon n'est qu'un
simple projet jusqu'à l'agrément
de l'acheteur. Toutefois la perte
accidentelle de l'échantillon ne
saurait entraîner nécessairement
la résolution du marché, lorsqu'il
résulte des documents de la cause
que les parties n'ont en vue qu'une
marchandise bonne, loyale et
marchande, dans les conditions de
prix et de provenance convenues.

17 février 1863, 62-65, n° 38, p. 127.

4. — Au cas de vente de
choses qu'on est dans l'usage de
goûter avant d'en faire l'achat, la
dégustation ne doit pas nécessairement s'accomplir au lieu fixé
pour la livraison.

Ainsi, en l'absence de stipulation contraire, l'acheteur est tenu
de déguster dans les magasins du
vendeur le vin qui doit être livré
dans un autre lieu.

Sur le refus de l'acheteur, la
dégustation, prévue par la loi
comme condition de certaines
ventes, pourra être opérée par experts, si les choses vendues sont
destinées au commerce, et le marché devra recevoir son exécution.

4 juillet 1862, 62-65, n° 22, p. 75.

5. — A l'égard des vins et autres marchandises qu'on est dans
l'usage de déguster avant l'achat,
il n'y a pas de vente tant que l'a-
cheteur ne les a pas goûtés et
agréés. Cette dégustation doit se
faire, à défaut de stipulation contraire, au lieu où la livraison s'effectue et non au lieu où se trouvent les vins lors de la vente.

13 janvier 1863, 62-65, n° 33, p. 113.

6. — L'article 1587 est applicable aux fromages, dont la vente
n'est faite qu'après qu'ils ont
été goûtés. — Il ne suffit pas que
les fromages ne soient pas gâtés
pour que l'acheteur soit obligé de
les prendre, il faut qu'ils soient
bons, loyaux et *marchands,* c'est-à-
dire qu'ils soient de la qualité que
l'acheteur a eue en vue. Ainsi, des
fromages mille trous, valant 35 à
40 fr. les 50 kilog., ne sont pas
loyaux et marchands quand il s'a-
git d'une vente faite à raison de
53 fr. les 50 kilog.

Inédit. 24 février 1858, 1re Ch.
Ruaux c. Jacquinot et consorts.

6 bis. — Le refus de la part de
la femme de signer l'acte sous
seings privés contenant vente, par
le mari et la femme engagés solidaires, de biens de communauté,
rend la convention imparfaite et
nulle vis-à-vis de l'un et de l'autre
des époux, et le projet d'acte sous
seings privés ne saurait être invoqué contre eux comme commencement de preuve par écrit.

18 mai 1869, 68-69, n° 66, p. 281.

§ 2.

*De la cause et de l'objet du contrat de
vente.*

7. — Il y a dans la commande

qui porte cumulativement sur des articles divers, de prix et de mesures distincts, autant de marchés particuliers que d'objets de différente nature.

En conséquence, le destinataire, bien qu'ayant accepté ceux dont le prix est inférieur à son offre, n'est pas tenu d'agréer ceux qui ne sont pas conformes à sa demande, bien que l'expéditeur allègue n'avoir abaissé le prix des premiers que pour s'indemniser sur celui des seconds.

1er décembre 1829, 29, n° 69, p. 220.

8. — Lorsque dans une vente de bois la mesure n'a pas été indiquée par les parties, elles sont présumées avoir voulu adopter celle du lieu où le bois est situé et où la livraison devait être faite.

11 décembre 1809, t. II, n° 287.

8 bis. — Celui qui a acheté un bail à cens à ses risques et périls et en pleine connaissance de la législation qui enlevait toute garantie légale au droit de cens, ne peut, sous le prétexte que les censitaires refusent le service de la rente comme étant féodale ou mélangée de féodalité, faire condamner le vendeur à le garantir de l'éviction qu'il éprouve ou faire prononcer la nullité de la vente pour défaut de cause.

La cause du contrat est le fait que l'exécution du traité d'acensement a été continuée volontairement par les débiteurs pendant de nombreuses années, et son objet, l'éventualité de la continuation de cette exécution volontaire considérée par les débiteurs comme l'acquittement d'une dette naturelle.

22 janvier 1870, 70-71, n° 6.

§ 3.
Du prix de la vente.

9. — Une vente faite moyennant une rente viagère est nulle lorsque le viager stipulé est inférieur au revenu net des biens ven-

dus : elle est alors censée avoir toujours manqué du prix et du caractère voulus par l'article 1964 du Code Napoléon pour rendre la clause aléatoire, c'est-à-dire dépendante d'un événement incertain.

19 mars 1827, 27-28, n° 21.

§ 4.
Des effets du contrat de vente.

10. — Suivant le droit romain, la marchandise qui a été livrée à l'acheteur ne lui appartient en toute propriété qu'après qu'il en a payé le prix au vendeur ou qu'il lui a donné des sûretés dont il a été satisfait. (*Inst.*, liv. II, t. 1, § 41.) Telle est aussi la disposition de la coutume de Paris, article 176, lequel était conforme aux usages de Franche-Comté.

Le vendeur peut, quand il n'a pas été payé ou qu'on ne lui a pas donné des sûretés, revendiquer la marchandise qu'il a vendue, quoiqu'elle ait été saisie par des créanciers de l'acheteur.

28 nivôse an XII, t. I, n° 94.

11. — La vente d'objets mobiliers transfère la propriété *solo consensu* : c'est ainsi que des fers vendus au comptant, expédiés au commissionnaire indiqué par l'acheteur, dont la pesée a été reconnue par lui exacte, arrêtés ensuite chez le commissionnaire par le vendeur non payé, enfin mis en réquisition par le gouvernement sur l'acheteur, avant que le prix ait été payé, sont restés dans le magasin du commissionnaire pour le compte de l'acheteur.

11 frimaire an X, t. I, n° 44.

12. — Dans l'ancienne province de Franche-Comté, la jurisprudence a toujours considéré la vente de meubles, sans déplacement ou sans prise de possession, comme ne pouvant nuire à un tiers; il en doit être décidé de même sous l'empire du Code Napoléon.

3 mars 1815, t. III, n° 556.

13. — Le vendeur est dessaisi de ses droits sur la chose vendue à compter du jour de l'aliénation et de la tradition qui en est faite, lorsqu'il s'agit d'objets mobiliers ; ainsi, les actions que pourraient avoir à ce sujet des tiers doivent être dirigées contre l'acquéreur, et les jugements qui seraient obtenus contre l'ancien propriétaire, à dater de la vente, ne peuvent être opposés à l'acquéreur ni préjudicier aux droits qui résultent de son acquisition. La législation nouvelle est essentiellement distincte de celle établie par les lois romaines.

24 juillet 1821, t. IV, n° 804, p. 275.

14. — Entre deux acquéreurs d'arbres sur pied ou abattus, celui qui a pris le premier livraison doit être préféré, la preuve de la délivrance peut résulter de l'apposition de la marque de l'acheteur sur les bois vendus.

2 août 1828, 27-28, n° 112.

15. — Une vente mobilière, fût-elle constatée par acte authentique, ne forme pas obstacle à ce que les meubles qui en sont l'objet soient saisis ultérieurement par les créanciers du vendeur, si l'acheteur n'a pas été mis en possession.

25 mai 1850, 49-52, n° 105.

CHAPITRE II.

DES CONDITIONS REQUISES POUR LA VALIDITÉ DU CONTRAT DE VENTE.

§ 1er.

Des personnes capables de contracter vente.

16. — Selon la loi 78, au Dig., *De jure dotium*, le mari ne peut paraître dans une licitation de biens dépendant d'une succession recueillie par sa femme et d'autres cohéritiers qu'en qualité d'autorisant cette dernière ; mais il n'en est point de même, lorsqu'il s'agit d'une vente volontaire de droits indivis entre sa femme et les autres cohéritiers ; dans ce cas, le mari peut se rendre personnellement acquéreur de ces droits.

11 août 1807, t. I, n° 179.

17. — Suivant le § 2 de l'article 1595 du Code civil, un mari peut vendre à sa femme des meubles et immeubles pour lui tenir lieu de remploi de sommes qui lui appartenaient, et son héritière testamentaire, qui n'a droit à aucune réserve, n'est pas recevable à contester la déclaration faite par ce mari de ce qu'il avait reçu de sa femme ni à arguer cette vente de simulation, comme contenant un don indirect.

12 juin 1821, t. IV, n° 653, p. 86.

18. — Le mari peut vendre à sa femme non séparée, même des meubles de la communauté, pour la payer de ses apports en argent réservés propres ou pour la payer du prix de ses immeubles aliénés. L'article 1595 dit *des biens* : il ne distingue pas entre les meubles et les immeubles ni entre les propres du mari et les acquêts.

Dans le cas de vente de meubles à la femme non séparée, il y a livraison sans déplacement par le seul effet de la convention. En effet, elle ne peut pas avoir une possession distincte de celle de son mari, elle n'a point d'autre domicile, et le mari est de droit détenteur et administrateur de ce qui appartient à la femme non séparée.

Inédit. 21 mars 1836. Mme Toscan c. Maitrot et Considère. — 27 mai 1847, 2e Ch. Femme Valet c. Plusey.

19. — L'article 1595, § 2, qui indique les exceptions à la prohibition de vente entre époux n'est pas limitatif. En conséquence, une telle vente est valable lorsque la cause en est légitime, et notamment lorsqu'elle est consentie à titre d'indemnité pour obligations solidairement souscrites avec son mari par la femme, même avant tout paiement de la part de cette dernière, si d'ailleurs le mari est en état de déconfiture.

Dans ce cas, la connaissance de l'insolvabilité du mari par la femme qui accepte cette dation en paiement ne peut jamais être interprétée comme une présomption de fraude.

La vente passée entre époux, en paiement des reprises de la femme, depuis la demande en séparation de biens prononcée plus tard, a la même validité que si elle fût intervenue après cette séparation elle-même.

20. — La femme peut, à défaut d'inventaire des valeurs à elle échues pendant la communauté, faire preuve à l'aide de simples présomptions, même à l'égard des tiers, de la légitimité des causes de ses reprises.

En conséquence, doit être déclarée valable et opposable aux créanciers hypothécaires la vente d'immeubles de communauté consentie par le mari à la femme, avant toute transcription de saisie, pour la couvrir de ses reprises, alors même que ces dernières n'ont pas été constatées par un inventaire régulier et ne sont justifiées que par des présomptions.

22 février 1867, 66-67, n° 88.

21. — Lorsqu'une femme est mariée sous le régime de la communauté réduite aux acquêts et que son contrat de mariage constate qu'elle a apporté en dot un trousseau estimé à une somme déterminée, cette somme ne tombe point en communauté et constitue une créance de la femme sur son mari.

En conséquence, avant même que la séparation de biens soit prononcée entre les époux, la vente que le mari consent à sa femme pour le paiement de cette dette est légalement faite.

7 juillet 1866, 66-67, n° 49.

22. — Quoiqu'une personne ait reçu un mandat de quelqu'un pour vendre tout ou partie de ses immeubles, elle n'est point incapable de les acquérir directement du propriétaire ; la prohibition portée dans l'art. 1596 du C. civ. tend uniquement à prévenir les fraudes que le mandataire pourrait commettre au préjudice du mandant en écartant les enchérisseurs ; ce motif cesse lorsque le mandant majeur et usant de ses droits aliène lui-même.

1er février 1821, t. IV, n° 795, p. 264.

23. — D'après l'article 713 du Code de procédure, il n'est pas défendu aux avoués de se rendre adjudicataires pour la femme du saisi, lorsqu'elle n'est pas débitrice du poursuivant ; les incapacités que renferme cet article sont de droit étroit et ne peuvent être étendues.

12 mars 1811, t. II, n° 333.

24. — Un avoué peut se rendre adjudicataire des biens dont il poursuit la saisie ; il ne doit point être considéré comme un mandataire à qui l'art. 1596 du C. civil interdit la faculté d'acheter les biens qu'il est chargé de vendre.

11 août 1814, t. II, n° 414.

§ 2.

Des choses qui peuvent être l'objet du contrat de vente.

25. — L'art. 1599 du C. N. relatif à la vente de la chose d'autrui ne doit s'entendre que des choses immobilières et non point des denrées et autres objets mobiliers.

Celui qui a vendu des vins récoltés dans la vigne d'un individu désigné, en promettant la ratification de l'acte de vente par ce dernier, et qui ne peut la rapporter, est tenu des dommages-intérêts.

14 août 1806, t. I, n° 152.

26. — La nullité de la vente de grains en vert est prononcée par la loi du 6 messidor an III ; l'art. 7 de la loi du 30 ventôse an XII n'a point abrogé cette loi portant sur une matière spéciale ;

si cette première loi autorise la saisie des grains en vert, comme l'a permis l'art. 629 du Code de pr., on ne peut en tirer la conséquence que la vente volontaire en soit permise, puisque la publicité qui précède et accompagne les ventes faites ensuite de saisie réserve une double garantie soit au débiteur, et contre des ventes onéreuses que son état de gêne et des menaces de la part de son créancier pourraient le contraindre à souscrire, soit à la société et pour prévenir autant que possible les accaparements.

2 février 1822, t. IV, n° 813.

27. — La loi du 6 messidor an III, prohibitive de la vente des grains en vert, est encore actuellement en vigueur.

Les exceptions à cette défense, établies par la loi du 23 messidor an III, ne sont point limitatives ; spécialement, un mari peut céder à sa femme séparée de biens des récoltes pendantes en paiement des reprises auxquelles elle a droit.

5 mars 1847, 47-48, n° 43.

28. — Le prix d'une étude de notaire peut être aliéné avant la nomination du successeur.

Inédit. 4 février 1852, 1re Ch. Bretegnier c. Martelet, Lanoir, Lebeau et Garin.

CHAPITRE III.

DES OBLIGATIONS EN GÉNÉRAL QUI DÉRIVENT DU CONTRAT DE VENTE.

29. — La règle que tout pacte obscur et ambigu s'interprète contre le vendeur n'est applicable que lorsqu'il est impossible de connaître, d'après les principes généraux relatifs à l'interprétation des contrats, quelle a été la commune intention des parties.

22 janvier 1813, t. II, n° 386.

30. — La vente d'une forge à fondre le bocage comprend le droit de fondre la fonte en bout.

13 février 1846, 46, n° 35.

CHAPITRE IV.

DES OBLIGATIONS DU VENDEUR EN PARTICULIER.

§ 1er.

De l'obligation de délivrance.

31. — Le vendeur est obligé de remettre les titres de propriété à l'acquéreur, quoique le contrat de vente ne contienne aucune stipulation à cette occasion, et quoique l'acheteur soit en possession de l'immeuble vendu.

Inédits. 13 juillet 1830. De Vezet c. Dornier. — 19 novembre 1866, 1re Ch. Cie du chemin de fer de Paris à Lyon c. héritiers Martin.

En sens contraire :

17 juin 1835. Joly c. Lucot.

32. — Le vendeur d'une forge est obligé de rembourser à l'acquéreur les frais de la permission exigée pour ces sortes d'usines par l'art. 78 de la loi du 21 avril 1810, cette permission étant le complément des titres que le vendeur doit fournir à l'acheteur.

13 février 1846, 46, n° 35.

33. — La stipulation, insérée dans un contrat de vente, que l'acheteur paiera le prix dû aux propriétaires précédents, n'autorise pas le vendeur à conserver la possession des immeubles vendus, et l'acheteur peut, le cas échéant, demander pour cette cause la résolution de la vente.

3 décembre 1851, 49-52, n° 121.

34. — La délivrance d'un immeuble grevé d'une servitude expropriée pour cause d'utilité publique n'est parfaite que par le paiement de l'indemnité au propriétaire du fonds dominant.

Jusque-là, le droit de disposer étant paralysé entre les mains de l'acheteur, il peut, s'il éprouve un préjudice, demander au vendeur des dommages-intérêts.

12 novembre 1851, 49-52, n° 116.

35. — Lorsqu'il n'y a pas eu de réserves dans une vente d'immeubles, tout ce qui se trouve dans les confins indiqués par le titre fait partie de la vente.

Pour déterminer si un terrain est une dépendance de la chose vendue, il faut s'attacher à sa destination et à l'emploi qui en est fait. Ainsi, pour qu'un terrain puisse être qualifié dépendance d'une maison, il n'est pas nécessaire qu'il y soit attenant.

30 janvier 1844, 43-44, n° 26.

36. — Le vendeur est tenu de garantir tout ce qui se trouve entre les confins qu'il a indiqués.

Inédit. 10 juin 1819 et 6 juin 1820. Mᵐᵉ de Richelieu et Simiane c. commune de Senoncourt.

37. — Tout ce qui se trouve dans les confins indiqués par le titre fait partie de la vente, sans égard à la contenance, et donne lieu à la garantie en cas d'éviction.

Inédit. 27 janvier 1847, 1ʳᵉ Ch. Bourgueneux c. Duhaut.

38. — Jugé que si, dans une vente où la contenance n'est énoncée qu'avec le mot *environ*, un défaut de contenance qui n'excéderait pas un vingtième ne peut donner lieu à une réduction de prix, lorsque, dans le fait cependant, le défaut de contenance excède un vingtième, le vendeur est tenu de souffrir une réduction de prix relative à la totalité du déficit, et les experts ainsi que les premiers juges ne doivent pas déduire le 1/20ᵉ de ce déficit pour ne réduire le prix que sur le surplus du manque de contenance, mais opérer la réduction du prix pour la totalité du défaut de mesure.

8 mars 1809, t. I, n° 250.

39. — L'art. 1619 du Code civil relatif au supplément de prix à payer par l'acquéreur en cas d'excédant de mesure des immeubles aliénés, est applicable aux ventes forcées comme aux ventes volontaires.

4 mars 1813, t. II, n° 390.

40. — L'article 1619 ne concerne pas les ventes mobilières et notamment les ventes de coupes de bois. Il n'est d'ailleurs pas applicable quand il y a une stipulation de non-garantie.

Inédit. 1ᵉʳ août 1838, 2ᵉ Ch. Préfet du Jura c. Bourgeois.

41. — Les articles 1619 et suivants du Code civil ne sont pas relatifs à la vente d'une quantité de mesure fixe, à prendre dans un corps certain, de plus grande étendue, mais uniquement à celle d'un corps certain, faite pour un prix en bloc et déterminé.

Ces mêmes articles ne prononcent que sur des ventes d'immeubles, et non sur celles de choses mobilières; la prescription établie par l'art. 1622 du Code n'est pas applicable à une vente de cent arpents de bois à prendre dans une forêt.

14 mars 1811, t. II, n° 334.

42. — D'après les art. 1616, 1617 et 1619 du Code civil, le vendeur ne peut être forcé de délivrer la contenance telle qu'elle est portée au contrat que dans le cas où la vente a été faite avec indication de cette contenance ou à raison de tant la mesure; mais lorsqu'elle a eu lieu pour un prix unique, le vendeur n'a droit qu'à une diminution de prix.

Le délai fixé par l'art. 1622 est applicable à une vente faite à rachat, comme à toute autre vente, et court du jour du contrat, et non pas seulement de celui de la délivrance.

22 janvier 1813, t. II, n° 386.

43. — Le délai d'un an, fixé par l'article 1622 du Code civil, n'est applicable que dans les cas prévus par les art. 1617, 1618 et 1619, lorsqu'il y a eu délivrance de l'immeuble vendu et qu'il existe en plus ou en moins une différence de plus d'un vingtième, et non pas lorsqu'il y a absence totale de délivrance.

5 juillet 1822, t. IV, n° 821, p. 293.

44. — L'art. 1610 du C. N. ne contient aucune exception à la règle générale établie par l'art. 1184 de ce même Code; ainsi, les juges peuvent accorder, suivant les circonstances, un délai au vendeur pour exécuter le contrat, quoique l'acheteur ait formé une demande en résolution pour défaut de livraison de l'objet promis.

1er septembre 1826, t. V. n° 913.

§ 2.
De l'obligation de garantir la paisible possession.

45. — Les conventions doivent s'exécuter de bonne foi; elles obligent non-seulement à ce qui y est exprimé, mais encore à toutes les suites que l'équité ou l'usage donnent à l'engagement d'après sa nature.

Lorsqu'un négociant vend son fonds de commerce, et qu'il rouvre non loin de l'établissement par lui cédé un établissement rival, c'est là un fait de concurrence déloyale qui le rend passible de dommages-intérêts.

12 août 1868, 68-69, n° 39, p. 159.

46. — L'acquéreur de bonne foi est en droit de se faire rembourser des impenses et améliorations.

29 août 1828, 27-28, n° 122.

47. — L'obligation de garantir pèse en totalité sur le vendeur de la nue propriété de l'usine, quoique l'usufruit ait été aliéné par un autre dans le même acte, surtout si depuis l'usufruit s'est éteint.

— Lorsque les changements apportés au système d'une forge ne peuvent avoir lieu sans une permission spéciale, l'acquéreur qui opère des modifications est obligé de supporter une part proportionnelle des frais de la demande en autorisation formée pour la généralité de l'usine.

— Le règlement d'eau prescrit par ordonnance royale n'est point une condition de l'autorisation d'établissement d'une forge, et les dépenses occasionnées par les travaux à faire pour ce règlement doivent être supportées par les propriétaires actuels du cours d'eau; elles ne peuvent être recouvrées au moyen de l'action en garantie par eux intentée contre le vendeur de l'usine.

— Quoique le mode de partage des eaux ait été amiablement réglé entre deux propriétaires d'usines, les frais du règlement d'eau demandé par l'un d'eux dans l'intérêt public retombent à la charge commune.

13 février 1846, 46, n° 35.

48. — L'acheteur qui, n'interprétant pas son contrat de bonne foi, intente une action en garantie contre son vendeur et occasionne par là de nombreux recours en sous-garantie, doit être condamné, s'il succombe, à tous les dépens qu'ont causés ces actions récursoires.

21 décembre 1846, 46, n° 117.

49. — Il est dû des dommages et intérêts à un négociant qui, ayant acheté et payé des marchandises déposées chez un commissionnaire qui a reçu l'ordre de les tenir à sa disposition, n'a cependant pu en obtenir la remise, parce qu'un tiers à qui les mêmes marchandises avaient été vendues se les est fait livrer en vertu d'un jugement. Ces dommages-intérêts doivent porter, indépendamment de la restitution du prix, sur les bénéfices que cet acheteur pouvait faire et dont il a été privé, sur la perte qu'il a éprouvée par suite de la revente qu'il avait faite de ces mêmes marchandises, enfin sur les dépens auxquels il a été condamné envers ceux à qui il avait cédé ces objets.

21 pluviôse an IX, t. I, p. 16.

50. — Le garant doit les frais faits par l'acheteur pour essayer de se faire maintenir en possession au moyen de la prescription de dix ans, si le vendeur ne s'est pas opposé à ce genre de défense en le déclarant impossible et en se soumettant à indemniser l'acheteur d'une éviction inévitable.

Inédit. 28 décembre 1858, 1re Ch. Berchet c. Muller.

51. — L'acquéreur évincé d'un immeuble ne peut réclamer le remboursement de la valeur des fruits et levées dont il a été privé que pour le temps qui a précédé l'éviction.

Il ne peut réclamer comme représentant ces fruits les intérêts des restitutions qui lui sont dues que du jour où il en a fait la demande.

10 novembre 1847, 47-48, n° 46.

52. — Le vendeur n'est pas garant de l'éviction procédant du fait du souverain, à moins que cela n'ait été expressément stipulé.

Inédit. 17 mars 1837, 1re Ch. Nachin c. commune de Guillon et celle de Cusance.

53. — L'adjudicataire évincé d'une partie des immeubles qui lui ont été vendus et dont il a payé le prix, a une action en répétition contre les créanciers derniers colloqués, qui n'auraient rien touché si l'expropriation n'avait pas compris l'immeuble soumis à l'éviction. — Cette action s'étend à la portion des frais de vente afférente à cet immeuble.

25 avril 1850, 49-52, n° 65.

54. — En cas de vente d'une sucrerie et de ses agrès, sont compris dans la vente en tant qu'accessoires indispensables, non-seulement le canal mettant la fabrique en communication avec le récipient des eaux de la sucrerie, mais encore le canal de décharge de ce récipient.

En conséquence, doit être restitué d'une partie de son prix l'acquéreur qui, n'ayant pas acheté à ses risques et périls et n'ayant pas connu lors de la vente le danger de l'éviction, se trouve évincé du canal de décharge dont il avait cru faire l'acquisition en même temps que celle de l'usine.

27 juillet 1867, 66-67, n° 121.

55. — La servitude de passage pour cause d'enclave, lorsqu'il n'y a pas traces de chemin, peut être considérée comme une servitude occulte dont l'existence donne lieu au profit de l'acheteur à un recours en garantie contre son vendeur.

23 août 1848, 47-48, n° 135.

56. — De la soumission faite par le propriétaire d'une maison située dans le rayon militaire d'une place de guerre, de la démolir à la première réquisition de l'autorité compétente, résulte pour l'acquéreur à qui le vendeur a laissé ignorer cette soumission une double cause de dommages-intérêts : 1° une dépréciation actuelle de la valeur vénale de l'immeuble ; 2° une diminution de valeur effective dans le cas éventuel de la réquisition de démolition.

29 novembre 1836, 36, p. 182.

57. — L'action en résolution d'une vente ne peut plus être intentée par le vendeur primitif, postérieurement à une revente faite par le premier acquéreur, et préjudicier ainsi aux droits acquis de bonne foi par des tiers. Ce même premier acquéreur ne peut, dans ce cas, agir en revendication ou demander la résolution de la vente faite sous clause résolutoire, qu'autant qu'il a pris inscription pour la conservation de son privilège.

22 août 1809, t. II, n° 281.

57 *bis.* — Pour dispenser le vendeur de la restitution du prix, il faut qu'il y ait tout à la fois stipulation de non-garantie et vente à risques et périls ou connaissance du danger d'éviction.

Inédit. 20 mars 1857, 2e Ch. Veuve Jeanet c. les créanciers de son mari.

58. — La connaissance par l'acheteur du danger d'éviction, et même la déclaration des causes de l'éviction par le vendeur dans le contrat, n'affranchissent pas le vendeur de l'obligation de restituer le prix en cas d'éviction, à moins qu'il n'y ait en même temps stipulation de non-garantie.

Inédit. 20 mars 1857, 2° Ch. Veuve Jeanet c. les créanciers de son mari.

59. — Le vendeur qui ne peut pas faire cesser le danger d'éviction ou fournir caution peut exiger la consignation du prix.

Inédit. 6 août 1838, 1ʳᵉ Ch. Faivre c. Chauvey.

60. — Si l'on continue, après avoir été cité en déguerpissement d'un fonds que l'on a acquis, à y faire des dépenses, le vendeur ne peut être obligé d'en tenir compte à titre de dommages-intérêts; l'acquéreur imprudent doit les supporter seul.

18 juillet 1828, 27-28, n° 108.

61. — Il ne suffit pas que l'acheteur ait été condamné *au possessoire* sans appeler son vendeur en garantie, pour qu'il perde sa garantie. Il faut que le vendeur prouve, quant au débat au pétitoire, que l'acheteur s'est mal défendu, qu'il avait des moyens péremptoires et que ce n'est que parce qu'il n'en a pas fait usage qu'il a perdu une partie de la propriété vendue.

Inédit. 27 janvier 1847, 1ʳᵉ Ch. Bourgueneux c. Duhaut.

§ 3.

De la responsabilité relative aux défauts cachés de la chose vendue.

1° Des règles de droit commun qui régissent la matière.

62. — Lorsque dans un bâtiment il existe des défectuosités, ce n'est pas le cas d'en ordonner la démolition, mais on doit prononcer une simple réduction du prix de l'adjudication, suivant la jurisprudence d'un arrêt du parlement de Paris, du 3 août 1746, et d'un autre du grand conseil, du 23 septembre 1758.

12 mai 1806, t. I, n° 148.

63. — La pourriture cachée d'une poutre est un vice rédhibitoire.

Inédit. 10 mars 1855, 2° Ch. Thibaudet c. Roland.

64. — Quand il s'agit de vices rédhibitoires pour lesquels les usages locaux n'établissent pas de courts délais, l'action dure dix ans, et dans ce cas il n'existe point de présomption légale.

Inédit. 22 mars 1837, 2° Ch. Euvrard c. Barret.

65. — Quand il s'agit d'une action rédhibitoire pour laquelle la loi ne prescrit pas un délai fatal ni l'usage local, il suffit que l'action soit intentée dans un bref délai à partir du moment où le vice est découvert, quoiqu'il le soit encore un long temps depuis la vente, plus de deux ans par exemple.

Inédit. 2° Ch., 10 mars 1855. Thibaudet c. Roland.

2° Règles spéciales en matière de vente et d'échange de certains animaux domestiques. — Historique.

66. — Quand l'action rédhibitoire est exercée dans le temps prescrit, la présomption légale est que ce vice existait lors de la vente.

Et notamment, si celui qui a acheté un cheval justifie que dans les quarante jours qui ont suivi la vente, cet animal a été atteint de la pousse, de la morve ou de la courbature, il y a lieu à la nullité de ladite vente et à la restitution du prix.

13 juillet 1808, t. I, n° 215.

67. — Lorsque l'action rédhibitoire pour morve est intentée dans le délai de quarante jours, fixé par l'usage en Franche-Comté, il y a présomption légale que ce vice existait déjà au moment de la vente.

14 janvier 1836, 36, p. 9.

CHAPITRE V.

DES OBLIGATIONS DE L'ACHETEUR EN PARTICULIER.

68. — L'article 1657 du Code civil, qui déclare une vente résolue de plein droit après l'expiration du terme pour retirer les objets vendus, est applicable en matière commerciale dans le cas de vente d'objets mobiliers, toutefois sous les restrictions portées par les articles 1138 et 1139 du même Code.

Si lors de la confection du Code civil, un orateur du gouvernement a dit qu'il n'était pas applicable en matière commerciale, c'était pour ne pas anticiper sur les dispositions du Code de commerce, décrété plusieurs années après ; mais comme ce dernier Code ne renferme aucune règle relative à l'exécution des ventes et achats, il en résulte que l'interprétation de ces sortes de ventes doit avoir lieu d'après le droit commun.

17 mars 1825, t. IV, n° 859, p. 344.

69. — Suivant l'article 1650 du Code Napoléon, l'acquéreur est obligé de payer le prix de la vente qui lui a été faite, et d'après l'article 1652, il doit l'intérêt du prix de cette vente si la chose vendue produit des fruits ; mais quoique l'article 1653 autorise cet acquéreur menacé d'être troublé dans sa possession à suspendre le paiement du prix jusqu'à ce que le vendeur ait fait cesser ce trouble, il ne lui accorde pas la faculté de suspendre le paiement des intérêts qui sont la représentation des fruits, surtout lorsqu'il les a perçus et qu'il ne peut être recherché pour cette perception par les créanciers hypothécaires, qui n'ont point d'action sur les fruits qui ont été recueillis.

8 décembre 1815, t. III, n° 464.

70. — Le vendeur peut intenter à son choix, suivant l'article 1184 du Code civil, contre le tiers acquéreur, l'action en paiement du prix et celle en résolution de vente, ou en user cumulativement. Lorsque l'immeuble, objet de la vente, a été vendu par expropriation entre les mains de l'acquéreur sur la poursuite d'un de ses créanciers, quoique celui-ci ait sommé le vendeur de paraître à l'ordre ouvert pour y faire valoir son privilége, la circonstance qu'il ne s'y serait pas présenté ne peut pas lui enlever le droit de faire résoudre la première vente pour défaut de paiement de prix.

29 novembre 1824, t. IV, n° 739, p. 192.

71. — La résolution de la vente peut être demandée aussi bien contre les tiers acquéreurs que contre l'acquéreur, alors même que les tiers auraient purgé les hypothèques et rempli toutes les formalités nécessaires pour consolider la propriété, quoique la revente ait été faite par autorité de justice, à charge d'ouvrir un ordre pour la distribution du prix aux créanciers. Le paiement du prix, dans cette dernière hypothèse, n'a relativement au tiers vendeur pas plus d'effet que la purge des hypothèques.

18 février 1823, t. IV, n° 699, p. 150.

72. — Le vendeur qui n'est pas payé peut demander la résolution de la vente contre l'acquéreur et les tiers détenteurs subséquents.

29 août 1828, 27-28, n° 122.

72 bis. — Le vendeur ne peut demander la résolution de la vente en se fondant sur un prétendu danger de perdre la chose et le prix, quand l'objet vendu est une parcelle de terrain, et l'acheteur une commune.

22 février 1845, 45, n° 27, p. 79.

73. — L'article 7 de la loi du 23 mars 1855, sur la transcription, aux termes duquel l'action résolutoire de l'article 1654 du Code Napoléon ne peut s'exercer après l'extinction du privilége du vendeur au préjudice des tiers, ne s'applique qu'aux ventes volontaires d'immeubles, ces ventes seules étant conclues sous condition résolutoire.

En conséquence, le créancier qui a fait exproprier son débiteur et n'est point payé de sa créance par l'adjudicataire conserve le droit de poursuivre, par voie de folle enchère, une nouvelle adjudication, nonobstant toute vente consentie par cet adjudicataire à des tiers, alors même que ceux ci auraient fait transcrire leur contrat.

30 juillet 1859, 58-59, n° 42.

74. — L'adjudication ne transfère à l'adjudicataire la propriété de l'immeuble adjugé que sous la condition suspensive de l'accomplissement des charges et conditions. En cas d'inexécution de ces charges et conditions, la transmission de propriété est censée n'avoir jamais existé.

En conséquence, la voie de la folle enchère ne saurait être assimilée à l'action résolutoire de l'article 1654 du Code Napoléon, et n'est pas soumise pour son exercice aux conditions des articles 7 et 11 de la loi de 1855 sur la transcription.

16 déc. 1857, 53-57, n° 142, p. 440.

75. — L'acheteur peut invoquer le bénéfice de l'article 1653 contre la femme qui, pouvant faire déclarer l'absence de son mari, s'est qualifiée de veuve dans l'acte de vente.

Si l'absence est déclarée pendant l'instance, tous les frais faits par l'acheteur sont à la charge de la venderesse.

25 août 1847, 47-48, n° 59.

76. — L'acquéreur menacé d'éviction parce qu'on lui a vendu la chose d'autrui peut suspendre le paiement du prix de la vente, quoiqu'il ait fait ouvrir un procès-verbal d'ordre et que les créanciers hypothécaires aient été colloqués.

On ne peut, pour priver un acquéreur du bénéfice que lui accorde l'article 1653 du Code Napoléon, se prévaloir de la notification faite en conformité de l'article 2183 du même Code. Cette formalité qu'il prescrit pour purger les hypothèques n'oblige cet acquéreur à l'égard des créanciers que lorsque la propriété de l'immeuble affecté à la garantie de leurs droits lui est acquise d'une manière incommutable.

6 août 1818, t. III, n° 598.

76 bis. — Si l'acheteur est troublé ou a juste sujet de craindre d'être troublé par une action, soit hypothécaire, soit en revendication, il peut suspendre le paiement du prix jusqu'à ce que le vendeur ait fait cesser le trouble.

Il y a trouble suffisant, et par suite l'acquéreur ne peut être contraint à payer son prix, lorsque l'immeuble à lui vendu est grevé d'une inscription hypothécaire. Il en est ainsi alors même que cette inscription est périmée, cette péremption n'entraînant la prescription que du rang de l'hypothèque et non celle de l'hypothèque elle-même. En ce cas, nonobstant la production d'un état négatif d'inscription, l'acquéreur a toujours juste motif de craindre d'être troublé à l'égard de la propriété à lui vendue, et peut, en conséquence, se refuser à payer.

28 mai 1870, 70-71, n° 27.

77. — L'acheteur contre qui la résolution de la vente est demandée pour défaut de paiement du prix doit être assimilé, pour les constructions qu'il a faites, à un tiers de bonne foi et ne peut être forcé à les supprimer. Le vendeur doit lui rembourser ou le prix des matériaux et celui de la main-d'œuvre, ou une somme égale à celle dont le fonds a augmenté de valeur.

30 mars 1848, 47-48, n° 95.

78. — Dans le cas où une vente

35

d'immeubles a été faite moyennant une somme d'argent et le service d'une rente viagère, le vendeur, après l'extinction de cette vente, ne peut plus agir par l'action résolutoire en cas de non-paiement de la somme stipulée.

28 mars 1849, 49-52, nº 9.

79. — L'action en résolution pour défaut de paiement du prix n'est pas recevable contre l'acte par lequel des époux ont acquis conjointement les parts des cohéritiers de la femme dans les immeubles provenant de la succession du père de celle-ci.

6 février 1850, 49-52, nº 50.

80. — Le droit de mutation sur une vente est, en premier ordre, à la charge de l'acquéreur; mais, faute par lui de le payer, la régie peut se pourvoir, soit contre le vendeur, soit contre l'immeuble vendu, et le dernier acquéreur qui a payé le droit ne peut être évincé sans en avoir été préalablement remboursé.

29 août 1828, 27-28, nº 122.

CHAPITRE VI.

DES CAUSES DE RÉSOLUTION ET DE RESCISION PARTICULIÈRES AU CONTRAT DE VENTE.

§ 1er.

Du pacte de retrait. (Pacte de rachat ou de réméré.)

81. — Le rachat stipulé dans une vente *pour trois années à dater du présent jour* peut encore être exercé le jour où les trois années ont été révolues.

L'article 1673 du Code Napoléon ne prescrit point à celui qui veut user du pacte de rachat de faire des offres à l'acquéreur, à peine d'être déchu de ce droit.

20 mars 1809, t. I, nº 253.

82. — Lorsque le délai pour exercer un réméré doit échoir un jour de fête légale, celui qui veut user de la faculté de rachat et faire des offres réelles à l'acquéreur doit, en vertu de l'article 63 du Code de procédure, demander au juge la permission de les réaliser; s'il laisse passer le jour fatal, il ne peut plus les effectuer le lendemain.

10 février 1817, t. III, nº 501.

83. — Dans le cas d'une vente à réméré et pendant le délai fixé pour son exercice, la propriété, base nécessaire de l'hypothèque, ne peut tout à la fois appartenir au vendeur et à l'acheteur. Or, la faculté qu'a le vendeur de recouvrer sa propriété suppose qu'il l'a perdue : ainsi, l'acquéreur peut seul aliéner ou hypothéquer, toutefois sous la condition résolutoire. Le vendeur n'a que l'action qu'il s'est réservée et que seul il peut céder à des tiers; la rigueur des principes s'oppose donc à ce qu'il puisse hypothéquer l'immeuble vendu à rachat.

22 novembre 1823, t. IV, nº 835, p. 113.

84. — Aucune disposition législative n'interdit au vendeur ni à l'acquéreur de réduire ou d'augmenter le prix primitif de la vente pour le cas d'exercice de réméré.

30 janvier 1829, 29, nº 8, p. 33.

§ 2.

De la rescision de la vente pour cause de lésion de plus de sept douzièmes.

85. — Jugé que l'action en rescision pour cause de lésion d'outre moitié est admise par la loi romaine contre une vente d'immeubles, suivant la loi II, Code, *De rescind. vend.*

12 fructidor an VIII, t. I, nº 3.

86. — Jugé que la jurisprudence constante a toujours admis en Franche-Comté le moyen de lésion contre les ventes faites par autorité de justice; que ce moyen est également admis contre les ventes faites pendant la durée et la dépréciation des assignats et dont le prix était stipulé payable en papier-monnaie ; que, pour établir la lésion, on ne peut que comparer la valeur réelle de l'immeuble vendu constatée par un rapport d'experts avec le prix de cet immeuble tel qu'il a été réglé par la vente.

12 ventôse an IX, t. I, n° 18.

87. — Suivant la loi du 2 prairial an VII, l'action en rescision pour cause de lésion n'était pas admise pour les ventes et reventes de biens nationaux ; mais il n'en est plus de même depuis le Code civil.

21 mai 1812, t. II, n° 363.

88. — La loi n'exige pas du demandeur en rescision des preuves complètes de la lésion de plus des sept douzièmes intervenue dans une vente, mais seulement l'articulation de faits assez vraisemblables et assez graves pour faire présumer la lésion et pour faire ordonner qu'il sera procédé à l'estimation des immeubles compris dans la vente attaquée.

12 février 1827, 27-28, n° 11.

89. — La réunion de meubles à des immeubles collectivement vendus par un seul et même acte ne porte point atteinte au droit de rescision conféré par la loi à l'acheteur d'un immeuble en cas de lésion de plus des sept douzièmes.

L'action en rescision pour cause de lésion de plus des sept douzièmes peut-elle s'appliquer aux ventes d'immeubles faites à charge de rente viagère ?

En tous cas, lorsqu'à la prestation de la rente viagère s'ajoute, comme condition de la vente, l'obligation par l'acheteur de payer toutes les dettes quelconques d'un tiers, cette clause rend le prix stipulé essentiellement aléatoire et fait obstacle à l'exercice d'une action en rescision.

10 novembre 1863, 62-65, n° 51, p. 176.

CHAPITRE VII.

DE LA CESSION DES CRÉANCES.

§ 1er.

Quelles créances peuvent être cédées. — Comment s'opère la cession.

90. — Une convention portant vente qui n'est point stipulée payable à ordre n'est pas transmissible par la voie de l'ordre ; il faut, dans ce cas, une cession légale faite par le créancier originaire ou ses héritiers, et l'ordre mis à la suite de cette convention, s'il n'est pas enregistré, ne peut équivaloir à une cession légale.

11 pluviôse an IX, t. I, n° 15.

91. — Un billet causé *pour valeur reçue*, sans spécification de cette valeur, n'a point le caractère de billet à ordre et ne doit être considéré que comme simple promesse ; en conséquence, la propriété n'en peut être transférée par voie d'endossement, mais seulement par cession faite dans les formes prescrites pour les conventions ordinaires.

21 décembre 1811, t. II, n° 355 *bis*.

92. — Une obligation notariée peut être stipulée transmissible par la voie de l'endossement ; en pareil cas, le porteur de la grosse est valablement saisi à l'égard des tiers, sans qu'il ait besoin de notifier au débiteur la cession consentie à son profit.

L'endossement souscrit depuis l'échéance de l'obligation n'en transfère pas moins la propriété au cessionnaire, et les paiements opérés postérieurement à cette date entre les mains du cédant ne peuvent être opposés au porteur s'ils ne sont mentionnés en marge du titre.

19 mars 1850, 49-52, n° 92.

93. — Le cessionnaire d'une créance dont les débiteurs sont des époux séparés de biens doit signifier le transport à la femme ainsi qu'au mari, lorsqu'elle est intéressée personnellement, et copie doit lui en être laissée indépendamment de celle du mari, à peine de nullité.

Le défaut d'acceptation ou de signification du transport met obstacle à ce que le cessionnaire fasse aucun acte d'exécution, et notamment signifie un commandement, qui est d'ailleurs un commencement d'exécution et de poursuite immobilière. Il ne peut qu'exercer les mesures conservatoires de ses droits.

6 mars 1820, t. IV, n° 632, p. 52.

94. — Pour n'avoir pas été signifiée au débiteur, une cession n'en est pas moins opposable aux tiers qui en ont eu personnellement connaissance, notamment au mari, qui a paru à l'acte de cession fait à sa femme.

6 juin 1829, 29, n° 50, p. 169.

95. — Lorsque, sans signification, le débiteur a connaissance de la cession faite par acte authentique ou ayant date certaine, il ne doit pas payer au cédant et traiter avec lui pour sa décharge. S'il le fait sans avoir appelé le cessionnaire, la décharge doit être annulée comme frauduleuse.

Inédit. 5 août 1843, 2° Ch. Berger c. Corneille.

§ 2.

Effets de la cession.

96. — La cession d'une créance ne comprend pas de plein droit les actions rescindantes et rescisoires. Il faut qu'il y ait cession expresse. Ce ne sont pas des accessoires de la créance, ce sont des droits différents.

Inédit. 31 décembre 1841, 2° Ch. Gindre c. Defrasne et Vieille.

97. — Le vendeur qui endosse à un tiers les lettres de change tirées par lui pour solde d'un prix de vente ne subroge pas ce tiers à ses droits de vendeur, et par suite aux garanties accessoires de la créance, s'il n'est point établi que ces lettres de change ont été spécialement tirées pour solde du prix de la vente dont il s'agit.

23 août 1866, 66-67, n° 54.

§ 3.

De la garantie due par le cédant.

98. — L'action en garantie par suite de la promesse du cédant d'une garantie de fait n'est que subsidiaire, c'est-à-dire ne peut s'exercer qu'après la discussion du débiteur principal.

16 pluviôse an x, t. I, n° 51.

99. — Le cédant d'un contrat de rente qui a promis la garantie de fait n'est pas tenu de l'insolvabilité des débiteurs survenue après la cession.

Le cédant qui a promis la garantie de fait n'est pas tenu du fait de la loi.

16 pluviôse an x, t. I, n° 51.

100. — Celui qui a cédé une rente avec promesse de *conduite et garantie solidaire* n'est point obligé de répondre de la solvabilité future du débiteur de cette rente.

21 avril 1815, t. III, n° 459.

101. — Tout individu qui vend une créance est garant de son existence, lors même qu'il l'a cédée sans garantie; ce principe s'applique même au cas où cette créance serait sujette à liquidation et susceptible à ce titre de réduction; il faut toujours qu'il y ait ou qu'il y ait eu un droit apparent pour servir de base au traité.

Quand la créance a été cédée sans garantie, le cédant n'est tenu qu'à restituer le prix qu'il a perçu ou la différence existant entre ce qu'il a reçu et ce que le cessionnaire a retiré.

11 juillet 1828, 27-28, n° 104.

102. — Celui qui cède une créance avec toutes garanties de fait et de droit, promesse de fournir et de faire valoir, répond de la solvabilité future du débiteur cédé.

23 décembre 1846, 46, n° 123, p. 323.

103. — Pour que l'acheteur soit recevable à exercer la garantie pour l'avenir, il ne suffit pas que le débiteur ait été mis en demeure, il faut qu'il soit constant qu'il est insolvable, ce qui doit être constaté par la discussion.

Inédit. 4 mars 1851, 1re Ch. Renaud c. Billerey.

104. — La garantie à raison de l'insolvabilité du débiteur cédé cesse lorsque le cessionnaire a perdu les hypothèques et autres sûretés par sa faute.

Inédit. 4 mars 1851, 1re Ch. Renaud c. Billerey.

105. — La clause contenue dans un acte de cession par laquelle le cédant promet toute garantie, *même celle de payer dans le cas où les débiteurs ne le feraient pas dans un certain délai*, constitue ce cédant débiteur personnel du cessionnaire.

En conséquence, n'est pas applicable à cette espèce de garantie la disposition de l'art. 2037 du C. N., aux termes de laquelle la caution est déchargée lorsque la subrogation aux droits, hypothèques et priviléges du créancier ne peut plus, par le fait du créancier, s'opérer en faveur de la caution.

1er juin 1866, 66-67, n° 32.

106. — Quoique en général l'acquéreur évincé doive non-seulement être remboursé du prix de l'acquisition et des frais du contrat, mais qu'il ait encore le droit d'exiger des dommages-intérêts, le cédant d'une créance sur le gouvernement pour arriéré de solde n'en est pas passible dans le cas où le cessionnaire n'a pas ignoré, lors de la cession, que cette créance, quoique reconnue et vérifiée, n'était pas encore liquidée, parce qu'alors il a dû prévoir qu'elle pourrait éprouver une réduction.

5 février 1822, t. IV, n° 664, p. 102.

CHAPITRE VIII.

DE LA CESSION D'UNE HÉRÉDITÉ.

107. — On doit considérer comme vente de droits successifs celle qui est faite de tous les *droits, noms, raisons* et *actions* dans les immeubles désignés, avec la stipulation que s'il en existait ailleurs, ils appartiendraient à l'acquéreur.

1er février 1826, t. V, n° 882.

108. — Lorsqu'une personne instituée héritière universelle par un testament était en même temps créancière du testateur et a cédé à un étranger tous les droits et actions qu'elle avait dans cette succession pour une somme inférieure à sa créance, le retrait successoral que peut exercer le père du testateur, suivant l'art. 841 du C. civ., doit porter sur l'hérédité, dans l'état où elle se trouvait entre les mains de l'héritière testamentaire : ainsi, sa créance s'étant trouvée confondue dans l'hérédité, celui qui exerce le retrait est obligé de rembourser seulement la somme que le cessionnaire a payée et non pas le montant de la créance du cédant.

10 avril 1821, n° 652, p. 85.

109. — Le cessionnaire des droits d'un cohéritier peut être forcé à payer intégralement la dette qu'il avait contractée envers le défunt. Il n'a pas la faculté de demander à se libérer par voie de rapport en partage.

11 novembre 1808, t. I, n° 229.

110. — L'action en rescision pour cause de lésion n'est pas admissible pour une vente de droits successifs faite à forfait.

11 août 1807, t. I, n° 179.

111. — Lorsqu'une vente de droits successifs est faite à un étranger, il ne peut pas intenter l'action en rescision pour cause de lésion.

5 décembre 1808, t. I, n° 237.

112. — On ne peut considérer

comme une vente de droits successifs faite aux risques et périls de l'acheteur, et contre laquelle l'art. 889 du C. civ. n'admet point l'action en rescision, l'acte par lequel deux frères vendent à un troisième tous leurs droits, meubles et immeubles dans la succession d'un frère prédécédé, avec réserve que les charges, s'il s'en trouve, seront supportées moitié par l'acquéreur et moitié par les frères, puisqu'il n'y a rien alors d'aléatoire dans le contrat et qu'il a tous les caractères d'un premier acte entre copartageants.

15 juillet 1813, t. II, n° 398 *ter*.

113. — Le retrait successoral n'était point admis dans le ressort du parlement de Besançon avant la publication du Code civil : il n'était fondé que sur la jurisprudence. Ainsi, l'article 841 de ce Code est introductif d'un droit nouveau dans la Franche-Comté.

3 février 1812, t. II, n° 357 *bis*.

114. — Il n'existe aujourd'hui aucuns droits de retrait que ceux que le Code a maintenus, et aucun article du Code civil n'autorise les héritiers du mari à écarter du partage de la communauté, par le retrait, l'acquéreur à qui la femme a vendu tous ses droits à ladite communauté.

18 août 1819, t. IV, n° 647, p. 24.

115. — L'action en retrait successoral est une action personnelle et réelle résultant, pour le retrayant, de sa qualité de cohéritier et de la cession même faite par son cohéritier à un étranger ; ainsi, ce retrayant ne peut être tenu que d'écarter l'étranger cessionnaire direct et non d'agir contre celui qui serait devenu cessionnaire du premier ; cette seconde cession ne peut empêcher l'exercice du retrait.

1er mars 1822, t. IV, n° 816, p. 288.

116. — L'art. 841 du C. N. établit le retrait successoral en faveur d'un ou de tous les cohéri-

tiers pour écarter du partage l'étranger à qui un cohéritier a cédé son droit à la succession ; cet article n'autorise point la participation de tous les cohéritiers au retrait exercé par l'un d'eux contre l'étranger.

12 janvier 1808, t. I, n° 189 *bis*.

117. — Il n'est pas nécessaire de faire des offres réelles pour exercer le retrait de droits litigieux ou de droits successifs, puisque le Code civil n'exige pas cette formalité.

L'acquisition d'une quotité fixe et déterminée de biens, d'un objet individuel, n'est pas soumise au retrait successoral comme s'il s'agissait de l'universalité de droits successifs.

31 janvier 1809, t. I, n° 246.

118. — Il y a lieu à retrait successoral lorsqu'on a aliéné pour un même prix les biens dépendant des successions paternelle et maternelle, quoiqu'il n'y ait pas eu vente de la totalité des immeubles composant cette dernière, mais lorsque aussi il est impossible à l'acquéreur de faire connaître les fonds qui proviennent de la succession de la mère, de telle sorte qu'on ne pourrait les distinguer sans procéder à une liquidation préalable de communauté.

1er février 1826, t. V, n° 882.

119. — Il n'y a pas lieu à rejeter la demande en retrait successoral par le motif que ceux qui la sollicitent auraient consenti à la cession de droits successifs, si leur consentement n'est pas prouvé par écrit, ou s'il n'est pas établi qu'il serait intervenu un partage des biens de la succession entre tous les cohéritiers avant ladite cession, et lorsque seulement le mobilier a été cédé à quelques-uns d'entre eux.

1er février 1826, t. V, n° 882.

120. — Suivant l'art. 841 du C. N., les héritiers ont le droit d'écarter du partage le mari qui a acquis en son nom seul les droits d'autres héritiers dans la succession d'une personne à laquelle la femme de l'acquéreur serait successible, parce que le droit qu'a le mari de paraître dans un partage où son épouse figurerait comme successible, de même que celui accordé au créancier d'assister au partage où figure son débiteur, ne leur donnent ni à l'un ni à l'autre cette qualité.

10 juillet 1817, t. III, n° 513.

121. — L'époux donataire universel, aux termes du contrat de mariage, des biens de son conjoint, peut exercer le retrait successoral contre le cessionnaire des droits successifs d'un héritier à réserve.

La cession des droits successifs n'est point soumise à la formalité de la signification ou de l'acceptation pour être opposable aux tiers, et le cessionnaire ne peut arguer du défaut de notification de la cession pour repousser l'action en retrait exercée par le cohéritier.

Si le premier cessionnaire de droits successifs a cédé à son tour ces mêmes droits, c'est le prix de cette seconde cession que doit rembourser le cohéritier exerçant le retrait, à moins que, par des offres ou une sommation opportune faites au premier cessionnaire, le cohéritier ait fixé définitivement son droit et fait obstacle à toute cession ultérieure.

5 juin 1857, 53-57, n° 127, p. 391.

———

CHAPITRE IX.

DE LA CESSION DE DROITS LITIGIEUX.

122. — Jugé qu'un avocat ne peut s'associer pour acquérir, conjointement avec son client, des biens dont celui-ci poursuit l'expropriation forcée; dans ce cas, la société est réputée léonine et frauduleuse, suivant la loi VII au Dig., § 9, *De pactis.*

15 thermidor an XIII, t. I, n° 131.

123. — L'art. 1597, qui défend aux notaires de se rendre cessionnaires de procès, droits et actions litigieuses, qui sont de la compétence du tribunal dans le ressort duquel ils exercent leurs fonctions, n'exige pas que la contestation judiciaire existe au moment de la cession pour que l'acquisition en soit défendue : il suffit que les objets acquis puissent donner matière à un litige sérieux.

12 mai 1808, t. I, n° 204.

124. — Une cession est censée faite de droits litigieux s'il y a incertitude sur l'identité et la quotité des objets cédés, lorsque les vendeurs eux-mêmes déclarent ne vouloir stipuler aucune garantie envers leurs acquéreurs, auxquels ils ne cèdent qu'une action en partage, à charge par eux d'exercer à leurs frais ces droits, et sauf, en cas d'éviction, la restitution du prix qui aurait été payé.

23 août 1806, t. I, n° 153.

125. — Le droit de retrait accordé au débiteur cédé par l'art. 1699 du C. N. ne peut s'exercer que par voie d'exception tant que la procédure n'est point terminée, mais non pas lorsque tout est consommé et qu'il est intervenu sur la contestation jugement confirmé par arrêt et que le tout a été exécuté par le débiteur qui a reconnu les dettes.

6 juin 1817, t. III, n° 510.

Vente d'immeubles appartenant à des mineurs.

Historique.

1. — Il fallait, en Franche-Comté, suivant l'édit de 1707, pour valider l'aliénation de biens de mineurs, que la vente eût été précédée de la délibération des parents, du décret du juge qui permettait de vendre, et que la délivrance ait eu lieu ensuite d'affiches et d'enchère; ces formes étaient de rigueur, et leur inobser-

vation entraînait la nullité de l'a-
liénation.

26 germinal an XII, t. I, n° 99.

2. — Dans l'ancien droit, les
formalités relatives à l'adjudication
des biens de mineurs étaient les
mêmes que celles des criées ; ces
ventes devaient être précédées de
l'apposition d'affiches et de publications faites trois dimanches con-
sécutifs à l'issue de la messe.

Sous l'empire de la loi du 11
brumaire an VII, l'adjudication ne
pouvait avoir lieu que vingt jours
au moins après l'apposition des affiches.

12 août 1829, 29, n° 60, p. 201.

Vérification de créan-ces, V. FAILLITE ET BANQUE-ROUTE.

Vérification d'écritures.

----

§ 1er.

*Pouvoir facultatif du juge d'ordonner
la vérification.*

1. — Aux termes des articles
193 et suivants du Code de procédure, toute pièce produite et méconnue par celui à qui elle est
attribuée doit être vérifiée ; cet
article, en indiquant diverses voies
pour procéder à cette reconnaissance, laisse aux juges le choix de
celle qu'ils croient la plus utile ;
ils peuvent même, lorsque l'une a
déjà été exécutée, ordonner que
l'on emploiera l'autre, s'ils ne
trouvent point dans celle qui a été
adoptée des renseignements suffisants pour pouvoir statuer en parfaite connaissance de cause.

16 mars 1826, t. V, n° 887.

2. — Le juge ne doit recourir à
une expertise en matière de vérification d'écritures que s'il ne trouve,
ni dans les circonstances de la cause
ni dans les pièces produites au
procès, la preuve de la sincérité
des signatures ou écrits méconnus.

20 février 1844, 43-44, n° 35.

3. — Les juges peuvent se dispenser d'ordonner la vérification
des écrits et signatures d'un titre
sous seing privé, s'ils trouvent, indépendamment de cette voie, des
moyens de s'assurer de la sincérité
de l'acte.

21 juillet 1846, 46, n° 124, p. 325.

4. — D'après l'article 195 du
Code de procédure civile, si la signature attribuée à un tiers est
déniée, on peut ordonner la vérification tant par experts que par
témoins : suivant *la novelle* 73,
ch. III, la preuve par témoins est
préférable à l'opinion des experts,
qui n'est fondée souvent que sur
des conjectures.

28 juillet 1818, t. III, n° 543.

5. — Quoique celui à qui on
oppose un écrit qu'il dénie n'ait
pas à en établir la fausseté, il peut
cependant être admis à combattre
par la preuve testimoniale les
moyens adoptés par celui qui se
prévaut de cet écrit.

16 juin 1812, t. II, n° 366.

§ 2.

Pièces de comparaison.

6. — En matière de vérification
d'écritures, on doit tenir pour titre
authentique et admettre comme
pièce de comparaison, la procuration passée en pays ennemi par un
militaire devant le conseil d'administration de son corps.

Bien que le décret du 16 fructidor an II n'autorise ce mode de
procéder qu'à défaut de notaires,
il importe peu qu'il y en ait eu
dans le pays, si ces notaires étant
étrangers se trouvaient par là
même incapables de constater l'i-
dentité du mandant.

Ces mots du décret, *pays ennemi*, s'appliquent à tout pays étranger occupé par les armées françaises.

12 mars 1847, 47-48, n° 2.

§ 3.
Opérations des experts. — Force probante de leur rapport.

7. — Doit être déclarée nulle l'enquête à laquelle il a été procédé dans le cours d'une instance en vérification d'écritures, non en vertu d'un jugement, mais sur simple ordonnance du juge-commissaire.

9 décembre 1829, 29, n° 71, p. 223.

8. — Un procès-verbal d'experts relatif à une vérification d'écritures est nul s'il ne fournit pas la preuve que ces experts ont opéré en présence du juge et du greffier, etc., etc.

29 mars 1817, t. III, n° 507.

9. — Les experts nommés pour vérifier des écrits et signatures doivent motiver leur rapport de manière à éclairer la justice.

Les tribunaux doivent ordonner une nouvelle expertise, si l'affaire est douteuse, et si la première ne présente pas des renseignements suffisants.

16 juin 1812, t. II, n° 366.

10. — Un rapport d'experts fait foi de tout ce que les experts attestent s'être passé dans le cours de leurs opérations, et des déclarations qu'ils certifient avoir été faites devant eux par les parties, lorsque ces énonciations rentrent dans l'objet de la mission des experts.

Inédit. 12 janvier 1860, 2ᵉ Ch. De Brunet c. Ribbe.

11. — La vérification par experts est un mode de preuve purement conjectural, il ne faut y attacher qu'une très faible importance ; il faut plutôt s'attacher à la physionomie de l'écriture, à l'habitude d'écrire, qu'à la comparaison de chaque lettre en particulier.

Inédit. 3 avril 1840, 2ᵉ Ch. Héritiers Mercier c. veuve Petitjean.

12. — La loi met sur la même ligne la preuve par titre, par experts et par témoins ; mais le juge a le droit de choisir entre les preuves produites et de donner la préférence à la preuve testimoniale (quoique les témoins ne déposent pas *de visu*), sur deux expertises contraires et unanimes.

Inédit. 15 juillet 1863, 1ʳᵉ Ch. Consorts Maitre-Robert c. hospice de Dole et autres.

§ 4.
Du jugement sur la demande en vérification.

13. — Il n'y a pas lieu de prononcer la déchéance contre celui qui a demandé une vérification d'écritures, lors même qu'il ne l'aurait pas poursuivie dans le délai fixé par le juge-commissaire pour y procéder.

13 janvier 1819, t. IV, n° 601.

14. — L'article 213 du Code de procédure, qui permet de prononcer la condamnation par corps, pour paiement du principal, contre le débiteur qui a dénié ses écrits, quand il est prouvé que la pièce déniée a été écrite ou signée par lui, ne distingue pas si c'est dans le cas où cette preuve est le résultat d'une vérification, d'une enquête ou de la reconnaissance ultérieure et volontaire du débiteur ; ainsi il est aussi applicable en ce dernier cas.

22 janvier 1824, t. IV, n° 842, p. 321.

Violation de dépôt.

Garde nationale. — Refus de restituer des armes.

Le simple refus par des gardes nationaux, après dissolution de la garde nationale, de rendre les armes qui leur ont été remises par l'Etat pour leur service, ne constitue pas le délit de violation de dépôt prévu par l'article 408 du Code de procédure.

11 juin 1833, *Journal du Palais*, année 1833, p. 559.

Visa d'exploit, V. Ministère public.

Vices rédhibitoires, V. Vente.

Voirie.

Compétence.

1. — Les lois des 29 prairial an X et 9 ventôse an XIII, qui accordent à l'administration la recherche et le jugement des entreprises commises sur les grandes routes et les chemins vicinaux, ne peuvent s'appliquer à la décision des contestations qui peuvent s'élever relativement aux sentiers, chemins de desserte ou autres de cette nature à l'usage des habitants d'une commune.

8 mai 1812, t. II, n° 426.

2. — Font partie du domaine de l'État comme la ligne ferrée elle-même, et sont soumises au régime de la grande voirie, les voies d'accès et avenues établies par la Compagnie concessionnaire du chemin de fer et reliant les gares et stations avec les anciens chemins.

Est en conséquence de la compétence de l'autorité administrative la demande formée par un propriétaire enclavé afin d'obtenir le droit de passer sur le talus d'une avenue établie par la Compagnie pour conduire à une gare et de pratiquer une ouverture dans la clôture qui borde cette avenue.

17 février 1865, 62-65, n° 76, p. 331.

Voitures publiques.

Contraventions.

1. — Les procès-verbaux rédigés contre le domestique d'un entrepreneur de voitures publiques qui conduit une voiture appartenant à son maître sont valables contre l'entrepreneur et le constituent personnellement en état de contravention, sans que celui-ci puisse justifier, pour moyen de faux, de ce fait que le domestique voyageait pour son compte personnel et à ses propres frais.

28 mars 1857, 53-57, n° 108, p. 309.

2. — Les prescriptions de l'article 17 du décret du 10 août 1852, relatives à la déclaration et à la fixation des jours et heures de départ et d'arrivée, ne doivent s'appliquer qu'aux entreprises des messageries à service fixe et régulier. Ces prescriptions ne sont jamais applicables aux voitures dites d'occasion, alors même que l'entrepreneur aurait employé comme voiture d'occasion l'une des voitures affectées au service régulier de sa messagerie, ce fait n'opérant aucun changement aux dispositions arrêtées pour ce dernier service.

19 mars 1858, 53-57, n° 139, p. 430.

Voiturier par terre et par eau, V. Louage.

Vol.

Dans quels cas il y a délit de vol.

1. — Se rend coupable de vol celui qui, sans intention de les payer, enlève des marchandises dont la vente lui avait été consentie et la livraison faite par le propriétaire, mais sous la condition de paiement du prix au comptant.

23 décembre 1829, 29, n° 72, p. 224.

2. — L'article 400, § 3, du Code de procédure est applicable à l'enlèvement fait par le débiteur de denrées dont il est propriétaire, mais qu'il sait avoir été frappées de saisie-arrêt entre les mains du tiers détenteur.

24 novembre 1846, 46, n° 59.

3. — Celui qui s'approprie des sommes remises pour un emploi déterminé ne se rend pas coupable de vol, mais d'abus de confiance, d'escroquerie ou de tout autre délit analogue dont le caractère est déterminé par les circonstances.

1er septembre 1848, 47-48, n° 122.

4. — Une coupe affouagère doit être considérée comme une vente dans le sens de l'article 388 du Code de procédure.

En conséquence, la soustraction frauduleuse des bois d'affouage, consommée ou tentée, soit par l'omission d'arbres dans le numérotage et la répartition, soit par leur enlèvement, soit par la vente de ces mêmes arbres sur pied ou abattus, constitue le vol prévu et réprimé par cet article.

Toutefois, l'enlèvement de ces bois sans intention frauduleuse de s'en approprier la valeur n'est plus qu'une infraction punie par les art. 192 et suivants du Code forestier.

Il en est ainsi quand le prix de ces arbres a pu être versé dans la caisse d'une comptabilité occulte tenue par un maire, l'un des prévenus, dans le but de pourvoir à certaines dépenses non portées au budget de la commune.

4 mars 1867, 66-67, n° 92.

VACE, V. PROPRIÉTÉ.

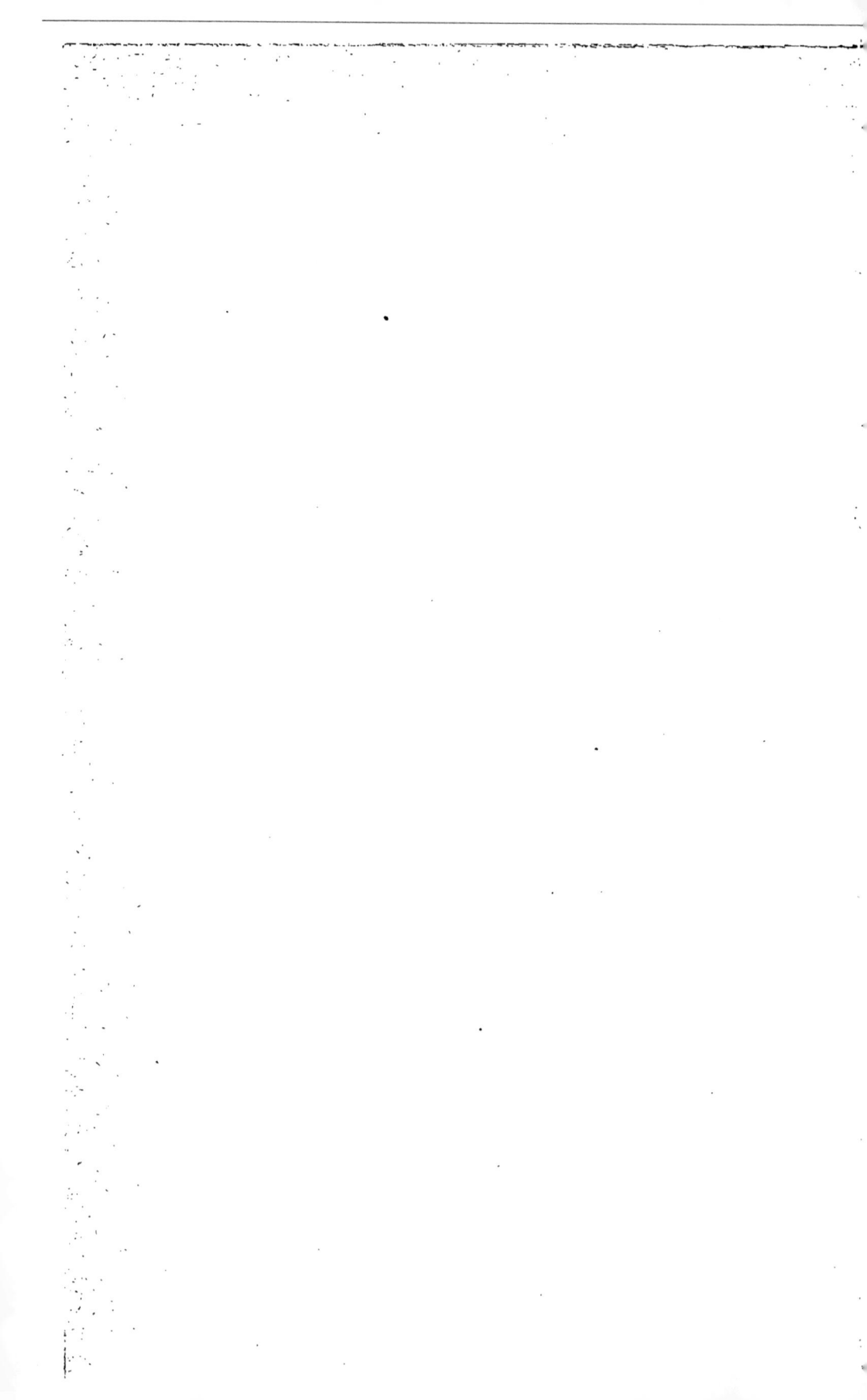

RECUEIL PÉRIODIQUE

DES

ARRÊTS DE LA COUR D'APPEL

DE BESANÇON,

PUBLIÉ SOUS LE PATRONAGE DE LA COUR.

Année judiciaire 1873-1874.

PRIX DE L'ABONNEMENT ANNUEL :

Besançon ,　　　　　　4 fr. 50
Franco par la poste ,　　5　　»

On s'abonne chez J. JACQUIN, imprimeur, Grande-Rue, 14,

A BESANÇON.

Des difficultés, aujourd'hui surmontées, ont retardé jusqu'à ce jour la publication de la première livraison du *Recueil périodique des arrêts de Besançon*, pour l'année judiciaire 1873-74. Cette livraison est sous presse et va paraître : les autres se succéderont rapidement.

La jurisprudence de la Cour de Besançon, de l'an VIII à 1871, est maintenant contenue et résumée dans le *Répertoire* publié par M. Perruche de Velna et dont, en ce moment même, nous annonçons la mise en vente. Le *Recueil périodique* est la continuation du *Répertoire* et contient les arrêts des années suivantes : l'œuvre est donc désormais complète et se recommande d'elle-même.

Besançon, 20 juin 1874.

J. JACQUIN.

Le *Recueil périodique* public, dans le courant de chaque année judiciaire, cinq livraisons de trois feuilles d'impression chacune.

La dernière livraison, parue en 1872-73, terminait le volume des arrêts de 1870 et 1871 : la livraison qui va être distribuée aux souscripteurs est le commencement d'un volume destiné aux arrêts de 1872 et 1873.

Les volumes suivants sont en vente chez J. Jacquin :

Année 1844 avec les derniers mois de 1843	3	»
1845	2	50
1846	2	50
1847 et 1848, ensemble	3	50
1849, 1850, 1851 et 1852	5	»
1858 et 1859	3	»
1860 et 1861	3	»
1862, 1863, 1864 et 1865	5	»
1866 et 1867	5	»
1868 et 1869	5	»

La collection de ces 21 années, 30 fr. au lieu de 37 fr. 50.

Les livraisons du *Recueil périodique* continueront à être servies à tous les anciens abonnés qui ne feront pas connaître leur intention de cesser leur abonnement.

La Franche-Comté ancienne et moderne, ou Exposition des principaux changements survenus dans l'état du comté de Bourgogne depuis l'antiquité jusqu'à nos jours. — 2 vol. in-8°, ensemble 1,100 pages. Prix, 10 fr.

Les Mémoires historiques de la république séquanoise et des princes de la Franche-Comté de Bourgougne, par Loys GOLLUT. Nouvelle édition, corrigée sur les documents contemporains et enrichie de notes et éclaircissements historiques, par M. Ch. DUVERNOY; accompagnée de tables méthodiques destinées à faciliter les recherches, d'un glossaire, et précédée d'une notice biographique sur l'auteur, par M. Emm. BOUSSON DE MAIRET. — 1 gros vol. grand in-8° de 1,052 pages; au lieu de 20 fr., 6 fr.

Histoire de dix ans de la Franche-Comté de Bourgougne (1632-1642), par GIRARDOT DE NOSEROY, seigneur de Beauchemin, conseillier en la cour souueraine de parlement de Dole, intendant des armées de la prouince; publiée par M. J. Crestin. 1 vol. grand in-8°, 5 fr.

Histoire de la seigneurie de Jonvelle et de ses environs, par M. l'abbé COUDRIET, curé de Lods, et M. l'abbé CHATELET, curé de Betaucourt, membres de plusieurs sociétés savantes. — Ouvrage couronné par l'académie de Besançon. — 1 fort vol. in-8° avec planches, 5 fr.

Recherches historiques sur la ville, la principauté et la république de Mandeure (Epomanduodurum); origine et histoire abrégée de l'ancien comté de Montbéliard; par M. l'abbé BOUCHEY. — 2 vol. in-8°, 10 fr.

Monographie du bourg et de la terre de Maîche, suivie de notices historiques sur les anciennes seigneuries de la Franche-Montagne; par M. l'abbé RICHARD, curé de Dambelin, correspondant du ministre de l'instruction publique; in-8°, 1 fr. 50 c.

Besançon. Description historique des monuments et établissements publics de cette ville, par A. GUENARD. — 1 vol. in-12 avec planches, 3 fr.

Dictionnaire alphabétique des communes de la Franche-Comté (Doubs, Jura, Haute-Saône), avec l'indication des chefs-lieux de canton, d'arrondissement et de département, et des bureaux de poste, et le tableau des distances des communes à leurs trois chefs-lieux judiciaires, par Paul LAURENS, de l'académie de Besançon, etc. — Broch. in-8°, 1 fr. 25 c.

Annuaire du Doubs et de la Franche-Comté pour 1874, par Paul LAURENS. — 1 fort. vol. in-8°, 4 fr.

Une Excursion en Bourgogne, par M. le vicomte CHIFLET, membre de l'académie de Besançon. — Brochure grand in-8°, avec deux cartes pour servir à la solution de cette question : *Alise est-elle l'Alesia de César?* Prix, 1 fr. 25 c. (Par la poste, 1 fr. 50 c.)

Etude sur l'Alesia de Franche-Comté, par M. le vicomte CHIFLET, membre de l'académie de Besançon; avec une carte pour servir à la recherche de la position d'Alesia et une carte de l'oppidum d'Alaise et de ses environs. — Brochure grand in-8°; prix, 1 fr. 50 c. (Franco par la poste, 1 fr. 75 c.)

Annales franc-comtoises, Revue religieuse, historique et littéraire, formant chaque année deux volumes grand in-8° de 600 pages chacun. — Années 1864 à 1870. — 10 fr. l'année.

Il ne reste qu'un très petit nombre de collections.

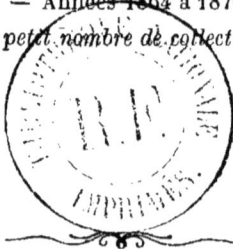

BESANÇON, IMPR. DE J. JACQUIN.

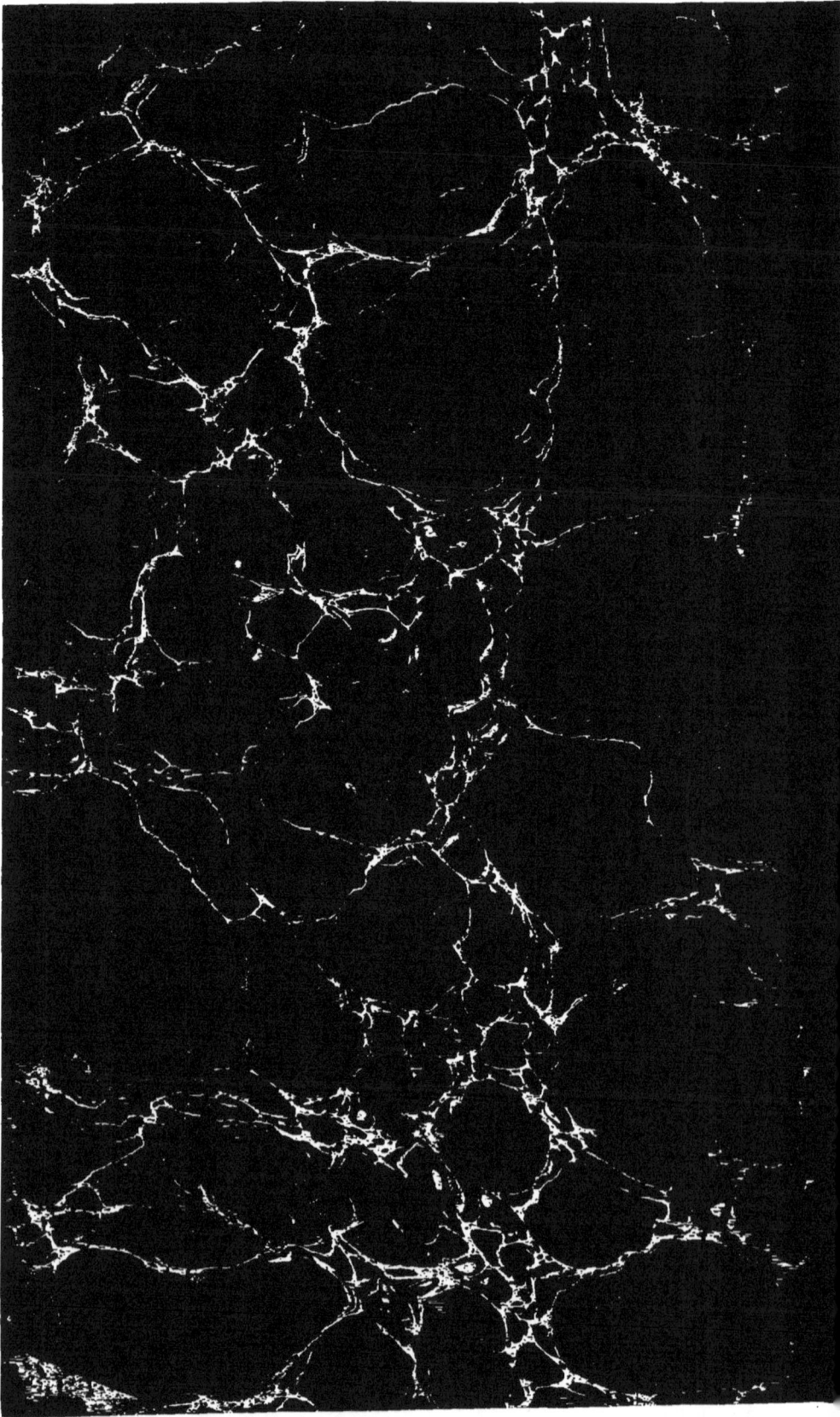

www.ingramcontent.com/pod-product-compliance
Lightning Source LLC
Chambersburg PA
CBHW031736210326
41599CB00018B/2605